U0581447

全世界无产者，联合起来！

# 列宁全集

第二版增订版

## 第三卷

1895—1899年

中共中央 马克思 恩格斯 列 宁 斯大林 著作编译局编译

人民出版社

《列宁全集》第二版是根据中国共产党中央委员会的决定，由中共中央马克思恩格斯列宁斯大林著作编译局编译的。

# 凡　　例

1. 正文和附录中的文献分别按写作或发表时间编排。在个别情况下，为了保持一部著作或一组文献的完整性和有机联系，编排顺序则作变通处理。

2. 每篇文献标题下括号内的写作或发表日期是编者加的。文献本身在开头已注明日期的，标题下不另列日期。

3. 1918 年 2 月 14 日以前俄国通用俄历，这以后改用公历。两种历法所标日期，在 1900 年 2 月以前相差 12 天（如俄历为 1 日，公历为 13 日），从 1900 年 3 月起相差 13 天。编者加的日期，公历和俄历并用时，俄历在前，公历在后。

4. 目录中凡标有星花 * 的标题，都是编者加的。

5. 在引文中尖括号〈　〉内的文字和标点符号是列宁加的。

6. 未说明是编者加的脚注为列宁的原注。

7.《人名索引》、《文献索引》条目按汉语拼音字母顺序排列。在《人名索引》条头括号内用黑体字排的是真姓名；在《文献索引》中，带方括号[　]的作者名、篇名、日期、地点等等，是编者加的。

# 目 录

## 插　图

# 前　　言

本卷收载了列宁于1895—1899年写成的重要著作《俄国资本主义的发展》和1900年为回答对这一著作的评论而写的一篇文章《非批判的批判》。

19世纪80年代到90年代，自由主义民粹主义成了在俄国传播马克思主义和建立马克思主义政党的主要障碍。当时，马克思主义者和自由主义民粹派争论的中心问题是俄国资本主义的命运问题。这个问题同俄国革命的前途问题和领导权问题有着密切的联系。

民粹派认为：俄国并不存在资本主义发展的根基，可以避开资本主义，通过自己独特的道路走向社会主义；俄国的资本主义发展是偶然现象，是人为措施的结果；村社是俄国社会主义的基础，村社农民是社会进步的主要力量。

以瓦·巴·沃龙佐夫（瓦·沃·）和尼·弗·丹尼尔逊（尼·—逊）为代表的自由主义民粹派断定，归资本家所有的剩余价值是无法实现的，因为体现剩余价值的产品既不可能为资本家全部消费掉，也不可能在市场上销售掉。俄国国内市场由于小生产者的破产和购买力的降低而日益缩小，唯一的出路是寻求国外市场。但是，对俄国这样一个资本主义发展较晚的国家来说，这是可望而不可即的。他们由此得出结论：资本主义不可能在俄国得到发展。

列宁认为，要批判民粹派的观点，只分析它们的错误和举出国内市场形成和发展的事实是不够的，必须考察俄国资本主义的全部发展过程，分析俄国的经济和社会阶级结构。《俄国资本主义的发展》就是为了完成这个困难任务而撰写的一部巨著。

全书共八章。第一章是全书的引言。这一章批判了自由主义民粹派的理论错误，集中叙述了有关资本主义国内市场问题的几个基本理论原理。列宁在这一章中，依据马克思的经济学说，首先说明社会分工是商品经济和资本主义全部发展过程的基础。工业和农业分离，加工工业和采掘工业分离，它们各自再分成许多小的和更小的部门，这些部门以商品形式生产专门的产品并用以同其它生产部门交换。这种日益发展的社会分工是资本主义国内市场建立过程的关键。生产劳动的分工使它们各自的产品互相变成商品，使它们互相成为市场。因此，随着社会分工的日益发展，这些商品的市场也日益扩大。

列宁接着指出，直接生产者同生产资料的分离标志着从简单商品生产向资本主义生产的过渡，标志着国内市场的建立。小生产者的破产并没有造成国内市场的缩小，相反地，扩大了国内市场。生产资料变成了新占有者的资本，被用来进行商品生产，因而也变成了商品，这就出现了生产资料的市场。小生产者愈破产，就愈要出卖自己的劳动力，就愈要在市场上购买自己的生活资料，这就提供了消费品的国内市场。

列宁还指出，所谓实现问题，就是如何为每一部分资本主义产品按价值和物质形态在市场上找到替换它的另一部分产品。因此，应当撇开对外贸易，把它扯在一起就使问题从一国转移到数国，这丝毫不能促进问题的解决。讲到实现的困难，那是因为各生产部门分配的不合比例引起的，它不仅在实现剩余价值时，而且在实现可变资本和不变资本时都经常发生。没有这种困难，资本主义生产根本不可能存在。

最后，列宁指出，资本主义的国内市场是由发展着的资本主义建立的，因为资本主义的发展加深了社会分工，并把直接生产者分化为资本家和工人。国内市场的发展程度就是国内资本主义的发展程度，撇开资本主义的发展程度问题而单独提出国内市场的限度问题是错误的。

第二章论述俄国农民的分化。在这一章中，列宁利用俄国 19 世纪 80 年代到 90 年代有关土地、牲畜、农具、雇佣劳动、农民生产水平和生活情况的大量资料，全面地说明了改革后俄国农村资本主义的发展。列宁指出，民粹派把农民占有土地、牲畜、农具等情况的数字化成平均数的做法是不科学的，它歪曲了农村现状，抹杀了俄国资本主义的矛盾和农民的分化过程。通过对统计资料的分析，列宁得出结论说，现代俄国农民所处的社会经济环境是商品经济。农民中的社会经济关系结构表明，这里存在着任何资本主义所固有的一切矛盾，如：竞争，抢租和抢购土地，生产集中在少数人手中，大多数人落入无产阶级队伍，等等。这说明村社中的经济关系结构不是特殊的结构，而是普通的小资产阶级结构。俄国村社农民不是资本主义的对抗者，而是资本主义最深厚、最牢固的基地。旧的农民不仅在分化，而且在彻底瓦解和消亡，被完全新型的农村居民所代替，这就是农村资产阶级和农村无产阶级。介于上述两种新型农民之间的是中等农民。他们处于很不稳固的地位，能爬到上等户的为数极少；资本主义发展的整个过程使他们沦为下等户。农民分化的原因是私有制下商品生产的矛盾和商品生产者之间的竞争。农民的分化建立了资本主义的国内市场。列宁还指出,俄国农村中的商业资本和高利贷资本,特别是农奴制的残余——工役制,阻碍农村资本主义的发展。

第三章论述俄国改革后的地主经济逐步向资本主义农业经济转变的过程,说明俄国农业资本主义的发展特点是存在大量的农奴制残余。俄国的地主经济在改革前是徭役制度,在改革后是工役制度和资本主义制度的奇妙结合。所谓工役制度,是指地主让附近的农民用农民的农具耕种地主的土地。它几乎保留了徭役经济的一切特点,是徭役经济的直接残余,其偿付劳动报酬的形式虽然很多,但并不改变这一制度的实质。所谓资本主义制度,是指雇佣工人用地主的农具耕种地主的土地。这种资本主义制度必然会排挤工役制度,这是一种进步现象。

第四章论述俄国农业资本主义的发展。列宁指出,改革后俄国农业发展的基本特点是农业愈来愈带有商业性质。商业性农业的发展必然导致农业生产方面的一系列变化,表现为农产品生产量和农业劳动生产率的提高、农业的专业化、各种不同农业地区的形成、技术性农业生产和市郊经济的发展等等。商业性农业的增长建立了资本主义国内市场。这是因为:第一,农业的专业化引起了各农业地区之间、各农场之间和各种农产品之间的交换;第二,农业愈是被卷入商品流通,农村居民对消费品的需求就增长得愈快;第三,对生产资料的需求也增长得愈快;第四,产生了对劳动力的需求。

以上三章讲的是改革后俄国农业资本主义演进的特点。列宁总结说,俄国的农业资本主义,就历史意义而言,是一个巨大的进步。第一，农业资本主义把务农者变成了从事工业者。第二，推动了农业技术的改造和社会劳动生产力的发展。第三，第一次在俄国建立了以机器的使用和工人的广泛协作为基础的大规模农业生产。第四，第一次连根摧毁了工役制和农民的人身依附关系。

在以后三章中，即在第五章、第六章、第七章中，列宁阐述了俄国工业中资本主义发展的三个主要阶段，即小商品生产、资本主义工场手工业和大机器工业。这三种工业形式有着最直接、最密切的联系和继承性。

小商品生产的特征是完全原始的手工业技术，这种技术几乎从古至今没有变动。小商品生产者仍然是按照传统方法对原料进行加工的农民。

工场手工业采用了分工，使技术有了根本改革，把农民变为工匠，变为局部工人。但手工生产仍旧保存，所以生产方式进步缓慢。工场手工业是手艺和小商品生产同大机器工业之间的中间环节。使工场手工业同小商品生产接近的是：工场手工业的基础仍然是手工技术，因而大作坊不能根本排除小作坊，不能使手工业者完全脱离农业。使工场手工业同工厂接近的是大市场、拥有雇佣工人的大作坊以及使无产者工人群众完全依附于自己的大资本的形成。

大机器工业的科学概念是指工业中资本主义发展的高级阶段。这个阶段的主要标志是在生产中使用机器体系。从手工工场向工厂过渡，标志着技术的根本变革，这一变革推翻了几百年积累起来的工匠手艺，并在新的合理基础上改造生产，有系统地将科学运用于生产。随着这个技术变革而来的，必然是社会生产关系的最激烈破坏、各个生产参加者集团之间的彻底分裂、与传统的完全决裂、资本主义的一切阴暗面的扩大以及劳动的大量社会化。大机器工业是资本主义的最高峰，是它的消极因素和积极因素的最高峰。

在第八章中，列宁根据俄国的统计资料，从商品流通、工商业人口、雇佣劳动的使用和劳动力国内市场的形成等方面，说明了俄国当时国内市场的实际形成过程，指出了民粹派的错误。

列宁在《俄国资本主义的发展》一书中，根据种种统计资料，对俄国社会经济制度和阶级结构进行了全面的研究和分析。他无可辩驳地证明，资本主义无论在城市或乡村都已成了占统治地位的生产方式。俄国已经是一个资本主义国家。但是它与西欧资本主义国家相比，经济上还很落后，资本主义发展的速度也很缓慢。原因是俄国还存在很多农奴制的直接残余，这阻碍资本主义的发展，并使生产者的情况恶化。生产者不仅苦于资本主义，而且苦于资本主义的不够发达。列宁指出，俄国资本主义既具有历史进步作用，也具有历史暂时性，它为社会主义革命创造了物质前提。

《俄国资本主义的发展》从经济上论证了工人阶级作为社会的政治领导力量的作用和农民作为无产阶级同盟军的作用。列宁在本书 1907 年的第二版序言中指出，在这种经济基础上的俄国革命必然是资产阶级革命，但不能由此得出结论说，资产阶级必须在这个革命中起领导作用。列宁指出，如果由资产阶级领导革命，那必然会保存地主土地占有制的主要部分和旧的上层建筑的主要支柱，自由主义君主派的资产者和地主将起主要作用；这样，俄国还会长期保持农奴制的特点而使生产力的发展缓慢。列宁同时指出，当时俄国的无产阶级队伍无论在城市或乡村都在迅速扩大，正在变成一支巨大的政治力量；俄国无产阶级在历史运动中的作用比它在人口总数中所占的比例大得多。俄国的人民革命只有在无产阶级领导下，才能摧毁地主土地占有制和旧的上层建筑，才能使生产力得到最迅速的发展，从而为工人阶级实现社会主义革命创造有利的条件。列宁还阐述了农民的两重性：一方面，农民身受资本主义和农奴制残余的双重压迫，具有很深的革命性；另一方面，他们又存在业主倾向。因此，他们必然摇摆于反革命的资产阶级和革命的无产阶级之间。他们在革命中不能起领导作用，但他们是无产阶级最可靠的同盟军。

《俄国资本主义的发展》是在《资本论》第三卷问世五年之后出版的。恩格斯在《资本论》第三卷序言中说：马克思对俄国1861年"改革"以后关于土地所有权的统计资料进行了多年研究；由于俄国的土地所有制和对农业生产者的剥削具有多种多样的形式，因此在《资本论》第三卷地租这一篇里，俄国应该起在第一卷研究工业雇佣劳动时英国所起的那种作用。但马克思没有能够实现这个计划。这个计划由列宁在《俄国资本主义的发展》中实现了。从这个意义上说，《俄国资本主义的发展》是《资本论》的直接继续。

《俄国资本主义的发展》是创造性地运用马克思的经济学说研究和解决俄国社会和经济问题的光辉典范，是列宁在19世纪90年代最主要的代表作。这部著作捍卫并发展了马克思主义政治经济学。书中对俄国经济发展和各阶级相互关系的分析，后来成了布尔什维克党制定纲领和策略的根据，对俄国革命实践具有伟大的指导意义。

本卷还收载了列宁的《非批判的批判》这篇文章。列宁在这篇文章中驳斥了合法马克思主义者斯克沃尔佐夫对《俄国资本主义的发展》一书的攻击，并批判了合法马克思主义者和集结在伯恩施坦周围的那些修正主义者的错误。列宁说，革命马克思主义者同修正主义者的差别在于：前者始终想做彻底的马克思主义者，根据改变了的条件和各国的特点发展马克思主义的基本原理，进一步研究马克思的辩证唯物主义和政治经济学理论；后者想抛弃马克思学说中的若干重要方面。

弗·伊·列宁

（1897年）

列宁《俄国资本主义的发展》一书的几种较早中译本和收载
这一著作的 1942 年解放社版《列宁选集》第 1 卷封面

# 俄国资本主义的发展

## 大工业国内市场形成的过程[1]

（1895 年底—1899 年 1 月）

ИЗДАНІЕ М. И. ВОДОВОЗОВОЙ.

ВЛАДИМІРЪ ИЛЬИНЪ.

# РАЗВИТІЕ КАПИТАЛИЗМА

# ВЪ РОССІИ.

Процессъ образованія внутренняго рынка для крупной промышленности.

Цѣна 2 р. 50 к.

С.-ПЕТЕРБУРГЪ.
Типо-литографія А. Лейферта, Бол. Морская 65.
1899.

列宁《俄国资本主义的发展》1899 年第 1 版封面

# 第一版序言

作者写这部著作的目的是要考察这样一个问题:俄国资本主义的国内市场是怎样形成的?大家知道,这个问题早就由民粹派观点的主要代表者(以瓦·沃·先生和尼·—逊先生为首)提出,而我们的任务是要批判民粹派观点。我们认为这种批判不能只限于分析对方观点中的错误和不正确的地方;我们觉得,只举出说明国内市场的形成和发展的事实来回答所提出的问题是不够的,因为可能会有人反对说,这些事实是任意挑选出来的,而把说明相反情况的事实剔除了。我们觉得,对俄国资本主义全部发展过程整个地加以考察并试作一番描述,是必要的。不言而喻,这样广泛的任务,如果不加下列一些限制,一个人将难以胜任。第一,从本书的标题就已看出,我们只是从国内市场的角度来研究俄国资本主义发展的问题,而不涉及国外市场的问题和对外贸易的资料。第二,我们只谈改革[2]后的时代。第三,我们所采用的主要是而且几乎完全是内地纯俄罗斯省份的资料。第四,我们只专门研究过程的经济方面。但是,虽然有了上述的一切限制,留下的题目仍然非常广泛。作者决不是不知道研究这样广泛的题目是困难的,甚至是危险的,可是作者认为,要阐明俄国资本主义国内市场的问题,指出社会经济一切部门中所发生的这个过程的各个方面的联系和相互依存的关系是绝对必要的。因此,我们只限于考察这个过程的基本特点，而把对这个过程的更专门的研究留待以后探讨。

本书计划如下。在第 1 章中，我们尽可能简短地考察一下抽象政治经济学关于资本主义国内市场问题的几个基本理论原理。这可算是本书其余部分即事实部分的引言，而在以后的阐述中可以不必多次引证理论。在以后的 3 章中，我们力图说明改革后俄国农业资本主义演进的特点：在第 2 章中，将分析地方自治局[3]关于农民分化的统计资料；在第 3 章中，将分析关于地主经济的过渡状况即地主经济的徭役制度为资本主义制度所代替的资料；在第 4 章中，将分析有关商业性农业和资本主义农业借以形成的各种形式的资料。再往后的 3 章，将阐述我国工业中资本主义发展的形式和阶段：在第 5 章中，我们将考察资本主义在工业中即**农民小工业（所谓手工工业）中**的各最初阶段；在第 6 章中，将考察资本主义工场手工业和资本主义家庭劳动的资料；在第 7 章中，将考察大机器工业发展的资料。在最后一章（第 8 章）中，我们试图指出过程的上述各个方面之间的联系，并把这一过程作一次总括的叙述。

———

附言[4]。最大的遗憾是，我们在本书中未能使用卡·考茨基在其《土地问题》（1899 年斯图加特狄茨版；第 1 篇：《资本主义社会中农业的发展》）①一书中对“资本主义社会中农业的发展”所作的精辟分析。

这部书（我们收到它时，本书大部分已经排好）是继《资本论》第 3 卷[5]之后最新经济学著述中最值得注意的杰作。考茨基探讨

① 有俄译本。

了农业资本主义演进的“基本趋向”，他的任务是把现代农业中的种种现象当做“一个总过程的局部表现”(序言第 VI 页)来考察。值得指出的是：尽管俄国在经济方面或在非经济方面都有它很大的特点，但这一总过程的基本特征在西欧和俄国竟相同到如此程度。比如，整个资本主义现代(moderne)农业的标志是日益发展的分工和使用机器(考茨基的书第 4 章第 2、3 节)，这种情况在改革后的俄国也是引人注目的(见下面第 3 章第 7 节和第 8 节；第 4 章，特别是第 9 节)。“农民无产阶级化”(考茨基的书第 8 章标题)的过程到处表现为小农各种雇佣劳动的日益扩大(考茨基的书第 8 章第 2 节)；与此同时，我们在俄国看到了有份地的雇佣工人这个巨大阶级的形成(见下面第 2 章)。小农所以能在一切资本主义社会中存在，并不是由于农业中的小生产技术高超，而是由于小农把自己的需要降到低于雇佣工人的需要水平，而在劳动紧张的程度上则大大超过雇佣工人(考茨基的书第 6 章第 2 节；考茨基不止一次地说：“农业雇佣工人的境况比小农好。”第 110、317、320 页)；在俄国也可以看到类似的现象(见下面第 2 章第 11 节 C⁶)。因此，西欧和俄国的马克思主义者对下列各种现象的评价一致是很自然的：例如俄国话叫“外出做农业零工”或德国人称“流浪农民的农业雇佣劳动”的现象(考茨基的书第 192 页；参看下面第 3 章第 10 节)；或者像工人和农民离开农村流入城市和工厂的现象(考茨基的书第 9 章第 5 节；特别是第 343 页；以及其他许多页。参看下面第 8 章第 2 节)；资本主义大工业迁移到农村的现象(考茨基的书第 187 页。参看下面第 7 章第 8 节)。至于对农业资本主义的**历史**意义有一致评价(散见考茨基书中各处，特别是第 289、292、298 页。参看下面第 4 章第 9 节)和一致承认农业中资本主义关系比前资本主义关系**进步**(考茨基的书第 382 页:“das Gesinde〈处于人身依附地位的雇农,奴仆〉和 die Instleute〈“介乎雇农和租地者之间的人”,以工役换取租地的农民〉被不做工时是自由人的日工所排挤,将是社会的一大进步”。参看下面第 4 章第 9 节 4),就更不用说了。考茨基十分肯定地认为:从村社过渡到共同经营现代大农业“是想都不用想的”(第 338 页);那些要求在西欧巩固和发展村社的农学家,决不是社会主义者,而是想用租给工人小块土地办法束缚工人的大地主利益代表者(第 334 页);在欧洲所有的国家中,地主利益的代表者想用分土地给农业工人的办法把他们束缚住,并企图把有关措施定为法律(第 162 页);对于用培植手工业(Hausindustrie)这种最坏的资本主义剥削形式来帮助小农的一切企图,“应该与之作最坚决的斗争”(第 181 页)。我们认为,鉴于民粹派的代表者最近有把西欧的和俄国的马克思主义者截然分开的企图(见瓦·沃龙佐夫先生 1899 年 2 月 17 日在俄国工商业促进会中的声明[7],1899 年 2 月 19 日《新时报》[8]第 8255 号),强调一下两者观点上的完全一致是必要的。

Владимiръ Ильинъ.

# РАЗВИТIЕ КАПИТАЛИЗМА въ Россiи.

Процессъ образованiя внутренняго рынка для крупной промышленности.

ИЗДАНIЕ ВТОРОЕ, ДОПОЛНЕННОЕ.

Цѣна 2 р. 25 к.

С.-ПЕТЕРБУРГЪ.
КНИГОИЗДАТЕЛЬСТВО „ПАЛЛАДА“.
1908.

列宁《俄国资本主义的发展》1908 年第 2 版封面，
上面有作者的亲笔签名

# 第二版序言[9]

本书是在俄国革命的前夜，即在1895—1896年大罢工[10]爆发后一个稍呈沉寂的时期中写成的。当时工人运动似乎平息下去了，实际上却在向广度和深度发展，为1901年的示威运动[11]准备基础。

本书根据对种种统计资料进行的经济学上的研究和批判性的审查，分析了俄国社会经济制度，因而也分析了俄国阶级结构。这个分析，现在已为一切阶级在革命进程中的公开政治行动所证实。无产阶级的领导作用完全显露出来了。无产阶级在历史运动中的力量比它在人口总数中所占的比例大得多这一点也显露出来了。本书论证了这两种现象的经济基础。

其次，革命现在日益显露出农民的两重地位和两重作用。一方面，在贫苦农民空前贫困和破产的情况下，存在着徭役经济的大量残余和农奴制的各种残余，这充分说明了农民革命运动的泉源之深，农民群众革命性的根基之深。另一方面，无论在革命进程中，在各种政党的性质中，或者在许多政治思想流派中，都显现出农民群众的有内在矛盾的阶级结构，他们的小资产阶级性，他们内部的业主倾向与无产者倾向的对抗性。变穷了的小业主在反革命的资产阶级和革命的无产阶级之间的动摇不定是不可避免的，正如在任何资本主义社会中下述现象是不可避免的一样：为数甚少的小生产者发财致富，“出人头地”，变成资产者，而绝大多数的小生产者不是完全破产变成雇佣工人或赤贫者，就是永远生活在无产阶级状况的边缘。本书论证了农民中这两种倾向的经济基础。

不言而喻，在这种经济基础上的俄国革命，必然是资产阶级革命。马克思主义的这一原理是颠扑不破的。无论什么时候都不能忘记这一原理。无论什么时候都必须把它应用到俄国革命的一切经济和政治问题上去。

但必须善于应用它。只有具体分析各种阶级的地位和利益，才能确定这个真理应用于某一问题上的确切意义。在以普列汉诺夫为首的右翼社会民主党人中间，却时常出现一种相反的推论方法，即他们力图在关于我国革命基本性质的一般真理的单纯逻辑发展中去寻找具体问题的答案，这是把马克思主义庸俗化，并且完全是对辩证唯物主义的嘲弄。例如有些人从关于我国革命性质的一般真理中得出结论说，“资产阶级”在革命中起领导作用，或者说社会主义者必须支持自由主义者；对于这些人，马克思大概会把他一度引用过的海涅的话重复一遍说：“我播下的是龙种，而收获的却是跳蚤。”①

在目前的经济基础上，俄国革命在客观上可能有两种基本的发展路线和结局。

或者是与农奴制有千丝万缕的联系的旧地主经济保存下来，慢慢地变成纯粹资本主义的“容克”经济12。从工役制最终过渡到资本主义的基础，是农奴制地主经济的内部改革。国家的整个土地制度将变成资本主义制度，在长时期内还保持着农奴制的特点。

① 参看《马克思恩格斯全集》第1版第3卷第604页。——编者注

或者是革命摧毁旧地主经济，粉碎农奴制的一切残余，首先是大土地占有制。从工役制最终过渡到资本主义的基础，是小农经济的自由发展，这种小农经济由于剥夺地主土地有利于农民而获得了巨大的推动力。整个土地制度将变成资本主义制度，因为农奴制的痕迹消灭得愈彻底，农民的分化就进行得愈迅速。换句话说：或者是保存地主土地占有制的主要部分和旧的“上层建筑”的主要支柱；由此，自由主义君主派的资产者和地主将起主要作用，富裕农民将迅速地转向他们，农民群众状况恶化，他们不仅受到大规模的剥夺，而且还受到某些立宪民主党[13]式的赎买办法的盘剥，反动统治的欺压和愚弄；这种资产阶级革命的遗嘱执行人将是近似十月党人[14]那一类型的政治家。或者是摧毁地主土地占有制和相应的旧的“上层建筑”的一切主要支柱；无产阶级和农民群众在动摇的或反革命的资产阶级保持中立的情况下起主要作用；在资本主义基础上，在工人和农民群众处于商品生产下可能具有的最好环境中，生产力得到最迅速和最自由的发展；由此，给工人阶级进一步实现其真正的和根本的社会主义改造任务创造了最有利的条件。当然，这种或那种类型的资本主义演进因素，可能有无限多样的结合，只有不可救药的书呆子，才会单靠引证马克思关于另一历史时代的某一论述，来解决当前发生的独特而复杂的问题。

本书的任务是分析革命前的俄国经济。在革命时代，国家生活发展得如此迅速而急遽，以致在如火如荼的政治斗争中无法确定经济演进的巨大成果。一方面是斯托雷平先生们，另一方面是自由主义者（决不只是类似司徒卢威的立宪民主党人，而是全体立宪民主党人），都在坚定地、顽强地和一贯地努力按第一种形式完成革命。我们刚刚经历过的 1907 年 6 月 3 日的政变[15]，标志着反革命的胜利,他们力图保证地主在所谓俄国人民代表机关中占绝对优势。但是,这个"胜利"究竟牢固到什么程度,则是另外的问题,何况争取革命的第二种结局的斗争还在继续进行。不仅是无产阶级,而且广大的农民群众也都比较坚决地、比较一贯地、比较自觉地力争达到这个结局。不管反革命怎样力图公开地使用暴力来窒息直接的群众性斗争,不管立宪民主党人怎样力图用下流和伪善的反革命思想来扑灭直接的群众性斗争,这种斗争总是不顾一切地时而在这里,时而在那里爆发,虽然小资产阶级政治家的上层分子(特别是"人民社会党人"[16]和劳动派[17]),显然沾染上了温和谨慎的市侩或官吏的背叛、莫尔恰林习气[18]和自满这种立宪民主党精神,这种斗争还是在"劳动派"政党[19]即民粹派政党的政策上打上了自己的烙印。

这一斗争的结局如何,俄国革命第一次进攻的最后结果如何,现在还不能断定。因此全面修订本书①的时机还没有到来(而且因为参加工人运动,肩负着党的直接责任,也使我无暇及此)。本书第2版还不能超出评述革命**前**的俄国经济这一范围。作者只是对文字进行了审查和订正,并以最新的统计材料作了**最必要的**补充。这些材料是:最近的马匹调查资料、收成的统计资料、1897年全俄人口普查总结、工厂统计的**新资料**等等。

**作 者**

1907年7月

① 这种修订可能要求写本书的续篇,要是这样,第1卷就只分析革命前的俄国经济,第2卷研究革命的总结和结果。

# Das Kapital.

## Kritik der politischen Oekonomie.

Von

**Karl Marx.**

Erster Band.

**Buch I: Der Produktionsprocess des Kapitals.**

Zwette verbesserte Auflage.



**Hamburg**
**Verlag von Otto Meissner.**
**1872.**

列宁使用过的马克思《资本论》
1872 年德文第 2 版第 1 卷扉页

# 第 一 章

# 民粹派经济学家的理论错误[20]

市场是商品经济的范畴,而商品经济在它自身的发展中转化为资本主义经济,并且只有在资本主义经济下才获得完全的统治和普遍的扩展。因此,要弄清楚国内市场的基本理论原理,我们应当从简单商品经济出发来探索它如何逐渐转化为资本主义经济。

## 一 社会分工

社会分工是商品经济的基础。加工工业与采掘工业分离开来,它们各自再分为一些小的和更小的部门,这些部门以商品形式生产专门的产品,并用以同其他一切生产部门进行交换。这样,商品经济的发展使单独的和独立的生产部门的数量增加。这种发展的趋势是:不仅把每一种产品的生产,甚至把产品的每一部分的生产,都变成专门的生产部门;而且不仅把产品的生产,甚至把产品准备好以供消费的各个工序都变成单独的生产部门。在自然经济下,社会是由许许多多同类的经济单位(父权制的农民家庭、原始村社、封建领地)组成的,每个这样的单位从事各种经济工作,从采掘各种原料开始,直到最后把这些原料制作得可供消费。在商品经济下,各种不同类的经济单位在建立起来,单独的经济部门的数量日益增多，执行同一经济职能的经济单位的数量日益减少。这种日益发展的社会分工就是资本主义国内市场建立过程中的关键。马克思说："……在商品生产及其绝对形式即资本主义生产的基础上……产品之所以成为商品，即成为具有交换价值的，而且是具有可以实现的、可以转化为货币的交换价值的使用价值，仅仅因为有其他商品成为它们的等价物，仅仅因为有作为商品和作为价值的其他产品同它们相对立；也就是说，仅仅因为这些产品并不是作为生产者本人的直接生活资料，而是作为商品，即作为只有通过变为交换价值（货币），通过转让才变成使用价值的产品来生产的。**由于社会分工，这些商品的市场日益扩大**；生产劳动的分工，使它们各自的产品互相变成商品，互相成为等价物，**使它们互相成为市场**。"（《资本论》第 3 卷第 2 部分第 177—178 页，俄译本第 526 页。[①] 黑体是我们用的，以下引文中凡未另行注明者也都是我们用的）

不言而喻，上面所说的加工工业与采掘工业的分离，制造业与农业的分离，使农业本身也变成工业，即变成生产**商品**的经济部门。把产品的各种加工彼此分离开来，创立了愈来愈多的生产部门的那种专业化过程也出现在农业中，建立了日益专业化的种种农业区域（和农业系统[②]），不仅引起农产品和工业品之间的交换，

---

① 见《马克思恩格斯文集》第 7 卷第 718 页。列宁在本书中所引用的《资本论》文字，都取自《资本论》德文版（第 1 卷，1872 年第 2 版；第 2 卷，1885 年版；第 3 卷，1894 年版）。所有引文都是列宁自己翻译的。这里所说的俄译本是指丹尼尔逊的俄译本。——编者注

② 例如，伊·亚·斯捷布特在其《俄国的大田作业原理以及改进大田作业的措施》一书中，按照主要的市场产品来区分农业的经营系统。主要的农业系统有三：（1）大田作业的（按亚·斯克沃尔佐夫先生的说法是谷物的）；（2）畜牧业的（主要的市场产品是畜产品）和（3）工厂的（按亚·斯克沃尔佐夫先生的说

而且也引起各种农产品之间的交换。这种**商业性的**(和资本主义的)农业的专业化,出现在所有的资本主义国家中,出现在国际分工中,也出现在改革后的俄国,这一点我们将在下面详细叙述。

可见,社会分工是商品经济和资本主义全部发展过程的基础。因此,我国民粹派理论家把这种发展过程说成是人为措施的结果,是“离开道路”的结果等等,极力抹杀俄国社会分工的事实,或者极力削弱这一事实的意义,是十分自然的。瓦·沃·先生在其《俄国农业和工业的分工》(1884 年《欧洲通报》杂志[21]第 7 期)一文中,“否认了”“社会分工原则在俄国占统治地位”(第 347 页),宣称我国的社会分工“不是从人民生活深处成长起来的,而是企图从外部硬挤进去”(第 338 页)。尼·—逊先生在其《概况》中,对于出售粮食数量的增加发表了如下的议论:“这种现象也许意味着生产的粮食是在全国较平均地分配的,阿尔汉格尔斯克的渔夫现在吃到萨马拉的粮食,而萨马拉的农民则有阿尔汉格尔斯克的鱼佐餐。**实际上根本没有这回事**。”(《我国改革后的社会经济概况》1893 年圣彼得堡版第 37 页)没有任何资料,不顾众所周知的事实,就在这里公开断定俄国没有社会分工!民粹派除了否认一切商品经济的基础——社会分工或宣布其为“人为的”以外,就再也没有其他办法来建立俄国资本主义“人为性”的理论了。

## 二　工业人口增加,农业人口减少

因为在商品经济以前的时代,加工工业同采掘工业结合在一

---

法是技术的);主要的市场产品是经过技术加工的农产品。见**亚·斯克沃尔佐夫**《蒸汽机运输对农业的影响》1890 年华沙版第 68 页及以下各页。

起，而后者是以农业为主，所以，商品经济的发展就是一个个工业部门同农业分离。商品经济不大发达（或完全不发达）的国家的人口，几乎全是农业人口，然而不应该把这理解为居民只从事农业，因为这只是说，从事农业的居民自己进行农产品的加工，几乎没有交换和分工。因此商品经济的发展也就意味着愈来愈多的人口同农业分离，就是说工业人口增加，农业人口减少。**“资本主义生产方式由于它的本性，使农业人口同非农业人口比起来不断减少**，因为在工业（狭义的工业）中，不变资本比可变资本的相对增加，是同可变资本的绝对增加结合在一起的，虽然可变资本相对减少了；而在农业中，经营一定土地所需的可变资本则绝对减少；因此，只有在耕种新的土地时，可变资本才会增加，但这又以非农业人口的更大增加为前提。”（《资本论》第 3 卷第 2 部分第 177 页，俄译本第 526 页）①总之，没有工商业人口的增加，农业人口的减少，资本主义是不能设想的，并且谁都知道，这种现象在一切资本主义国家中表现得极为明显。未必用得着证明，这种情况对国内市场问题的意义很大，因为它既与工业的演进，也与农业的演进有着密切的联系；工业中心的形成、其数目的增加以及它们对人口的吸引，不能不对整个农村结构产生极深远的影响，不能不引起商业性的和资本主义的农业的发展。尤其值得注意的是这样一个事实：民粹派经济学的代表无论在他们纯理论性的论断中，或者在关于俄国资本主义的论断中，完全忽视了这一规律（关于这一规律在俄国表现的特点，我们将在下面第 8 章详细论述）。在瓦·沃·先生和尼·—逊先生关于资本主义国内市场的理论中，漏掉了一件实实在在的小

① 见《马克思恩格斯文集》第 7 卷第 718 页。——编者注

事：人口离开农业到工业中去，以及这一事实对农业的影响。①

## 三　小生产者的破产

在此以前，我们研究的是简单商品生产。现在，我们来研究资本主义生产，就是说，假定在我们面前的不是简单商品生产者，而是一方面——生产资料的占有者，另一方面——雇佣工人即劳动力的出卖者。小生产者变成雇佣工人，以其丧失生产资料——土地、劳动工具、作坊等等为前提，就是说以其“贫困化”、“破产”为前提。有一种观点认为，小生产者的破产“使居民的购买力日益缩减”，使资本主义的“国内市场日益缩小”（上引尼·—逊先生的书第185页，和第203、275、287、339—340页及其他各页。在瓦·沃·先生的大多数著作中也有同样的观点）。这里，我们不来谈这个过程在俄国发展的实际资料，这些资料我们将在以后各章详细考察。现在是纯粹从理论上提出问题，就是说提出关于转化为资本主义生产时的一般商品生产的问题。上述两位著作家也是从理论上提出这个问题的，就是说他们只从小生产者破产这一事实断定国内市场的缩小。这种观点是完全错误的，而这种观点所以顽固地残留在我国经济著作中只能解释为民粹派的浪漫主义成见（参看上面注释中所指的文章②）。他们忘记了，一部分生产者从生产资料中“游离”出来，必然以这些生产资料转入他人手中、变成

① 我们在《评经济浪漫主义。西斯蒙第和我国的西斯蒙第主义者》（见本版全集第2卷。——编者注）一文中已经指出，西欧浪漫主义者和俄国民粹派对工业人口增加问题所抱的态度是一样的。

② 指《评经济浪漫主义。西斯蒙第和我国的西斯蒙第主义者》一文。——编者注

资本为前提;因而又以下列情况为前提:这些生产资料的新占有者以商品形式生产那些原先归生产者本人消费的产品,就是说扩大国内市场;这些新的占有者在扩大自己生产时,向市场提出对新工具、原料、运输工具等等的需求,以及对消费品的需求(这些新占有者日益富有,他们的消费就自然增多)。他们忘记了,对市场来说,重要的决不是生产者的生活水平,而是生产者拥有货币;早先主要经营自然经济的宗法式农民,他们生活水平的降低与他们手中货币数目的增加完全相一致,因为这种农民愈破产,他们就愈加不得不出卖自己的劳动力,他们就愈加必须在市场上购买自己的(即使是极有限的)生活资料的更大一部分。"随着一部分农村居民〈从土地上〉的游离,他们以前的生活资料也被游离出来。这些生活资料现在转化为可变资本〈用来购买劳动力的资本〉的物质要素。"(《资本论》第1卷第776页)①"一部分农村居民的被剥夺和被驱逐,不仅为工业资本游离出工人及其生活资料和劳动材料,同时也**建立了国内市场**。"(同上,第778页)②因此,从抽象的理论观点来看,在商品经济和资本主义正在发展的社会中,小生产者破产所表明的情况与尼·—逊先生和瓦·沃·先生想从这个破产中作出的结论相反,是国内市场的建立,而不是缩小。如果同一位尼·—逊先生先验地宣称俄国小生产者的破产表明国内市场的缩小,而又引证我们刚才引证的马克思的相反论断(《概况》第71页和第114页),那么,这只证明这位著作家有引用《资本论》的话来打自己耳光的卓越才能。

---

① 参看《马克思恩格斯文集》第5卷第855页。——编者注

② 同上书,第857页。——编者注

## 四　民粹派关于额外价值不可能实现的理论

现在谈国内市场理论的下一个问题。大家知道，在资本主义生产中，产品的价值分为下列三部分：(1)第一部分补偿不变资本，即补偿先前是以原料、辅助材料、机器和生产工具等的形式存在的，并且只是在成品的一定部分中再生产出来的价值；(2)第二部分补偿可变资本，即偿付工人的生活费；最后，(3)第三部分是归资本家所有的剩余价值。通常认为(我们照尼·—逊先生和瓦·沃·先生那样来叙述这个问题)，头两部分的实现(即找到相当的等价物，在市场上销售)并不困难，因为第一部分用于生产，第二部分用于工人阶级的消费。但是第三部分即剩余价值怎样得到实现呢？它又不可能为资本家全部消费掉！于是我们的经济学家得出了结论："获得国外市场"是"摆脱"实现额外价值[22]的"困难的出路"。(尼·—逊《概况》第2篇第15节整节，特别是第205页；瓦·沃·在1883年《祖国纪事》杂志[23]上发表的《市场的商品供应过剩》一文和《理论经济学概论》1895年圣彼得堡版第179页及以下各页)上述两位著作家认为资本主义国家所以必须有国外市场，是因为资本家不能用别的办法来实现产品。俄国国内市场由于农民破产和没有国外市场无法实现额外价值而日益缩小，而国外市场又是很晚才走上资本主义发展道路的年轻国家可望而不可即的，——请看，仅仅根据先验的(并且在理论上是不正确的)见解，就宣布俄国资本主义没有根基和没有生命力已经得到了证明！

尼·—逊先生论述实现问题时，谈的显然就是马克思关于这个问题的学说(虽然他在自己的《概况》中讲这个问题的地方没有一个字提到马克思),但是他根本不懂这个学说,并且正像我们马上就能看到的,把这个学说歪曲得面目全非。因此就发生了一件怪事,就是他的观点在本质上完全和瓦·沃·先生的观点相同,而瓦·沃·先生我们决不能责备他"不懂"理论,因为即使怀疑他只懂得一点点理论,就会是极大的不公平。两位作者都那样论述自己的学说,好像他们是第一个讲到这个问题,"靠自己的头脑"使问题得到了一定的解决;两人神气十足地看也不看旧经济学家关于这个问题的论断,而且两人都重复着被《资本论》第 2 卷详尽批驳了的旧错误①。两位作者把整个产品实现问题归结为额外价值的实现,显然认为不变资本的实现并不困难。这个幼稚的观点包含着一个最严重的错误,民粹派实现学说的其后一切错误都是从这里产生的。事实上,在说明实现问题时,困难正在于说明不变资本的实现。为了得到实现,不变资本必须重新投入生产,而这只有其产品是生产资料的资本才能直接做到。假如补偿资本的不变部分的产品是消费品,那就不可能把它直接投入生产,而必须在制造生产资料和制造消费品的两个社会生产部类之间进行**交换**。全部困难正在这里,而我们的经济学家却**没有看到**这种困难。瓦·沃·先生把问题说成这样,好像资本主义生产的目的不是积累,而是消费,他一本正经地说:"落到少数人手里的大量物品,超过了目前发展水平下的机体消费能力〈原文如此!〉"(上引书第 149 页);"产品

① 在这里,瓦·沃·先生那种越出一切著作常规的勇气特别惊人。瓦·沃·先生阐述了自己的学说并暴露出对正是论述实现问题的《资本论》第 2 卷毫无所知,但他立即毫无根据地宣称,他"在自己的体系中所采用的"正是马克思的理论!!(《理论经济学概论》第 3 篇《生产、分配和消费的资本主义规律〈原文如此!?!〉》第 162 页)

# Das Kapital.

## Kritik der politischen Oekonomie.

Von

**Karl Marx.**

**Zweiter Band.**

**Buch II: Der Cirkulationsprocess des Kapitals.**

**Herausgegeben von Friedrich Engels.**

---



---

**Hamburg**
**Verlag von Otto Meissner.**
**1885.**

列宁使用过的马克思《资本论》
1885年德文版第2卷扉页

过剩不是因为厂主俭朴和节欲，而是因为人的机体有局限性或者缺乏伸缩性〈!!〉，不能用剩余价值增长的速度来扩大自己的消费能力”(同上，第161页)。尼·—逊先生则竭力把问题说成这样，好像他不认为资本主义生产的目的是消费，好像他注意到了生产资料在实现问题中的作用和意义，但事实上他根本没有弄清楚社会总资本的流通和再生产过程，而被一系列的矛盾搞糊涂了。我们不想详细分析这一切矛盾(尼·—逊先生的《概况》第203—205页)，这是一件枉费精力的工作(这件工作布尔加柯夫先生①在其《论资本主义生产条件下的市场》一书中完成了一部分，见该书1897年莫斯科版第237—245页)，况且要证明刚才对尼·—逊先生的论断所作的评价，只要分析一下他所作的最终结论就行了，这个结论是：国外市场是摆脱实现额外价值的困难的出路。尼·—逊先生的这个结论(实质上是简单地重复瓦·沃·先生的结论)很清楚地表明，他既根本不了解资本主义社会中产品的实现(即国内市场的理论)，也根本不了解国外市场的作用。事实上，这样把国外市场扯到“实现”问题上来，有没有哪怕是一星半点的道理呢？实现问题就是：如何为每一部分资本主义产品按价值(不变资本、可变资本和额外价值)和按物质形态(生产资料，消费品，其中包括必需品和奢侈品)在市场上找到替换它的另一部分产品。很明显，在这种情况下，应当把对外贸易撇开，因为把对外贸易扯在一起丝毫也不能促进问题的解决，而只会拖延问题的解决，把问题从一国转移到数国。就是这位在对外贸易上找到了“摆脱”实现额外价值

---

① 不妨提醒现在的读者，布尔加柯夫先生以及下面常常引证的司徒卢威先生和杜冈-巴拉诺夫斯基先生在1899年曾力图成为马克思主义者。现在他们却都顺利地从“马克思的批判家”变成庸俗的资产阶级经济学家了。(**第2版注释**)

的“困难的出路”的尼·—逊先生，例如对工资问题是这样议论的：用直接生产者即工人以工资形式得到的那部分年产品，“能从流通中取得的只是在价值上与工资总额相等的那部分生活资料”（第203页）。试问，我们这位经济学家从哪里知道，这个国家的资本家所生产的生活资料无论从数量和质量上讲，都恰好能够由工资来实现呢？他又从哪里知道在这种情况下可以不要国外市场呢？显然，他是不能知道的，他只是撇开了国外市场问题，因为在议论可变资本的实现时，重要的是以一部分产品去替换另一部分产品，至于这种替换是在一国内还是在两国内进行，则根本无关紧要。然而讲到额外价值，他却抛开这个必要前提，不去解决问题，而是干脆回避问题，谈论国外市场。产品在国外市场销售本身是要加以说明的，即要找到销售的那部分产品的等价物，找到能够替换销售部分的另一部分资本主义产品。正因为如此，所以马克思说道，在分析实现问题时，要“完全撇开”国外市场即对外贸易，因为“在分析年再生产的产品价值时，把对外贸易引进来，只能把问题搅乱，而对问题本身和问题的解决不会提供任何新的因素”（《资本论》第2卷第469页）①。瓦·沃·先生和尼·—逊先生自以为指出实现额外价值的困难，就对资本主义的矛盾作了深刻的估计。其实，他们对资本主义的矛盾的估计是极为肤浅的，因为如果讲到实现的“困难”，讲到由此而产生的危机等等，就应当承认，这些“困难”决不单单对额外价值，而且对资本主义产品的各个部分都不仅是可能的，并且是必然的。这一种因各生产部门分配的不合比例而引起的困难，不仅在实现额外价值时，而且在实现可变资本和不

① 见《马克思恩格斯文集》第6卷第528页。——编者注

变资本时，不仅在实现消费品产品时，而且在实现生产资料产品时，都经常发生。没有这种“困难”和危机，资本主义生产，即各个单独的生产者为他们所不知道的世界市场进行的生产，是根本不可能存在的。

## 五　亚·斯密对资本主义社会中社会总产品的生产和流通的观点以及马克思对这些观点的批判

为了弄清实现的学说，我们应当从亚当·斯密谈起，因为这个问题的错误理论是他创立的，而在马克思以前的政治经济学中，这种错误理论完全占据统治地位。亚·斯密把商品价格只分成两部分：可变资本（照他的术语是工资）和额外价值（他没有把“利润”和“地租”并在一起，所以实际上他把商品价格总共算成三部分）。① 同样，他把全部商品，即社会的全部年产品也分成这样两部分，并把它们直接当做社会两个阶级——工人与资本家（斯密称做企业主和土地所有者）的“收入”。②

他究竟根据什么把价值的第三个组成部分即不变资本抛掉呢？亚当·斯密不可能不看到这一部分，但是他认为这一部分也该归在工资和额外价值中。下面就是他对这个问题的论断：“例如，在谷物的价格中，就有一部分支付土地所有者的地租，另一部

---

① **亚当·斯密**《国民财富的性质和原因的研究》1801 年第 4 版第 1 卷第 75 页。第 1 篇《论劳动生产力提高的原因和劳动产品在国民各阶层间进行分配的自然秩序》，第 6 章《论商品价格的组成部分》。比比科夫的俄译本（1866 年圣彼得堡版）第 1 卷第 171 页。

② 上引书第 1 卷第 78 页，俄译本第 1 卷第 174 页。

分支付在谷物生产上使用的工人和役畜的工资或给养，第三部分支付租地农场主的利润。这三部分看来直接地或最终地构成谷物的全部价格。也许有人以为必须有第四个部分，用来补偿租地农场主的资本，或者说，补偿他的役畜和其他农具的损耗。但是必须考虑到，任何一种农具的价格，例如一匹役马的价格，本身又是由上述三个部分构成"（即地租、利润和工资）。"因此，谷物的价格虽然要补偿马的价格和给养费用，但全部价格仍然直接地或最终地分解为这三个部分：地租、工资和利润。"①马克思称斯密这个理论是"令人惊异的"。"他的证明不过是重复同一个论断而已"。（第2卷第366页）②斯密是在"把我们从本丢推给彼拉多**24**"（第2版第1卷第612页）③。斯密在谈到农具的价格**本身**分为这三个部分时，忘记加上一句：还有制造这些农具时所使用的那些生产资料的价格。亚·斯密（继他之后的经济学家们也一样）错误地把资本的不变部分从产品价格中排除掉，是同错误地理解资本主义经济中的积累，也就是同错误地理解扩大生产即额外价值之转化为资本有关的。亚·斯密在这里也抛掉了不变资本，认为所积累的即转化为资本的那部分额外价值完全为生产工人所消费，就是说完全用做工资，而事实上，积累的那部分额外价值是用做不变资本（生产工具、原料和辅助材料）加上工资的。马克思在《资本论》第1卷（第7篇《积累过程》第22章《剩余价值转化为资本》第2节《政治经济学关于规模扩大的再生产的错误见解》）中批判了斯密（以及李嘉图、穆勒等）的这个观点，并在那里指出：在第2卷中"将

① 上引书第1卷第75—76页，俄译本第1卷第171页。

② 见《马克思恩格斯文集》第6卷第414页。——编者注

③ 参看《马克思恩格斯文集》第5卷第681页。——编者注

表明，亚·斯密的这个为他的一切后继者所继承的教条，甚至妨碍了政治经济学去了解社会再生产过程的最基本的结构"(第1卷第612页)[25]。亚当·斯密所以犯这个错误，是因为他把产品的价值和新创造的价值混同起来了：新创造的价值确实分为可变资本和额外价值，而产品的价值，则除此而外还包括不变资本。马克思在分析价值时就揭露了这个错误，他确定了创造新价值的抽象劳动和把早先存在的价值在新形态的有用产品中再生产出来的有用的具体劳动之间的区别①。

在解决资本主义社会中的国民收入问题时，阐明社会总资本的再生产和流通过程是非常必要的。特别值得注意的是：亚·斯密在谈到国民收入这个问题时，已经不能坚持他那个把不变资本从国家总产品中排除掉的错误理论了。"一个大国全体居民的总收入，包括他们的土地和劳动的全部年产品；纯收入是在先扣除固定资本的维持费用，再扣除流动资本的维持费用之后，余下供他们使用的部分，或者说，是他们不占用资本就可以列入消费储备或用于生活必需品、舒适品和享乐品的部分。"(亚·斯密的书第2篇《论储备之本性、积累和使用》第2章，第2卷第18页；俄译本第2卷第21页)这样，亚·斯密把资本从国家总产品中排除掉，断定它分解为工资、利润和地租，即(纯)收入；可是他却把资本包括在社会总收入中，把它同消费品(＝纯收入)分开。马克思就抓住了亚当·斯密的这个矛盾：既然**资本**不包括在**产品**中，**资本**又怎么能包括在**收入**中呢？(参看《资本论》第2卷第355页)②在这里，亚当·斯密自己不知不觉地承认了总产品价值的三个组成部分：不

① 参看《马克思恩格斯文集》第5卷第232—234页。——编者注
② 参看《马克思恩格斯文集》第6卷第402—404页。——编者注

仅有可变资本和额外价值，而且还有不变资本。在接下去的议论中，亚当·斯密遇到了另一个在实现论中有巨大意义的极重要的区别。他说："维持固定资本的全部费用，显然要从社会纯收入中排除掉。无论是为维持有用机器、生产工具和有用建筑物等等所必需的原料，**还是为使这些原料转化为适当的形式所必需的劳动的产品，从来都不可能成为社会纯收入的一部分**。这种劳动的价格，当然可以是社会纯收入的一部分，因为从事这种劳动的工人，可以把他们工资的全部价值用在他们的直接的消费储备上。"但是在其他各种劳动中，不论是（劳动）"价格"，"或者是"（劳动）"产品"，"都加入这个消费储备；价格加入工人的消费储备，产品则加入另一些人的消费储备。"（上引亚·斯密的书）这里透露出必须把两种劳动区分开来的想法：一种劳动提供能够加入"纯收入"的消费品；另一种劳动提供"有用机器、生产工具和建筑物等等"，即提供那些决不能加入个人消费的物品。由此，他已经近于承认，要阐明实现问题就绝对必须区分两种消费：个人消费和生产消费（＝投入生产）。纠正了斯密的上述两点错误（从产品价值中抛掉不变资本，把个人消费和生产消费混同起来），才使马克思有可能建立起他的关于资本主义社会中社会产品实现的卓越理论。

至于说到亚当·斯密之后和马克思之前的其他经济学家，他们全都重复了亚当·斯密的错误①，并没有前进一步。因此，在关于收入的种种学说中充满着多么糊涂的观念，这一点，我们还要在

① 例如，李嘉图断言："每个国家的土地和劳动的全部产品都分为三部分：其中一部分用做计件工资，另一部分用做利润，第三部分用做地租。"（《李嘉图全集》季别尔译本 1882 年圣彼得堡版第 221 页）

下面谈到。在关于是否可能发生整个商品生产过剩的争论中，站在一方的李嘉图、萨伊、穆勒等人和站在另一方的马尔萨斯、西斯蒙第、查默斯、基尔希曼等人，所依据的都是斯密的错误理论，因此，按谢·布尔加柯夫先生公正的评论来说就是："由于出发点不正确和问题本身的提法不正确，这种争论只会导致空洞的和烦琐的争吵。"(上引书第21页。见杜冈-巴拉诺夫斯基对这些争吵的叙述：《现代英国的工业危机及其原因和对人民生活的影响》1894年圣彼得堡版第377—404页)

## 六　马克思的实现论

从以上所述自然可以看出，马克思的理论所依据的基本前提是下面两个原理。第一个原理，资本主义国家的总产品和个别产品一样，是由下面三个部分组成的：(1)不变资本，(2)可变资本，(3)额外价值。对了解马克思的《资本论》第1卷关于资本生产过程的分析的人来说，这个原理是不言而喻的。第二个原理，必须区分资本主义生产的两大部类：第I部类是生产资料的生产，即用于生产消费、用于投入生产的物品的生产，不是由人消费而是由资本消费的物品的生产；第II部类是消费品的生产，即用于个人消费的物品的生产。"仅仅这一划分，就比早先关于市场理论的一切争吵更有理论意义。"(上引布尔加柯夫的书第27页)于是发生了一个问题：为什么正是在现在，在分析社会资本再生产时，需要把产品按其实物形式作这样的划分，而在分析单个资本的生产和再生产时，却可以不作这样的划分，根本不谈产品的实物形式问题呢？根据什么，我们能把产品的实物形式问题纳入完全建立在产品交换价值上的资本主义经济的理论研究中去呢？问题是：在分析单个资本的生产时，关于产品在哪里和怎样出售，工人在哪里和怎样购买消费品，以及资本家在哪里和怎样购买生产资料的问题被撇开了，因为这个问题无助于这种分析并且与这种分析无关。那时我们所考察的只是各个生产要素的价值和生产的结果问题。而现在的问题正在于：工人和资本家从哪里获得自己的消费品？资本家从哪里获得生产资料？生产出来的产品怎样满足这些需求和怎样使扩大生产成为可能？因而这里不仅是“价值补偿，而且是物质补偿”(Stoffersatz。——《资本论》第2卷第389页)①，因此把各种在社会经济过程中起着完全不同作用的产品加以区分，是绝对必要的。

如果注意到这些基本原理，资本主义社会中社会产品的实现问题就没有什么困难了。首先假定是简单再生产，即生产过程在原有规模上的重复，没有积累。显而易见，第II部类的(以消费品形式存在的)可变资本和额外价值，是由本部类的工人和资本家的个人消费来实现的(因为简单再生产的前提就是剩余价值全部消费掉，任何一部分剩余价值都不转化为资本)。其次，以生产资料形式存在的(第I部类)可变资本和额外价值，必须交换成供制造生产资料的资本家和工人所需的消费品才能实现。另一方面，以消费品形式存在的(第II部类)不变资本，只有交换成生产资料，以便下年度重新投入生产才能实现。这样一来，生产资料中的可变资本和额外价值同消费品中的不变资本进行了交换：生产资料部类中的工人和资本家因而获得生活资料，而消费品部类中的资本家则销售了自己的产品并获得进行新的生产的不变资本。在简

① 见《马克思恩格斯文集》第6卷第438页。——编者注

单再生产的条件下，这些交换部分应当彼此相等，即生产资料中的可变资本与额外价值之和应该等于消费品中的不变资本。相反，如果假定是规模扩大的再生产，就是说有积累，那么前者就应该大于后者，因为必须有生产资料的多余部分来开始**新的**生产。不过我们还是回过来谈简单再生产。我们这里还有一部分社会产品没有得到实现，这就是生产资料中的不变资本。它的实现，部分是通过本部类的资本家之间的交换（例如煤和铁的交换，因为其中每一种产品都是生产另一种产品所必需的材料或工具），部分是通过直接投入生产（例如，为在本企业中重新用于采煤而开采的煤，农业中的种子等等）。至于积累，正如我们所知道的，其来源是生产资料的剩余（它们取自本部类资本家的额外价值），这种剩余也要求消费品中的部分额外价值转化为资本。这种追加生产怎样同简单再生产结合的问题，我们认为无须详加考察。我们的任务并不是专门考察实现论，而为了说明民粹派经济学家的错误，为了能对国内市场问题作出一定的理论结论，上面所说的就已经足够了。①

在我们所关心的国内市场问题上，从马克思的实现论中得出的主要结论如下：资本主义生产的扩大，因而也就是国内市场

① 参看《资本论》第2卷第3篇（《马克思恩格斯文集》第6卷第389—397页。——编者注），本篇详细地研究了积累、消费品之分为必需品与奢侈品、货币流通、固定资本的损耗等等。对没有机会阅读《资本论》第2卷的读者，可向他们推荐上引谢·布尔加柯夫先生书中关于马克思的实现论的叙述。布尔加柯夫先生的叙述较米·杜冈-巴拉诺夫斯基先生的叙述（《现代英国的工业危机及其原因和对人民生活的影响》第407—438页）令人满意，因为杜冈-巴拉诺夫斯基先生在制定自己的图式时很不恰当地背离了马克思，并且对马克思的理论说明得不够；布尔加柯夫先生的叙述也较亚·斯克沃尔佐夫先生的叙述（《政治经济学原理》1898年圣彼得堡版第281—295页）令人满意，因为亚·斯克沃尔佐夫先生在关于利润和地租这些十分重要的问题上持有不正确的观点。

的扩大，与其说是靠消费品，不如说是靠生产资料。换句话说，生产资料的增长超过消费品的增长。事实上我们看到，消费品（第Ⅱ部类）中的不变资本是在同生产资料（第Ⅰ部类）中的可变资本＋额外价值进行交换。但是，按照资本主义生产的一般规律，不变资本比可变资本增长得快。因而，消费品中的不变资本应该比消费品中的可变资本和额外价值增长得快，而生产资料中的不变资本应该增长得最快，它既要超过生产资料中的可变资本（＋额外价值）的增长，也要超过消费品中的不变资本的增长。因此，制造生产资料的社会生产部类应该比制造消费品的社会生产部类增长得快。可见，资本主义国内市场的扩大，在某种程度上并“不依赖”个人消费的增长，而更多地靠生产消费。但是，如果把这种“不依赖性”理解为生产消费完全脱离个人消费，那就错了：前者能够而且也应该比后者增长得快（其“不依赖性”也仅限于此）；但是不言而喻，生产消费最终总是同个人消费相关联的。马克思对这一点说道：“正如我们以前已经说过的（第2卷第3篇）[①]，不变资本和不变资本〈马克思指的是经本部类资本家之间交换而实现的生产资料中的不变资本〉之间会发生不断的流通……　这种流通就它从来不会加入个人的消费来说，首先不以个人消费为转移，但是它最终要受个人消费的限制，因为不变资本的生产，从来不是为了不变资本本身而进行的，而只是因为那些生产个人消费品的生产部门需要更多的不变资本。”（《资本论》第3卷第1部分第289页，俄译本第242页）[②]

这里所谓更多地使用不变资本，不过是用交换价值的术语来

① 参看《马克思恩格斯文集》第6卷第470—473、478—483页。——编者注

② 参看《马克思恩格斯文集》第7卷第340页。——编者注

# Das Kapital.

## Kritik der politischen Oekonomie.

Von

**Karl Marx.**

Dritter Band, erster Theil.

**Buch III:**
**Der Gesammtprocess der kapitalistischen Produktion.**
Kapitel I bis XXVIII.

Herausgegeben von **Friedrich Engels.**



**Hamburg**
Verlag von Otto Meissner.
1894.

列宁使用过的马克思《资本论》
1894 年德文版第 3 卷第 1 部分封面

表达生产力的高度发展，因为迅速发展的"生产资料"的主要部分，是由大生产和机器工业所需要的材料、机器、工具、建筑物和其他一切装备组成的。因此，资本主义生产在发展社会生产力，创立大生产和机器工业时，其特点就是特别扩大由生产资料所组成的那部分社会财富，这是十分自然的……　"在这里〈即在制造生产资料方面〉，资本主义社会和野蛮人的区别，并不像西尼耳所认为的那样，仿佛野蛮人的特权和特性是有时耗费自己的劳动而不能使他获得任何可以分解为（转化为）收入即消费资料的果实。区别在于：

（a）资本主义社会把它所支配的年劳动的较大部分用来生产生产资料（即不变资本），而生产资料既不能以工资形式也不能以剩余价值形式分解为收入，而只能作为资本执行职能。

（b）野蛮人在制作弓、箭、石槌、斧子、筐子等等的时候，非常明确地知道，他所花的时间不是用来生产消费资料的，也就是说，是用来满足他对生产资料的需要的，仅此而已。"（《资本论》第 2 卷第 436 页，俄译本第 333 页）[1]对自己同生产的关系的这种"明确的认识"，在资本主义社会中则丧失殆尽，因为资本主义社会固有的拜物教把人的社会关系表现为产品关系，因为每一种产品都变成了为不知道的消费者生产和必须在不知道的市场上实现的商品。因为对个别企业主来说，他所生产的物品的**种类**完全无关紧要（一切产品都提供"收入"），所以这种肤浅的、单个人的观点就被经济理论家用来说明整个社会，并且阻碍了认识资本主义经济中社会总产品的再生产过程。

---

① 见《马克思恩格斯文集》第 6 卷第 489 页。——编者注

生产的发展(因而也是国内市场的发展)主要靠生产资料,看来是令人难以置信的,并且显然是有矛盾的。这是真正的"为生产而生产",就是说生产扩大了,而消费没有相应地扩大。但这不是理论上的矛盾,而是实际生活中的矛盾;这正是一种同资本主义的本性本身和这个社会经济制度的其他矛盾相适应的矛盾。正是这种生产扩大而消费没有相应扩大的现象,才符合于资本主义的历史使命及其特有的社会结构,因为资本主义的历史使命是发展社会生产力,而资本主义特有的社会结构却不让人民群众利用这些技术成就。在资本主义固有的无限制扩大生产的趋向和人民群众有限的消费(所以是有限的,是因为他们处于无产阶级地位)之间,存在着明显的矛盾。马克思在一些原理中也确认了这种矛盾,而民粹派却喜欢用这些原理来论证他们所谓国内市场在缩小、资本主义不先进等等的观点。下面是其中的几个原理:"资本主义生产方式中的矛盾:工人作为商品的买者,对于市场来说是重要的。但是作为他们的商品——劳动力——的卖者,资本主义社会的趋势是把它的价格限制在最低限度。"(《资本论》第 2 卷第 303 页)①

"……实现……条件……受不同生产部门的比例和社会消费力的限制…… 生产力越发展,它就越和消费关系的狭隘基础发生冲突。"(同上,第 3 卷第 1 部分第 225—226 页)②"以广大生产者群众的被剥夺和贫穷化为基础的资本价值的保存和增殖,只能在一定的限制以内运动,这些限制不断与资本为它自身的目的而必须使用的并旨在无限制地增加生产,为生产而生产,无条件地发展劳动社会生产力的生产方法相矛盾…… 因此,如果说资本主

① 见《马克思恩格斯文集》第 6 卷第 350 页。——编者注

② 见《马克思恩格斯文集》第 7 卷第 272—273 页。——编者注

义生产方式是发展物质生产力并且创造同这种生产力相适应的世界市场的历史手段,那么,这种生产方式同时也是它的这个历史任务和同它相适应的社会生产关系之间的经常的矛盾。"(第 3 卷第 1 部分第 232 页,俄译本第 194 页)①"一切现实的危机的最终原因,总是群众的贫穷和他们的消费受到限制,而与此相对比的是,资本主义生产竭力发展生产力,好像只有社会的绝对的消费能力才是生产力发展的界限。"②(第 3 卷第 2 部分第 21 页,俄译本第 395 页)③在所有这些原理中,只不过是确认了上面讲的无限制扩大生产的趋向和有限的消费之间的矛盾而已。④ 如果从《资本论》的这些地方得出结论,说什么马克思不认为资本主义社会有实现额外价值的可能,说什么他用消费不足来解释危机等等,那就是再荒谬不过的了。马克思在分析实现时指出:"不变资本和不变资本之间……的流通最终要受个人消费的限制"⑤;但是这个

---

① 见《马克思恩格斯文集》第 7 卷第 278—279 页。——编者注

② 有名的(有赫罗斯特拉特名声的**26**)爱·伯恩施坦在其《社会主义的前提》(1899 年斯图加特版第 67 页)中引证的正是这一段。自然,我们这位从马克思主义转到旧资产阶级经济学的机会主义者赶紧声明说,这是马克思的危机论中的矛盾,马克思这种观点"同洛贝尔图斯的危机论没有多大区别"。而事实上,"矛盾"仅存在于下边两个方面之间:一方面是伯恩施坦的自负,另一方面是他的荒谬的折中主义和对马克思理论的不求甚解。伯恩施坦是何等地不懂得实现论,这从他十分可笑的议论中可以看出,似乎剩余产品的大量增长**必然**是有产者人数的增加(或者是工人生活福利的提高),因为请看,资本家本身及其"仆役"(原文如此! 第 51—52 页)是不能把全部剩余产品都"消费"掉的!!(**第 2 版注释**)

③ 见《马克思恩格斯文集》第 7 卷第 548 页。——编者注

④ 杜冈-巴拉诺夫斯基先生的看法是错误的,他认为马克思提出的这些原理同马克思自己对实现的分析相矛盾(1898 年《世间》杂志**27**第 6 期第 123 页《资本主义与市场》一文)。在马克思那里并没有什么矛盾,因为他在分析实现时就已指出了生产消费和个人消费的联系。

⑤ 参看《马克思恩格斯文集》第 7 卷第 340 页。——编者注

分析也指出了这种“限制”的真正性质，指出了消费品在国内市场形成过程中的作用要比生产资料小些。其次，如果从资本主义的种种矛盾中得出结论说，资本主义是不可能的和不进步的等等，那就是再荒谬不过的了，——这是想逃避不愉快的但却是明显的现实，而躲到虚无缥缈的浪漫主义幻想中去。无限制扩大生产的趋向和有限的消费之间的矛盾并不是资本主义唯一的矛盾，而资本主义没有矛盾就根本不能存在和发展。资本主义的种种矛盾，证明了它的历史暂时性，说明了它瓦解和向高级形态转化的条件和原因，——但这些矛盾决不排除资本主义的可能性，也决不排除它与从前各种社会经济制度相比起来的进步性。①

## 七　国民收入论

我们在阐明马克思的实现论的基本原理后，还应当简略地指出这个实现论在国民“消费”、国民“分配”和国民“收入”等理论中的重大意义。所有这些问题，特别是最后一个问题，至今还是经济学家的真正绊脚石。他们对这个问题谈论和写作得愈多，由亚·斯密的基本错误所产生的糊涂观念也就愈多。我们在这里举几个这种糊涂观念的例子。

例如，值得指出的是，蒲鲁东在实质上重复了同样的错误，只不过把旧理论作了略为不同的表述。他说：

“**甲**（指一切私有主，即企业主和资本家）用一万法郎开办企业，预先把它付给工人，工人则必须为此而生产产品。**甲**这样把自

① 参看《评经济浪漫主义。西斯蒙第和我国的西斯蒙第主义者》。（本版全集第2卷。——编者注）

己的货币变成商品之后，他必须在生产终了时，例如一年以后，重新把商品变成货币。他把自己的商品卖给谁呢？当然是卖给工人，因为社会上只有两个阶级：一个是企业主，另一个是工人。这些工人用提供自己的劳动产品而获得了满足其生活必需的工资一万法郎，而现在却必须偿付一万多法郎，即还必须偿付**甲**在年初就指望以利息和其他利润形式取得的附加额。工人只能靠借款来清偿这一万法郎，因此他就陷入日益沉重的债务和贫困之中。于是一定会发生下列两种情况之一：或者工人生产十而只能消费九；或者工人只把自己的工资付还企业主，但是这样，企业主本身就陷入破产和苦难的境地，因为企业主得不到资本的利息，这种利息终究不得不由他自己来偿付。”（**迪尔**《蒲鲁东传》第2卷第200页，转引自《工业》文集——《政治学辞典》条目选，1896年莫斯科版第101页）

正如读者所看到的，这还是瓦·沃·先生和尼·—逊先生穷于应付的那个困难，即如何实现额外价值。蒲鲁东只不过用略为特殊的形式表述了这个困难。他这种特殊的表述更使我国的民粹派同他接近，因为民粹派正和蒲鲁东一样，认为实现的“困难”正在于实现额外价值（按蒲鲁东的术语是利息或利润），他们没有认识到自己从旧经济学家那里承袭来的糊涂观念不仅妨碍着阐明额外价值的实现，而且也妨碍着阐明**不变资本**的实现，就是说，他们的“困难”在于不理解资本主义社会产品的整个实现过程。

马克思对蒲鲁东这个“理论”讽刺地说：

“蒲鲁东提出下面这个狭隘的公式，表明他没有能力理解这一点〈即资本主义社会产品的实现〉，这个公式是：工人不能买回自己的产品，因为产品包括了附加到成本价格上的利息”。(《资本论》第 3 卷第 2 部分第 379 页，俄译本第 698 页，有错误)[①]

马克思引了一个名叫福尔卡德的庸俗经济学家反驳蒲鲁东的一段话，这位福尔卡德“正确地概括了蒲鲁东只是从狭隘的角度提出的那个困难”，他说道，商品价格不仅包含超过工资的余额即利润，而且也包含补偿不变资本的部分。福尔卡德在反驳蒲鲁东时得出结论说：可见，资本家也不能用他的利润买回商品(福尔卡德自己不仅没有解决这个问题，而且也没有理解这个问题)。

同样，洛贝尔图斯对这个问题也没有提供什么。洛贝尔图斯虽然特别强调“地租、资本的利润和工资是收入”[②]这一论点，但他自己根本没有弄清“收入”这个概念。他在陈述如果政治经济学遵循“正确的方法”(上引书第 26 页)其任务将会如何时，也讲到了国民产品的分配：“它〈即真正的“**国民**经济科学”，——黑体是洛贝尔图斯用的〉应当指出，国民总产品中的一部分如何经常用来**补偿**生产上使用的或损耗的资本，而另一部分作为**国民收入**如何用来满足社会及其成员的直接需要。”(同上，第 27 页)虽然真正的科学应当指出这一点，可是洛贝尔图斯的“科学”却丝毫也没有指出这一点。读者看到，洛贝尔图斯只是逐字逐句重复亚当·斯密的话，看来他甚至没有觉察到问题正是从这里开始的。什么样的工人“补偿”国民资本？他们的产品怎样实现？关于这些，他只字不提。他把他的理论(这个由我提出来与以往理论相对立的新理论，第 32 页)概括成几个论点，首先这样开始谈到国民产品的分配：

① 见《马克思恩格斯文集》第 7 卷第 955 页。——编者注

② **洛贝尔图斯-亚格措夫博士**《社会问题研究》1875 年柏林版第 72 页及以下各页。

"就产品是收入来说，租〈大家知道，洛贝尔图斯所用的这个术语就是通常说的额外价值〉和工资是产品分解成的部分。"（第 33 页）这个十分重要的附带条件本来应当使他接触到最本质的问题，因为他刚刚说过，所谓收入是指用来"满足直接需要"的产品。可见，还有不用于个人消费的产品。这些产品该怎样实现呢？但是，洛贝尔图斯在这里没有觉察到这种含糊的地方，并且很快忘记了这个附带条件就径直地谈论"**产品分为三部分**"（工资、利润和地租）（第 49—50 页及其他各页）。这样一来，洛贝尔图斯实质上是重复了亚当·斯密的学说及其基本错误，丝毫也没有阐明收入问题。说要提出关于**国民产品分配**的完整而卓越的新理论的诺言[①]不过是一句空话而已。事实上，洛贝尔图斯并没有把关于这个问题的理论向前推进一步；他在给冯·基尔希曼的第 4 封社会问题书简（《资本》1884 年柏林版）中长篇大论地谈什么**货币**是否应当列入国民收入，工资来源于资本还是来源于收入，这表明他对"收入"的概念是何等的自相矛盾。恩格斯形容这种议论说：它是"属于经院哲学的范围"[②]（《资本论》第 2 卷序言第 XXI 页）[③]。

关于国民收入的这种十分糊涂的概念，至今还在经济学家中占着完全的统治地位。例如，赫克纳在《政治学辞典》《危机》一条中（上述文集第 81 页）讲到资本主义社会产品的实现（第 5 节《分配》）时，认为卡·亨·劳的论断是"中肯的"，而劳只是重复亚·斯

① 同上，第 32 页："……我不得不给这个关于卓越方法的概述，加上一个与这种卓越方法相适应的至少是关于**国民产品分配**的完整理论。"

② 因此卡·迪尔说洛贝尔图斯提供了"分配收入的新理论"（《政治学辞典》，《洛贝尔图斯》条，第 5 卷第 448 页）是完全错误的。

③ 见《马克思恩格斯文集》第 6 卷第 23 页。——编者注

密的错误，把社会总产品分为几种收入。罗·迈耶尔在他写的《收入》一条（同上，第 283 页及以下各页）中引了阿·瓦格纳（瓦格纳也是重复着亚·斯密的错误）的自相矛盾的定义，并且坦白地承认“把收入和资本区分开来是困难的”，而“最困难的是区分收益（Ertrag）和收入（Einkommen）”。

由此我们看到，过去和现在都在大谈其古典学派（以及马克思）对“分配”和“消费”注意不够的经济学家，丝毫也不能阐明“分配”和“消费”的最主要问题。这也是可以理解的，因为不懂得社会总资本再生产和社会产品各个组成部分补偿的过程，就不可能谈“消费”。这个例子再一次证实，把“分配”和“消费”作为同经济生活中某些独立过程和现象相应的某些独立的科学部门划分出来，是多么荒谬。政治经济学决不是研究“生产”，而是研究人们在生产上的社会关系，生产的社会结构。这些社会关系一经彻底阐明和彻底分析，各个阶级在生产中的地位**也就**明确了，因而，他们获得的国民消费份额**也就**明确了。古典政治经济学没有解决而各种各样研究“分配”和“消费”的专家也丝毫没有向前推进一步的问题，由正是直接继承古典学派并对单个资本和社会资本的生产作了彻底分析的那个理论解决了。

单独提出“国民收入”和“国民消费”的问题是绝对得不到解决的，这只能滋长一些经院式的论断、释义和分类，只有分析了社会总资本的生产过程，这个问题才能完全得到解决。并且，阐明了国民消费对国民产品的关系和如何实现这种产品的每个单独部分以后，这个问题也就不再单独存在。剩下的只是给这些单独部分**冠以名称**。

“为了避免不必要的困难，必须把总收益（Rohertrag）和纯收益同总收入和纯收入区别开来。

总收益或总产品是再生产出来的全部产品……

总收入是总生产(Bruttoprodukts oder Rohprodukts)中扣除了补偿预付的、并在生产中消费掉的不变资本的价值部分和由这个价值部分计量的产品部分以后,总产品所余下的价值部分和由这个价值部分计量的产品部分。因而,总收入等于工资(或预定要重新成为工人收入的产品部分)+利润+地租。但是,纯收入却是剩余价值,因而是剩余产品,这种剩余产品是扣除了工资以后所余下的,实际上也就是由资本实现的并与土地所有者瓜分的剩余价值和由这个剩余价值计量的剩余产品。

……如果考察整个社会的收入,那么国民收入是工资加上利润加上地租,也就是总收入。但是,这也只是一种抽象,因为在资本主义生产的基础上,整个社会是站在资本主义的立脚点上,因而只把分解为利润和地租的收入看做纯收入。"(第3卷第2部分第375—376页,俄译本第695—696页)[①]

由此看来,阐明了实现过程,也就弄清了收入问题,解决了阻碍了解这个问题的主要困难:为什么"对一个人来说是收入的东西,对另一个人来说则是资本"[②]?为什么由个人消费品构成的并完全分解为工资、利润和地租的产品还能包括从来不能成为收入的资本的不变部分?《资本论》第2卷第3篇对实现的分析完全解决了这些问题,所以马克思在阐述"收入"问题的《资本论》第3卷最末一篇中,只是给了社会产品各个单独部分以名称和引用了第

① 见《马克思恩格斯文集》第7卷第951—952页。——编者注

② 同上书,第957页。——编者注

2卷中的这个分析[①]。

## 八 为什么资本主义国家必须有国外市场?

对上述资本主义社会的产品实现的理论,可能产生这样一个问题:这个理论是否和资本主义国家不能没有国外市场的原理相矛盾?

必须记住:上面对资本主义社会的产品实现的分析是从没有对外贸易这个假定出发的,这个假定已在上面指出,其**必要性**也在进行这种分析时说明了。显然,产品的输入和输出只会把事情搅乱,对阐明问题丝毫没有帮助。瓦·沃·先生和尼·—逊先生的错误,就在于他们把国外市场扯来**说明**额外价值的实现:这样来谈国外市场根本没有说明什么问题,只是掩盖他们的理论错误,这是一方面。另一方面,这使他们能够用这些错误"理论"支吾搪塞,而无须**说明**俄国资本主义国内市场发展的事实[②]。对他们来说,"国外市场"不过是抹杀国内资本主义(因而也抹杀市场)发展的一种遁词,而且是更为方便的遁词,因为它还使他们可以不必去考察那些证明俄国资本主义争夺国外市场的事实[③]。

---

① 见《资本论》第3卷第2部分第7篇《收入》第49章《关于生产过程的分析》,俄译本第688—706页(《马克思恩格斯文集》第7卷第943—965页。——编者注)。马克思在这里也指出了阻碍以前的经济学家了解这个过程的一些情况(第379—382页,俄译本第698—700页(《马克思恩格斯文集》第7卷第955—958页。——编者注))。

② 布尔加柯夫先生在上引书中非常正确地指出:"直到现在,依靠农民市场的棉纺织业,还在不断发展,因此,这种国民消费的绝对缩减……"(这正是尼·—逊先生所说的)"……只是在理论上可以想象"。(第214—215页)

③ **沃尔金**《沃龙佐夫先生著作中对民粹主义的论证》1896年圣彼得堡版第71—76页。

资本主义国家必须有国外市场，决不取决于社会产品（特别是额外价值）的实现规律，而取决于下面几点：第一，资本主义只是超出国家界限的广阔发展的商品**流通**的结果。因此，没有对外贸易的资本主义国家是不能设想的，而且也没有这样的国家。

正如读者所看到的，这个原因是有历史特性的。民粹派未必能用"资本家不可能消费掉额外价值"的几句陈词滥调来把这个原因支吾过去。这里必须考察——如果他们真想提出国外市场的问题——对外贸易发展史，商品流通发展史。考察了这个历史，当然就不会把资本主义描述成偶然离开道路的现象了。

第二，社会生产各部分之间的比例（按价值和按实物形式），是社会资本再生产理论所必须有的假定，并且事实上只是从一系列经常波动中得出的平均数，——在资本主义社会中，由于为不知道的市场而生产的各个生产者的孤立性，这种相适应经常遭到破坏。彼此互为"市场"的各种生产部门，不是平衡发展，而是互相超越，因此较为发达的生产部门就寻求国外市场。这决不像民粹派喜欢一本正经地断定的那样，意味着"资本主义国家无法实现额外价值"。这只是说各个生产部门的发展不成比例。在国民资本**另一种**分配的情况下，同样数量的产品就能够在国内实现。但是，要使资本离开一个生产部门转移到另一个生产部门去，这个部门就必须经过危机，因此有什么原因能够阻止受到这种危机威胁的资本家不去寻求国外市场，不去寻求促进输出的补助费和奖金等等呢？

第三，前资本主义生产方式的规律，是生产过程在原有规模上、原有技术基础上的重复。地主的徭役经济、农民的自然经济和手工业者的手艺生产就是如此。相反，资本主义生产的规律，是生产方式的经常改造和生产规模的无限扩大。在旧的生产方式下，各个经济单位能存在好几世纪，无论在性质上或者在规模上都没有变化，不超出地主的世袭领地、农民的村庄或农村手艺人和小工业者（所谓手工业者）的附近小市场的界限。相反，资本主义企业必然超出村社、地方市场、地区以至国家的界限。因为国家的孤立和闭关自守的状态已被商品流通所破坏，所以每个资本主义生产部门的自然趋向使它必须"寻求国外市场"。

因此，必须寻求国外市场，决不像民粹派经济学家所爱描述的那样，是证明资本主义无力维持下去。完全相反。这种需要明显地表明资本主义进步的历史作用，资本主义破坏了旧时经济体系的孤立和闭关自守的状态（因而也破坏了精神生活和政治生活的狭隘性），把世界上所有的国家联结成统一的经济整体。

我们从这里看到，必须有国外市场的后两个原因也还是历史性的原因。要弄清这些原因，就必须考察各个单独的生产部门，它在国内的发展，它向资本主义生产部门的转化，——一句话，必须研究资本主义在国内发展的**事实**，而民粹派拿国内市场和国外市场都"不可能"这种毫无价值的（和毫无内容的）空话作掩护，乘机回避这些事实，是不足为怪的。

## 九　第一章的结论

现在我们把上面分析的那些与国内市场问题直接有关的理论原理总括一下。

(1)国内市场的建立（即商品生产和资本主义的发展）的基本过程是社会分工。这一分工就是：各种原料加工（以及这一加工的各种工序）都一个个同农业分离，用自己的产品（现在已经是**商品**）

交换农产品的各个独立的生产部门日渐形成。这样，农业本身也变成工业(即商品生产)，其内部也发生同样的专业化过程。

(2)从上述原理直接得出的结论，就是一切正在发展的商品经济特别是资本主义经济的一个规律：工业(即非农业)人口比农业人口增长得快，它使愈来愈多的人口脱离农业而转到加工工业中来。

(3)直接生产者同生产资料的分离，即直接生产者的被剥夺，标志着从简单商品生产向资本主义生产的过渡(而且是这一过渡的必要条件)，**建立了**国内市场。国内市场的这种**建立**过程是从两方面进行的：一方面是小生产者从中"游离"出来的**生产资料**转化为新占有者手中的资本，用来进行商品生产，因而自身也变成了商品。这样，甚至是这些生产资料的简单再生产现在也需要购买这些生产资料了(以前这些生产资料大部分是以实物形式进行再生产，部分是在家庭中制造的)，就是说提供了生产资料的市场。其次，现在用这些生产资料生产出来的产品，也变成了商品。另一方面，这种小生产者的**生活资料**变成了可变资本的物质要素，即变成了企业主(无论是土地占有者、承包人、木材业者、厂主等都一样)雇用工人所花费的货币额的物质要素。这样，这些生活资料现在也变成了商品，即建立了消费品的国内市场。

(4)如果不弄清楚下面两点，资本主义社会中的产品的实现(因而也包括额外价值的实现)是无法说明的：(1)社会产品，如同个别产品一样，按价值分解为三部分而不是分解为两部分(分解为不变资本＋可变资本＋额外价值，而不像亚当·斯密和继他之后而在马克思以前的一切政治经济学所教导的那样，只分解为可变资本＋额外价值)；(2)社会产品按其实物形式应当分为两大部类，即生产资料(生产上消费)和消费品(个人消费)。马克思确立了这些基本理论原理,就充分说明了资本主义生产中一般产品,特别是额外价值的实现过程,指出把国外市场扯到实现问题上来是完全错误的。

(5)马克思的实现论又阐明了国民消费和国民收入的问题。

由上述各点自然可以看出,国内市场问题,作为同资本主义发展程度问题无关的个别的独立问题,是完全不存在的。因此,马克思的理论在任何地方和任何时候都不是单独提出这个问题的。国内市场是在商品经济出现的时候出现的;国内市场是由这种商品经济的发展建立的,而社会分工的精细程度决定了它的发展水平;国内市场随着商品经济从产品转到劳动力而日益扩展,而且只有随着劳动力变成商品,资本主义才囊括国家全部生产,主要靠在资本主义社会中占着愈来愈重要地位的生产资料来发展。资本主义的"国内市场"是由发展着的资本主义本身建立的,因为这个资本主义加深了社会分工,并把直接生产者分化为资本家和工人。国内市场的发展程度,就是国内资本主义的发展程度。撇开资本主义的发展程度问题而单独提出国内市场的限度问题(像民粹派经济学家所做的那样),是错误的。

因此,关于俄国资本主义国内市场如何形成的问题,就归结为下面的问题:俄国国民经济的各个方面如何发展,并朝什么方向发展?这些方面之间的联系和相互依存关系如何?

以下各章就是要考察答复这些问题的资料。

# 第 二 章
# 农民的分化

我们已经看到，小农分化为农业企业主和农业工人的过程，是资本主义生产中国内市场形成的基础。几乎每本关于改革后时期俄国农民经济状况的著作，都指出了所谓农民的“分解”。因此，我们的任务是研究这种现象的基本特点和确定它的意义。在以下的叙述中，我们所利用的是地方自治局统计机关的按户调查资料[28]。

## 一　新罗西亚[29]地方自治局统计资料

弗·波斯特尼柯夫先生在他的《南俄农民经济》（1891 年莫斯科版）一书[30]中，收集和整理了塔夫利达省的地方自治局统计资料，以及赫尔松省和叶卡捷琳诺斯拉夫省的部分地方自治局统计资料。在论述农民分化的著作中，这本书应当算是最好的，因此我们认为有必要按照我们采用的方法来综合波斯特尼柯夫先生收集的资料，有时把地方自治局汇编的资料补充进去。塔夫利达省地方自治局统计人员采取了按播种面积的农户分类法，这种分类法很成功。由于粗放耕作条件下的谷物农业系统在这个地区占优势，这种分类法能够使人精确地判断每类农户的**经济**。下面就是塔夫利达省农民各经济类别的总的资料。①

① 下面的资料大部分是关于塔夫利达省北部别尔江斯克、梅利托波尔和第聂伯罗夫斯克 3 个内陆县的，或者只是关于第聂伯罗夫斯克县的。

| 农民类别 | 第聂伯罗夫斯克县 | | | 3　县 | | | | | |
|---|---|---|---|---|---|---|---|---|---|
| | 农户总数的百分数 | 每户男女人口 | 每户男劳动力 | 农户总数的百分数 | 每户平均播种面积（单位俄亩） | 全部播种面积（单位俄亩） | 全部播种面积占总数的百分数 | | 农户总数的百分数 |
| 一、不种地者 | 9 | 4.6 | 1.0 | 7.5 | — | — | — | | |
| 二、种地不满5俄亩者 | 11 | 4.9 | 1.1 | 11.7 | 3.5 | 34 070 | 2.4 | 12.1 | 40.2 |
| 三、种地5—10俄亩者 | 20 | 5.4 | 1.2 | 21 | 8.0 | 140 426 | 9.7 | | |
| 四、种地10—25俄亩者 | 41.8 | 6.3 | 1.4 | 39.2 | 16.4 | 540 093 | 37.6 | 37.6 | 39.2 |
| 五、种地25—50俄亩者 | 15.1 | 8.2 | 1.9 | 16.9 | 34.5 | 494 095 | 34.3 | 50.3 | 20.6 |
| 六、种地超过50俄亩者 | 3.1 | 10.1 | 2.3 | 3.7 | 75.0 | 230 583 | 16.0 | | |
| **总　计** | 100 | 6.2 | 1.4 | 100 | 17.1 | 1 439 267 | 100 | | |

播种面积分配不平均的现象很显著：占农户总数$^2/_5$（占人口的$^3/_{10}$左右，因为这里家庭人数低于平均数）的种地少的贫苦户只占有全部播种面积的$^1/_8$左右，他们靠自己的农业收入不能满足自己的需求。其次，中等农户也占农户总数的$^2/_5$左右，他们靠土地的收入来维持自己的中等开支（波斯特尼柯夫先生认为，需要有16—18俄亩播种面积才能维持一个家庭的中等开支）。最后，富裕农民（占农户的$^1/_5$左右和人口的$^3/_{10}$）的手里集中了全部播种面积的一半以上，而且每户的播种面积清楚地表明了这类农户的农业的"商业"性。为了精确地算出这种商业性农业在各类农户中的规模，波斯特尼柯夫先生使用了如下的方法。他从农户的全部播种面积中划出了食物面积（提供养活家庭和雇农的产品）、饲料面积（提供牲畜饲料）和经营面积（提供播种所需的种子、宅地等等），从而算出了

提供销售产品的**市场**面积**或商业**面积。结果是，播种5—10俄亩的一类农户，只有11.8%播种面积提供市场产品，而随着每类农户播种面积的扩大，这个百分数依次递增为：36.5%—52%—61%。因此，富裕农民（两类上等户）经营的已经是商业性农业，每年获得总数为574—1 500卢布的货币收入。这种商业性农业已经变为资本主义农业，因为富裕农民的播种面积超出家庭的劳动标准（就是说超出家庭靠自己的劳动能耕种的土地数量），使他们必须**去雇用工人**：据作者的计算，在塔夫利达省北部3个县，富裕农民雇用了14 000多个农业工人。相反，贫苦农民则“提供工人”（5 000多人），就是说要出卖自己的劳动力，因为就以种地5—10俄亩这一类来说，每户从农业中获得的货币收入只有30卢布左右①。因此，我们看到，这正是资本主义生产理论所论述的那种国内市场建立的过程：“国内市场”的发展，一方面是由于商业性即企业性农业的产品变成商品；另一方面是由于贫穷农民出卖的劳动力变成商品。

为了更清楚地认识这种现象，我们来考察一下每一类农户的状况。我们从上等户谈起。下面是关于上等户的土地占有和土地使用的资料：

**塔夫利达省第聂伯罗夫斯克县**

每户耕地（单位俄亩）

| 农户类别 | 份地[31] | 购买地 | 租地 | 共计 |
|---|---|---|---|---|
| 一、不种地者 | 6.4 | 0.9 | 0.1 | 7.4 |
| 二、种地不满5俄亩者 | 5.5 | 0.04 | 0.6 | 6.1 |
| 三、种地5—10俄亩者 | 8.7 | 0.05 | 1.6 | 10.3 |
| 四、种地10—25俄亩者 | 12.5 | 0.6 | 5.8 | 18.9 |
| 五、种地25—50俄亩者 | 16.6 | 2.3 | 17.4 | 36.3 |
| 六、种地超过50俄亩者 | 17.4 | 30.0 | 44.0 | 91.4 |
| **平　均** | 11.2 | 1.7 | 7.0 | 19.9 |

① 波斯特尼柯夫先生公正地指出，实际上，按土地上获得的货币收入量来说，各

由此我们可以看到，尽管富裕农民拥有的份地最多，但他们还是把大量的购买地和租地集中在自己手里，变成了小土地占有者和农场主。① 租地17—44俄亩，每年的开支按当地价格计算约为70—160卢布左右。显然，我们在这里看到的已经是商业性活动了，因为土地变成了商品，变成了"猎取金钱的机器"。

其次，我们来看看役畜和农具的资料：

| 农户类别 | 塔夫利达省3县 | | | | 第聂伯罗夫斯克县 | |
|---|---|---|---|---|---|---|
| | 每户牲畜头数 | | | 没有役畜的农户的百分数 | 每户农具② | |
| | 役畜 | 其他役畜 | 共计 | | 运输工具 | 耕具 |
| 一、不种地者 | 0.3 | 0.8 | 1.1 | 80.5 | — | — |
| 二、种地不满5俄亩者 | 1.0 | 1.4 | 2.4 | 48.3 | — | — |
| 三、种地5—10俄亩者 | 1.9 | 2.3 | 4.2 | 12.5 | 0.8 | 0.5 |
| 四、种地10—25俄亩者 | 3.2 | 4.1 | 7.3 | 1.4 | 1.0 | 1.0 |
| 五、种地25—50俄亩者 | 5.8 | 8.1 | 13.9 | 0.1 | 1.7 | 1.5 |
| 六、种地超过50俄亩者 | 10.5 | 19.5 | 30.0 | 0.03 | 2.7 | 2.4 |
| 平　均 | 3.1 | 4.5 | 7.6 | 15.0 | | |

富裕农民的农具比贫苦农民，甚至比中等农民要多好几倍。

---

类农户之间的差别还要大得多，因为在计算时所采用的是(1)同样的单位面积产量和(2)同样的粮食出售价格。而事实上，富裕农民的收成较好，粮食售价较高。

① 我们必须指出，不种地者所以有较大量的购买地，是因为把小店主和工业作坊主等等列入这类农户中了。把这样的"农民"同耕作者混淆在一起，是地方自治局统计资料常见的缺点。关于这一缺点，我们还要在下面谈到。

② 运输工具——轻便马车、大车、带篷马车等等。耕具——犁、多铧浅耕犁(快耕犁)等等。

只要看一看这张表，就足以了解我国一些人在讲到“农民”时很喜欢搬用的那些“平均”数字，是完全虚假的。除了农民资产阶级的商业性农业外，这里还要加上商业牲畜牧业，即饲养粗毛羊。关于农具，我们还要引证那些取材于地方自治局统计汇编①的改良农具资料。在总数为 3 061 台的收割机和割草机中，农民资产阶级（占农户总数的1/5）拥有 2 841 台，即占 92.8%。

富裕农民的**耕作技术**也大大超过中等农民（经营规模较大，农具较多，有闲置的货币资金等等），就是说：富裕农民“能较快地播种，更好地利用有利的天气，用较湿润的泥土覆盖种子”，按时收割庄稼；能一面运回庄稼，一面脱粒等等，这是十分自然的。生产农产品的开支（以单位产品计算）随着经营规模的扩大而降低，这也是十分自然的。波斯特尼柯夫先生用下面的计算特别详细地证明了这个论点：他算出了各类农户耕种 100 俄亩土地所需的劳动力（连雇工在内）、役畜、工具等等的数量。结果是，这种数量随着经营规模的扩大而减少。例如，种地不满 5 俄亩的农户耕种 100 俄亩份地，需要 28 个劳动力，28 头役畜，4.7 张犁和多铧浅耕犁，10 辆轻便马车，而种地超过 50 俄亩的农户耕种 100 俄亩份地，只需要 7 个劳动力，14 头役畜，3.8 张犁和多铧浅耕犁，4.3 辆轻便马车（我们省略了关于各类农户的较详细的资料，请那些对详细资料感兴趣的人去看波斯特尼柯夫先生的书）。作者总的结论是：“随着经营规模和耕地面积的扩大，农民用于养活劳动力即人和牲畜的支出（这是农业中一项最主要的支出）就依次递减。种地多的各

① 《梅利托波尔县统计资料汇编》1885 年辛菲罗波尔版（《塔夫利达省统计资料汇编》第 1 卷），《第聂伯罗夫斯克县统计资料汇编》1886 年辛菲罗波尔版第 2 卷。

类农户用在每俄亩播种面积上的这项支出几乎只有种地少的各类农户的一半。”(上述著作第117页)波斯特尼柯夫先生十分正确地认为，大农户的生产率较高因而也较稳固这一规律具有重要的意义，他不仅用新罗西亚一地而且用俄罗斯中部各省的极其详细的资料来证明这一规律①。商品生产渗入农业愈深，农民之间的竞争、争夺土地的斗争、争取经济独立的斗争愈加剧烈，促使农民资产阶级排挤中等农民和贫苦农民的这一规律就必定愈加有力地表现出来。不过必须指出，农业的技术进步，随着农业系统的不同，随着耕作制度的不同而有不同的表现。在谷物农业系统和粗放耕作的条件下，这种进步会表现在简单地扩大播种面积和缩减单位播种面积上使用的劳动力、牲畜等等的数量上；在畜牧农业系统和技术农业系统的条件下，在向集约农业过渡的条件下，这种进步就会表现在单位播种面积需要大量劳动力的块根作物的种植上，或产乳牲畜的饲养和牧草的种植上等等。

在说明上等农户时，还应当把大量使用雇佣劳动的情况补充进去。下面是关于塔夫利达省3县的资料：

---

① “地方自治局的统计十分清楚地表明，农民经营规模愈大，耕种一定面积土地所需的农具、劳动力和役畜就愈少。”(上述著作第162页)

值得指出的是，这个规律在瓦·沃·先生的议论中是怎样反映出来的。在上引文章(1884年《欧洲通报》杂志第7期)中，他作了这样的对比：在中部黑土地带，农民的每1匹马耕地5—7—8俄亩，而“按三圃轮作的规则”应当耕地7—10俄亩(巴塔林《1883年俄国农村业主的历书和手册》)。“因此，对俄罗斯这个区域的部分居民失去马匹这一现象，在某种程度上应当看做是役畜数量和应耕地面积之间正常比例的恢复。”(上述文章第346页)总之，农民的破产引起农业的进步。如果瓦·沃·先生不仅注意到这个过程的农艺方面，而且注意到这个过程的社会经济方面，他就可以看到，这是资本主义农业的进步，因为役畜和耕地之间“正常比例的恢复”，只有购置自己的农具的地主，或是农民中的大耕作者即农民资产阶级才能做到。

| 农户类别 | 雇用雇农的农户的百分数 | 每类农户的播种面积(百分数) |
|---|---|---|
| 一、不种地者 | 3.8 | — |
| 二、种地不满5俄亩者 | 2.5 | 2 |
| 三、种地5—10俄亩者 | 2.6 | 10 |
| 四、种地10—25俄亩者 | 8.7 | 38 |
| 五、种地25—50俄亩者 | 34.7 | 34 } 50 |
| 六、种地超过50俄亩者 | 64.1 | 16 } 50 |
| **总 计** | 12.9 | 100 |

瓦·沃·先生在上述文章中对这个问题作了如下的议论。他引用了雇用雇农的农户数对农户总数的百分比,并作出结论说:"依靠雇佣劳动来耕种土地的农民数与人民总数比较起来,完全是微不足道的,在100个户主中间只有2—3个,最多5个,——这就是农民资本主义的全体代表;这〈俄国雇用雇农的农民经济〉不是在现代经济生活条件下牢牢扎了根的制度,而是一二百年前就有过的偶然现象"(1884年《欧洲通报》杂志第7期第332页)。在把当雇农的农户也列入"农"户总数的情况下,把雇用雇农的农户数与"农"户总数相比较是什么意思呢?要知道,采用这种方法也可以摆脱掉俄国工业中的资本主义:只要举出使用雇佣工人的手工业家庭(即大小工厂主的家庭)对俄国手工业家庭总数的百分比就可以了;就会得出对"人民总数"来说是"完全微不足道的"比例。如果把雇用雇农的农户数只同真正独立的即只依靠农业过活而不出卖自己劳动力的农户数相比较,则要正确得多。其次,瓦·沃·先生忽略了一件小事,就是雇用雇农的农户属于最大的农户:雇用雇农的农户就"总数和平均数"来说,其百分数是"微不足道的",而在握有全部生产的一半以上并生产大量销售粮的富裕农民那里,其百分数却是很大的(占34%—64%)。因此可以断定,说什么这

种雇用雇农的经济是一二百年前就有过的“偶然现象”，那是荒谬的！第三，只有忽视农业的真正特点，才会在评论“农民资本主义”时，只举出雇农即固定工人，而不提日工。大家知道，雇用日工在农业中起着特别重大的作用。①

现在我们来谈下等户。下等户由不种地和种地少的户主组成，他们“在经济状况上并没有很大的差别……二者不是给自己同村人当雇农，就是去挣外水，而且主要还是农业方面的外水”(上述著作第134页)，就是说他们都属于农村无产阶级。我们必须指出，例如在第聂伯罗夫斯克县，有40%的农户属于下等户，没有耕具的农户占农户总数的39%。农村无产阶级除了出卖自己的劳动力，还从出租自己的份地取得收入：

| 农户类别 | 第聂伯罗夫斯克县<br>出租份地的户主的百分数 | 第聂伯罗夫斯克县<br>出租的份地的百分数 |
|---|---|---|
| 一、不种地者 | 80 | 97.1 |
| 二、种地不满5俄亩者 | 30 | 38.4 |
| 三、种地5—10俄亩者 | 23 | 17.2 |
| 四、种地10—25俄亩者 | 16 | 8.1 |
| 五、种地25—50俄亩者 | 7 | 2.9 |
| 六、种地超过50俄亩者 | 7 | 13.8 |
| **全县** | 25.7 | 14.9 |

塔夫利达省3县总共出租了(1884—1886年)全部农民耕地的

① 英国是一个典型的农业资本主义国家。就是在这个国家里，40.8%的农场主也没有雇用工人；68.1%的农场主雇用工人不超过2个；82%的农场主雇用工人不超过4个(**扬松**《俄国与西欧各国的比较统计学》第2卷第22—23页。转引自**卡布鲁柯夫**《农业工人问题》第16页)。但是，一个经济学家要是忘记了大批按日受雇的农村无产者，流动的和定居的即在本村挣“外水”的无产者，那他可真是一个了不起的经济学家。

25%，而且这里还没有包括不是租给农民而是租给平民知识分子的土地。在这3县中，总计约有⅓的人口出租土地，并且租种农村无产阶级份地的主要是农民资产阶级。下面是关于这方面的资料。

**塔夫利达省3县**

| | 租用邻人的份地（单位俄亩） | 百分数 |
|---|---|---|
| 每户种地不满10俄亩的户主 | 16 594 | 6 |
| 每户种地10—25俄亩的户主 | 89 526 | 35 |
| 每户种地25俄亩以上的户主 | 150 596 | 59 |
| **总　计** | 256 716 | 100 |

“目前份地已成为南俄农民日常生活中的普遍投机对象。立下字据，用土地作抵押取得借款……土地可出租或出卖1年、2年，或长达8年、9年和11年。”（上引著作第139页）可见农民资产阶级也是商业资本和高利贷资本的代表。① 我们在这里看到，所谓“富农”和“高利贷者”同“善于经营的农夫”毫无共同之点的那种民粹派成见，显然遭到了驳斥。恰恰相反，农民资产阶级手中掌握了商业资本（以土地作抵押出借款项，收购各种产品等等）和产业资本（靠雇用工人来经营的商业性农业等等）的两条线。这两种形式的资本中，哪一种资本会由于另一种资本的减少而增长，这取决于周围的环境，取决于我国农村中的落后现象被排除的程度和文化普及的程度。

最后，我们来考察一下中等户（每户有播种面积10—25俄亩，平均为16.4俄亩）的状况。中等户的状况是过渡性的：农业的货币收入（191卢布）稍低于一个中等的塔夫利达人每年的开支（200—250卢布）。这里每户有役畜3.2头，而充分的“畜力”则需

① 农民资产阶级本身享受到“很多”给“有产农民”“重要帮助”的农村信贷所和信贷社的好处。“经济力量薄弱的农民找不到保人，享受不到贷款。”（上引著作第368页）

要有 4 头。因此，中等农户的经济处于不稳定的状况下，他们必须靠插犋来耕种自己的土地。①

自然，靠插犋耕种土地，生产率是较低的(转移时耗费时间，马匹不足等等)，例如，在一个村子里，有人告诉波斯特尼柯夫先生说，“插犋户用多铧浅耕犁往往一天最多耕 1 俄亩，即比标准少一半”②。如果我们再补充一点：在中等户中有⅕左右的农户没有耕具，中等户提供的工人多于雇用的工人(按照波斯特尼柯夫先生的计算)，那么我们就可以看出这类农户在农民资产阶级和农村无产阶级之间的不稳定性和过渡性了。现在我们来引证一些中等户受排挤的略微详细一点的资料：

**塔夫利达省第聂伯罗夫斯克县**③

| 户主类别 | 农户总数的百分数 | 男女人口总数的百分数 | 份地 | | 购买地 | | 租地 | | 出租地 | | 使用土地总数 | | 播种面积 | |
|---|---|---|---|---|---|---|---|---|---|---|---|---|---|---|
| | | | 单位俄亩 | 百分数 | 单位俄亩 | 百分数 | 单位俄亩 | 百分数 | 单位俄亩 | 百分数 | 单位俄亩 | 百分数 | 单位俄亩 | 百分数 |
| 贫苦户 | 39.9 | 32.6 | 56 445 | 25.5 | 2 003 | 6 | 7 839 | 6 | 21 551 | 65.5 | 44 736 | 12.4 | 38 439 | 11 |
| 中等户 | 41.7 | 42.2 | 102 794 | 46.5 | 5 376 | 16 | 48 398 | 35 | 8 311 | 25.3 | 148 257 | 41.2 | 137 344 | 43 |
| 富裕户 | 18.4 | 25.2 | 61 844 | 28 | 26 531 | 78 | 81 646 | 59 | 3 039 | 9.2 | 166 982 | 46.4 | 150 614 | 46 |
| **全县共计** | 100 | 100 | 221 083 | 100 | 33 910 | 100 | 137 883 | 100 | 32 901 | 100 | 359 975 | 100 | 326 397 | 100 |

可见，份地的分配是最“平均的”，虽然其中下等户受上等户排挤

① 在梅利托波尔县，这类农户有 13 789 户，其中只有 4 218 户靠自力耕地，而 9 201 户靠插犋。在第聂伯罗夫斯克县的 8 234 户农户中，4 029 户靠自力耕地，而 3 835 户靠插犋。见《梅利托波尔县地方自治局统计汇编》(B.第 195 页)和《第聂伯罗夫斯克县地方自治局统计汇编》(B.第 123 页)。

② 瓦·沃·先生在上述文章中大谈插犋，认为它是“协作的原则”等等。这实在是太省事了：闭口不谈农民在分化为截然不同的类别，插犋是被农民资产阶级所排挤的破落农户的协作这种事实，而“一般地”谈论“协作的原则”，——想必是农村无产阶级和农村资产阶级之间的协作吧！

③ 这些数字引自地方自治局统计汇编。它们是全县的，包括未列入乡的村庄在内。“使用土地总数”一栏数字是我算出来的——把份地、租地和购买地加在一起，减去出租地。

的情况也是明显的。但是，如果我们离开这种**强制的**土地占有，而去考察**自由的**土地占有，即购买地和租地，那么情况就根本不同了。这一类土地的集中是厉害的，因此农民使用土地总数的分配完全不同于份地的分配：中等户被排挤到第二位（份地占46%，使用土地占41%），富裕户大大地扩大自己的土地占有（份地占28%，使用土地占46%），而贫苦户则被排挤在耕作者之外了（份地占25%，使用土地占12%）。

上表向我们指出了我们还会遇到的一个值得注意的现象，就是份地在农民经济中的作用日益缩小。在下等户中发生这种现象，是由于出租土地，在上等户中则是由于购买地和租地在总经营面积中占巨大的优势。改革前制度的残余（农民被束缚在土地上，平均的征税性土地占有）正在被渗入农业中的资本主义彻底肃清。

至于谈到其中的租地，则上面引证的资料就能使我们弄清楚民粹派经济学家议论这个问题时所犯的一个极其普遍的错误。我们拿瓦·沃·先生的议论来看。他在上面引证的文章中直接提出了租地同农民分化的关系问题。“租地是否能促使农户分化为大农户和小农户，促使中等户即典型农户的消灭呢？”（《欧洲通报》杂志，上引期第339—340页）瓦·沃·先生对这个问题的回答是否定的。他的论据如下：（1）“租地的人占很大的百分数。”例如，各不同省份的不同县份的百分数是：38%—68%；40%—70%；30%—66%；50%—60%。（2）每户的租地面积不大，按坦波夫省统计机关的资料来看是3—5俄亩。（3）份地少的农民租地多于份地多的农民。

为了使读者能够清楚地认识到这些论据不仅站不住脚，而且简直不适用，我们来引证一下第聂伯罗夫斯克县的有关资料①。

① 同梅利托波尔县和别尔江斯克县的资料也完全相似。

| | 租地户的百分数 | 每一租地户所租耕地(单位俄亩) | 每俄亩的价格(单位卢布) |
|---|---|---|---|
| 种地不满5俄亩者 | 25 | 2.4 | 15.25 |
| 种地 5—10俄亩者 | 42 | 3.9 | 12.00 |
| 种地10—25俄亩者 | 69 | 8.5 | 4.75 |
| 种地25—50俄亩者 | 88 | 20.0 | 3.75 |
| 种地超过50俄亩者 | 91 | 48.6 | 3.55 |
| **全　县** | 56.2 | 12.4 | 4.23 |

试问,"平均"数字在这里能有什么意义呢?难道租地户"很多"(占56%)这个事实就消灭了富裕户租地的集中吗?把农民加在一起得出"平均"租地面积[每一租地户平均12俄亩。人们常常甚至不是按每一租地户,而是按每一现有农户计算的。例如,卡雷舍夫先生在其著作《农民的非份地租地》(《地方自治局统计总结》1892年多尔帕特版第2卷)中就是这样做的],这不是很可笑吗?因为在这些农民中,有一类显然由于迫切需要,在蒙受极大损失下以极不合理的价格(每俄亩15卢布)租进**2俄亩**土地,而另一类农民除了自己足够数量的土地外,还以低得无比的价格(每俄亩3.55卢布)**大批**"购买"土地,即租进**48俄亩**。第三个论据同样是空泛的:瓦·沃·先生自己就曾想驳倒它,因为他承认有关"整个村社"的资料(在把农民按份地分类的情况下)"并没有提供村社内部情况的正确概念"(上述文章第342页)。①

① 波斯特尼柯夫先生举出地方自治局统计人员一个同样错误的有趣例子。他在指出富裕农民的商业性经营的事实和他们对土地的需求时说:"地方自治局某些统计人员,大概认为农民生活中的这些现象是不合理的,竭力缩小这些现象的意义",并竭力证明:租地不是由富裕农民的竞争来决定的,而是由农民对土地的需要来决定的。为了证明这种想法,《塔夫利达省省志》(1889年)的编者维尔涅尔先生把塔夫利达全省农户**按份地的大小**进行分类,而拿出有1—2个劳动力和2—3头役畜的一类农民来考察。结果是,在这类农户

如果认为农民资产阶级手中所集中的租地只是个人租地，而没有扩展到公共的即村社的租地，那就大错了。决不是这样的。租地始终“按照货币”分配，即使是村社租地，各类农民之间的关系也丝毫没有改变。因此，卡雷舍夫先生那样的议论，说什么村社租地与个人租地的关系反映了“两种原则〈!?〉——村社原则和个人原则之间的斗争”（上引书第159页），说什么“劳动原则和租地在村社社员之间平均分配的原则”是村社租地“所特有的”（同上，第230页），都完全是民粹派的成见。虽然卡雷舍夫先生的任务是作“地方自治局统计总结”，他却煞费苦心地避开了关于租地集中在少数富裕农户手中的全部丰富的地方自治局统计材料。我们来举一个例子。上述塔夫利达省3县农民**村团**从官方租来的土地，按各类农户分配的情况如下：

| | 租地户数 | 租地面积（单位俄亩） | 总数的百分数 | | 每一租地户租地面积（单位俄亩） |
|---|---|---|---|---|---|
| 种地不满5俄亩者 | 83 | 511 | 1 | 4 | 6.1 |
| 种地5—10俄亩者 | 444 | 1 427 | 3 | | 3.2 |
| 种地10—25俄亩者 | 1 732 | 8 711 | 20 | | 5.0 |
| 种地25—50俄亩者 | 1 245 | 13 375 | 30 | 76 | 10.7 |
| 种地超过50俄亩者 | 632 | 20 283 | 46 | | 32.1 |
| **共　计** | 4 136 | 44 307 | 100 | | 10.7 |

这就是“劳动原则”和“平均分配原则”的小小例证！

关于南俄农民经济的地方自治局统计资料就是这样。这些资

---

内，租地户和租地的数量随着份地面积的扩大而减少。显然，这种方法不能证明任何问题，因为举出的只是役畜数量相同的农民，而撇开的正是两极的农户。在役畜数量相等的情况下，耕地面积也应当相等，因此，份地愈少，租地愈多，这是十分自然的。问题正在于：在役畜、农具等数量**不等的**农户之间，租地如何分配。

料确凿地说明了农民的完全分化，说明了农民资产阶级在农村中占完全的统治地位。① 因此，瓦·沃·先生和尼·—逊先生对这些资料的态度是很有意思的，尤其是因为这两位著作家以前都承认提出农民分化问题的必要性（瓦·沃·先生在上述1884年的文章中；尼·—逊先生则在1880年的《言论》杂志32上——他指出了村社中那种有趣的现象："不善于经营的"农夫抛弃了土地，而"善于经营的"农夫拣到了最好的土地；见《概况》第71页）。必须指出，波斯特尼柯夫先生的著作具有两重性：一方面作者巧妙地收集了和仔细地整理了极有价值的地方自治局统计资料，同时善于摆脱"把农民村社看做某种单一的整体的倾向，而直到现在我国城市知识分子对村社还是这样看的"（上述著作第351页）。另一方面，作者缺乏理论指导，根本认识不到他所整理的资料的价值，而从极为狭隘的"措施"观点来看待这些资料，并着手制定关于"农业-手艺-工业村社"的方案，关于必须"限制"、"责成"、"监督"等等的方案。因此，我国民粹派竭力不理会波斯特尼柯夫先生著作的有积极意义的第一部分，而把全部注意力都集中在第二部分上。瓦·沃·先生和尼·—逊先生都非常严肃地着手"批驳"波斯特尼柯夫先生的毫不严肃的"方案"（瓦·沃·先生在1894年《俄国思想》杂志33第2期上。尼·—逊先生在《概况》第233页的脚注中），责备他心怀叵测，要在俄国推行资本主义，同时他们却用心良苦地撇开了那些揭露目前资本主义关系在南俄农村中占统治地位的资料。②

① 人们通常说，由于新罗西亚的特点，不能根据这个地方的资料作出一般的结论。我们并不否认，这里种地的农民的分化比俄国其他地方更厉害，但是从下面的情况可以看出，新罗西亚的特点决不像人们有时所想的那么大。

② 尼·—逊先生写道：波斯特尼柯夫先生"筹划60俄亩的农民农场是有趣的"。但是"一旦农业落入资本家手中"，劳动生产率"在明天"还会提高，"人们一定

## 二　萨马拉省地方自治局统计资料

我们谈了南部边疆地区，现在来谈东部边疆地区即萨马拉省。我们就以调查时间最晚的新乌津斯克县为例；在该县汇编中，把农民按经济标志作了最详细的分类①。下面是有关各类农户的总的资料（下面的资料包括 28 276 户有份地的居民，有男女人口 164 146 人，即只包括该县的俄罗斯居民，而不包括德意志人和"独立农庄主"——既在村社[34]也在独立农庄[35]中从事经营的户主。如果加上德意志人和独立农庄主，还会大大突出分化的情景）。

| 户主类别 | | 农户总数的百分数 | | 每户平均播种面积（单位俄亩） | 播种面积占总数的百分数 | |
|---|---|---|---|---|---|---|
| 贫苦户 | 无役畜者 | 20.7 | 37.1% | 2.1 | 2.8 | 8.0% |
| | 有 1 头役畜者 | 16.4 | | 5.0 | 5.2 | |
| 中等户 | 有 2—3 头役畜者 | 26.6 | 38.2% | 10.2 | 17.1 | 28.6% |
| | 有 4 头役畜者 | 11.6 | | 15.9 | 11.5 | |
| 富裕户 | 有 5—10 头役畜者 | 17.1 | 24.7% | 24.7 | 26.9 | 63.4% |
| | 有 10—20 头役畜者 | 5.8 | | 53.0 | 19.3 | |
| | 有 20 头以上役畜者 | 1.8 | | 149.5 | 17.2 | |
| 共　计 | | 100 | | 15.9 | 100 | |

农业生产的集中程度是很大的："村社"资本家（占农户总数的

---

会〈！〉把 60 俄亩的农场变成 200 或 300 俄亩的农场"。请看，这多么简单：**因为**在我国农村中，今天的小资产阶级受到明天的大资产阶级的威胁，**所以**，尼·—逊先生既不愿意知道今天的小资产阶级，也不愿意知道明天的大资产阶级！

① 《萨马拉省统计资料汇编第 7 卷。新乌津斯克县》1890 年萨马拉版。对尼古拉耶夫斯克县也作了同样的分类（1889 年萨马拉版第 6 卷），但该县的资料极不详细。在《萨马拉省统计资料综合汇编》（1892 年萨马拉版第 8 卷第 1 编）中只是按份地作了分类，关于这种分类法不能令人满意的地方，我们将在下面再谈。

$^1/_{14}$，即有10头以上役畜的农户）占有全部播种面积的36.5%，这同占农户总数75.3%的贫苦农户和中等农户一共占有的播种面积相等！“平均”数字（每户播种面积为15.9俄亩）在这里也和通常一样完全是虚假的，只造成一种普遍富裕的错觉。我们现在来考察一下有关各类农户的其他资料。

| 户主类别 | 用自己农具耕种全部份地的户主的百分数 | 有改良农具的户主的百分数 | 每户全部牲畜头数（折成大牲畜） | 牲畜总数的百分数 | |
|---|---|---|---|---|---|
| 无役畜者 | 2.1 | 0.03 | 0.5 | 1.5 | 6.4% |
| 有1头役畜者 | 35.4 | 0.1 | 1.9 | 4.9 | |
| 有2—3头役畜者 | 60.5 | 4.5 | 4.0 | 16.8 | 28.6% |
| 有4头役畜者 | 74.7 | 19.0 | 6.6 | 11.8 | |
| 有5—10头役畜者 | 82.4 | 40.3 | 10.9 | 29.2 | 65.0% |
| 有10—20头役畜者 | 90.3 | 41.6 | 22.7 | 20.4 | |
| 有20头以上役畜者 | 84.1 | 62.1 | 55.5 | 15.4 | |
| 共　计 | 52.0 | 13.9 | 6.4 | 100 | |

可见，在下等户中，独立的业主是很少的；贫苦农民根本没有改良农具，而中等农民的改良农具也是微不足道的。牲畜的集中比播种面积的集中还要厉害；显然，富裕农民把资本主义畜牧业同大规模的资本主义耕作业结合起来了。在相反的一极，我们看到了应当算做有份地的雇农和日工的“农民”，因为他们生活资料的主要来源是出卖劳动力（我们立刻就会看到），而地主有时也给自己的雇农一头或两头牲畜，以便把他们束缚在自己的农场上并降低工资。

不言而喻，各类农户不仅经营规模不同，而且经营方法也不同：第一，在上等户中，很大一部分户主（40%—60%）有改良农具（主要是犁，其次是马拉脱粒机和蒸汽脱粒机、风车、收割机等）。在24.7%的上等户手中集中了82.9%的改良农具；在38.2%的中等户手中有17%的改良农具；在37.1%的贫苦农户手中只有0.1%的改良农具(在5 724部改良农具中只占7部)①。第二，正如新乌津斯克县汇编的编者所说的(第44—46页)：马匹少的农民同马匹多的农民比较起来，必然有“不同的经营制度，不同的全部经营活动结构”。殷实农民“让土地休闲……秋天用犁耕地……春天再耕一遍，并且边耙边播种……翻耕的熟荒地，为保墒而用磙子压平……种黑麦时耕两遍”，可是贫穷的农民“不让土地休闲，年年在这块土地上播种俄国小麦……种小麦时只在春天犁一遍……种黑麦时不休耕也不犁地，而在余茬间播种……种小麦到晚春时节才耕地，因此谷物常常不发芽……种黑麦时只犁一遍，或者在余茬间播种，而且不及时……每年徒劳无益地耕种同一块土地，不让它休闲”。“如此等等，不一而足”，编者在这张清单的结尾说。“殷实农民和贫穷农民经营制度根本不同的一些确凿事实，造成的后果是一些人的谷物质量差，收成坏，另一些人则有较好的收成。”(同上)

但是在村社的农业经济中怎么能产生出这种大资产阶级呢？各类农户的土地占有和土地使用的数字回答了这个问题。我们拿来进行分类的农民中，总共有57 128俄亩购买地(属于76个农户)和304 514俄亩租地，其中5 602户有177 789俄亩非份地租地；3 129户有47 494俄亩别的村团[36]的份地租地，7 092户有

① 值得注意的是，瓦·沃·先生根据这些资料就得出结论说(《农民经济中的进步潮流》1892年圣彼得堡版第225页)，“农民群众”掀起了以改良农具代替落后农具的运动(第254页)。得出这种完全错误的结论的方法是很简单的：瓦·沃·先生只从地方自治局的汇编中引证总结资料，却不肯费心看一看那些说明农具分配情况的统计表！为降低商品粮食生产费用而使用机器的农场主资本家(系村社成员)的进步，竟被大笔一挥变成了“农民群众”的进步。而瓦·沃·先生不知害臊地写道：“虽然购置机器的是富裕业主，但使用机器的却是全体〈原文如此！！〉农民。”(第221页)加注是多余的了。

79 231 俄亩本村团的份地租地。这样大量的土地，占农民全部播种面积 ⅔ 以上，其分配情况如下：

| 户主类别 | 有购买地的农户的百分数 | 每户购买地面积(单位俄亩) | 全部购买地的百分数 | 非份地租地 | | 份地租地 | | | | 全部租地的百分数 | 不经营而出租土地的农户的百分数 |
|---|---|---|---|---|---|---|---|---|---|---|---|
| | | | | | | 在别的村团 | | 在本村团 | | | |
| | | | | 租地户的百分数 | 每户租地面积(单位俄亩) | 农户的百分数 | 每户租地面积(单位俄亩) | 农户的百分数 | 每户租地面积(单位俄亩) | | |
| 无役畜者 | 0.02 | 100 | 0.2 | 2.4 | 1.7 | 1.4 | 5.9 | 5 | 3 | 0.6 | 47.0 |
| 有 1 头役畜者 | — | — | — | 10.5 | 2.5 | 4.3 | 6.2 | 12 | 4 | 1.6 | 13.0 |
| 有 2—3 头役畜者 | 0.02 | 93 | 0.5 | 19.8 | 3.8 | 9.4 | 5.6 | 21 | 5 | 5.8 | 2.0 |
| 有 4 头役畜者 | 0.07 | 29 | 0.1 | 27.9 | 6.6 | 15.8 | 6.9 | 34 | 6 | 5.4 | 0.8 |
| 有 5—10 头役畜者 | 0.1 | 101 | 0.9 | 30.4 | 14.0 | 19.7 | 11.6 | 44 | 9 | 16.9 | 0.4 |
| 有 10—20 头役畜者 | 1.4 | 151 | 6.0 | 45.8 | 54.0 | 29.6 | 29.4 | 58 | 21 | 24.3 | 0.2 |
| 有 20 头以上役畜者 | 8.2 | 1 254 | 92.3 | 65.8 | 304.2 | 36.1 | 67.4 | 58 | 74 | 45.4 | 0.1 |
| **共　计** | 0.3 | 751 | 100 | 19.8 | 31.7 | 11.0 | 15.1 | 25 | 11 | 100 | 12 |

我们在这里看到购买地和租地的大量集中。全部购买地的 $^{9}/_{10}$ 以上集中在 1.8％的最大富户手中。在全部租地中，有 69.7％集中在农民资本家手中，86.6％集中在上等农户手中。把有关租种份地和出租份地的资料对照一下，就清楚地看出土地落到了农民资产阶级手中。土地变为商品，在这里就引起成批购买的土地价格降低(因而也引起倒卖土地)。计算一下每俄亩非份地租地的价格，从下等户至上等户，我们就可以得到如下的数字：3.94 卢布；3.20 卢布；2.90 卢布；2.75 卢布；2.57 卢布；2.08 卢布；1.78 卢布。为了说明民粹派因忽视租地的集中而犯了怎样的错误，我们以卡雷舍夫先生在《收成和粮价对俄国国民经济某些方面的影

响》(1897年圣彼得堡版)这部名著中的议论为例。卡雷舍夫先生作出结论说:当收成好转,粮价下跌,而租地价格上涨时,租地企业主必然会减少需求,可见,租地价格是消费经济的代表抬高的(第1卷第288页)。结论完全是随意作出来的:尽管粮价下跌,农民资产阶级照样抬高租地价格,这是完全可能的,因为收成的好转可以补偿粮价的下跌。即使没有这种补偿,富裕农民照样抬高租地价格,靠使用机器来降低粮食的生产价格,这也是完全可能的。我们知道,在农业中愈来愈多地使用机器,而这些机器是集中在农民资产阶级手中的。卡雷舍夫先生不去研究农民的分化,却随意地和错误地提出中等农民的前提。因此,他在上引版本中如法炮制出来的一切断语和结论,是不能有任何意义的。

我们弄清楚了农民中的各种成分,就能不费事地搞清楚国内市场问题了。既然富裕农民掌握了全部农业生产的⅔左右,那他们提供的销售粮显然应当多得多。富裕农民生产销售粮,而贫穷农民必须出卖自己的劳动力来购买粮食。下面是关于这方面的资料①:

| 户主类别 | 雇用雇工的户主的百分数 | 从事农业副业的男劳力的百分数 |
|---|---|---|
| 无役畜者 | 0.7 | 71.4 |
| 有1头役畜者 | 0.6 | 48.7 |
| 有2—3头役畜者 | 1.3 | 20.4 |
| 有4头役畜者 | 4.8 | 8.5 |
| 有5—10头役畜者 | 20.3 | 5.0 |
| 有10—20头役畜者 | 62.0 | 3.9 |
| 有20头以上役畜者 | 90.1 | 2.0 |
| **共　计** | 9.0 | 25.0 |

① 我们把统计人员所称的“农业副业”(本地的和外出的)同出卖劳动力一律看待。这种“副业”是指**当雇农**和**日工**,这从副业表(《萨马拉省统计资料综合汇编》第8卷)中可以看出:在14 063个从事“农业副业”的男劳力中,雇农和日工(包括牧人和种地人)占13 297人。

我们建议读者把我国民粹派的议论和这些有关国内市场建立过程的资料加以比较…… “如果农夫富有,则工厂繁荣,反过来说也是一样。”(**瓦·沃·**《农民经济中的进步潮流》第9页)显然,瓦·沃·先生根本不关心这样一种财富的社会形式问题,这种财富是“工厂”所需要的,它的产生无非是由于一方面把产品和生产资料变成商品,另一方面把劳动力也变成商品。尼·—逊先生谈到销售粮食时,就用这样的话来安慰自己:这种粮食是“农夫-庄稼汉”的产品(《概况》第24页),在运送这种粮食时,“铁路是靠农夫来维持的”(第16页)。事实上,难道这些“村社社员”资本家不是“农夫”吗?尼·—逊先生在1880年写过并且在1893年重新刊印过这样的话:“我们不定在什么时候还会有机会指出,在村社土地占有制占优势的地区,建立在资本主义原则上的农业几乎完全没有〈原文如此!!〉,只有在村社联系完全破裂或正在崩溃的地区,这种农业才可能存在。”(第59页)尼·—逊先生永远碰不到而且也不可能碰到这样的“机会”,因为事实表明:资本主义农业恰恰是**在**“村社社员”[①]**中间**发展起来的,而所谓的“村社联系”完全适应于大耕作者的雇用雇农经济。

尼古拉耶夫斯克县各类农户间的关系是十分相似的(上引汇编第826页及以下各页。我们除去了住在外地的和无土地的)。例如,富裕户(有10头以上役畜的)占农户的7.4%,占人口的13.7%,集中了全部牲畜的27.6%和租地的42.6%,而贫苦户(无马

① 我们拿来作为例证的新乌津斯克县表明了特殊的“村社生命力”(照瓦·沃·先生之流的术语):我们从《统计资料综合汇编》的表中(第26页)可以看出,该县有60%的村社重分了土地,而其他各县重分土地的只有11%—23%(全省是13.8%的村社)。

的和有1匹马的)占农户的29%,占人口的19.7%,却只有全部牲畜的7.2%和租地的3%。我们再重复一遍,可惜尼古拉耶夫斯克县的表太简略了。为了结束对萨马拉省所作的叙述,我们从萨马拉省《统计资料综合汇编》中引证下列有关农民状况的极有教益的评述:

"……少地农民从西部各省迁来而更加加剧的人口的自然增长,以及想发财致富的土地投机商人在农业生产方面的出现,使得土地的租用形式一年年更加复杂,提高了土地的价格,把土地变成了商品,而这种商品又如此迅速而急剧地使一些人发财,使另外许多人破产。为了说明后一种情况,我们举出南部一些商人农场和农民农场的耕地规模,其中有3 000—6 000俄亩耕地的并不少见,而有些农场在租进几万俄亩官地的情况下,竟耕种了8 000—10 000—15 000俄亩土地。

萨马拉省的农业(农村)无产阶级的存在和发展,在很大程度上是由于最近销售粮生产的扩大,租地价格的提高,生荒地和牧场的开垦,森林的清除等等现象促成的。全省的无地农户共有21 624户,而不经营的农户有33 772户(有份地的农户中的),无马的和有1匹马的农户共有110 604户,每户按5口多人计算,共有男女人口60万。我们尽可以也把他们当做无产阶级,虽然他们在法律上仍拥有某一份村社土地。事实上,他们是大农场的日工、种地人、牧人、收割人以及诸如此类的工人,他们耕种自己的半俄亩至1俄亩份地,是为了养活家里的人。"(第57—58页)

可见,调查者不仅承认无马的农民是无产阶级,而且承认有1匹马的农民也是无产阶级。我们指出的这个重要结论,是和波斯特尼柯夫先生的结论(以及分类表资料)完全相符的,它表明了下等农户的真正的社会经济意义。

## 三　萨拉托夫省地方自治局统计资料

现在我们来谈中部黑土地带，谈萨拉托夫省。我们举卡梅申县为例，因为只有这一个县把农民按役畜作了十分完善的分类①。

全县的资料如下（农户 40 157 户，男女人口 263 135 人。播种面积 435 945 俄亩，即每一“中等”户有 10.8 俄亩）：

| 户主类别 | 农户的百分数 | | 男女人口的百分数 | 平均播种面积（单位俄亩） | 全部播种面积的百分数 | | 不种地户的百分数 | 每户全部牲畜折成大牲畜的头数 | 牲畜总数的百分数 | |
|---|---|---|---|---|---|---|---|---|---|---|
| 无役畜者 | 26.4 | 46.7 | 17.6 | 1.1 | 2.8 | 12.3 | 72.3 | 0.6 | 2.9 | 11.8 |
| 有 1 头役畜者 | 20.3 | | 15.9 | 5.0 | 9.5 | | 13.1 | 2.3 | 8.9 | |
| 有 2 头役畜者 | 14.6 | 32.2 | 13.8 | 8.8 | 11.8 | 34.4 | 4.9 | 4.1 | 11.1 | 32.1 |
| 有 3 头役畜者 | 9.3 | | 10.3 | 12.1 | 10.5 | | 1.5 | 5.7 | 9.8 | |
| 有 4 头役畜者 | 8.3 | | 10.4 | 15.8 | 12.1 | | 0.6 | 7.4 | 11.2 | |
| 有 5 头以上役畜者 | 21.1 | 21.1 | 32.0 | 27.6 | 53.3 | 53.3 | 0.2 | 14.6 | 56.1 | 56.1 |
| **共　计** | 100 | | 100 | 10.8 | 100 | | 22.7 | 5.2 | 100 | |

这样，我们在这里又看到播种面积集中在大耕作者手中。只占农户1/5（占人口1/3左右）的富裕农民②掌握着全部播种面积的一

① 就本省其他 4 县来看，是把中等农民和富裕农民合在一起按役畜分类的。见《萨拉托夫省统计资料汇集》1888 年萨拉托夫版第 1 册，Б，萨拉托夫省各类农民综合表。萨拉托夫省统计人员的综合表是这样制成的：把全部户主按份地分为 6 **等**，每等按役畜分为 6 **类**，每类按男劳力的人数分为 4 **小类**。只对各**等**作了总计，所以各**类**数字必须自己来算。关于这种表的意义，我们将在下面谈到。

② 应当指出，在把农户按殷实程度或经营规模分类时，我们经常看到富裕农民阶层的家庭人口**比较多**。这种现象表明农民资产阶级同获得份地较多的大家庭有联系；在一定程度上也反过来证明富裕农民不大愿意分家。然而不应该夸大富裕农民家庭人口多的意义，因为从我们的资料中可以看出，富裕农民雇用工人最多。因此，我国民粹派所爱讲的“家庭协作”是资本主义协作的基础。

半以上(53.3%)，而且播种面积清楚地表明了它的商业性：每户平均有27.6俄亩。富裕农民每户的牲畜数量也很大，达到14.6头(折成大牲畜，即10头小牲畜算1头大牲畜)，全县农民的牲畜总数中，几乎有3/5(56%)集中在农民资产阶级手中。在乡村的相反的一极，我们所看到的是相反的现象：下等户即农村无产阶级十分贫困，在我们引用的例子中他们占农户的1/2弱(占人口的1/3左右)，然而只占有全部播种面积的1/8，至于他们在牲畜总数中所占的份额就更少了(11.8%)。这主要是有份地的雇农、日工和工业工人。

随着播种面积的集中和农业日益带有商业性，农业变成了资本主义的农业。我们看到了已经熟悉的现象：下等户出卖劳动力，上等户则购买劳动力。

| 户主类别 | 有雇佣男工的户主的百分数 | 经营副业的农户百分数 |
|---|---|---|
| 无役畜者 | 1.1 | 90.9 |
| 有1头役畜者 | 0.9 | 70.8 |
| 有2头役畜者 | 2.9 | 61.5 |
| 有3头役畜者 | 7.1 | 55.0 |
| 有4头役畜者 | 10.0 | 58.6 |
| 有5头以上役畜者 | 26.3 | 46.7 |
| **共　计** | 8.0 | 67.2 |

这里必须作重要的说明。帕·尼·斯克沃尔佐夫在他的一篇文章中已经十分正确地指出：地方自治局的统计把“副业”(或“外水”)这个术语的意义定得过于“广泛”。事实上，把农民在份地以外所干的**所有一切**活计都算做“副业”。厂主和工人；磨坊主、瓜田主、日工和雇农；包买主、商人和小工；木材业者和伐木工人；承包人和建筑工人；自由职业者、职员和乞丐等等——这些人都算做

"从事副业者"！这样滥用术语，是一种传统观点（我们甚至可以说是官方观点）的残余，按照这种观点看来，"份地"是农夫"真正的"、"天然的"活计，而其余的一切活计一律都属于"份外的"副业。在农奴制时，这样滥用术语是有理由的，而现在则是一种不可容忍的时代错误了。这类术语在我国保持下来，部分是由于这类术语同虚构"中等"农民的做法极为合拍，并且**直接排斥**研究农民分化的**可能性**（特别是在农民"份外的"活计种类繁多的那些地方。我们提醒一点：卡梅申县是著名的条格布业中心）。如果农民的"副业"不是按它们的经济类型来分类，如果不把"从事副业者"中的**业主**和**雇佣工人**区别开来，那么农民经济按户调查资料的整理①将是不能令人满意的。这是最低数量的经济类型，不把这两种经济类型加以区分，经济统计就是不能令人满意的。当然，能作更详细的分类那就最好了，例如分成：有雇佣工人的业主；没有雇佣工人的业主；商人、包买主、小店主等等；手艺人，即为消费者工作的从事副业者等等。

回头讲到我们那张统计表，我们可以指出，我们毕竟有一定的理由把"副业"理解为出卖劳动力，因为在农民"从事副业者"中间，通常是雇佣工人占多数。如果能够单把雇佣工人从"从事副业者"中间划分出去，那么"从事副业者"在上等户中所占的百分数当然是小得很的。

至于谈到雇佣工人的资料，我们在这里应当指出，哈里佐勉诺夫先生的意见是完全错误的，在他看来，似乎"在收获、割草和做零活方面短期雇用[工人]是极普遍的现象，不能作为经济强弱的突

① 我们所以说"**整理**"，是因为按户调查中收集了很详细的农民副业资料。

出标志”(《萨拉托夫省统计资料汇集》《导言》第46页)。但是恰恰相反,不论是理论见解,也不论是西欧的实例和俄国的资料(关于这些资料将在下面谈到),都使我们看出雇用日工是农村资产阶级非常突出的标志。

最后,谈到租地,资料在这里也表明,它同样被农民资产阶级所夺取。应当指出,在萨拉托夫省统计人员的综合表中,并未提供租地和出租地的户主数字,仅仅提供了租地和出租地①的数量;因此,我们只能算出**现有每一农户的**而不是每一租地户的租地和出租地数量。

<table>
<tr><th rowspan="2">户主类别</th><th colspan="3">每一份地农户的土地(单位俄亩)</th><th colspan="6">土地总数的百分数</th><th colspan="2" rowspan="2">使用土地总数(份地＋租地－出租地)的百分数</th></tr>
<tr><th>份地耕地</th><th>租地</th><th>出租地</th><th colspan="2">份地</th><th colspan="2">租地</th><th colspan="2">出租地</th></tr>
<tr><td>无役畜者</td><td>5.4</td><td>0.3</td><td>3.0</td><td>16</td><td></td><td>1.7</td><td></td><td>52.8</td><td></td><td>5.5</td><td></td></tr>
<tr><td>有1头役畜者</td><td>6.5</td><td>1.6</td><td>1.3</td><td>14</td><td></td><td>6</td><td></td><td>17.6</td><td></td><td>10.3</td><td></td></tr>
<tr><td>有2头役畜者</td><td>8.5</td><td>3.5</td><td>0.9</td><td>13</td><td rowspan="3">34</td><td>9.5</td><td rowspan="3">30.1</td><td>8.4</td><td rowspan="3">17.3</td><td>12.3</td><td rowspan="3">34.6</td></tr>
<tr><td>有3头役畜者</td><td>10.1</td><td>5.6</td><td>0.8</td><td>10</td><td>9.5</td><td>4.8</td><td>10.4</td></tr>
<tr><td>有4头役畜者</td><td>12.5</td><td>7.4</td><td>0.7</td><td>11</td><td>11.1</td><td>4.1</td><td>11.9</td></tr>
<tr><td>有5头以上役畜者</td><td>16.1</td><td>16.6</td><td>0.9</td><td>36</td><td></td><td>62.2</td><td></td><td>12.3</td><td></td><td>49.6</td><td></td></tr>
<tr><td>**共　计**</td><td>9.3</td><td>5.4</td><td>1.5</td><td>100</td><td></td><td>100</td><td></td><td>100</td><td></td><td>100</td><td></td></tr>
</table>

这样,我们在这里也可以看出,愈是富裕的农民,他们的租地就**愈多,尽管**他们有较多的份地。我们在这里也可以看到,富裕农民在排挤中等农民;农民经济中份地的作用在农村的两极有日益缩小的趋向。

我们来比较详细地谈谈这些有关租地的资料。同这些资料相联系的,是卡雷舍夫先生的极有意义和极为重要的研究和论断(上

① 全县出租的耕地为61 639俄亩,即占全部份地耕地(377 305俄亩)的$\frac{1}{6}$左右。

引《地方自治局统计总结》),以及尼·—逊先生对它们的“修正”。

卡雷舍夫先生用单独一章(第3章)阐述了“租地同租地户富裕程度的依存关系”。他得出总的结论是:“**在其他条件相同的情况下**,争取租地的斗争对较殷实的人有利。”(第156页)“较富裕的农户……把较贫穷的农户排挤到次要地位。”(第154页)因此我们看到,对地方自治局统计资料进行总的考察所得出的结论,同我们研究的资料所得出的结论是一样的。同时,卡雷舍夫先生在研究租地面积同份地面积的依存关系时,作出了如下的结论:按份地分类“把我们感兴趣的现象的意义搞模糊了”(第139页),因为“拥有……租地较多的是(a)土地**较少**的**各等**农户,然而是(b)各等农户中**较**富裕的**各类**农户。显然,我们在这里看到的是两种截然相反的影响,如果把它们混淆起来就会妨碍人们去理解每种影响的意义”(同上)。如果我们始终坚持**按殷实程度**划分农民类别的观点,这个结论是不言而喻的,因为在我们的资料中到处可以看到,富裕农民抢租土地,虽然他们分得较多的份地。显然,农户的富裕程度正是租地的**决定因素**,这种因素只是随着份地的条件和租地的条件的变化而有所改变,但仍旧不失为决定因素。卡雷舍夫先生虽然研究了“富裕程度”的影响,但是并没有始终坚持上述观点,因此他在谈到租地户的土地多少和租地之间的直接依存关系时,所描述的现象是**不确切的**。这是一方面。另一方面,卡雷舍夫先生研究的片面性,妨碍了他对富人抢租土地的全部意义的估计。他在研究“非份地租地”时,只是把关于租地的地方自治局统计资料综合了一下,而没有涉及租地户本身的经济。显然,作这种较肤浅的研究,不能解决租地与“富裕程度”的关系问题和租地的商业性问题。例如卡雷舍夫先生手头也有卡梅申县的统计资料,但他只是抄录租地一项的绝对数字(见附录 8,第 XXXVI 页),并计算出每一份地户的租地**平均**数(正文第 143 页)。至于租地集中在富裕农民手中,租种土地的工业性,租种土地和下等农户出租土地的联系,这一切都被撇在一边了。总之,卡雷舍夫先生不会不看到,地方自治局的统计资料驳斥了民粹派关于租地的概念,表明了贫苦农民受富裕农民的排挤,但是他不正确地评述了这一现象,并且因为没有全面地研究这种现象,而同这些资料发生了矛盾,于是重弹起"劳动原则"等等的老调。然而,即使只是肯定农民内部存在经济摩擦和经济斗争,在民粹派先生们看来,也已经是异教邪说,因此他们就赶忙按照自己的观点"纠正"卡雷舍夫先生。请看,自称(第 153 页脚注)"利用"尼·卡布鲁柯夫先生对卡雷舍夫先生的反驳意见的尼·—逊先生是怎样干的。尼·—逊先生在其《概况》第 9 节中谈论了租种土地及其各种形式。他说:"当农民占有的土地足以使他靠自己土地上的农业劳动就能过活时,他就不租地了。"(第 152 页)这样,尼·—逊先生把农民的租地具有企业性和经营商业性耕作业的富裕农民抢租土地,都不加思索地否定掉了。他的证据何在呢? 根本没有,因为"人民生产"的理论不是论证出来的,而是颁布出来的。尼·—逊先生为反驳卡雷舍夫先生,从地方自治局汇编中援引了关于赫瓦伦斯克县的一张表,证明"在役畜头数相等的条件下,份地愈少,就愈需要用租地来弥补这个不足"(第 153 页)[①];还证明"如果农民占有牲畜的情况完全相同,如果在他们的经营中有充分的劳动力,那么他们自己所占份地愈少,租

① 关于卡梅申县,统计人员也提出了一张完全相同的表。《萨拉托夫省统计资料汇编》第 11 卷卡梅申县第 249 页及以下各页。因此我们完全可以利用我们举出的那个县的资料。

进土地就愈多”(第 154 页)。读者可以看到,这种“结论”只是从词句上来挑剔卡雷舍夫先生的不确切的表述,尼·—逊先生对租地与富裕程度的联系问题,只是说了一通空洞的废话。在役畜数量**相等**的条件下,自己土地愈少,租地就愈多,难道这不是很明显吗?这是没有什么好说的,因为这里把**富裕程度**相等作为条件,而我们要谈的正是富裕程度的**差别**。尼·—逊先生关于有足够土地的农民不租地的论断,用这一点绝对证明不了,而且尼·—逊先生引用的表只说明他没有懂得他引证的数字,因为他根据份地数量把农民等同起来,就更加明显地突出了“富裕程度”的作用以及贫苦农民出租土地(自然是出租给那些富裕农民)时抢租土地的情形①。请读者回忆一下刚才引证的关于卡梅申县租地分配的资料;假定我们选出“役畜头数相等”的农民,把他们按份地分成各等,并按劳力分成各小类,然后我们宣称,他们的土地愈少,租地就愈多,等等。难道用这种方法就会使富裕农民这一类别消失吗?然而尼·—逊先生用自己的那些空话所做到的,正是富裕农民这一类别消失不见了,他也就有可能重复民粹派的陈旧偏见了。

尼·—逊先生按照有 0 个、1 个、2 个等等劳力的各类农户,来计算每户农民的租地,这种根本不合适的方法,却被 Л.马雷斯先生在《收成和粮价对俄国国民经济某些方面的影响》一书(第 1 卷第 34 页)中重复使用了。下面是马雷斯先生(像这部用民粹派偏见写成的书的其他作者一样)大胆利用“平均”数字的一个小小例证。他说,在梅利托波尔县,没有男劳动力的租地户每户有租地 1.6 俄亩;有 1 个男劳动力的有租地 4.4 俄亩;有 2 个男劳动力的

① 彼·司徒卢威先生在其《俄国经济发展问题的评述》中已经指出,尼·—逊先生所引证的资料推翻了自己的结论。

有租地 8.3 俄亩;有 3 个男劳动力的有租地 14 俄亩(第 34 页)。结论是:“租地大约是按人口平均分配的”!! 马雷斯先生并不认为有必要考察一下,租地**实际**是按殷实程度不同的各类农户分配的,虽然他能够从弗·波斯特尼柯夫先生的著作和地方自治局的汇编中知道这种情况。在有一个男劳动力的这类农户中,每个租地户有租地 4.4 俄亩这一“平均”数字,是由下列数字**相加**得出来的:播种 5—10 俄亩并有 2—3 头役畜的这类农户的 **4 俄亩**,播种超过 50 俄亩并有 4 头以上役畜的这类农户的 **38 俄亩**(见《梅利托波尔县汇编》Г.第 10—11 页)。毫不奇怪,把富裕户和贫苦户**加在一起**,除以被加户数,无论在哪里都可以得出“平均分配”的!

实际上,在梅利托波尔县,占总户数 21%的富裕户(播种面积 25 俄亩以上),占农民总人口的 29.5%,尽管他们的份地和购买地最多,却占有全部租地的 66.3%(《梅利托波尔县汇编》Б.第 190—194 页)。相反,占总户数 40%的贫苦户(播种面积 10 俄亩以下),占农民总人口的 30.1%,尽管他们的份地和购买地最少,只占有全部租地的 5.6%。请看,这多像“按人口平均分配”啊!

马雷斯先生关于农民租地的一切计算,都是根据下列的“假设”:“租地户主要属于占有方面(占有**份地**方面)最低的两个类别”;“租来的土地在租地居民中是按人口〈原文如此!〉平均分配的”;“租地是决定农民从占有方面的最低类转到最高类的条件”(第 34—35 页)。我们已经指出,**马雷斯先生这一切“假设”是与实际生活完全相矛盾的**。事实上,这一切恰好相反,如果马雷斯先生在论述经济生活的不平等时(第 35 页),研究一下农户按经济标志(而不是按**占有**多少份地)分类的资料,而不局限于那种民粹派成见的毫无根据的“假设”,他是不会不看到这一点的。

现在我们把卡梅申县和萨拉托夫省其他各县作一个比较。各类农户间的关系，正如下列 4 县（沃利斯克、库兹涅茨克、巴拉绍夫和谢尔多布斯克）的资料所表明的，到处都是一样的。我们说过，在这些资料里，中等农户和富裕农户合并在一起。

**萨拉托夫省 4 县**

总数的百分数

| 户主类别 | 户数 | 男女人口 | 牲畜总数 | 份地 | 租地 | 使用土地总数 | 播种面积 |
|---|---|---|---|---|---|---|---|
| 无役畜者 | 24.4 | 15.7 | 3.7 | 14.7 | 2.1 | 8.1 | 4.4 |
| 有 1 头役畜者 | 29.6 | 25.3 | 18.5 | 23.4 | 13.9 | 19.8 | 19.2 |
| 有 2 头以上役畜者 | 46.0 | 59.0 | 77.8 | 61.9 | 84.0 | 72.1 | 76.4 |
| **共　计** | 100 | 100 | 100 | 100 | 100 | 100 | 100 |

因此，我们到处看到，贫苦农民受富裕农民的排挤。但是卡梅申县的富裕农民，比其他各县为数更多并且更富裕。例如，在该省 5 个县份中（也包括卡梅申县），农户按役畜分类的情况如下：无役畜者占 25.3%，有 1 头役畜者占 25.5%，有 2 头役畜者占 20%，有 3 头役畜者占 10.8%，有 4 头以上役畜者占 18.4%，而在卡梅申县，我们已经看到，富裕户较多，但贫穷户却少些。其次，如果我们把中等农户和富裕农户合并在一起，即拿有 2 头以上役畜的农户来看，可以得出各县的资料如下：

**每个有 2 头以上役畜的农户计有**

| | 卡梅申县 | 沃利斯克县 | 库兹涅茨克县 | 巴拉绍夫县 | 谢尔多布斯克县 |
|---|---|---|---|---|---|
| 役畜头数 | 3.8 | 2.6 | 2.6 | 3.9 | 2.6 |
| 牲畜总头数 | 9.5 | 5.3 | 5.7 | 7.1 | 5.1 |
| 份地（单位俄亩） | 12.4 | 7.9 | 8 | 9 | 8 |
| 租地（单位俄亩） | 9.5 | 6.5 | 4 | 7 | 5.7 |
| 播种面积（单位俄亩） | 17 | 11.7 | 9 | 13 | 11 |

就是说，卡梅申县的富裕农民更富一些。该县是土地最多的

县份：每一男性登记丁口[37]有 7.1 俄亩份地，而全省每一男性登记丁口只有 5.4 俄亩份地。因此，"农民"土地多，只意味着农民资产阶级的数量较多和较富裕。

在此结束对萨拉托夫省资料的考察时，我们认为有必要谈谈农户的分类问题。大概读者已经注意到，我们一开始就驳斥了按份地的分类法，而一律采用按殷实程度（按役畜；按播种面积）的分类法。必须说明一下采用这种方法的理由。按份地的分类法，在我国地方自治局统计中用得最为普遍，而且为了维护这种分类法，人们通常摆出下面两个初看起来很有说服力的论据①。他们说，第一，为了研究种地的农民的生活，按照土地分类是自然的和必要的。这种论据忽略了俄国生活的基本特点，即份地占有的不自由性，根据法律，这种占有带有平均性，并且份地的转让受到最大程度的限制。种地的农民的全部分化过程，就在于实际生活超出了这种法律范围。采用按份地的分类法，我们就把贫苦农民和富裕农民加在一起了，但贫苦农民出租土地，富裕农民却租种或购买土地；贫苦农民抛弃土地，富裕农民却"收集"土地；贫苦农民的牲畜很少，经营极差，富裕农民的牲畜很多，土地施肥，进行种种改良等等。换句话说，我们把农村无产者和农村资产阶级分子加在一起了。这样加起来得出的"平均数"**抹杀了分化**，因此纯粹是虚假的②。上面我们讲到的萨拉托夫省统计人员的综合表，能够明显

① 例如，见萨拉托夫省《统计资料汇集》导言，萨马拉省《统计资料综合汇编》导言，沃罗涅日省 4 县估价资料《汇编》导言和其他地方自治局统计出版物。

② 我们有了这么一次罕有的机会，表示赞同瓦·沃·先生的意见，这就是瓦·沃·先生在他 1885 年和以后几年的杂志论文中，欢迎"新型的地方自治局统计出版物"，即使人能够不仅按份地而且按殷实程度对按户调查资料进行分类的综合表。瓦·沃·先生那时写道："必须使数字资料**不是同村或村社这**

地表明按份地分类是不合适的。例如，我们就拿卡梅申县无份地农民这一等来看（见《统计资料汇集》第450页及以下各页，《卡梅申县统计资料汇编》第11卷第174页及以下各页）。《统计资料汇集》的编者在评述这一等时，把它的播种面积说成“为数极少”（《导言》第45页），即把它算做贫苦农民。我们来看一看表。这一等的“平均”播种面积是每户2.9俄亩。但是请看一看，这个“平均数”是怎样得出来的：是把大耕作者（指有5头以上役畜这一类农户，他们每户有播种面积18俄亩；这类农户在这一等中占⅛左右，但他们的播种面积却占这一等全部播种面积的一半左右）同无马的、每户只有0.2俄亩播种面积的贫苦农民加在一起算出来的！请看一看有雇农的农户。它们在这一等中为数很少，仅77户，即占2.5%。但在这77户中，有60户是每户播种18俄亩的上等户，有雇农的农户在上等户中就占24.5%。显然，我们抹杀了农民的分化，把无产农民描绘得比实际情况好些（这是由于把富裕农民同无产农民加在一起并算出平均数所造成的），相反，把富裕农民描绘得实力小些，因为在多份地农户这一等中，除了大多数殷实农户以外，还有一些贫穷农户（大家知道，在多份地村社中，也总是有贫穷农户的）。现在，我们对维护按份地分类法的第二个论据的不正确性也清楚了。据说，采用这种分类法，我们总会看到殷实程度标志

---

**种形形色色农民经济类别的聚合体联系起来，而是同这些类别本身联系起来。**”（瓦·沃·《新型的地方统计出版物》，见1885年《北方通报》杂志**38**第3期第189页和第190页。萨拉托夫省《统计资料汇集》《导言》中曾引用，见该书第36页）。非常遗憾，瓦·沃·先生在他以后的任何一部著作中都不想看一看关于各类农民的资料，并且正像我们看到的，甚至对弗·波斯特尼柯夫先生书中的事实部分也闭口不谈（波斯特尼柯夫先生大概是第一个整理各类农民的资料，而不是整理“形形色色类别的聚合体”的人）。这究竟是为什么呢？

（牲畜数量、播种面积等等）随着份地面积的扩大而合乎规律的提高。这个事实是无可争辩的，因为份地是富裕程度的最重要因素之一。因此，在多份地的农民中，总是出现较多的农民资产阶级分子，因而按份地划分的整个这一等的"平均"数字也提高了。可是从这种情况中，无论如何还是不能推论出这种把农村资产阶级和农村无产阶级混在一起的分类法是正确的。

我们的结论是：在整理农民的按户资料时，不应该只按份地分类。经济统计必须把**经营的规模和类型**作为分类的根据。区别这些类型的标志，应当按照当地的农业条件和形式来决定；如果在粗放谷物业的条件下，可以只按播种面积（或按役畜）分类，那么在其他条件下，就必须考虑到经济作物的种植、农产品的技术加工、块根作物或牧草的种植、牛奶业、蔬菜业等等。当农民把农业与副业大规模结合在一起时，就必须把上述两种分类法结合起来，即把按农业的规模和类型的分类法同按"副业"的规模和类型的分类法结合起来。汇总农民经济按户调查资料的方法问题，决不像初看起来那样是一个单纯专业性的和次要的问题。相反，可以毫不夸张地说，在目前，这是地方自治局统计的基本问题。按户调查资料的完备性和搜集这些资料的技术①达到了极为完善的程度，但是由于不能令人满意的汇总工作，许多极有价值的资料完全遗漏了，研究者所掌握的只是"平均"数字（关于村社、乡、农民类别、份地面积等等的"平均"数字）。然而这些"平均"数字，正如我们已经看到的

① 关于地方自治局调查资料的技术，除了上述出版物外，可参看福尔图纳托夫先生在《根据地方自治局的统计资料所作的俄国经济调查总结》第1卷中的文章。按户卡片的式样载于《萨马拉省统计资料综合汇编》《导言》、《萨拉托夫省统计资料汇集》《导言》、《奥廖尔省统计资料汇编》（第2卷叶列茨县）和《彼尔姆省克拉斯诺乌菲姆斯克县统计材料》第4编。彼尔姆省的卡片特别完善。

和将要在下面看到的那样，往往是完全虚假的。

## 四　彼尔姆省地方自治局统计资料

现在我们来考察条件完全不同的彼尔姆省的地方自治局统计资料。我们拿克拉斯诺乌菲姆斯克县作例子，在这里，我们看到了按农业经营规模的农户分类法①。下面就是关于该县农业地区的总的资料（农户 23 574 户，男女人口 129 439 人）。

| 户主类别 | 农户的百分数 | 男女人口的百分数 | 每户播种面积（单位俄亩） | 播种面积总数的百分数 | | | 每户牲畜：役畜 | 每户牲畜：牲畜总数（折合成大牲畜） | 牲畜总数的百分数 | | |
|---|---|---|---|---|---|---|---|---|---|---|---|
| 不种地者 | 10.2 | 6.5 | — | — | 8.9 | | 0.3 | 0.9 | 1.7 | 15.4 | |
| 种地不满 5 俄亩者 | 30.3 | 24.8 | 1.7 | 8.9 | | | 1.2 | 2.3 | 13.7 | | |
| 种地 5—10 俄亩者 | 27.0 | 26.7 | 4.7 | 22.4 | | | 2.1 | 4.7 | 24.5 | | |
| 种地 10—20 俄亩者 | 22.4 | 27.3 | 9.0 | 35.1 | | 68.7 | 3.5 | 7.8 | 33.8 | | 60.1 |
| 种地 20—50 俄亩者 | 9.4 | 13.5 | 17.8 | 28.9 | 33.6 | | 6.1 | 12.8 | 23.2 | 26.3 | |
| 种地超过 50 俄亩者 | 0.7 | 1.2 | 37.3 | 4.7 | | | 11.2 | 22.4 | 3.1 | | |
| 共　计 | 100 | 100 | 5.8 | 100 | | | 2.4 | 5.2 | 100 | | |

因此，在这里，尽管播种面积小得多，我们却看到各类农户间存在着同样的关系，播种面积和牲畜同样集中在一小群富裕农民手中。土地占有和土地的实际经营使用之间的关系，在这里也和我们业已熟悉的各省一样。②

① 《彼尔姆省克拉斯诺乌菲姆斯克县统计材料》1894 年喀山版第 3 编中的表。为了作比较，我们还将在下面引用作了同样分类的叶卡捷琳堡县的主要资料。《彼尔姆省叶卡捷琳堡县统计资料汇编》1891 年叶卡捷琳堡县地方自治机关叶卡捷琳堡版。

② 这些农民（各类农民）的份地总数为 410 428 俄亩，即每户“平均”17.5 俄亩。其次，农民租耕地 53 882 俄亩，割草场 597 180 俄亩，因此总数为 651 062 俄亩（租耕地的 8 903 户，租割草场的 9 167 户），他们出租的份地有：耕地 50 548 俄亩（8 553 个户主），割草场 7 186 俄亩（2 180 个户主），总数为 57 734 俄亩。

| 户主类别 | 户数的百分数 | 男女人口的百分数 | 土地总数的百分数<br>份地 | 租地 | 出租地 | 使用土地总数 |
|---|---|---|---|---|---|---|
| 不种地者 | 10.2 | 6.5 | 5.7 | 0.7 | 21.0 | 1.6 |
| 种地不满5俄亩者 | 30.3 | 24.8 | 22.6 | 6.3 | 46.0 | 10.7 |
| 种地5—10俄亩者 | 27.0 | 26.7 | 26.0 | 15.9 | 19.5 | 19.8 |
| 种地10—20俄亩者 | 22.4 | 27.3 | 28.3 | 33.7 | 10.3 | 32.8 |
| 种地20—50俄亩者 | 9.4 | 13.5 | 15.5 | 36.4 | 2.9 | 29.8 |
| 种地超过50俄亩者 | 0.7 | 1.2 | 1.9 | 7.0 | 0.3 | 5.3 |
| 共　计 | 100 | 100 | 100 | 100 | 100 | 100 |

占有土地最多的富裕农民同样抢租土地；份地同样从贫穷农民那里（通过出租）转到殷实农民那里，份地在两个不同方向即农村两极所起的作用同样在缩小。为了使读者能够比较具体地了解这些过程，我们引证一下比较详细的关于租地的资料：

| 户主类别 | 每户男女人口 | 每户份地（单位俄亩） | 租耕地的农户的百分数 | 每一租地户的耕地数（单位俄亩） | 租割草场的农户的百分数 | 每一租地户的割草场数（单位俄亩） |
|---|---|---|---|---|---|---|
| 不种地者 | 3.51 | 9.8 | 0.0 | 0.7 | 7.0 | 27.8 |
| 种地不满5俄亩者 | 4.49 | 12.9 | 19.7 | 1.0 | 17.7 | 31.2 |
| 种地5—10俄亩者 | 5.44 | 17.4 | 34.2 | 1.8 | 40.2 | 39.0 |
| 种地10—20俄亩者 | 6.67 | 21.8 | 61.1 | 4.4 | 61.4 | 63.0 |
| 种地20—50俄亩者 | 7.86 | 28.8 | 87.3 | 14.2 | 79.8 | 118.2 |
| 种地超过50俄亩者 | 9.25 | 44.6 | 93.2 | 40.2 | 86.6 | 261.0 |
| 共　计 | 5.49 | 17.4 | 37.7 | 6.0 | 38.9 | 65.0 |

可见，在上等农户（我们知道，他们集中了最大部分的租地）中，租地带有明显的工业性即企业性，这同广为流行的民粹派经济学家的意见恰恰相反。

现在来谈雇佣劳动的资料，由于该县的这些资料很完备（即包括了雇用日工的资料），所以特别有价值：

| 农户类别 | 每户男劳力数 | 雇用各种工人的户数 | | | | 雇用各种工人的户数的百分数 | | | |
|---|---|---|---|---|---|---|---|---|---|
| | | 季节工 | 收割工 | 收获工 | 脱粒工 | 季节工 | 收割工 | 收获工 | 脱粒工 |
| 不种地者 | 0.6 | 4 | 16 | — | — | 0.15 | 0.6 | — | — |
| 种地不满5俄亩者 | 1.0 | 51 | 364 | 340 | 655 | 0.7 | 5.1 | 4.7 | 9.2 |
| 种地5—10俄亩者 | 1.2 | 268 | 910 | 1 385 | 1 414 | 4.2 | 14.3 | 20.1 | 22.3 |
| 种地10—20俄亩者 | 1.5 | 940 | 1 440 | 2 325 | 1 371 | 17.7 | 27.2 | 43.9 | 25.9 |
| 种地20—50俄亩者 | 1.7 | 1 107 | 1 043 | 1 542 | 746 | 50.0 | 47.9 | 69.6 | 33.7 |
| 种地超过50俄亩者 | 2.0 | 143 | 111 | 150 | 77 | 83.1 | 64.5 | 87.2 | 44.7 |
| **共　计** | 1.2 | 2 513 | 3 884 | 5 742 | 4 263 | 10.6 | 16.4 | 24.3 | 18.8 |

我们在这里看到，萨拉托夫省统计人员所谓雇用日工不是经济强弱的突出标志这一见解，显然遭到了驳斥。相反，这是农民资产阶级的最突出标志。我们根据各种短期雇用可以看出，雇主的百分数随着殷实程度的提高而增多，尽管最殷实的农民本户劳力也最多。家庭协作在这里也是资本主义协作的基础。其次，我们看到，雇用日工的户数比雇用季节工人的户数多**1.5倍**(按全县平均计算)——就雇用收获日工来说；遗憾的是，统计人员没有提供雇用日工的总户数，虽然他们有这种资料。三类上等户共有7 679户，其中雇用雇农者2 190户，而雇用收获日工者4 017户，即占富裕农户的大多数。自然，雇用日工决不是彼尔姆省的特点，既然我们从上面已经看到，在三类富裕农户中，雇用雇农者分别占这些农户户主总数的2/10、6/10、和9/10，那么由此可以直接得出如下的结论：**大多数**富裕农户使用了这种或那种形式的雇佣劳动；**雇农和日工队伍的形成，是富裕农户存在的必要条件**。最后，非常值得指出的是，雇用日工的农户数和雇用雇农的农户数之间的比值，**从下等农户到上等农户是递减的**。在下等户中，雇用日工的农户数总是超过雇用雇农的农户数好多倍。相反，在上等户中，雇用雇农

的农户数有时甚至大于雇用日工的农户数。这一事实明显地表明，在上等农户中，经常使用雇佣劳动的真正的雇用雇农的农户形成了；雇佣劳动是比较均匀地按季节分配的，因而可以不必出较高的价钱和费更多的事去雇用日工。我们顺便引证一下维亚特卡省叶拉布加县的雇佣劳动资料（这里把富裕农民和中等农民合并在一起）。

| 户主类别 | 农户 数目 | 农户 百分数 | 男女人口的百分数 | 雇佣工人 季节工 人数 | 季节工 百分数 | 日工 人数 | 日工 百分数 | 牲畜总数的百分数 | 份地耕地百分数 | 租地户的百分数 | 出租土地户的百分数 |
|---|---|---|---|---|---|---|---|---|---|---|---|
| 无马者 | 4 258 | 12.7 | 8.3 | 56 | 3.2 | 16 031 | 10.6 | 1.4 | 5.5 | 7.9 | 42. |
| 有1匹马者 | 12 851 | 38.2 | 33.3 | 218 | 12.4 | 28 015 | 18.6 | 24.5 | 27.6 | 23.7 | 21.8 |
| 有许多匹马者 | 16 484 | 49.1 | 58.4 | 1 481 | 84.4 | 106 318 | 70.8 | 74.1 | 66.9 | 35.3 | 9.1 |
| **共　计** | 33 593 | 100 | 100 | 1 755 | 100 | 150 364 | 100 | 100 | 100 | 27.4 | 18.1 |

假定每个日工干活一个月（28天），那么日工人数就比季节工人数多两倍。我们顺便指出，在维亚特卡省，无论在雇用工人方面，或者在租地和出租土地方面，我们都看到了我们所熟悉的各类农户之间的关系。

彼尔姆省统计人员所引证的关于土地施肥的按户资料是极有意义的。下面是把这些资料[39]整理后的结果：

| 户主类别 | 施肥户的百分数 | 每一施肥户施肥车数 |
|---|---|---|
| 种地不满5俄亩者 | 33.9 | 80 |
| 种地5—10俄亩者 | 66.2 | 116 |
| 种地10—20俄亩者 | 70.3 | 197 |
| 种地20—50俄亩者 | 76.9 | 358 |
| 种地超过50俄亩者 | 84.3 | 732 |
| **共　计** | 51.7 | 176 |

因此，我们在这里也看到贫苦农民和富裕农民在经营制度和

经营方式上有极大的差别。而这种差别是到处都会有的，因为富裕农民到处都把大部分农民牲畜集中在自己手里，并且有更多的可能把自己的劳动花在改善经营上。因此，如果我们知道改革后的“农民”在同一个时期内，既产生出大批无马的和无牲畜的农户，也通过在土地上施肥（瓦·沃·先生在其《农民经济中的进步潮流》第123—160页及以下各页中有详细的描述）而“提高了农业水平”，那么这种情况就十分明显地向我们表明，“进步潮流”只不过是指农村资产阶级的进步。这种情况在改良农具的分配方面表现得更清楚，而关于改良农具的资料在彼尔姆省也有。但是这些资料并不是根据克拉斯诺乌菲姆斯克县整个农业地区收集的，而只根据该县的第3区、第4区和第5区，包括23 754户中的15 076户。登记的改良农具计有：风车1 049架，精选机225架，脱粒机354架，共计1 628架。在各类农户中的分配情况如下：

| 户主类别 | 每百户所有的改良农具数 | 改良农具总数 | 改良农具总数的百分数 | |
|---|---|---|---|---|
| 不种地者 | 0.1 | 2 | 0.1 | |
| 种地不满5俄亩者 | 0.2 | 10 | 0.6 | |
| 种地5—10俄亩者 | 1.8 | 60 | 3.7 | |
| 种地10—20俄亩者 | 9.2 | 299 | 18.4 | |
| 种地20—50俄亩者 | 50.4 | 948 | 58.3 | 77.2 |
| 种地超过50俄亩者 | 180.2 | 309 | 18.9 | |
| 共　计 | 10.8 | 1 628 | 100 | |

这是瓦·沃·先生所谓“全部”农民都使用改良农具这种“民粹派”论点的又一个例证！

关于“副业”的资料，使我们这一次能够划分出两种基本类型的“副业”，它们分别标志着：(1)农民变成农村资产阶级（拥有工商企业）；(2)农民变成农村无产阶级（出卖劳动力，即所谓的“农业副

业”)。这两种类型截然相反的“从事副业者”在各类农户间的分配情况如下①:

| 户主类别 | 每百户所有的工商企业 | 工商企业在各类农户间的分配(总数的百分数) | 从事农业副业的农户的百分数 |
| --- | --- | --- | --- |
| 不种地者 | 0.5 | 1.7 | 52.3 |
| 种地不满 5 俄亩者 | 1.4 | 14.3 | 26.4 |
| 种地 5—10 俄亩者 | 2.4 | 22.1 | 5.0 |
| 种地 10—20 俄亩者 | 4.5 | 34.3 } | 1.4 |
| 种地 20—50 俄亩者 | 7.2 | 23.1 } 61.9 | 0.3 |
| 种地超过 50 俄亩者 | 18.0 | 4.5 } | — |
| **共　计** | 2.9 | 100 | 16.2 |

把这些资料同播种面积分配和雇用工人的资料对比一下,我们又可以看到,农民的分化建立了资本主义的国内市场。

我们同样看到,把类型极不相同的活计混在一起,统称之为“副业”或“外水”,把“农业和手工业相结合”说成是(就像瓦·沃·先生和尼·—逊先生那样)某种均一的、清一色的和排斥资本主义的东西,是多么严重地歪曲了现实。

最后我们指出,叶卡捷琳堡县的资料是相同的。如果我们从该县 59 709 户中划出无地者(14 601 户)、只有割草场者(15 679 户)和份地全部荒芜者(1 612 户),那么关于其余 27 817 户的资料是这样的:2 万户不种地和种地少(种地不满 5 俄亩者)的农户有播种面积 41 000 俄亩,即占播种面积总数 124 000 俄亩的⅓弱。相反,2 859 户富裕户(种地超过 10 俄亩者)有播种面积 49 751 俄亩、租地 53 000 俄亩(租地总数为 67 000 俄亩,其中包括 55 000

① “农业副业”也是只根据上述 3 个区划分出来的。工商企业总共有 692 个,即:水力磨坊 132 个,油坊 16 个,树脂坊和焦油坊 97 个,“铁铺和其他”283 个,“店铺、小饭馆等”164 个。

俄亩农民被租土地中的47 000俄亩)。可以看出,叶卡捷琳堡县两种类型截然相反的“副业”和有雇农的农户的分配情况,同克拉斯诺乌菲姆斯克县这些分化标志的分配情况完全相同。

## 五 奥廖尔省地方自治局统计资料

我们有该省叶列茨县和特鲁布切夫斯克县按役马数进行农户分类的两本汇编①。

我们把这两县合在一起来引用各类农户的总的资料。

| 户主类别 | 家庭的百分数 | 男女人口的百分数 | 每户份地(单位俄亩) | 土地的百分数 | | 租地户的百分数 | 土地的百分数 | | 使用土地总数 | | 每户牲畜头数(折成大牲畜) | 牲畜总数的百分数 |
|---|---|---|---|---|---|---|---|---|---|---|---|---|
| | | | | 份地 | 购买地 | | 租地 | 出租地 | 百分数 | 每户 | | |
| 无马者 | 22.9 | 15.6 | 5.5 | 14.5 | 3.1 | 11.2 | 1.5 | 85.8 | 4.0 | 1.7 | 0.5 | 3.8 |
| 有1匹马者 | 33.5 | 29.4 | 6.7 | 28.1 | 7.2 | 46.9 | 14.1 | 10.0 | 25.8 | 7.5 | 2.3 | 23.7 |
| 有2—3匹马者 | 36.4 | 42.6 | 9.6 | 43.8 | 40.5 | 77.4 | 50.4 | 3.0 | 49.3 | 13.3 | 4.6 | 51.7 |
| 有4匹马以上者 | 7.2 | 12.4 | 15.2 | 13.6 | 49.2 | 90.2 | 34.0 | 1.2 | 20.9 | 28.4 | 9.3 | 20.8 |
| **共　计** | 100 | 100 | 8.6 | 100 | 100 | 52.8 | 100 | 100 | 100 | 9.8 | 3.2 | 100 |

由此可见,这里各类农户间的一般关系,也和我们在前面看到的情况相同(富裕农民集中了购买地和租地,土地从贫苦农民手中转到富裕农民手中,等等)。各类农户间在雇佣劳动、“副业”以及经济中的“进步潮流”方面的关系也完全一样。

① 《奥廖尔省统计资料汇编》1887年莫斯科版第2卷叶列茨县和1887年奥廖尔版第3卷特鲁布切夫斯克县。后一县的资料没有包括近郊村社。我们所引用的,是把份地租地和非份地租地合在一起的总的租地资料。出租地的数量,我们是按照出租全部份地的农户数大致算出的。根据已有的数字,也已经可以算出各类农户使用的土地数(份地+购买地+租地-出租地)。

| 户主类别 | 有雇佣工人的农户的百分数 | 从事副业的农户的百分数 | 每百户中的工商企业 | 改良农具（叶列茨县） | |
|---|---|---|---|---|---|
| | | | | 每百户的农具数 | 农具总数的百分数 |
| 无马者 | 0.2 | 59.6 | 0.7 | 0.01 | 0.1 |
| 有1匹马者 | 0.8 | 37.4 | 1.1 | 0.2 | 3.8 |
| 有2—3匹马者 | 4.9 | 32.2 | 2.6 | 3.5 | 42.7 |
| 有4匹马以上者 | 19.4 | 30.4 | 11.2 | 36.0 | 53.4 |
| **共　计** | 3.5 | 39.9 | 2.3 | 2.2 | 100 |

这样，我们在奥廖尔省也看到了农民分化为两个极端相反的类型：一方面分化为农村无产阶级（抛弃土地和出卖劳动力），另一方面分化为农民资产阶级（购买土地，租种大量土地，特别是租种份地，改善经营，雇用雇农和这里略去不计的日工，把工商企业同农业结合起来）。但是一般说来，这里农民的农业规模要比上述各地小得多，大耕作者也少得不能相比，因此，如果就这两县来判断，农民的分化看起来是比较小的。我们所以说“看起来”，是根据以下几点理由：第一，我们在这里看到，“农民”变为农村无产阶级要迅速得多，分化为农村资产者集团则不大明显，可是我们也已经看到相反的例子，即农村资产者这一极变得特别明显。第二，由于“副业”特别发达（40％的家庭），这里使**种地的**农民（在本章我们正是只谈种地的农民）的分化情况模糊不清。这里除大多数雇佣工人外，也把少数商人、包买主、企业主和业主等等列入了“从事副业者”。第三，由于缺乏当地农业中与市场有最密切联系的那些方面的资料，所以这里的农民分化不明显。在这里，商业性的即市场性的农业的发展方向，不是扩大销售谷物用的播种面积，而是生产大麻。最大量的商业活动在这里同这种产品有联系，而汇编中引用的统计表资料，**恰恰**没有把各类农户农业的**这一**方面区分出来。

“麻田为农民提供了主要收入”(即货币收入。《特鲁布切夫斯克县统计资料汇编》,分村概述第5页及其他许多页),“农民把主要的注意力集中在种植大麻上…… 全部厩肥……都用在麻田上”(同上,第87页),到处“用大麻作抵押”来借钱,用大麻抵债(同上,散见各处)。为了在麻田上施肥,富裕农民向贫苦农民购买厩肥(《奥廖尔县统计资料汇编》1895年奥廖尔版第8卷第105页),麻田可以在本村社或外村社租出或租进(同上,第260页),有一部分“工业作坊”(关于它们的集中情况我们已经谈过)从事大麻加工。很明显,没有关于当地农业主要商业品的资料,分化的图画是多么的不全面。①

## 六 沃罗涅日省地方自治局统计资料

沃罗涅日省汇编中的资料极其完备,分类法也极多。除了通常按份地的分类法,我们在某些县还看到按役畜、按劳力(按本户的劳动力)、按副业(不从事副业者;从事副业者:(1)农业副业,(2)混合副业,(3)工商业副业)和按雇农(当雇农的农户;不雇雇农也不当雇农的农户;雇用雇农的农户)等的分类法。最后这种分类法为极大多数的县份所采用,并且初看起来,可能认为这种分类法最

① 《奥廖尔县统计资料汇编》的编者说道(第57表),富裕农民每头大牲畜所积的厩肥比贫穷农民的**几乎多1倍**(每户有7.4头牲畜者,每头牲畜积肥391普特,而每户有2.8头牲畜者,每头牲畜只能积肥208普特。这个结论还是在按份地分类的情况下得出的,这种分类法削弱了分化的实际深度)。这种情况的产生,是由于贫苦农民不得不用禾秸和厩肥作燃料,出卖厩肥等等。因此,每头牲畜的“正常的”积肥数(400普特)只有农民资产阶级才能办到。瓦·沃·先生也可能就此推断出(如同他就失去马匹所作推断那样)牲畜数量和厩肥数量间的“正常比例的恢复”吧。

适合于研究农民的分化。但是事实并非如此:提供雇农的这类农户远没有包括全部农村无产阶级,因为其中并没有包括提供日工、小工、工厂工人、土木建筑工人、仆役等等的农户。雇农只是“农民”所提供的雇佣工人的一部分。雇用雇农的这类农户也是极不完全的,因为其中并没有包括雇用日工的农户。中间农户(既不提供雇农也不雇用雇农的农户)把每县几万个家庭混在一起,把成千上万的无马户同成千上万的多马户,把租地户同出租土地户,把耕作者同非耕作者,把成千上万的雇佣工人同少数的业主并在一起。例如,全部中间农户的总“平均数”,就是把无地的或每户只有3—4俄亩土地(份地和购买地算在一起)的农户,同有份地25俄亩或50俄亩以上并购置几十几百俄亩土地的农户加在一起算出来的(《博布罗夫县统计资料汇编》第336页第148表;《新霍皮奥尔斯克县统计资料汇编》第222页),是把每户共有0.8—2.7头牲畜的农户同每户共有12—21头牲畜的农户加在一起算出来的(同上)。显然,援引这种“平均数”是不能说明农民的分化的,我们必须采用按役畜的分类法,这种方法是最接近按农业经营规模的分类法的。我们有4本采用这种分类法的汇编(泽姆良斯克县统计资料汇编、扎顿斯克县统计资料汇编、下杰维茨克县统计资料汇编、科罗托亚克县统计资料汇编),我们应当选用扎顿斯克县汇编,因为其余3县的汇编没有提供有关各类农户的购买地和出租地的单独资料。下面我们将引用这4县的综合资料,读者将会看到,从中得出的结论也是一样的。这里是关于扎顿斯克县各类农户的总的资料(农户15 704户,男女人口106 288人,份地135 656俄亩,购买地2 882俄亩,租地24 046俄亩,出租地6 482俄亩)。

| 户主类别 | 农户的百分数 | 每户男女人口 | 男女人口的百分数 | 每户份地(单位俄亩) | 土地的百分数 | | | | 使用土地总数 | | 耕地总数 | | 每户牲畜总数 |
|---|---|---|---|---|---|---|---|---|---|---|---|---|---|
| | | | | | 份地 | 购买地 | 租地 | 出租地 | 每户 | 百分数 | 每户 | 百分数 | |
| 无马者 | 24.5 | 4.5 | 16.3 | 5.2 | 14.7 | 2.0 | 1.5 | 36.9 | 4.7 | 11.2 | 1.4 | 8.9 | 0.6 |
| 有1匹马者 | 40.5 | 6.1 | 36.3 | 7.7 | 36.1 | 14.3 | 19.5 | 41.9 | 8.2 | 32.8 | 3.4 | 35.1 | 2.5 |
| 有2—3匹马者 | 31.8 | 8.7 | 40.9 | 11.6 | 42.6 | 35.9 | 54.0 | 19.8 | 14.4 | 45.4 | 5.8 | 47.0 | 5.2 |
| 有4匹马以上者 | 3.2 | 13.6 | 6.5 | 17.1 | 6.6 | 47.8 | 25.0 | 1.4 | 33.2 | 10.6 | 11.1 | 9.0 | 11.3 |
| **共　计** | 100 | 6.8 | 100 | 8.6 | 100 | 100 | 100 | 100 | 10.1 | 100 | 4.0 | 100 | 3.2 |

这里各类农户间的关系也同上述各省县一样(购买地和租地的集中,份地从出租份地的贫穷农民手中转到租种土地的富裕农民手中,等等),但是这里的富裕农民的意义要小得多。由于农民的农业经营规模极小,人们自然而然地提出了下面的问题:当地的农民是否还算耕作者,而不算“从事副业者”?下面是关于“副业”的资料,首先是关于副业在各类农户中的分配的资料:

| 户主类别 | 改良农具 | | 农户百分数 | | 每百户的工商企业 | 农户百分数 | | | 货币收入的百分数 | |
|---|---|---|---|---|---|---|---|---|---|---|
| | 每百户的改良农具数 | 总数的百分数 | 雇用雇农的 | 提供雇农的 | | 有“副业”的 | 出卖粮食的 | 购买粮食的 | “副业”的 | 出卖农产品的 |
| 无马者 | — | — | 0.2 | 29.9 | 1.7 | 94.4 | 7.3 | 70.5 | 87.1 | 10.5 |
| 有1匹马者 | 0.06 | 2.1 | 1.1 | 15.8 | 2.5 | 89.6 | 31.2 | 55.1 | 70.2 | 23.5 |
| 有2—3匹马者 | 1.6 | 43.7 | 7.7 | 11.0 | 6.4 | 86.7 | 52.5 | 28.7 | 60.0 | 35.2 |
| 有4匹马以上者 | 23.0 | 54.2 | 28.1 | 5.3 | 30.0 | 71.4 | 60.0 | 8.1 | 46.1 | 51.5 |
| **总　计** | 1.2 | 100 | 3.8 | 17.4 | 4.5 | 90.5 | 33.2 | 48.9 | 66.0 | 29.0 |

改良农具和两种类型相反的“副业”(出卖劳动力和经营工商企业)的分配,在这里也与上面考察过的资料相同。从事“副业”的农户占很大的百分数,购买粮食的农户多于出卖粮食的农户,“副业”的货币收入多于农业的货币收入①,——这一切使我们有根据

① 我们在为数不多的上等农户中看到的情况却相反:出卖粮食多于购买粮食,货币收入主要来自土地,雇用雇农的、使用改良农具的和经营工商企业的农户占很大的百分数。农民资产阶级的一切典型特征也在这里很明显地表现出来了(虽然它的人数很少),在商业性农业和资本主义农业的发展中表现出来了。

认为，这个县与其说是一个农业县，不如说是一个“副业”县。但是我们看一看，这是些什么副业呢？在《泽姆良斯克县、扎顿斯克县、科罗托亚克县和下杰维茨克县农民占有土地的估价资料汇编》(1889年沃罗涅日版)中，提供了一张本地和外来“从事副业者”的全部行业一览表(总共222种)，这张表把他们按份地分类，并且标明了每种行业的工资额。从这张表可以看出，**绝大多数的农民“副业”是做雇工**。在扎顿斯克县的24 134个“从事副业者”中，雇农、车夫、牧人、小工占14 135人，建筑工人占1 813人，城市工人、工厂工人和其他工人占298人，私人仆役占446人，乞丐占301人，等等。换句话说，绝大多数“从事副业者”是农村无产阶级，是把自己的劳动力出卖给农村企业主和工业企业主的**有份地的雇佣工人**。[①] 由此可见，如果我们考察一下某省或某县各类农户间的关系，那么无论在土地多的、农民播种面积也较广的草原省份，或者在土地最少的、农民“农场”规模极小的地区，我们**到处**都可以看到

① 我们引用这个地区较详细的农民副业资料，来补充上面关于地方自治局统计中的“副业”概念的论述。地方自治局统计人员把副业分成6类：(1)农业副业(占4县“从事副业者”总数92 889人中的59 277人)。这里绝大多数是雇佣工人，然而其中还包括业主(瓜田主、菜园主、蜂场主、可能还有一部分赶车的，等等)。(2)手艺人和手工业者(20 784人)。除真正的手艺人(为**消费者**的订货而工作者)以外，这里也有很多雇佣工人，特别是建筑工人等等。我们算了一下，建筑工人有8 000多人(可能还包括面包师等业主)。(3)仆役——1 737人。(4)商人和工业业主——7 104人。正如我们已经讲过的，把这一类从“从事副业者”总数中划出来是十分必要的。(5)自由职业者——2 881人，其中乞丐1 090人，除此而外就是流浪者、宪兵、妓女、警察等等。(6)城市工人、工厂工人和其他工人——1 106人。本地从事副业者——71 112人，外来从事副业者——21 777人；其中男人——85 255人，妇女——7 634人。工资额十分复杂：例如扎顿斯克县8 580个小工赚了234 677卢布，而647个商人和工业业主却赚了71 799卢布。可以想象得到，把所有这些性质极不相同的“副业”混在一起，会造成怎样的混乱，但我国地方自治局统计人员和我国民粹派通常就是这样做的。

分化的典型特点；尽管土地条件和农业条件极不相同，上等农户和下等农户的关系却到处一样。如果我们再把各个地区作一比较，那么在一些地区农民中的农村企业主的形成表现得特别突出，在另一些地区则农村无产阶级的形成表现得特别突出。不言而喻，俄国也同其他所有的资本主义国家一样，分化过程的后一方面所卷入的小农人数（大概也包括地区），比前一方面要多得多。

## 七　下诺夫哥罗德省地方自治局统计资料

下诺夫哥罗德省克尼亚吉宁、马卡里耶夫和瓦西里 3 县地方自治局统计机关按户调查资料已汇总成一张分类表，该表把农户（单指有份地的并且居住在本村的农户）按役畜分为 5 类（《下诺夫哥罗德省土地估价材料。经济部分》第 4、9、12 编，1888 年、1889 年、1890 年下诺夫哥罗德版）。

把这 3 县合在一起，我们得到下列有关各类农户的资料（上述 3 县的这些资料包括：农户 52 260 户；男女人口 294 798 人；份地 433 593 俄亩；购买地 51 960 俄亩；租地 86 007 俄亩——各种租地都计算在内，不论是份地或非份地，耕地或割草场；出租地 19 274 俄亩）：

| 户主类别 | 农户的百分数 | 每户男女人口 | 男女人口的百分数 | 份地 | | 购买地总数的百分数 | 总数的百分数 | | 各类农户使用土地总数 | | 牲畜总数 | |
|---|---|---|---|---|---|---|---|---|---|---|---|---|
| | | | | 每户的（单位俄亩） | 总数的百分数 | | 租地 | 出租地 | 每户的（单位俄亩） | 总数的百分数 | 每户牲畜头数 | 牲畜总数的百分数 |
| 无马者 | 30.4 | 4.1 | 22.2 | 5.1 | 18.6 | 5.7 | 3.3 | 81.7 | 4.4 | 13.1 | 0.6 | 7.2 |
| 有 1 匹马者 | 37.5 | 5.3 | 35.2 | 8.1 | 36.6 | 18.8 | 25.1 | 12.4 | 9.4 | 34.1 | 2.4 | 33.7 |
| 有 2 匹马者 | 22.5 | 6.9 | 27.4 | 10.5 | 28.5 | 29.3 | 38.5 | 3.8 | 13.8 | 30.2 | 4.3 | 34.9 |
| 有 3 匹马者 | 7.3 | 8.4 | 10.9 | 13.2 | 11.6 | 22.7 | 21.2 | 1.2 | 21.0 | 14.8 | 6.2 | 16.5 |
| 有 4 匹马以上者 | 2.3 | 10.2 | 4.3 | 16.4 | 4.7 | 23.5 | 11.9 | 0.9 | 34.6 | 7.8 | 9.0 | 7.7 |
| **共　计** | 100 | 5.6 | 100 | 8.3 | 100 | 100 | 100 | 100 | 10.3 | 100 | 2.7 | 100 |

因此，我们在这里也看到，富裕农民尽管份地较多（上等户所占的份地百分数高于他们所占的人口百分数），他们还是集中了购买地（9.6%的富裕户占有46.2%的购买地，而⅔的贫苦农户占有的购买地却不到全部购买地的¼），集中了租地，“收集了”贫苦农民出租的份地，由于这一切，“农民”使用的土地的**实际**分配，完全不同于份地的分配。无马者实际占有的土地数量，比法律保证他们应有的份地数量要少。有1匹马者和有2匹马者占有的土地只增加了10%—30%（从8.1俄亩增加到9.4俄亩；从10.5俄亩增加到13.8俄亩），而富裕农民占有的土地却增加了**0.5—1倍**。各类农户按份地数量来说，其差别是微不足道的，而**按实际的农业经营规模来说**，它们的差别是很大的，这一点在上引的牲畜资料中和下述的播种面积资料中都可以看出：

| 户主类别 | 每户播种面积（单位俄亩） | 播种面积总数的百分数 | 有雇农的农户百分数 | 有工商企业的户主百分数① | 挣外水的农户百分数 |
|---|---|---|---|---|---|
| 无马者 | 1.9 | 11.4 | 0.8 | 1.4 | 54.4 |
| 有1匹马者 | 4.4 | 32.9 | 1.2 | 2.9 | 21.8 |
| 有2匹马者 | 7.2 | 32.4 | 3.9 | 7.4 | 21.4 |
| 有3匹马者 | 10.8 | 15.6 | 8.4 | 15.3 | 21.4 |
| 有4匹马以上者 | 16.6 | 7.7 | 17.6 | 25.1 | 23.0 |
| **共　计** | 5.0 | 100 | 2.6 | 5.6 | 31.6 |

各类农户在播种面积上的差别，要比它们在实际占有土地和使用土地面积上的差别还大些，比它们在份地面积上的差别就更不用说了。② 这就再三向我们表明：按占有的份地分类是完全不

① 单指克尼亚吉宁1县。

② 如果我们把无马者（每户）的份地数量算做100，那么往上数各类农户的份地数量依次为：159、206、259、321。每类农户实际占有土地的相应数字将为：100、214、314、477、786；而各类农户的播种面积则为：100、231、378、568、873。

合适的，份地占有的"平均化"现在已成了一种法律上的虚构。上表其余各栏表明，在农民中"农业同手工业相结合"是怎样进行的：富裕农民把商业性农业和资本主义农业(有雇农的农户占很大的百分数)同工商企业结合在一起，而贫苦农民则把出卖自己的劳动力("挣外水")同微不足道的播种面积结合在一起，就是说，他们变成有份地的雇农和日工。应当指出，挣外水的农户的百分数所以没有照例地缩小，是由于下诺夫哥罗德省农民的这些"外水"和"副业"的种类非常繁多：这里的从事副业者，除了农业工人、小工、建筑工人和船舶工人等等外，还包括相当多的"手工业者"、工业作坊主、商人、包买主等等。显然，把类型如此不同的"从事副业者"混在一起，这就破坏了"挣外水的农户"资料①的正确性。

至于谈到各类农民在农业经营方面的差别问题，我们可以指出：在下诺夫哥罗德省，"施肥……是决定"耕地的"生产率高低的最主要条件之一"。(《克尼亚吉宁县统计资料汇编》第79页)黑麦的平均收获量是随着肥料的增加而依次提高的：每百俄亩份地施肥300—500车，每俄亩的黑麦收获量为47.1俄斗②，而施肥1 500车以上者，每俄亩的黑麦收获量则为62.7俄斗。(同上，第84页)因此很明显，各类农户在农业生产规模方面的差别必定还大于播种面积的差别；下诺夫哥罗德省统计人员犯了一个很大的错误，就是只泛泛地研究了农民田地的单位面积产量问题，而没有分别地研究贫穷农民的田地和富裕农民的田地的单位面积产量问题。

① 关于下诺夫哥罗德省农民的"副业"，见米·普洛特尼科夫《下诺夫哥罗德省手工业》(1894年下诺夫哥罗德版)一书书末的表和地方自治局统计汇编，特别是戈尔巴托夫和谢苗诺夫两县的统计汇编。

② 俄斗是俄国旧容量单位，合26.24公升。——编者注

## 八 其他各省地方自治局统计资料的概述

读者已经看到，我们在研究农民分化时，只使用地方自治局统计机关的按户调查，只要这些调查包括了较大的地区，提供了关于最重要分化标志的足够详细的资料，只要它们（这特别重要）已整理得可以按农民的经济殷实程度划分各类农户。上述7省的资料，已经把符合这些条件的并且我们也有可能加以利用的地方自治局统计材料包罗无遗了。为了全面起见，我们现在还要简略地指出其余不太完整的同类的资料（即以全面的按户调查为根据的资料）。

关于诺夫哥罗德省杰米扬斯克县，我们有一张按马匹数的农户分类表（《诺夫哥罗德省土地估价材料。杰米扬斯克县》1888年诺夫哥罗德版）。这里没有租地和出租地（按俄亩计算）的材料，但是现有的资料已经可以证明，本省富裕农民和无产农民之间的关系同其他各省是完全一样的。例如，这里从下等户到上等户（从无马者到有3匹马以上者），有购买地和租地的农户的百分数是递增的，尽管多马户的份地超过平均数。占总农户10.7%的有3匹马以上的农户，占总人口的16.1%，他们占有全部份地的18.3%，购买地的43.4%，租地的26.2%（如果可以按在租地上播种黑麦和燕麦的面积计算的话），"工业建筑物"总数的29.4%，而占总农户51.3%的无马的或有1匹马的农户，占总人口的40.1%，却只占有份地的33.2%，购买地的13.8%，租地的20.8%（计算法同上），"工业建筑物"的28.8%。换句话说，这里也是富裕农民"收集"土地，并把工商业"副业"同农业结合起来，而无产农民则抛弃土地并变为雇佣工人（"从事副业者"的百分数从下等户到上等户是递减的，无马者为 26.6%,有 3 匹马以上者为 7.8%)。由于这些资料不完整,我们没有把它们列入下一节关于农民分化材料的汇总中去。

由于同样原因,我们也没有把切尔尼戈夫省科泽列茨县的**部分地区**的资料(《切尔尼戈夫省地方自治局统计处收集的土地估价材料》1882 年切尔尼戈夫版第 5 卷;关于科泽列茨县黑土地区 8 717 户的资料,是按役畜数分类的)包括进去。这里各类农户间的关系也是一样的:占总农户 36.8%、占人口总数 28.8%的没有役畜的农户,只占私有地和份地的 21%,租地的 7%,可是却占这 8 717 户全部出租地的 63%。占总农户 14.3%、占人口总数 17.3%的有 4 头役畜以上的农户,却占私有地和份地的 33.4%,租地的 32.1%,并且只占出租地的 7%。可惜没有把其余的农户(有 1—3 头役畜者)细分成更小的类别。

在《伊尔库茨克省和叶尼塞斯克省农村居民的土地使用和经济生活的调查材料》中,有一张极有意义的关于叶尼塞斯克省 4 个专区的农户和移民户的分类表(按役马分类)(1893 年伊尔库茨克版第 3 卷第 730 页及以下各页)。十分值得注意的是,西伯利亚富裕农民同移民的关系(连最狂热的民粹派也未必敢在这种关系中寻找标榜一时的村社精神吧!),实际上与我国富裕的村社社员同他们的无马的或有 1 匹马的"伙伴"的关系完全相同。把移民和老住户农民合并在一起(这种合并之所以需要,是因为前者充当后者的劳动力),我们就可以看到业已熟悉的上等户和下等户的特征。占总农户 39.4%、占人口总数 24%的下等户(无马者、有 1 匹马者和有 2 匹马者)只占有全部耕地的 6.2%和牲畜总数的 7.1%,而占总农户 36.4%、占人口总数 51.2%的有 5 匹马以上的农户却占耕地的 73%和牲畜总数的 74.5%。两类上等户(有 5—9 匹马者和有 10 匹马以上者),每户占有耕地15—36俄亩,大量使用雇佣劳动(有雇佣工人的农户占30%—70%),而三类下等户,每户只有耕地0—0.2—3—5俄亩,他们**提供**工人(占农户的20%—35%—59%)。这里的租地和出租地资料,是我们所遇到的唯一超出常规(富裕农民集中租地)的例外,而这种例外却又证实了常规。因为在西伯利亚没有造成这种常规的条件,没有强制性的和"平均的"份地,没有已经形成的土地私有制。富裕农民不是购买土地和租种土地,而是强占土地(至少在此以前是这样);土地的租出和租入毋宁说带有邻居间交换的性质,因此租地和出租地的分类资料并不表明任何规律性。①

关于波尔塔瓦省3县,我们可以大致确定播种面积的分配情况(先计算出播种面积各不相同的——汇编中规定了"从若干俄亩到若干俄亩"——各类农户数,再把这各类农户数乘上述每类上下限之间的播种面积的平均数)。我们得到了这样一份关于占有362 298俄亩播种面积的76 032户农户(全是村民,没有小市民)的资料;没有播种面积或每户播种不满3俄亩者计31 001户农户(占40.8%),他们共有播种面积36 040俄亩(占9.9%);而每户播种超过6俄亩者有19 017户农户(占25%),他们共有播种面积209 195俄亩(占57.8%)(见《波尔塔瓦省经济统计汇编》康斯坦丁格勒、霍罗尔和皮里亚京3县)。播种面积的**分配**很像我们所看到的塔夫利

---

① "各地收集的出租土地和租种土地的实际材料,被认为不值得加以专门研究,因为这种现象本身还只处在萌芽状态;出租土地或租种土地这种个别现象是很少见的,是极偶然的,对叶尼塞斯克省的经济生活还没有发生任何影响。"(《伊尔库茨克省和叶尼塞斯克省农村居民的土地使用和经济生活的调查材料》第4卷第1编导言第Ⅴ页)在叶尼塞斯克省老住户农民所有的424 624俄亩的熟地中,有417 086俄亩是"强占的祖传"地**40**。租地(2 686俄亩)几乎和出租地(2 639俄亩)相等,还不到强占土地总数的1%。

达省的情况，虽然一般讲来，这里的播种**面积**是较少的。显然，只有在少数人集中了购买地和租地的情况下，才可能有如此不平均的分配。我们在这方面没有充分的资料，因为汇编没有按农户的殷实程度分类，所以只好用康斯坦丁格勒县的下列资料。在论述农村各阶层经济的一章(第2章第5节《农业》)中，汇编的编者讲到这样一个事实：一般说来，如果把租地分成三类，即(1)每一租地者的租地不满10俄亩者，(2)10—30俄亩者，(3)超过30俄亩者，那么每类的资料如下[①]：

| | 相对数字 | | 每个租地者的租地(单位俄亩) | 租地转租的百分数 |
|---|---|---|---|---|
| | 租地者的百分数 | 租地的百分数 | | |
| 租地少的(不满10俄亩) | 86.0 | 35.5 | 3.7 | 6.6 |
| 租地中等的(10—30俄亩) | 8.3 | 16.6 | 17.5 | 3.9 |
| 租地多的(超过30俄亩) | 5.7 | 47.9 | 74.8 | 12.9 |
| **共　计** | 100 | 100 | 8.6 | 9.3 |

说明是多余的了。

关于卡卢加省，我们只有下列极零散极不完整的关于8 626个农户(占该省农户总数的1/20左右[②])的粮食播种资料：

| | 按播种规模划分的农户类别<br>以播种秋播作物计算(单位俄斗) | | | | | | |
|---|---|---|---|---|---|---|---|
| | 不播种者 | 播种不满15俄斗者 | 播种15—30俄斗者 | 播种30—45俄斗者 | 播种45—60俄斗者 | 播种超过60俄斗者 | 共计 |
| 农户的百分数……… | 7.4 | 30.8 | 40.2 | 13.3 | 5.3 | 3.0 | 100 |
| 男女人口的百分数… | 3.3 | 25.4 | 40.7 | 17.2 | 8.1 | 5.3 | 100 |
| 播种面积的百分数… | — | 15.0 | 39.9 | 22.2 | 12.3 | 10.6 | 100 |
| 役马总数的百分数… | 0.1 | 21.6 | 41.7 | 19.8 | 9.6 | 7.2 | 100 |
| 播种总收入的百分数 | — | 16.7 | 40.2 | 22.1 | 21.0 | | 100 |
| 每户播种面积(单位俄亩) | — | 2.0 | 4.2 | 7.2 | 9.7 | 14.1 | — |

① 《汇编》第142页。

② 《1896年卡卢加省统计概述》1897年卡卢加版第43页及以下各页，附录83、113。

就是说，占总农户21.6%、总人口30.6%的农户，占有役马的36.6%，播种面积的45.1%，以及播种**总**收入的43.1%。显然，这些数字也说明富裕农民集中了购买地和租地。

关于特维尔省，尽管汇编中的资料很丰富，但按户调查的整理工作却极不充分，也没有按农户的殷实程度进行分类。维赫利亚耶夫先生在《特维尔省统计资料汇编》(1897年特维尔版第13卷第2编《农民经济》)中，就利用这个缺点来否定农民的"分解"，认为存在着"更加平均化"的趋势并唱起"人民生产"(第312页)和"自然经济"的赞歌。维赫利亚耶夫先生极其粗俗和毫无根据地大谈"分解"，不仅没有引用任何关于各类农民的精确资料，甚至也没有弄清楚分化发生在村社内部这样一种起码常识，因此，谈论"分解"而又**仅仅**采用按村社或乡的分类法，这简直是可笑的①。

## 九 上述关于农民分化的地方自治局统计资料的汇总

为了把上述关于农民分化的资料作一比较并汇总到一起，我

① 作为笑话，现举一例。维赫利亚耶夫先生的"总的结论"说："特维尔省农民购买土地具有使土地占有规模拉平的趋势。"(第11页)证据呢？如果我们拿按份地面积分类的**各类村社**来看，那么在份地少的**村社**中，有购买地的农户所占的百分比较大。维赫利亚耶夫先生竟没有料到，购买土地的是份地少的村社的**富裕**社员！显然，对一个狂热的民粹派的这种"结论"去进行分析是没有必要的，何况维赫利亚耶夫先生的胆量甚至使他的同一阵营的经济学家也感到害臊。卡雷舍夫先生在《俄国财富》杂志(1898年第8期)中虽然说对维赫利亚耶夫先生"能很好地理解目前摆在我国经济面前的那些任务"深表赞许，但仍然不得不承认，维赫利亚耶夫先生是个过分的"乐观主义者"，他的关于平均化趋势的结论是"证据不足的"，他的资料"没有说明任何问题"，而且他的结论是"没有根据的"。

们显然不能采用绝对数字并且把它们按类别加起来，因为要做到这点，需要有一大批地区的完整资料和使用统一的分类法。我们只能把**上等户和下等户的关系**（按占有的土地、牲畜、农具等等）作一番比较和对照。例如，10%的农户占有30%的播种面积所表示的关系，把绝对数字的差别抽象化了，因此适合于同任何地区一切类似的关系相比较。但是要作这样的比较，就必须在其他地区同样划分出10%的农户，不能多也不能少。然而在不同的县份和省份中，各类农户的数额是不相等的。这就是说，必须把这些类别**打散**，以求得每一地区**相同的农户百分数**。我们假定20%的农户为富裕农民，50%的农户为贫穷农民，就是说，我们用上等户组成占农户20%的一类，用下等户组成占农户50%的一类。现在举例来说明这个方法。我们假定从下等户到上等户有这样五种类别的比数：30%、25%、20%、15%和10%（总计＝100%）。如果要组成下等户，我们就拿第一类加第二类的$\frac{4}{5}$（$30+\frac{25\times4}{5}=50\%$），要组成上等户，就拿最后一类加第四类的$\frac{2}{3}$（$10+\frac{15\times2}{3}=20\%$）。同样很明显，播种面积、牲畜、农具等的百分数也是用这种方法算出来的。这就是说，如果上述各个比数的农户的播种面积百分数分别是15%、20%、20%、21%和24%（总计＝100%），那么我们组成的占农户20%的上等户的播种面积百分数是（$24+\frac{21\times2}{3}=$）38%，而我们组成的占农户50%的下等户的播种面积百分数是（$15+\frac{20\times4}{5}=$）31%。显然，我们用这种方法打散各类农户，**丝毫也没有改变**上层农民和下层农民之间的**实际关系**。① 这样打散之所以

① 使用这种方法会出一点小小的误差，使得分化看起来要比实际上**稍小些**。也就是说，加在上等户上的是下一类的平均代表数，而不是下一类的上层代表数；加在下等户上的是下一类的平均代表数，而不是下一类的下层代表数。显然，类别愈大，类别愈少，这个误差就愈大。

必要，是因为第一，我们使用这种方法得到的是带有鲜明标志的三大类[①]，而不是四、五、六、七个不同类别；第二，只有使用这种方法，才能把条件极为悬殊的不同地区的农民分化资料加以比较。

为了判断各类农户间的相互关系，我们采用了对分化问题有极重要意义的下列资料：(1)农户数；(2)男女农民人口数；(3)份地数；(4)购买地数；(5)租地数；(6)**出租地数**；(7)各类农户的占有土地或使用土地的总数（份地＋购买地＋租地－出租地）；(8)播种面积数；(9)役畜数；(10)牲畜总数；(11)有雇农的农户数；(12)**挣外水的农户数**（我们尽量选取主要是雇佣劳动即出卖劳动力的那些“外水”）；(13)工商企业数；(14)改良农具数。上述加黑体的资料（“出租地”和“外水”）具有**反面的**意义，表明经济的衰落，农民的破产和农民变为工人。其余的一切资料具有**正面的**意义，表明经济的扩大和农民变为农村企业主。

关于上述各项资料，我们先计算出一省中一县或数县的每类农户与总数的百分比，然后算出（按上述方法）由上等户组成的20％的农户和由下等户组成的50％的农户在土地、播种面积、牲畜等等方面所占的百分比。[②]

我们开列一张按这种方法制成的表，这张表包括7个省的21个县，计农户558 570户，男女人口3 523 418人。

---

① 我们在下一节将看到，我们划分类别的数额与按每户马匹数量划分的全俄农民类别很接近。

② 请读者不要忘记，我们现在讲的不是绝对数字，而只是上层农民和下层农民间的关系。因此，例如我们现在所采用的，不是有雇农的（或挣“外水”的）农户数同本类农户数的百分比，而是同全县有雇农的（或挣“外水”的）农户总数的百分比，这就是说，我们现在并不是确定每一类农户使用的雇佣劳动（或出卖劳动力）有多少，而只是确定上等户和下等户在使用雇佣劳动（或挣“外水”即出卖劳动力）方面的关系。

## A 表① 由上等户组成的占农户 20%的一类

| 省名 | 县名 | 图中的线号 | 与一县或数县总数的百分比 | | | | | | | | | | | | | |
|---|---|---|---|---|---|---|---|---|---|---|---|---|---|---|---|---|
| | | | 出租地 | 挣“外水”的农户 | 农户总数 | 男女人口 | 土地：份地 | 土地：购买地 | 土地：租地 | 土地：使用土地总数 | 播种面积 | 牲畜：役畜 | 牲畜：总数 | 工商企业 | 有雇农的农户 | 改良农具 |
| 塔夫利达省 | 第聂伯罗夫斯克县<br>梅利托波尔县和<br>别尔江斯克县 | **1** | 9.7 | 12.6 | 20 | 27.0 | 36.7 | 78.8 | 61.9 | 49.0 | 49.1 | 42.3 | 44.6 | — | 62.9 | 85.5 |
| 萨马拉省 | 新乌津斯克县 | — | 0.7 | — | 20 | 28.4 | — | 99 | 82 | — | 56 | 62 | 57 | — | 78.4 | 72.5 |
| | 尼古拉耶夫斯克县 | — | 0.3 | 4.1 | 20 | 29.7 | — | — | 60.1 | — | — | 48.6 | 47.1 | — | 62.7 | — |
| | 平均 | **2** | 0.5 | 4.1 | 20 | 29 | — | 99 | 71 | — | 56 | 55.3 | 52.0 | — | 70.5 | 72.6 |
| 萨拉托夫省 | 卡梅申县 | **3** | 11.7 | 13.8 | 20 | 30.3 | 34.1 | — | 59 | 47 | 50.5 | 57.4 | 53.2 | — | 65.9 | — |
| 彼尔姆省 | 克拉斯诺乌菲姆斯克县 | — | 7.8 | 0.6 | 20 | 26.8 | 30 | — | 58.3 | 49.6 | 49.2 | 42.5 | 41.2 | 42.8 | 66.4 | 86.1 |
| | 叶卡捷琳堡县 | — | — | 4.3 | 20 | 26.1 | — | — | 83.7 | — | 55.1 | 42.3 | 41.8 | 30.7 | 74.9 | — |
| | 平均 | **4** | 7.8 | 2.4 | 20 | 26.4 | 30 | — | 71 | 49.6 | 52.1 | 42.4 | 41.5 | 39.9 | 70.6 | 86.1 |
| 奥廖尔省 | 叶列茨县和<br>特鲁布切夫斯克县 | **5** | 2.7 | 15.8 | 20 | 27.4 | 29.0 | 63.4 | 51.7 | 38.2 | — | 42.1 | 37.8 | 49.8 | 57.8 | 75.5 |
| 沃罗涅日省 | 扎顿斯克县 | **6** | 11.9 | 11.6 | 20 | 28.1 | 29.1 | 66.8 | 53.6 | 34.6 | 33.9 | 41.7 | 39.0 | 47.4 | 56.5 | 77.3 |
| | 扎顿斯克县<br>泽姆良斯克县<br>科罗托亚克县和<br>下杰维茨克县 | — | 12.5 | 12.6 | 20 | 28.1 | 30.9（份地与购买地合计） | | 49.2 | 34.1 | — | 38 | 37.2 | 45.9 | 48.4 | 70.1 |
| 下诺夫哥罗德省 | 克尼亚吉宁县<br>瓦西里县和<br>马卡里耶夫县 | **7** | 3.8 | 13.7 | 20 | 27.8 | 29.4 | 59.7 | 50.8 | 36.5 | 38.2 | 46.3 | 40.3 | 51.2 | 54.5 | — |

① 本表注释见第 84 页(见本卷第 110 页。——编者注)。

## Б表①　由下等户组成的占农户50%的一类

| 省名 | 县名 | 图中的线号 | 与一县或数县总数的百分比 | | | | | | | | | | | | | |
|---|---|---|---|---|---|---|---|---|---|---|---|---|---|---|---|---|
| | | | 出租地 | 挣“外水”的农户 | 农户总数 | 男女人口 | 土地：份地 | 土地：购买地 | 土地：租地 | 土地：使用土地总数 | 播种面积 | 牲畜：役畜 | 牲畜：总数 | 工商企业 | 有雇农的农户 | 改良农具 |
| 塔夫利达省 | 第聂伯罗夫斯克县<br>梅利托波尔县和<br>别尔江斯克县 | 1 | 72.7 | 68.2 | 50 | 41.6 | 33.2 | 12.8 | 13.8 | 23.8 | 21.5 | 26.6 | 26 | — | 15.6 | 3.6 |
| 萨马拉省 | 新乌津斯克县 | — | 93.8 | 74.6 | 50 | 39.6 | — | 0.4 | 5.0 | — | 16.3 | 11.3 | 14.4 | — | 4.4 | 2.8 |
| | 尼古拉耶夫斯克县 | — | 98 | 78.6 | 50 | 38 | — | — | 11.1 | — | — | 17.8 | 20.3 | — | 7.1 | — |
| | 平均 | 2 | 95.9 | 76.6 | 50 | 38.8 | — | 0.4 | 8 | — | 16.3 | 14.5 | 17.3 | — | 5.7 | 2.8 |
| 萨拉托夫省 | 卡梅申县 | 3 | 71.5 | 60.2 | 50 | 36.6 | 33 | — | 9.8 | 18.6 | 14.9 | 9.6 | 14.3 | — | 7.5 | — |
| | 沃利斯克县<br>库兹涅茨克县<br>巴拉绍夫县<br>谢尔多布斯克县 | — | 64.6 | — | 50 | 37.6 | 35 | — | 14.1 | 25.2 | 21 | 14.7 | 19.7 | — | — | — |
| 彼尔姆省 | 克拉斯诺乌菲姆斯克县 | — | 74 | 93.5 | 50 | 40.7 | 37.4 | — | 6.5 | 19.2 | 16.7 | 23.1 | 24 | 23.8 | 6.1 | 2 |
| | 叶卡捷琳堡县 | — | — | 65.9 | 50 | 44.7 | — | — | 8.7 | — | 21.2 | 30.5 | 30.8 | 35.6 | 10.4 | — |
| | 平均 | 4 | 74 | 79.7 | 50 | 42.7 | 37.4 | — | 7.6 | 19.2 | 18.9 | 26.8 | 27.4 | 29.7 | 8.2 | 2 |
| 奥廖尔省 | 叶列茨县和<br>特鲁布切夫斯克县 | 5 | 93.9 | 59.3 | 50 | 39.4 | 37.2 | 8.9 | 12.9 | 24.9 | — | 17.7 | 23 | 20.2 | 7.8 | 2.4 |
| 沃罗涅日省 | 扎顿斯克县 | 6 | 63.3 | 65.3 | 50 | 39.2 | 37.5 | 11 | 13.8 | 31.9 | 31 | 20 | 24.6 | 23.2 | 9.1 | 1.3 |
| | 扎顿斯克县<br>泽姆良斯克县<br>科罗托亚克县和<br>下杰维茨克县 | — | 67 | 63.8 | 50 | 37.2 | 33.6 | | 15.4 | 29.9 | — | 20.3 | 23.4 | 17.3 | 13.1 | 3.6 |
| 下诺夫哥罗德省 | 克尼亚吉宁县<br>瓦西里县和<br>马卡里耶夫县 | 7 | 88.2 | 65.7 | 50 | 40.6 | 37.7 | 15.4 | 16.4 | 30.9 | 28.6 | 17.2 | 24.8 | 16.1 | 18.9 | — |

① 本表注释见下页(见本卷第110页。——编者注)。

## A 表和 Б 表的注释

1. 塔夫利达省的出租地资料只是别尔江斯克和第聂伯罗夫斯克两县的。

2. 该省的改良农具包括割草机和收割机。

3. 萨马拉省两县出租地的百分数系出租份地的不经营户的百分数。

4. 奥廖尔省的出租地数(因而也包括使用土地的总数)是大约确定的。沃罗涅日省的 4 县也是这样。

5. 奥廖尔省改良农具的资料只是叶列茨 1 县的。

6. 沃罗涅日省的挣外水的农户数系扎顿斯克、科罗托亚克和下杰维茨克 3 县提供雇农的农户数。

7. 沃罗涅日省改良农具的资料只是泽姆良斯克和扎顿斯克两县的。

8. 下诺夫哥罗德省从事"副业"的农户就是外出做零工的农户。

9. 某些县的工商企业数只好以有工商企业的农户数来代替。

10. 凡汇编中有几栏"外水"的,我们尽量选取那些最明确地表明是雇佣劳动即出卖劳动力的"外水"。

11. 租地尽量包括全部租地:份地租地和非份地租地,耕地租地和割草场租地。

12. 请读者注意:新乌津斯克县的资料不包括独立农庄主和德意志人;克拉斯诺乌菲姆斯克县的资料只涉及该县农业区;叶卡捷琳堡县的资料不包括无地者和只有割草场者。特鲁布切夫斯克县的资料不包括近郊村社;克尼亚吉宁县的资料不包括手工业村大穆拉什基诺等等。这些删削,部分是我们做的,部分是由材料本身的性质决定的。因此很明显,农民的分化实际上要比我们的表和图中表现出来的厉害些。

为了说明这个汇总表，并且使大家能看到极不相同地区上下两类农户之间的关系完全一致，我们绘制了如下的一幅图，将本表的百分数资料分别列入。在农户总数百分数这一栏右边的线，表示殷实程度的**正面**标志（土地占有规模的扩大，牲畜数量的增加等等），左边的线表示经济力量的**反面**标志（出租土地、出卖劳动力；这两栏用特殊线条构成阴影）。从图**上面的**水平线到每条**实**曲线的距离，表明**富裕**户在农民经济总数中所占的比重，从图**下面的**水平线到每条**虚**曲线的距离，表明**贫穷**农户在农民经济总数中所占的比重。最后，为了更清楚地表明汇总资料的总性质，我们在上面画了一条“平均”线（根据图上的那些百分数资料算出的算术平均数确定的。“平均”线为红色以区别于其他的线）。可以说，这条“平均”线向我们表明了现代俄国农民典型的分化情况。

现在为了把上面（第1节至第7节）引用的关于分化的资料作一总结，我们对本图各栏一一加以考察。

农户百分数栏的右边第1栏，表明上等户和下等户的**人口**比重。我们看到，富裕农民的家庭人口到处多于平均人口，而贫穷农民则少于平均人口。这个事实的意义，我们已经讲过了。现在再补充一点：在作各种比较时，不以一个农户或一个家庭为单位，而以一口人为单位（像民粹派所喜欢做的那样），是不正确的。如果说富裕家庭的支出由于家庭人口较多而增加，那么，另一方面，家庭人口多的农户的支出额却在缩减（用在建筑物、家用什物和家务等等方面的支出。恩格尔哈特在《农村来信》中和特里罗果夫在1882年圣彼得堡版的《村社和赋税》一书中，都特别强调人口多的家庭在经济方面的有利性）。因此拿一口人作为比较的单位而不注意到这种支出的缩减，这就是人为地和虚假地把人口多的家庭和人口少的家庭中"一口人"的经济状况等同起来了。但是，本图清楚地表明：富裕农户集中的农产品，比按每一口人计算应得的份额要多得多。

下一栏是份地。份地的分配是很平均的，由于份地的法律特性，情况也必定如此。但是，甚至就在这一栏，富裕农民排挤贫苦农民的过程也开始了：我们**到处**看到，上等户占有的份地的比重比他们人口的比重略大，而下等户占有的份地的比重却比他们人口的比重略小。"村社"是袒护农民资产阶级的利益的。但是同**实际**占有土地的情况相比，份地分配不平均的现象还是微不足道的。份地的分配没有提供（这在图中可以清楚地看出）土地和经济实际分配的任何概念。①

其次是购买地栏。购买地到处都集中在富裕农户手里：1/5的农户握有全部农民购买地的6/10或7/10左右，而占农户半数的贫苦农户却至多只有15%！因此可以看出，"民粹派"要使"农民"能够以最低廉的价格购买最多的土地而作的种种努力，究竟有什么意义。

下一栏是租地。在这里我们也看见土地到处都集中在富裕农户手里（1/5的农户占有全部租地的5/10至8/10），并且我们在上面已经看到，他们租种土地的价格较为低廉。农民资产阶级这样抢租土地，明显地证明"农民租种土地"**带有工业性**（为出售产品而购买土地）②。

① 只要一看这张图就可以知道，按份地的分类法对于研究农民的分化是不合适的。

② 卡雷舍夫先生论租地一书中的"结论"（第6章）最令人发笑了。卡雷舍夫先生在作出农民租地没有工业性这些完全没有根据的并且与地方自治局统计资料相矛盾的论断以后，在这里提出了"租地理论"（从威·罗雪尔等人那里剽窃

但我们这样说，决不是否认出于需要而租地的事实。相反，本图给我们指出，死守着土地的贫苦农民的租地（$\frac{1}{2}$的农户只占全部租地的$\frac{1}{10}$至$\frac{2}{10}$）却完全是**另一种**性质。农民是各种各样的。

租地在“农民经济”中的矛盾意义，在租地栏同**出租地**栏（**左边**第1栏，即在反面标志中）对比中特别明显。我们在这里所看到的情况恰恰相反：主要的土地出租者是下等户（$\frac{1}{2}$的农户占出租土地的$\frac{7}{10}$至$\frac{8}{10}$），他们力求摆脱份地，这些份地正转入（不顾法律的禁止和限制）业主手中。因此，当人们对我们说“农民”租种土地和“农民”又出租土地时，我们就知道前者主要是指农民资产阶级，后者主要是指农民无产阶级。

土地的购买、租种和出租与份地的关系，也决定着各类农户**实际占有土地的情况**（右面第5栏）。我们到处看到，农民支配的全部土地的实际分配情况与份地的“平均化”已毫无共同之处。20％的农户占土地总数的35％到50％，而50％的农户只占土地总数的20％到30％。在**播种面积**的分配上（下一栏），上等户排挤下等户的现象表现得更明显，——这也许是因为无产农民常常无力经营自己的土地而把它抛弃。这两栏（占有土地总数和播种面积）表

来的），也就是打着学术幌子来表述西欧农场主的心愿：“租期要长”（“耕作者‘主人般地’使用土地……是必要的”，第371页），地租额要适度，以使租地者手中能留下工资、他所投资本的利息和偿还金以及企业利润（第373页）。卡雷舍夫先生丝毫也没有因为这种“理论”同通常的民粹派的“预防”药方（第398页）同时出现而感到难为情。为了“预防”农场主，卡雷舍夫先生竟搬用了农场主的“理论”！这种“结论”自然构成了卡雷舍夫先生这本书的基本矛盾，一方面，他赞同民粹派的一切成见并衷心同情西斯蒙第这种典型的小资产阶级理论家（见**卡雷舍夫**《西欧大陆上土地的永久租用》1885年莫斯科版），而另一方面，又不能不承认，租地“推动了”（第396页）农民的分化，“较殷实的阶层”排挤较贫穷的阶层，土地关系的发展恰恰造成了雇农（第397页）。

明,土地的购买和租种使下等户在经济总体系中所占的份额**日渐减少**,即他们日益受到少数富裕农户的排挤。富裕农户现在已在农民经济中起着主导作用,他们手里集中的播种面积份额几乎等于其余农民全部播种面积的份额。

下两栏表明农民的役畜和牲畜总数的分配。牲畜的百分数与播种面积的百分数差别很小。事情也只能是这样,因为役畜数量(以及牲畜总数)决定播种面积,而播种面积又反过来决定役畜数量。

再下一栏表明各类农户在工商企业总数中所占的比重。1/5的农户(富裕户)集中了1/2左右的工商企业,而1/2的贫苦农户只占这些企业的1/5左右①,就是说,表明农民变为资产阶级的那种“副业”主要集中在最殷实的耕作者手里。可见,富裕农民既把资本投入农业(购买土地、租地、雇用工人、改良农具等),也把资本投入工业企业、商业和高利贷:商业资本和企业资本有着密切的联系,至于哪一种形式的资本占优势,则取决于周围的条件。

关于挣“外水”的农户的资料(**左面**第1栏,即在反面标志中)也是说明副业的,但这是具有相反意义的、意味着农民变为无产者的“副业”。**这些**“副业”集中在贫苦农民手里(50%的农户占挣外水农户总数的60%—90%),富裕农户是极少参加的(不要忘记,我们在这一类“从事副业者”中也不能确切地把业主同工人区别开来)。只要把关于“外水”的资料同“工商企业”的资料对照一下,就可以看出两种类型的“副业”的根本对立性,就可以懂得通常把这

① 这个数字(占全部企业的1/5左右)当然也是夸大了的,因为在不种地的、无马的和有一匹马的农民等级中,把农业工人、小工等同非耕作者(小店主、手艺人等)混在一起了。

两种类型的“副业”混淆起来会造成多么难以想象的混乱。

**有雇农的农户**到处都集中在富裕农民一类中(20%的农户占雇有雇农农户总数的5/10至7/10),富裕农民(尽管他们的家庭人口较多)如果没有“补充”他们的农业工人阶级,他们是生存不下去的。我们在这里看到上述一个论点的明确证明,这个论点就是:把雇有雇农的农户同“农户”总数(其中包括当雇农的“农户”)对比是荒谬的。如果把雇有雇农的农户同占1/5的农户对比,那就会**正确得多**,因为少数富裕农户占雇有雇农的农户总数的3/5,甚至2/3。在农民中,企业主式地雇用工人,远远超过因需要,即因本户劳力不足而雇用工人:占农户总数 50%的**家庭人口少的**无产农民,仅占雇有雇农的农户总数的1/10左右(而且在这里,无产农民中还包括了一些完全不是出于需要而雇用工人的小店主、从事副业者等等)。

最后一栏是表明改良农具的分配的,我们可以援引瓦·沃·先生的例子加上“农民经济中的进步潮流”的标题。萨马拉省新乌津斯克县改良农具的分配是显得最“公平”的,那里占1/5的富裕户在 100 件改良农具中只占 73 件,而占农户半数的贫苦户在 100 件中却占了整整 3 件!

现在我们比较一下各个地区的农民分化程度。图中在这方面清楚地划分出了两类地区:塔夫利达省、萨马拉省、萨拉托夫省和彼尔姆省种地的农民的分化,显然比奥廖尔省、沃罗涅日省和下诺夫哥罗德省厉害。在图上,前 4 省各线低于红色平均线,而后 3 省各线高于红色平均线,即表明经济在少数富裕农民手中集中程度较小。第一类地区是土地最多的纯农业区(在彼尔姆省选取了各县的农业区),农业是粗放性的。在这种农业性质下,种地农民的分化容易计算,因而也表现得很明显。相反,在第二类地区,一方面我们看到了我们的资料没有加以计算的商业性农业(如奥廖尔省的大麻种植)的发展;另一方面我们看到了雇佣劳动意义上的"副业"(沃罗涅日省扎顿斯克县)和非农业工作意义上的"副业"(下诺夫哥罗德省)的巨大意义。这两种情况对种地农民的分化问题来说,意义是很大的。第一种情况(各地区商业性农业和农业进步形式的差别)我们已经讲过了。第二种情况的意义("副业"的作用)同样很明显。如果某地区的农民群众是由有份地的雇农、日工或者副业雇佣工人所组成,则该地种地农民的分化自然表现得很微弱。① 但为了正确地弄清问题,必须把这些典型的农村无产阶级代表同典型的农民资产阶级代表对比一下。到南方去挣"外水"的有份地的沃罗涅日省日工,应该同播种大量庄稼的塔夫利达省农民对比。卡卢加省、下诺夫哥罗德省和雅罗斯拉夫尔省的木匠,应该同雅罗斯拉夫尔省、莫斯科省的菜园主或为出售牛奶而饲养牲畜的农民对比,等等。同样地,如果当地农民群众从事加工工业,而只从自己的份地上获得一小部分生活资料,那么耕作农民的分化资料就应该以从事副业的农民的分化资料来补充。后面的这个问题,我们将在第 5 章进行研究,现在我们只研究典型的种地农民的分化。

## 十　地方自治局统计和军马调查[41]的总结资料

我们已经指出,上等农户同下等农户间的关系,正带着农村资

① 很可能,像奥廖尔、沃罗涅日等中部黑土地带各省,由于土地少、赋税重,由于工役制的巨大发展,农民的分化确实弱得多,因为这一切都是阻碍分化的条件。

产阶级同农村无产阶级的关系所具有的那些特点，这种关系在有着极不相同条件的极不相同地区都非常相同；甚至连表明这种关系的数字（各类农户在播种面积、耕畜等总数中的百分数）也变动得很小。于是，很自然地产生了一个问题：这些关于不同地区各类农户间**关系**的资料，在多大程度上能用来构成关于全俄农民分化成的**各类**农户的概念呢？换句话说：根据什么资料可以判断全俄农民中上等户与下等户的组成和相互关系呢？

我国很少有这方面的资料，因为俄国没有进行过对全国一切农户实行大规模统计的农业调查。唯一能够用来判断我国农民分解成的各个经济类别的材料，是地方自治局统计和有关役畜（或马匹）在农户间分配的军马调查这两者的汇总资料。不管这种材料多么贫乏，然而由此仍可以得出一些不无意义的结论（当然是很一般的、大致的和笼统的结论），尤其是因为对马匹多的和马匹少的农民间的关系已作过分析，并发现这种关系在极不相同的地区也非常相同。

根据布拉戈维申斯基先生的《地方自治局按户调查经济资料综合统计汇编》（第1卷《农民经济》1893年莫斯科版）的资料来看，地方自治局的调查包括22个省的123个县，计农户2 983 733户和男女人口17 996 317人。但是按役畜划分农户的资料并不是到处都一样的。就是说，我们必须删去3个省中的11个县①，因为这11个县的农户不是分成4类，而只分成3类。关于其余**21省中的112县**，我们有下列包括1 500万人口的约250万农户的汇总资料：

① 萨拉托夫省5个县，萨马拉省5个县和比萨拉比亚省1个县。

| 农户类别 | 农户数 | 农户的百分数 | | 各类农户①役畜头数 | 占役畜总数的百分数 | 每户役畜头数 |
|---|---|---|---|---|---|---|
| 无役畜者 | 613 238 | 24.7 | 53.3 | — | — | — |
| 有1头役畜者 | 712 256 | 28.6 | | 712 256 | 18.6 | 1 |
| 有2头役畜者 | 645 900 | 26.0 | | 1 291 800 | 33.7 | 2 |
| 有3头以上役畜者 | 515 521 | 20.7 | | 1 824 969 | 47.7 | 3.5 |
| **共　计** | 2 486 915 | 100 | | 3 829 025 | 100 | 1.5 |

这份资料包括欧俄农户总数的¼弱（按1894年大臣委员会办公厅圣彼得堡出版的《欧俄农村居民经济状况统计资料汇编》的计算，欧俄50省各乡有11 223 962户，其中农户有10 589 967户）。在《俄罗斯帝国统计资料第20卷。1888年军马调查》（1891年圣彼得堡版）和《俄罗斯帝国统计资料第31卷。1891年军马调查》（1894年圣彼得堡版）中，我们可以看到全俄农民间的马匹分配资料。前者载有1888年收集的关于41省（其中包括波兰王国的10省）经过整理的资料，后者载有关于欧俄18省以及高加索、卡尔梅克草原和顿河军屯州经过整理的资料。

我们选取欧俄49省（顿河州的资料不完整），并把1888年和1891年的资料并在一起，就得出下列**村团农民**全部马匹的分配情况。

**欧　俄　49　省**

| 农户类别 | 农户总数 | 农户百分数 | | 马匹总数 | 马匹百分数 | | 每户马匹 |
|---|---|---|---|---|---|---|---|
| 无马者 | 2 777 485 | 27.3 | 55.9 | — | — | | — |
| 有1匹马者 | 2 909 042 | 28.6 | | 2 909 042 | 17.2 | | 1 |
| 有2匹马者 | 2 247 827 | 22.1 | | 4 495 654 | 26.5 | | 2 |
| 有3匹马者 | 1 072 298 | 10.6 | 22.0 | 3 216 894 | 18.9 | 56.3 | 3 |
| 有4匹马以上者 | 1 155 907 | 11.4 | | 6 339 198 | 37.4 | | 5.4 |
| **共　计** | 10 162 559 | 100 | | 16 960 788 | 100 | | 1.6 |

① 这里把马匹和犍牛（两头犍牛折合一匹马）算在一起。

列宁笔记本的一页,上面有尼·安·布拉戈维申斯基
《综合统计汇编》(1893 年版)的摘录和计算
(按原稿缩小)

可见，全俄农民的役马分配情况同我们在前面图中所算出的分化"平均"数十分接近。实际上，分化甚至还要厉害些：在22%的农户（占1 020万农户中的220万）手中集中了1 700万匹马中的950万匹，即占马匹总数的56.3%。为数众多的280万农户根本没有马匹，而290万有1匹马的农户只占马匹总数的17.2%。①

根据上面得出的各类农户间关系的规律性，我们现在可以确定这些资料的真实意义。既然1/5的农户集中了马匹总数的一半，那么由此可以正确地得出结论说，这部分农户至少握有农民全部农业生产的一半（也许还多些）。生产之如此集中，只有在这些殷实农民手里集中了大部分购买地与农民的非份地租地和份地租地的情况下才是可能的。正是这少数殷实户是主要的土地购买者和租种者，尽管他们分得的份地大概是最多的。如果说，俄国"中等"农民要在最好的年成才能勉强使收支相抵（究竟能否相抵还不知道），那么在富裕程度上大大超过中等户的这少数殷实户就不仅可以依靠独立经济支付全部费用，而且还有剩余。这就是说，他们是商品生产者，他们生产供销售的农产品。不仅如此，他们还在转化为农村资产阶级，把工商企业同较大规模的土地经营结合在一起。我们已经看到，正是这种"副业"对俄国"善于经营的"农夫来说是最典型的。少数殷实农户尽管家庭成员最多，本户劳力最多（殷实

① 农民马匹的分配情况最近有什么变化，可以根据下列1893—1894年军马调查资料（《俄罗斯帝国统计资料》第37卷）来判断。1893—1894年在欧俄38省有8 288 987个农户，其中无马者2 641 754户即占31.9%；有1匹马者占31.4%；有2匹马者占20.2%；有3匹马者占8.7%；有4匹马以上者占7.8%。农民共有11 560 358匹马，其中有1匹马者的马占马匹总数的22.5%；有2匹马者的马占28.9%；有3匹马者的马占18.8%；多马者的马占29.8%。由此看来，占16.5%的富裕农民占有马匹总数的48.6%。

农民总是具有这些特征，$\frac{1}{5}$的农户占人口的很大一部分，即约占$\frac{3}{10}$），但使用雇农和日工的劳动也最多。在俄国雇用雇农和日工的农户总数中，少数殷实户占大多数。不论根据上述的分析，或者根据这类农民的人口比重同役畜比重，因而也是同播种面积比重及整个经济比重的对比，我们都有理由作出这种结论。最后，只有这少数殷实户才能稳定地参加"农民经济中的进步潮流"[42]。这少数殷实户同其余农户的关系必定是这样的，但是不言而喻，随着土地条件、农业经营制度和商业性农业形式的不同，这种关系具有各种不同的形式，而且表现得也不一样。① 农民分化的基本趋势是一回事，随着不同的地区条件而转移的农民分化形式则是另一回事。

无马的和有1匹马的农民的状况恰恰相反。我们在上面已经看到，地方自治局统计人员是把后者（前者更不用说了）也算做农村无产阶级的。因此我们的大致计算，即把全部无马的农民以及$\frac{3}{4}$有1匹马的农民（两者共占农户总数的$\frac{1}{2}$左右）都算做农村无产阶级，未必是夸大的。这种农民分得的份地最少，并且常常由于没有农具、种子等等而出租份地。在农民的租地和购买地总数中，他们占的份额是少得可怜的。他们靠自己的经济永远维持不了生活，因此他们的生活资料的主要来源是"副业"或"外水"，即出卖自己的劳动力。这就是有份地的雇佣工人阶级，即雇农、日工、小工、建筑工人等等的阶级。

① 很可能，比如在经营牛奶业的地区，按奶牛数，而不是按马匹数分类要正确得多。在经营蔬菜业的情况下，无论第一种标志或第二种标志都不能令人满意，等等。

## 十一　1888—1891年和1896—1900年两次军马调查的比较

1896年和1899—1901年的军马调查，使我们现在能够把最新的资料同前引资料加以比较。

我们把南方5省（1896年调查的）和其余43省（1899—1900年调查的）加在一起，得出欧俄48省的资料如下：

**1896—1900年**

| 农户类别 | 农户总数 | 农户百分数 | | 马匹总数 | 马匹百分数 | | 每户所有马匹 |
|---|---|---|---|---|---|---|---|
| 无马者 | 3 242 462 | 29.2 | 59.5 | — | — | | — |
| 有1匹马者 | 3 361 778 | 30.3 | | 3 361 778 | 19.9 | | 1 |
| 有2匹马者 | 2 446 731 | 22.0 | | 4 893 462 | 28.9 | | 2 |
| 有3匹马者 | 1 047 900 | 9.4 | 18.5 | 3 143 700 | 18.7 | 51.2 | 3 |
| 有4匹马以上者 | 1 013 416 | 9.1 | | 5 476 503 | 32.5 | | 5.4 |
| **共　计** | 11 112 287 | 100 | | 16 875 443 | 100 | | 1.5 |

我们前面引用的1888—1891年的资料，是49省的资料。其中只有1省，即阿尔汉格尔斯克省没有最新的资料。从前引资料中除去这一省的资料，我们就可以得到上述48省1888—1891年的情况：

**1888—1891年**

| 农户类别 | 农户总数 | 农户百分数 | | 马匹总数 | 马匹百分数 | | 每户所有马匹 |
|---|---|---|---|---|---|---|---|
| 无马者 | 2 765 970 | 27.3 | 55.8 | — | — | | — |
| 有1匹马者 | 2 885 192 | 28.5 | | 2 885 192 | 17.1 | | 1 |
| 有2匹马者 | 2 240 574 | 22.2 | | 4 481 148 | 26.5 | | 2 |
| 有3匹马者 | 1 070 250 | 10.6 | 22.0 | 3 210 750 | 18.9 | 56.4 | 3 |
| 有4匹马以上者 | 1 154 674 | 11.4 | | 6 333 106 | 37.5 | | 5.5 |
| **共　计** | 10 116 660 | 100 | | 16 910 196 | 100 | | 1.6 |

1888—1891年同1896—1900年相比较,说明农民**被剥夺的现象**日益加剧。农户数几乎增加了100万。马匹的数量却减少了,虽然减少得不多。无马户的数量增加得特别迅速,其百分数从27.3%增加到了29.2%。贫苦户已不是560万户(无马者和有1匹马者),而是660万户了。增加的户数全都是贫苦户。多马户的百分数减少了。多马户已不是220万,而只是200万户了。把中等户和富裕户(有2匹马以上者)加在一起,其数量几乎没有什么变化(1888—1891年为4 465 000户,1896—1900年为4 508 000户)。

因此,从这些资料中可以得出如下的结论。

农民的贫困和被剥夺现象正在加剧,是毫无疑问的。

至于说到上等农户和下等农户间的**对比关系**,那么这种关系几乎没有什么变化。如果我们用上述方法组成占农户50%的下等户和占农户20%的上等户,那么可以得出如下的数字:在1888—1891年,50%的贫苦户拥有13.7%的马匹;20%的富裕户拥有52.6%的马匹。在1896—1900年,50%的贫苦户仍旧拥有农民全部马匹的13.7%,而20%的富裕户则占全部马匹的53.2%。可见,两类农户之间的对比关系几乎没有什么变化。

最后,全体农民的马匹是更少了。多马户的数量和百分数也都减少了。一方面,这显然标志着欧俄整个农民经济的衰落。另一方面也不要忘记,俄国农业中马匹数量同耕种面积比较是多得反常的。在小农的国家里,也不能不是这样。所以,马匹数量的减少,在某种程度上说来,是**农民资产阶级的**“役畜和耕地数量之间正常比例的恢复”。(参看上面第2章第1节瓦·沃·先生关于这点的议论)

在这里不妨谈一谈维赫利亚耶夫先生和切尔年科夫先生的最新著作(前者的《俄国农业现状概论》,圣彼得堡《业主》杂志社出版,后者的《评农民经济》1905 年莫斯科版第 1 编)中关于这个问题的议论。他们这样醉心于农民中马匹分配的各色各样数字,竟把经济分析变成了统计学作业。他们不去研究农户的各种类型(日工、中等农民、企业主),却像数字爱好者那样研究一栏一栏没完没了的数字,似乎想以自己的算术狂来震惊世界。

正是由于这样玩弄数字,切尔年科夫先生才能对我作出这样的反驳,说什么我是“怀有成见”地把“分解”说成是新的(而不是旧的)并且不知何故必然是资本主义的现象。切尔年科夫先生硬说我根据统计资料作结论时忘记了经济学!硬说我不论证明什么东西都只用马匹数字的变化和马匹分配的变化!这也只好由他的便了。要对农民的分化进行合理的观察,就应该把租地、购买土地、机器、外水、商业性农业的发展和雇佣劳动等当做一个整体。也许这在切尔年科夫先生看来,也不是什么“新的”和“资本主义的”现象吧?

## 十二　关于农民家庭收支的地方自治局统计资料

为了结束对农民分化问题的叙述,我们再从另一方面,即从有关农民家庭收支的最具体的资料来考察这一问题。这样,我们就可以清楚地看出我们所谈的各类农民之间的区别是多么大。

在《泽姆良斯克县、扎顿斯克县、科罗托亚克县和下杰维茨克县农民占有土地的估价资料汇编》(1889 年沃罗涅日版)的附录中，提供了极为完备的“关于典型农户的人口和家庭收支统计资料”①。我们从 67 份家庭收支表中撇开那极不完备的一份（科罗托亚克县第 14 号家庭收支表），而把其余的按役畜分为六类：**(1)**无马者；**(2)**有 1 匹马者；**(3)**有 2 匹马者；**(4)**有 3 匹马者；**(5)**有 4 匹马者；**(6)**有 5 匹马以上者（下面我们只用 **1—6** 这几个字表示各个类别）。诚然，按这种标志来分类并不完全适合该地区（因为无论在下等户或上等户的经济中，“副业”都起着巨大的作用），但是为了使家庭收支表的资料可以同上面分析过的按户调查资料作比较，我们就采用了这种分类法。只有把“农民”分成几个类别才能作这种比较，而一般的笼统的“平均数”完全是虚假的，这点我们在上面已经看到，而且在下面还会看到。② 我们在这里顺便指出一种很有意义的现象，就是“平均的”家庭收支资料所描述的，几乎总是中等类型以上的农户，即总是把现实描写得比它原来的情况好些。③ 其所以如此，大概是因为“家庭收支表”这一概念本身就

① 这些资料的重大缺点是：第一，没有按各种不同的标志加以分类；第二，对那些不能列入表格的被选农户资料没有附载文字说明（如奥斯特罗戈日斯克县的家庭收支资料就附有这种文字说明）；第三，关于一切非农业性工作和各种“外水”的资料整理得极为草率（所有各种“副业”**仅有 4 栏**，而单单衣服和靴鞋两项就占了 152 栏！）。

② 例如舍尔比纳先生在沃罗涅日地方自治机关出版物中和在《收成和粮价对俄国国民经济某些方面的影响》一书论述农民家庭收支的文章中，就只使用这种“平均数”。

③ 例如，莫斯科省（《莫斯科省统计资料汇编》第 6 卷和第 7 卷）、弗拉基米尔省（《弗拉基米尔省手工业》）、沃罗涅日省奥斯特罗戈日斯克县（《莫斯科省统计资料汇编》第 2 卷第 2 编）的家庭收支资料，特别是《俄国手工工业调查委员会的报告》**43** 中引用的家庭收支表（维亚特卡省、赫尔松省、下诺夫哥罗德省、彼尔姆省，以及其他等省）都是如此。卡尔波夫先生和马诺欣先生在上述《报告》中所引用的家庭收支表，以及彼·谢苗诺夫先生（《土地村社研究材料汇编》1880 年圣彼得堡版）和奥萨德奇先生（《赫尔松省伊丽莎白格勒县谢尔巴诺夫乡》）所引用的家庭收支表，其有益的地方，就在于他们都论述了各类农民。

以收支稍微平衡的农户为前提，而这样的农户在贫苦农民中间是不容易找到的。为了说明这一点，我们就根据家庭收支资料和其他资料把按役畜分类的农户的分配情况作一比较：

| 农户类别 | 总数 | 百分数 | | 家庭收支表的百分数<br>沃罗涅日省4县 | 沃罗涅日省9县 | 21省112县 | 欧俄49省 |
|---|---|---|---|---|---|---|---|
| 无役畜者 | 12 | 18.18 | | 17.9 | 21.7 | 24.7 | 27.3 |
| 有1头役畜者 | 18 | 27.27 | | 34.7 | 31.9 | 28.6 | 28.6 |
| 有2头役畜者 | 17 | 25.76 | | 28.6 | 23.8 | 26.0 | 22.1 |
| 有3头役畜者 | 9 | 13.64 | 28.79 | 18.8 | 22.6 | 20.7 | 22.0 |
| 有4头役畜者 | 5 | 7.575 | | | | | |
| 有5头以上役畜者 | 5 | 7.575 | | | | | |
| 共　计 | 66 | 100 | | 100 | 100 | 100 | 100 |

由此可以看出，只有求得每类农户的平均数，才能使用家庭收支资料。我们对上述资料已经作了这样的整理。现在我们分三项来加以说明：(A)家庭收支表的总的结果；(B)农业经营的分析；(C)生活水平的分析。

(A)关于支出额和收入额的总的资料如下：

**每户的收支情况**(单位卢布)

| | 每户男女人口 | 总收入 | 总支出 | 纯收入 | 货币收入 | 货币支出 | 差额 | 债款 | 欠缴税款 |
|---|---|---|---|---|---|---|---|---|---|
| (1) | 4.08 | 118.10 | 109.08 | 9.02 | 64.57 | 62.29 | +2.28 | 5.83 | 16.58 |
| (2) | 4.94 | 178.12 | 174.26 | 3.86 | 73.75 | 80.99 | —7.24 | 11.16 | 8.97 |
| (3) | 8.23 | 429.72 | 379.17 | 50.55 | 196.72 | 165.22 | +31.50 | 13.73 | 5.93 |
| (4) | 13.00 | 753.19 | 632.36 | 120.83 | 318.85 | 262.23 | +56.62 | 13.67 | 2.22 |
| (5) | 14.20 | 978.66 | 937.30 | 41.36 | 398.48 | 439.86 | —41.38 | 42.00 | — |
| (6) | 16.00 | 1 766.79 | 1 593.77 | 173.02 | 1 047.26 | 959.20 | +88.06 | 210.00 | 6 |
| | 8.27 | 491.44 | 443.00 | 48.44 | 235.53 | 217.70 | +17.83 | 28.60 | 7.74 |

可见，各类农户家庭收支额的差别是很大的；即使撇开两极的

两类农户不谈,(**5**)类的家庭收支额还要大于(**2**)类4倍多,而(**5**)类的家庭成员比(**2**)类却多不到两倍。

我们来看支出的分配情况①:

**每一农户平均支出额**

| | 饮食 | | 其他个人消费 | | 经营 | | 各种赋税 | | 总数 | |
|---|---|---|---|---|---|---|---|---|---|---|
| | 卢布 | 百分数 | 卢布 | 百分数 | 卢布 | 百分数 | 卢布 | 百分数 | 卢布 | 百分数 |
| (1) | 60.98 | 55.89 | 17.51 | 16.05 | 15.12 | 13.87 | 15.47 | 14.19 | 109.08 | 100 |
| (2) | 80.98 | 46.47 | 17.19 | 9.87 | 58.32 | 33.46 | 17.77 | 10.20 | 174.26 | 100 |
| (3) | 181.11 | 47.77 | 44.62 | 11.77 | 121.42 | 32.02 | 32.02 | 8.44 | 379.17 | 100 |
| (4) | 283.65 | 44.86 | 76.77 | 12.14 | 222.39 | 35.17 | 49.55 | 7.83 | 632.36 | 100 |
| (5) | 373.81 | 39.88 | 147.83 | 15.77 | 347.76 | 37.12 | 67.90 | 7.23 | 937.30 | 100 |
| (6) | 447.83 | 28.10 | 82.76 | 5.19 | 976.84 | 61.29 | 86.34 | 5.42 | 1 593.77 | 100 |
| | 180.75 | 40.80 | 47.30 | 10.68 | 180.60 | 40.77 | 34.35 | 7.75 | 443.00 | 100 |

只要看一看每类农户的经营支出在其总支出中所占的比重,就可以知道在我们面前既出现了无产者,也出现了**业主**,因为(**1**)类的经营支出只占全部支出的14%,而(**6**)类则占61%。至于经营支出绝对数字的差别就不用说了。这项支出不仅在无马的农民那里,就是在有1匹马的农民那里也是微不足道的,而且有1匹马的"业主"非常类似通常(在资本主义国家里)类型的有份地的雇农和日工。同时我们还要指出,饮食支出的**百分数**也有极大的差别((**1**)类几乎大于(**6**)类1倍):大家知道,这一方面百分数高就是证明生活水平低,并构成**业主**和**工人**家庭收支之间最明显的区别。

---

① 《莫斯科省统计资料汇编》把一切"用于饮食以外的个人需要和经营需要的支出"同饲养牲畜的支出分开,而且在前一项中,如照明支出和租地支出是列在一起的。这显然是不正确的。我们则把**个人**消费同**经营**消费("生产消费")分开,而把用于焦油、绳索、钉马掌、修理建筑物、农具、马具、雇工、计件工、牧人、租地,以及饲养牲畜和家禽等项的支出归入后一项。

现在我们来看看各项收入①：

| | 每户的平均收入 | | | | 各项“副业”收入 | | | |
|---|---|---|---|---|---|---|---|---|
| | 农　业**44** | “副业” | 往年结余 | 共计 | “个人副业” | “马车运输” | “工业作坊和企业” | “其他收入” |
| (1) | 57.11 | 59.04 | 1.95 | 118.10 | 36.75 | — | — | 22.29 |
| (2) | 127.69 | 49.22 | 1.21 | 178.12 | 35.08 | 6 | 2.08 | 6.06 |
| (3) | 287.40 | 108.21 | 34.11 | 429.72 | 64.59 | 17.65 | 14.41 | 11.56 |
| (4) | 496.52 | 146.67 | 110 | 753.19 | 48.77 | 22.22 | 48.88 | 26.80 |
| (5) | 698.06 | 247.60 | 33 | 978.66 | 112 | 100 | 35 | 0.60 |
| (6) | 698.39 | 975.20 | 93.20 | 1 766.79 | 146 | 34 | 754.40 | 40.80 |
| | 292.74 | 164.67 | 34.03 | 491.44 | 59.09 | 19.36 | 70.75 | 15.47 |

可见，两极的两类农户即无马的无产者和农村企业主的“副业”收入，超过了农业的总收入。显然，下等农户的“个人副业”主要是指雇佣劳动，而“其他收入”则很大部分指**出租土地的收入**。在“耕作者业主”总数中甚至包括出租土地的收入稍少于有时还多于农业总收入的农户：例如，一个无马户的农业总收入为61.9卢布，而出租土地的收入为40卢布；另一个无马户的农业收入为31.9卢布，而出租土地的收入为40卢布。同时决不应该忘记，出租土地或当雇农的收入是完全用于“农民”的个人需要的，而农业总收入则必须扣除农业经营方面的支出。在扣除这部分支出以后，无马户的农业纯收入为41.99卢布，“副业”收入为59.04卢布；有1匹马的农户的农业纯收入为69.37卢布，“副业”收入为49.22卢布。仅就这些数字作一比较便可看出，在我们面前的是一种有份地的农业工人，他们靠份地来弥补一部分生活费用的开支

① “往年结余”包括粮食（实物）和货币；这里指的是总额，因为我们研究的是实物和货币的总支出和总收入。4项“副业”是照抄《莫斯科省统计资料汇编》的标题，**除此以外**，《莫斯科省统计资料汇编》并没有提供**任何**有关“副业”的资料。应当指出，(5)类的马车运输显然应该归入工业企业，因为在这一类中有两个业主从马车运输中各收入250卢布，而且其中的一个还雇有雇农。

(并且因而降低了工资)。把这种类型的农民同**业主**(耕作者和从事副业者)混合在一起,就是不可容忍地违反了科学研究的一切要求。

在农村另一极,我们所看到的正是把工商业业务同独立的农业经营结合起来的**业主**,这些工商业业务给他们带来数达几百卢布的可观收入(在现有的生活水平下)。由于"个人副业"这一项目十分不明确,使我们看不出上等户和下等户在这方面的差别,但这些"个人副业"的收入额也已经表明这种差别是多么大了(我们提醒一点,在沃罗涅日统计资料的"个人副业"项目中,还可能包括行乞,当雇农,任管家、经理,以及其他等等)。

就纯收入额来看,无马者和有 1 匹马者也很突出,他们在货币收支方面只有极可怜的一点"结余"(1—2 卢布),甚至还有亏空。这些农民的资财并不多于、也许还少于雇佣工人的资财。从有 2 匹马的农户开始,我们才看到一点纯收入和几十个卢布的结余(没有这些钱就根本谈不上较为正常地经营农业)。富裕农户的纯收入所达到的数额(120—170 卢布),使他们同俄国工人阶级的一般水平截然不同。①

显而易见,把工人和业主加在一起并得出"平均的"家庭收支额,就构成下列"中等富裕生活"和"中等"纯收入的情况:收入 491 卢布,支出 443 卢布,结余 48 卢布,其中有现金 18 卢布。但是这

① 看起来(**5**)类似乎是一种例外,它有很大一笔亏空(41 卢布),虽然它用债款弥补了。这是因为这一类所包括的 5 户中有 3 户办了喜事,花了 200 卢布(5 户共亏空 206 卢布 90 戈比)。因此,这一类除饮食以外的个人消费支出,高达每一男女人口 10 卢布 41 戈比,而其他各类,包括(**6**)类的富裕户在内,这项支出都没有达到 6 卢布。因此这项亏空按其性质来说是与贫苦农民的亏空完全相反的。这项亏空之所以造成,并非由于不能满足最低的需求,而是由于把需求提高到与本年度收入不相称的地步。

种平均数完全是虚假的。它只是掩盖了下层农民群众((**1**)类和(**2**)类，即 66 份家庭收支表中的 30 份)的赤贫真相，这类农民收入微薄(每户**总**收入为 120—180 卢布)，收支不能相抵，主要靠当雇农和当日工来维持生活。

精确地计算货币和实物的收入和支出，使我们能够确定农民分化同**市场**的关系，因为对市场来说，只有货币收入和货币支出才是重要的。各类农户的货币收支额在收支总额中所占的比例如下：

货币收支额占收支总额的百分数

| | 支　出 | 收　入 |
|---|---|---|
| (1) | 57.10 | 54.6 |
| (2) | 46.47 | 41.4 |
| (3) | 43.57 | 45.7 |
| (4) | 41.47 | 42.3 |
| (5) | 46.93 | 40.8 |
| (6) | 60.18 | 59.2 |
| | 49.14 | 47.9 |

因此我们看到，货币收入和货币支出的百分数(特别有规律的是支出的百分数)，是**从中间各类农户向两极**逐渐增大的。无马户和多马户的经济所具有的商业性最为明显，这说明双方都主要是依靠出卖商品过活，只不过一方的商品是自己的劳动力，另一方的商品则是靠大量使用雇佣劳动(我们就会看到)为销售而生产出来的产品，也就是采取资本形式的产品。换句话说，这些家庭收支表也向我们表明，**农民的分化建立了资本主义的国内市场**，一方面使农民沦为雇农，另一方面又使农民变成小商品生产者，变成小资产者。

从这些资料中得出的另一个同样重要的结论是，**所有各类农民的经济在很大程度上已经变成了商业性经济**，均依赖市场，因为

**在任何地方**,收入或支出的货币额都不下于40%。这个百分数应当承认是很高的,因为这里说的是小农的总收入,其中甚至包括牲畜饲养费用,即禾秸、谷糠等等的费用。① 显而易见,就是连中部黑土地带(一般说来,这里的货币经济同工业区和草原边疆地区比较起来,是较不发达的)的农民,没有买卖也绝对不能生存,他们已经完全依赖市场,依赖**货币权力**了。至于这一事实的意义有多么重大,以及我国民粹派由于对一去不复返的自然经济深表赞许,而极力抹杀这一事实所犯的错误②有多么严重,就不用说了。在现代社会里,不卖便不能生活,因而一切阻碍商品经济发展的因素只会引起生产者状况的恶化。马克思在谈到农民时说道:"在这里,资本主义生产方式的缺点……和资本主义生产方式发展的不充分所产生的缺点是一回事。农民变成了商人和产业家,但没有具备那些让他能够把自己的产品当做商品来进行生产的条件。"(《资本论》第3卷第2部分第346页,俄译本第671页)③

应当指出,收支资料完全推翻了一个目前还相当流行的观点,即认为赋税在商品经济发展中起着重要作用。毫无疑问,货币代役租和赋税曾经是交换发展的重要因素,但是现在,商品经济已经完全站稳了脚跟,因而赋税的**上述**意义就远远退到了次要地位。把各种赋税的支出同农民全部货币支出比较一下,可以得出以下比例:15.8%(各类依次是:(**1**)类为24.8%;(**2**)类为21.9%;(**3**)类为19.3%;(**4**)类为18.8%;(**5**)类为15.4%;(**6**)类为9.0%)。

① 饲养牲畜的支出差不多全部都是实物:所有66户用于这方面的支出为6 316.21卢布,货币支出仅占1 535.2卢布,**其中1 102.5卢布**是由一户显然为了搞工业养了20匹马的**企业主**支出的。

② 在讨论低粮价的意义**45**时(1897年),尤其经常发生这种错误。

③ 见《马克思恩格斯文集》第7卷第917页。——编者注

可见，赋税的最大支出是农民在现今社会经济条件下所必要的其他货币支出的⅓。如果我们谈的不是赋税在交换发展中的作用，而是赋税同收入的比例，那么我们可以看到，这种比例是极高的。改革前时代的传统如何沉重地压在现在的农民身上，这可以从现存的赋税吞掉了小农甚至有份地的雇农**总**支出的 ⅐ 这一点极明显地看出来。除此以外，赋税在村社内部的分配也是极不均衡的：农民愈富裕，则赋税在其总支出中所占的比例就愈小。无马户所纳的税同自己的收入比较起来，几乎是多马户的 3 倍（见上面的支出分配表）。我们所以说村社内部的赋税分配，是因为如果按每俄亩份地计算各种赋税额，那么它们差不多是均衡的。作了上述一切说明以后，我们对这种不均衡现象就不应当感到惊奇；只要我国村社还保存着强制的课税性质，那么这种不均衡现象在我国村社中就是不可避免的。大家知道，农民是按土地分摊一切赋税的，因为对农民来说，赋税份额和土地份额已融合成了“丁口”这样一个概念。① 但是我们知道，农民的分化降低了份地在现代农村两极中的作用。当然，在这种情况下，按份地分摊赋税（同村社的强制性有紧密联系）会使赋税从富裕农民身上转嫁到贫苦农民身上。村社（即连环保**46**和没有放弃土地的权利）对贫苦农民的**害处**是越来越大了。②

① 参看**瓦·奥尔洛夫**《农民经济》，《莫斯科省统计资料汇编》第 4 卷第 1 编；**特里罗果夫**《村社和赋税》；**凯斯勒尔**《关于俄国农民村社占有制的历史和对它的批判》；**瓦·沃·**《农民村社》（《根据地方自治局的统计资料所作的俄国经济调查总结》第 1 卷）。

② 不言而喻，斯托雷平（1906 年 11 月）解散村社**47**给贫苦农民带来更大的害处。这就是俄国式的“发财吧”**48**：黑帮——富裕农民！尽力掠夺吧，只要你们支撑住摇摇欲坠的专制制度！（**第 2 版注释**）

(B)现在来评述农民的农业,首先引用一下各类农户总的资料:

| 农户类别 | 户数 | 每户男女人口 | 每户劳力 | | | 有雇农的户数 | 出租土地户数 | 租种土地户数 | 每户的份地(单位俄亩) | 每户播种面积(单位俄亩) | | | 每一男女人口的播种面积(单位俄亩) | 租地对自有地的百分数 |
|---|---|---|---|---|---|---|---|---|---|---|---|---|---|---|
| | | | 自家的 | 雇用的 | 共计 | | | | | 自有地 | 租地 | 共计 | | |
| (1) | 12 | 4.08 | 1 | — | 1 | — | 5 | — | 5.9 | 1.48 | — | 1.48 | 0.36 | — |
| (2) | 18 | 4.94 | 1 | 0.17 | 1.17 | 3 | 3 | 5 | 7.4 | 2.84 | 0.58 | 3.42 | 0.69 | 20.5 |
| (3) | 17 | 8.23 | 2.17 | 0.12 | 2.29 | 2 | — | 9 | 12.7 | 5.62 | 1.31 | 6.93 | 0.84 | 23.4 |
| (4) | 9 | 13.00 | 2.66 | 0.22 | 2.88 | 2 | — | 6 | 18.5 | 8.73 | 2.65 | 11.38 | 0.87 | 30.4 |
| (5) | 5 | 14.20 | 3.2 | 0.2 | 3.4 | 1 | — | 5 | 22.9 | 11.18 | 6.92 | 18.10 | 1.27 | 61.9 |
| (6) | 5 | 16.00 | 3.2 | 1.2 | 4.4 | 2 | — | 5 | 23 | 10.50 | 10.58 | 21.08 | 1.32 | 100.7 |
| **共计** | 66 | 8.27 | 1.86 | 0.21 | 2.07 | 10 | 8 | 30 | 12.4 | 5.32 | 2.18 | 7.5 | 0.91 | 41.0 |

从这个表可以看出,各类农户在出租土地和租种土地方面、在家庭人口和播种面积方面、在雇用雇农以及其他等等方面的比例关系,在家庭收支表中和在上面分析过的大量资料中是完全一致的。不仅如此,就连每类农户的经济的绝对数字也与很多县的数字很相似。下面是家庭收支资料同前面分析过的资料的对比:

| | **每一农户**① | | | | | | | |
|---|---|---|---|---|---|---|---|---|
| | 无马者 | | | | 有1匹马者 | | | |
| | 男女人口 | 租地(单位俄亩) | 播种面积(单位俄亩) | 牲畜总头数 | 男女人口 | 租地(单位俄亩) | 播种面积(单位俄亩) | 牲畜总头数 |
| 家庭收支表 | 4.1 | — | 1.5 | 0.8 | 4.9 | 0.6 | 3.4 | 2.6 |
| 沃罗涅日省4县 | 4.4 | 0.1 | 1.4 | 0.6 | 5.9 | 0.7 | 3.4 | 2.7 |
| 萨马拉省新乌津斯克县 | 3.9 | 0.3 | 2.1 | 0.5 | 4.7 | 1.4 | 5.0 | 1.9 |
| 萨拉托夫省4县 | 3.9 | 0.4 | 1.2 | 0.5 | 5.1 | 1.6 | 4.5 | 2.3 |
| 萨拉托夫省卡梅申县 | 4.2 | 0.3 | 1.1 | 0.6 | 5.1 | 1.6 | 5.0 | 2.3 |
| 下诺夫哥罗德省3县 | 4.1 | 0.2 | 1.8 | 0.7 | 5.2 | 1.1 | 4.4 | 2.4 |
| 奥廖尔省2县 | 4.4 | 0.1 | ? | 0.5 | 5.7 | 1.0 | ? | 2.3 |

① 沃罗涅日省播种面积资料不是4县的,而只是扎顿斯克1县的。

由此可见，在上述一切地区，无马农民和有1匹马的农民的状况几乎相同，因而可以认为家庭收支表资料是相当典型的。

现在我们引用一下各类农户的财产、农具和牲畜的资料。

| 农户类别 | 每户财富价值（单位卢布） | | | | | | 每一男女人口的财富总值（单位卢布） | 农具和牲畜的价值（单位卢布） | 每一俄亩播种面积所摊到的农具和牲畜的价值（单位卢布） | 每户建筑物的数目 | 每户所有牲畜（折合成大牲畜） | 每匹役马的价值 | 无耕具的农户数 | 有改良农具的农户数 | 改良农具的价值 |
|---|---|---|---|---|---|---|---|---|---|---|---|---|---|---|---|
| | 建筑物 | 农具 | 牲畜和家禽 | 家具 | 衣物 | 共计 | | | | | | | | | |
| (1) | 67.25 | 9.73 | 16.87 | 14.61 | 39.73 | 148.19 | 36.29 | 26.60 | 18.04 | 3.8 | 0.8 | — | 8 | — | — |
| (2) | 133.28 | 29.03 | 62.04 | 19.57 | 61.78 | 305.70 | 61.83 | 91.07 | 26.56 | 5.9 | 2.6 | 27 | — | — | — |
| (3) | 235.76 | 76.35 | 145.89 | 51.95 | 195.43 | 705.38 | 85.65 | 222.24 | 32.04 | 7.6 | 4.9 | 37 | — | — | — |
| (4) | 512.33 | 85.10 | 368.94 | 54.71 | 288.73 | 1 309.81 | 100.75 | 454.04 | 39.86 | 10.2 | 9.1 | 61 | — | 1 | 50 |
| (5) | 495.80 | 174.16 | 442.06 | 81.71 | 445.66 | 1 639.39 | 115.45 | 616.22 | 34.04 | 11.4 | 12.8 | 52 | — | 1 | 50 |
| (6) | 656.20 | 273.99 | 934.06 | 82.04 | 489.38 | 2 435.67 | 152.23 | 1 208.05 | 57.30 | 13.0 | 19.3 | 69 | — | 3 | 170.3 |
| 共计 | 266.44 | 74.90 | 212.13 | 41.24 | 184.62 | 779.33 | 94.20 | 287.03 | 38.20 | 7.5 | 5.8 | 52 | 8 | 5 | 270.3 |

这个表清楚地说明了我们在上面根据大量资料指出的各类农户在农具和牲畜占有方面的差别。我们在这里看到，各类农户的财产状况全然不同，而且这种不同竟到了连无产农民的马都跟殷实农民的马完全不一样。① 有一匹马的农户的马真正是一种“活的分数”，当然这毕竟不是“四分之一的马”**50**，而是整整“五十二分之二十七的”马！②

其次，我们来看一看经营支出组成的资料③：

① 在德国农业文献中有德雷克斯勒尔的专题著作，这些著作载有按土地数量划分的各类土地占有者的牲畜**重量**的资料**49**。这些资料比上述俄国地方自治局的统计数字更突出地表明，小农的牲畜质量同大农，特别是同地主的牲畜质量相比，是**低劣得无可估量的**。我希望在不久的将来能把这些资料整理出版。**（第2版注释）**

② 如果把这些家庭收支表中关于各类农户的建筑物、农具和牲畜的价值标准额运用到上述欧俄49省的总结资料中，那就可以看出，⅕的农户所占有的生产资料的数量比其他所有农户占有的要大得多。

③ 饲养牲畜的支出主要是实物，而其他各项经营支出则大部分是货币。

**每户的各项经营支出**(单位卢布)

| 农户类别 | 雇用牧人和杂支 | 补充和修缮：建筑物 | 补充和修缮：农具和牲畜 | 补充和修缮：共计 | 租地 | 雇用工人和计件工 | 总计 | 饲养牲畜 | 共计 |
|---|---|---|---|---|---|---|---|---|---|
| (1) | 0.52 | 2.63 | 0.08 | 2.71 | 0.25 | 3.52 | 7.00 | 8.12 | 15.12 |
| (2) | 2.94 | 4.59 | 5.36 | 9.95 | 6.25 | 2.48 | 21.62 | 36.70 | 58.32 |
| (3) | 5.73 | 14.38 | 8.78 | 23.16 | 17.41 | 3.91 | 50.21 | 71.21 | 121.42 |
| (4) | 12.01 | 18.22 | 9.70 | 27.92 | 49.32 | 6.11 | 95.36 | 127.03 | 222.39 |
| (5) | 19.32 | 13.60 | 30.80 | 44.40 | 102.60 | 8.20 | 174.52 | 173.24 | 347.76 |
| (6) | 51.42 | 56.00 | 75.80 | 131.80 | 194.35 | 89.20 | 466.77 | 510.07 | 976.84 |
| **共计** | 9.37 | 13.19 | 13.14 | 26.33 | 35.45 | 10.54 | 81.69 | 98.91 | 180.60 |

这些资料是很有说服力的。它向我们清楚地表明，不仅无马的农民，就是有1匹马的农民，“经济”都小得可怜。因此，通常把这些农民同为数不多但实力雄厚的农民合在一起考察的方法是完全错误的，因为后者用于经营的开支达数百卢布，他们有可能改良农具，雇用“工人”，大量“购买”土地，每年用50—100—200卢布来租种土地。[①] 我们顺便指出，无马的农民在“雇用工人和计件工”方面的支出所以较高，大概是因为统计人员在这一项中把下列两种完全不同的东西混淆起来了：一种是雇用使用雇主的农具和牲畜来干活的工人，即雇用雇农和日工；另一种是雇用使用自己的农具和牲畜为雇主耕种土地的邻居业主。这两种“雇用”形式按其意义来说是截然不同的，必须加以严格的区别，例如瓦·奥尔洛夫就是这样做的（见《莫斯科省统计资料汇编》第6卷第1编）。

现在我们来考察一下农业收入的资料。可惜，这些资料在《汇编》中研究得很不够（部分原因可能是这些资料数量不多）。例如，

① 卡雷舍夫先生的“租地理论”在这种“善于经营的农夫”看来是多么可爱，它要求延长租期、降低地租、补偿改良费用等等，而这些正是他们所需要的。

没有研究单位面积产量的问题，没有关于每种产品的销售及销售条件的说明。因此我们只能列出下面这一简略的表：

**农　业　的　收　入**(单位卢布)

| 农户类别 | 总额：每一农户 | 总额：每一男女人口 | 货币收入：每一农户 | 货币收入：占全部农业收入的百分数 | 每一农户的副业收入 |
|---|---|---|---|---|---|
| (1) | 57.11 | 13.98 | 5.53 | 9.68 | 59.04 |
| (2) | 127.69 | 25.82 | 23.69 | 18.55 | 49.22 |
| (3) | 287.40 | 34.88 | 54.40 | 18.93 | 108.21 |
| (4) | 496.52 | 38.19 | 91.63 | 18.45 | 146.67 |
| (5) | 698.06 | 49.16 | 133.88 | 19.17 | 247.60 |
| (6) | 698.39 | 43.65 | 42.06 | 6.02 | 975.20 |
| | 292.74 | 35.38 | 47.31 | 16.16 | 164.67 |

这张表首先引人注目的是一种完全例外的现象：上等户在农业方面的货币收入的百分数很低，虽然他们的播种面积很大。这样看来，最大的农业大概是一种最大的自然经济农业了。进一步考察这一表面上的例外现象是非常有意义的，因为它可以说明农业同企业性“副业”的联系这个十分重要的问题。我们已经看到，这种副业在多马业主的家庭收支中的意义特别大。就上面考察过的资料看来，这一地区的农民资产阶级特别典型的倾向，是力求把农业同工商企业结合起来①。不难看出，第一，把这种业主同纯粹的耕作者相提并论是不正确的；第二，在这种条件下，农业往往只不过**看起来**是自然经济的。当农产品技术加工(磨粉、榨油、制马铃薯淀粉、酿酒和其他生产)同农业结合在一起时，这种经营的货

① 在12户无马的农户中，没有1户有工业作坊和工业企业的收入；在18户有1匹马的农户中只有1户；在17户有2匹马的农户中有2户；在9户有3匹马的农户中有3户；在5户有4匹马的农户中有2户；在5户有4匹马以上的农户中有4户。

币收入就不能算做农业收入，而只能算做工业作坊的收入。事实上，在这种情况下，农业将是商业性的，而不是自然经济的。对下面一种农户也必须这样说，这种农户把大量农产品以实物形式用来供养雇农和饲养马匹，而这些雇农和马匹是某种工业企业使用的（如邮政运输）。我们在上等户中所看到的也正是这种农户（科罗托亚克县第1号家庭收支表。全家18口人，有4个本户劳力，5个雇农，20匹马；农业收入为1 294卢布，几乎全部是实物收入，工业企业收入为2 675卢布。为了求得总“平均数”，也把这种“自然经济的农户”同无马的农户和有1匹马的农户算在一起了）。从这一实例中我们又一次看到，按农业的规模和种类分类同按“副业”的规模和种类分类结合起来是多么重要。

(C)现在我们来看看有关农民生活水平的资料。《汇编》中所指出的花在饮食项内的实物支出并不完全。我们只选出主要的两项：农产品和肉类①。

**每一男女人口的支出**

| 农户类别 | 各种粮食 | | | | | 各种粮食折成黑麦（单位普特） | | | |
|---|---|---|---|---|---|---|---|---|---|
| | 黑麦粉（单位俄斗） | 大麦粉和小米粉（单位普特） | 小米和荞麦（单位俄斗） | 小麦粉和上等小麦粉（单位俄磅） | 马铃薯（单位俄斗） | 黑麦和小麦 | 其他粮食 | 总计 | 肉类（单位普特） |
| (1) | 13.12 | 0.12 | 1.92 | 3.49 | 13.14 | 13.2 | 4.2 | 17.4 | 0.59 |
| (2) | 13.21 | 0.32 | 2.13 | 3.39 | 6.31 | 13.4 | 3.0 | 16.4 | 0.49 |
| (3) | 19.58 | 0.27 | 2.17 | 5.41 | 8.30 | 19.7 | 3.5 | 23.2 | 1.18 |
| (4) | 18.85 | 1.02 | 2.93 | 1.32 | 6.43 | 18.6 | 4.2 | 22.8 | 1.29 |
| (5) | 20.84 | — | 2.65 | 4.57 | 10.42 | 20.9 | 4.2 | 25.1 | 1.79 |
| (6) | 21.90 | — | 4.91 | 6.25 | 3.90 | 22.0 | 4.2 | 26.2 | 1.79 |
| | 18.27 | 0.35 | 2.77 | 4.05 | 7.64 | 18.4 | 3.8 | 22.2 | 1.21 |

① 这一术语包括《莫斯科省统计资料汇编》的下列各栏：牛肉、羊肉、猪肉、猪油。

从这个表可以看出，我们把无马的农民和有1匹马的农民算在一起同其他各类农民相对比是正确的。上述两类农民的特点就是饮食不足和饮食质量恶化（马铃薯）。有1匹马的农民在某些方面甚至比无马的农民吃的还坏。就连这个问题上的总“平均数”也完全是虚假的，它用殷实农民饮食充足的情况把农民群众饮食不足的情况掩盖起来了，殷实农民所消费的农产品几乎比贫苦农民多50％，所消费的肉类比贫苦农民多两倍①。

为了把有关农民饮食的其余各种资料加以比较，必须把一切产品按其价值折成卢布：

**每一口人的支出**（单位卢布）

| 农户类别 | 各种面粉和米粮 | 蔬菜、植物油和水果 | 马铃薯 | 农产品总额 | 畜产品总额② | 买来的食品总额③ | 各种食品总额 | 货币支出 | | |
|---|---|---|---|---|---|---|---|---|---|---|
| | | | | | | | | 其中的货币支出额 | 农产品的支出额 | 畜产品的支出额 |
| (1) | 6.62 | 1.55 | 1.62 | 9.79 | 3.71 | 1.43 | 14.93 | 5.72 | 3.58 | 0.71 |
| (2) | 7.10 | 1.49 | 0.71 | 9.30 | 5.28 | 1.79 | 16.37 | 4.76 | 2.55 | 0.42 |
| (3) | 9.67 | 1.78 | 1.07 | 12.52 | 7.04 | 2.43 | 21.99 | 4.44 | 1.42 | 0.59 |
| (4) | 10.45 | 1.34 | 0.85 | 12.64 | 6.85 | 2.32 | 21.81 | 3.27 | 0.92 | 0.03 |
| (5) | 10.75 | 3.05 | 1.03 | 14.83 | 8.79 | 2.70 | 26.32 | 4.76 | 2.06 | — |
| (6) | 12.70 | 1.93 | 0.57 | 15.20 | 6.37 | 6.41 | 27.98 | 8.63 | 1.47 | 0.75 |
| | 9.73 | 1.80 | 0.94 | 12.47 | 6.54 | 2.83 | 21.84 | 5.01 | 1.78 | 0.40 |

---

把其他各种粮食折成黑麦，是根据下诺夫哥罗德省统计人员所采用的扬松的《俄国与西欧各国的比较统计学》中的标准（见戈尔巴托夫县的《土地估价材料》。折算的根据是蛋白质含量的百分数）。

① 即使从下述片断的资料中也可以看出，农村中农民消费的肉类要比城里人少到什么程度。1900年，莫斯科全市屠宰场所杀的牲畜有400万普特左右，总价值为18 986 714卢布59戈比（1901年《莫斯科新闻》**51**第55号）。平均每一男女人口每年约合4普特或18卢布。（**第2版注释**）

② 牛肉、猪肉、猪油、羊肉、牛油、乳制品、鸡和鸡蛋等。

③ 盐、咸鱼、鲜鱼、鲱鱼、伏特加酒、啤酒、茶叶和沙糖等。

可见,农民饮食的总的资料证实了上述的论断。农民清楚地分为3类:下等户(无马者和有1匹马者)、中等户(有2匹马者和有3匹马者)和饮食几乎超过下等户一倍的上等户。总“平均数”则抹掉了两极的两类农户。用于食物的**货币**支出,无论就其绝对量或相对量来说,最多的总是两极的两类农户,即农村无产者和农村资产阶级。前者比中等农户**消费得少,但购买得多**,他们购买的都是他们所缺乏的最必需的农产品。后者所以购买得多,是因为他们消费得多,特别是扩大了非农产品的消费。把两极的这两类农户作一对比,我们便能清楚地看出,资本主义国家的国内个人消费品市场是怎样建立起来的①。

个人消费的其他各项支出如下:

**每一男女人口的支出**(单位卢布)

| 农户类别 | 家庭用具和衣物 | 燃料(禾秸) | 衣服和靴鞋 | 照明 | 其他家庭必需品 | 除饮食外个人消费总额 | 其中货币支出额 | 饮食和其他个人消费总额 | 其中货币支出额 |
|---|---|---|---|---|---|---|---|---|---|
| (1) | 9.73 | 0.95 | 1.46 | 0.23 | 1.64 | 4.28 | 3.87 | 19.21 | 9.59 |
| (2) | 12.38 | 0.52 | 1.33 | 0.25 | 1.39 | 3.49 | 3.08 | 19.86 | 7.84 |
| (3) | 23.73 | 0.54 | 2.47 | 0.22 | 2.19 | 5.42 | 4.87 | 27.41 | 9.31 |
| (4) | 22.21 | 0.58 | 1.71 | 0.17 | 3.44 | 5.90 | 5.24 | 27.71 | 8.51 |
| (5) | 31.39 | 1.73 | 4.64 | 0.26 | 3.78 | 10.41 | 8.93 | 36.73 | 13.69 |
| (6) | 30.58 | 1.75 | 1.75 | 0.21 | 1.46 | 5.17 | 3.10 | 33.15 | 11.73 |
| | 22.31 | 0.91 | 2.20 | 0.22 | 2.38 | 5.71 | 4.86 | 27.55 | 9.87 |

按每一男女人口来计算这些支出并不总是正确的,因为例如

① 在农产品的货币支出中,占首位的是购买黑麦(主要是贫苦农民购买),其次是购买蔬菜。每一男女人口用于蔬菜的支出额为85戈比(各类的情况是:从**(2)类**的56戈比到**(5)类**的1卢布31戈比),其中的货币支出额为47戈比。这一有趣的事实向我们表明,就是在农村居民中(更不用说在城市居民中了),商业性农业形式之一的蔬菜业的产品市场也正在形成。在植物油的支出中,有⅔是实物;这就是说,家庭生产和原始手艺在这方面还占优势。

燃料、照明和家用什物等的费用并不同家庭人数成正比。

这些资料也表明农民(按生活水平的高低)分成不同的3类。这里显示了这样一个有意义的特点:全部个人消费支出的货币部分最多的是**下等户**(**(1)类**的货币支出占其总支出的一半左右),而上等户的货币支出没有增加,仅占其总支出的三分之一左右。怎么才能使这种情况同上述两极两类农户的货币支出都增加的事实协调起来呢?显然,上等户的**货币**支出主要用于**生产消费**(经营支出),下等户则主要用于**个人消费**。下面就是关于这方面的确切资料:

| | 每一农户的货币支出额(单位卢布) | | | | 每一农户的货币支出额的百分数 | | | | 下面两项支出中货币部分所占的百分数 | |
|---|---|---|---|---|---|---|---|---|---|---|
| 农户类别 | 用于个人消费 | 用于经营 | 缴纳各种赋税 | 共计 | 用于个人消费 | 用于经营 | 缴纳各种赋税 | 共计 | 个人消费 | 经营 |
| (1) | 39.16 | 7.66 | 15.47 | 62.29 | 62.9 | 12.3 | 24.8 | 100 | 49.8 | 50.6 |
| (2) | 38.89 | 24.32 | 17.77 | 80.98 | 48.0 | 30.0 | 22.0 | 100 | 39.6 | 41.7 |
| (3) | 76.79 | 56.35 | 32.02 | 165.16 | 46.5 | 34.1 | 19.4 | 100 | 34.0 | 46.4 |
| (4) | 110.60 | 102.07 | 49.55 | 262.22 | 42.2 | 39.0 | 18.8 | 100 | 30.7 | 45.8 |
| (5) | 190.84 | 181.12 | 67.90 | 439.86 | 43.4 | 41.2 | 15.4 | 100 | 38.0 | 52.0 |
| (6) | 187.83 | 687.03 | 84.34 | 959.20 | 19.6 | 71.6 | 8.8 | 100 | 35.4 | 70.3 |
| | 81.27 | 102.23 | 34.20 | 217.70 | 37.3 | 46.9 | 15.8 | 100 | 35.6 | 56.6 |

因此,农民变为农村无产阶级,建立了以消费品为主的市场,而农民变为农村资产阶级,则建立了以生产资料为主的市场。换句话说,我们看到,在下等"农户"中,劳动力变成了商品,而在上等农户中,生产资料变成了资本。这两种变化恰恰产生了国内市场的建立过程,而这个过程已为适用于一切资本主义国家的那个理论所确定。正因为如此,弗·恩格斯在谈到1891年的饥荒[52]时写道,饥荒意味着**资本主义国内市场的建立**,——这一原理在民粹派看来是不可理解的,因为他们把农民的破产仅仅看做是"人民生

产”的衰落，而不看做是宗法式经济向资本主义经济的转化。

尼·—逊先生写了整整一部书来论述国内市场，但是他并没有觉察到农民分化引起国内市场建立的过程。他在《我国国家收入增长的原因何在?》(1896 年 2 月《新言论》杂志[53]第 5 期)一文中，对这一问题发表了如下的议论：美国工人的收入表说明，收入愈低，用于饮食的支出就相对地愈多。因此，如果饮食的消费减少，则其他各种产品的消费就会减少得更多。而在俄国，如果粮食和伏特加酒的消费减少，那就是说，其他各种产品的消费也减少；由此可以得出结论说，农民殷实“阶层”(第 70 页)的较多的消费，完全被群众消费的降低所抵消。这种议论有三个错误：第一，尼·—逊先生用工人顶替农民，是跳过了问题，而我们所谈的恰恰是工人和**业主的形成**过程；第二，尼·—逊先生用工人顶替农民，就把一切消费都归结为个人消费而忘记了生产消费，忘记了生产资料的市场；第三，尼·—逊先生忘记了，农民的分化过程同时也是商品经济代替自然经济的过程，因而市场的建立，可以不靠消费的增加，而靠实物消费(即使是较多的)转变为货币消费或支付消费(即使是较少的)。我们刚才看到，就个人消费品来说，无马的农民比中等农民消费得少些，但他们却购买得多些。他们愈来愈穷，但同时他们收入和支出的货币却愈来愈多，而过程的这两个方面正是资本主义所必需的。①

① 这个事实初看起来似乎很古怪，实际上却是与现实生活中到处可以遇到的资本主义的基本矛盾完全符合的。因此，细心的农村生活观察者，不管理论如何，都能看出这一事实。恩格尔哈特在谈到富农和商人等时说道：“要开展他们的活动，重要的是要农民贫困……要农民获得很多的货币。”(《农村来信》第 493 页)恩格尔哈特对“结实的〈原文如此!!〉农民生活”(同上)的赞许，有时也并不阻碍他揭露声名狼藉的村社内部一些最深刻的矛盾。

最后,我们利用家庭收支资料来比较一下农民和农业工人的生活水平。我们不按每一口人而按每一成年劳力来计算个人消费量(按上述汇编中下诺夫哥罗德省统计人员所用的标准),我们可得到下表:

**每一成年劳力的消费量**

| 农户类别 | 消费的产品 | | | | | | | 支出(单位卢布) | | |
|---|---|---|---|---|---|---|---|---|---|---|
| | 黑麦粉(单位俄斗) | 大麦粉和小米粉(单位普特) | 小米和荞麦(单位俄斗) | 小麦粉和上等小麦粉(单位俄磅) | 马铃薯(单位俄斗) | 全部农产品折成黑麦的总数 | 肉类(单位普特) | 饮食 | 其他个人消费 | 共计 |
| (1) | 17.3 | 0.1 | 2.5 | 4.7 | 17.4 | 23.08 | 0.8 | 19.7 | 5.6 | 25.3 |
| (2) | 18.5 | 0.2 | 2.9 | 4.7 | 8.7 | 22.89 | 0.7 | 22.7 | 4.8 | 27.5 |
| (3) | 26.5 | 0.3 | 3.0 | 7.3 | 12.2 | 31.26 | 1.5 | 29.6 | 7.3 | 36.9 |
| (4) | 26.2 | 1.4 | 4.3 | 2.0 | 9.0 | 32.21 | 1.8 | 30.7 | 8.3 | 39.0 |
| (5) | 27.4 | — | 3.4 | 6.0 | 13.6 | 32.88 | 2.3 | 32.4 | 13.9 | 46.3 |
| (6) | 30.8 | — | 6.9 | 8.5 | 5.5 | 36.88 | 2.5 | 39.3 | 7.2 | 46.5 |
| | 24.9 | 0.5 | 3.7 | 5.5 | 10.4 | 33.78 | 1.4 | 29.1 | 7.8 | 36.9 |

为了把农业工人生活水平的资料同本表资料相比较,第一,我们可以取劳动的平均价格。沃罗涅日省一个全年雇农在10年中(1881—1891年)的平均工资为57卢布,加上生活费共为99卢布[①],就是说生活费为42卢布。有份地的雇农和日工(无马的和有1匹马的农民)的个人消费量低于这一水平。无马的"农户"(以全家4口人计算)全家生活费总额仅为78卢布;有1匹马的"农户"(以全家5口人计算)全家生活费总额为98卢布,**即低于雇农的生活费**。(我们从无马的和有1匹马的农户的家庭收支表中减

① 《根据业主方面的材料所编的农业统计资料》1892年圣彼得堡农业司版第5编谢·亚·柯罗连科《从欧俄工农业统计经济概述看地主农场中的自由雇佣劳动和工人的流动》。

去了用于经营和各种赋税的支出，因为这一地区的份地租价并不低于各种赋税。）不出所料，被束缚在份地上的工人的生活状况，比那些摆脱了这种束缚的工人的生活状况要坏些（更不用说份地的束缚在多大程度上发展了盘剥和人身依附的关系了）。雇农的货币支出比有 1 匹马的农民和无马的农民用于个人消费的货币支出要高得多。因此，份地的束缚阻碍着国内市场的发展。

第二，我们可以利用关于雇农消费的地方自治局统计资料。我们且拿《奥廖尔省统计资料汇编》中关于卡拉切夫县的资料（1892 年版第 5 卷第 2 编）来看，这些资料的根据是有关 158 件雇农的事例[①]。把月口粮折成年口粮，情况如下：

| | 奥廖尔省雇农的生活费 | | | 沃罗涅日省"农民"的生活费 | |
|---|---|---|---|---|---|
| | 最低 | 最高 | 平均 | 有 1 匹马者 | 无马者 |
| 黑麦粉（单位普特） | 15.0 | 24.0 | 21.6 | 18.5 | 17.3 |
| 米粮（单位普特） | 4.5 | 9.0 | 5.25 | { 2.9 | 2.5 } |
| 小米（单位普特） | 1.5 | 1.5 | 1.5 | +4.8 俄磅小麦粉 | 4.9 |
| 马铃薯（单位俄斗） | 18.0 | 48.0 | 26.9 | 8.7 | 17.4 |
| 全部折成黑麦[②] | 22.9 | 41.1 | 31.8 | 22.8 | 23.0 |
| 动物油（单位俄磅） | 24.0 | 48.0 | 33.0 | 28.0 | 32.0 |
| 全年饮食的价值（单位卢布） | — | — | 40.5 | 27.5 | 25.3 |

因此，就生活水平来说，有 1 匹马的农民和无马的农民并**不高于雇农**，甚至反而接近于雇农的最低生活水平。

因此，在观察了下等农户的资料后，可以得出如下的总的结

① 奥廖尔省和沃罗涅日省的条件并没有多大的差别，我们就要看到，这里所引证的都是一般资料。我们并没有采用上述谢·亚·柯罗连科著作中的资料（见马雷斯先生的文章对这些资料所作的对比：《收成和粮价对俄国国民经济某些方面的影响》第 1 卷第 11 页），因为连作者本人也承认，供给这些资料的地主先生们有时是"自我陶醉了"……

② 按上述方法计算的。

论:不论就下等农户同把下层农民排挤出耕作业的其他各类农户的关系来说,就其只能维持全家一部分生活支出的经营规模来说,就其生活资料的来源(出卖劳动力)来说,或者最后,就其生活水平来说,这类农户都应该算做**有份地的雇农和日工**。①

在结束阐述关于农民家庭收支的地方自治局统计资料时,我们不能不分析一下舍尔比纳先生在整理家庭收支资料时所使用的那些方法,因为他既是《泽姆良斯克县、扎顿斯克县、科罗托亚克县和下杰维茨克县农民占有土地的估价资料汇编》的编者,又是《收成和粮价对俄国国民经济某些方面的影响》这部名著中(第2卷)关于农民家庭收支状况一文的作者。不知舍尔比纳先生出于什么用意竟在《汇编》中宣称他应用的是"著名的政治经济学家卡·马克思"的理论(第111页);事实上他根本歪曲了这个理论,把不变资本和可变资本的差别同固定资本和流动资本的差别混为一谈(同上),毫无意义地把这些发达的资本主义的术语和范畴搬到农民耕作业上去(散见各处),等等。舍尔比纳先生对家庭收支资料的全部整理工作,就是一味地和令人难以想象地滥用"平均数"。所有的估价资料都是谈的"平均"农民。为4县算出的土地收入却用农户数去除(请大家回忆一下,无马户一家的这项收入为60卢布左右,而富裕户则为700卢布左右)。算出了"每户的""不变资

① 民粹派可能从我们对雇农和下等农户生活水平的高低所作的对比中得出结论说,我们"主张"农民失去土地等等。这样的结论是错误的。根据以上所述只能得出如下的结论:我们"主张"取消对农民自由支配土地、放弃份地和退出村社等权利的一切限制。至于当一个有份地的雇农有利,还是当一个没有份地的雇农有利,只有农民自己才能判断。因此,类似的各种限制,无论如何也不能认为是正确的。由于民粹派维护这些限制,他们就变成了我国大地主利益的奴仆。

本量”(原文如此!!?)(第 114 页),即全部财产的价值,算出了农具和牲畜的“平均”价值,也算出了工商企业的平均价值(原文如此!)为每户 15 卢布。舍尔比纳先生忽视了这些企业是少数富裕农户的私有财产这样一件小事,竟把这些企业用总户数“平均”地除了一下! 算出了租地的“平均”支出(第 118 页),但正如我们所看到的,有 1 匹马的农户这项支出是 6 卢布,而富裕农户是 100—200 卢布。所有这些都加在一起,然后除以农户数。甚至还算出了用于“资本修理”的“平均”支出(同上)。这是什么意思呢,只有天知道。如果这是指农具和牲畜的补充和修理,那么我们在上面已经引证了下列数字:每一无马户的这项支出为 **8(八)戈比**,而每一富裕户则为 **75 卢布**。如果我们把这两种“农民经济”加在一起,再除以被加的总数,那我们就会得出舍尔比纳先生早在奥斯特罗戈日斯克县统计资料汇编(1887 年版第 2 卷第 2 编)中就已发明并在后来何等有声有色地应用的“平均需求规律”,这难道不是很明显吗? 而根据这一“规律”便不难得出如下的结论:“农民满足的并不是最低需求,而是平均水平的需求”(第 123 页和其他许多页);农民经济显示出是一种特殊的“发展类型”(第 100 页),等等。我们已经熟悉的按份地分类法,就是对这种把农村无产阶级和农民资产阶级“拉平”的简单方法的补充。假如我们把这种分类法用到家庭收支资料上去,我们就会把下列两个农民(都属于每家有 15—25 俄亩份地的多份地那一等的)归入一类,其中一个出租了份地(计 23.5 俄亩)的一半,播种 1.3 俄亩,主要靠“个人副业”过活(真是奇怪,这是多么好听啊!),男女 10 口人的收入为 190 卢布(科罗托亚克县第 10 号家庭收支表);另一个租入土地 14.7 俄亩,播种 23.7 俄亩,雇有雇农,男女 10 口人的收入为 1 400 卢布(扎顿斯克县第2号家庭收支表)。如果我们把雇农和日工的经济同雇有工人的农民的经济加在一起,再除以被加的总数,我们就得到一种特殊的"发展类型",这难道不是很明显吗?只要始终一律使用农民经济的"平均数"资料,那么一切关于农民分化的"错误思想"就都一概根除了。舍尔比纳先生正是这样做的,他在《收成和粮价对俄国国民经济某些方面的影响》一书的文章中,大量地应用了这种方法。这是计算全俄农民家庭收支的一个了不起的尝试:统统使用同样的经过考验的"平均数"来计算。未来的俄国经济文献史家将惊讶地发现这样一个事实,民粹派的成见竟使人们忘记了经济统计的最起码要求,即一定要把业主和雇佣工人严格地区分开来,不管他们被怎样的土地占有形式结合在一起,也不管他们之间的过渡类型是怎样的繁多和庞杂。

## 十三　第二章的结论

我们把由上面考察过的资料中得出的最主要论点简述如下。

(1)现代俄国农民所处的社会经济环境是商品经济。甚至在中部农业地带(这个地带与东南边疆地区或各工业省相比,在这一方面是最落后的),农民也完全受市场的支配,他们不论在个人消费方面或者在自己的经营方面都为市场所左右,至于赋税那就更不用说了。

(2)农民(种地的和村社的)中的社会经济关系的结构向我们表明,这里存在着任何商品经济和任何资本主义所固有的一切矛盾:竞争,争取经济独立的斗争,抢租和抢购土地,生产集中在少数人手中,大多数人被排挤到无产阶级的队伍中去,受少数人的商业资本和雇佣的剥削。在农民中,没有一种经济现象不具有这种资本主义制度所特有的矛盾形式，也就是没有一种经济现象不表现出利益的斗争和摩擦，不意味着对一些人有利而对另一些人有损。租地、买地和截然对立的两种类型的“副业”是这样，经营的技术进步也是这样。

我们认为，这个结论不仅对俄国资本主义问题，而且对民粹派全部学说的意义问题，都具有极重要的意义。正是这些矛盾向我们清楚地无可辩驳地表明，“村社”农村中的经济关系结构决不是特殊的结构（“人民生产”等等），而是普通的小资产阶级的结构。与我国近半世纪来流行的理论相反，俄国村社农民不是资本主义的对抗者，而是资本主义最深厚和最牢固的基地。其所以是最深厚的，是因为正是在这里，在这远离任何“人为的”影响的地方，尽管存在各种排挤资本主义发展的制度，我们却看到“村社”内部资本主义因素在不断形成。其所以是最牢固的，是因为农业，特别是农民，受旧传统即宗法式生活传统的压制非常厉害，因此资本主义的改造作用（生产力的发展，一切社会关系的改变等等）在这里是极其缓慢地和逐渐地表现出来的①。

（3）农民中一切经济矛盾的总和构成了我们所谓的农民的分化。农民自己却用“非农民化”②这个名词极其恰当而清楚地说明了这个过程。这个过程意味着旧的宗法式农民的彻底瓦解和**新型**农村居民的形成。

在阐明这些类型之前，我们要说明一点，在我国的文献中，指出这个过程是很早的，很常见的。例如，瓦西里契柯夫先生曾利用

① 参看《资本论》第1卷第2版第527页（《马克思恩格斯文集》第5卷第578—579页。——编者注）。

② 1892年《下诺夫哥罗德省的农业概况》。

瓦卢耶夫委员会[54]的报告断定了俄国“农村无产阶级”的形成和“农民等级的崩溃”。(《土地占有制和农业》第1版第1卷第9章)指出这一事实的还有瓦·奥尔洛夫(《莫斯科省统计资料汇编》第4卷第1编第14页)和其他许多人。然而他们指出的一切都是极零碎的。从未有人试图系统地研究这个现象,因此,尽管有非常丰富的地方自治局统计机关的按户调查资料,但是我们至今所掌握的有关这一现象的说明材料还是不够的。因此产生了这样一种情况:大多数谈到这个问题的著作家,都把农民的分化只看做是财产不平均现象的产生,只看做是一种“分解”,正像所有的民粹派,特别是卡雷舍夫先生所爱讲的那样(见他的《农民的非份地租地》一书和在《俄国财富》杂志[55]中的文章)。毫无疑问,财产不平均现象的产生是全部过程的起点,但这个过程决不是“分解”一词所能概括的。旧的农民不仅在“分解”,并且在彻底瓦解和消亡,被完全新型的农村居民所排挤。这种新型的农村居民是商品经济和资本主义生产占统治地位的社会的基础。这些新的类型就是农村资产阶级(主要是小资产阶级)和农村无产阶级,即农业中的商品生产者阶级和农业雇佣工人阶级。

极有教益的是:对农业资本主义形成过程的纯理论分析,指出了小生产者的分化是这个过程的重要因素。我们是指《资本论》第3卷中最有意义的几章中的一章,即第47章:《资本主义地租的产生》。马克思认为这种地租产生的起点是**工役地租**(Arbeitsrente)①,——“在这个场合,直接生产者以每周的一部分,用实际

① 在俄译本(第651页及以下各页)中,这个术语被译成“劳动地租”。我们认为我们的译法较正确,因为俄文中有“工役”这个专门用语,意思恰恰是指依附农民为地主做工。

上或法律上属于他所有的劳动工具(犁、牲口等等)来耕种实际上属于他所有的土地,并以每周的其他几天,无代价地在地主的土地上为地主劳动"(《资本论》第 3 卷第 2 部分第 323 页,俄译本第 651 页)①。下一种地租形式是**产品地租**(Produktenrente)或实物地租,在这种场合,直接生产者在他自己经营的土地上生产全部产品,并以实物形式向地主缴纳全部剩余产品。在这里,生产者变得比较独立,有可能以自己的劳动获得除满足自己必要需求的产品数量以外的某些剩余。[地租的]"这个形式也会使各个直接生产者的经济状况出现较大的差别。至少,已经有这样的可能性,并且,有可能这些直接生产者也获得再去直接剥削别人劳动的手段"(第 329 页,俄译本第 657 页)②。所以,早在自然经济占统治地位的情况下,依附农民的独立性刚开始扩大,他们分化的萌芽就出现了。但是这种萌芽,只有在下一种地租形式即**货币地租**下才能得到发展,而货币地租是实物地租形式的简单变化。直接生产者向地主缴纳的不是产品,而是这些产品的价格。③ 这种形式的地租的基础还和原来一样:直接生产者仍旧是传统的土地占有者,可是"这种基础已日趋解体"(第 330 页)。货币地租"要以商业、城市工业、一般商品生产、从而货币流通有了比较显著的发展为前提"(第

---

① 见《马克思恩格斯文集》第 7 卷第 892 页。——编者注

② 同上书,第 899 页。——编者注

③ 必须严格地区分货币地租和资本主义地租:后者是以农业中的资本家和雇佣工人为前提的;前者是以依附农民为前提的。资本主义地租是扣除了企业主利润后余下的一部分额外价值,而货币地租是农民交给地主的全部剩余产品的价格。俄国货币地租的例子,就是农民交给地主的代役租。毫无疑问,在我国农民的现代赋税中,有一定部分的货币地租。有时候农民租种土地同货币地租很相似,因为付完高额土地租费后留下给农民的,也不过是一点很有限的工资。

331 页)[①]。依附农民和地主之间的传统的合乎习惯法的关系，在这里转化为以契约为基础的纯粹的货币关系了。这一方面使旧农民遭受剥夺，另一方面使农民赎回了自己的土地和自己的自由。"此外，在由实物地租转化为货币地租时，不仅与此同时必然形成一个无产的、为货币而受人雇用的短工阶级，而且甚至在这种转化之前就形成这个阶级。在这个新阶级刚刚产生，还只是偶然出现的时期，在那些境况较佳的有交租义务(rentepflichtigen)的农民中间，必然有那种自行剥削农业雇佣工人的习惯发展起来……　因此，他们积累一定的财产并且本人转化为未来资本家的可能性也就逐渐发展起来。在这些旧式的、亲自劳动的土地占有者中间，也就形成了培植资本主义租地农场主的温床，他们的发展，取决于农村以外的资本主义生产的一般发展"(《资本论》第 3 卷第 2 部分第 332 页，俄译本第 659—660 页)[②]。

(4)农民的分化减少了中等"农民"而发展着两极的两类农民，形成了两种新型的农村居民。两种类型的共同特征，是经济的商品性即货币性。第一种新的类型是农村资产阶级或富裕农民。这里包括经营各种形式的商业性农业(我们将在第 4 章描述这些形式中最主要的几种)的独立业主，以及工商企业业主和商业企业业主等等。商业性农业与工商企业相结合，是**这种**农民特有的一种"农业同手工业相结合"的形式。从这种富裕农民中，正在形成农场主阶级，因为在他们的经济中，为出卖粮食而租种土地(在农业地带)起着巨大的、往往超过份地的作用。这里的经营规模在大多

① 见《马克思恩格斯文集》第 7 卷第 901 页。——编者注

② 同上书，第 902—903 页。——编者注

数情况下，都超过本户劳动力可以胜任的程度，所以农村雇农、特别是日工队伍的形成，是富裕农民存在的必要条件。[①] 这种农民以纯收入形式所获得的闲置货币，或者是用来从事在我国农村中非常发达的商业和高利贷活动，或者是在有利的条件下用来购买土地，改善经营等等。总之，这是些小地主。农民资产阶级在数量上说只占全体农民的少数——大概至多占农户的1/5（大约是人口的3/10），而且这个比例在各个不同地区当然变动很大。但是，就他们在整个农民经济中（在农民的生产资料总数中，在农民生产的农产品总数中）的意义来说，农民资产阶级是占绝对优势的。他们是现代农村的主人。

（5）另一种新的类型是农村无产阶级，即**有份地的雇佣工人**阶级。这里包括无产的农民，其中有完全无地的农民，然而，最典型的俄国农村无产阶级是有份地的雇农、日工、小工、建筑工人和其他工人。小块土地上极小规模的经营及其处于完全衰落状态（出租土地就特别明显地证明了这一点），不出卖劳动力（＝无产农民的“副业”）就无法生存，生活水平极其低下，大概还比不上没有份地的工人的生活水平，——这就是这一类型的特征。[②] 应当列入农村无产阶级的，不下于农户总数的一半（大约等于人口的4/10），即包括全部无马的农民和大部分有 1 匹马的农民（自然，这只是笼统的大约的计算，在各个地区因地方条件的不同多少会有些变

① 应当指出，使用雇佣劳动并不是小资产阶级这个概念必要的标志。在社会经济制度中，存在着我们在前面描述过的（第 2 点）矛盾时，特别是在大批生产者变为雇佣工人时，一切为市场的独立生产都适合于这一概念。

② 要证明把无产农民列入有份地的雇佣工人阶级是正确的，不仅需要说明是什么样的农民在怎样出卖劳动力，而且还需要说明是什么样的企业主在怎样购买劳动力。这点将在以下几章加以说明。

化)。使人认为这么多农民现在已经是农村无产阶级的那些根据,上面已经引证过了。[①] 应该补充一点,在我国著作界,人们常常过于死板地理解下面这个理论原理,即资本主义需要自由的、无地的工人。作为基本趋势来说这是完全正确的,但是资本主义渗入农业特别缓慢,其形式非常繁多。把土地分给农村工人,往往有利于农村业主本身,所以一切资本主义国家都有这种有份地的农村工人。在各个不同的国家里,这种农村工人具有各种不同的形式:英国的茅舍农民(cottager)不是法国或莱茵各省的小块土地农民,而后者又不是普鲁士的贫农和雇农。每一种农村工人都带有特殊的土地制度的痕迹,即特殊的土地关系历史的痕迹,然而这并不妨碍经济学家把他们概括为农业无产阶级这一类型。他们的小块土地所有权的法律根据,毫不影响他们这种属性。不论他们对土地拥有完全的所有权(如小块土地农民),还是大地主或贵族领主只把土地交给他们使用,或者是他们作为大俄罗斯农民村社的一员而占有土地,——情况并不因此而有丝毫改变。[②] 我们把无产农民

---

① 康拉德教授认为,德国真正农民的标准是一对役畜(Gespannbauerngüter),见《土地占有制和农业》(1896年莫斯科版)第84—85页。对俄国来说,这个标准倒是应当提高些。在给"农民"这个概念下定义时,康拉德采用的正是那些从事"雇佣劳动"或一般"副业"的人口或农户的百分数(同上)。在实际问题上不能否认是个权威的斯捷布特教授**在1882年**写道:"随着农奴制的崩溃,专门种植谷物的因而主要是俄国中部黑土地带的有自己小经济单位的农民,在大多数场合下已经变成了只是附带从事农业的手艺人、雇农或者日工。"(《关于俄国农业及其缺点和改良方法的论文》1883年莫斯科版第11页)显然,在这里算做手艺人的还有工业中的雇佣工人(建筑工人等等)。不管这样用词是多么不正确,但它在我国著作中,甚至在专门的经济著作中却非常流行。

② 让我们从《政治学辞典》(《土地占有制和农业》1896年莫斯科版)中举出欧洲各种农业雇佣劳动的一些例子。约·康拉德说:"必须把农民的地产与**小块土地**、与'贫农'或'菜农'的地块区别开来,因为这些土地的所有者还不得不去寻找份外的活计或外水。"(第83—84页)"在法国,根据1881年的户口调查,

归入农村无产阶级，并没有说出什么新的东西。这种说法已经被许多著作家不止一次地使用过，只有民粹派的经济学家才顽固地把全体农民说成是什么反资本主义的，闭眼不看大批“农民”在资本主义生产总体系中已经占了完全固定的地位，即农业雇佣工人和工业雇佣工人的地位。例如在我国，有人很喜欢称颂我们这种保存了村社和农民等等的土地制度，并且把这种制度同带有资本主义农业组织的波罗的海沿岸边疆区的制度对立起来。因此，看一看在波罗的海沿岸边疆区[58]有时把哪些类型的农村居民列入雇农和日工阶级，不是没有意义的。波罗的海沿岸边疆区各省的农民分为多土地者（有 25—50 俄亩的单独地块者）、贫农（有 3—10 俄亩的贫农地块者）和无土地者。正如谢·柯罗连科先生公正地指出的，这里的贫农“最接近于俄国中部各省俄罗斯农民的一般类型”（《从欧俄工农业统计经济概述看地主农场中的自由雇佣劳动和工人的流动》第 495 页）；他们永远得在寻找各种外水和经营自己的经济之间分配自己的时间。但我们特别感兴趣的是**雇农的**经济状况。因为地主自己认为**把土地分给雇农**作为工资是有利的。下面是波罗的海沿岸边疆区的雇农占有土地的例子：（1）有 2 俄亩土地者（我们把洛弗施特勒折合成俄亩，1 洛弗施特勒＝⅓俄亩）；每年丈夫做工 275 日，妻子做工 50 日，每日工资 25 戈比；（2）有

---

有 1 800 万人，即将近人口的一半是以农业为生的，其中有 900 万左右的地主，500 万租地者和对分制佃农，400 万主要靠雇佣劳动为生的日工和小土地所有者或租地者……　人们认为：法国的农村工人至少 75％是有自己的土地的。”（第 233 页，哥尔茨）在德国，列入农村工人的有下列**占有土地的**各类人：（1）小农、贫农、菜农［类似我国的有赐地的农民[56]］；（2）合同日工，他们占有土地，每年有一定时间受人雇用［对比我国的“三日工”[57]］，“在德国那些大土地占有制占优势的地方，合同日工是农业工人的主要部分”（第 236 页）；（3）耕种租地的农业工人（第 237 页）。

2⅔俄亩土地者；“雇农有1匹马、3头奶牛、3只羊和2只猪”（第508页），雇农隔周做工，妻子每年做工50日；（3）有6俄亩土地者（库尔兰省巴乌斯克县）；“雇农有1匹马、3头奶牛、3只羊和几只猪”（第518页），他每星期做工3日，妻子每年做工35日；（4）在库尔兰省加津波特县有8俄亩土地者；“在任何情况下，雇农都可以免费碾粉和获得医药帮助，他们的孩子可以入学”（第519页）等等。我们请读者注意这些雇农的**土地占有和经营的规模**，也就是注意那些在民粹派看来是把我国农民同适应于资本主义生产的整个欧洲土地制度区别开来的条件。我们把上引书中所提到的**全部**例子合在一起，则可以看到：10个雇农有31.5俄亩土地，就是说，平均每个雇农有3.15俄亩土地。这里列入雇农的，有**每年以较小部分时间**为地主做工的农民（丈夫做工半年，妻子做工35—50日），也有有2头甚至3头奶牛的有1匹马的农民。试问，我国“村社农民”与波罗的海沿岸边疆区这一类型的雇农之间的所谓区别，究竟何在呢？在波罗的海沿岸边疆区，人们直言不讳，可是在我们这里，人们却把有1匹马的雇农与富裕农民加在一起得出一个“平均数”，娓娓动听地大谈其“村社精神”，“劳动原则”，“人民生产”，“农业同手工业相结合”……

（6）介于上述两种改革后“农民”之间的是**中等农民**。他们的特点是商品经济发展得**最差**。独立的农业劳动，只有在最好的年成和特别顺利的条件下才能维持这种农民的生活费用，所以这种农民的地位是极不稳固的。在大多数情况下，中等农民如果不以劳动偿还等为条件来借债，如果不寻找部分也是出卖劳动力的“辅助”的外水等等，是入不敷出的。每发生一次歉收便有大批中等农民落入无产阶级的队伍。就其社会关系说来，这一类农民摇摆于上等户和下等户之间，它向往上等户，但能爬上去的只有极少数的幸运者，而社会演进的整个进程却使它沦为下等户。我们已经看到：农民资产阶级不仅**排挤**下等农户，而且也**排挤**中等农户。这样，就产生了资本主义经济所特有的"非农民化"——中间分子的消失和两极的增强。

(7)**农民的分化建立了资本主义的国内市场**。在下等户中，这种市场的形成是靠消费品（个人消费的市场）。与中等农民相比，农村无产者**消费较少**（并且所消费的是质量低劣的产品，如用马铃薯代替面包等等），**而购买较多**。农民资产阶级的形成和发展是从两方面来建立市场的：第一，主要的是靠生产资料（生产消费的市场），因为富裕农民竭力要把他从"破落"地主和破产农民那里"收集来"的那些生产资料变为资本。第二，这里市场的建立也靠个人消费，因为较殷实的农民的需求在日益增长。[①]

(8)关于农民的分化是否在向前发展及其速度如何的问题，我们还没有能与综合表的统计资料（第1节至第6节）相比的精确统计资料。这并不奇怪，因为直到现在（正如我们已经指出的）甚至还没有人打算有系统地研究一下农民分化的静态和指出这个过程发生的那些形式。[②] 但是一切关于我国农村经济的总的资料，都证明这种分化在不断地和迅速地发展：一方面是，"农民"抛弃土地

① 只有由于农民分化而形成国内市场这一事实，才能说明例如棉织品（棉织品生产在改革后时期随着大批农民的破产而增长神速）国内市场大大发展的原因。尼·—逊先生正是以我国纺织工业作例子来阐述自己关于国内市场的理论的，但是他却根本不能解释怎么会产生这种矛盾现象。

② 唯一的例外是**伊·古尔维奇**的优秀著作《俄国农村的经济状况》1892年纽约版，俄译本1896年莫斯科版。古尔维奇先生整理地方自治局统计汇编的技巧真是令人惊奇，因为汇编没有提供按殷实程度划分各类农户的综合表。

和出租土地,无马户数量增加,"农民"流入城市等等;另一方面是,"农民经济中的进步潮流"按部就班地发展,"农民"购买土地,改善经营,采用犁,发展牧草的种植、牛奶业等等。现在我们已经知道,加入这一过程的两个截然相反方面的都是**哪些**"农民"。

此外,移民运动的发展,大大推动了农民的分化,特别是种地的农民的分化。大家知道,迁移的主要是农业省份的农民(工业省份的移民非常少),并且正是工役制(阻碍农民的分化)最为发展的、人烟稠密的中部各省的农民。这是第一。其次,离开迁出地区的,主要是**中等富裕程度**的农民,而留在家乡的主要是两极的两类农民。这样,迁移加强了迁出地区农民的分化,并且把分化的因素又带到迁入地区(西伯利亚的新移居者在其新生活的初期都当雇农[①])。迁移与农民分化的这种联系,在**伊·古尔维奇**的卓越著作《农民向西伯利亚的迁移》(1888年莫斯科版)中完全得到了证明。我们竭诚向读者推荐我国民粹派报刊极力闭口不谈的这本书。[②]

(9)大家知道,商业资本和高利贷资本在我国农村中起着巨大作用。我们认为不用举出许多事实和指出这种现象的起源,因为这些事实是大家都知道的,并且同我们的题目没有直接的关系。我们感兴趣的问题只是:商业资本和高利贷资本在我国农村中对农民的分化有什么关系?各类农民间的上述关系同农民债权人和农民债务人的关系之间是否有联系?高利贷是分化的因素和动力,还是阻碍这种分化?

我们首先指出,理论是怎样提出这个问题的。大家知道,在

① 因此,限制迁移,对农民分化有极大的阻碍作用。

② 也可参看普里马克先生的著作:《研究向西伯利亚迁移的数字材料》。(**第2版注释**)

《资本论》作者对资本主义生产所作的分析中，商业资本和高利贷资本被赋予非常重要的意义。马克思对这个问题的基本论点如下：(1)不管是商业资本和高利贷资本，或者是产业资本[即投入生产的资本，不论是农业生产或工业生产都一样]，都是一个类型的经济现象，它可以概括成一个一般的公式，即购买商品是为了出卖它并带来利润(《资本论》第1卷第2篇第4章，特别是德文第2版第148—149页[①])。(2)商业资本和高利贷资本在历史上总是先于产业资本的形成，并且在逻辑上是产业资本形成的**必要**条件(《资本论》第3卷第1部分第312—316页，俄译本第262—265页；第3卷第2部分第132—137、149页，俄译本第488—492、502页)[②]，可是不论商业资本或高利贷资本，其本身都还不能构成产生产业资本(即资本主义**生产**)的**足够的**条件；它们并不经常瓦解旧的生产方式而代之以资本主义生产方式；资本主义生产方式的形成"完全要取决于历史的发展阶段以及由此产生的各种情况"(同上，第2部分第133页；俄译本第489页)[③]。"它〈商业和商业资本〉对旧生产方式究竟在多大程度上起着解体作用，这首先取决于这些生产方式的坚固性和内部结构。并且，这个解体过程会导向何处，换句话说，什么样的新生产方式会代替旧生产方式，这不取决于商业，而是取决于旧生产方式本身的性质。"(同上，第3卷第1部分第316页；俄译本第265页)[④](3)商人资本的独立发展与资本主义**生产**的发展程度成反比例(同上，第312页；俄译本第

① 参看《马克思恩格斯文集》第5卷第191—193页。——编者注

② 参看《马克思恩格斯文集》第7卷第365—370、671—675、688—689页。——编者注

③ 同上书，第672页。——编者注

④ 同上书，第370页。——编者注

262 页)[1];商业资本和高利贷资本愈发展,产业资本(＝资本主义**生产**)就愈不发展,反过来说也是如此。

因此,运用到俄国来时,就应该解决下面的问题:我国商业资本和高利贷资本与产业资本是否有联系?商业和高利贷在瓦解旧生产方式时,是否会导致以资本主义生产方式或其他什么生产方式来代替旧的生产方式?[2] 这是一些实际问题,是俄国国民经济各个方面都应当加以解决的问题。对农民耕作业来说,上面考察过的资料就包含着对这个问题的答复,而且是肯定的答复。按照民粹派的通常观点,"富农"和"善于经营的农夫"不是同一经济现象的两种形式,而是彼此毫无联系和相互对立的两种现象。这种观点是毫无根据的。这是民粹派的偏见之一,这些偏见甚至从来都没有人想通过分析确切的经济资料来加以证明。资料所说明的恰好相反。农民雇用工人来扩大生产也好,农民买卖土地(请回忆一下上引富裕农民大量租地的资料)或食品杂货也好,农民买卖大麻、干草、牲畜等等或货币(高利贷者)也好,他们都是一个经济类型,他们的业务从根本上说属于同一种经济关系。其次,在俄国村社农村中,资本的作用不限于盘剥和高利贷,资本也投入生产,这可以从下列情况中看出来:富裕农民不仅把钱投入商业企业(见上

---

① 参看《马克思恩格斯文集》第 7 卷第 366 页。——编者注

② 瓦·沃·先生在其《俄国资本主义的命运》第 1 页上就提到这个问题,然而不论在这部著作中,或者在他的其他什么著作中,他都没有打算要研究一下俄国商业资本和产业资本关系的资料。尼·—逊先生虽然自命为马克思理论的忠实信徒,但是他偏喜欢用自己发明的模糊的、不清楚的术语"资本化"或"收入的资本化"来代替确切的、清楚的范畴"商业资本";在这个晦涩的术语掩护下,他非常顺利地回避了这个问题,而且回避得很干脆。在他看来,俄国资本主义生产的先驱者不是商业资本,而是……"人民生产"!

面),而且还用来改善经营,购买土地和租种土地,改良农具和牲畜,雇用工人等等。如果资本在我国农村中除了盘剥和高利贷以外没有力量创立某种东西,那么我们就不能根据关于生产的资料来断定农民的分化,断定农村资产阶级和农村无产阶级的形成,那么全体农民就都是为贫困所迫的业主这样一个相当均等的类型了,在这些业主中,与众不同的只是高利贷者,这也只是由于货币财产的规模,而不是由于农业生产的规模和组织。最后,从上面分析的资料中可以得出一个重要的论点:我国农村中商业资本和高利贷资本的独立发展**阻碍着**农民的分化。商业愈是向前发展,把乡村和城市接近起来,排挤原始的农村集市和破坏农村小店主的垄断地位,欧洲式的正规的信贷形式愈发展,使农村的高利贷者受到排挤,那么,农民的分化就会愈深愈厉害。从小商业和高利贷中排挤出来的富裕农民的资本,将更大规模地投入现在它已经开始投入的生产。

(10)我国农村经济中另一种阻碍农民分化的重要现象,是徭役经济的残余,即工役制。工役制是建立在用实物偿付劳动的基础上,因而也是建立在商品经济不发达的基础上。工役制需要和要求的正是中等农民,他们不十分富裕(否则他们不会受工役制的盘剥),但也不是无产者(要承担工役,就必须有自己的农具,必须是个稍微"宽裕的"业主)。

我们在上面说到农民资产阶级是现代农村的主人时,已经抽掉了盘剥、高利贷、工役制等等这些阻碍分化的因素。实际上,现代农村的真正主人,常常不是农村资产阶级,而是农村的高利贷者和邻近的地主。然而,抽掉这些因素是一种完全合理的方法,否则,就不能研究农民中各种经济关系的内部结构。有趣的是,民粹派也使用这种方法，可是他们只停留在半途上，没有把自己的议论贯彻到底。瓦·沃·先生在其《资本主义的命运》一书中谈到赋税的压榨等等时指出：对于村社来说，由于这些原因，“自然的〈原文如此！〉生活条件就不再存在了”（第287页）。妙极了！但是全部问题恰恰在于，我国农村中还并不存在的“自然条件”是什么样的。要回答这个问题，就必须研究村社内部经济关系的结构，排除——如果可以这么说的话——改革前的旧残余，因为它们掩盖了我国农村生活的这些“自然条件”。如果瓦·沃·先生这样做了，他就会看见：农村关系的这种结构表明着农民的完全分化；盘剥、高利贷、工役制等等受到的排挤愈彻底，农民的分化就愈深。① 根据地方自治局的统计资料，我们在上面证明了这种分化现在已是既成事实，农民完全分裂成了对立的两类。

① 顺便谈谈。讲到瓦·沃·先生的《资本主义的命运》，即我们引证过的第6章时，不能不指出其中有几页是很好的和十分公正的。这就是作者**不**谈“资本主义的命运”，甚至也根本**不**谈资本主义，而只谈赋税征收方式的那几页。值得注意的是：瓦·沃·先生并没有觉察到这些方式与徭役经济残余之间有着不可分割的联系，**他**（我们将在下面看到）**竟把徭役经济理想化了！**

# 第 三 章[59]

# 地主从徭役经济到资本主义经济的过渡

我们谈了农民经济，现在应当来谈地主经济。我们的任务是要概括地考察一下地主经济的现有社会经济结构，阐明这个结构在改革后时代演进的性质。

## 一　徭役经济的基本特点

考察现代的地主经济制度，必须以农奴制时代占统治地位的地主经济结构作为起点。当时的经济制度的实质，就在于某一个农业单位即某一块世袭领地的全部土地，分为地主土地和农民土地；后者作为份地分给农民，农民（除份地外，还得到其他生产资料，如森林或者牲畜等等）用自己的劳动、农具和牲畜耕种这块土地，从而养活自己。农民的这种劳动的产品，用理论政治经济学的术语来说就是必要产品；其所以是必要的，因为对于农民来说它提供生活资料，对于地主来说它提供劳动力；这正如补偿资本价值的可变部分的产品是资本主义社会下的必要产品一样。农民的剩余劳动，则是他们用**自己的**农具和牲畜耕种地主的土地，这种劳动的产品归地主占有。因此，这里的剩余劳动和必要劳动在空间上是分开的：农民替地主耕种地主的土地，替自己耕种自己的份地；他们在一星期中有几天替地主干活，其余几天为自己干活。这样一来，在这种经济下农民的"份地"似乎就成了实物工资（用现代的概念来说），或者成了保证地主获得劳动力的手段。农民在自己的份地上经营的"自己的"经济，是地主经济存在的条件，其目的不是"保证"农民获得生活资料，而是"保证"地主获得劳动力。①

我们把这种经济制度叫做徭役经济。显然，这种经济制度的占优势是以下列必要条件为前提的。第一，自然经济占统治地位。农奴制的领地必然是一个自给自足的和闭关自守的整体，同外界很少联系。地主为出卖而生产粮食（这种生产在农奴制后期特别发达），这是旧制度崩溃的先声。第二，在这种经济下，直接生产者必须分得生产资料特别是土地，同时他必须被束缚在土地上，否则就不能保证地主获得劳动力。因此，攫取剩余产品的方法在徭役经济下和在资本主义经济下是截然相反的：前者以生产者分得土地为基础，后者则以生产者从土地上游离出来为基础。② 第三，农民对地主的人身依附是这种经济制度的条件。如果地主没有直接支配农民人身的权力，他就不可能强迫那些分得土地而经营自己的经济的人来为他做工。所以，必须实行"超经济的强制"，正如马

① 亚·恩格尔哈特在其《农村来信》（1885 年圣彼得堡版第 556—557 页）中，非常清楚地描述了这种经济结构。他十分公正地指出：农奴制经济乃是某种程度合理的和完美的制度，这一制度的主宰者就是地主，他把土地分给农民，命令他们做这种或那种工作。

② 亨利·乔治说：居民群众的被剥夺，是贫困和受压迫的主要的、普遍的原因。恩格斯在 1887 年反驳这种说法时写道："从历史上看来，这并不完全正确。…… 在中世纪，封建剥削的根源不是由于人民被剥夺（expropriation）而**离开了**土地，相反地，是由于他们占有（appropriation）土地而**离不开**它。农民保有自己的土地，但是他们作为农奴或依附农被束缚在土地上，而且必须给地主服劳役或交纳产品。"［《1844 年的英国工人阶级状况》1887 年纽约版序言第 III 页（见《马克思恩格斯文集》第 4 卷第 319—320 页。——编者注）］

克思在阐述这种经济制度时所说的(前面已经指出,马克思把这种经济制度划入工役地租的范畴。《资本论》第3卷第2部分第324页)[①]。这种强制可能有各种各样的形式和不同的程度,从农奴地位起,一直到农民等级没有完全的权利为止。最后,第四,技术的极端低劣和停滞是上述经济制度的前提和后果,因为经营农业的都是些迫于贫困、处于人身依附地位和头脑愚昧的小农。

## 二 徭役经济制度和资本主义经济制度的结合

徭役经济制度随着农奴制的废除而崩溃了。这一制度的一切主要基础,如自然经济、地主世袭领地的闭关自守和自给自足、其各种成分之间的紧密联系以及地主对农民的统治等等,都已经被破坏了。农民经济脱离地主经济;农民需要赎回自己的土地完全归自己所有,地主则需要过渡到资本主义经济制度,这种制度正如刚才指出的,是建筑在截然相反的基础上的。但是,这种向另一个完全不同的制度的过渡,当然不能一蹴而就,这里有两个原因。第一,资本主义生产所必需的条件尚未具备。需要有一个由惯于从事雇佣劳动的人们组成的阶级,需要用地主的农具和牲畜代替农民的农具和牲畜;需要把农业像其他各种工商企业那样,而不是像老爷们的事情那样组织起来。所有这些条件只能逐渐形成,所以,某些地主在改革后初期向国外订购外国机器以至招收外国工人的尝试,也不可能不以彻底失败而告终。不能一下子过渡到按资本主义方

① 参看《马克思恩格斯文集》第7卷第893页。——编者注

# Вытѣсненіе барщиннаго хозяйства капиталистическимъ въ современномъ русскомъ земледѣліи *).

## I.

За исходный пунктъ при разсмотрѣніи современной системы помѣщичьяго хозяйства необходимо взять тотъ строй этого хозяйства, который господствовалъ въ эпоху крѣпостного права. Сущность тогдашней хозяйственной системы состояла въ томъ, что вся земля данной единицы земельнаго хозяйства, т. е. данной вотчины, раздѣлялась на барскую и крестьянскую; послѣдняя отдавалась въ надѣлъ крестьянамъ, которые (получая сверхъ того и другія средства производства—напримѣръ, лѣсъ, иногда скотъ и т. п.) своимъ трудомъ и своимъ инвентаремъ обрабатывали ее, получая съ нея свое содержаніе. Продуктъ этого труда крестьянъ представлялъ изъ себя необходимый продуктъ, по терминологіи теоретической политической экономіи; необходимый — для крестьянъ, какъ дающій имъ средства къ жизни,—для помѣщика, какъ дающій ему рабочія руки; совершенно точно такъ же, какъ продуктъ, возмѣщающій перемѣнную часть стоимости капитала, является необходимымъ продуктомъ въ капиталистическомъ обществѣ. Прибавочный же трудъ крестьянъ состоялъ въ обработкѣ ими *тѣмъ же* инвентаремъ помѣщичьей земли; продуктъ этого труда шелъ въ пользу помѣщика. Прибавочный трудъ отдѣлялся здѣсь, слѣдовательно, пространственно отъ необходимаго: на помѣщика обрабатывали барскую землю, на себя — свои надѣлы; на помѣщика работали одни дни недѣли, на себя—другіе. «Надѣлъ» крестьянина служилъ такимъ образомъ въ этомъ хозяйствѣ, какъ бы натуральной заработной платой (выражаясь примѣнительно къ современнымъ понятіямъ), или средствомъ обезпеченія помѣщика рабочими руками. «Собственное хозяйство крестьянъ на своемъ надѣлѣ было условіемъ помѣщичьяго хозяйства, имѣло цѣлью «обезпеченіе» не крестьянина — средствами къ жизни, а помѣщика—рабочими руками **).

---

*) Настоящая статья представляетъ отрывокъ изъ большого изслѣдованія автора о развитіи капитализма въ Россіи. *Ред.*

**) Чрезвычайно рельефно характеризуетъ этотъ строй хозяйства А. Энгельгардтъ въ своихъ «Письмахъ изъ деревни» (Спб. 1882, стр. 554). Онъ совершенно справедливо указываетъ, что крѣпостное хозяйство было извѣстной правильной и законченной системой, распорядителемъ которой былъ помѣщикъ, надѣлявшій крестьянъ землей и назначавшій ихъ на тѣ или на другія работы.

1899 年载有列宁《俄国资本主义的发展》
第 3 章头 6 节的《开端》杂志第 3 期中的一页

式经营的另一个原因，就是旧的徭役经济制度只不过遭到了破坏，但是还没有彻底消灭。农民经济还没有完全脱离地主经济，因为地主还掌握着农民份地的极其重要的部分："割地"[60]、森林、草地、饮马场、牧场等等。农民没有这些土地（或地役权[61]）就根本不能经营独立的经济，结果，地主就有可能通过工役制形式继续实行旧的经济制度。"超经济的强制"的可能性也仍然存在着：暂时义务农[62]身份，连环保，体罚农民，派农民出公差等等。

可见，资本主义经济不能一下子产生，徭役经济不能一下子消灭。因此，唯一可能的经济制度只能是一种既包括徭役制度特点又包括资本主义制度特点的过渡的制度。改革后的地主经济结构也确实正好具备了这些特点。过渡时期所固有的形式虽然多不胜数，但是现代地主经济的经济组织却可以归结为以各种方式结合起来的两种基本制度：**工役**制度①和**资本主义**制度。所谓工役制度就是用附近农民的农具和牲畜来耕种土地，其偿付形式并不改变这一制度的实质（不管是计件雇佣制下的货币偿付，对分制下的实物偿付，或者是狭义工役制下的土地或各种农业用地偿付）。这一制度乃是徭役经济的直接残余②，徭役经济的上述经济特点几

① 现在我们用"工役制"这个术语来替代"徭役制"这个术语，因为前者更适合于改革后的各种关系，而且在我国的著作界中已得到公认。

② 下面是一个非常明显的例子。农业司的一位通讯员写道："在叶列茨县南部〈奥廖尔省〉，在地主的大农场里，除有年工从事耕作外，有一大部分土地由农民耕种，以租给他们的土地作为报酬。过去的农奴继续向他们原来的地主租地，并为此而替地主种地。这样的村庄仍然叫做某某地主的'**徭役**'村。"（谢·亚·柯罗连科《从欧俄工农业统计经济概述看地主农场中的自由雇佣劳动和工人的流动》第118页）还有一个例子。另一个地主写道："在我的农庄中，一切活计都是由我原来的农民（8个村共约600人）来做的，他们为此获得牧场（2 000—2 500俄亩）；季节工只开垦荒地和用播种机播种。"（同上，第325页。引自卡卢加县的材料）

乎完全适用于工役制度(唯一的例外,是徭役经济的一个条件在工役制度的一种形式下已不再存在,即在计件雇佣制下,我们看到的劳动报酬已不是实物,而是货币)。所谓资本主义制度,就是雇用工人(年工、季节工、日工等等)用私有主的农具和牲畜来耕种土地。上述两种制度在实际生活中以各种各样的方式奇妙地交织在一起,它们在许多地主田庄上相互结合,并被应用到各种经济工作上去。① 这样两种截然不同的甚至是彼此对立的经济制度结合在一起,在实际生活中就会引起一连串极其深刻复杂的冲突和矛盾,许多业主就在这些矛盾的压力下遭到破产等等,这是十分自然的。这一切都是任何一个过渡时代固有的现象。

如果要问,这两种制度哪一种比较普遍?那么首先应该说,关于这一问题的精确统计资料是没有的,而且也未必能收集起来,因为这样做不仅需要调查一切田庄,而且还要调查一切田庄的一切经济业务。现在只有大略的、大体上说明个别地方哪种制度占优势的资料。上面摘引过的农业司出版物《从欧俄工农业统计经济概述看地主农场中的自由雇佣劳动和工人的流动》,已经以说明全俄情况的综合性形式引用了这类资料。安年斯基先生根据这些资料绘制了一张一目了然的统计地图,表明这两种制度的分布情况(《收成和粮价对俄国国民经济某些方面的影响》第 1 卷第 170

① “绝大多数农场是这样经营的:一部分土地(虽然极少)地主用自己的农具和牲畜雇用年工以及其他工人来耕种,其余所有的土地或者按对分制或者以土地报偿的办法,或者以货币报偿的办法交给农民耕种”(《从欧俄工农业统计经济概述看地主农场中的自由雇佣劳动和工人的流动》,同上,第 96 页)……“在大多数田庄上,同时存在着几乎一切雇佣方式或者好多种雇佣方式”(即“供给农场劳动力”的方式)。农业司为芝加哥博览会出版的《俄国的农业和林业》1893 年圣彼得堡版第 79 页。

页)。现在我们把这些资料制成一表,并加上 1883—1887 年私有地播种面积的资料(据《俄罗斯帝国统计资料》第 4 卷——《欧俄地区 1883—1887 年 5 年的平均收获量》1888 年圣彼得堡版)①来加以对比。

| 按在地主中占优势的经济制度划分的省份类别 | 省份数目 | | | 地主土地上各种粮食和马铃薯的播种面积(单位千俄亩) |
|---|---|---|---|---|
| | 黑土地带 | 非黑土地带 | 共计 | |
| 一、**资本主义**制度占优势的省份 | 9 | 10 | 19 | 7 407 |
| 二、**混合**制度占优势的省份…… | 3 | 4 | 7 | 2 222 |
| 三、**工役**制度占优势的省份…… | 12 | 5 | 17 | 6 281 |
| **共　　计** | 24 | 19 | 43 | 15 910 |

由此可见,如果在纯俄罗斯人省份中占优势的是工役制,那么在整个欧俄,应当承认,现在占优势的是地主经济的资本主义制度。我们这张表还远没有充分反映出这种优势,因为在第一类省份中,有的省份完全不采用工役制(如波罗的海沿岸各省),而在第三类中,大概没有一个省,甚至没有一个经营自己经济的田庄,不是至少部分地采用了资本主义制度的。现在我们根据地方自治局统计资料(**拉斯波平**《从地方自治局统计资料看俄国的私有经济》,1887 年

① 在欧俄 50 个省份中,不包括阿尔汉格尔斯克、沃洛格达、奥洛涅茨、维亚特卡、彼尔姆、奥伦堡和阿斯特拉罕等 7 省,这 7 个省在 1883—1887 年的私有主土地播种面积,在欧俄 16 472 000 俄亩的总面积中占了 562 000 俄亩。第一类包括下列各个省:波罗的海沿岸 3 省,西部 4 省(科夫诺、维尔纳、格罗德诺和明斯克),西南部 3 省(基辅、沃伦和波多利斯克),南部 5 省(赫尔松、塔夫利达、比萨拉比亚、叶卡捷琳诺斯拉夫和顿河),东南部 1 省(萨拉托夫),以及彼得堡、莫斯科、雅罗斯拉夫尔 3 省。第二类包括维捷布斯克、莫吉廖夫、斯摩棱斯克、卡卢加、沃罗涅日、波尔塔瓦和哈尔科夫 7 省。第三类则包括其余各省。为了更精确起见,应当从私有主土地的播种面积总数中减去属于租地者的播种面积,但是没有这样的资料。应当指出,即便是作了这样的修正也未必能改变我们关于资本主义制度占优势的结论,因为在黑土地带,大部分私有主的耕地是出租的,而在这一地带的各省中占优势的乃是工役制度。

《法学通报》杂志[63]第11—12期,第12期第634页)来说明这一点:

| 库尔斯克省各县 | 按自由雇佣制雇用工人的田庄的百分数 | | 雇用雇农的田庄的百分数 | |
|---|---|---|---|---|
| | 中等的 | 大型的 | 中等的 | 大型的 |
| 德米特罗夫斯克县 | 53.3 | 84.3 | 68.5 | 85.0 |
| 法捷日县 | 77.1 | 88.2 | 86.0 | 94.1 |
| 利戈夫县 | 58.7 | 78.8 | 73.1 | 96.9 |
| 苏贾县 | 53.0 | 81.1 | 66.9 | 90.5 |

最后,必须指出,有时候工役制度正在过渡到资本主义制度,并同后者紧密地融合在一起,想把它们分开和加以区别几乎都是不可能的。例如,一个农民租一小块土地,就必须服一定天数的工役(谁都知道,这是一个极普遍的现象。参看下一节的例子)。这种"农民"和为了取得一小块土地而必须干一定天数的活的西欧"雇农"或波罗的海沿岸边疆区的"雇农"又有什么区别呢?实际生活产生了许多使一些基本特征相对立的经济制度十分缓慢地结合在一起的形式。现在已不能说"工役制"在哪些地方结束,"资本主义"在哪些地方开始。

这样我们就判明了一个基本事实,现代地主经济的各种各样形式都可归结为以种种不同方式结合起来的两种制度——工役制度和资本主义制度,现在我们对这两种制度作一个经济上的评述,并考察一下,在整个经济演进过程的影响下,究竟是哪一种制度排挤哪一种制度。

## 三 对工役制度的评述

如上所述,工役制的形式是非常多的。有时农民受货币雇用以自己的农具和牲畜耕种地主的土地。这就是所谓"计件雇佣制"、

аренду [1]) владѣльческой пашни *собственнымъ инвентаремъ владѣльцевъ* и трудомъ *постоянныхъ* или *сроковыхъ рабочихъ* составляетъ вся западная, южная и частью юго-восточная окраина Европейской Россіи, начиная съ сѣвера, отъ губерніи С.-Петербургской, и захватывая далѣе губерніи: прибалтійскія, литовскія (Ковенскую, Виленскую, Гродненскую, а также и Минскую губернію Бѣлорусской группы), юго-западныя (Кіевскую, Волынскую, Подольскую), южныя степныя и южныя части губерній Харьковской, Саратовской, Самарской и Уфимской. Внѣ этого сплошнаго района тѣ же формы примѣненія наемнаго труда являются господствующими во владѣльческихъ хозяйствахъ (вообще немногочисленныхъ) губерній Московской и Ярославской промышленной группы.

Въ остальной, большей части Европейской Россіи,—охватываемой съ запада и съ юга описанной полосой распространенія владѣльческихъ хозяйствъ съ собственнымъ инвентаремъ,—господствуетъ почти исключительно, или пользуется значительнымъ распространеніемъ, обработка пашни *крестьянскими орудіями и скотомъ* и наемъ *издѣльный за деньги*, или въ формѣ *отработковъ*, или же отдача земли въ обработку *исполу*,—причемъ и здѣсь имѣется въ виду лишь пашня, не сдаваемая въ аренду. Владѣльческія хозяйства съ собственнымъ инвентаремъ и съ батрацкимъ трудомъ встрѣчаются, впрочемъ, и здѣсь, но рѣже. Въ губерніяхъ среднихъ черноземныхъ (Воронежской, Харьковской и Полтавской), составляющихъ какъ бы переходную область между районами преимущественно владѣльческаго и преимущественно крестьянскаго инвентаря, также, какъ и въ нѣкоторыхъ изъ нечерноземныхъ губерній, та и другая форма хозяйствованія распространены почти одинаково, (если не считать той части пашни, которая сдается въ аренду). Въ сѣверной черноземной группѣ, въ среднемъ Поволжьѣ и въ сѣверо-западной части нечерноземной полосы (губерніи Псковская, Новгородская, Тверская), крестьянскій инвентарь и связанныя съ нимъ формы найма пользуются рѣшительнымъ преобладаніемъ.

Разсматривая ближе особенности въ условіяхъ пользованія наемнымъ трудомъ въ различныхъ мѣстностяхъ внутри очерченныхъ крупныхъ областей, мы можемъ разбить каждую изъ нихъ на нѣсколько болѣе дробныхъ территоріальныхъ районовъ.

Въ области преобладанія хозяйствъ съ инвентаремъ владѣльческимъ могутъ быть выдѣлены районы: степной, юго-западный, сѣверо-западный и прибалтійскій.

*Степной* районъ характеризуется культурою экстензивною, неустойчивостью урожаевъ,—достигающихъ здѣсь иногда громадныхъ размѣровъ, а иногда не дающихъ почти ничего,—огромными посѣвами пшеницы и очень рѣдкимъ населеніемъ. Большая часть земледѣльческихъ работъ выполняется здѣсь *срочными рабочими*, нанимаемыми *на годъ* или *на сроки* (всего чаще съ марта или апрѣля по октябрь или ноябрь). Поденный наемъ встрѣчается *рѣже* и еще рѣже

[1]) Цифровыя данныя о степени распространенія аренды владѣльческой пашни по отдѣльнымъ уѣздамъ приведены въ статьѣ Н. А. Каблукова.

列宁在《收成和粮价对俄国国民经济某些方面的影响》
1897 年圣彼得堡版第 1 卷第 170 页上编制的关于
各种经济制度在俄国分布情况的汇总资料

“按亩制”[1]、“全包制”[2]**64**(即种一俄亩春播作物和一俄亩秋播作物)等等。有时农民借了粮或钱,就必须用工役来抵偿全部债务或债务的利息[3]。在这种形式下,整个工役制所固有的特征,即这种雇佣劳动的高利贷盘剥性质就表现得特别突出。有时农民做工是因为“践踏了庄稼”(即必须以工役来抵偿法定的践踏庄稼的罚金),或者仅仅是“为了表示敬意”(参看上引恩格尔哈特的书第 56 页),即不取任何报酬,只吃一顿饭,以免失去地主方面的其他“外水”。此外,以工役换取土地的情形也很普遍,这或者采取对分制形式,或者直接采取用做工来抵偿租给农民的土地和农业用地等等的形式。

同时,租地的偿付常常采取各种各样的形式,有时甚至结合在一起,除货币偿付外还有实物偿付和“工役”。下面就是两个例子:租地 1 俄亩要耕种土地 1½俄亩+鸡蛋 10 个+母鸡 1 只+女工工作日 1 个;租 43 俄亩春播地要缴 12 卢布(租 51 俄亩秋播地要缴 16 卢布)+打若干垛燕麦、7 垛荞麦、20 垛黑麦+租地中至少有 5 俄亩要每俄亩施用 300 车**自己的**厩肥(卡雷舍夫《农民的非份地租地》第 348 页)。在这里,甚至农民的厩肥也成了地主经济的组成部分!工役制的一大堆名称,也说明它流行极广,形式极多,如奥特拉包得基、奥特布奇、奥特布特基、巴尔申纳、巴萨林卡、波素布卡、潘申纳、波斯土皮克、维约姆卡等等(同上,第 342 页)。有时候农民必须按“地主的命令”工作(同上,第 346 页),必须完全“听从”、“顺从”地主,给地主“帮忙”。工役制包括“农村日常生活的一

① 《梁赞省统计资料汇编》。

② 上引恩格尔哈特的书。

③ 《莫斯科省统计资料汇编》1879 年莫斯科版第 5 卷第 1 编第 186—189 页。我们指明出处,只是为了举一个实例而已。一切有关农民经济和地主经济的著作,都有很多这样的材料。

整套活计。通过工役制来进行耕地和收割谷物、干草方面的全部农业作业，储备木柴，搬运货物”(第346—347页)，修理屋顶和烟囱(第354页和第348页)，缴纳母鸡和鸡蛋(同上)等等。圣彼得堡省格多夫县的一位调查人员说得好：这里所有的工役制的各种形式，都带有“过去改革以前的那种徭役制性质”(第349页)[①]。

特别值得注意的是用工役换取土地的形式即所谓工役地租和实物地租[②]。在前一章里我们已经看到，在农民的租地中怎样出现了资本主义的关系，在本章里，我们看到的“租地”则是徭役经济的直接残余[③]，它有时不知不觉地在向资本主义制度过渡，用分给小块土地的办法来保证田庄获得农业工人。地方自治局的统计资料无可争辩地判明了这类“租地”同土地出租者自营经济之间的这种联系。“由于地主田庄的自营耕地日益扩大，地主便有了一种**保证自己在必要时获得工人**的需求。因此，许多地方的地主日益渴望按工役制或产品分成制兼工役制把土地分给农民……” 这种经济制度“……流行很广。出租者的自营经济愈多，提供的租地愈少，租地的要求愈迫切，这种租地的形式也就扩展得愈广泛”(同

---

① 值得指出的是，俄国极为繁多的工役制形式和带有种种附加支付和其他条件的租地形式，已被马克思在《资本论》第3卷第47章所确定的前资本主义的农业制度的基本形式**全部**包括了。前一章已经指出，这些基本形式有三种：(1)工役地租；(2)产品地租或实物地租；(3)货币地租。因此，马克思正是想运用俄国的资料来说明有关地租的那一篇，那是十分自然的。

② 按《根据地方自治局的统计资料所作的俄国经济调查总结》(第2卷)一书统计，农民用货币租进的土地占他们的全部租地的76%；用工役换取的租地占3%—7%；按产品分成制租进的土地占13%—17%；最后，用混合偿付的办法租进的土地占2%—3%。

③ 参看第134页(本卷第165—166页。——编者注)脚注中所引的例子。在徭役经济下，地主给农民土地是为了使农民替他们做工。在按工役制出租土地时，其经济目的显然是一样的。

上，第266页，也可参看第367页）。于是我们在这里就看见一种非常独特的租地形式，它所表现出来的不是地主放弃自营经济，而是**地主的耕地更加扩大了**，它所表现出来的不是农民经济因其土地占有的扩大而得到巩固，而是**农民变成农业工人**。在前一章里我们看到，租地在农民经济中具有两种截然相反的意义：对于一部分人说来，是有利的扩大经营的手段，而对于另一部分人说来，则是迫于需要而进行的交易。现在我们看到，出租土地在地主经济中也具有两种截然相反的意义：有时候是为了取得地租而把农场转给他人；有时候是经营自己经济的一种方法，是保证田庄获得劳动力的一种方法。

现在我们来考察工役制下的劳动报酬问题。各方面的资料全都证明，工役制雇佣和盘剥性雇佣下的劳动报酬往往比资本主义"自由"雇佣下的劳动报酬**低**。第一，这可从下述事实中得到证明：实物地租，即工役制地租和对分制地租（正如我们方才所看到的，它们所表现的，只是工役制雇佣和盘剥性雇佣）照例到处都比货币地租**贵**，而且贵很多（同上，第350页），有时甚至贵一倍（同上，第356页，特维尔省勒热夫县）。第二，实物地租在最贫苦的农户类别中特别发达（同上，第261页及以下各页）。这是迫于贫困而采取的一种租地，是那种已经无可幸免地要通过这条道路变为农业雇佣工人的农民的"租地"。殷实农民尽量以货币租进土地。"租地者尽可能用货币缴纳租金，以便减低使用他人土地的费用"。（同上，第265页）我们要补充一句：这不仅可以减低租地的费用，而且还可以摆脱盘剥性的雇佣。在顿河畔罗斯托夫县甚至有这样一种值得注意的现象，随着租价的提高，货币地租竟转为粮垛租[65]，**尽管在粮垛租中农民所得的份额减少了**（同上，第266页）。

这个事实非常清楚地说明了实物地租的意义,即迫使农民彻底破产并使他们变为农村雇农。① 第三,如果直接拿工役制雇佣下的劳动价格和资本主义"自由"雇佣下的劳动价格作一比较,那么可以看出,后者的水平要高得多。根据上面引用过的农业司出版物《从欧俄工农业统计经济概述看地主农场中的自由雇佣劳动和工人的流动》的计算,用农民的农具和牲畜包种 1 俄亩秋播作物的平均酬金为 6 卢布(中部黑土地带 1883—1891 年 8 年间的资料)。如果按自由雇佣来计算一下同样活计的工价,那么单是徒手劳动就可以获得 6 卢布 19 戈比,马工还不包括在内(马工酬金不可能

① 最新的租地汇总资料(卡雷舍夫先生在《收成和粮价对俄国国民经济某些方面的影响》第 1 卷中的文章)充分证明,只有贫困才迫使农民按对分制或以工役来取得土地,殷实农民却宁愿以货币租进土地(第 317—320 页),因为对于农民说来,实物地租总是比货币地租贵得多(第 342—346 页)。但是所有这些事实并没有妨碍卡雷舍夫先生把事情说成这样:"贫穷的农民……可以按对分制租进别人的土地来稍稍扩大自己的播种面积,从而能更好地满足对于饮食的需求。"(第 321 页)请看,对于"自然经济"的偏爱竟使人们产生了多么荒谬的想法! 实物地租比货币地租贵,实物地租是农业中的一种实物工资制**66**,实物地租使农民彻底破产并把农民变为雇农,这一切都已经为事实证明了,然而我们的经济学家却在谈论改善饮食! 看吧,对分制租地"应当有助于""贫困的农村居民取得"租地(第 320 页)。在这里,经济学家先生把在最坏的条件下,即在使农民变为雇农的条件下获得土地叫做"帮助"! 试问,俄国民粹派和那些向来就时刻准备给予"贫困的农村居民"以这种"帮助"的俄国大地主又有什么区别呢? 我们顺便举一个有趣的例子。在比萨拉比亚省霍亭县,对分制佃农平均日工资是 60 戈比,而夏季日工的工资是 35—50 戈比。"结论是,**对分制佃农的收入毕竟要比雇农的工资高**。"(第 344 页;黑体是卡雷舍夫先生用的)这个"毕竟"真是说明问题。但是对分制佃农与雇农有所不同,他不是有经营支出吗? 他不是应当有马和马具吗? 为什么不算一算这些支出呢? 如果比萨拉比亚省夏季日平均工资是 40—77 戈比(1883—1887 年和 1888—1892 年),那么带马具的雇工日平均工资为 124—180 戈比(1883—1887 年和 1888—1892 年)。"结论是",雇农所得"毕竟"要比对分制佃农高,这岂不更正确吗? 在 1882—1891 年间,比萨拉比亚省的徒手工人日平均工资(全年平均数)是 67 戈比。(同上,第 178 页)

少于4卢布50戈比,上引书第45页)。编者公正地认为这种现象是“极不正常的”(同上)。不过应当指出,纯粹资本主义雇佣下的劳动报酬,比盘剥和其他前资本主义的关系的任何形式下的劳动报酬都要高,这是不仅在农业中而且在工业中,不仅在俄国而且在其他各国都已确定了的事实。下面就是有关这个问题的更精确和更详尽的地方自治局统计资料(《萨拉托夫县统计资料汇编》第1卷第3篇第18—19页。转引自卡雷舍夫先生《农民的非份地租地》第353页)。

**萨 拉 托 夫 县**

耕种1俄亩土地的平均价格(单位卢布)

| 工作种类 | 属于冬季包工合同并预付工资80%—100%者 | 属于以工役换取租地者 | | 属于自由雇佣者 | |
|---|---|---|---|---|---|
| | | 根据书面契约 | 根据租地人的陈述 | 根据雇主的陈述 | 根据受雇者的陈述 |
| 包括运送和脱粒在内的全套耕收工作……… | 9.6 | — | 9.4 | 20.5 | 17.5 |
| 除脱粒而外的全套耕收工作(春播作物)…… | 6.6 | — | 6.4 | 15.3 | 13.5 |
| 除脱粒而外的全套耕收工作(秋播作物)…… | 7.0 | — | 7.5 | 15.2 | 14.3 |
| 耕种…………………… | 2.8 | 2.8 | — | 4.3 | 3.7 |
| 收获(收割和运送)…… | 3.6 | 3.7 | 3.8 | 10.1 | 8.5 |
| 收获(不运送)………… | 3.2 | 2.6 | 3.3 | 8.0 | 8.1 |
| 割草(不运送)………… | 2.1 | 2.0 | 1.8 | 3.5 | 4.0 |

可见,在工役制下(如同在和高利贷结合起来的盘剥性雇佣下一样),劳动价格比资本主义雇佣往往要低一半以上①。因为能够

① 既然如此,怎么能不把瓦西里契柯夫公爵这样的民粹派对资本主义的批判叫做反动的批判呢?公爵慷慨激昂地呼喊:“自由雇佣”这个字眼本身就包含着矛盾,因为雇佣的必要条件就是依附关系,而依附关系是排斥“自由”的。资本主义用自由的依附关系代替了盘剥的依附关系,这一点,民粹主义的地主当然是想不起来的。

承担工役的只是本地的而且必须是“分有份地”的农民，所以工资大为压低这件事实也就十分明显地说明了作为实物工资的份地的作用。在这种情况下，份地直到现在仍然是“保证”地主取得廉价劳动力的手段。然而自由劳动和“半自由”[①]劳动的差别决不只是工资上的差别。下列情况也是十分重要的：“半自由”劳动总是以受雇者对雇主的人身依附为前提，总是以或多或少地保持“超经济的强制”为前提。恩格尔哈特说得很中肯，所以用工役作担保发放贷款，是因为这种债务最有保障，按执行票向农民追缴欠款很困难，“而农民担保过要干的活当局可以**强迫**他执行，哪怕他自己的庄稼还没有收割”（上引书第 216 页）。农民扔下自己的粮食让雨淋，而去搬运别人的粮食，“这种若无其事的态度”（只是表面看来如此）“只有长年当奴隶和替老爷从事农奴劳动才能养成”（同上，第 429 页）。如果不通过这种或那种形式把居民束缚在居住的地方，束缚在“村社”里，如果没有公民权利的某些不平等，工役制作为一种制度便无法存在。自然，工役制的上述特点所带来的必然结果，便是劳动生产率低下，因为以工役制为基础的经营方式只能是极端守旧的，被盘剥的农民的劳动质量不能不与农奴劳动的质量相似。

工役制度和资本主义制度的结合，使得现代地主经济结构在经济组织方面与那种在大机器工业出现以前俄国纺织工业中占优势的结构极其相似。在那时的纺织工业中，一部分工序（如纱线整经、织物染色和整理等等）是商人使用自己的工具和雇用工人来进行的，另一部分工序则是靠农民手工业者的工具来进行的，他们用

① 这是卡雷舍夫先生的用语（上引书）。卡雷舍夫先生本来应当作出对分制租地“帮助”“半自由”劳动存在下去的结论。

商人的材料来替商人做工；在现代地主经济中，一部分活计是雇佣工人用地主的农具和牲畜进行的，另一部分活计则是农民用自己的劳动、农具和牲畜在别人的土地上进行的。在那时的纺织工业中，商业资本和产业资本结合起来了，因而压在手工业者头上的除资本而外，还有盘剥、师傅的中间剥削、实物工资制等等；在现代地主经济中，商业资本和具有降低工资和加强生产者人身依附的种种形式的高利贷资本，同样也和产业资本结合起来了。在那时的纺织工业中，建立在原始手工技术基础上的过渡制度延续了几百年，但在不到30年中被大机器工业所摧毁；在现代地主经济中，几乎从有俄罗斯的时候起就出现了工役制（地主还在《罗斯法典》[67]时代就盘剥农民了），它使陈旧的技术长久不变，只是在实行改革以后才开始迅速让位给资本主义。无论在那时的纺织工业中或在现代地主经济中，旧制度只意味着生产方式（因而也是一切社会关系）的停滞和亚洲式制度的统治。无论在那时的纺织工业中或在现代地主经济中，新的资本主义经济形式尽管存在着它所固有的种种矛盾，但毕竟是一大进步。

## 四　工役制度的衰落

试问，工役制度同改革后俄国经济的关系是怎样的呢？

首先，商品经济的发展同工役制度不相容，因为这一制度建筑在自然经济、停滞的技术以及地主同农民的不可分割的联系上。因此，完备的工役制度是根本不可能实现的，商品经济和商业性农业的每一步发展都破坏着这一制度实现的条件。

其次，应当注意下述情况。从上面所说的可以看出，现代地主经济中的工役制应当分为两种:(1)只有有役畜和农具的农民业主才能承担的工役制(如“全包”的耕种和耕地等等);(2)没有任何农具的农村无产者也能承担的工役制(如收割、割草、脱粒等等)。显然,无论对农民经济或地主经济说来,这两种工役制具有对立的意义,第二种工役制是向资本主义的直接过渡,它通过一系列极不显著的转变过程同资本主义相融合。在我国著作界,通常总是谈论整个工役制,而不作这样的区别。其实,在工役制被资本主义排挤的过程中,重心从第一种工役制移到第二种工役制是有很大意义的。下面就是从《莫斯科省统计资料汇编》中摘出的一个例子:“在**大多数**田庄中……耕地和播种,即关系到收成好坏的那些需要细心完成的工作是由固定工人来做的,而收获庄稼,即最需要及时和迅速完成的工作,则由附近农民来做,后者为此获得货币或农业用地。”(第5卷第2编第140页)在这种农场中,大部分劳动力是通过工役制获得的,但是这里占优势的无疑是资本主义制度,“附近农民”实际上在变成农业工人,就像德国的“合同日工”一样,这种“合同日工”也占有土地,也在一定季节被雇用(见上面第124页脚注[①])。由于90年代的歉收,农民的马匹大量减少了,无马户随之增加[②],这不能不对加速资本主义制度排挤工役制度的过程产生

① 见本卷第151—152页。——编者注

② 1893—1894年的48省马匹调查表明,全体养马主的马匹减少了9.6%,养马主减少了28 321人。在坦波夫、沃罗涅日、库尔斯克、梁赞、奥廖尔、图拉和下诺夫哥罗德各省,从1888年到1893年马匹减少了21.2%。在其他7个黑土地带省,从1891年到1893年马匹减少了17%。在欧俄38省,在1888—1891年计有7 922 260个农户,其中有马户为5 736 436个;在1893—1894年间,这些省有8 288 987个农户,其中有马户为5 647 233个。可见,有马户的数目减少了89 000个,无马户的数目增加了456 000个。无马户的百分比从27.6%增加到了31.9%。(《俄罗斯帝国统计资料》1896年圣彼得堡版第37卷)

有力的影响。[①]

最后，应当指出，农民的分化是工役制度衰落的最主要原因。正如我们在前面指出的，工役制（**第一种**）与中等农户的联系是明显的而且是先天的，这可以用地方自治局的统计资料来证明。例如，沃罗涅日省扎顿斯克县汇编就提供了各类农户中从事计件工作的农户数目的资料。这些资料的百分比如下：

| 户主类别 | 从事计件工作的户主对该类户主总数的百分比 | 在农户总数中占的百分比 | 在从事计件工作的总户数中占的百分比 |
|---|---|---|---|
| 无马者 | 9.9 | 24.5 | 10.5 |
| 有1匹马者 | 27.4 | 40.5 | 47.6 |
| 有2—3匹马者 | 29.0 | 31.8 | 39.6 |
| 有4匹马者 | 16.5 | 3.2 | 2.3 |
| **全　县** | 23.3 | 100 | 100 |

由此可以清楚地看到，参加计件工作的现象在两极的两类农户中逐渐减弱。从事计件工作的多半是中等农户。因为在地方自治局统计汇编中，往往把计件工作也算做一般的“外水”，所以我们在这里就看到了中等农民典型“外水”的例子，正如我们在前一章里了解到下等农户和上等农户的典型“外水”一样。前面所考察的各种“外水”体现出资本主义的发展（工商企业和出卖劳动力），而目前这种“外水”则相反，它体现出资本主义不发展和工役制占优

我们在上面已经指出，欧俄48省中，无马户的数目从1888—1891年的280万增加到1896—1900年的320万，即从27.3%增加到了29.2%。在南部4省（比萨拉比亚省、叶卡捷琳诺斯拉夫省、塔夫利达省和赫尔松省），无马户的数目从1896年的305 800个增加到1904年的341 600个，即从34.7%增加到了36.4%。（**第2版注释**）

① 还可参看**谢·亚·柯罗连科**《从欧俄工农业统计经济概述看地主农场中的自由雇佣劳动和工人的流动》第46—47页，这里根据1882年和1888年的马匹调查举例说明，在农民马匹数目减少的同时，私有主的马匹数目却增加了。

势(假定在“计件工作”的总量中占优势的是我们算做第一种工役制的那些工作的话)。

自然经济和中等农民愈衰落下去,工役制就愈加遭受资本主义的有力排挤。自然,富裕农民不会成为工役制度的基础,因为只有极端贫困才能迫使农民去干这种报酬极低并使他的经济破产的工作。但是农村无产阶级也同样不适合于工役制度,不过这是由于另一种原因:农村无产者没有任何经济,或者只有一小块土地,他们不像“中等”农民那样被束缚在土地上,因此他们很容易外出,可以在“自由的”条件下即在工资较高而又不受任何盘剥的条件下受雇用。因此,我国大地主对农民到城市去以及一切寻找“外水”的做法,普遍感到不满;因此,他们埋怨农民“很少受到束缚”(见下面第 183 页①)。纯粹资本主义雇佣劳动的发展从根本上破坏着工役制度②。

---

① 见本卷第 219 页。——编者注

② 下面是一个非常突出的例子。地方自治局统计人员对叶卡捷琳诺斯拉夫省巴赫姆特县各地货币地租和实物地租的相对流行情况说明如下:

“货币地租流行最广的地方是煤炭工业和矿盐工业地区,最不流行的地方是草原地区和纯农业地区。农民一般不愿意为别人做工,尤其不愿意在私人‘农庄’中做比较受约束而报酬又少的工作。矿井和一切矿场及采矿工业中的劳动是繁重的并且还损害工人的健康,但是一般说来,这种工作的报酬较高,按月或按周领取现款的美景吸引着工人,这种现款,工人在‘农庄’上做工通常是看不到的,因为在那里做工不是为了抵偿‘一小块土地’、‘一小捆麦秸’、‘一小块面包’,就是事先已经支取了全部工资以供自己的日常需要等等。这一切都驱使工人避开‘农庄’的工作,只要在‘农庄’以外有赚钱的机会,他们就这样做。而这种机会恰巧在矿井很多的地方特别多,矿井付给工人‘很多的’钱。农民在矿井中赚‘几个钱’,就可以用来租种土地,不必再到‘农庄’上去做工。这样,货币地租就占了统治地位。”(引自《根据地方自治局的统计资料所作的俄国经济调查总结》第 2 卷第 265 页)在该县非工业的草原乡,则实行粮垛租和工役地租。

总之,农民为了摆脱工役制宁愿跑到矿井中去做工!按时发现金工资、人指出下面一点非常重要，这就是农民分化同资本主义排挤工役制之间的这种不可分割的联系（这种联系在理论上是如此明显），早就为考察过地主田庄各种经营方式的农业著作家们看到了。斯捷布特教授在他1857—1882年所写的俄国农业论文集序言中指出："……在我们的村社农民经济中，正经历着**一个农村产业家业主和农业雇农之间的分离过程**。前者成为大耕作者，开始雇用雇农，通常他们都不再承担计件工作，除非是极端需要添加一些播种地或使用农业用地放牧牲畜，因为这些土地大多需要承担计件工作来换取；后者没有马匹，所以根本不能承担任何计件工作。**因此，显然需要过渡到雇农经济，而且要迅速地过渡**，因为连那些仍然承担按亩计件工作的农民，由于他们的马匹衰弱无力和他们担负的活计过多，在工作质量方面或及时完成工作方面都成了劣等工作者。"（第20页）

在现今的地方自治局统计中，也说明了农民的破产引起了资本主义对工役制的排挤。例如，在奥廖尔省可以看到，许多租地者由于粮价的跌落而破产了。于是地主不得不扩大自营耕地。"随着自营耕地的扩大，普遍希望用雇农劳动代替计件劳动，不再使用农民的农具……希望采用改良农具来改善耕作……改变经营制度，种植牧草，扩大和改进畜牧业，使它具有供应畜产品的性质。"（《1887—1888年度奥廖尔省的农业概况》第124—126页。转引自彼·司徒卢威《评述》第242—244页）1890年，在波尔塔瓦省，

---

身自由的雇佣形式和有规律的做工"吸引着"农民，他们**甚至**宁愿到地下矿井去做工，而不愿到我国民粹派喜欢描绘得像田园诗一般的农业中去做工。因为农民根据亲身的体验认识到，大地主和民粹派加以理想化的工役制有什么价值，纯粹资本主义的关系比工役制好多少。

在粮价低落的情况下，"全省……农民租种的土地减少了……　因此在很多地方，虽然粮价急剧下跌，地主自营耕地的面积却扩大了"(《收成和粮价对俄国国民经济某些方面的影响》第 1 卷第 304 页)。在坦波夫省出现过马工价格急剧上涨的事实：1892—1894 这 3 年的价格比 1889—1891 这 3 年的价格增长了 25%—30%(1895 年《新言论》杂志第 3 期第 187 页)。马工涨价(农民马匹减少的自然结果)不能不影响到资本主义制度对工役制的排挤。

当然，我们决不是想拿这些个别的例子来证明资本主义排挤工役制的论点，因为这方面完备的统计资料还没有。我们只是想以此来说明农民分化同资本主义排挤工役制之间有**联系**这个论点。大批一般性的资料确凿无疑地证明了这种排挤的存在，这些资料都是关于在农业中使用机器和关于使用自由雇佣劳动的。不过在谈到这些资料以前，我们应当先考察一下民粹派经济学家对现代俄国地主经济的观点。

## 五　民粹派对问题的态度

工役制度是徭役经济的直接残余，这个论点是民粹派也不否认的。相反，尼·—逊先生(《概况》第 9 节)和瓦·沃·先生(在 1882 年《祖国纪事》杂志第 8—9 期《我国农民经济和农业》一文中表现得特别明显)都承认这个论点，虽然他们不是全盘承认。所以下述情况更加令人惊奇：民粹派竟竭力不去承认下面这个简单的和显而易见的事实，即现代地主经济结构是工役制度和资本主义制度的结合，因而前者愈发达，后者就愈薄弱，反过来说也是如此；他们竭力不去分析这两种制度同劳动生产率、同工人的劳动报酬以及同改革后俄国经济的基本特点等等有什么关系。要是把问题放在这个基础上，即放在确认**实际发生的"代替"**的基础上，那就意味着承认资本主义排挤工役制的必然性和这种排挤的进步性。民粹派为了回避这个结论，竟不惜**把工役制度理想化**。这种奇怪的理想化，就是民粹派的地主经济演进论的基本特征。瓦·沃·先生甚至写道："人民在为农业形式而进行的斗争中仍然是胜利者，尽管取得的胜利更加促进了他们的破产。"(《资本主义的命运》第288页)。承认**这种**"胜利"要比确认失败明显得多！尼·—逊先生把徭役经济和工役经济下的农民分得土地看做是"生产者和生产资料相结合"的"原则"，却忘记了一件小事，即这种分配土地是保证地主获得劳动力的手段。我们已经指出，马克思在描述前资本主义的农业制度时，分析了俄国所有的**一切**经济关系形式，突出地强调指出，在工役地租、实物地租和货币地租下，小生产以及农民和土地相联系都是必然的。但是马克思的头脑中怎么会产生把依附农民分得土地当做生产者同生产资料永恒联系的"原则"的想法呢？生产者同生产资料的**这种**联系乃是中世纪剥削的根源和条件，它造成技术和社会的停滞，必然需要种种形式的"超经济的强制"，难道马克思曾有一分钟忘记过这些事实吗？

奥尔洛夫和卡布鲁柯夫这两位先生在莫斯科省地方自治局统计《汇编》中，举出波多利斯克县的某位科斯京斯卡娅太太的农场作为典型(见第5卷第1编第175—176页和第2卷第2篇第59—62页)，他们同样把工役制和盘剥理想化了。按照卡布鲁柯夫先生的意见，这个农场证明，"有可能把事情安排好，以消除〈原文如此！！〉这种对立"(即地主经济和农民经济利益的对立)"并促进农民经济和私有经济共臻繁荣〈原文如此！〉"(第5卷第1编第

175—176 页)。原来,农民的繁荣要依靠……工役制和盘剥。农民**并没有牧场和牧道**(第 2 卷第 60—61 页)(这并不妨碍民粹派先生们把他们算做"宽裕"业主),这些农业用地是**靠替**女地主**做工**租来的,他们为此"在科斯京斯卡娅太太的田庄里细心地、及时地、迅速地干所有的活"①。

简直把这种徭役制直接残余的经济制度完全理想化了!

民粹派这套议论方法非常简单。只要忘记农民分得土地是徭役经济或工役经济的一个条件,只要把这种仿佛"独立的"农民必须交纳工役地租、实物地租或货币地租的事实抽象化,我们就会得出关于"生产者和生产资料相联系"的"纯粹"观念。但是资本主义同前资本主义的剥削形式的实际关系,并不会由于简单地把这些形式抽象化而有丝毫改变。②

我们略微谈一谈卡布鲁柯夫先生的另一个极有趣的议论。我们已经看到他把工役制理想化;但是值得注意的是,当他作为一个统计学家评述莫斯科省**纯粹资本主义**农场的**实际**类型时,在他的

---

① 参看上述**沃尔金**的著作第 280—281 页。

② 丘普罗夫先生代表《收成和粮价对经济生活各个方面的影响》一书的全体作者声明:"据说,工役地租代替货币地租流行起来……乃是一种退步。难道我们说这一现象是称心的有益的吗?我们……从来也没有肯定这是进步的现象。"(见《1897 年 3 月 1—2 日帝国自由经济学会辩论会的速记记录》**68** 第 38 页)这个声明甚至从表面上看也是不对的,因为卡雷舍夫先生(见上面)曾把工役制描绘成是对农村居民的一种"帮助"。实际上,这个声明同民粹派把工役制理想化的一切理论的实际内容是完全矛盾的。杜·-巴拉诺夫斯基先生和司徒卢威先生的巨大功绩,就在于他们正确地**提出了**低粮价的意义问题(1897 年):评价低粮价的标准,应当是这种粮价是否促进资本主义对工役制的排挤。这个问题显然是个实际问题,我们对于这一问题的回答,同上述著作家们稍有分歧。根据本书所叙述的资料(特别是见本章第 7 节和第 4 章),我们认为,工役制在低粮价时期受资本主义排挤,如果不比先前高粮价的历史时期快些,至少也不会比它慢些,这不仅是可能的,甚至多半就是如此。

叙述中(违背他的意志并以歪曲的方式),正好把那些证明俄国农业资本主义进步性的事实反映出来了。请读者注意,并请读者原谅我们摘引一段较长的文字。

在莫斯科省除了使用自由雇佣劳动的旧型农场而外,还有

“一种诞生不久的新型农场,这种农场彻底抛弃了一切传统,把事业看得很简单,如同人们看待每一种生产部门一样,不过是收入的一种来源而已。现在农业已不再被看做是贵族的消遣,是每个人都能做的事情了……　不,这里公认必须要有专门的知识……　核算的基础〈关于生产组织的核算〉也同在其他一切生产部门中一样”(《莫斯科省统计资料汇编》第5卷第1编第185页)。

卡布鲁柯夫先生甚至没有看出,对70年代“诞生不久”的新型农场的这种评述,正好证明了农业资本主义的进步性。正是资本主义破天荒第一次把农业从“贵族的消遣”变成了普通的工业,正是资本主义破天荒第一次使人们“把事业看得很简单”,使他们“同传统决裂”,并以“专门的知识”武装起来。在资本主义以前,这既不需要,也不可能,因为各个领地、村社、农民家庭的经济都是不依赖于其他经济而“自给自足”的,没有任何力量能使它们摆脱长年的停滞。而资本主义却正是这种力量,它建立了(通过市场)对各个生产者生产的社会核算,迫使他们考虑社会发展的要求。资本主义在欧洲各国的农业中所起的进步作用,就在于此。

现在让我们继续听一听卡布鲁柯夫先生是怎样评述我国纯粹资本主义农场的:

“其次,核算甚至包括了作为影响自然界的必要因素的劳动力,没有这一因素,任何田庄组织都是白费的。可见,人们虽然意识到了这一因素的全部意义,但同时却没有把这一因素当做收入的独立来源,就像在农奴制时期或在现在所做的一样。现在田庄收益的基础并不是劳动的产品(虽然取得这种产品乃是使用劳动的直接目的),并不是力求使用这种劳动来生产更有价值

的劳动的产品并通过这种办法来利用劳动成果，而是力求减少工人所得到的那部分产品，希望为业主尽可能把劳动价值缩小到零。”（第 186 页）这里提到了用割地换取工役来从事的经营。“在这种条件下，为了取得收益，并不需要业主有知识或有特殊的本领。这种劳动所创造的一切，成了地主的纯收入，或者至少成了那种几乎用不着消耗任何流动资本就可以获得的收入。但是，这种经营当然是搞不好的，严格说来甚至不能称为经营，正如不能把出租各种农业用地叫做经营一样；在这里并没有经营的组织。”（第 186 页）作者举了一些出租割地以换取工役的例子，得出结论说：“经营的重心，从土地取得收入的方法，在于对工人的作用，而不在于对物质和物质力量的作用。”（第 189 页）

这段议论是一个极有趣的例证，表明根据错误的理论会把实际所看到的事实歪曲成什么样子。卡布鲁柯夫先生把生产和生产的社会结构混淆起来了。在任何社会结构下，生产总是工人对物质和物质力量的“作用”。在任何社会结构下，地主的“收入”来源都只能是剩余产品。和卡布鲁柯夫先生的看法相反，就这两方面来说，工役经济制度和资本主义经济制度是完全一样的。这两种制度的真正差别则在于：工役制必然以最低的劳动生产率为前提；因此，没有可能通过增加剩余产品的数量来增加收入，要增加收入只有一种办法，那就是采用一切盘剥性的雇佣形式。相反，在纯粹资本主义经济下，盘剥性的雇佣形式一定会消亡，因为不受土地束缚的无产者是一个不适于盘剥的对象；这时，提高劳动生产率不仅是可能的，而且也是必要的，因为这是提高收入和在剧烈竞争中保存自己的唯一手段。由此可见，如此热心地要把工役制理想化的卡布鲁柯夫先生本人对我国纯粹资本主义农场所作的评述，完全证实了下述事实：俄国资本主义正在**创造**一种必然**要求**农业合理化和废除盘剥的社会条件，相反，工役制却**排除**农业合理化的可能性，使技术的停滞和生产者的受盘剥永远保留下去。民粹派看到我国农业中资本主义微弱的情形总是欣喜若狂，这是再轻率不过的了。正是资本主义微弱,事情才更糟糕,因为这只能说明使生产者遭到更加无比痛苦的前资本主义的剥削形式的强大。

## 六　恩格尔哈特农场的历史

恩格尔哈特在民粹派中间占有十分特殊的地位。要批判他对工役制和资本主义的评价,就等于重复前一节所叙述的东西。我们认为,把恩格尔哈特的民粹主义观点同他自己农场的历史对照一下,要恰当得多。这种批判也会有积极的意义,因为这个农场的演进,正好是一幅改革后俄国整个地主经济演进的基本特点的缩影。

当恩格尔哈特接办时,这个农场是建筑在排斥"合理经营"的传统工役制和盘剥基础上的(《农村来信》第 559 页)。工役制使畜牧业和土地耕作的质量低劣,使陈旧的耕作制度千篇一律(第 118 页)。"我看到,按从前的方式经营是不行的。"(第 118 页)草原地区粮食的竞争降低了粮价,使农场成为无利可图(第 83 页)。① 应当指出,在农场中,除工役制度外,资本主义制度也一开始就起了一定的作用:雇佣工人虽然为数很少,但在旧式经营时就出现了(牧工等),恩格尔哈特还证明,他的雇农(来自拥有份地的农民)的工资"低到难以想象的程度"(第 11 页),其所以如此,是因为在畜牧业质量低劣的情况下**"不能再多给了"**。低下的劳动生产率排除了提高工资的可能性。总之,我们已经熟悉的一切俄国农场的特点,也就是恩格尔哈特农场的起点,这就是:工役制、盘剥、极低的

① 特别值得注意的是,廉价粮食的竞争是引起技术改革的原因,**因而**也是引起自由雇佣代替工役制的原因。草原地区粮食的竞争在粮价高的年份里也是有的;不过粮价低的时期使这一竞争特别激烈。

劳动生产率、“低得难以想象的”劳动报酬、停滞不前的耕作法。

恩格尔哈特是怎样改变这一经营方式的呢？他改种亚麻，即改种需要大量劳动力的商业性工业作物。这样一来，就加强了农业的商业性质和资本主义性质。但是怎样获得劳动力呢？恩格尔哈特最初试图把旧制度即工役制应用到新的（商业性的）农业上去。但是没有成功，人们工作得很坏，农民无法胜任“按亩工役”，他们竭力抵抗这种“一揽子的”和盘剥性的工作。“应当改变一下制度。何况这时我已经羽毛丰满，买下了自己的马匹、马具、大车、浅耕犁、耙，并能经营雇农经济了。我开始种植亚麻，把一部分工作交给自己的雇农去做，另一部分工作则按计件即按定额雇人去做。”（第218页）可见，要过渡到新的经济制度和商业性农业，必须用资本主义制度代替工役制。为了提高劳动生产率，恩格尔哈特采用了资本主义生产的有效方法：计件工作制。农妇们被雇来按垛、按普特做工，恩格尔哈特（不免有几分天真的得意）叙述了这种制度的成功；耕作的费用提高了（从每俄亩25卢布增加到35卢布），但是收入也增加了10—20卢布，由于从盘剥性工作过渡到自由雇佣工作，女工的劳动生产率提高了（从每夜20俄磅提高到1普特），女工工资也增加到每天30—50戈比（“这在我们这里是空前未有的”）。当地的一个布商衷心地赞扬恩格尔哈特说：“您搞亚麻使商业兴隆起来了。”（第219页）

自由雇佣劳动首先应用在种植商业性作物上，然后逐渐推广到其他农业作业。资本从工役制下夺走的第一批活计之一是脱粒。大家知道，在所有一切地主农场中，这种工作通常都是按资本主义方式进行的。恩格尔哈特写道：“我把一部分土地交给农民按全包制耕作，否则，我就无法收割黑麦了。”（第211页）可见，工役制是向资本主义的直接过渡，它保证业主在农忙时找到日工。最初，脱粒也包括在全包制之内，但是这里的工作质量同样很糟糕，结果不得不采用自由雇佣劳动。于是全包制耕作不再包括脱粒，脱粒工作一部分由雇农进行，一部分按计件付酬制包给手下有一批雇佣工人的包工头。资本主义制度代替工役制的结果在这里也是：(1)提高了劳动生产率，从前 16 人每天脱粒 900 捆，现在 8 人每天脱粒 1 100 捆；(2)增加了脱粒量；(3)缩短了脱粒时间；(4)提高了工人工资；(5)提高了业主利润。(第 212 页)

其次，资本主义制度也发展到耕地作业中去了。犁代替了旧式浅耕犁，工作从被盘剥的农民手中转到了雇农手中。恩格尔哈特得意扬扬地讲述了新式经营的成就和工人的认真态度，他十分公正地证明，通常都责骂工人懒惰和不认真，这是“打上农奴烙印”的结果，是“替地主”做奴役性工作的结果，而新的经济组织却要求业主有事业心，要求他们了解人并善于使用他们，了解工作和工作量，熟悉农业技术和农业的商业性，就是说，要具有农奴制乡村或盘剥性乡村的奥勃洛摩夫们[69]所没有的而且也不可能有的那种本领。农业技术的各种改变是相互紧密联系着的，并且不可避免地导致经济改造。“例如，假定你要种植亚麻和三叶草，那么马上就需要实行许多其他的变革，如果不实行这种变革，企业就办不好。需要改换耕具，用犁代替浅耕犁，用铁耙代替木耙，而这又需要有另一种马、**另一种工人和另一种雇用工人的经营制度**等等。”(第 154—155 页)

由此可见，农业技术的改变同资本主义排挤工役制是紧密联系着的。同时特别值得注意的是这种排挤的渐进性，即经营制度像从前一样把工役制和资本主义结合在一起，但是重心却渐渐从前者转向后者。请看一看恩格尔哈特经过改造的农场组织吧：

“目前我的工作很多，因为我改变了整个经营制度。大部分工作是由雇农和日工来做的。有各种各样的工作：烧荒准备种小麦，清除桦树准备种亚麻，在第聂伯河边租了一块草地，种了三叶草，还有无数的黑麦，很多的亚麻。劳动力的需要是没有底的。为了能雇到工人，必须事先关照，因为到农忙时，大家不是在家里就是在别的农场上干活。这样招募工人，就要为将来的工作预先支付现金和粮食。”（第116—117页）

可见，甚至在“合理”组织的农场中也仍然存在着工役制和盘剥，但是首先，它们同自由雇佣相比已处于从属地位，其次，工役制本身也有了改变；保存下来的多半是第二种工役制，这种工役制不是以农民业主为前提，而是以农业雇农和日工为前提。

总之，恩格尔哈特本人的农场，比任何议论都更好地驳倒了恩格尔哈特的民粹主义理论。恩格尔哈特的目的是要创立一个合理的农场，但是在当前的社会经济关系下，他如不组织使用雇农的农场，便做不到这一点。在他的农场里，农业技术的提高和资本主义对工役制的排挤是同时并行的，就像在俄国所有一切地主农场中的情形一样。这个过程极明显地表现在机器在俄国农业中的使用上。

## 七　机器在农业中的使用

根据农业机器制造业和机器在农业中使用的发展情况，改革后的时代可分为四个时期。[①] 第一个时期包括农民改革前最后几

① 见《俄国工业历史统计概述》1883年圣彼得堡版第1卷（为1882年展览会出版的版本）中瓦·切尔尼亚耶夫的论文《农业机器制造业》；同上，1886年圣彼得堡版第2卷第9类；《俄国的农业和林业》（为芝加哥博览会出版的1893年圣彼得堡版）中瓦·切尔尼亚耶夫的论文《农具和农业机器，它们的推广和制造》；

年和改革后的最初几年。地主争着购买外国机器，以便应付没有农奴“无偿”劳动的局面，并排除雇用自由工人的困难。自然，这种做法终于失败了；热潮很快就冷下来，从 1863—1864 年起，对外国机器的需求减少了。从 70 年代末期开始了第二个时期，一直延续到 1885 年。这个时期的特征是：国外机器的输入极其有规律地、极其迅速地增长着；国内生产也有规律地增长着，但是比输入增长得慢。从 1881 年到 1884 年，农业机器的输入增加得特别快，其部分原因是由于 1881 年废除了农业机器制造厂所需生熟铁的进口免税制度。第三个时期于 1885 年开始，直到 90 年代初期。在此以前，输入农业机器是免税的，从这一年起开始征税了（每普特征收 50 个金戈比）。高额关税使机器输入大量减少，加之，恰恰在这一时期开始了农业危机，国内生产也受到影响，发展很缓慢。最后，第四个时期看来是从 19 世纪 90 年代初期开始的，这时农业机器的输入又增加了，国内农业机器的生产也增长得特别快。

我们且引用一些统计资料来说明上述各点。下面是国外农业机器在各个时期的年度平均输入量：

| 时　期 | 单位千普特 | 单位千卢布 |
|---|---|---|
| 1869—1872 年 | 259.4 | 787.9 |
| 1873—1876 年 | 566.3 | 2 283.9 |
| 1877—1880 年 | 629.5 | 3 593.7 |
| 1881—1884 年 | 961.8 | 6 318 |
| 1885—1888 年 | 399.5 | 2 032 |
| 1889—1892 年 | 509.2 | 2 596 |
| 1893—1896 年 | 864.8 | 4 868 |

---

《俄国的生产力》（为 1896 年展览会出版的 1896 年圣彼得堡版）中列宁先生的论文《农具和农业机器》（第 1 篇）；《财政与工商业通报》杂志**70** 1896 年第 51 期和 1897 年第 21 期；上引**瓦·拉斯波平**的文章。只有最后这篇论文把问题提到政治经济学的基础上来，前面各篇都是农学专家写的。

可惜，关于俄国农业机器和农具的生产情况，却没有这样完备和精确的资料。我国工厂的统计不能令人满意，整个机器生产和农业机器生产混在一起，没有任何明确规定的原则来区分农业机器的“工厂”生产和“手工业”生产，——这一切不能提供俄国农业机器制造业发展的全貌。综合上述各处资料，我们得到下述俄国农业机器制造业发展的情况：

**农业机器和农具的生产、输入和使用情况**（单位千卢布）

| 年份 | 波兰王国 | 波罗的海沿岸3省 | 4个南部草原省：顿河、叶卡捷琳诺斯拉夫、塔夫利达和赫尔松 | 欧俄其余各省 | 欧俄50省和波兰王国共计 | 外国农业机器的输入 | 农业机器的使用 |
|---|---|---|---|---|---|---|---|
| 1876 | 646 | 415 | 280 | 988 | 2 329 | 1 628 | 3 957 |
| 1879 | 1 088 | 433 | 557 | 1 752 | 3 830 | 4 000 | 7 830 |
| 1890 | 498 | 217 | 2 360 | 1 971 | 5 046 | 2 519 | 7 565 |
| 1894 | 381 | 314 | 6 183 | 2 567 | 9 445 | 5 194 | 14 639 |

从这些资料可以看出，改良农具排挤原始农具的过程（因而也是资本主义排挤原始经济形式的过程）是多么明显。18 年中，农业机器的使用增加了 2.5 倍以上，这主要是由于国内生产增长 3 倍多。同样值得注意的是，这种生产的主要中心从维斯瓦河沿岸和波罗的海沿岸省份移到了南俄草原省份。如果在 70 年代，俄国农业资本主义的主要中心是西部边疆地区省份，那么在 19 世纪 90 年代，在纯俄罗斯省份中形成了更出色的农业资本主义地区。①

对于刚才引证的资料，必须补充一点：这些资料虽然是以我们所研究的问题的官方资料（就我们所知，这也是唯一的资料）为根

① 为了判明近来情况发生了怎样的变化，我们引用《俄罗斯年鉴》（1906 年圣彼得堡中央统计委员会版）中 1900—1903 年的资料。在这里，帝国的农业机器生产额是 12 058 000 卢布，而外国农业机器输入额 1902 年是 15 240 000 卢布，1903 年是 20 615 000 卢布。**（第 2 版注释）**

据，但还是很不完全，还不能把各个年份作充分比较。1876—1879年的资料是专门为1882年的展览会搜集的；这批资料极为完备，不仅包括农具的“工厂”生产，而且还包括农具的“手工业”生产；在1876—1879年间，欧俄和波兰王国平均每年计有企业340家，但是若按“工厂”统计资料来看，1879年欧俄制造农业机器和农具的工厂至多不过66家（根据奥尔洛夫的1879年《工厂一览表》计算）。这两个数字所以有很大差别，是因为在340家企业中，拥有蒸汽发动机的还不到1/3（100个），而手工作坊却占1/2以上（196个）。在这340家企业中，有236家没有铸铁工房，不得不在别的地方铸造生铁零件（《俄国工业历史统计概述》，上引卷）。1890年和1894年的材料则取自《俄国工厂工业材料汇编》（工商业司版）①。这些材料甚至连农业机器和农具的“工厂”生产也没有完全包括进去；例如，据《汇编》统计，1890年在欧俄从事这种生产的工厂有149家，而在奥尔洛夫的《工厂一览表》中，制造农业机器和农具的工厂却有163家以上；在1894年，据前一种资料，欧俄有164家这类工厂（1897年《财政与工商业通报》杂志第21期第544页），而据《工厂索引》，在1894—1895年度制造农业机器和农具的工厂则有173家以上。至于农业机器和农具的“手工业”小生产，则完全没有包括在这些资料之内。② 因此，毫无疑问，1890年和

① 1897年《财政与工商业通报》杂志第21期已把1888—1894年的这些资料进行了比较，但并没有确切指出资料的出处。

② 所有制造和修理农具的作坊，在1864年有64个；1871年有112个；1874年有203个；1879年有340个；1885年有435个；1892年有400个；1895年约有400个（《俄国的农业和林业》第358页和1896年《财政与工商业通报》杂志第51期）。然而，据《汇编》计算，在1888—1894年这类工厂只有157—217个（7年内平均每年为183个）。下面这个例子说明了农业机器的“工厂”生产和“手工业”生产之间的比例。1894年，彼尔姆省只有4个“工厂”，生产总额为28 000卢布，

1894 年的材料大大低于实际情况；专家们的评论也证明了这一点，他们认为，在 19 世纪 90 年代初期，俄国农业机器和农具的生产总值约为 1 000 万卢布（《俄国的农业和林业》第 359 页），在 1895 年，则将近有 2 000 万卢布（1896 年《财政与工商业通报》杂志第 51 期）。

我们再引用一些关于俄国制造的农业机器和农具的种类与数量的稍微详细的资料。据统计，1876 年生产了 25 835 件农具，1877 年为 29 590 件，1878 年为 35 226 件，1879 年生产了 47 892 件农业机器和农具。从下面的材料中我们可以看到，现在已大大超过了这些数字。1879 年生产了约 14 500 部犁，而 1894 年的年产量达到了 75 500 部。（1897 年《财政与工商业通报》杂志第 21 期）"如果说在 5 年前，设法在农民农场中推广犁还是一个尚待解决的问题，那么现在这个问题却已经自行解决了。农民买一张犁已经不是稀罕的事情，而是成了常事，现在农民每年购买的犁，已经数以千计了。"①目前在俄国使用的大量原始农具，还为犁的产销保留了广阔的场所。② 使用犁方面的进步，甚至提出了应用电力的问题。据《工商报》（1902 年第 6 号）报道，在电气技术人员第二次代表大会上，"弗·阿·勒热夫斯基的报告《农业中的电力》曾引起了很大的兴趣"。报告人用一些绘制得很好的图片说明德国用电犁耕地的情况，并且引证了用这种方法耕地的节约数字，这些数字取自报告人应一个地主之请为他在南方某省的田庄所作的设

---

然而按 1894—1895 年度的调查，这一部门的"手工业作坊"有 94 个，其生产总额为 5 万卢布，并且，其中包括有 6 个雇佣工人生产总额在 8 000 卢布以上的作坊。（《彼尔姆省手工工业状况概述》1896 年彼尔姆版）

① 《俄国手工工业报告和研究》1892 年圣彼得堡国家产业部版第 1 卷第 202 页。在同一时期，农民的犁生产，由于受到工厂生产排挤而逐渐下降。

② 《俄国的农业和林业》第 360 页。

计方案和计算。按照设计方案，预计每年要耕地540俄亩，其中一部分每年耕两次。耕地的深度是4.5—5俄寸，土地是纯黑土。除犁而外，方案中还有用于其他田间工作的机器设备，甚至包括脱粒机和磨粉机，磨粉机是25马力的，每年工作2 000小时。据报告人计算，田庄全套装备外加6俄里50毫米粗的架空电线，价值达41 000卢布。耕种每一俄亩土地，在装有磨粉机的情况下，费用是7卢布40戈比，在没有磨粉机的情况下，费用是8卢布70戈比。结果是，按当地劳动力和役畜等等价格计算，利用电力设备，在前一种情况下可以节省1 013卢布，在后一种情况下，即在没有磨粉机因而用电较少的情况下，可以节省966卢布。

这种急遽的转变，在脱粒机和风车的生产中并没有看到，因为这种生产早就比较稳固地建立起来了。① 甚至连这些农具的“手工业”生产的特殊中心——梁赞省萨波若克市及其附近村庄——也已经形成，当地的农民资产阶级分子靠这种“行业”发了好大一笔财（参看《俄国手工工业报告和研究》第1卷第208—210页）。我们看到，收割机的生产发展得特别迅速。1879年，收割机的年产量约为780台；1893年，据统计全年共销售收割机7 000—8 000台，而在1894—1895年度，则大约达到27 000台 。例如，在1895年，塔夫利达省别尔江斯克城约·格里夫斯工厂——“欧洲这一生产部门中最大的工厂”（即制造收割机的生产部门，1896年《财政与工商业通报》杂志第51期）——共生产了4 464台收割机。在塔夫利达省农民中间，收割机应用极为普遍，甚至出现了用

① 1879年生产的脱粒机约为4 500台，而在1894—1895年约为3 500台。后一数字并不包括手工业生产。

机器替别人收割庄稼这样一种特殊行业。[①]

关于其他一些不大普及的农具，也有同样的资料。例如，已经有几十家工厂在生产撒播机。1893 年，生产更完善的条播机的工厂只有两家(《俄国的农业和林业》第 360 页)，而现在已有 7 家了(《俄国的生产力》第 1 编第 51 页)，使用这些工厂产品特别普遍的地方，仍然是俄国南部。机器的使用普及到了农业生产的一切部门和个别产品生产的全部作业：许多专业评论都指出风车、精选机、谷物清选机(选粮筒)、谷物烘干机、干草压榨机、亚麻碎茎机等等在普遍采用。普斯科夫省地方自治局出版物《1898 年农业报告的补充》(1899 年《北方信使报》第 32 号)确认，由于消费性亚麻业转变为商业性亚麻业，各种机器特别是亚麻碎茎机得到广泛的采用。犁的数量不断增加。外出做零工的现象对农业机器数量的增加和工资的提高有

① 例如，1893 年"有 700 台农民机器聚集在法尔茨-费恩(有 20 万俄亩土地的地主)的乌斯宾斯基农庄找活干，但其中一半空手而去，因为一共只雇用了 350 台"(**沙霍夫斯科伊**《外出做农业零工》1896 年莫斯科版第 161 页)。但是在其他草原省份，特别是在伏尔加左岸省份，收割机的应用还不普遍。然而近几年，这些省份也都在力求赶上新罗西亚。例如，塞兹兰—维亚济马铁路所运输的农业机器、锅驼机及其零件，在 1890 年为 75 000 普特，1891 年为 62 000 普特，1892 年为 88 000 普特，1893 年为 120 000 普特，1894 年为 212 000 普特，就是说，不过 5 年光景，运输量几乎增加了两倍。乌霍洛沃车站运出当地制造的农业机器，在 1893 年约为 30 000 普特，1894 年约为 82 000 普特，但是在 1892 年以前(包括 1892 年)，该站的农业机器发货量，每年不到 10 000 普特。"从乌霍洛沃车站运出的主要是脱粒机，这些机器是在卡尼诺村和斯梅科沃村制造的，有一部分是在梁赞省萨波若克县城制造的。卡尼诺村有叶尔马柯夫、卡列夫和哥利科夫 3 家铸铁厂，主要制造农业机器零件。在上述两个村(卡尼诺和斯梅科沃)几乎所有的人都从事机器的最后加工和装配工作。"(《1894 年塞兹兰—维亚济马铁路在运输方面与前几年相比的商业活动简况》1896 年卡卢加版第 4 编第 62—63 页)在这个例子里值得注意的事实是：首先，正是在粮价下跌的最近几年里，生产大大地发展了；其次，"工厂"生产与所谓"手工业"生产有联系。后者不过是工厂的"厂外部分"。

影响。在斯塔夫罗波尔省（同上，第 33 号），由于外来移民的增加，农业机器的采用更加普遍了。在 1882 年，计有农业机器 908 台；在 1891—1893 年，每年平均有 29 275 台；在 1894—1896 年，每年平均有 54 874 台；在 1895 年，农具和农业机器达到 64 000 台。

机器应用的日益增长，自然引起对机器发动机的需求。除蒸汽机以外，"最近在我国农场中开始大量推广煤油发动机"（《俄国的生产力》第 1 编第 56 页），虽然第一台煤油发动机在 7 年以前才在国外出现，但是我们已经有 7 个制造这种机器的工厂了。赫尔松省在 70 年代只有 134 台农业用锅驼机（《俄罗斯帝国蒸汽发动机统计材料》1882 年圣彼得堡版），在 1881 年已有 500 台左右（《俄国工业历史统计概述》第 2 卷农具篇）。在 1884—1886 年，该省 3 县（全省共有 6 个县）共有蒸汽脱粒机 435 台。"现在（1895 年），这种机器的数量估计至少要多一倍。"（**捷贾科夫**《赫尔松省农业工人及其卫生监督组织》1896 年赫尔松版第 71 页）《财政与工商业通报》杂志（1897 年第 21 期）指出：在赫尔松省，蒸汽脱粒机"约有 1 150 台，在库班州，蒸汽脱粒机的数量保持在这个数字左右，等等……　购买蒸汽脱粒机近来具有了工业性……　常有这种情形：只要经过两三个丰收年，企业主就可以将一台价值 5 000 卢布的带有锅驼机的脱粒机成本全部收回，并立即用同样的条件购买一台新机器。因此，在库班州的小农场中，往往可以看到 5 台乃至 10 台这样的机器。在那里，这种机器已成了所有设备完善一点的农场的必需的东西"。"总的说来，在俄国南部，现在有 1 万台以上的农业用锅驼机在转动着。"（《俄国的生产力》第 9 编第 151 页）①

---

① 参看 1898 年 8 月 19 日《俄罗斯新闻》（第 167 号）登载的塔夫利达省彼列科普

在1875—1878年，在整个欧俄农业中只有1 351台锅驼机，而在1901年，根据不完全的资料(《1903年工厂视察员报告汇编》)，已有农业用锅驼机12 091台，在1902年有14 609台，在1903年有16 021台，在1904年有17 287台。只要回想一下这种情形，我们就会明白，最近二三十年来，资本主义在我国农业中进行了何等巨大的革命。地方自治机关对于加速这一过程出了很大的力量。在1897年初，"就已经有11个省203个县的地方自治局设置了农业机器和农具的地方自治局货栈，其流动资本共达100万卢布左右"(1897年《财政与工商业通报》杂志第21期)。波尔塔瓦省地方自治局货栈的贸易额，1890年为22 600卢布，1892年增加到94 900卢布，1895年达到210 100卢布。6年来，共售出了12 600部犁，500台风车和精选机，300台收割机，200台马拉脱粒机。"地方自治局货栈农具的最主要买主是哥萨克和农民，他们所买的犁和马拉脱粒机占这些产品全部销售量的70%。播种机和收割机的买主，主要是地主，而且是拥有100俄亩以上土地的大地主。"(1897年《财政与工商业通报》杂志第4期)

据1895年叶卡捷琳诺斯拉夫省地方自治局的报告，"该省改良农具的普及非常迅速"。例如，上第聂伯罗夫斯克县计有：

---

县通讯。"由于在我国农民中收割机、蒸汽脱粒机和马拉脱粒机非常普及，田间工作进展得非常迅速。用'磙子'脱粒的老办法，已经过时了。克里木农民年年都在扩大播种面积，因此他们不得不求助于改良的农具和农业机器。用磙子脱粒，每天至多不过150—200普特，而一架10马力的蒸汽脱粒机每天脱粒2 000—2 500普特，马拉脱粒机每天也能脱粒700—800普特。因此对农具、收割机和脱粒机的需求，逐年增加，以致出现了今年也出现的情况：农具工厂没有存货，不能满足农民要求。"应当认为，粮价下跌是改良农具普及的最主要原因之一，因为粮价下跌迫使农村业主降低生产费用。

| | 1894 年 | 1895 年 |
|---|---|---|
| 犁、多铧浅耕犁和翻耕器(属于地主的) | 5 220 | 6 752 |
| 犁、多铧浅耕犁和翻耕器(属于农民的) | 27 271 | 30 112 |
| 马拉脱粒机(属于地主的) | 131 | 290 |
| 马拉脱粒机(属于农民的) | 671 | 838 |

(1897 年《财政与工商业通报》杂志第 6 期)

根据莫斯科省地方自治局的资料,1895 年莫斯科省农民共有犁 41 210 部,有犁的户主占户主总数的 20.2%(1896 年《财政与工商业通报》杂志第 31 期)。据 1896 年的单独统计,特维尔省共有犁 51 266 部,有犁的户主占户主总数的 16.5%。在 1890 年,特维尔县仅有犁 290 部,而在 1896 年,则达到 5 581 部。(《特维尔省统计资料汇编》第 13 卷第 2 编第 91 页和第 94 页)由此可见,农民资产阶级的经济是多么迅速地在增强和改进。

## 八　机器在农业中的意义

我们弄清农业机器的制造和机器在改革后俄国农业中的使用高速度发展这一事实以后,现在就应当来考察一下这种现象的社会经济意义问题。由上述关于农民农业和地主农业的经济情况可以得出如下原理:一方面,资本主义正是引起并扩大在农业中使用机器的因素;另一方面,在农业中使用机器带有资本主义的性质,即导致资本主义关系的形成和进一步发展。

现在谈一谈第一个原理。我们看到,工役经济制度和同它有密切联系的宗法式农民经济,按其本质来说,是以保守的技术和保持陈旧的生产方法为基础的。在这种经济制度的内部结构中,没有任何引起技术改革的刺激因素;与此相反,经济上的闭关自守和与世隔绝,依附农民的穷苦贫困和逆来顺受,都排斥了进行革新的可能性。特别应当指出,工役经济下的劳动报酬比使用自由雇佣劳动条件下的劳动报酬要低得多(正如我们已经看到的);而大家知道,低工资是采用机器的最重要障碍之一。确实,事实也告诉我们,广泛的农业技术改革运动是在商品经济和资本主义得到发展的改革后时期才开始的。资本主义所造成的竞争和农民对世界市场的依赖,使技术改革成为必要,而粮价的跌落则更加强了这种必要性①。

为了阐明第二个原理,我们应当分别地考察一下地主经济和农民经济。地主在购置机器或改良农具时,就用自己的农具代替农民(为地主做工者)的农具;这样,他就从工役经济制度过渡到资本主义经济制度。广泛使用农业机器,意味着资本主义对工役制的排挤。当然,譬如说使用收割机和脱粒机等等的日工形式的工役,仍然可能成为出租土地的条件,但这已经是把农民变为日工的第二种工役了。因此,这种“例外”只是证实了下面这个普遍的常规:地主农场购置改良农具,意味着把受盘剥的(照民粹派的术语来说是“独立的”)农民变为雇佣工人,这正像把工作分到各家去做的包买主购置自己的生产工具,意味着把受盘剥的“手工业者”变为雇佣工人一样。地主农场购置自己的农具,必然会使靠工役谋取生活资料的中等农民遭到破产。我们已经看到,工役正是中等农民特有的“副业”,因而中等农民的农具不仅是农民经济的组成

① “近两年,由于粮价跌落和必须降低农活费用,收割机开始如此迅速地推广起来,货栈已不能及时满足全部需要。”(上引捷贾科夫的书第71页)现代农业危机是资本主义危机。它像一切资本主义危机一样,使某个地方、某个地区、某个农业部门的农场主和业主破产,同时给另一个地方、另一个地区、另一些农业部门的资本主义发展以巨大的推动。尼·—逊、卡布鲁柯夫等先生们在这个问题上的主要错误议论,就在于他们不了解现代危机及其经济性质的这个根本特点。

部分，同时也是地主经济的组成部分。[①] 因此，农业机器和改良农具的普及和农民的被剥夺，是两种彼此不可分割地联系着的现象。至于在农民中普及改良农具也具有同样的意义，这在前一章里已经说明，此地不再赘述。机器在农业中的经常使用，毫不留情地排挤宗法式的“中等”农民，正像蒸汽织布机排挤手工业织工一样。

机器应用于农业的结果，证实了上面的论述，揭示了资本主义进步的一切典型特征及其固有的一切矛盾。机器大大提高了农业劳动生产率，而在这以前，农业几乎完全停留在社会发展进程之外。因此，单是俄国农业中日益广泛使用机器这一事实，就足以使人看出，尼·—逊先生所谓俄国粮食生产“绝对停滞”(《概况》第32页)乃至农业劳动“生产率下降”的论断，是完全站不住脚的。这个论断与公认的事实相抵触，尼·—逊先生需要它，是要把前资本主义的制度理想化。我们以后还要谈到这个论断。

其次，机器导致生产的积聚和资本主义协作在农业中的应用。一方面，采用机器需要大量的资本，因而只有大业主才能办到；另一方面，只有需要加工的产品数量很大，使用机器才不会亏本；扩大生产是采用机器的必要条件。因此，收割机、蒸汽脱粒机等等的广泛使用，表明了农业生产的积聚，我们在下面也确实看到，使用机器特别普遍的俄国那个农业地区(新罗西亚)，农场的规模也是非常大的。不过应当指出，如果仅仅把粗放式地扩大播种面积这

① 瓦·沃·先生以下列独特方式表达这一真理(中等农民的存在，在很大程度上是由于地主工役经济制度的存在)：“可以说，地主分担着他(农民)的农具费用”。萨宁先生对此公正地指出：“结果，不是工人为地主工作，而是地主为工人工作。”古尔维奇《俄国农村的经济状况》俄译本附录：**阿·萨宁**《关于人民生产理论的几点意见》，1896年莫斯科版第47页。

一种形式看做是农业的积聚(尼·—逊先生就是这样看的),那就错了;事实上,由于商业性农业具有各种形式,农业生产的积聚也表现为各种各样的形式(关于这点见下一章)。生产的积聚同工人在农场中的广泛协作有着不可分割的联系。上面我们已经看到一个大农庄的例子,该农庄同时使用**数百台**收割机来收割庄稼。"4—8匹马拉的脱粒机,需要14—23个以至更多的劳动力,其中半数是妇女和少年儿童,即半劳力…… 所有大农场都拥有的8—10马力的蒸汽脱粒机〈赫尔松省〉,同时需要50—70个劳动力,其中多半是半劳力,即12—17岁的男女儿童"(上引捷贾科夫的书第93页)。同一位作者公正地指出:"同时集聚了500—1 000名工人的大农场,堪与工业企业媲美。"(第151页)[①]就这样,当我们的民粹派妄谈什么"村社""可以轻易地"把协作应用于农业时,实际生活却在循着自己的道路前进,资本主义已经把村社分化为许多彼此利益相冲突的经济集团,建立了以雇佣工人广泛协作为基础的大农场。

从上述情况可以清楚看出,机器为资本主义**建立了**国内市场:第一,生产资料市场(机器制造业、采矿工业等等的产品的市场);第二,劳动力市场。我们已经看到,机器的采用导致自由雇佣劳动代替工役制,也导致雇用雇农的农民农场的建立。农业机器的大量采用,是以大量农业雇佣工人的存在为前提的。在农业资本主义最发达的地区,这种采用机器同时**采用**雇佣劳动的过程,是同另一个过程即机器排挤雇佣工人的过程交错着的。一方面,农民资产阶级的形成和地主从工役制向资本主义的过渡,**造成**对雇佣工人的需求;

---

① 也可参看下一章第2节,该节引证了有关俄国这一地区资本主义农场规模的更详细资料。

另一方面，在那些经营早已建立在雇佣劳动基础上的地方，机器却在**排挤**雇佣工人。这两个过程给整个俄国带来的总的结果怎样，即农业雇佣工人的数目是在增加还是在减少，关于这一点，还没有大量确切的统计资料。毫无疑问，到目前为止，这个数目是增加了(见下一节)。我们认为，这个数目现在还在继续增加[①]。第一，关于机器排挤农业雇佣工人的资料，只有新罗西亚一个地区的，而在其他的资本主义农业地区(波罗的海沿岸边疆区、西部边疆区、东部边疆地区、某些工业省份)，这一过程还没有得到广泛的确证。还存在着广大的工役制占优势的地区，在这些地区，机器的采用也造成对雇佣工人的需求。第二，农业集约程度的增大(如种植块根作物)，大大扩大了对雇佣劳动的需求(见第 4 章)。当然，资本主义发展到一定阶段，即全国农业完全按资本主义方式组织起来、各种农业作业都普遍采用机器时，农业雇佣工人(与工业工人相反)的绝对数量就一定会减少。

至于谈到新罗西亚，当地的调查者指出那里确有高度发达的资本主义的通常后果。机器排挤雇佣工人，并在农业中造成资本主义的后备军。"劳动力价格高得出奇的时期，在赫尔松省也已成为过去。由于……农具的迅速普及……〈以及由于其他原因〉**劳动力的价格不断下降**〈黑体是原作者用的〉……　农具的配置，解除了大农场对工人的依赖[②]，同时降低了对劳动力的需求，使工人陷

---

① 无须说明，在拥有大量农民的国家里，农业雇佣工人数量的绝对增加，与农村人口数量的相对减少和绝对减少，都是完全相容的。

② 关于这一点波诺马廖夫先生是这样说的："机器调整好收获价格，大概同时还使工人守纪律。"(《农业和林业》杂志中的论文，转引自 1896 年《财政与工商业通报》杂志第 14 期)。请回忆一下，"资本主义工厂的平达"**71** 尤尔博士，是怎样欢迎在工人中建立"秩序"和"纪律"的机器的。俄国农业资本主义不仅顺利地建立了"农业工厂"，而且还顺利地造成了一批这些工厂的"平达"。

于困难的境地。”(上引捷贾科夫的书第66—71页)另一位地方自治局的卫生医生库德里亚夫采夫先生在其著作《1895年塔夫利达省卡霍夫卡镇尼古拉耶夫市集的外来农业工人和对他们的卫生监督》(1896年赫尔松版)中也证实了这种情况:“劳动力价格……日趋跌落,很大一部分外来工人被抛在一边,得不到任何工钱,就是说造成了经济学上所谓的劳动后备军——人为的过剩人口。”(第61页)这种后备军所引起的劳动价格的跌落,有时竟使“许多拥有机器的业主宁肯”(在1895年)“用手工收割而不用机器收割”(同上,第66页,引自1895年8月出版的《赫尔松地方自治机关汇编》)!这一事实比任何议论都更清楚、更令人信服地表明,机器的资本主义使用所固有的矛盾是何等深刻!

使用机器的另一个后果是大量使用妇女劳动和儿童劳动。业已形成的资本主义农业,一般说来已造成了一种近乎工厂工人等级制的工人等级制。例如,在南俄农庄中工人分为:(A)**整劳力**,能做一切工作的成年男子;(B)**半劳力**,即妇女和20岁以下的男子;半劳力又分为两类,(1)从12、13岁至15、16岁——狭义的半劳力,(2)**力气大的半劳力**,“农庄上称为‘四分之三’劳力”[①],即从16岁至20岁,除用大镰刀割草外,能做整劳力所做的任何工作;最后,(C)**干零活的**半劳力,8岁以上14岁以下的儿童,他们做的工作是养猪、养牛犊、除草以及犁地时赶牲口。他们干活往往只是为了有饭吃和有衣穿。农具的采用“使整劳力的劳动贬值”,使人可以用更廉价的妇女劳动和少年劳动来代替它。有关外来工人的统计资料证实了妇女劳动排挤男劳动的情况:1890年,卡霍夫卡

① 上引捷贾科夫的书第72页。

镇和赫尔松城登记过的工人中，妇女占工人总数的12.7%；1894年在全省占18.2%（56 464人中有10 239人）；1895年占25.6%（48 753人中有13 474人）。1893年儿童占0.7%（10—14岁），1895年占1.69%（7—14岁）。在赫尔松省伊丽莎白格勒县的本地农庄工人中，儿童占10.6%。（同上）

机器增加了工人的劳动强度。例如采用得最普遍的一种收割机（用手投的）有一个很能说明问题的名称，叫“焦头机”或“烂额机”，因为用它来工作要求工人极度紧张，工人自己要代替投掷器。（参看《俄国的生产力》第1编第52页）同样，在使用脱粒机时的劳动强度也增加了。按资本主义方式使用的机器在这方面（和在其他任何方面一样）也造成了延长工作日的巨大刺激因素。农业中也出现了前所未有的夜工。“丰收年景……在某些农庄和许多农民农场里，甚至晚上都工作”（上引捷贾科夫的书第126页），用人工照明即点着火把进行工作（第92页）。最后，经常使用机器势必发生农业工人受伤事故；少女和儿童在机器旁干活，自然会发生特别多的工伤。例如，赫尔松省地方自治局医院和诊疗所，农忙季节“几乎全被外伤病号”挤满，成了“那些遭受农业机器和农具无情摧残的、不断从农业工人大军掉队下来的人们的野战医院”。（同上，第126页）现在已经出现了论述农业机器造成工伤事故的医学专著。有人建议颁布一些关于使用农业机器的强制性法令。（同上）农业中的大机器工业正如工业中的大机器工业一样，强有力地提出了对生产实行社会监督和调节的要求。关于这种监督的尝试，我们以后还要谈到。

最后，我们要指出，民粹派对农业中使用机器问题的态度是极不彻底的。承认使用机器的好处和进步意义，维护发展和促进使用机器的各种措施，同时又忽视机器在俄国农业中是按资本主义方式使用的，这就滑到大小地主的观点上去了。我们的民粹派恰恰忽略了采用农业机器和改良农具的资本主义性质，他们甚至不想去分析，采用机器的都是些什么类型的农民农场和地主农场。瓦·沃·先生怒气冲冲地把瓦·切尔尼亚耶夫先生叫做“资本主义技术的代表人物”(《农民经济中的进步潮流》第11页)。大概，正是瓦·切尔尼亚耶夫先生或农业部其他某位官员要对俄国机器按资本主义方式使用负责吧！尼·—逊先生尽管夸夸其谈地允诺“不脱离事实”(《概况》第XIV页)，但是却回避正是资本主义促进机器在我国农业中的使用这个事实，甚至还杜撰了一种可笑的理论，说交换会降低农业中的劳动生产率(第74页)！批判这种对资料不经任何分析而颁布的理论，既无可能，又无必要。我们只举尼·—逊先生议论中的一个小小例子。“如果我们这里劳动生产率提高一倍，那么，现在每俄石小麦的价钱就不是12卢布，而是6卢布，如此而已。”(第234页)远不止如此而已啊，最可敬的经济学家先生。“我们这里”(也像在任何商品经济社会里一样)，着手提高技术的是个别业主，其余的只是逐渐效法罢了。“我们这里”，只有农村企业主才有可能提高技术。“我们这里”，大小农村企业主的这种进步，是同农民破产和农村无产阶级的形成密切联系着的。因此，如果说被农村企业主的农场提高了的技术已成为社会必要技术(只有在这种情况下，价格才会下跌一半)，那就意味着几乎全部农业都转入资本家手中，意味着千百万农民完全无产阶级化，意味着非农业人口大量增长，工厂不断增加(要使我国农业劳动生产率提高一倍，必须大力发展机器制造业、采矿工业、蒸汽机运输业，修建许多新型农业建筑物，如商店、货栈、水渠等等，等等)。

尼·—逊先生在这里又犯了他议论中常犯的一个小小错误：他跳过资本主义发展所必经的渐进步骤，跳过必然伴随着资本主义发展的那一套复杂的社会经济改革，而悲叹和哭诉资本主义“破坏”的危险性。

## 九　农业中的雇佣劳动

现在我们来谈谈农业资本主义的主要表现——自由雇佣劳动的使用。改革后经济的这一特点，最有力地表现在欧俄的南部和东部边疆地区，表现在名叫“外出做农业零工”这种人所共知的农业雇佣工人的大批流动上。因此，我们首先要引证一下俄国农业资本主义的这个主要地区的资料，然后再来考察有关整个俄国的资料。

我国农民外出寻找雇佣工作的大规模流动，在我国著作界早就有人提到。弗列罗夫斯基就指出了这种现象（《俄国工人阶级的状况》1869 年圣彼得堡版），他曾试图确定这种流动情况在各省的相对普遍程度。1875 年，查斯拉夫斯基先生对“外出做农业零工”作了概括的评论（《国务知识汇编》第 2 卷），并指出了它的真实意义（“形成了……一种半流浪的居民……一种未来的雇农”）。1887 年，拉斯波平先生汇总了有关这一现象的许多地方自治局统计资料，认为这种现象并不是一般的农民出外寻找“外水”，而是农业中雇佣工人阶级形成的过程。在 90 年代，谢·柯罗连科、鲁德涅夫、捷贾科夫、库德里亚夫采夫、沙霍夫斯科伊等先生的著作出版了，由于这些著作的出版，对这一现象的研究空前充实起来。

农业雇佣工人**移入**的主要地区是比萨拉比亚省、赫尔松省、塔夫利达省、叶卡捷琳诺斯拉夫省、顿河省、萨马拉省、萨拉托夫省(南部)和奥伦堡省。这里所谈的只限于欧俄地区,但是必须指出,这种流动还在继续发展(尤其是最近),连北高加索和乌拉尔州等地也被扩及到了。关于这一地区(商业性谷物业地区)的资本主义农业的资料,我们将在下一章里引证;在那里,我们还要举出其他一些农业工人移入的地区。农业工人移出的主要地区是中部黑土地带各省:喀山省、辛比尔斯克省、奔萨省、坦波夫省、梁赞省、图拉省、奥廖尔省、库尔斯克省、沃罗涅日省、哈尔科夫省、波尔塔瓦省、切尔尼戈夫省、基辅省、波多利斯克省和沃伦省。[①] 可见,工人的流动是从人口最稠密的地区移向人口最稀少的可以移民的地区,是从过去农奴制最发展的地区移向过去农奴制最薄弱的地区[②],是从工役制最发展的地区移向工役制不发展但资本主义高度发展的地区。这样一来,工人就从"半自由"劳动流向自由劳动。如果以为这种流动只限于从人口稠密的地方移到人口稀少的地方,那就错了。对工人流动情况的研究(上引谢·柯罗连科先生的著作)揭示了一个奇特而重要的现象:在很多移出地区,由于工人的大量出走,竟出现了缺少工人的现象,结果就从其他地区移入工人以补不足。这就是说,工人的出走不仅体现了居民要更平均地分布于现有地区的意向,而且也体现了工人要到更好的地方去的意向。我们只要想一想,移出地区即工役制地区的农业工人的工资**特别低**,而移入地区即资本主义地区的工资要高得多,那么,我们就完

① 在第8章中,我们研究俄国雇佣工人流动的整个过程时,将更详细地叙述各地外出做零工的性质和方向。

② 查斯拉夫斯基已经指出,在工人移入的地区,过去农奴的百分比是4%—15%,而在移出的地区是40%—60%。

全可以理解这种意向了。①

至于"外出做农业零工"的规模，则只有谢·柯罗连科先生的上述著作提供了这方面的总的资料，据他统计，整个欧俄的过剩工人（同**当地**对工人的需求相比较）有 6 360 000 人，其中包括上述 15 个外出做农业零工省份的 2 137 000 人，然而 8 个移入省份所缺少的工人据他计算则为 2 173 000 人。谢·柯罗连科先生的计算方法虽然还远不能常常令人满意，但是应当承认，他的总的结论（我们在下面将不止一次地看到）大体是正确的，流浪工人的数字非但没有被夸大，甚至低于实际情况。毫无疑问，在这移到南方的 200 万工人中，有一部分是非农业工人。但是，沙霍夫斯科伊先生（上引书）作了完全任意和粗略的计算，说这个数目中有一半是工业工人。第一，我们根据种种资料知道，移到这个地区的工人**大多数**是农业工人；第二，农业工人不仅来自上述各省。沙霍夫斯科伊先生自己就提供了一个足以证实谢·柯罗连科先生的计算的数字。正是他指出：在 1891 年，11 个黑土地带省份（属于上述农业工人移出的地区）共发出身份证和临时身份证 2 000 703 张（上引书第 24 页），而按谢·柯罗连科先生的计算，这些省份放出的工人却只有 1 745 913 人。因此，谢·柯罗连科先生的数字丝毫没有夸大，而俄国农业流浪工人的总数，显然一定在 200 万以上。② 这

① 见第 8 章第 4 节（劳动力国内市场的形成）中的 10 年图表资料（见本卷第 541 页。——编者注）。

② 还有一个方法可以核对谢·柯罗连科先生的数字。我们从上面引证的捷贾科夫和库德里亚夫采夫先生的著作中得知，在寻找"外水"的流动中，至少乘坐过一段火车的农业工人人数，约占工人总数的1/10（把两位作者的资料加在一起，我们得出，在被询问过的 72 635 个工人中，至少乘坐过一段火车的仅 7 827 人）。然而，据沙霍夫斯科伊先生报道，在 1891 年，由上述方向三条最主要

么多的“农民”抛弃了自己的房屋和份地(指有房屋和份地的),这就明显地证实了小农变为农村无产者的巨大过程,证实了日益发展的农业资本主义对雇佣劳动的大量需求。

现在试问,欧俄的农业雇佣工人——流浪工人和定居工人加在一起,一共有多少呢?据我们所知,唯一试图回答这个问题的,是鲁德涅夫先生的著作《欧俄农民的副业》(《萨拉托夫地方自治机关汇编》1894 年第 6 号和第 11 号)。这部极有价值的著作汇总了欧俄 19 个省中 148 个县的地方自治局统计资料。据他计算,在 5 129 863 个男劳动力(18 — 60 岁)当中,“从事副业者”共占 2 798 122 人,即占农民劳动力总数的 55%①。作者仅仅把农业**雇佣**劳动(雇农、日工、牧人和饲养员)算做“农业副业”。算出俄国各省各区农业工人在成年男劳动力总数中所占的百分比以后,作者得出如下结论:在黑土地带,从事农业雇佣劳动的约占全体男劳动力的 25%,而在非黑土地带,约占 10%。由此得出的数字是,欧俄的农业工人为 3 395 000 人,化为整数是 350 万人(上引鲁德涅夫的著作第 448 页。这个数字约占成年男劳动力总数的 20%)。这里必须指出,据鲁德涅夫先生说,“日工和计件农业工作只有在成为某个人或某个家庭的最主要工作时,统计人员才将它列入副业”

铁路干线运送的工人数目不超过 20 万人(170 000—189 000 人)(上引书第 71 页,关于铁路的资料)。因此,到南方去的工人总数应为 200 万左右。顺便说一句,乘火车的农业工人所占比例微不足道,说明尼·—逊先生认为我国铁路客运的主要旅客是农业工人的看法是错误的。尼·—逊先生忘记了非农业工人得到的工资较高,所以他们乘火车较多,而这些工人(例如建筑工人、掘土工人、搬运工人以及其他许多工人)的外出时间也在春夏两季。

① 可见,不把农业雇佣工作当做最主要工作,而当做与自己的经营同样重要的工作的大批农民,没有包括在这个数字之内。

(上引著作第446页)①。

鲁德涅夫先生的这个数字,应当说是最低的,因为第一,地方自治局的调查资料是80年代的,有时甚至是70年代的,多少有些过时了;第二,在确定农业工人的百分比时,完全忽略了农业资本主义高度发达的地区——波罗的海沿岸和西部各省。但是由于没有其他资料,也就只好采用350万人这个数字。

由此可见,约有**五分之一**的农民已处于这样一种境地:他们的"最主要工作",是在富裕农民和地主那里做雇佣工作。在这里,我们看到了第一批需要农村无产阶级劳动力的企业主。这就是雇用**近半数下等农民**的农村企业主。这样,在农村企业主阶级的形成同下等"农民"的扩大即农村无产者数量的增加之间,出现了一种完全互相依存的关系。在这些农村企业主中间,农民资产阶级起着显著作用,例如,在沃罗涅日省的9个县中,农民雇用的雇农占雇农总数的43.4%(鲁德涅夫的著作第434页)。如果我们把这一百分比作为计算全俄农业工人的标准,那就可以看出,农民资产阶级共需要约150万农业工人。同样是"农民",一方面把千百万寻找雇主的工人抛到市场上,另一面又大量需要雇佣工人。

## 十 自由雇佣劳动在农业中的意义

现在我们想叙述一下由于使用自由雇佣劳动而在农业中形成

① 鲁德涅夫先生还指出,农民除了在自己的土地、购买地和租地上耕作之外,其他一切工作都算做"副业"。无疑地,这些"从事副业者"多半是农业和工业中的雇佣工人。因此我们请读者注意,这些资料接近于我们计算出来的农村无产者的数字:在第2章里,我们认为农村无产者约占农民的40%。此地我们看到"从事副业者"占55%,其中大约有40%以上从事各种雇佣工作。

的新社会关系的基本特点，并确定它们的意义。

这样大量地移入南方的农业工人，都属于农民中最贫苦的阶层。移入赫尔松省的工人，有7/10是徒步去的，因为他们没有钱买火车票，“沿着铁路和水路，欣赏着火车飞速奔驰、轮船徐徐航行的美丽景色，成百上千俄里地长途跋涉”（捷贾科夫的书第35页）。每个工人平均大约只带两个卢布①，有时甚至连买身份证的钱都没有，只好花10戈比弄一张限期一月的临时身份证。旅途要继续10—12天，行路人的两脚由于走路过多（有时要赤足在春天冰冷的泥泞中行走）都浮肿起来，满是茧子和伤口。约有1/10的工人是坐**民船**（用木板钉的大船，可容纳50—80人，通常挤得水泄不通）走的。官方委员会（兹韦金采夫委员会72）的报告中指出这种流动方法极端危险：“每年总有一两只或更多超载的民船，连同它们的乘客一起葬身水底。”（同上，第34页）绝大多数工人都有份地，但是数量微乎其微。捷贾科夫先生公正地指出：“实际上，这成千上万的农业工人都是无地的农村无产者，现在他们全靠外出做零工为生……　土地的被剥夺在飞快进行着，同时，农村无产阶级的人数也在不断增加。”（第77页）新工人即初次找工作的人的数目，是这种迅速增长的明证。这种新工人往往占30%左右。同时，根据这个数字可以判断造成**固定的**农业工人基干这一过程的速度。

工人的大批流动造成了高度发达的资本主义所固有的独特雇佣形式。在南部和东南部形成了许多劳动力市场，成千上万的工

① 路费是凑起来的，靠变卖家具乃至什物，抵押份地，典当物品、衣服等等，甚至用服工役的办法“向神父、地主和当地富农”借钱（沙霍夫斯科伊的书第55页）。

人聚集在那里，雇主们也会合到那里。这种市场常常同城市、工业中心、商业村和市集结合在一起。中心区所具有的工业性质特别吸引工人，因为他们也乐于受人雇用去做非农业工作。例如，在基辅省，什波拉镇和斯梅拉镇（甜菜制糖工业的大中心）以及白采尔科维城都成了劳动力市场。在赫尔松省，商业村（新乌克兰卡、比尔祖拉、莫斯托沃耶——在这些地方每逢星期日聚集了 9 000 名以上的工人——以及其他许多地方）、铁路车站（兹纳缅卡、多林斯卡亚等等）、城市（伊丽莎白格勒、博布里涅茨、沃兹涅先斯克、敖德萨等等）都成了劳动力市场。敖德萨的小市民、小工和“纨绔子弟”（当地对游民的称呼）夏天也来找农活做。在敖德萨，雇用农业工人的地方叫做谢列季纳广场（或“科萨尔卡”）。“工人们都不经其他市场而直奔敖德萨，以图在这里得到较高的工资。”（捷贾科夫的书第 58 页）克里沃罗格镇是雇用农业工人和采矿工人的大市场。在塔夫利达省卡霍夫卡镇有一个特别著名的劳动力市场，那里以前聚集过将近 4 万工人，在 90 年代有 2 万—3 万工人，现在根据一些资料来看更少了。在比萨拉比亚省应该指出的是阿克尔曼城；在叶卡捷琳诺斯拉夫省是叶卡捷琳诺斯拉夫城和洛佐瓦亚车站；在顿河州是顿河畔罗斯托夫，那里每年来往的工人将近有 15 万。在北高加索是叶卡捷琳诺达尔和新罗西斯克两城、季霍列茨卡亚车站等。在萨马拉省是波克罗夫斯克镇（在萨拉托夫对岸）、巴拉科沃村等。在萨拉托夫省是赫瓦伦斯克和沃利斯克两城。在辛比尔斯克省是塞兹兰城。这样，资本主义就在各个边疆地区创造了“农业和手工业结合”的新形式，即农业雇佣劳动和非农业雇佣劳动的结合。这种结合，只有在资本主义最后阶段即大机器工业时代，才有可能达到广泛的规模，因为大机器工业破坏了技巧、“手艺”的作用,由一种职业转到另一种职业变得容易了,雇佣形式一律化了。①

的确,这个地区的雇佣形式是十分独特的,在资本主义农业中是非常有代表性的。中部黑土地带常见的一切半宗法式的半盘剥性的雇佣工作形式,这里已不复存在。剩下的只是雇主和雇工的关系,只是劳动力买卖的交易。正如在发达的资本主义关系下常有的情况一样,工人愿意做日工或周工,因为这种雇佣形式可以使他们按照对劳动的需求更精确地调整工资。"每个市场地区(周围40俄里)的价格都像数学般精确地确定下来,雇主想要破坏这种价格非常困难,因为外来的农夫与其接受较低的工资,还不如待在市场上或到别处去。"(沙霍夫斯科伊的书第104页)不言而喻,劳动价格的剧烈波动,引起无数违反合同事件,不过这并不像雇主通常所说的只出于一方,而是出于双方,"罢工的发生是由于双方面的原因:工人商量要多得些工资,雇主商量要少出些工资"(同上,第107页)。② 在这里,在阶级关系中,"冷酷无情的现金交易"公然支配到什么程度,从下面的事实中可以看出:"老练的雇主非常

① 沙霍夫斯科伊先生还指出农业劳动和非农业劳动结合的另一种形式。成千上万的木筏沿着第聂伯河驶往下游各城市。每个木筏上有15—20个工人(木筏工人),他们大部分是奥廖尔省的白俄罗斯人和大俄罗斯人。"他们在整个航行期间只能得到几个戈比",主要指望能被人雇用去收割和脱粒。这种指望只有在"丰收"年景才能实现。

② "在丰收的农忙季节,工人扬扬得意,要说动他得花很大力气。给他出价,他连睬都不睬,一味重复说:答应我的要价,就算成交。这倒不是因为人手少,而是正像工人所说的:'我们占着上风'。"(一个乡文书的报道,沙霍夫斯科伊的书第125页)

有个地主通讯员承认说:"要是收成不好,劳动力的价格跌落,富农雇主就利用这个机会,在合同期满以前解雇工人,于是工人的大忙时期就在当地寻找工作中或在旅途中逝去。"(同上,第132页)

清楚”，工人只有在吃完他们全部面包的时候才会“屈服”。“一个业主说，他到市场上去雇用工人……他在工人当中走来走去，用手杖敲他们的背包〈原文如此！〉，里面有面包，就不跟这种工人搭话，转身离开市场”，等到“市场上有了空背包”的时候再说（引自 1890 年《农村通报》第 15 期，同上，第 107—108 页）。

正像在一切发达的资本主义下一样，在这里也可看到，小资本压迫工人特别厉害。单纯的商业性考虑[①]使大雇主放弃微小的压榨，因为这种压榨得益很少，一旦发生冲突，就会受到巨大损失。因此，例如大雇主（雇用 300—800 工人）就尽量不在一周过后便解雇工人，并且他们自己按照对劳动的需求来规定价格；某些雇主甚至在附近地区劳动价格提高时，实行附加工资制，——一切证据都说明，由于工人很好地工作和不发生冲突，这些附加工资会得到超额的补偿（同上，第 130—132 页和第 104 页）。相反，小业主是不择手段的。“独立农庄主和德意志移民雇用的工人是‘经过挑选’的，付给他们的工资高 15％—20％，但是这些业主从工人身上‘榨取’的劳动量要高 50％。”（同上，第 116 页）在这类业主那里做工的“乡下姑娘们”，正如她们自己所说的，不知道“白天和黑夜”。移民们在雇用割草工人时，要自己的子弟**轮班**紧跟在他们后头工作（即督促工人！），这些轮班的督促者一天三次精力充沛地去换班，督促工人，“所以从疲惫的外貌就容易看出哪些人是在德意志移民那里做工的”。“独立农庄主和德意志人一般避免雇用以前在地主农庄里做过活的人。他们直截了当地说：‘**你们在我们这里是**

① 参看弗·恩格斯《论住宅问题》序言（《马克思恩格斯文集》第 3 卷第 239—249 页。——编者注）。

**吃不消的**’。”（同上）①

大机器工业把大量工人集中在一起，改革了生产方法，撕毁了掩盖阶级关系的一切传统的、宗法式的屏障和外衣，总是使社会注意力经常转到这种关系上来，引起实行社会监督和社会调节的尝试。这种现象（在工厂视察中表现特别明显）在俄国资本主义农业中，即在资本主义农业最发达的地区中已开始表现出来。关于工人卫生状况的问题，在赫尔松省，早在 1875 年赫尔松地方自治机关医生第二次全省代表大会上已经提出过，随后到 1888 年又重新提出，1889 年制定了调查工人状况的计划。1889—1890 年进行的卫生调查（非常不完全），揭开了掩盖穷乡僻壤劳动条件的帷幕的一角。例如，调查发现，在大多数情况下，没有工人住处，即使有工棚，通常都盖得极不合乎卫生，**土窑**也“并不特别罕见”，住在里面的是牧羊人，他们深受潮湿、拥挤、寒冷、黑暗和窒闷的痛苦。工人们常常吃不饱。工作日一般长达 12.5—15 小时，即比大工业中的一般工作日（11—12 小时）要长得多。在最炎热的时候打歇也只是一种“例外”，因而患脑病是常有的事情。在机器上干活造成了职业分工和职业病。例如在脱粒机上干活的有“滚筒工”（把麦捆放进滚筒，工作非常危险而且极端困难，因为禾秸上的大量尘土会从滚筒里喷到脸上）、“递捆手”（传递麦捆，活很重，每隔 1—2 小时就得换班）。妇女们打扫滑秸，小孩子们把它们搬运到一边，

① 人们说库班州的“哥萨克”也具有这样的特征：“哥萨克千方百计地压低劳动力的价格，或者用个人的力量，或者用整个村社的力量〈原文如此！可惜，关于‘村社’的这种最新职能，我们没有更详细的资料！〉：克扣伙食，加班加点，解雇工人时扣留工人的身份证，通过村社决议，责成个别业主不得雇用高于一定工价的工人，否则处以罚款等等。”（**A.别洛博罗多夫**《库班地区的外来工人》，载于 1896 年《北方通报》杂志 2 月号第 5 页）

再由 3—5 个工人堆成垛。全省脱粒工人在 20 万人以上。(捷贾科夫的书第 94 页)①捷贾科夫先生对农活的卫生状况作出这样的结论:“古人说,农民的劳动是‘最惬意而有益的工作’,这种说法在资本主义精神统治着农业领域的现在,一般说来,未必合宜了。随着农业活动中使用机器耕作,农业劳动的卫生条件不仅没有改善,反而变得更坏了。机器耕作引起了农业领域前所未闻的劳动专业化,因而农村居民中的职业病增加了,严重的工伤事故大量发生。”(第 94 页)

试图建立医疗膳食站来进行工人登记,监督工人的卫生状况以及供给廉价饭食,这是卫生调查的结果(在荒年和霍乱流行之后)。不论所做的事情的范围和成果怎样微小,不论它的存在怎样不稳固②,但它总是一个表明农业资本主义趋向的重大历史事实。根据医生收集的资料,有人向赫尔松省全省医生代表大会建议:承认医疗膳食站的重要性和改善它们的卫生条件的必要性,扩大它们的活动,使它们兼有通告劳动价格及其涨落情况的工人职业介绍所的性质,把卫生监督推广到拥有大量人手的一切规模不同的大农场中去——“如同在工业企业中那样”(第 155 页),颁布使用农业机器和登记工伤事故的强制性法令,提出有关工人生活保障权、改善蒸汽机运输和降低其价格的问题。全俄医生第五次代表大会通过决议,责成各有关地方自治机关注意赫尔松地方自治机关在组织医疗卫生监督方面的

① 顺便指出,脱粒这个活常常由自由雇佣工人干。因此可以断定,全俄脱粒工人的数目该有多大!

② 在赫尔松省 6 个县的地方自治会议中(捷贾科夫先生叙述了这些会议对组织监督工人卫生状况一事的意见),有 4 个表示反对这种制度。当地的地主指责省地方自治局,说“它会完全使工人变懒”等等。

活动。

---

最后，我们再一次回头来谈谈民粹派经济学家。我们在上面已经看到，他们把工役制理想化了，闭眼不看资本主义比工役制进步的地方。现在我们应当补充一点，他们还反对工人"外出做零工"，赞成在**当地**挣"外水"。例如，尼·—逊先生是这样表达这个寻常的民粹派观点的："农民……外出寻找工作…… 试问，这在经济方面有多大益处呢？不就个别农民而就全体农民来说，这在国家经济方面有多大益处呢？…… 我们想要指出，农民每年整个夏天的迁移(天晓得他们到什么地方去)造成了纯经济上的损失，本来在这个时候，手边会有很多工作……"(第23—24页)

与民粹派的理论相反，我们断定，工人的"迁移"不仅给工人本身带来"纯经济上的"益处，而且一般说来应当认为是一种进步现象；社会注意力不应当集中在以当地的"手边工作"来代替外出做零工，相反，应当集中在消除一切阻挡外出的障碍，从各方面来促进外出，使工人流动的一切条件得到改善并减低费用等等。我们这样说的根据如下：

(1)"迁移"能给工人带来"纯经济上的"益处，因为他们所去的地方工资较高，在那里他们当雇工的境况较有利。尽管这个理由是多么简单，可是人们常常把它忘记了，他们总喜欢站到更高的仿佛是"国家经济的"观点来看问题。

(2)"迁移"能破坏盘剥性的雇佣形式和工役制。

例如，我们回忆一下从前外出还不大通行的时候，南方的地主(以及其他企业主)乐意采用如下的雇佣方法：他们派自己的管家到北方各省，以极苛刻的条件来雇用(通过村长)欠缴税款的人。[①]可见，雇主利用了自由竞争，而雇工就不能利用它。上面我们已经引证过这样的例子：农民甚至情愿跑到矿井去，以逃避工役和盘剥。

因此，我国大地主同民粹派对“迁移”问题的观点一致，这是不足为奇的。就拿谢·柯罗连科先生来作例子吧。他在自己的书中引证了地主反对工人“外出做零工”的许多意见，同时又列举了反对“外出做零工”的许多“论据”：“放荡”，“粗野”，“酗酒”，“不诚实”，“希望离开家庭，以摆脱家庭和父母的监督”，“贪图玩乐和更开心的生活”，等等。而特别值得注意的论据是：“最后，正如谚语所说的，‘石留原地则生苔’，人留原地就一定会置办产业，珍惜产业。”(上引书第84页)确实，这个谚语很明显地说明定居在一个地方会对人发生什么影响。谢·柯罗连科先生特别不满的是我们上面指出过的那种现象：“过”多的工人从某些省出走，其缺额又得从别的省移入工人来补充。例如谢·柯罗连科先生在指出有关沃罗涅日省的这个事实时，也指出了产生这种现象的原因之一，是赐与份地的农民太多了。“显然，这种农民所处的物质境况比较恶劣，他们并不记挂着自己那点微乎其微的财产，因而常常不履行自己承担的义务，甚至在家乡可以找到足够数量外水的时候，一般也很轻率地跑到外省去。”“这种农民很少束缚于〈原文如此！〉自己那份不充裕的份地，他们往往连农具也没有，所以很容易抛弃家室，远离故乡去寻找幸福，他们不关心本地的外水，有时甚至不关心

① 上引沙霍夫斯科伊的书第98页及以下各页。作者甚至引用了因有利地雇用到农民付给文书和村长的“酬金”价格。上引捷贾科夫的书第65页。特里罗果夫《村社和赋税》一书中的《国民经济中的盘剥制》一文。

自己所承担的义务，因为从他们那里也往往没有东西可以追赔。”（同上）

“很少受到束缚”！这是真话。

那些说“迁移”没有益处，最好在当地找点“手边工作”的人，应当仔细想想这句话！①

(3)“迁移”意味着造成居民的流动。迁移是防止农民“生苔”的极重要的因素之一，历史堆积在他们身上的苔藓太多了。不造成居民的流动，就不可能有居民的开化，而认为任何一所农村学校都能使人获得人们在独立认识南方和北方、农业和工业、首都和偏僻地方时所能获得的知识，那就太天真了。

---

① 还有一个例子可以说明民粹派成见的有害影响。捷贾科夫先生（我们常常引证他的杰作）指出这样一个事实：尽管赫尔松省本身缺乏大量工人，可是有很多当地工人离开那里到塔夫利达省去。他把这叫做“非常奇怪的现象”：“业主吃亏，工人也吃亏，因为工人抛弃了家乡的工作，到塔夫利达去冒找不到工作的危险。”（第33页）相反，我们认为捷贾科夫先生的这种说法才是非常奇怪的。难道工人不懂得自己的利益，没有权利为自己寻找最有利的雇佣条件吗？（塔夫利达省农业工人的工资比赫尔松省高。）难道我们真的应当认为，农夫**一定**要在他有户口和“有份地”的地方生活和工作吗？

# 第四章
# 商业性农业的发展

我们考察了农民经济和地主经济的内部经济结构，现在应当来研究农业生产中的变化问题：这些变化是否表现了资本主义和国内市场的发展？

## 一 关于改革后俄国的农业生产以及各种商业性农业的总的资料

首先我们来看一看有关欧俄粮食生产的总的统计资料。收获量的起伏很大，这使个别时期的或个别年份的资料完全不适用。[①]必须考察几个不同的时期和许多年份的资料。下面是我们掌握的资料：关于60年代，有1864—1866年的资料（《军事统计汇编》1871年圣彼得堡版第4编，省长报告的资料）；关于70年代，有农业司的整整10年的资料（《俄国工业历史统计概述》1883年圣彼得堡版第1卷）；最后，关于19世纪80年代，有1883—1887年5年的资料（《俄罗斯帝国统计资料》第4卷），这5年可以代表整个80年代，因为1880—1889年这10年的平均收获量甚至比

① 单凭这一个原因来看，尼·—逊先生所用的方法就是完全错误的，他根据一个10年中的8年（1871—1878年）的资料，就作出非常大胆的结论。

1883—1887年这5年的平均收获量还要高些(见为芝加哥博览会出版的《俄国的农业和林业》一书第132页和第142页)。其次,为了判断90年代朝什么方向演进,我们采用1885—1894年这10年的资料(《俄国的生产力》第1编第4页)。最后,1905年的资料(《俄罗斯年鉴》1906年版)对于判断当前的情况是完全适用的。1905年的收获量仅略低于1900—1904年这5年的平均收获量。

我们把所有这些资料作个比较[①]:

**欧俄 50 省**[73]

| 时　期 | 男女人口(单位百万) | 全部粮食,即谷物加马铃薯 播种 | 全部粮食,即谷物加马铃薯 纯收获 | 马铃薯 播种 | 马铃薯 纯收获 | 每一口人的纯收获 谷物 | 每一口人的纯收获 马铃薯 | 每一口人的纯收获 粮食总计 |
|---|---|---|---|---|---|---|---|---|
| | | (单位百万俄石) | | | | | (单位俄石) | |
| 1864—1866 | 61.4 | 72.2 | 152.8 | 6.9 | 17.0 | 2.21 | 0.27 | 2.48 |
| 1870—1879 | 69.8 | 75.6 | 211.3 | 8.7 | 30.4 | 2.59 | 0.43 | 3.02 |
| 1883—1887 | 81.7 | 80.3 | 255.2 | 10.8 | 36.2 | 2.68 | 0.44 | 3.12 |
| 1885—1894 | 86.3 | 92.6 | 265.2 | 16.5 | 44.3 | 2.57 | 0.50 | 3.07 |
| (1900—1904)——1905 | 107.6 | 103.5 | 396.5 | 24.9 | 93.9 | 2.81 | 0.87 | 3.68 |

我们由此看到,19世纪90年代以前,改革后时代的特点是谷物和马铃薯的生产都显著增加。农业劳动的生产率提高了:第一,纯收获量比播种量增加得快(除了某些局部的例外);第二,必须注意,从事农业生产的人口在这个时期不断减少,这是由于人口由农业转入商业和工业,同时也由于农民迁离欧俄境外。[②] 有一件事

---

① 1883—1887年这段时期采用的是1885年的人口数;增长率=1.2%。大家知道,省长报告的资料和农业司的资料差别不很大。1905年的数字是以普特折成俄石计算出来的。

② 尼·—逊先生的意见是完全错误的,他断言:"没有任何理由假定他们的人数〈从事农业生产的人数〉在减少,正好相反。"(《概况》第33页脚注)见第8章第2节。

实特别值得注意，即**商业性**农业在增长：按每一口人计算的粮食收获量（扣去种子）增加了，而在这些人口内部社会分工日益发展；工商业人口增加了；农业人口分化为农村企业主和农村无产阶级；农业本身越来越专业化，因而为销售而生产的粮食数量的增长，要比全国生产的粮食总量的增长快得多。马铃薯在农业生产总量中所占比重的增加，清楚地说明了这个过程的资本主义性质。① 马铃薯播种的增加，一方面表明农业技术的提高（种植块根作物）和农产品技术加工的发展（酿酒和马铃薯淀粉的生产）；另一方面，在农村企业主阶级看来，则是生产相对的剩余价值（劳动力生活费的下降，人民饮食的恶化）。1885—1894 年这 10 年的资料进一步表明，1891—1892 年的危机曾经大大加紧了对农民的剥夺，这次危机使谷物生产大为减少，使各种粮食的单位面积产量降低；但是马铃薯排挤谷物的过程竟顽强地延续着，尽管收获量减少，马铃薯的生产按每一口人计算却增加了。再者，最近 5 年（1900—1904 年）同样说明农业生产的增长，农业劳动生产率的提高和工人阶级状况的恶化（马铃薯的比重增加）。

我们已经在上面指出，商业性农业的发展表现为农业的专业化。大量有关各种粮食生产的笼统资料，只能最一般地说明这个

① 从 1864—1866 年到 1870—1879 年，马铃薯的纯收获量，按每一口人计算，在所有欧俄各地区都有增加。从 1870—1879 年到 1883—1887 年，11 个地区中有 7 个地区增产（即：波罗的海沿岸地区，西部地区，工业地区，西北部地区，北部地区，南部地区，草原地区，下伏尔加地区和伏尔加左岸地区）。

参看《根据业主方面的材料所编的农业统计资料》1897 年圣彼得堡版第 7 编（农业部出版）。1871 年欧俄 50 省种植马铃薯 790 000 俄亩，1881 年种植 1 375 000 俄亩，1895 年种植 2 154 000 俄亩，也就是说在 15 年中增加了 55%。以 1841 年马铃薯的收获量为 100，以后时期的数字如下：1861 年——120；1871 年——162；1881 年——297；1895 年——530。

过程(但也不是经常如此),因为各个不同地区的特点在这里都消失了。然而改革后俄国农业最大的特点之一,正在于不同农业地区的独特化。例如,我们已经引证过的《俄国工业历史统计概述》(1883 年圣彼得堡版第 1 卷)就指出了下列农业地区:亚麻业地区;“以畜牧业为主的”、特别是“牛奶业很发达”的区域;以谷类作物为主的区域,包括三圃制地区和改良了的熟荒地制或多圃草田制地区(草原地带的一部分,它的“特点是生产最名贵的所谓上品粮食,主要是为了运销国外”);甜菜地区;酿酒用马铃薯种植地区。“上述经济地区是不久以前在欧俄境内出现的,并且每年还在不断地发展和独特化。”(上引书第 15 页)①因此,我们现在的任务应当是研究农业专业化这一过程。我们应当考察各种商业性农业是否有所发展,资本主义农业在这种情况下是否正在形成,农业资本主义是否具有我们在前面分析农民经济和地主经济的总的资料时所指出的那些特性。不言而喻,要达到我们的目的,只要研究几个最主要的商业性农业地区就够了。

但是在研究各个地区的资料以前,我们要指出以下的情况:正如我们所看到的,民粹派经济学家总是竭力设法回避一个事实,即改革后时代的特征正是**商业性**农业的发展。自然,他们在这里还忽略了这样一个情况:谷物价格的下跌一定会推动农业的专业化和引起农产品的交换。举例来说,《收成和粮价对俄国国民经济某些方面的影响》这本名著的作者们,都以粮价对于自然经济没有意

① 也可参看《俄国的农业和林业》第 84—88 页;这里还增加了烟草地区。在 Д. 谢苗诺夫先生和阿·福尔图纳托夫先生绘制的地图中,按主要大田作物的差别,标明了各个不同的地区,例如普斯科夫省和雅罗斯拉夫尔省是黑麦—燕麦—亚麻地区,格罗德诺省和莫斯科省是黑麦—燕麦—马铃薯地区,等等。

义这个前提作为出发点，并且无数次地重复这个“真理”。然而他们中间有一位卡布鲁柯夫先生看出，**在商品经济的一般环境中**，这个前提实际上是不正确的。他写道：“当然，可能有这种情况，与自己农场里种的谷物相比，供应市场的谷物是用较少的生产费用生产的，在这种情况下，消费农场似乎也会有不种谷物而改种其他作物〈或从事其他事业，——我们加上一句〉的兴趣，可见，只要谷物的市场价格同**消费农场的**生产费用不一致，谷物的市场价格对消费农场就具有意义”。（第 1 卷第 98 页脚注，黑体是原作者用的）“但是我们不能考虑这一点”，——他下令说。为什么呢？原来是因为：(1)改种其他农作物“只是在具备一定的条件时”才有可能。卡布鲁柯夫先生就用这种空洞的老生常谈（世界上一切事物都只是在一定的条件下才有可能！）若无其事地回避了这个事实：改革后时代在俄国正是创造了和创造着那些引起农业专业化和使人口离开农业的条件……　(2)因为“在我国的气候下，不可能找到一种在食粮意义上和谷物相等的产品”。论据非常独特，完全是为了回避问题。既然谈的是出售其他产品和购买廉价粮食，怎么又扯起这些其他产品的食粮意义来了呢？……　(3)因为“消费式的谷物农场始终有它存在的合理根据”。换句话说，是因为卡布鲁柯夫先生“和同志们”认为自然经济是“合理的”。请看，论据是不可驳倒的……

## 二　商业性谷物业地区

这个地区包括欧俄的南部和东部边疆地区，即新罗西亚和伏尔加左岸的草原省份。这里农业的特点是粗放性和大量生产销售粮。如果我们看一看下列 8 个省份——赫尔松省、比萨拉比亚省、塔夫利达省、顿河省、叶卡捷琳诺斯拉夫省、萨拉托夫省、萨马拉省和奥伦堡省，就会知道，在1883—1887年，这里的人口是13 877 000人，谷物（除去燕麦）纯收获量是41 300 000俄石，也就是说，占欧俄50省纯收获总量的¼强。这里种得最多的是小麦——主要的出口粮食。[①] 这里的农业发展最快（与俄国其他地区相比），因而这些省份把原先占第一位的中部黑土地带省份排挤到第二位去了：

| 各省地区 | 下列时期内每一口人的谷物纯收获量[②] | | |
|---|---|---|---|
| | **1864—1866** | **1870—1879** | **1883—1887** |
| 南部草原省地区……… | 2.09 | 2.14 | 3.42 |
| 下伏尔加和伏尔加左岸省地区……………… | 2.12 | 2.96 | 3.35 |
| 中部黑土地带省地区… | 3.32 | 3.88 | 3.28 |

可见，谷物生产的主要中心发生**转移**：中部黑土地带省份在19世纪60年代和19世纪70年代曾为各省之冠，但在19世纪80年代就把第一位让给了草原省份和下伏尔加省份；它们的谷物生产开始**下降**。

上述地区农业生产的巨大增长这个有趣的事实之所以产生，是因为在改革后时代草原边疆地区曾经是久有人满之患的欧俄中部的**移民区**。大片的闲地吸引移民大量流入这里，他们很快就扩大了播种面积。[③] **商业性的**播种面积所以能够广泛发展，只是由

---

① 除了萨拉托夫省有14.3%的小麦播种面积以外，我们看到在上述其余各省有37.6%—57.8%的小麦播种面积。

② 资料来源前面已经说过。各省地区的划分是依据《俄国工业历史统计概述》。“下伏尔加和伏尔加左岸”地区的划分并不妥当，因为把更适合于列入中部黑土地带的阿斯特拉罕省（该省食用粮食不足）、喀山省和辛比尔斯克省都列入了大量生产谷物的草原省份。

③ 见瓦·米海洛夫斯基先生（1897年6月《新言论》杂志）关于边疆地区人口有巨大增长和从1885年到1897年有几十万农民自内地各省往边疆地区迁移的文章。

于这些移民区一方面同俄罗斯中部，另一方面又同输入谷物的欧洲国家有密切的经济联系。俄罗斯中部工业的发展和边疆地区商业性农业的发展有着不可分割的联系，二者互相为对方建立市场。工业省份从南方得到粮食，同时把自己工厂的产品送到那里去销售，给移民区供应劳动力、手艺人（见第 5 章第 3 节，关于小手工业者向边疆地区的迁移）和生产资料（木材、建筑材料、工具及其他）。只是由于这种社会分工，草原地方的移民才能够专门从事农业，并在国内市场上，特别是在国外市场上销售大量谷物。只是由于同国内外市场的联系密切，这些地方的经济发展才能如此迅速；而这正是资本主义的发展，因为在商业性农业增长的同时，把人口吸引到工业的过程，城市发展以及新的大工业中心形成的过程也在同样迅速地进行（参看下面第 7 章和第 8 章）。①

至于说这个地区内的商业性农业的增长是否同农业的技术进步和资本主义关系的形成有联系的问题，这在上面已经讲过了。我们在第 2 章中看到：农民在这些地方有着多么广阔的播种面积，

---

关于扩大播种面积，参看前面提到过的弗·波斯特尼柯夫的著作，萨马拉省地方自治局统计汇编；瓦·格里戈里耶夫的《梁赞省农民的迁移》。关于乌法省，见列梅佐夫《野蛮的巴什基尔生活特写》，该书生动地描写了“移民者”如何砍伐造船木材，把“肃清了”“野蛮的”巴什基尔人的土地变成“小麦工厂”。这是殖民政策的一个小小的片段，它足以与德国人在非洲任何地方的任何丰功伟绩媲美。

① 参看**马克思**《资本论》第 3 卷第 2 部分第 289 页，——资本主义殖民地的基本特征之一是移民容易得到大片的闲地（俄译本第 623 页（《马克思恩格斯文集》第 7 卷第 855—856 页。——编者注）把这个地方完全译错了）。也可参看第 3 卷第 2 部分第 210 页，俄译本第 553 页，——农业移民区所以有大量剩余粮食，是由于这些地区的全部居民一开始就“几乎都从事农业，特别是从事大宗农产品的生产”，用以换取工业品。“现代殖民地是通过世界市场现成地得到在另外的情况下必须由他们自己制造的那些产品。”（《马克思恩格斯文集》第 7 卷第 755—756 页。——编者注）

这里的资本主义关系即使在村社内部也表现得多么尖锐。我们在前一章中看到:机器的使用在这个地区发展得特别迅速,边疆地区的资本主义农场吸引了几十万和几百万的雇佣工人,发展了农业中从未见过的、由雇佣工人进行巨大协作的大农场等等。现在我们只要略微补充一下这个情况就行了。

在草原边疆地区,地主田庄不仅有时具有规模巨大的特点,而且还进行大规模的经营。我们在前面引用过萨马拉省有人有8 000—10 000—15 000俄亩播种面积的报道。在塔夫利达省,法尔茨-费恩有200 000俄亩,莫尔德维诺夫有80 000俄亩,另外两个人各有60 000俄亩,"很多地主拥有10 000到25 000俄亩"(沙霍夫斯科伊的书第42页)。下列事实可以略微说明经营的规模。例如,在法尔茨-费恩那里,1893年割草期间使用了1 100台机器(其中有1 000台是农民的)。在赫尔松省,1893年有3 300 000俄亩播种面积,其中1 300 000俄亩是地主的;该省5个县(敖德萨县除外)计有1 237个中等农户(占地250—1 000俄亩),405个大农户(占地1 000—2 500俄亩),还有226个各占地超过2 500俄亩的农户。根据1890年所收集的526个农户的资料,这些农户共有35 514名工人,即平均每户有67名工人,其中有16到30名年工。1893年,伊丽莎白格勒县100个比较大的农户中,有11 197名工人(平均每户有112名工人!),其中年工占17.4%,季节工占39.5%,日工占43.1%。[①] 下面是关于该县**所有**农户的(地主的和农民的)播种面积分配情况的资料[②]:

① 上引捷贾科夫的书。

② 《赫尔松省土地估价材料》1886年赫尔松版第2卷。每类播种面积俄亩数是用平均播种面积乘农户数算出来的。类别数减少了。

| | | | 他们所占播种面积的大概数字（单位千俄亩） | |
|---|---|---|---|---|
| 不种地的农户 | 15 228 | | — | |
| 种地不满 5 俄亩的农户 | 26 963 | | 74.6 | |
| 种地 5—10 俄亩的农户 | 19 194 | | 144 | |
| 种地 10—25 俄亩的农户 | 10 234 | | 157 | |
| 种地 25—100 俄亩的农户 | 2 005 | 2 387 | 91 | 215 |
| 种地 100—1 000 俄亩的农户 | 372 | | 110 | |
| 种地超过 1 000 俄亩的农户 | 10 | | 14 | |
| **全县共计** | 74 006 | | 590.6 | |

由此可见，3%多一点的农户（如果只算耕作者，则为 4%）集中了全部播种面积的⅓以上，这些土地的耕种和收获需要大批季节工和日工。

最后，是关于萨马拉省新乌津斯克县的资料。我们在第 2 章中只举出了在村社中进行经营的俄罗斯农民；现在我们把德意志人和“独立农庄主”（在单独地段进行经营的农民）也算上。可惜我们没有掌握地主农场的资料。①

| 萨马拉省新乌津斯克县 | 户数 | 土地 | | 播种面积 | 牲畜头数（折合成大牲畜的总数） | 改良农具 | 雇工 | 平均每户所有 | | | |
|---|---|---|---|---|---|---|---|---|---|---|---|
| | | 购买地 | 租地 | | | | | 土地 | | 播种面积 | 牲畜头数（折合成大牲畜的总数） |
| | | | | | | | | 购买地 | 租地 | | |
| | | 单位俄亩 | | | | | | 单位俄亩 | | | |
| **全县共计** | 51 348 | 130 422 | 751 873 | 816 133 | 343 260 | 13 778 | 8 278 | 2.5 | 14.6 | 15.9 | 6.7 |
| 有 10 头以上役畜的农户 | 3 958 | 117 621 | 580 158 | 327 527 | 151 744 | 10 598 | 6 055 | 29 | 146 | 82 | 38 |
| 前项数字中拥有 20 头以上役畜的俄罗斯独立农庄主 | 218 | 57 083 | 253 669 | 59 137 | 39 520 | 1 013 | 1 379 | 261 | 1 163 | 271 | 181 |

① 新乌津斯克县统计资料汇编——全部租地，包括官地租地、私有地租地、份地租地，均已列入。下面是俄罗斯独立农庄主所有改良工具一览表：犁 609 部，蒸汽脱粒机 16 台，马拉脱粒机 89 台，割草机 110 台，马拉搂草机 64 台，风车 61 台，收割机 64 台。雇工数字内不包括日工。

显然，没有必要给这些资料作注解。我们在前面已经指出，上述地区是最典型的俄国农业资本主义地区，当然，所谓典型的不是指农业而言，而是就社会经济来说的。这些得到最自由发展的移民区告诉我们，如果没有改革前生活方式的许多残余阻碍资本主义的话，那么俄国其余地方可能而且一定会有什么样的关系发展起来。我们在下面可以看到，农业资本主义的形式是非常繁多的。

## 三 商业性畜牧业地区。关于牛奶业发展的总的资料

我们现在来谈俄国另一个最重要的农业资本主义地区，即不是以谷物产品而是以畜产品为主的区域。这个区域除波罗的海沿岸和西部省份以外，还包括北部省份、工业省份和几个中部省份（梁赞省，奥廖尔省，图拉省，下诺夫哥罗德省）的一部分。这里饲养牲畜是为了发展牛奶业，而农业的整个性质都适应于获得尽可能多的尽可能值钱的这类市场产品。① "我们亲眼见到积肥畜牧业正在明显地向乳品畜牧业过渡；这种过渡在最近 10 年表现得特别显著。"（上注中所引著作，同上）用统计数字来说明俄国各区域在这方面的特征是很困难的，因为在这里重要的不是牛的绝对数

① 在俄国其他区域，畜牧业具有另外的意义。例如，在最南部地区和东南地区形成了一种非常粗放的畜牧业形式，即育肥牲畜的肉用畜牧业。再往北，牛被当做劳动力使用。最后，在中部黑土地带，牛成了"制造厩肥的机器"。**弗·柯瓦列夫斯基**和 **И.列维茨基**《欧俄北部和中部地带牛奶业统计概论》（1879 年圣彼得堡版）。这本书的作者像大多数农业专家一样，对问题的社会经济方面很少感兴趣，也很少了解。例如，他们直接从农户收入的提高得出"国民福利和食品"得到保证的结论，便是完全错误的（第 2 页）。

量，而是产乳牲畜的数量及其质量。如果以每100个居民拥有的牲畜总数来看，那就会发现：在俄国，这个数量最多的是草原边疆地区，数量最少的是非黑土地带（《俄国的农业和林业》第274页），而且这个数量在逐渐**减少**（《俄国的生产力》第3编第6页。参看《俄国工业历史统计概述》第1卷）。因此，在这里看到的也正是罗雪尔曾经指出的现象，即每一单位人口拥有的牲畜数量以经营"粗放畜牧业"的地方为最多（**威·罗雪尔**《农业经济》1873年斯图加特第7版第563—564页）。而我们所关心的是集约畜牧业，特别是乳品畜牧业。因此我们只能局限于上述《欧俄北部和中部地带牛奶业统计概论》一书的作者们所提供的**大致的**计算，不奢求去对现象作精确的估计。这样的计算清楚地说明俄国各区域牛奶业发展程度的对比。我们完整地引用这一计算，并将我们计算出来的几个平均数字和"工厂"统计资料中关于1890年干酪生产的资料补充进去。

| 省份类别 | 男女人口（单位千）（1873年） | 奶牛（单位千） | 牛奶产量（单位千维德罗①） | 奶油产量（单位千普特） | 每头奶牛平均产奶量（单位维德罗） | 每一百个居民拥有的 | | | 干酪、凝乳和奶油的生产（根据1879年的大致计算） | 1890年的干酪生产 |
|---|---|---|---|---|---|---|---|---|---|---|
| | | | | | | 奶牛 | 牛奶（单位维德罗） | 奶油（单位普特） | 单位千卢布 | |
| 一、波罗的海沿岸及西部省份(9) | 8 127 | 1 101 | 34 070 | 297 | 31 | 13.6 | 420 | 3.6 | ? | 469 |
| 二、北部省份(10) | 12 227 | 1 407 | 50 000 | 461 | 35 | 11.4 | 409 | 3.7 | 3 370.7 | 563 |
| 三、工业(非黑土地带)省份(7) | 8 822 | 662 | 18 810 | 154 | 28 | 7.5 | 214 | 1.7 | 1 088 | 295 |
| 四、中部(黑土地带)省份(8) | 12 387 | 785 | 16 140 | 133 | 20 | 6.3 | 130 | 1.0 | 242.7 | 23 |
| 五、南部黑土地带、西南部、南部及东部草原省份(16) | 24 087 | 1 123 | 20 880 | 174 | 18 | 4.6 | 86 | 0.7 | — | — |
| **欧俄50省共计** | 65 650 | 5 078 | 139 900 | 1 219 | 27 | 7.7 | 213 | 1.8 | 4 701.4 | 1 350 |

① 俄国液量单位，等于12.3公升。——编者注

这个表清楚地说明(尽管所依据的是十分陈旧的资料)牛奶业专业地区的划分、这些地区内商业性农业(牛奶的销售和牛奶的技术加工)的发展以及产乳牲畜生产率的提高。

为了判断牛奶业的逐步发展情况,我们所能利用的只有关于乳脂和干酪生产的资料。这种生产在俄国出现于18世纪末(1795年);19世纪开始发展的地主经营的干酪制造业,在19世纪60年代遭到了严重的危机,而这个60年代却开辟了农民和商人经营干酪制造业的时代。

欧俄50省的干酪作坊如下①:

1866年 72个作坊,计工人226名,生产额 119 000卢布。
1879年 108个作坊,计工人289名,生产额 225 000卢布。
1890年 265个作坊,计工人865名,生产额 1 350 000卢布。

可见,25年中生产增加了10倍以上;根据这些极不完整的资料,只能判断现象的动态。现在我们再引用一些比较详细的资料。沃洛格达省的牛奶业实际是从1872年开始好转的,当时正值雅罗斯拉夫尔-沃洛格达的铁路通车;从那时起,"业主们开始关心自己畜群的改良,种植牧草,购置改良农具……竭力把牛奶业放在纯粹商业的基础上"(《欧俄北部和中部地带牛奶业统计概论》第20

① 《军事统计汇编》和奥尔洛夫先生的《工厂一览表》(第1版和第3版)所载资料。关于这些资料见本书第7章(本卷第419—422页。——编者注)。不过应当指出,援引的数字减低了实际发展的速度,因为"工厂"这个概念运用的范围,1879年比1866年狭窄,而1890年比1879年还要狭窄。在《工厂一览表》第3版中有关于230个工厂开办时间的资料:原来只有26个工厂是在1870年以前开办的,68个工厂是在70年代开办的,122个工厂是在80年代开办的,14个工厂是在1890年开办的。这也说明了生产的迅速增长。至于最新的《工厂索引》(1897年圣彼得堡版),内容极为混乱,只登记了两三个省的干酪生产,其余各省全部略过不提。

页)。在雅罗斯拉夫尔省,70 年代的所谓“劳动组合干酪制造厂”“已经打下了基础”,而“干酪制造业作为私人办企业在继续发展,‘劳动组合’只是徒有其名”(第 25 页);我们补充一点,《工厂一览表》中的“劳动组合”干酪制造厂是一种有雇佣工人的作坊。《欧俄北部和中部地带牛奶业统计概论》的作者们依据**官方**资料,认为干酪和奶油的生产额是 412 000 卢布(从散见于该书中的数字统计出来的),不是 295 000 卢布,而这个数字的修正使得奶油和干酪的生产额成为 1 600 000 卢布,如果加上炼乳和凝乳,就是 4 701 400 卢布,波罗的海沿岸和西部各省还都未计算在内。

关于后一段时期,我们引用上面摘引过的农业司出版的《从欧俄工农业统计经济概述看地主农场中的自由雇佣劳动和工人的流动》一书的评述如下。关于所有工业省份的情况,我们看到:“牛奶业的发展使这个地区的农户的状况完全改观”,它“还间接影响了农业的改进”,“这个地区的牛奶业一年比一年发展”。(第 258 页)在特维尔省,“不论是地主还是农民都力图改善牲畜的饲养”;畜牧业的收入共计 1 000 万卢布。(第 274 页)在雅罗斯拉夫尔省,“牛奶业一年比一年发展…… 干酪制造厂和乳脂制造厂甚至开始具有某种工业性质……牛奶是向邻居甚至是向农民收购来的。有的干酪制造厂是由一些地主合伙经营的”。(第 285 页)雅罗斯拉夫尔省达尼洛夫县的一个通讯员写道:“目前,这里地主经济的一般趋向具有以下几个特征:(1)从三圃轮作过渡到在地里种草的五圃——七圃轮作;(2)开垦熟荒地;(3)经营牛奶业,其结果是更严格地挑选牲畜和改善牲畜的饲养。”(第 292 页)斯摩棱斯克省也是这样,该省的干酪和奶油的生产额,据省长报告,1889 年是 240 000 卢布(根据统计,1890 年为 136 000 卢布)。在卡卢加省,科夫诺省，下诺夫哥罗德省，普斯科夫省，爱斯兰省，沃洛格达省也可以看出牛奶业的发展。沃洛格达省奶油和干酪的生产额，根据1890年的统计，是35 000卢布，根据省长的报告，是108 000卢布，根据1894年当地**389个工厂**的统计资料，是**500 000卢布**。“这是根据统计得来的数字。实际上，工厂要多得多，因为根据沃洛格达地方自治局的调查，仅沃洛格达1个县就有224个工厂。”而生产已在3个县内发展起来，并且已经部分渗入第4个县。① 根据这一点可以判断，需要把上面引用的数字增加若干倍才能接近实际情况。一位专家认为，目前乳脂制造厂和干酪制造厂的数目“共有几千个”(《俄国的农业和林业》第299页)，这个粗略的评断比265个工厂这一似乎精确的数字更正确地说明了问题。

总之，资料使人毫不怀疑这种特殊的商业性农业有了巨大发展。在这里，资本主义的增长也引起了陈旧技术的改革。例如，我们在《俄国的农业和林业》一书中看到：“最近25年来俄国在干酪制造业方面成就之大，恐怕不是任何其他国家所能做到的。”(第301页)。布拉任先生在《牛奶业的技术成就》(《俄国的生产力》第3编第38—45页)这篇文章中也是这样肯定的。主要的改革，是用离心机(分离机)②分离乳脂的方法来代替“历来的”乳脂沉淀法。机器使生产不再受气温的限制，增加了牛奶中的奶油出产量

① 1896年《星期周报》**74**第13期。牛奶业之有利可图，竟使城市商人都急忙投入这种营业，而且他们还带来了用商品付款的办法。当地一个拥有大工厂的地主，为了使农民摆脱包买主的盘剥，为了“占有新的市场”，设立了一个“现款收购牛奶”的劳动组合。这个典型例子说明了劳动组合和有名的“销售组织”的真正含义：**借助**产业资本的发展来“摆脱”商业资本。

② 1882年以前，俄国几乎没有分离机。从1886年起，分离机推广得很快，竟完全排挤了旧的工作方法。在19世纪90年代甚至有了奶油抽取分离机。

10%，提高了产品质量，降低了制作奶油的费用（使用机器需要较少的劳动、较少的场地、用具、冰块），使生产积聚。农民经营的大型乳脂制造厂出现了，这些厂“每天要加工大约500普特的牛奶，如采用沉淀法，这在体力上是不可能的”（同上）。生产工具改良了（保温锅、螺旋式压榨机、改良地窖），细菌学被用来帮助生产，它提供了乳脂发酵所必需的那种乳酸菌的纯培养。

这样，在我们所论述过的两个商业性农业地区中，因市场需要而引起的技术改良，首先针对那些最便于改革而且对市场来说又特别重要的工序：商业性谷物业中的收割、脱粒、净谷工作；商业性畜牧业地区的畜产品技术加工。资本认为把牲畜的饲养留给小生产者去料理暂时还更有利：让小生产者“勤快地”、“热心地”照料“自己的”牲畜（并以自己的勤快感动瓦·沃·先生，见《农民经济中的进步潮流》第73页），让小生产者担负起看管产奶机器这件最繁重最粗笨的工作的主要部分。资本拥有最新的改良工具和工作方法，不仅仅用以从牛奶中分离乳脂，而且也用以从这种“勤快”中榨出“乳脂”，从贫苦农民的子女那里夺走牛奶。

## 四　续。上述地区的地主经营中的经济

上面已经引用了农学家和农村业主的论证，说明地主田庄的牛奶业引起了农业的合理化。我们在这里补充一句，拉斯波平先生对有关这一问题的地方自治局统计资料所作的分析，完全证实了这个结论。① 我们介绍读者到拉斯波平先生的论文中去寻找详细的资

① 而这个问题，拉斯波平先生是用正确的、理论上站得住脚的观点**提出来的**（在我国文献中，大概是第一次）。他一开始就指出，“畜牧业生产率的提高”，特别

料，这里只引用他的主要结论。“畜牧业、牛奶业的状况同荒废田庄的数量、农场的集约程度之间的依存性是无可争辩的。在乳品畜牧业、牛奶业最发达的县份(莫斯科省的)，荒废农场的百分比最小，大田作业高度发达的田庄的百分比最大。莫斯科省的耕地规模到处都在缩小，改成草地和牧场，谷物轮作制让位于多圃牧草轮作制。不仅在莫斯科省的农庄中，而且在整个莫斯科省工业区的农庄中，起首要作用的已经是牧草和产乳牲畜，而不是谷物。”(上引著作)

乳脂制造业和干酪制造业的规模所以具有特殊意义，正是因为它们证明了农业中的彻底改革，农业成了企业性的农业并且不再因循守旧了。资本主义使一种农产品受自己支配，于是农业的其他一切方面都要适应于这种主要产品。饲养产乳牲畜就要种牧草，就要把三圃制改为多圃制等等。制造干酪时的剩余物用来喂养供销售的牲畜。不仅牛奶加工成为一项企业，而且全部农业都成为企业。① 干酪制造厂和乳脂制造厂的影响，并不只限于那些开办这些制造厂的农场，因为牛奶往往是从附近的农民和地主那里收购来的。资本通过收购牛奶的办法也使小农受自己支配(特别是在建立所谓“联合牛奶厂”的情况下)，这种“联合牛奶厂”早在70年代就被确认是普遍存在的了(见柯瓦列夫斯基先生和列维茨

---

是牛奶业的发展，在我国是通过**资本主义的**道路进行的，而且也是资本渗入农业的最重要的标志之一。

① 日班科夫博士在他所著的《斯摩棱斯克省的工厂卫生调查》(1894年斯摩棱斯克版第1编第7页)中说：“专门制造干酪的工人是很少的…… 辅助工人要多得多，干酪制造厂和经营农业同时都需要他们；这都是些牧人和挤奶女工等等。在所有的[干酪制造]工厂里，这些工人比专门制造干酪的工人要多1倍、2倍、甚至3倍。”顺便指出，按照日班科夫博士的记述，这里的工作条件非常不合乎卫生，工作日特别长(16—17小时)等等。由此可见，所谓农民从事田园诗式的劳动的传统观念，对这个商业性农业地区来讲，并不是那么回事。

基先生的《欧俄北部和中部地带牛奶业统计概论》)。这是一种建立在大城市或大城市附近的、把铁路上运来的大量牛奶进行加工的企业。乳脂要立刻从牛奶中提出来,趁新鲜卖出去,而脱脂牛奶则廉价卖给不富裕的购买者。这些企业为了保证自己有一定质量的产品,有时和供应者订立合同,责成他们遵守饲养奶牛的某些规则。不难看出,这类大企业的作用有多大:一方面它们夺取了大众市场(把没有油脂的牛奶卖给不富裕的市民),另一方面,它们为农村企业主大大扩展了市场。农村企业主获得了极大的动力来扩大和改良商业性农业。可以说,大工业督促着他们,要求有一定质量的产品,把不够"标准"水平的小生产者挤出市场(或者把他们送到高利贷者手中)。牛奶的按质定价(如按照牛奶的含脂量定价)也必定起同样的作用,技术竭力为这种办法发挥作用,发明了各种乳比重计等等,而专家们是热烈赞成这种办法的(参看《俄国的生产力》第 3 编第 9 页和第 38 页)。在这一点上,联合牛奶厂在资本主义发展中所起的作用,完全和大型谷仓在商业性谷物业中所起的作用相仿。大型谷仓把粮食按质分类,使粮食不再是个体的产品,而是分种类的产品(即民法学家所说的可代替物[75]),这就是说,第一次使粮食完全适合于交换(参看麦·捷林关于北美合众国粮食贸易的论文,《土地占有制和农业》文集第 281 页及以后各页)。这样,大型谷仓就大大推动了商品性的粮食生产,并且也用实行按质定价的办法促进了商品性粮食生产的技术发展。这种措施一下子就给小生产者两个打击。第一,它把大耕作者质量较高的粮食作为标准,使之具有法律效力,结果就减低了贫苦农民的质量较差的粮食的价格。第二,它按照资本主义大工业的形式进行粮食分类和粮食保管,这就使大耕作者降低了这方面的开支,使他们能够简便地出售粮食，结果使那些以宗法式的原始办法推着车子在市场上兜售粮食的小生产者完全落到富农和高利贷者手中。可见，大型谷仓建设在最近的迅速发展，说明在谷物业中资本取得了巨大胜利，小商品生产者受到贬斥，正像资本主义的"联合牛奶厂"的出现和发展所说明的情况一样。

从上面引证的资料中已经清楚地看到，商业性畜牧业的发展**建立了**国内市场①，首先是生产资料——牛奶加工用的器具、房屋、牲畜的厩舍、从陈旧的三圃制改为多圃轮作制时所用的改良农具等等的国内市场，其次是劳动力的国内市场。建立在工业基础上的畜牧业比旧的"积肥"畜牧业所需要的工人多得多。牛奶业地区——工业省份和西北部省份——确实吸引了大批农业工人。有很多人到莫斯科省、圣彼得堡省、雅罗斯拉夫尔省、弗拉基米尔省去找农活干；到诺夫哥罗德省、下诺夫哥罗德省和其他非黑土地带省份去的人少一些，但仍然有相当数量。按照农业司通讯员的报告，在莫斯科省和其他省份，地主的经济甚至主要是靠外来工人经营的。农业工人从农业省份（主要是从中部黑土地带省份，有一部分从北部省份）流入工业省份去干农活，以代替离开本地的大批工业工人，这种反常的事情是非常有代表性的现象。（见谢·亚·柯罗连科有关这方面的论述，上引书）。这种现象比任何计算和推论

① 商业性畜牧业的市场，主要是靠工业人口的增长建立的。关于这一点我们以后还要详谈（第8章第2节）。关于对外贸易的问题，我们只作以下说明：在改革后的初期，干酪的出口比进口少得多，但是在90年代，出口几乎和进口相等（在1891—1894年这4年内，每年平均进口41 800普特，出口40 600普特；在1886—1890年这5年内，出口甚至超过进口）。牛油和羊油的出口总是比进口多得多，这项出口额增长得很快：在1866—1870年，平均每年出口190 000普特，而在1891—1894年，则为370 000普特。（《俄国的生产力》第3编第37页）

更令人信服地说明：在资本主义最不发达的中部黑土地带省份，劳动人民的生活水平和境况，与资本主义最发达的工业省份相比，要低下和恶劣得多。一切资本主义国家所特有的现象，在俄国也已经成为普遍的事实：工业工人的境况比农业工人的境况要好些（因为在农业中，除了资本主义的压迫以外，还有前资本主义的剥削形式的压迫）。因此，人们从农业逃向工业，可是工业省份中不但没有人流向农业（例如，根本没有人迁离工业省份），甚至还流露出鄙视“愚昧的”农业工人的态度，把他们叫做“牧人”（雅罗斯拉夫尔省），“哥萨克”（弗拉基米尔省），“种地人”（莫斯科省）。

其次，指出下面这一点是重要的：冬季比夏季需要更多的工人来照料牲畜。由于这个原因，再加上技术性农业生产的发展，在上述地区内对工人的需求量不仅日益增加，而且**在全年内**和各年间**都分配得比较平均**。工资资料（如果取好几年的工资资料来看）是判断这个有趣事实的最可靠材料。我们现在就来引用这些资料，但只限于大俄罗斯和小俄罗斯[76]各类省份。鉴于西部省份在生活方式上的特殊性和人为的人口集聚（特许犹太居住区），我们且把这些省份撇开，而我们引证波罗的海沿岸各省，也只是为了说明在最发达的农业资本主义下会形成什么样的关系。①

① 第一类（资本主义谷物业地区）有 8 个省：比萨拉比亚省，赫尔松省，塔夫利达省，叶卡捷琳诺斯拉夫省，顿河省，萨马拉省，萨拉托夫省和奥伦堡省。第二类（资本主义最不发达的地区）有 12 个省：喀山省，辛比尔斯克省，奔萨省，坦波夫省，梁赞省，图拉省，奥廖尔省，库尔斯克省，沃罗涅日省，哈尔科夫省，波尔塔瓦省，切尔尼戈夫省。第三类（资本主义牛奶业和工业资本主义地区）有 10 个省：莫斯科省，特维尔省，卡卢加省，弗拉基米尔省，雅罗斯拉夫尔省，科斯特罗马省，下诺夫哥罗德省，圣彼得堡省，诺夫哥罗德省和普斯科夫省。工资额的数字是各省的平均数字。资料来源是农业司的出版物：《从欧俄工农业统计经济概述看地主农场中的自由雇佣劳动和工人的流动》。

| 省份类别 | 10年的平均数字(1881—1891年) | | | 8年的平均数字(1883—1891年) | | | | | |
|---|---|---|---|---|---|---|---|---|---|
| | 工资(单位卢布) | | 夏季工资占全年工资的百分数 | 收割季节日工的工资(单位戈比) | | 二者之差 | 日工的工资(单位戈比) | | 二者之差 |
| | 全年工资 | 夏季工资 | | 最低平均数 | 最高平均数 | | 播种季节工资 | 收割季节工资的平均数 | |
| 一、南部和东部边疆地区 | 78 | 50 | **64%** | 64 | 181 | **117** | 45 | 97 | **52** |
| 二、中部黑土地带省份 | 54 | 38 | **71%** | 47 | 76 | **29** | 35 | 58 | **23** |
| 三、非黑土地带省份 | 70 | 48 | **68%** | 54 | 68 | **14** | 49 | 60 | **11** |
| 波罗的海沿岸省份 | 82 | 53 | **65%** | 61 | 70 | **9** | 60 | 67 | **7** |

我们来看一看这个表，其中主要3栏是用黑体字排印的。第一栏表明夏季工资在全年工资中所占的比例。这个比例**愈低**，夏季工资愈接近于半年工资，那么对工人的需求量在全年中就分配得愈平均，**冬季失业的现象就愈轻微**。在这方面最差的是中部黑土地带省份，这是一个实行工役制的和资本主义不发达的地区。[①]在工业省份，在牛奶业地区，对劳动的需求量比较高，冬季失业现象也比较轻微。这里的工资在各年间也最稳定，这从第二栏中就可以看出来，这一栏是表明收割季节最高工资和最低工资之间的差额的。最后，播种季节工资和收割季节工资的差别在非黑土地带也最小，这就是说，对工人的需求量在春夏两季分配得比较平均。波罗的海沿岸省份在上述一切方面都超出非黑土地带省份，而有外来工人和收获量波动最大的草原省份，工资最不稳定。所以，有关工资的资料证明，上述地区的农业资本主义不但造成了对

① 鲁德涅夫先生得出了同样的结论："凡是年工劳动价格比较高的地方，夏季工人的工资更接近于半年的工资。因此，在西部省份以及几乎所有人口稠密的中部黑土地带省份则相反，工人的劳动价格在夏季是很低的。"(上引著作第455页)

雇佣劳动的需求，而且使这种需求在全年分配得比较平均。

最后，必须再指出上述地区内小农对于大业主的一种依附形式。这就是以购买农民的牲畜来补充地主的畜群。地主们发现，向那些迫于贫困而“亏本”出卖牲畜的农民购买牲畜，要比自己饲养牲畜更为有利；正像我国的所谓手工工业中的包买主常常宁愿以非常便宜的价钱向手工业者购买成品，而不愿在自己的作坊中制造这种产品一样。这件事实证明小生产者极端屈辱的地位，证明小生产者在现代社会中只有无限制地降低需求才能维持下去，可是瓦·沃·先生把它当成维护“人民”小生产的论据！……“我们有理由得出这样的结论：我国的大业主……没有表现出足够的独立性……　而农民……却显露出较多的真正改良经济的能力。”（《农民经济中的进步潮流》第 77 页）这种独立性的缺乏表现在：“我国的牛奶业业主……购买农民的〈奶牛〉时，所付的价钱很少抵得上奶牛饲养费的一半，通常不超过这种费用的1/3，甚至常常只有1/4”（同上，第 71 页）。畜牧业业主的商业资本使小农完全依赖自己，它使小农变成为了低微的工资而替它照料家畜的牧工，把小农的妻子变成自己的挤奶女工。[①] 看来，由此可以作出这样的

① 下面是关于一般俄国农民的生活水平和生活条件的两段评述：米·叶·萨尔蒂科夫在《生活琐事》中描写了“善于经营的农夫”……　“农夫是什么都需要的，但最需要的……是工作得筋疲力尽、不吝惜自己劳力的本领……　善于经营的农夫简直就死在这上面”（工作上面）。“妻子和成年儿女所受的痛苦比服苦役还要厉害。”

维·韦列萨耶夫在《利扎尔》这篇文章（1899 年《北方信使报》第 1 号）里，叙述了普斯科夫省一个叫利扎尔的农夫如何宣传用滴剂和其他药品“节育人口”。作者说：“后来，我不止一次地听到许多地方自治局的医生特别是助产士讲，他们常常遇到农村夫妇们提出这一类请求。”“朝着一定方向前进的生活，对各条道路都探索过了，最后碰到一条死胡同。这条胡同是没有出路的。于是，解决问题的新方法自然而然会拟定出来并且日益成熟。”

结论：阻止商业资本转为产业资本是没有意义的，赞助小生产是没有意义的，因为小生产使生产者的生活水平降到雇农的生活水平以下。但是瓦·沃·先生的论断并不是这样。他赞扬农民在照料牲畜时的“热心”（上引书第73页），赞扬“一生与牛羊为伴”的农妇们“饲养牲畜的成绩”如何“斐然可观”。（第80页）真是了不起的天赐神惠啊！“一生与奶牛为伴”（牛奶倒进了改良的乳脂分离器）；而为了酬谢这样的一生，只要付出这头奶牛的饲养“费用的¼”就行了！咳，的确，怎么能不赞成“人民小生产”呢！

## 五　续。牛奶业地区农民的分化

关于牛奶业对农民状况的影响，我们在著作界对这一问题的评论中可以看到常有的矛盾：一方面认为这种经营是进步的，增加了收入，提高了耕作技术，购买了优良工具；另一方面又说饮食恶化了，形成了许多新的盘剥，农民破产了。看过第2章的叙述以后，这些矛盾不应当使我们感到惊奇：我们知道，这种互相对立的评论是针对着互相对立的农民类别来说的。为了更正确地判断这个问题，我们且看一下按每户奶牛头数的农户分类资料①：

---

的确，资本主义社会中农民的境况是没有出路的，并且在村社的俄国也像在小块土地的法国一样，农民的这种境况“自然而然地”会导致用不自然的办法去……延缓小经济的灭亡，而当然不是去“解决问题”。(**第2版注释**)

① 这是布拉戈维申斯基先生的《地方自治局按户调查经济资料综合统计汇编》中的地方自治局统计资料。在这18个县里约有14 000户没有按拥有奶牛的头数进行分类，因为这里农户的总数不是289 079户，而是303 262户。布拉戈维申斯基先生还引用了黑土地带省份两个县的这样的资料，但是这两个县显然并不典型。在特维尔省11个县中（《统计资料汇编》第13卷第2页），无奶牛户在份地农户中所占的百分比并不高（9.8%），而有3头奶牛以上的农户

| 农户类别 | 圣彼得堡、莫斯科、特维尔和斯摩棱斯克等省 18 个县 | | | | | 圣彼得堡省的 6 个县 | | | | |
|---|---|---|---|---|---|---|---|---|---|---|
| | 户数 | 百分比 | 奶牛头数 | 百分比 | 每户拥有奶牛头数 | 户数 | 百分比 | 奶牛头数 | 百分比 | 每户拥有奶牛头数 |
| 没有奶牛的农户 | 59 336 | 20.5 | — | — | — | 15 196 | 21.2 | — | — | — |
| 有 1 头奶牛的农户 | 91 737 | 31.7 | 91 737 | 19.8 | 1 | 17 579 | 24.6 | 17 579 | 13.5 | 1 |
| 有 2 头奶牛的农户 | 81 937 | 28.4 | 163 874 | 35.3 | 2 | 20 050 | 28.0 | 40 100 | 31.0 | 2 |
| 有 3 头奶牛以上的农户 | 56 069 | 19.4 | 208 735 | 44.9 | 3.7 | 18 676 | 26.2 | 71 474 | 55.5 | 3.8 |
| **总　计** | 289 079 | 100 | 464 346 | 100 | 1.6 | 71 501 | 100 | 129 153 | 100 | 1.8 |

由此看来，非黑土地带农民的奶牛分配情况，同黑土地带省份农民的役畜分配情况（见第 2 章）是很相似的。同时，上述地区的产乳牲畜集中程度高于役畜集中程度。这清楚地说明，农民的分化正是同当地的商业性农业的形式有着密切的联系。看来，下面的资料（可惜不够完备）也说明了这种联系。看一看地方自治局的统计总结资料（见布拉戈维申斯基先生的著作，资料包括 21 个省 122 个县），我们就会知道，每户平均有 1.2 头奶牛。因此，非黑土地带农民拥有的奶牛显然比黑土地带农民多，而彼得堡省农民拥有的奶牛又比整个非黑土地带农民多。另一方面，无牲畜的农户的百分比在 22 个省的 123 个县中占 13%，而在我们所引用的 18

---

则占 21.9%，它们所集中的奶牛占总数的 48.4%。无马户的百分比是 12.2%；有 3 匹马以上的农户只占 5.1%，它们所拥有的马匹也只占总数的 13.9%。顺便指出，马匹集中程度较低的现象（同奶牛集中程度相比），在其他非黑土地带省份里也可以看到。

个县中占17%,在彼得堡省的6个县中占18.8%。这就是说,农民分化(在我们所考察的方面)得最厉害的是彼得堡省,其次是整个非黑土地带。这证明,**商业性**农业正是农民分化的主要因素。

从上面引证的资料中可以看出,牛奶业对于一半左右的农户(没有奶牛的农户和有1头奶牛的农户)来说只是有损而无益。有1头奶牛的农户仅仅由于穷困而把牛奶卖掉,因而使自己子女的饮食恶化。相反,将近1/5的农户(有3头奶牛以上的农户)大概把整个牛奶业的一半以上集中在自己手中,因为这类农户的牲畜质量和营业收入都应该比"中等"农户高。① 有一份关于牛奶业和整个资本主义都高度发达的一个地区的资料,是这一结论的一个有趣例证。我们指的是彼得堡县。② 在该县主要是俄罗斯人居住的别墅区,牛奶业得到特别广泛的发展;这里最发达的是牧草种植业(占份地耕地23.5%,而全县只占13.7%)、燕麦(占份地耕地52.3%)和马铃薯(占份地耕地10.1%)的种植。这里的农业受圣彼得堡市场的直接影响,因为这个市场需要燕麦、马铃薯、干草、牛奶和马的劳动力(上引书第168页)。从事"牛奶业"的农户占登记户口的46.3%。在奶牛总数中,91%的奶牛的奶是出售的。这种行业的收入为713 470卢布(平均每户的收入为203卢布,每头奶

① 在遇到下面这种笼统的评论时,必须注意这些关于相互对立的农民类别的资料:"在北部省份的广大地区,每家每年从乳品畜牧业上收入20个卢布到200个卢布;这笔收入不仅仅是扩大和改进畜牧业的最重要的动力,而且还影响到大田作业的改善,乃至外出挣外水的现象的减少,因为它使居民可以在家工作——或是照料牲畜,或是复耕从前荒废了的土地。"(《俄国的生产力》第3编第18页)总的来说,外出做零工的现象不是在减少,而是在增加。即或在个别地区有所减少,那也是由于富裕农民所占的百分比增加,或者是由于"家庭劳动",即为本地农村企业主当雇工的劳动有所发展。

② 《圣彼得堡省国民经济统计材料》1887年圣彼得堡版第5编第2部。

牛的收入为77卢布)。离圣彼得堡越近的地区,那里的牲畜质量和对牲畜的照管越好。牛奶的销售方式有两种:一种是就地卖给包买主,另一种是卖给圣彼得堡的"奶场"等等地方。后一种销售方式赢利要多得多,但是"有一两头或更多一点奶牛的农户,大多数都没有可能把自己的产品直接运到圣彼得堡"(第240页),这是因为他们没有马匹,零星运输会赔本,等等。至于包买主,不但是指那些专门经营商业的人,而且还包括本身也经营牛奶业的人。下面就是该县两个乡的资料:

| 圣彼得堡县的2个乡 | 户数 | 这些农户拥有奶牛头数 | 每户拥有奶牛头数 | 这些农户的"外水"(单位卢布) | 外水 | |
|---|---|---|---|---|---|---|
| | | | | | 每户 | 每头奶牛 |
| 把牛奶卖给包买主的农户 | 441 | 1 129 | 2.5 | 14 884 | 33.7 | 13.2 |
| 把牛奶运到圣彼得堡去卖的农户 | 119 | 649 | 5.4 | 29 187 | 245.2 | 44.9 |
| **总　计** | 560 | 1 778 | 3.2 | 44 071 | 78.8 | 24.7 |

根据这份资料可以判断,在非黑土地带全体农民中,牛奶业的利益是如何分配的,因为我们已经看到,在非黑土地带全体农民中,产乳牲畜的集中程度比这560户中的集中程度还要高。这里要补充的是,圣彼得堡县23.1%的农户都雇用工人(这里和其他任何农业地区一样,雇佣工人中多数是日工)。"如果注意到雇用农业工人的几乎都是农业经营全面的农户〈而这种农户只占该县农户总数的40.4%〉,那么应该得出结论说,这样的农户有一半以上是必须使用雇佣劳动的。"(第158页)

因此,在俄国的天南地北,在极不相同的地区,如在彼得堡省和塔夫利达省,"村社"内部的社会经济关系是完全相同的。"农夫-庄稼汉"(尼·—逊先生用语)不论在哪里都分化为少数的农村企业主和大批的农村无产阶级。农业的特点就在于资本主义在这一个地区使农业的这一方面受自己支配，在另一个地区又使农业的另一方面受自己支配，所以同样的经济关系表现为极其不同的农业形式和生活形式。

在判明了上述地区农民分化为对立的阶级这一事实以后，我们就容易弄清楚人们通常对牛奶业的作用所作的那些矛盾的评论了。富裕农民得到动力去发展和改善农业，这是十分自然的，这样做的结果是推广牧草种植业，因为牧草种植业是商业性畜牧业的必要组成部分。例如，在特维尔省，牧草种植业确实很发达，在最先进的卡申县，已经有1/6的农户种植三叶草（《统计资料汇编》第 13 卷第 2 编第 171 页）。这里值得指出的是，购买地比份地有更多一部分耕地播种牧草，农民资产阶级自然认为私有土地比村社占有土地更可取。① 在《雅罗斯拉夫尔省概述》（1896 年版第 2 编）中，也有大量的材料说明牧草种植业的发展，而且主要也还是在购买地和租地上种植牧草。② 在这本出版物中还可以看到一些关于推广改良工具（如犁、脱粒机、辗压器等等）的材料。乳脂制造业和干酪制造业等等在猛烈发展。在诺夫哥罗德省，早在 80 年代初就有人指出，与农民的畜牧业普遍恶化和缩减的同时，在某些个别地区，即在牛奶销售业有利可

---

① 只有在牛奶销售业发展的地区，牛的饲养才有重大的改进（第 219 页和第 224 页）。

② 第 39、65、136、150、154、167、170、177 页及其他各页。我国改革前的赋税制度在这方面也阻碍着农业的进步。有一个通讯员写道："由于庄园密集，弄得一乡之内到处都种植牧草，但是出售三叶草是为了完纳欠缴的税款。"（第 91 页）这一省的赋税有时竟高到这种地步，以致出租土地的业主必须补给新的份地占有者一笔钱。

图或早就有了饲养牛犊这种副业的地区，农民的畜牧业反而有所改善。（**贝奇科夫**《诺夫哥罗德县三个乡农民经济状况和经营的按户调查试验》1882年诺夫哥罗德版）饲养牛犊也是一种商业性畜牧业，这种副业在诺夫哥罗德省、特维尔省以及一般离首都不远的地方相当普遍。（见农业司出版的《从欧俄工农业统计经济概述看地主农场中的自由雇佣劳动和工人的流动》）贝奇科夫先生说道："这种副业，就其实质来说，是那些有很多奶牛的、本来就很富裕的农民的一笔收入，因为仅有一头奶牛，有时甚至有两头产奶少的奶牛，饲养牛犊是不可能的。"（上引书第101页）①

但是，农民雇用工人这一事实是上述地区农民资产阶级经营成就的最突出的标志。当地的地主感到，他们的竞争者在不断增多，他们在写给农业司的报告中，有时竟把缺少工人的现象归咎于富裕农民抢雇工人。（《从欧俄工农业统计经济概述看地主农场中的自由雇佣劳动和工人的流动》第490页）在雅罗斯拉夫尔省、弗拉基米尔省、圣彼得堡省和诺夫哥罗德省，都有农民雇用工人的现象。（上引书，散见各处）许多这样的材料也散见于《雅罗斯拉夫尔省概述》。

但是，少数富裕农民的这一切成就给大批贫苦农民造成沉重的负担。例如在雅罗斯拉夫尔省雷宾斯克县科普里诺乡，在"著名

① 顺便指出，由于当地农民的"副业"种类繁多，贝奇科夫先生把从事副业者按其外水的多少分成两类。结果是，外水不到100卢布的，共3 251人（占人口27.4%），他们的外水总额＝102 000卢布，平均每人31卢布。外水超过100卢布的共454人（占人口3.8%），他们的外水总额＝107 000卢布，平均每人236卢布。前一类包括的主要是各种雇佣工人，后一类包括的是商人、干草业者和木材业者等等。

的劳动组合干酪制造厂创始人 В.И.布兰多夫”[①]的倡导下，干酪制造厂很普遍。“只有一头奶牛的较贫苦的农民把……牛奶送〈到干酪制造厂〉去，当然会影响自己的饮食”；而殷实农民却在改良自己的牲畜。（第 32—33 页）到干酪制造厂去做工也是雇佣劳动的一种，在年轻的农民中出现了一批干酪师。波舍霍尼耶县的“干酪制造厂和乳脂制造厂的数目在逐年增加”，但是“干酪制造厂和乳脂制造厂给农民经济带来的好处，未必抵得上我国干酪制造厂和乳脂制造厂在农民生活中所造成的损失”。农民自己感到，他们经常被迫挨饿，因为自从某个地区开办了干酪制造厂以来，乳制品都被送到这些干酪制造厂和乳脂制造厂去了，因而他们平时就喝掺水的牛奶。用商品支付工资的现象也普遍起来了（第 43、54、59 页及其他各页），因此令人感到遗憾的是，“资本主义”工厂中禁止以商品支付工资的法令没有推行到我国的“人民”小生产中去。[②]

这样，直接了解情况的人所发表的评论证实了我们的结论：大

① 科普里诺乡的“劳动组合干酪制造厂”列入《工厂一览表》，布兰多夫公司是干酪制造业中最大的一家：1890 年它在 6 个省里拥有 25 个工厂。

② 下面是老乳脂制造者先生的一段很有特色的评论：“谁要是看到过并了解现代的农村，再回想一下 40—50 年前的农村，谁就会因二者的不同而感到惊异。在过去的农村里，所有农户的房子，不论外表或内部装饰都是一个式样的；而现在，农村里有茅草屋也有彩画粉饰的大房子，有穷人也有富人，有被侮辱和被损害的人，也有花天酒地、寻欢作乐的人。从前我们常看到的村庄连一个单身无靠的农民也没有，而现在这样的农民在每个村庄中至少有 5 个以至 10 个。老实说，把农村变成这个样子，乳脂制造业是要负很大责任的。30 年来，乳脂制造业使许多人发财致富，修饰房屋；有许多农民，即牛奶供应者，在乳脂制造业发达时期改善了自己的经济状况，添了更多的牲畜，合伙或单独购买了大量土地，但是更多的人变穷了，乡村里出现了单身无靠的农民和乞丐。”（1899 年《生活》杂志第 8 期，转引自 1899 年《北方边疆区报》**77** 第 223 号）（**第 2 版注释**）

多数农民从当地农业成就中得到的只是损失。商业性农业的进步使下等农户的境况日益恶化，把他们完全推出农民的行列。我们注意到，在民粹派的著作里曾经指出牛奶业的进步和农民饮食的恶化之间的这种矛盾（第一个指出的好像是恩格尔哈特）。但正是从这个例子中可以看出，民粹派对于在农民中和农业中所发生的那些现象的评价是狭隘的。他们只看到了一种形式的矛盾、一个地区的矛盾，而不了解这种矛盾是整个社会经济制度所固有的，是以不同的形式在各处出现的。他们看到一种"有利的副业"的矛盾意义，却极力建议在农民中间"培植"其他一切"地方副业"。他们看到一种农业进步的矛盾意义，却不了解，譬如说，机器在农业中也像在工业中一样，具有完全相同的政治经济学上的意义。

## 六　亚麻业地区

由于上述两个资本主义农业地区的地域辽阔，而且我们在那里所考察的关系具有代表性，所以我们对这两个地区叙述得相当详细。在下面的叙述中，我们只想比较简单地谈一谈几个最重要的地区。

亚麻是所谓"经济作物"中最重要的一种。这个术语已经表明我们在这里遇到的正是**商业性**农业。例如，在"出产亚麻的"普斯科夫省，用当地的话来说，亚麻早就是农民的"首要货币"（《军事统计汇编》第 260 页）。亚麻生产确实是一种生财之道。总的来说，改革后时代的特点就是商业性亚麻业的显著发展。例如，俄国亚麻的产量，在 60 年代末大约是 1 200 万普特纤维（同上，第 260 页），在 80 年代初是 2 000 万普特纤维（《俄国工业历史统计概述》

1883年圣彼得堡版第1卷第74页),目前欧俄50省收获亚麻纤维2 600万普特以上。[①] 在亚麻产区(非黑土地带的19个省),亚麻的播种面积近来变更如下:1893年是756 600俄亩,1894年是816 500俄亩,1895年是901 800俄亩,1896年是952 100俄亩,1897年是967 500俄亩。在整个欧俄(50个省),亚麻的播种面积在1896年是1 617 000俄亩,1897年是1 669 000俄亩(《财政与工商业通报》杂志,同上,以及1898年第7期),而在19世纪90年代初只有1 399 000俄亩(《俄国的生产力》第1编第36页)。书刊中的一般评述也同样证实了商业性亚麻业的发展。例如,《俄国工业历史统计概述》断定,在改革后的头20年,"供工业用的亚麻作物区扩大到好几个省份"(上引书第71页),铁路网的扩展对这一点特别有影响。关于弗拉基米尔省尤里耶夫县,维·普鲁加文先生在80年代初写道:"最近10—15年以来,亚麻的种植在这里获得了特别广泛的发展";"某些家庭人口多的农户每年出卖亚麻达300—500卢布以上…… 他们在罗斯托夫城购买〈亚麻种〉……这里的农民非常注意选种。"(《弗拉基米尔省尤里耶夫县的村社、

① 根据中央统计委员会的资料,1893—1897年间亚麻纤维的平均年产量是26 291 000普特。见《财政与工商业通报》杂志1897年第9期和1898年第6期。先前的亚麻生产统计资料都非常不确切,所以我们宁愿采用那些根据专家对各种极不相同的资料加以比较而作出的大致计算。亚麻的产量在各年间波动很大。因此,尼·—逊先生根据短短6年的资料立即作出了大胆的结论,硬说亚麻的生产在"减少","亚麻的播种面积在缩减"(《概况》第236页及以下各页),他就犯了一些极其可笑的错误(见彼·伯·司徒卢威在《俄国经济发展问题的评述》第233页及以下各页中对这些错误的分析)。我们要对正文中所说的作点补充:根据尼·—逊先生引用的资料,19世纪80年代亚麻的播种面积最多有1 372 000俄亩,亚麻纤维的收获量是19 245 000普特,而在1896—1897年亚麻的播种面积达到了1 617 000—1 669 000俄亩,亚麻纤维的收获量是31 713 000—30 139 000普特。

手工业和农业》1884 年莫斯科版第 86—89 页)特维尔省地方自治局统计汇编(第 13 卷第 2 编)指出:“春播地中最重要的粮食即大麦和燕麦都让位于马铃薯和亚麻”(第 151 页);在某些县里,亚麻竟占春播地的1/3到3/4,例如在祖布佐夫和卡申等县就是这样,“在这些县里,亚麻业带有明显的投机性质”(第 145 页),它在租来的生荒地和休耕地上发展得尤其厉害。同时还可以看到,在一些尚有闲地(生荒地、空地和清除了林木的地段)的省份,亚麻业在拼命扩大,而在某些早就种植亚麻的省份,“亚麻作物不是保持原有的规模,就是让位于新引种的块根作物和蔬菜等等作物”(《财政与工商业通报》杂志 1898 年第 6 期第 376 页和 1897 年第 29 期),即让位于其他种类的商业性农业。

至于说到亚麻对国外的出口量,那么在改革后的头 20 年增长得非常快:平均年出口量从 1857—1861 年间的 460 万普特,增到 1867—1871 年间的 850 万普特,再增到 1877—1881 年间的 1 240 万普特;但后来的出口量似乎停留在以前的数量上了,在 1894—1897 年间平均每年的出口量为 1 330 万普特。① 当然,商业性亚麻业的发展不仅引起工农业之间的交换(出卖亚麻和购买工厂产品),而且也引起**各种商业性农业**之间的交换(出卖亚麻和购买粮食)。这一很有意思的现象清楚地表明,资本主义国内市场的建立不仅是由于农业人口转入工业,而且也是由于商业性农业的专业化。下面就是关于这一现象的资料②:

① 这是关于亚麻、亚麻短纤维和麻屑的出口量的资料。见《俄国工业历史统计概述》、彼·司徒卢威的《俄国经济发展问题的评述》和《财政与工商业通报》杂志 1897 年第 26 期和 1898 年第 36 期。

② 见 **H.斯特罗金**《普斯科夫省的亚麻业》1882 年圣彼得堡版。作者从《税务委员会报告书》中摘引了这份资料。

| 时　期 | 进出普斯科夫省（“亚麻产地”）的铁路货运量（平均量，单位千普特）： | |
|---|---|---|
| | 运出亚麻 | 运进谷物和面粉 |
| 1860—1861 | 255.9 | 43.4 |
| 1863—1864 | 551.1 | 464.7 |
| 1865—1866 | 793.0 | 842.6 |
| 1867—1868 | 1 053.2 | 1 157.9 |
| 1869—1870 | 1 406.9 | 1 809.3 |

商业性亚麻业的这种发展，对于大家都知道是亚麻主要生产者的农民究竟有怎样的影响呢？① “到过普斯科夫省并观察过那里的经济生活的人都不能不看到：那里除了稀少的很富裕的大单位——村镇而外，也有极其贫困的单位；**这两种极端是亚麻地区经济生活的特点**。”“种植亚麻有了赌博式的性质”，“大部分”亚麻收入“仍然归包买主和出租麻田的人所有”。（斯特罗金的书第22—23页）足以使人破产的租价是真正的“货币地租”（见上面），而农民群众“则完全地和无可奈何地依附于”（斯特罗金的书，同上）包买主。商业资本的统治在这个地区早已形成②，改革后时代的特点就在于商业资本的高度集中、原先的小包买主垄断性的破坏、包揽全部亚麻买卖的“亚麻营业站”的成立。斯特罗金先生在谈到普斯科夫省时说道：亚麻业的意义“表现在……资本集中于若干人手中”（第31页）。资本把亚麻业变成一种赌博，使大批小农破产，这些小农降低了亚麻的质量，耗尽了地力，直到出租份地，最后扩大

① 在1 399 000俄亩的麻田中，有745 400俄亩是在非黑土地带，那里只有13%的麻田属于私有主。在黑土地带的609 600俄亩麻田中，有44.4%属于私有主。（《俄国的生产力》第1编第36页）

② 《军事统计汇编》就已指出：“农民种植的亚麻，实际上往往是麻贩〈当地对小包买主的称呼〉的财产，而农民只不过是自己田地上的一个劳力罢了”（第595页）。参看《俄国工业历史统计概述》第88页。

了“外出做零工”的工人的人数。而极少数的富裕农民和商人却有可能(竞争也使他们有必要)实行技术改良。库特式的亚麻碎茎机开始流行起来,有手摇的(约值25卢布),也有马拉的(比前者贵两倍)。普斯科夫省在1869年总共只有557台这样的机器,而在1881年便有了5 710台(4 521台是手摇的,1 189台是马拉的)。[①]我们在《俄国工业历史统计概述》中看到:“目前每一个从事亚麻业的富裕农户都有一台库特式的手摇机,这种手摇机甚至取名为‘普斯科夫碎茎机’。”(上引书第82—83页)这些购置机器的少数“富裕”业主同其余农民的关系如何,这我们在第2章里已经看到了。普斯科夫省地方自治机关已不再引进清选种子效能很差的原始筛箱,而开始推行改良的谷物清选机(选粮筒),“比较富裕的农民工业者”发现,由自己购买这种机器租给麻农,是有利可图的。(1897年《财政与工商业通报》杂志第29期第85页)较大的亚麻包买主还设置有干燥室、压榨机,并雇用工人选麻和打麻。(见维·普鲁加文先生所举的例子,上引书第115页)最后必须补充说明的是:亚麻纤维的加工需要特别多的劳动力,据计算,耕种1俄亩亚麻需要26个农业劳动日,把1俄亩麻茎制成纤维则需要77个劳动日(《俄国工业历史统计概述》第72页)。因此,亚麻业的发展一方面使农民在冬季有较多的活计,另一方面又形成了种植亚麻的地主和富裕农民对雇佣劳动的需求(见第3章第6节中有关这方面的例子)。

因此,商业性农业的增长在亚麻业地区也引起了资本的统治和农民的分化。而土地租价的昂贵[②]、商业资本的压力、农民的被

① 斯特罗金的书第12页。

② 目前由于麻价下跌,麻田的租价也在下跌,但是亚麻的播种面积并未减少,如普斯科夫省的亚麻区1896年的情况就是这样(1897年《财政与工商业通报》杂志第29期)。

束缚于份地以及份地的高额赎金，无疑都严重阻碍农民的分化过程。所以，农民购买土地①和外出做零工②的现象越发展，改良农具和改良耕作方法越普遍，产业资本对商业资本的排挤就越快，农民中农村资产阶级的形成以及资本主义制度对地主经济的工役制度的排挤就进行得越快。

## 七 农产品的技术加工

我们在前面(第1章第1节)已经指出，有些农业著作家在按主要的市场产品划分农业系统时，把工厂农业系统或技术农业系统划为单独的一类。这种农业系统的实质在于：农产品在进入消费(个人消费或生产消费)之前要经过技术加工。从事这种加工的作坊，或者是出产原料的农场本身的一部分，或者属于向农村业主收购原料的专门的手工业者。从政治经济学上来说，这两种作坊之间的差别不是非常重要的。技术性农业生产的增长对于资本主义的发展问题有很重要的意义。第一，这种增长是商业性农业发展的一种形式，而且也正是这种形式才特别突出地表明了农业如何变为资本主义社会的一个工业部门。第二，农产品技术加工的发展通常总是和农业的技术进步密切联系着的：一方面，加工原料

① 普斯科夫省是俄国农民购买土地最盛的省份之一。根据《欧俄农村居民经济状况统计资料汇编》(大臣委员会办公厅版)的资料，这里农民的购买地竟占好份地的23%；这是全部欧俄50省中最大的数字。1892年1月1日以前，每一实有男性农民人口平均有0.7俄亩购买地；在这方面，只有诺夫哥罗德省和塔夫利达省高于普斯科夫省。

② 根据统计资料来看，普斯科夫省外出做零工的男人，从1865—1875年到1896年**几乎增加了3倍**(《普斯科夫省农民的副业》1898年普斯科夫版第3页)。

的生产本身常常要求不断改进农业(例如,种植块根作物);另一方面,加工时剩下的废料往往可以用于农业,提高农业的效益,至少部分地恢复工农业之间的平衡和相互依赖关系,而资本主义最深刻的矛盾之一就是这种平衡和相互依赖关系的破坏。

因此,我们现在应该来评述一下改革后俄国技术性农业生产的发展。

## (1) 酿 酒 业

我们在这里只是从农业的角度来考察酿酒业。所以我们没有必要谈论酿酒业集中于大工厂的过程如何急剧(多少是由于消费税制度的要求),工厂技术怎样迅速取得进步、降低生产费用,消费税的增长如何超过了生产费用的降低,以及过高的消费税如何阻碍了消费与生产的增长。

我们现在引用一下关于整个俄罗斯帝国"农业"酿酒的资料①:

| 1896—1897 年度的酿酒厂 | 工厂数目 | | 酒精酿造量(单位千维德罗) | |
|---|---|---|---|---|
| 农业酿酒厂 | 1 474 | 1 878 | 13 521 | 24 331 |
| 混合酿酒厂 | 404 | | 10 810 | |
| 工业酿酒厂 | 159 | | 5 457 | |
| **共 计** | 2 037 | | 29 788 | |

由此可见,⁹⁄₁₀以上的酿酒厂(占全部酿酒量的⁴⁄₅强)是直接同

① 1890 年 6 月 4 日的法令规定农业酿酒的特征如下:(1)从 9 月 1 日至 6 月 1 日这段没有田间工作的时间为酿酒生产时间;(2)酒精酿造量与田庄内耕地的俄亩数相适应。凡部分从事农业酿酒、部分从事工业酿酒的工厂叫做混合酿酒厂(参看《财政与工商业通报》杂志 1896 年第 25 期和 1898 年第 10 期)。

农业联系着的。这些工厂既然是大型的资本主义企业，就使一切建立有这种工厂的地主农场（酿酒厂几乎全部属于地主而且主要是贵族所有）也具有资本主义企业的性质。我们所考察的这种商业性农业在中部黑土地带省份特别发达，俄罗斯帝国全部酿酒厂的1/10以上都集中在这里（在 1896—1897 年度共有 239 家，其中 225 家是农业酿酒厂和混合酿酒厂），酒精产量占全国总产量的1/4以上（在 1896—1897 年度酒精产量为 7 785 000 维德罗，其中 6 828 000 维德罗是农业酿酒厂和混合酿酒厂生产的）。因此，在工役制占优势的地区，农业的商业性质往往（同其他地区相比）表现在以粮食和马铃薯制造伏特加酒方面。用马铃薯酿酒在改革后时代发展得特别迅速，这从有关整个俄罗斯帝国的下列资料中便可看出①：

| | 酿酒原料的消耗量（单位千普特） | | |
|---|---|---|---|
| | 全部粮食的消耗量 | 其中马铃薯的消耗量 | 马铃薯消耗量所占的百分比 |
| 1867 年 | 76 925 | 6 950 | 9.1 |
| 10 年的平均数字 1873/74—1882/83 | 123 066 | 65 508 | 53 |
| 10 年的平均数字 1882/88—1891/92 | 128 706 | 79 803 | 62 |
| 1893—1894 年度 | 150 857 | 115 850 | 76 |
| 1896—1897 年度 | 144 038 | 101 993 | 70.8 |

可见，在酿酒用的粮食总共增加 1 倍的情况下，酿酒用的马铃薯增加了 14 倍。这一事实明显地证实了前面（本章第 1 节）所确定的论点：马铃薯的播种量和收获量的巨大增长，正是意味着商业性农业和资本主义农业的增长，同时意味着农业技术的提高和多

① 资料来源：《军事统计汇编》第 427 页，《俄国的生产力》第 9 编第 49 页和 1898 年《财政与工商业通报》杂志第 14 期。

圃轮作制代替三圃制等等[①]。酿酒业最发达的地区，人均计算的马铃薯纯收获量也最多(俄罗斯各省，即除去波罗的海沿岸各省和西部各省)。例如在北部黑土地带省份，这个数量在 1864—1866 年间、1870—1879 年间和 1883—1887 年间各为 0.44、0.62、0.60 俄石[②]，而整个欧俄(50 个省)的相应数字为 0.27、0.43、0.44 俄石。早在 80 年代初，《俄国工业历史统计概述》就已经指出："种植马铃薯最普遍的地区包括有：中部和北部黑土地带各省，伏尔加河流域和伏尔加左岸以及中部非黑土地带各省。"(上引书第 44 页)[③]

地主和富裕农民扩大马铃薯的种植，意味着对雇佣劳动需求的增加；种 1 俄亩马铃薯比种 1 俄亩谷物所耗费的劳动量多得多[④]，而机器的使用，例如在中部黑土地带还很不发达。因此，如

---

① 参看上引拉斯波平的著作——《俄国工业历史统计概述》，上引卷第 14 页。酿酒剩下的渣滓(酒糟)常被用来(不仅农业酿酒厂，就连商业性酿酒厂也这样做)经营商业性的肉用畜牧业。参看《根据业主方面的材料所编的农业统计资料》第 7 编第 122 页及其他各处。

② **俄石**是俄国旧容量单位，装散体物等于 209.91 升，装液体物等于 3.0748 升。——编者注

③ 正是在中部农业省份，用马铃薯酿酒发展得极其迅速，这从下列资料中便可看出。库尔斯克、奥廖尔、图拉、梁赞、坦波夫和沃罗涅日等 6 省酿酒所用马铃薯，在 1864—1865 年度至 1873—1874 年度间平均每年为 407 000 普特，在 1874—1875 年度至 1883—1884 年度间平均每年为 7 482 000 普特，在 1884—1885 年度至 1893—1894 年度间平均每年为 20 077 000 普特。而整个欧俄的相应数字为：10 633 000 普特，30 599 000 普特和 69 620 000 普特。上述各省用马铃薯酿酒的工厂数目，在 1867—1868 年度至 1875—1876 年度间平均每年为 29 家，在 1876—1877 年度至 1884—1885 年度间平均每年为 130 家，在 1885—1886 年度至 1893—1894 年度间平均每年为 163 家。而整个欧俄的相应数字为：739 家、979 家和 1 195 家(见《根据业主方面的材料所编的农业统计资料》第 7 编)。

④ 例如，据下诺夫哥罗德省巴拉赫纳县地方自治局统计汇编的计算：种 1 俄亩马铃薯需要 77.2 个劳动日，其中有 59.2 个是从事栽种、培土、除草和刨马铃薯的女工劳动日。因此，对当地农村妇女日工劳动的需求大大增加。

果说专门从事酿酒业的工人人数减少了[①]，那么从另一方面来说，栽种块根作物的资本主义经营方式对工役制的排挤，就增加了对农村日工的需求。

### （2）甜菜制糖业

甜菜制糖业比酿酒业更集中于大型资本主义企业，它也是地主（主要是贵族）田庄的组成部分。从事这项生产的主要地区是西南各省，其次是南部黑土地带省份和中部黑土地带省份。甜菜的播种面积，在60年代约有100 000俄亩[②]，在70年代约有160 000俄亩[③]，在1886—1895年间有239 000俄亩[④]，在1896—1898年间有369 000俄亩[⑤]，在1900年有478 778俄亩，在1901年有528 076俄亩（1901年《工商报》第123号），在1905—1906年度有483 272俄亩（1906年《财政与工商业通报》杂志第12期）。可见，在改革后时期甜菜的播种面积增加了4倍多。至于甜菜的收获量和加工量，更是增加得迅速无比：俄罗斯帝国平均每一年甜菜的加

① 据统计，1867年欧俄各地的酿酒厂有52 660名工人（《军事统计汇编》。我们在第7章中将说明，这本资料一般说来大大夸大了工厂工人的人数），而在1890年则有26 102名工人（据奥尔洛夫的《工厂一览表》）。专门从事酿酒业的工人为数并不多，同时他们和农业工人的区别也不大。例如，日班科夫博士曾经说过："农村工厂因为工人夏天要下地干活而不常开工，这种工厂所有的工人，都同固定的工厂工人有着显著的区别，他们身着农服，保留着农村的习气，没有工厂工人所特有的那种风度。"（上引书第2编第121页）

② 《财政部年鉴》第1编。《军事统计汇编》。《俄国工业历史统计概述》第2卷。

③ 《俄国工业历史统计概述》第1卷。

④ 《俄国的生产力》第1编第41页。

⑤ 《财政与工商业通报》杂志1897年第27期和1898年第36期。欧俄除波兰王国而外，在1896—1898年间甜菜的播种面积为327 000俄亩。

工量，在1860—1864年间为410万别尔科维茨[①]；在1870—1874年间为930万别尔科维茨；在1875—1879年间为1 280万别尔科维茨；在1890—1894年间为2 930万别尔科维茨；在1895—1896年度至1897—1898年度间为3 500万别尔科维茨[②]。从60年代以来，甜菜的加工量增加了7倍多。可见，甜菜的单位面积产量，即用资本主义方式组织起来的大田庄的劳动生产率大大提高了[③]。把甜菜这种块根作物纳入轮作制，是同施行更完善的耕作制度、改进土地的耕种和牲畜的饲养等等密切相关的。在《俄国工业历史统计概述》(第1卷)中有这样一段话："甜菜田的耕作，一般是相当复杂和费力的，但是在我国很多甜菜农场里都达到了高度完善的程度，特别是在西南各省和维斯瓦河沿岸省份。各地在耕作时使用各种多少经过改良的工具和犁，有时甚至还使用蒸汽动力耕地。"(第109页)

随着资本主义大农业的这种进步，极大地增加了对农业雇佣工人——雇农、特别是日工的需求，同时妇女劳动和儿童劳动也使用得特别广泛。(参看《俄国工业历史统计概述》第2卷第32页)在邻近各省的农民中便形成一种特别的外出做零工项目——外出"制糖"。(同上，第42页)据计算，包种1莫尔格(=⅔俄亩)甜菜需要40个劳动日(《从欧俄工农业统计经济概述看地主农场中的自由雇佣劳动和工人的流动》第72页)。根据《欧俄农村居民经济状况统计资料汇编》(大臣委员会版)的计算，用机器耕种1俄亩甜菜需要12个男劳

① 旧俄重量单位，等于10普特或163.8公斤。——编者注

② 除上面指出的出处而外，见1898年《财政与工商业通报》杂志第32期。

③ 在1890—1894年间，俄罗斯帝国平均每年的甜菜播种面积为285 000俄亩，其中118 000俄亩属于工厂，167 000俄亩属于种植园主。(《俄国的生产力》第9编第44页)

动日，而使用手工劳动则需要25个男劳动日，妇女和少年还不算在内(第X—XI页)。这样看来，要耕种俄国全部甜菜地，大约至少需要30万个农村男女日工。但是根据甜菜播种面积增加的俄亩数，还不能够完全知道对雇佣劳动的需求量，因为有些工作是按每1别尔科维茨甜菜来付钱的。例如，在《俄国手工工业报告和研究》(1894年圣彼得堡国家产业部版第2卷第82页)中就有这样一段话：

“不论是城里的或县里的〈这里指的是切尔尼戈夫省克罗列韦茨城〉妇女都很重视甜菜地里的工作。在秋天每削1别尔科维茨甜菜的工资是10戈比，两个妇女1天能够削6—10别尔科维茨。不过有些人约定在甜菜生长期间做除草、培土这些管理工作。在这种情况下，全套管理工作外加刨出和切削，每1别尔科维茨削好的甜菜能拿到25戈比。”甜菜种植园工人的状况是最苦的。例如，《哈尔科夫省医务通讯》杂志(1899年9月，转引自1899年《俄罗斯新闻》第254号)举出“许多说明**甜菜种植园工人**状况极其悲惨的事实。如阿赫特尔卡县科捷利瓦镇地方自治局医生波多利斯基写道：‘秋天，**伤寒病的蔓延**，常常是从那些在**富裕农民的甜菜种植园中工作的青年人**那里开始的。这些种植园主为工人休息和过夜而准备的工棚真是脏极了，工人睡觉铺的禾秸到工作结束时简直都成了垃圾，因为从来没有换过，因此这里就成了传染病的发源地。曾经一下子就检查出了四五个伤寒病患者，他们都是从同一个甜菜种植园送来的。’这个医生认为，‘大部分梅毒病患者都是从甜菜种植园那里出现的’。费恩贝格先生有充分根据地指出：‘种植园的工作就其对于工人本身和附近居民的有害影响来说，并不亚于工厂的工作，种植园的工作所以特别有害，是因为在这里做工的有大批的妇女和少年，这里的工人连最起码的社会保护和国家保护都没有'；基于上述一切，作者完全同意罗曼年科博士在哈尔科夫省医生第七次代表大会上发表的意见：'在颁布**强制性**决议时，也应该**关心甜菜种植园内的工人状况**。这些工人缺乏最必需的东西，一连数月在露天下住宿，在一个锅里吃饭。'"

由此可见，甜菜生产的增长大大地提高了对农业工人的需求，使附近农民变成了农村无产阶级。农业工人人数的增长，只是由于专门从事甜菜制糖业的工人人数有些减少而稍受影响。[①]

### （3）马铃薯淀粉业

我们上面谈的是地主农场中所独有的技术生产部门，现在来谈一谈农民多少也可以办到的技术生产部门。这里首先要谈的是用马铃薯（部分也用小麦或其他粮食）制造淀粉和糖浆的加工业。由于需要用淀粉的纺织工业的巨大发展，淀粉业在改革后时代增长得特别迅速。广泛从事这种生产的地区，主要是非黑土地带省份、工业省份和北部黑土地带的部分省份。根据《俄国工业历史统计概述》（第 2 卷）的统计，在 60 年代中期，这类工厂约有 60 个，生产总额约为 270 000 卢布；而在 1880 年则有 224 个，生产总额为 1 317 000 卢布。根据《工厂一览表》的统计，在 1890 年有 192 个工厂，工人有 3 418 名，生产总额为 1 760 000 卢布[②]。在《俄国工

① 1867 年在欧俄的甜菜制糖厂和精糖厂做工的有 80 919 名工人（《财政部年鉴》第 1 编。《军事统计汇编》在这里也把这一数字夸大为 92 000 人，这可能是把同一些工人作了重复计算）。在 1890 年这类工人为 77 875 人（奥尔洛夫的《工厂一览表》）。

② 我们所以采用《俄国工业历史统计概述》的资料，是因为这些资料性质最相近，最便于比较。《财政部所属各机关的通报及材料汇编》（1866 年 4 月第 4 号）

业历史统计概述》中指出:“淀粉业在近25年中,按工厂数量来说,增加了3倍半;按制成产品的总额来说,增加了$9\frac{3}{4}$倍;尽管如此,这样的生产率还远远不能满足对淀粉的需要”(第116页),外国淀粉进口额的增加便证明了这一点。《俄国工业历史统计概述》分析了各省的资料以后得出的结论是:我国的马铃薯淀粉业(和小麦淀粉业相反)具有农业的性质,因为它集中在农民和地主手中。它不仅在将来有“广阔的发展前途”,“就是现在也给我国农村居民带来了很多好处”。(第126页)

我们马上就会看到,是谁得到了这些好处。但是我们首先要指出的是,在淀粉业发展中,必须把两个过程区别开来:一方面是新的小型工厂的出现和农民生产的发展;另一方面是生产集中于大型的使用蒸汽机的工厂。例如,在1890年,77个使用蒸汽机的工厂集中了工人总数的52%和生产总额的60%,其中只有11个工厂是在1870年以前建立的,有17个是在70年代建立的,有45个是在80年代建立的,有2个是在1890年建立的(奥尔洛夫先生的《工厂一览表》)。

为了要了解农民淀粉业的经济情况,我们来看一下地方的调查资料。在莫斯科省,1880—1881年度有4个县的43个村庄从事淀

认为,根据工商业司的官方资料,在1864年俄国有55家淀粉厂,生产总额为231 000卢布。《军事统计汇编》认为,在1866年有198家工厂,生产总额为563 000卢布,但这里显然把一些如今未被算做工厂的小作坊也统计在内了。总的说来,这一生产部门的统计是很不能令人满意的,因为小工厂有时候被统计在内,有时候(更经常得多)又被略过不算。例如,奥尔洛夫的《工厂一览表》认为,雅罗斯拉夫尔省在1890年有25个工厂(《工厂索引》认为在1894—1895年度有20个),而《雅罗斯拉夫尔省概述》(1896年第2编)则认为,仅在罗斯托夫一县就有810个马铃薯糖浆厂。因此,正文中引用的数字只能说明现象的动态,决不能说明生产的实际发展情况。

粉业。[①] 有130个作坊,780名工人,生产额不下137 000卢布。淀粉业主要是在改革后才推广开来的,而且它的技术逐渐改进,一些需要大量固定资本和具有高度劳动生产率的较大的作坊也建立起来了。改良磨碎机代替了手工磨碎机,接着出现了马拉传动装置,最后采用了**滚筒**——一种能大大改进生产和降低生产费用的装置。下面就是我们按作坊的大小编制的一份"手工业者"按户调查资料:

| 作坊类别② | 作坊数目 | 工人人数 | | | 每一作坊的工人人数 | | | 平均工作周数 | 生产总额(单位卢布) | | |
|---|---|---|---|---|---|---|---|---|---|---|---|
| | | 本户工人 | 雇佣工人 | 共计 | 本户工人 | 雇佣工人 | 共计 | | 共计 | 每一作坊的生产额 | 每一工人4周的生产额 |
| 小型的 | 15 | 30 | 45 | 75 | 2 | 3 | 5 | 5.3 | 12 636 | 842 | 126 |
| 中型的 | 42 | 96 | 165 | 261 | 2.2 | 4 | 6.2 | 5.5 | 55 890 | 1 331 | 156 |
| 大型的 | 11 | 26 | 67 | 93 | 2.4 | 6 | 8.4 | 6.4 | 61 282 | 5 571 | 416 |
| **总　计** | 68 | 152 | 277 | 429 | 2.2 | 4.1 | 6.3 | 5.5 | 129 808 | 1 908 | 341 |

总之,我们在这里看到的,是小型的资本主义作坊,随着生产的扩大,这些作坊对雇佣劳动的使用在增加,劳动生产率也在提高,这些作坊使农民资产阶级获得了大量利润,并且提高了农业技术。但是由于工作条件极不卫生和工作日过长[③],这些小工厂里的工人状况是非常不能令人满意的。

凡有"磨碎机"作坊的农民,他们的耕作条件都很有利。种马铃

① 《莫斯科省统计资料汇编》1882年莫斯科版第7卷第1编。

② 见第5章附录中第24号手工业。

③ 上引书第32页。农民小工厂里的工作日长达13—14小时,而在同一工业部门的大工厂里(根据杰缅季耶夫的材料),工作日大多是12小时(见叶·米·杰缅季耶夫《工厂,它给予居民什么和从居民那里取得什么》1893年莫斯科版第88—97页。——编者注)。

薯(在份地上,而主要是在租地上)所得的收入比种黑麦和燕麦所得的收入大得多。工厂主为了扩大自己的经营,便极力租进贫苦农民的份地。例如,齐比诺村(布龙尼齐县)的 18 个淀粉厂主(该村的业主共有 105 个)都向那些外出做零工的农民以及无马农民租用份地,因而他们在自己所有的 61 份份地上又加上了 133 份租来的份地;他们一共集中了 194 份份地,即占该村所有份地的 44.5%。汇编指出:"在其他淀粉糖浆业多少有所发展的村庄,也可以看到与此完全相同的现象。"(上引书第 42 页)[①]淀粉厂主饲养的牲畜要比其余农民饲养的牲畜多 1 倍:他们平均每户有 3.5 匹马和 3.4 头奶牛,而当地全部农民平均每户有 1.5 匹马和 1.7 头奶牛。在 68 个工厂主(按户调查所包括的)当中,10 个有购买地,22 个租用非份地,23 个租用份地。总之,这是农民资产阶级的典型代表。

弗拉基米尔省尤里耶夫县的淀粉业具有完全相似的关系(上引维·普鲁加文的书第 104 页及以下各页)。这里的工厂主主要也是靠雇佣劳动来进行生产的(在 30 个工厂的 128 名工人中,有 86 名是雇佣工人);这里的工厂主经营的畜牧业和农业也比群众经营的强得多,而且他们还用马铃薯渣喂牲畜。农民中甚至出现了真正的农场主。普鲁加文先生描述了一个农民的农场,这个农民有一个淀粉厂(约值 1 500 卢布),雇了 12 个工人。他在自己那个靠租地而扩大了的农场中种植马铃薯。他实行七圃轮作,种植三叶草。雇有 7—8 个工人从事农业,从春季一直雇到秋季("包季工")。马铃薯渣用来喂牲口,而淀粉沉淀后剩下的水,业主打算用来浇地。

① 关于这一点,可参看瓦·奥尔洛夫对莫斯科全省所作的总的评论(汇编第 4 卷第 1 编第 14 页):富裕农民时常租用贫苦农民的份地,有时在自己手中集中有 5—10 份租来的份地。

维·普鲁加文先生断言,这个厂"完全是例外的情况"。当然,在任何资本主义社会里,农村资产阶级在农村人口中总是为数很少,如果从这个意义上来讲,可以说是一种"例外"。但是这种说法抹杀不了这样一个事实:无论是在淀粉业地区,或是在俄国其他一切商业性农业地区,一个组织资本主义农业的农村企业主阶级正在形成。①

## (4) 榨油业

用亚麻、大麻和向日葵等榨油也是一种常见的农业技术生产部门。关于改革后时代榨油业的发展,可以根据下列材料来判断:榨油业的生产总额在1864年为1 619 000卢布;在1879年为6 486 000卢布;在1890年为12 232 000卢布。② 在这个生产部门中也存在着两种发展过程:一方面,在农村里出现了农民经营的(有时是地主经营的)为出卖而制造产品的小型油坊;另一方面,一些使生产积聚和排挤小作坊的使用蒸汽机的大型工厂也

① 我们要指出一件怪事:普鲁加文先生(上引书第107页)和记述莫斯科的副业的作者(上引书第45页)以及瓦·沃·先生(《手工工业概述》第127页)都认为,某些磨碎机作坊属于几个业主共有这种现象包含着"劳动组合基础"(或"原则")。我国眼光敏锐的民粹派能够从农村企业主的合伙经营中看出某种特殊的"基础",而在农村企业主阶级的存在及其发展中倒看不出任何新的社会经济"基础"。

② 《财政部所属各机关的通报及材料汇编》1866年第4号。奥尔洛夫的《工厂一览表》第1版和第3版。我们不引用有关工厂数目的资料,因为我国的工厂统计混淆了小型的农业油坊和大型的工业油坊,在不同时间和不同省份里,小型的农业油坊有时被统计在内,有时又未被统计在内。例如,在19世纪60年代,许多小型油坊都算做"工厂"。

在发展。[①] 这里我们关心的只是油料作物的农业加工。《俄国工业历史统计概述》(第 2 卷)写道:“拥有大麻油坊的都是富裕农民”,他们特别重视榨油业,为的是能够获得喂牲畜的上等饲料(饼渣)。普鲁加文先生(上引书)指出弗拉基米尔省尤里耶夫县“亚麻籽榨油业得到广泛的发展时”,断定农民从中获得“不少好处”(第 65—66 页),断定有榨油厂的农民所经营的农业和畜牧业比农民群众经营的强得多,而且有些油坊主还雇用农业工人(上引书,表,第 26—27 页和第 146—147 页)。1894—1895 年度彼尔姆省手工业调查也同样表明,手工业者油坊主所经营的农业要比群众经营的强得多(播种面积较大,牲畜多得多,收成较好等等),而且随着农业的这种改善,产生了雇用农业工人的现象。[②] 在沃罗涅日省,在改革后时代,当地油坊用来榨油的向日葵的**商业性**种植特别普遍。据统计,俄国向日葵的播种面积在 70 年代约为 80 000 俄亩(《俄国工业历史统计概述》第 1 卷),在 80 年代约为 136 000 俄亩,其中有⅔属于农民。“然而从那时起,根据某些资料来看,这种作物的播种面积就大大增加了,有的地方增加了百分之百,甚至超过百分之百。”(《俄国的生产力》第 1 编第 37 页)我们在《俄国工业历史统计概述》第 2 部里可以看到:“仅阿列克谢耶夫卡一个大村〈沃罗涅日省比留

① 例如,1890 年有 383 个工厂,生产总额为 12 232 000 卢布,其中 11 个工厂便占有 7 170 000 卢布。工业企业主对农村企业主的这种胜利,引起了我国大地主(如上引谢·柯罗连科先生的书)和我国民粹派(如尼·—逊先生的《概况》第 241—242 页)极大的不满。我们是不同意他们的看法的。大工厂提高劳动生产率,使生产社会化。这是一方面。而另一方面,大工厂里工人的状况大概比小型的农业油坊要好,而且不仅在物质方面。

② **弗·伊林《经济评论集》78** 1899 年圣彼得堡版第 139—140 页。(见本版全集第 2 卷第 266—267 页。——编者注)

奇县〉就有40多个油坊，而且这个大村本身只是由于种了向日葵才富起来的，由穷村变成了富村，出现了有铁皮顶的房屋和店铺。”(第41页)至于农民资产阶级的这种富裕对农民群众有什么影响，这从下述材料中便可看出：在1890年，阿列克谢耶夫卡大村登记的户口是2 273户(男女人口共13 386人)，其中1 761户没有役畜，1 699户没有农具，1 480户没有种地，不从事副业的只有33户。①

总之应该指出，在地方自治局的按户调查中，农民的油坊往往列入了“工商企业”，关于这些企业的分配和作用，我们在第2章里已经讲过了。

## (5) 烟 草 业

最后，我们引用一下关于烟草业发展的简短报道。在1863—1867年间，俄国平均每年的烟草种植面积为32 161俄亩，收获量为1 923 000普特，在1872—1878年间，平均每年的烟草种植面积为46 425俄亩，收获量为2 783 000普特；在80年代，平均每年的烟草种植面积为50 000俄亩，收获量为4 000 000普特。② 在上述几个时期中，烟草种植园的数目分别为75 000个、95 000个、

① 《沃罗涅日省比留奇县统计资料汇编》。这个大村的工业作坊计有153个。根据奥尔洛夫先生的《工厂一览表》，这个大村在1890年有6个榨油厂，34名工人，生产总额为17 000卢布；根据《工厂索引》，这个大村在1894—1895年度有8个工厂，60名工人，生产总额为151 000卢布。

② 《财政部年鉴》第1编；《俄国工业历史统计概述》第1卷；《俄国的生产力》第9编第62页。每年烟草的种植面积都很不稳定：例如，在1889—1894年间，平均每年种植面积为47 813俄亩(收获量为4 180 000普特)；而在1892—1894年间，平均每年种植面积为52 516俄亩，收获量为4 878 000普特。见《俄国资料汇集》1896年版第208—209页。

650 000 个；这显然表明：被卷入这种商业性农业的小农数目有很大的增加。种植烟草需要大量工人。因此，在各种外出做农业零工中，人们也指出了到烟草种植园去做零工这一项（特别是在南部边疆地区各省，那里的烟草业近来发展得特别迅速）。在书刊中已经指出，烟草种植园的工人状况是最恶劣的。①

关于商业性农业的一个部门的烟草业问题，我们在《俄国烟草业概况》（第 2 编和第 3 编。根据农业司的决定，1894 年在圣彼得堡出版）中看到许多特别详细和特别重要的资料。弗·谢·舍尔巴乔夫先生在叙述小俄罗斯的烟草业时，引证了有关波尔塔瓦省 3 个县（普里卢基县、洛赫维察县和罗姆内县）的极为精确的资料。这些资料是由作者收集并经波尔塔瓦省地方自治局统计室整理而成的，包括了所有这 3 个县的 25 089 个种植烟草的农户，他们的烟草种植面积为 6 844 俄亩，粮食播种面积为 146 774 俄亩。这些农户的分配情况如下：

**波尔塔瓦省 3 个县（1888 年）**

| 按粮食播种面积划分的农户类别 | 户数 | 各类农户的播种面积（单位俄亩） | |
|---|---|---|---|
| | | 烟草种植面积 | 粮食播种面积 |
| 不到 1 俄亩者 | 2 231 | 374 | 448 |
| 1—3 俄亩者 | 7 668 | 895 | 13 974 |
| 3—6 俄亩者 | 8 856 | 1 482 | 34 967 |
| 6—9 俄亩者 | 3 319 | 854 | 22 820 |
| 超过 9 俄亩者 | 3 015 | 3 239 | 74 565 |
| **共　计** | 25 089 | 6 844 | 146 774 |

① 上引**别洛博罗多夫**的文章，载于 1896 年《北方通报》杂志第 2 期。1897 年《俄罗斯新闻》第 127 号（5 月 10 日）：对 20 名女工控告克里木某烟草种植园主一案审理的结果是，“在法庭上弄清了许多事实，说明烟草种植园工人的状况是极端恶劣的”。

我们看到，无论是烟草种植面积或是粮食播种面积，都大量地集中在资本主义农户的手里。不到1/8的农户（在25 000户中占3 000户）集中了全部粮食播种面积的一半以上（在147 000俄亩中占有74 000俄亩），几乎每户平均有25俄亩。这些农户占有将近1/2的烟草种植面积（在6 800俄亩中占3 200俄亩），平均每户的烟草种植面积为1俄亩以上，而其余所有各类农户的烟草种植面积，每户不超过1/10—2/10俄亩。

此外，舍尔巴乔夫先生还提供了这些农户按烟草种植面积分类的资料：

| 烟草种植园的类别 | 烟草种植园的数目 | | 烟草的种植面积（单位俄亩） | |
|---|---|---|---|---|
| 0.01　俄亩以下者 | 2 919 | | 30 | |
| 0.01—0.10俄亩者 | 9 078 | | 492 | |
| 0.10—0.25俄亩者 | 5 989 | | 931 | |
| 0.25—0.50俄亩者 | 4 330 | | 1 246 | |
| 0.50—1.00俄亩者 | 1 834 | 2 773 | 1 065 | 4 145 |
| 1.00—2.00俄亩者 | 615 | | 720 | |
| 2.00　俄亩以上者 | 324 | | 2 360 | |
| **共　计** | 25 089 | | 6 844 | |

从这里可以看到，烟草种植面积的集中程度远远超过了粮食播种面积的集中程度。这一地区的特种商业性农业部门比一般农业更加集中于资本家手中。在25 000户农户中，仅2 773个农户便集中了6 844俄亩烟草种植面积中的4 145俄亩，即集中了3/5以上。324户最大的种烟户（占全部种烟户的1/10多一点）占有的烟草种植面积为2 360俄亩，即占全部烟草种植面积的1/3强。平均每户的**烟草种植面积在7俄亩以上**。在判断这类种烟户应该属于哪种类型的时候，我们要记住，种植烟草是需要很多人手的。根据作

者的计算，每 1 俄亩**至少**需要**两名工人**，根据烟草的不同品种，做 4 个到 8 个夏季月份的工作。

因此，有 7 俄亩烟草种植面积的私有主至少必须有 14 名工人，也就是说，无疑必须依靠雇佣劳动来经营。某些品种的烟草每 1 俄亩所需要的不是 2 个而是 3 个季节工，另外还要添用日工。总而言之，我们十分清楚地看到，农业愈是带有商业性质，它的资本主义组织就愈发展。

小农户和最小的农户在种烟户中占多数（在 25 089 户农户中，11 997 户的烟草种植面积**不到**1/10俄亩），但是这丝毫也不能否定这一商业性农业部门中的资本主义组织，因为在这一大批最小的农户手里，掌握的是微不足道的一部分生产（11 997 户农户即将近一半的农户所有的烟田，总共只占 6 844 俄亩烟田中的 522 俄亩，也就是说还不到1/10）。人们经常所使用的“平均”数字，同样也不能说明问题（平均每一农户所有烟田为1/4俄亩稍多一点）。

在个别县份，资本主义农业的发展和生产的集中还要厉害些。例如，在洛赫维察县，5 957 户农户中，粮食播种面积在 20 俄亩以上的有 229 户。在全县 44 751 俄亩粮食播种面积中，这些业主占 22 799 俄亩，即占一半以上。每一业主几乎有 100 俄亩播种面积。在 2 003 俄亩烟草种植面积中，他们占有 1 126 俄亩。如果按照烟草种植面积的多少来分类，那么在该县的 5 957 个业主中，有 132 个的烟田是在 2 俄亩以上的。在全县 2 003 俄亩的烟田中，这 132 个业主占有 1 441 俄亩，即占 72%，每个业主的烟田平均超过 **10** 俄亩。在同一个洛赫维察县的另一极，我们看到有 4 360 户农户（全县共有 5 957 户），每户的烟田不到1/10俄亩，在全县 2 003 俄亩中一共才占 133 俄亩，即占 6%。

不言而喻，**生产的**资本主义组织在这里引起了**商业**资本的猛烈发展以及超出生产范围以外的一切剥削的空前加剧。小的种烟户没有晾烟房，不能使产品发酵（完成发酵过程）并且把它（经过3—6个星期后）作为成品卖出去。他们**用半价**把产品作为非成品卖给包买主，这些包买主往往本身也在租地上种植烟草。包买主"千方百计地压榨小的种植园主"（上引版本第31页）。商业性农业就是商业性的资本主义生产，在烟草业这一农业部门中也可以明显地观察到（只要善于选取正确的方法）这种关系。

## 八　工业性蔬菜业和果园业；市郊经济

随着农奴制的崩溃，曾经相当发达的"地主果园业""几乎在全俄国一下子就迅速破产了"。[①] 铁路的修筑使情况发生了变化，"大大地推动了"新的商业性果园业的发展，引起了这一商业性农业部门的"全面好转"。[②] 一方面，在从前普遍经营果园业的中心，由于南方廉价水果的输入，果园业受到了破坏[③]；另一方面，随着销售市场的扩大，工业性果园业在科夫诺、维尔纳、明斯克、格罗德诺、莫吉廖夫和下诺夫哥罗德等省得到了发展[④]。瓦·帕什凯维奇先生指出，1893—1894年度果园业状况的调查表明，果园业这一工业部门近10年来获得了巨大的发展，对园艺师和园艺工人的需求有了增

① 《俄国工业历史统计概述》第1卷第2页。

② 同上。

③ 例如莫斯科省就是这样。见**谢·柯罗连科**《从欧俄工农业统计经济概述看地主农场中的自由雇佣劳动和工人的流动》第262页。

④ 同上，第335、344页等。

加,等等。[1] 统计资料证实了这样的说法:俄国铁路的水果运输量在增加[2],改革后头10年间增长起来的国外水果输入量在减少[3]。

不用说,比果园业向更广大得多的居民群众供应消费品的商业性蔬菜业,发展得更迅速更广泛。工业性菜园在下列地区很普遍:第一是城市附近[4];第二是工厂居住区和工商业村附近[5]以及铁路沿线;第三是全国各地因产蔬菜而驰名的个别村庄[6]。必须指出,需要这种产品的不只是工业人口,还有农业人口。我们记得,根据沃罗涅日省的农民家庭收支表来看,每一个人的蔬菜支出为47戈比,而且这笔支出一半以上用在**买来的**蔬菜上。

要了解这种商业性农业中所形成的社会经济关系,就必须研究特别发达的蔬菜业地区的地方调查资料。例如,在彼得堡附近,外来的罗斯托夫人菜园主所兴办的温床和温室蔬菜业就发展得很广泛。大菜园主的温床框数以千计,中等菜园主的温床框数以百计。"几家大菜园主制作几万普特酸白菜供应军队。"[7]根据地方自治局的统计资料,在彼得堡县当地的居民中,经营蔬菜业的有

---

① 《俄国的生产力》第4编第13页。

② 同上,第31页和《俄国工业历史统计概述》第31页及以下各页。

③ 60年代国外水果的输入量约为100万普特;1878—1880年间为380万普特;1886—1890年间为260万普特;1889—1893年间为200万普特。

④ 我们提前在这里指出:欧俄5万人口以上的城市在1863年有13个,在1897年有44个(见第8章第2节)。

⑤ 见第6章和第7章中关于这种类型的居民点的例子。

⑥ 见关于维亚特卡、科斯特罗马、弗拉基米尔、特维尔、莫斯科、卡卢加、奔萨、下诺夫哥罗德,以及其他许多省份(雅罗斯拉夫尔省就不用说了)中这类村庄的报道,载《俄国工业历史统计概述》第1卷第13页及以下各页和《俄国的生产力》第4编第38页及以下各页。也可参看下诺夫哥罗德省谢苗诺夫县、下诺夫哥罗德县和巴拉赫纳县的地方自治局统计汇编。

⑦ 《俄国的生产力》第4编第42页。

474户(每户的收入约为400卢布),经营果园业的有230户。资本主义关系,无论以商业资本的形式("这个行业受着投机商人极其残酷的剥削"),或者以雇用工人的形式,都发展得非常广泛。例如,在外来的居民中,蔬菜业主有115个(平均每个业主的收入在3 000卢布以上),蔬菜工人有711个(平均每人的收入为116卢布)。[①]

莫斯科附近的菜农也是这种农村资产阶级的典型代表。"据粗略计算,莫斯科市场每年上市的蔬菜和青菜在400万普特以上。有些村庄做大批的酸白菜生意,例如诺加季诺乡卖给工厂和兵营的酸白菜约有100万维德罗,有时甚至还把酸白菜运到喀琅施塔得去……在莫斯科省所有的县份中,主要是在城市和工厂附近,到处都有商业性的菜园。"[②]"砍洋白菜的工作是由来自沃洛科拉姆斯克县的雇佣工人来做的。"(《俄国工业历史统计概述》第1卷第19页)

在雅罗斯拉夫尔省罗斯托夫县的一个著名蔬菜区,包括波列奇耶和乌戈季奇等55个菜园村,也存在着完全相同的关系。全部土地,除了牧场和草地以外,很早以前就作了菜园。蔬菜的技术加工——罐头业非常发达。[③] 土地本身和劳动力也同土地的产品一样,都变成了商品。尽管有"村社",但是土地的使用很不平均,例

---

① 《圣彼得堡省国民经济统计材料》第5编。实际上,菜园主要比正文中所指出的多得多,因为他们大多数都属于地主经济,而我们所引用的资料只涉及农民经济。

② 《俄国的生产力》第4编第49页及以下各页。值得注意的是,不同的村分别专门生产某几种蔬菜。

③ 《俄国工业历史统计概述》第1卷;奥尔洛夫先生的《工厂一览表》;《俄国手工工业调查委员会的报告》第14编斯托尔皮扬斯基先生的论文;《俄国的生产力》第4编第46页及以下各页;《雅罗斯拉夫尔省概述》1896年雅罗斯拉夫尔版第2编。把斯托尔皮扬斯基先生的资料(1885年)和《工厂一览表》的资料(1890年)对照一下,可以看出这个地区的工厂罐头生产有很大的增长。

如波列奇耶村就是这样：有的一家 4 口人种 7 个“菜园”，有的一家 3 口人种 17 个“菜园”；这是因为该地区没有进行过彻底的土地重分，只进行了局部的土地重分，而且农民还可以“自由交换”自己的“菜园”和“份地”。（《雅罗斯拉夫尔省概述》第 97—98 页）①“大部分的田间工作……由男女日工来做，其中很多人是在夏天劳动季节从附近的村庄和附近的省份来到波列奇耶村的。”（同上，第 99 页）据计算，在整个雅罗斯拉夫尔省，“务农和种菜”的**外出零工**共有 10 322 人（其中 7 689 人是罗斯托夫人），也就是说，在大多数情况下，这是些从事这种职业的雇佣工人。② 上引关于农业工人流入首都省[79]和雅罗斯拉夫尔等省的资料，不应该只是同牛奶业的发展联系起来，也应该同商业性蔬菜业的发展联系起来。

温室蔬菜栽培也属于蔬菜业，这一行业在莫斯科省和特维尔省的富裕农民中发展得很快。③ 据 1880—1881 年度的调查，莫斯科省共有 88 家温室，3 011 个温床框；工人有 213 人，其中雇佣工人有 47 人（22.6%）；生产总额为 54 400 卢布。一个中等的温室经营者，投入“事业”的资本至少是 300 卢布。在有按户调查资料的 74 个业主中，有购买地的 41 个，租地的也是 41 个，平均每个业

---

① 因此，这本书完全证实了沃尔金先生对所谓“菜园地时常进行重分”所表示的“怀疑”。（上述著作第 172 页脚注）

② 在这里也可以看到农业特有的专门化：“值得注意的是，蔬菜业已经成为一部分居民专业的一些地方，另一部分农民则几乎根本不种任何蔬菜，而到集市上去买。”（上引谢·柯罗连科的书第 285 页）

③ 《俄国的生产力》第 4 编第 50—51 页；上引谢·柯罗连科的书第 273 页；《莫斯科省统计资料汇编》第 7 卷第 1 编；《特维尔省统计资料汇编》第 8 卷第 1 编中特维尔县：根据 1886—1890 年的统计，该县 174 家农民和 7 家私有主共有 4 426 多个温床框，即平均每户约有 25 个。“它〈这一行业〉对于农民经济有很大帮助，不过这只是对富裕农民有帮助……　如果温室超过 20 个温床框，就要雇用工人。”（第 167 页）

主有 2.2 匹马。可见，只有农民资产阶级才能从事温室业。[①]

俄国南部的工业性瓜田业也属于上述商业性农业。《财政与工商业通报》杂志（1897 年第 16 期）刊载了一篇谈“西瓜的工业性生产”的有趣文章，描述了一个地区的情况，现在我们引用一下关于这个地区瓜田业发展的简要报道。这种生产是 60 年代末和 70 年代初，在贝科沃村（阿斯特拉罕省察廖夫县）开始出现的。起初产品只行销伏尔加河流域，后来随着铁路的敷设而运到了首都。在 80 年代，产量“至少增加了 9 倍”，这是因为这项事业的首创者们获得了巨额利润（1 俄亩获利 150—200 卢布）。这些人都是真正的小资产者，他们千方百计阻止生产者数量的增加，非常谨慎地向邻居保守这项有利可图的新活路的“秘密”。不言而喻，“农夫-庄稼汉”[②]为制止“命定的竞争”[③]所作的这一切英勇的努力，都是无济于事的，这项生产远远地扩展到了萨拉托夫省和顿河州。90 年代粮食价格的跌落，“迫使当地的农民从作物轮种制中去寻找摆脱困难处境的出路”[④]，因而更加推动了这项生产。生产的扩大大大地提高了对雇佣劳动的需求（种瓜需要大量劳动，每种 1 俄亩瓜地要花费 30—50 卢布），因而也就更大地提高了企业主的利润和地租。“洛格”火车站（格里亚齐—察里津线）附近的瓜地面积，1884 年为 20 俄亩，1890 年为 500—600 俄亩，1896 年则为 1 400—1 500 俄亩，在上述年代，每俄亩瓜地的地租就从 30 戈比增加到 1 卢布 50 戈比至 2 卢布，甚至增加到 4 卢布至 14 卢布。瓜地面积的急遽扩大终于在

① 见第 5 章附录中关于这一行业的资料，第 9 号手工业。

② 尼·—逊先生对俄国农民的称呼。

③ 维·普鲁加文先生的用语。

④ 种西瓜要求好好整地，以便后茬种粮食时获得更高的产量。

1896年引起了生产过剩和危机，完全证实了这一商业性农业部门的资本主义性质。西瓜价格跌落到连铁路运费都不能收回了。西瓜扔在地里不去收获。企业主们过去尝过巨额利润的甜头，现在也尝到亏本的滋味了。但是最值得注意的是他们所选择的克服危机的手段。这就是：争夺新市场，降低产品价格和铁路运费，使产品从"奢侈品变成居民的消费品"（而在出产地则变成喂牲畜的饲料）。企业主们断言："工业性瓜田业正处在进一步发展的道路上，除了运费以外，没有任何障碍能够阻止它进一步发展。相反，目前正在修筑的察里津—季霍列茨卡亚铁路……为工业性瓜田业开辟新的广阔的地区。"不管这一"行业"未来的命运怎样，"西瓜危机"的历史总是很有教益的，它是农业资本主义演进的一幅虽然很小但很鲜明的图画。

我们现在还要简单谈谈**市郊经济**。市郊经济同上述各种商业性农业不同的地方在于：商业性农业是指整个经营都适应于某一种主要的市场产品，而市郊经济是指小农把各种东西都拿来做点买卖，如自己的房屋（出租给避暑的人和房客）、自己的院落、自己的马匹，自己农业上和宅旁园地上的各种产品——粮食、饲料、牛奶、肉类、蔬菜、浆果、鱼类、木材等等，出售自己老婆的奶（首都附近的哺乳业），为外来的城里人进行各种花样繁多的（有时甚至不便说出口的）服务来赚钱①，以及其他等等②。旧的宗法式农民完全被资本主义改造了，他们完全屈服于"货币权力"，这种情况在这

① 参看乌斯宾斯基的《乡村日记》。

② 为了举例说明，我们不妨再引证一下上面已经引证过的关于彼得堡县农民经济的《圣彼得堡省国民经济统计材料》。各种各样的小买卖在这里采取了不同的"行业"形式：出租别墅，租赁房屋，出售牛奶、蔬菜和瓜果，"用马拉脚"，哺乳，捕虾，捕鱼等等。图拉县郊区农民的行业也完全相同，见《俄国手工工业调查委员会的报告》第9编波里索夫先生的文章。

里表现得这样明显，以致民粹派通常都把市郊农民划分出来，说他们“已经不是农民了”。但是，这类农民同上述各类农民只是形式上不同而已。资本主义对小农进行的全面改造的政治经济实质，到处都完全一样。城市、工厂和工商业村、火车站增加得愈快，我国“村社社员”向这类农民的转变就会愈广泛。不应当忘记亚当·斯密早就说过的话：完善的交通将使一切乡村变成市郊。① 现在已属少见的穷乡僻壤，会日益变成稀有的古迹，农民也会愈来愈迅速地变成受商品生产一般规律支配的工业者。

在结束对商业性农业增长资料的评述时，我们不妨在这里再说一遍，我们的任务只是考察最主要的（决不是所有的）商业性农业的形式。

## 九　关于资本主义在俄国农业中的意义的结论

在第 2 章至第 4 章中，我们已经从两方面研究了俄国农业中的资本主义问题。首先我们研究了农民经济和地主经济中现存的社会经济关系的结构——改革后时代形成的结构。我们看到，农民在极其迅速地分化为数量很少但经济地位很强大的农村资产阶级和农村无产阶级。同这种“非农民化”过程紧密联系着的，是地主从工役经济制度向资本主义经济制度的过渡。其次，我们又从另一方面考察了这同一个过程；我们以农业向商品生产转变的形式为出发点，研究了商业性农业每一种最主要的形式所特有的社会经济关系。我们看到，农民经济和地主经济中的上述过程，像红

---

① “完善的道路、运河和通航的河流降低了运费，把全国遥远地区置于和市郊一样的水平。”上引著作第 1 卷第 228—229 页。

线一样也贯穿在各种各样的农业条件之中。

现在我们研究一下从上述各种资料中得出的结论。

(1)改革后农业演进的基本特点是农业越来越带有商业的即企业的性质。对于地主经济来说,这一事实十分明显,用不着特别说明。对农民的农业来说,这种现象就不那么容易确定了。因为第一,使用雇佣劳动并不是农村小资产阶级必不可少的标志。我们在上面已经指出,只要整个经济结构是建立在我们在第2章研究过的那些资本主义矛盾上面的,那么一切用独立的经营来满足自己支出的小商品生产者都属于农村小资产阶级范畴。第二,农村小资产者(不论是在俄国或在其他资本主义国家)通过许多过渡梯阶同小块土地"农民"、同分得一小块份地的农村无产者结合在一起。这种情况是那种认为"农民"中没有农村资产阶级和农村无产阶级之分的理论长期存在的原因之一。①

(2)由于农业的性质,它向商品生产的转变是以特殊方式进行的,和工业中的这种过程并不一样。加工工业分为各个完全独立的部门,这些部门都只生产一种产品或产品的一个部分。而农业性工业则不分为各个完全独立的部门,它只是在一种场合下专门生产一种市场产品,而在另一种场合下又专门生产另一种市场产品;而且农业的其他方面都要适应于这种主要的(即市场的)产品。因此,商业性农业的形式非常多种多样,它不仅在不同的地区形式各异,而且在不同的农场也不相同。因此,在研究商业性农业的增

① 顺便谈一下,民粹派经济学家所喜爱的"俄国农民经济大多是纯自然经济"(《收成和粮价对俄国国民经济某些方面的影响》第1卷第52页)这一论点,就是以抹杀上述情况为依据的。只要采用一些把农村资产阶级和农村无产阶级合在一起的"平均"数字,这种论点就算得到了证明!

长问题时，无论如何也不能局限于整个农业生产的笼统资料。[①]

(3)商业性农业的增长建立了资本主义的国内市场。第一，农业的专业化引起了各农业地区之间、各农场之间和各种农产品之间的交换。第二，农业愈是被卷入商品流通，农村居民对供个人消费的加工工业产品的需求就增长得愈快。因而第三，对生产资料的需求也增长得愈快，因为无论是农村的小企业主或大企业主，靠旧式的"农民的"工具和建筑物等等，都不可能经营新的商业性农业。最后，第四，产生对劳动力的需求，因为农村小资产阶级的形成和地主向资本主义经济的过渡，都是以农业雇农和日工队伍的形成为前提的。改革后时代的特点就是资本主义国内市场的扩大（资本主义农业的发展，整个工厂工业的发展，特别是农业机器制造业的发展，所谓农民的"农业副业"即雇佣劳动的发展，等等），而这种情况只能用商业性农业增长这个事实来解释。

(4)资本主义在农业人口中间大大扩大和加剧了这样一些矛盾，没有这些矛盾这种生产方式就根本不能存在。但是，尽管如此，俄国的农业资本主义，就其历史意义来说，仍然是一个巨大的进步力量。第一，资本主义把务农者一方面从"世袭领主"，另一方面从宗法式的依附农民变成了同现代社会中其他一切业主一样的**手工**

① 例如，前一个注释中提到的那本书的作者们在讲到"农民"时，正是局限于这些资料的。他们假定，每个农民**正是**种植他所消费的粮食，种植他所消费的**各种**粮食，并且**正是**按照他们消费的**比例**种植各种粮食。从这种"假定"中（这种"假定"违反事实，无视改革后时代的基本特点）得出自然经济占优势的"结论"，是用不着费多大力气的。

在民粹派的书刊里，也可以碰到下面一种绝妙的推论方法：每**一种**商业性农业，同整个农业比较起来，都是一种"例外"。**因此**，整个商业性农业都应当算做例外，而自然经济应当认为是常规！在中学逻辑学教科书的诡辩篇中，可以找到很多类似这种推论的例子。

业者。在资本主义以前,农业在俄国对一些人来说是老爷的事情,是贵族的消遣,而对另一些人来说是义务,是租赋,所以它只能按照数百年的陈规来经营,并必然会使务农者同本村以外的世界所发生的一切完全隔绝开来。工役制度这个旧事物在现代经济中的活残余,明显地证实了这个论断。资本主义第一次同土地占有的等级制度断绝了关系,把土地变成了商品。务农者的产品投入销售,就要受到社会的核算,首先是地方市场的核算,其次是国内市场的核算,最后是国际市场的核算;这样,村野的务农者过去同整个外界隔绝的状态就被彻底打破了。在破产的威胁下,务农者不管愿意与否,都必须考虑本国的以及由世界市场联系起来的其他国家的社会关系的全部总和。甚至从前曾经保证奥勃洛摩夫不冒任何风险,不花任何资本,不对自古以来的生产陈规作任何改变而获得可靠收入的工役制度,现在也都无力把他从美国农场主的竞争下拯救出来。因此,半世纪以前,有人针对西欧所说的那句话,即农业资本主义"是将田园生活卷入历史运动的动力",对于改革后的俄国也是完全适用的。①

第二,农业资本主义第一次打破了我国农业数百年来的停滞状态,大大地推动了我国农业技术的改造和社会劳动生产力的发

① 《哲学的贫困》(1896 年巴黎版)第 223 页;作者轻蔑地称这些人的渴望为反动的悲叹,这些人祈求回到美好的宗法式生活里,恢复淳朴的风尚等等,责难"土地也服从于支配任何其他产业的那些规律"(见《马克思恩格斯文集》第 1 卷第 644 页。——编者注)。

我们完全了解,正文中所引证的全部论据,对于民粹派来说,可能不仅没有说服力,而且简直不可理解。但是,如果去详细分析这样一些意见,例如,说转移土地是一种"不正常的"现象(这是丘普罗夫先生在关于粮价的辩论中所说的话;速记报告第 39 页),说禁止农民转让份地是一种可以维护的制度,说工役经济制度优于或至少不次于资本主义经济制度等等,那就太枉费精力了。上面的整个叙述,都含有对民粹派用来为这些意见作辩护的各种政治经济学论据的反驳。

展。几十年资本主义的“破坏”所做的事情，比过去整整几个世纪做到的还要多。墨守成规的自然经济的单一性，被商业性农业形式的多样性代替了；原始的农具开始让位于改良农具和机器；旧耕作制度的固定不变状况被新的耕作方法破坏了。这一切变化的过程是同上述农业专业化现象密切联系着的。农业资本主义（同工业资本主义一样）按其性质来说，是不能平衡发展的，因为它在一个地方（在一个国家，一个地区，一个农场）推进了农业的一个方面，而在另一个地方推进了农业的另一个方面等等。它在一种场合下改造了一些农业作业的技术，而在另一种场合下改造了另一些农业作业的技术，使这些农业作业脱离了宗法式的农民经济或宗法式的工役制。因为整个这一过程都是按照变化莫测的连生产者也不总是能够知道的市场要求进行的，所以资本主义农业在每一个别场合（往往是在每一个别地区，有时甚至是在每一个别国家）变得比过去片面和畸形，然而总的说来，它变得比宗法式农业要多样和合理得多。商业性农业的各种特殊种类的形成，使农业中的资本主义危机和资本主义生产过剩成为可能和不可避免，但是这些危机（和所有资本主义危机一样）更加有力地推动了世界生产和劳动社会化的发展。①

第三，资本主义第一次在俄国建立了以机器的使用和工人的广泛协作为基础的大规模农业生产。在资本主义以前，农产品的生产始终是在不变的、规模小得可怜的形式下进行的，不论是农民为自己工作或为地主工作，情况都是这样，土地占有的任何“村社

① 西欧的浪漫主义者和俄国的民粹派，极力强调这一过程中资本主义农业的片面性，强调资本主义所造成的不稳定和危机，并且根据这一点来否认资本主义的前进运动比前资本主义的停滞所具有的进步性。

性质”都不能改变这种生产极其分散的状况。同生产的这种分散性紧密联系着的是农民本身的分散性。[①] 他们被束缚在自己的份地上和自己狭小的“村社”里，甚至同邻近村社的农民都被截然隔开，原因是他们所属的等别不同（前地主农民，前国家农民等等），占有的土地面积不同，也就是说，解放的条件不同（这些条件有时只是决定于地主的个性和癖好）。资本主义第一次破坏了这些纯粹中世纪的壁垒，而且破坏得很出色。现在，各等农民之间、按份地占有面积区分的各类农民之间的差别，同每等农民、每类农民和每个村社内部的经济差别比较起来，已经显得很不重要了。资本主义破坏了地方的闭塞性和狭隘性，打破了农民中世纪的狭小划分，而代之以全国性的大规模划分，即把农民划分为在整个资本主义经济体系中占据不同地位的一些阶级。[②] 如果说，过去的生产

① 因此，尽管土地占有的形式不同，但是马克思关于法国小农所说的如下一段话对于俄国农民是完全适用的：“小农〈小块土地农民〉人数众多，他们的生活条件相同，但是彼此间并没有发生多种多样的关系。他们的生产方式不是使他们互相交往，而是使他们互相隔离。这种隔离状态由于法国的交通不便和农民的贫困而更为加强了。他们进行生产的地盘（Produktionsfeld），即小块土地，不容许在耕作时进行分工，应用科学，因而也就没有多种多样的发展，没有各种不同的才能，没有丰富的社会关系。每一个农户差不多都是自给自足的，都是直接生产自己的大部分消费品，因而他们取得生活资料多半是靠与自然交换，而不是靠与社会交往。一小块土地，一个农民和一个家庭；旁边是另一小块土地，另一个农民和另一个家庭。一批这样的单位就形成一个村子；一批这样的村子就形成一个省。这样，法国国民的广大群众，便是由一些同名数简单相加形成的，就像一袋马铃薯是由袋中的一个个马铃薯汇集而成的那样。”[《路易·波拿巴的雾月十八日》1885 年汉堡版第 98—99 页（见《马克思恩格斯文集》第 2 卷第 566 页。——编者注）]

② “在资本主义社会中，对联盟和联合的需要不是减少了，反而无比地增加了。但是用旧的标准来满足新社会的这种需要是完全荒谬的。这个新社会要求：第一，这种联盟不应是地方性的、等级制的和有类别的；第二，这种联盟的出发点是资本主义和农民分化所造成的地位和利益的差别。”[上引弗·伊林的书第 91—92 页脚注（见本版全集第 2 卷第 208 页。——编者注）]

条件本身决定了农民群众固定在他们所居住的地方，那么商业性农业和资本主义农业的不同形式和不同地区的形成，就不能不造成大量居民在全国各地的迁移；而没有居民的流动（上面已经指出），居民的自觉性和主动性的发展是不可能的。

最后，第四，俄国的农业资本主义第一次连根摧毁了工役制和农民的人身依附关系。从《罗斯法典》的时代起，直到现在用农民的工具耕种地主的土地为止，工役经济制度一直绝对地统治着我国的农业；伴随着这种制度而来的必然是农民的愚昧和粗野，因为农民由于从事农奴制性质的或“半自由”性质的劳动而受到屈辱；如果不是农民缺乏一定的公民权利（例如，属于最低等级，受体罚，被派出公差，束缚于份地等等），工役制度就不可能存在。因此，自由雇佣劳动代替工役制是俄国农业资本主义的巨大历史功绩。① 我们把上面有关俄国农业资本主义进步的历史作用所说的话概括一下，那就可以说，农业资本主义使农业生产社会化了。农业从最高等级的特权或最低等级的租赋变成了普通的工商业；农民的劳动产品开始在市场上受到社会的核算；墨守成规的单一的农业正在变成在技术上经过改造的和具有多种多样形式的商业性农业；小农的地方闭塞性和分散性正遭到破坏；劳动力买卖的非人身交易，正在排挤各种各样的盘剥形式和人身依附形式，——这一切情

① 在尼·—逊先生对我国资本主义的破坏所发出的无数怨言和叹息中，有一点是特别值得注意的：“……不论是诸侯纷争或是鞑靼人的统治，都没有触动我国经济生活的形式”（《概况》第284页），只有资本主义才对“自己过去的历史”表示了“轻蔑的态度”（第283页）。好一个神圣的真理！俄国农业资本主义所以进步，正因为它对“历来的”“数百年来奉为神圣的”工役制和盘剥的种种形式表示了“轻蔑的态度”，而这些形式的确是任何政治风暴，包括“诸侯纷争”和“鞑靼人的统治”在内，都没有能够摧毁的。

况实际上都是同一过程的各个环节，这个过程使农业劳动社会化了，并且使市场波动这种无政府状态中的矛盾，即各个农业企业的个体性同资本主义大农业的集体性之间的矛盾日益尖锐。

因此（我们再说一遍），在强调资本主义在俄国农业中的进步历史作用时，我们丝毫没有忘记这种经济制度的历史暂时性，也没有忘记它固有的深刻的社会矛盾。相反，我们在上面已经指出，正是那些只会哭诉资本主义“破坏”的民粹派分子，才极其肤浅地估计这些矛盾，抹杀农民的分化，无视我国农业中使用机器的资本主义性质，用“农业副业”或“外水”等等说法来掩盖农业雇佣工人阶级的形成。

## 十 民粹派关于农业资本主义的理论。“冬闲”

关于资本主义的意义除了上述肯定的结论以外，还必须分析一下我国著作界中流行的一些特殊的“理论”。在大多数场合下，我国的民粹派分子是完全不能领会马克思关于农业资本主义的基本观点的。他们中间有些比较坦率的人直言不讳地说，马克思的理论不包括农业（瓦·沃·先生的《我们的方针》），而另外一些人（如尼·—逊先生），则想巧妙地避而不谈他们的“学说”和马克思理论的关系问题。在民粹派的经济学家中间最流行的这样的学说之一，就是“冬闲”论。其实质如下。①

在资本主义制度下，农业变成了一个同其他产业部门没有联

① **瓦·沃·**《理论经济学概论》第108页及以下各页。**尼·—逊**《概况》第214页及以下各页。卡布鲁柯夫先生也有同样的思想：《1895—1896年度在莫斯科大学授课用的农业经济学讲义》1897年莫斯科版第55页及以下各页。

系的特殊的产业部门。而且农业占用不了全年时间，只占用五六个月。因此，农业的资本主义化就产生了“冬闲”，使“农民阶级的工作时间只限于工作年中的一部分”，这也就是“农民阶级经济状况恶化的根本原因”（尼·—逊的书第229页），是“国内市场缩小”和社会“生产力浪费”的根本原因（瓦·沃·先生的书）。

这就是这个喧嚣一时的理论的全貌，这个理论把最广泛的历史哲学结论仅仅建立在农活全年分配极不平均这样一个伟大的真理上面！**仅仅**抓住这**一个**特点，借助于抽象的假设把它夸大到荒谬的地步，抛开使宗法式农业转变为资本主义农业这一复杂过程的其他一切特点，——这就是最近企图恢复关于前资本主义的“人民生产”的浪漫主义学说的拙劣手法。

为了说明这种抽象的学说多么狭隘，我们简单地谈一下实际过程中那些被我国民粹派完全忽视或估计不足的方面。第一，农业愈是专业化，农业人口减少得就愈多，农业人口在全国人口中所占的比例也就愈小。民粹派忘记了这一点，并且把农业专业化抽象化到农业实际上几乎在任何地方都没有达到的程度。他们假设：单是粮食播种和收获的一些作业已经成了一个单独的产业部门；耕地和施肥，产品的加工和运输，养畜，育林，房屋和农具的修理等等，——这一切都**各自**成了资本主义产业部门。把这类抽象化应用于当代现实，不大能说明这个现实。第二，这种农业完全专业化的假设，是以农业的纯粹资本主义组织、农场主资本家同雇佣工人的完全分裂为前提的。在这种条件下谈论“农民”（像尼·—逊先生所做的那样，第215页），是极不合逻辑的。农业的纯粹资本主义组织本身也要求全年的工作分配得比较平均（由于轮作制和合理的畜牧业等），在许多场合下产品的技术加工同农业结合起来，在预先的整地上投入大量劳动，等等。[①] 第三，资本主义的前提是农业**企业**要同工业**企业**完全分离。但是，怎么能得出结论说这种分离不容许农业**雇佣劳动**同工业**雇佣劳动**相结合呢？在一切发达的资本主义社会里，我们都可以看到这种结合。资本主义把熟练工人从普通的小工中分离出来，这些小工时而做这种工作，时而做那种工作，时而被某个大企业吸收，时而被抛入失业者的队伍。[②] 资本

① 为了避免空口说白话，我们举一些我国地主农场的例子，这种农场的组织最接近纯资本主义类型。我们看看奥廖尔省（《克罗梅县地方自治局统计汇编》1892年奥廖尔版第4卷第2编）。贵族赫柳斯京的田庄有土地1 129俄亩，562俄亩是耕地，有建筑物8所和各种改良农具。人工种植牧草。设有养马场。繁殖牲畜。用挖沟开渠的办法排干沼泽（“排水多半是在空闲时间进行的”，第146页）。工人数夏季每天50—80人，冬季则不到30人。1888年有工人81人，其中25人是夏季工。1889年有木匠19人。里博皮耶尔伯爵的田庄有土地3 000俄亩，1 293俄亩是耕地，898俄亩租给了农民。实行十二圃轮作制。挖掘泥炭作肥料，开采磷钙石。从1889年起，种了30俄亩的试验田。冬季和春季运送肥料。种植牧草。合理采伐林木（从10月到3月使用伐木工200—300人）。繁殖奶牛。经营牛奶业。1888年有工人90人，其中34人是夏季工。莫斯科省缅施科夫的田庄（《莫斯科省统计资料汇编》第5卷第2编）有土地23 000俄亩。劳动力都是为割地服工役的工人和自由雇佣工人。经营木材业。“马匹和固定工人夏季下地干活，秋末和冬季的一部分时间把马铃薯和淀粉运往干燥室和淀粉厂，把木柴运出森林，送到车站。由于这一切，全年中劳动分配得相当平均。”（第145页）顺便说一下，这一点可以从每月工作日统计表中看出：马的工作日平均每月为293个，变动幅度是223个（4月）到362个（6月）；男工的工作日平均每月为216个，变动幅度是126个（2月）到279个（11月）；女工的工作日平均每月为23个，变动幅度是13个（1月）到27个（3月）。这个现实同民粹派所玩弄的抽象化是否一致呢？

② 资本主义大工业造成了流浪工人阶级。这个阶级是由农村居民组成的，但是主要从事工业劳动。“他们是资本的轻步兵，资本按自己的需要把他们时而调到这里，时而调到那里。…… 这种流动的劳动被用在各种建筑工程和排水工程、制砖、烧石灰、修铁路等方面。”（《资本论》第2版第1卷第692页（见《马克思恩格斯文集》第5卷第765页。——编者注））“一般说来，像铁路建设那样大规模的企业，会从劳动市场上取走一定数量的劳动力，这种劳动力的来源仅仅是某些……部门（如农业等等）……”（同上，第2卷第303页（见《马克思恩格斯文集》第6卷第350页。——编者注））

主义和大工业愈猛烈发展，对工人需求的变动，不仅在农业中，而且在工业中，一般说来也愈厉害。① 因此，如果我们假定的是资本主义最大限度的发展，我们就应当假定工人从农业劳动转到非农业劳动最容易，我们就应当假定形成了各种企业主都从中获得劳动力的总后备军。第四，如果我们看看现代的农村企业主的情况，那当然不能否认，他们在农场增补劳动力方面有时有困难。但是也不要忘记，他们也有办法把工人束缚在自己的农场上，这就是分给工人一小块土地等等。有份地的农业雇农或日工，这是一切资本主义国家特有的一种农民类型。民粹派的主要错误之一，就在于他们忽视俄国这种类型的形成。第五，离开资本主义人口过剩的总问题而提出农民冬闲的问题是完全错误的。失业工人后备军的形成是整个资本主义特有的现象，农业的特点只不过使这种现象具有一些特殊形式。因此，例如《资本论》的作者就是把农业劳动的分配问题同“相对过剩人口”的问题联系起来谈的②，并且在专门论述“劳动期间”和“生产时间”的区别的一章里也谈到了这个问题(《资本论》第 2 卷第 2 篇第 13 章)。劳动作用于产品

① 例如，根据莫斯科卫生统计，该省共有 114 381 名工厂工人。这是现有的人数，最多时达到 146 338 名，最少时达到 94 214 名。(《1879—1885 年莫斯科省工厂卫生调查总集》第 4 卷第 1 册第 98 页)百分比为 128%——100%——82%。资本主义整个地加剧着工人人数的变动，因而便在这方面消除着工农业之间的差别。

② 例如，马克思在谈到英国的农业关系时说道：“农业工人按耕作的平均需要来说总是过多，而按特殊的或者临时的需要来说又总是过少”(第 2 版第 1 卷第 725 页)，因此，虽然有经常的“相对过剩人口”，但是农村总是显得人口不足。马克思在另一个地方说道：随着资本主义生产对农业的掌握，形成了过剩的农业人口。“一部分农村人口经常准备着转入城市无产阶级或制造业无产阶级的队伍”(同上，第 668 页(见《马克思恩格斯文集》第 5 卷第 797—798、740 页。——编者注))；这部分人口经常失业，工作极不规则，报酬极为微薄(例如为商店干的家庭劳动等)。

的时间叫做劳动期间；产品处于生产领域的时间叫做生产时间，其中也包括劳动没有作用于产品的时间。在很多产业部门里，劳动期间与生产时间并不相符，农业只是其中最典型的部门，但决不是唯一的部门。[①] 和欧洲其他国家比较起来，俄国农业的劳动期间同生产时间的差别特别大。“当资本主义生产完成制造业和农业的分离时，农业工人就越来越依赖纯粹带偶然性的副业，因而他们的状况也就恶化了。……对资本来说，周转的一切差别都会互相抵消，而对工人来说，就不是这样。”（同上，第 223—224 页）[②]可见，从我们所研究的农业特点中得出的唯一结论就是，农业工人的状况一定比工业工人更坏。这个结论和尼·—逊先生的“理论”距离还很远，根据他的“理论”，冬闲是“农民阶级”状况恶化的“根本原因”（?!）。即使我国农业的劳动期间为 12 个月，资本主义的发展过程也会完全同现在一样；全部差别只在于农业工人的状况稍微接近于工业工人的状况而已。[③]

可见，瓦·沃·先生和尼·—逊先生的“理论”，甚至对整个农业资本主义发展的总问题，也丝毫没有提供出什么东西来。这种理论对俄国的特点不仅没有阐明，反倒抹杀了。我国农民冬季失业现象的产生，与其说是由于资本主义，倒不如说是由于资本主义发展得不够。我们在上面（本章第 4 节）根据工资资料指出，在大

---

① 这里特别值得指出马克思的意见：农业中也有办法“在一年之内比较均衡地分配”对劳动的需求，这就是生产多种多样的产品，用轮作制代替三圃制，种植块根作物和牧草等。但是，所有这些办法都“要求增加预付在生产上的即投在工资、肥料、种子等等上的流动资本”（同上，第 225—226 页（见《马克思恩格斯文集》第 6 卷第 270 页。——编者注））。

② 见《马克思恩格斯文集》第 6 卷第 269 页。——编者注

③ 我们说“稍微”，那是因为农业工人状况的恶化远不是工作不经常这一个原因造成的。

俄罗斯各省中，资本主义最不发达、工役制占优势的省份，冬季失业现象最严重。这是完全可以理解的。工役制阻碍了劳动生产率的提高，阻碍了工农业的发展，从而也就阻碍了对劳动力的需求的增加，与此同时，它把农民固定在份地上，使他们既找不到冬季工作，也无法依靠自己可怜的农业为生。

## 十一　续。村社，马克思对小农业的看法，恩格斯对现代农业危机的见解

“村社原则阻碍资本夺取农业生产”（第 72 页），尼·—逊先生这样表述了另一个传播很广的民粹派理论，这个理论和上述理论一样，是抽象地制造出来的。在第 2 章里我们举出了一系列事实，说明这种流行的前提是不正确的。现在我们来作如下补充。认为农业资本主义一产生就要有一种特殊的土地占有形式，这是完全错误的。“资本主义生产方式产生时遇到的土地所有权形式，是同它不相适应的。同它相适应的形式，是它自己使农业从属于资本之后才创造出来的；因此，封建的土地所有权，克兰[80]的所有权，同马尔克公社①[81]并存的小农所有权，不管它们的法律形式如何不同，都转化为同这种生产方式相适应的经济形式。”（《资本论》第 3 卷第 2 部分第 156 页）②因此，就问题的本质看来，土地占有的任何特点都不能构成资本主义的不可克服的障碍，因为资本主义是

① 马克思在另一个地方指出，“公有地（Gemeineigentum）在一切地方都是小块土地经济［小农业］的补充物”（《资本论》第 3 卷第 2 部分第 341 页（参看《马克思恩格斯文集》第 7 卷第 912 页。——编者注））。

② 见《马克思恩格斯文集》第 7 卷第 696 页。——编者注

根据农业、法律和日常生活的不同条件而采取不同形式的。由此可见，在"村社**还是**资本主义？"这一题目下写了一系列著作的我国民粹派对问题的**提法**本身是多么错误。有个显赫的英国迷悬赏征求论述在俄国推行租地农场式经营的优秀作品，有个学术团体提出把农民分散成独立农庄的计划，有个赋闲的官僚制定 60 俄亩田区制的方案；民粹派赶紧出来应战，投入反对这些"资产阶级方案"的战斗，反对"实行资本主义"，反对破坏"人民生产"的守护神——村社。好心的民粹派根本没有想到，当种种方案正在被制定和推翻的时候，资本主义却在走自己的道路，而村社的农村正在变成并且已经变成了[①]小地主的农村。

正因为如此，所以我们对农民的土地占有形式问题本身是很不关心的。不论这种土地占有形式如何，农民资产阶级同农村无产阶级的关系，决不会因此而在本质上有丝毫改变。真正重要的问题根本不是土地的占有形式，而是继续压在农民身上的各种纯中世纪的旧残余：农民村团的等级隔绝、连环保、与私有土地税负根本不能相比的过高的农民土地税负、农民土地的转让、农民的移动和迁居没有充分自由等。[②] 所有这些旧制度根本不能保证农民不分化，而只能增加工役和盘剥的各种形式，严重阻碍整个社会的发展。

---

① 如果有人对我们说，我们提出这样的论断是跑到前面了，那我们就回答如下：谁想从发展中描写某种真实现象，谁就不可避免地和必然地要二者选择其一，或者是跑到前面，或者是落在后面。在这里折中办法是没有的。既然所有资料都表明，社会演进的性质正是这样，这种演进已经向前走得很远（见第 2 章），既然阻碍这种演进的情况和制度（过高的赋税，农民的等级隔绝，没有土地转移、移动和迁居的充分自由等）都已经确切地指出了，那么这样跑到前面就根本不是错误。

② 民粹派为其中有些制度辩护，特别明显地说明了他们观点的反动性，这种反动性使他们日益靠近大地主。

最后我们还应该谈一谈民粹派的一种独创，他们想把马克思和恩格斯在《资本论》第3卷里的某些言论，解释得与他们的小农业优越于大农业、农业资本主义不起进步的历史作用这样一些见解相一致。为此，他们特别经常引用《资本论》第3卷里的下面一段话：

“历史的教训(这个教训从另一角度考察农业时也可以得出)是：资本主义制度同合理的农业相矛盾，或者说，合理的农业同资本主义制度不相容(虽然资本主义制度促进农业技术的发展)，合理的农业所需要的，要么是自食其力(Selbst arbeitenden)的小农的手，要么是联合起来的生产者的控制。”(第3卷第1部分第98页，俄译本第83页)①

从这段话里(附带说一下，这是完全孤立的一段话，是插在谈原料价格的变动如何影响利润的一章里讲的，而不是在专门谈农业的第6篇里讲的)能得出怎样的结论呢？资本主义同农业(以及工业)的合理安排不相容，这是人们早就知道的事，我们同民粹派争论的也不是这一点。至于资本主义在农业中的进步的**历史**作用，马克思在这里特意强调指出了。剩下的只是马克思提出“自食其力的小农”这句话。在引用这句话的民粹派中间，没有人肯说明一下他从什么意义上理解这句话，没有人肯一方面把它从上下文联系起来看，另一方面把它同马克思关于小农业的整个学说联系起来看。在上述《资本论》的那个地方，谈的是原料价格波动得如何剧烈，这种波动如何破坏生产的比例性和系统性，破坏农业和工业之间的协调等。**只是在这方面**，即在生产的比例性、系统性和计划性方面，马克思才拿小农经济同“联合起来的生产者”的经济等

① 见《马克思恩格斯文集》第7卷第137页。——编者注

量齐观。在这方面，中世纪的小工业(手艺)也很像“联合起来的生产者”的经济(参看《哲学的贫困》上引版本第90页)①，而资本主义同这两种社会经济制度的区别就在于生产的无政府状态。那么究竟根据什么逻辑可以由此作出结论说，马克思承认小农业的生命力②，而不承认农业在资本主义中的进步历史作用呢？请看马克思在专门谈农业的一篇里，**在专门谈小农经济的一节里**(第47章第5节)是怎样说的：

“小块土地所有制按其性质来说排斥社会劳动生产力的发展、劳动的社会形式、资本的社会积聚、大规模的畜牧和对科学的累进的应用。

高利贷和税收制度必然到处使这种所有制陷入贫困境地。资本在土地价格上的支出，势必夺去用于耕种的资本。生产资料无止境地分散，生产者本身无止境地互相分离。人力发生巨大的浪费。生产条件越来越恶化和生产资料越来越昂贵是小块土地所有制的必然规律。对这种生产方式来说，好年成也是一种不幸。”(第3卷第2部分第341—342页，俄译本第667页)③

“小土地所有制的前提是：人口的最大多数生活在农村；占统治地位的，不是社会劳动，而是孤立劳动；在这种情况下，财富和再生产的发展，无论是再生产的物质条件还是精神条件的发展，都是不可能的，因而，也不可能具有合理耕作的条件。”(第3卷第2部

① 参看《马克思恩格斯全集》第1版第4卷第109页。——编者注

② 我们记得，恩格斯在逝世前不久，当农业危机因价格跌落而完全爆发出来的时候，就认为必须坚决起来反对法国的“学生”，因为他们对小农业有生命力的学说作了若干让步**82**。

③ 见《马克思恩格斯文集》第7卷第912页。——编者注

分第 347 页，俄译本第 672 页）[①]

这两段话的作者不但没有忽视资本主义大农业所固有的矛盾，反而无情地揭露了这些矛盾。但是这并没有妨碍他评价资本主义的**历史**作用。

“……资本主义生产方式的巨大成果之一是，它一方面使农业由社会最不发达部分的单凭经验的和刻板沿袭下来的经营方法，在私有制条件下一般能够做到的范围内，转化为农艺学的自觉的科学的应用；它一方面使土地所有权从统治和从属的关系下完全解脱出来，另一方面又使作为劳动条件的土地同土地所有权和土地所有者完全分离……　一方面使农业合理化，从而才使农业有可能按社会化的方式经营，另一方面，把土地所有权变成荒谬的东西，——这是资本主义生产方式的巨大功绩。资本主义生产方式的这种进步，同它的所有其他历史进步一样，首先也是以直接生产者的完全贫困化为代价而取得的。”（第 3 卷第 2 部分第 156—157 页，俄译本第 509—510 页）[②]

马克思的话既然说得这样明确，关于他对农业资本主义的进步历史作用问题的看法，看来不会再有两种意见了。但是，尼·—逊先生又找到了一个借口，他引用了恩格斯对现代农业危机的意见，好像这个意见一定会推翻农业资本主义的进步作用的原理似的。[③]

① 见《马克思恩格斯文集》第 7 卷第 918 页。——编者注

② 同上书，第 696—697 页。——编者注

③ 见 1896 年 2 月《新言论》杂志第 5 期第 256—261 页尼·—逊先生给编辑部的信。这里也有关于“历史的教训”那段“引文”。值得注意的是，许多民粹派经济学家都企图借当前的农业危机来推翻农业在资本主义中的进步历史作用的理论，但不论是尼·—逊先生或这些民粹派经济学家中其他某一位先生，

我们来看一看恩格斯究竟说了些什么。恩格斯把马克思的级差地租理论的主要原理总括起来，确立了这样一个规律："土地上使用的资本越多，一国的农业和整个文明越发展，每英亩的地租和地租总额就增加得越多，社会以超额利润形式付给大土地所有者的贡赋也就越多。"(《资本论》第3卷第2部分第258页，俄译本第597页)①恩格斯说，"这个规律说明了大土地所有者阶级的可惊的顽强生命力"，他们虽然负债累累，但是遇到任何危机时都能"再站住脚"，例如，英国谷物法的废除降低了粮价，但是这不仅没有使大地主破产，反而使他们大发其财。

因此，可能以为，资本主义不能削弱土地所有权所体现的垄断的力量。

恩格斯接着说："但是，一切都是短暂的。"横渡海洋的轮船，南北美洲和印度的铁路，都引起新竞争者的出现。北美的大草原、阿根廷的草原等等，都以廉价的谷物充塞世界市场。"欧洲的租地农场主和农民在地租维持原样的情况下，当然竞争不过这种草原处女地以及屈服于赋税重压的俄罗斯和印度的农民。一部分欧洲土地就从种植谷物的竞争中完全退出来；地租到处都在下降；我们列举的第二种情况的变例2(价格下降，追加投资的生产率也下降)成了欧洲的通例。因此，从苏格兰到意大利，从法国南部到东普鲁

---

都从来不根据一定的经济理论直接提出问题，从来不说明使马克思承认农业资本主义的进步历史作用的根据；他们也没有肯定指出，他们究竟否定其中的哪些根据和为什么否定。在这里和在其他场合一样，民粹派经济学家们认为还是不直接反对马克思的理论为妙，而只是含糊地暗示指"俄国学生"。我们在这本书里虽然只限于谈俄国经济，但我们却在上面举出了对这一问题判断的根据。

① 见《马克思恩格斯文集》第7卷第819页。——编者注

士，到处都听得到地主的怨言。值得庆幸的是，所有草原还远没有全被开垦；还留有足够数量的草原可以使欧洲所有大地主以及小地主遭到破产。”（同上，第260页，俄译本第598页漏掉了“值得庆幸的是”几个字）①

如果读者仔细地读了这一段话，那就一定会弄清楚，恩格斯说的同尼·—逊先生想要强加在他身上的恰恰相反。照恩格斯的意见，现代农业危机降低了地租，甚至要完全消灭地租，也就是说，农业资本主义实现着它所特有的消灭土地所有权的垄断的趋向。不，我们的尼·—逊先生用他的“引证”肯定不会得手的。农业资本主义又向前迈进了一大步；它无限地扩大农产品的商业性生产，把许多新的国家拖上世界舞台；它把宗法式的农业从它的最后的避难所（如俄国和印度）赶了出去；它在农业中建立了空前未有的完全工厂化的粮食生产，这种生产的基础就是有极完善的机器装备的大批工人的协作；它极为猛烈地加剧了欧洲各古老国家的紧张状态，降低了地租，从而破坏了看起来似乎是最巩固的垄断，不仅在理论上而且在实践上把土地所有权“弄成荒谬的东西”；它非常突出地提出了农业生产社会化的必然性问题，甚至西方有产阶级的代表也开始感到这种必然性了。② 所以恩格斯用他特有的爽朗的讽刺口吻来**祝贺**世界资本主义的最后步骤，他说，值得庆幸的是，还有相当一部分草原没有开垦，可以让事情继续这样进行下去。而善良的尼·—逊先生竟毫无理由地替旧时的“农夫-庄稼汉”叹息，替“千百年来奉为神圣的”……我国农业和各种农业盘剥

---

① 见《马克思恩格斯文集》第7卷第820—821页。——编者注

② 德意志帝国国会中著名的卡尼茨提案**83**或美国农场主把所有大型谷仓变成国家财产的计划这些“时代标志”，难道实际上还不能说明问题吗？

形式的停滞状态叹息，这些形式不论“诸侯纷争或鞑靼人的统治”都是动摇不了的，而现在竟开始被（啊，不得了！）这种可怕的资本主义极为彻底地动摇了！啊，多么纯朴的天真啊！[84]

# 第 五 章
# 工业中资本主义的各最初阶段

我们谈了农业，现在来谈工业。我们的任务在这里也同在农业中一样，可以这样表达：我们必须分析改革后俄国的种种工业形式，就是说，必须研究加工工业中现有社会经济关系的结构以及这一结构演进的性质。我们从最简单最原始的工业形式谈起并考察它们的发展。

## 一　家庭工业和手艺

农户（农民家庭）把它取得的原料进行加工，我们把这叫做家庭工业。家庭手工业是自然经济的必然附属物，而自然经济的残余在有小农的地方差不多总是保留着的。所以，在俄国的经济著作中屡次谈到这一种工业（家庭制造供自身消费的亚麻制品、大麻制品、木器等等）也是很自然的。然而可以断定，现在只在少数最偏僻的地方，家庭工业还比较普遍，例如西伯利亚直到最近还属于这样的地方。这样一种形式的工业作为一个行业还并不存在，因为手工业在这里同农业不可分割地联结成一个整体。

手艺，即按消费者的订货来制造产品①，是脱离了宗法式农业

① Kundenproduktion（按订货生产），参看**卡尔·毕歇尔**《国民经济的发生》1893年蒂宾根版。

的第一种工业形式。在这里,材料可能是订货的消费者的,也可能是手艺人的,而手艺人的劳动报酬,或者是给货币,或者是给实物(手艺人的住处和生活费,以一部分产品如面粉等等作为报酬)。手艺是城市生活的必要的组成部分,它在乡村里也相当普遍,是农民经济的补充。专业手艺人在农村人口中占一定的百分比,他们从事(有时是专门,有时同农业相结合)制革、做鞋、缝衣、打铁、染土布、加工农民用的呢绒、磨粉等等。由于我国经济统计工作非常不能令人满意,所以没有任何关于手艺在俄国的普及程度的精确资料,而有关这种工业形式的个别论述,差不多都分散在所有关于农民经济的记载中,分散在所谓"手工"工业的调查报告①中,甚至还出现在官方的工厂统计中②。地方自治局统计汇编在登记农民副业时,有时把"手艺人"划为单独一类(参看上引鲁德涅夫的著作),可是也把全部建筑工人列入了(按照流行的说法)这一类。从政治经济学的观点来看,这种混淆是完全错误的,因为大量的建筑工人不属于按照消费者的订货来工作的独立手工业者,他们属于受承包人雇用的雇佣工人。当然,把农村手艺人同小商品生产者或雇佣工人区别开来,有时并不容易,为此必须对每一个小手工业

① 在这里用引文来证实上述内容是不可能的:这么多有关手艺的论述都分散在有关手工工业的所有调查报告中,虽然按照通常的看法,手艺人是不算手工业者的。我们还会不止一次看到,"手工业"这个术语含混到多么不可救药的地步。

② 特别明显地说明这种统计的混乱状况的,是直到现在它还没有定出办法来区别手艺作坊和工厂。例如,在60年代,把纯粹手艺类型的乡村染坊算做工厂(《财政部年鉴》第1卷第172—176页);在1890年,把农民的呢绒洗染坊同制呢厂混在一起(**奥尔洛夫**的《工厂一览表》第3版第21页),等等。就是最新的《工厂索引》(1897年圣彼得堡版),也没有摆脱这种混乱状态。见我们的《评论集》中的例子,第270—271页(本版全集第4卷第15—17页。——编者注)。

者的资料进行经济分析。对1894—1895年度彼尔姆省手工业调查[①]资料进行整理，就是把手艺同其他小工业形式严格划分开来的一次很好的尝试。据计算，当地农村手艺人人数约占农民人口的1%，并且(果然不出所料)手艺人所占百分数最大的是在工业最不发达的县份。与小商品生产者相比，手艺人的特点是和土地有着最牢固的联系：100个手艺人当中，农民占80.6%(在其余的"手工业者"中，这个百分数较低)。手艺人也使用雇佣劳动，但是这种手工业者使用雇佣劳动不及其余的手工业者那么普遍。手艺人的作坊的规模(按照工人数量来看)同样是最小的。种地的手艺人的年平均收入是43.9卢布，而不种地的手艺人的年平均收入是102.9卢布。

我们只作这些简要的叙述，因为对手艺作详细的考察并不是我们的任务。在这种工业形式中还没有商品生产；这里只在下述场合出现商品流通：手艺人得到货币工资或出卖工作所得的一部分产品而去为自己购买原料和生产工具。手艺人的劳动产品不在市场上出现，几乎不越出农民的自然经济的领域。[②] 因此很自然的，手艺同宗法式的小农业一样，其特征也是墨守成规、分散零碎、规模狭小。手艺人外出到其他地方去找外水，是这种工业形式所固有的

① 我们在《评论集》第113—199页(参看本版全集第2卷第237—334页。——编者注)中，曾有专文论述这个调查。本书所引证的关于彼尔姆省"手工业者"的全部事实，均摘自这篇论文。

② 由于手艺接近于农民的自然经济，农民有时候就试图为全村把手艺劳动组织起来，农民付给手艺人生活费，责成他们为本村的全体居民工作。现在这种工业组织只是作为例外，或者只有在极偏僻的边疆地区(例如，在外高加索的某些乡村里，打铁业就是这样组织起来的。见《俄国手工工业报告和研究》第2卷第321页)才能看到。

唯一的发展因素。在我国乡村中，这种外出的情况十分普遍，特别是在过去。其结果常常是在所到的地方建立起独立的手艺作坊。

## 二 工业中的小商品生产者。小手工业中的行会精神

我们已经指出，手艺人是出现在市场上的，虽然并不是带着他生产的产品在市场上出现。自然，手艺人一旦和市场接触，就逐渐地过渡到为市场生产，即成为**商品生产者**。这种过渡是渐进的，最初是一种尝试：把偶尔留在手中的产品或在空闲时制成的产品卖出去。这种过渡之所以更是渐进性的，还因为制品的销售市场最初十分狭小，致使生产者和消费者之间的距离拉开得很小，产品仍像从前一样直接从生产者手中转入消费者手中，而且在出售产品之前，有时候存在着产品与农产品的交换①。商品经济的进一步发展，表现为贸易的扩大，专业的商人–包买主的出现；制品销售市场不再是农村的小市场或集市②，而是整个区域，然后是全国，有时甚至是其他国家。作为商品的工业品的生产，为工业同农业的分离以及二者之间的相互交换奠定了初步基础。尼·—逊先生以

① 例如，陶器与谷物的交换等等。在粮价便宜时，有时一个瓦罐的等价物就是这个瓦罐所能装下的粮食。参看《俄国手工工业报告和研究》第1卷第340页；《弗拉基米尔省手工业》第5编第140页；《俄国手工工业调查委员会的报告》第1编第61页。

② 一个这种农村集市的调查说明，集市的流转总额中，“手工业”产品竟占31%（在50 000卢布中占15 000卢布左右）。见《俄国手工工业调查委员会的报告》第1编第38页。从波尔塔瓦的鞋匠只在本村60俄里周围销售产品这一事实中可以看出，小商品生产者的销售市场最初是多么狭小。《俄国手工工业报告和研究》第1卷第287页。

其固有的陈腐而抽象的观点，只把“工业同农业的分离”说成是整个“资本主义”的特性，而不肯花费精力去分析这种分离的各种形式和资本主义的各个阶段。因此指出下面这一点是重要的：农民手工业中最小的商品生产就已经开始把工业同农业分离开来，虽然在大多数情况下，手工业者同农民在这个发展阶段中还没有分离。我们将在下面的叙述中指出，更加发达的资本主义各阶段如何使工业企业同农业企业分离，如何使工业工人同农民分离。

在商品生产处于萌芽状态时，“手工业者”之间的竞争还不厉害，但是随着市场扩大并遍及广大地区，这种竞争就日益加剧，它破坏了小手工业者靠他那真正的垄断地位而造成的宗法式的安宁。小商品生产者感到，与其他社会阶层的利益相反，他的利益要求维持这种垄断地位，因此他**害怕**竞争。小商品生产者不论是个人或集体，都千方百计地阻止竞争，“不让”竞争者进入本地区，巩固自己拥有一定顾客圈子的小业主的稳定地位。这种对竞争的恐惧，十分明显地说明小商品生产者的真实的社会本质，因此我们认为有必要比较详细地谈谈与此有关的事实。我们先举一个关于手艺的例子。卡卢加省鞣羊皮匠到其他省份去鞣制羊皮；这个行业在农奴制废除后日益衰落；地主们在以缴大笔代役租为条件准许“鞣羊皮”的时候，机警地注意使鞣羊皮匠们知道自己“固定的地区”，不让其他鞣羊皮匠侵入他人地区。用这种方式组织起来的行业是十分有利的，甚至转让“地盘”可得500或1 000卢布，因而手艺人进入他人地区有时候还会引起流血冲突。农奴制的废除破坏了这种中世纪的安宁；“铁路运输的便利在这方面也助长了竞争”①。

① 《俄国手工工业调查委员会的报告》第2编第35—36页。

属于这种现象的，还有小手工业者为了防止“毁灭性的竞争”，竭力隐瞒技术发明和技术改良，对别人隐讳赚钱的活计，这种情况在许多行业中都确实存在，而且肯定带有普遍性。新行业的创建者或对旧行业进行某些改良的人，尽力对同村的人隐瞒赚钱的活计，为此他们使用各种诡计（例如，为了避人耳目，把企业中的旧设备保留下来），不让任何人进入自己的作坊，在暗楼里工作，甚至对亲生子女都不谈生产情况。① 莫斯科省刷笔业发展迟缓，“通常是由于现在的生产者不愿意有新的竞争者。据说，他们尽量不让旁人看自己干活，因而只有一个生产者收了外地学徒”②。关于以五金业著称的下诺夫哥罗德省别兹沃德诺耶村，有这样一段话：“值得注意的是，别兹沃德诺耶村的居民直到现在〈即直到 80 年代初；这个行业在 50 年代初就已存在〉仍对邻近农民严守技艺秘密。他们屡次想在乡公所作出一个决议，来惩罚把技艺传往他村的人。由于他们没有办成这个手续，这个决议似乎在道义上束缚着他们中间的每一个人，结果，他们就不把自己的女儿嫁到邻村去，而且也尽可能不娶邻村的姑娘。”③

民粹派经济学家不仅力图抹杀大量的农民小手工业者是商品

① 见《俄国手工工业调查委员会的报告》第 2 编第 81 页；第 5 编第 460 页；第 9 编第 2526 页。《莫斯科省手工业》第 6 卷第 1 编第 6—7 页和第 253 页；第 6 卷第 2 编第 142 页；第 7 卷第 1 编第 2 部关于“印刷业”的创造者。《弗拉基米尔省手工业》第 1 编第 145 页和第 149 页。《俄国手工工业报告和研究》第 1 卷第 89 页。**格里戈里耶夫**《巴甫洛沃区制锁制刀手工业》（1881 年莫斯科出版的出版物《伏尔加》的附录）第 39 页。瓦·沃·先生在其《俄国手工工业概述》（1886 年圣彼得堡版）第 192 页及以下各页中引证了一些这样的事实；他由此得出的结论只是手工业者并不排斥新设施，他没有想到这些事实正好说明小商品生产者在现代社会中的阶级地位和他们的阶级利益。

② 《莫斯科省手工业》第 6 卷第 2 编第 193 页。

③ 《俄国手工工业调查委员会的报告》第 9 编第 2404 页。

生产者这一事实，甚至还编了一套奇谈怪论，说什么农民小手工业的经济组织与大工业的经济组织之间存在着某种深刻的对抗。其实从上面引用的资料中也可以看出，这种观点是站不住脚的。如果说大产业家不惜采用任何手段来保证自己的垄断地位，那么农民"手工业者"在这方面就是大产业家的亲兄弟；小资产者用他们的小手段所竭力维护的，实质上正是大工厂主渴望用保护关税政策、奖金、特权等等来维护的那种阶级利益。①

## 三　改革以后小手工业的发展。这一过程的两种形式及其意义

从上面所谈的来看，小生产还有以下几个值得注意的特性。正如我们已经指出的，一种新手工业的出现意味着社会分工发展的过程。所以，每一个资本主义社会中必然会发生这一过程，只要这个资本主义社会中还在某种程度上保存着农民和半自然经济的农业，只要各种陈旧的制度和传统（与交通不便等等有关）阻碍着大机器工业直接代替家庭工业。商品经济每发展一步，都不可避免地使农民从自身中分出一批又一批的手工业者；这一过程可以说翻耕了新的土地，在国内最落后的地区或最落后的工业部门为资本主义日后的侵占准备了新的地盘。同样是资本主义的发展，在国内其他地区或其他工业部门中的表现就完全不同：小作坊和家庭工人的数目不是增加而是减少，它们正在被工厂所吞并。显

① 小资产者感到竞争会使他们毁灭，于是竭力阻止竞争，同样地，小资产者的思想家民粹派也感到资本主义会摧毁他心爱的"基石"，因此就竭力加以"防止"，禁止，阻止，等等。

然，为了研究一个国家工业中的资本主义发展，必须十分严格地区别这两种过程；把这两种过程混为一谈不能不引起概念的极端混乱。①

在改革后的俄国，反映了资本主义发展最初步骤的小手工业的增长，过去和现在都表现为两种过程：第一，小手工业者和手艺人从人口一向稠密、经济十分发达的中部省份迁到边疆地区；第二，在当地居民中形成新的小手工业并扩展原有的手工业。

第一个过程是我们已经在上面（第 4 章第 2 节）指出的向边疆地区移民的表现之一。下诺夫哥罗德、弗拉基米尔、特维尔、卡卢加等等省份的农民手工业者感到竞争随着人口的增加而加剧，感到资本主义手工工场和工厂的发展威胁着小生产，于是迁往南方，因为那里"手艺"人还不多，工资高，而生活费用低。在新的地方建立起小作坊，这种小作坊为日后在该村及其附近推广新型的农民手工业打下了基础。拥有悠久工业文化的我国中部地区，就是这样帮助国内那些开始住满人的新地区发展这种文化的。资本主义关系（我们将在下面看到，这种关系也是农民小手工业所固有的）就这样传布全国。②

---

① 这里举一个很有趣的例子，说明在同一省份、同一时间、同一种行业中兼有这两种不同的过程。脚蹬式纺车业（在维亚特卡省）是家庭织布业的补充。这种行业的发展标志着制造一种织布工具的商品生产的产生。我们在这里看到，在该省的偏僻地区，即该省的北部，几乎没有人知道脚蹬式纺车（《有关维亚特卡省手工业状况的资料》第 2 编第 27 页），因而在那里"这种手工业可能新产生出来"，就是说，可能在农民的宗法式自然经济中打开第一个缺口。但是在该省的其他地区，这种手工业已经衰落，而调查人员认为衰落的原因大约是"农民日益普遍地使用工厂的棉织品"（第 26 页）。因此，在这里，商品生产和资本主义的发展已经在工厂对小手工业的排挤中表现出来。

② 例如，见上引谢·亚·柯罗连科的书，谈到手工业工人移往边疆地区并有部分工人在那里定居下来。《俄国手工工业调查委员会的报告》第 1 编（谈到来

现在我们来谈谈表明上述第二个过程的一些事实。应当预先指出，我们在证实农民的小作坊和手工业的发展时，暂不涉及它们的经济组织问题，因为从以后的叙述中可以看到，这些手工业不是导致资本主义简单协作和商业资本的形成，就是成为资本主义工场手工业的组成部分。

下诺夫哥罗德省阿尔扎马斯县的熟制毛皮业产生于阿尔扎马斯城，后来逐渐传到城郊的村庄，包括的地区愈来愈大。最初，村庄里的熟制毛皮匠很少，而他们的雇佣工人却很多；工人的工资低廉，因为他们是为了学手艺而受雇的。他们一旦学成，就各自东西，开设自己的小作坊，这样就为资本的统治准备了更广泛的基地，目前，大部分手工业者都受资本的支配。[①] 总的说来，在新兴手工业的第一批作坊里雇佣工人非常多，这些雇佣工人日后变成了小业主，这是最普遍的通常现象。[②] 很明显，如果由此得出结论说，“与各种历史上的见解相反……不是大作坊吞并小作坊，而是从大作坊中产生小作坊”[③]，那是极大的错误。第一批作坊的规模

---

自中部省份的手工业者在斯塔夫罗波尔省占多数）；第3编第33—34页（下诺夫哥罗德省的流动鞋匠迁到伏尔加河下游各城市）；第9编（该省博戈罗茨科耶村的制革匠在俄国各地建立了工厂）。《弗拉基米尔省手工业》第4编第136页（弗拉基米尔省的陶工把自己这一行业带到了阿斯特拉罕省）。参看《俄国手工工业报告和研究》第1卷第125页和第210页；第2卷第160—165、168、222页——关于来自大俄罗斯各省的手工业者“在整个南方”占多数的总的评述。

① 《俄国手工工业调查委员会的报告》第3编。

② 例如，在莫斯科省的染色业（《莫斯科省手工业》第6卷第1编第73—99页）、宽边帽业（同上，第6卷第1编）、熟制毛皮业（同上，第7卷第1编第2部）、巴甫洛沃区的钢器装配业（上引格里戈里耶夫的著作第37—38页）以及其他行业中都有同样的现象。

③ 瓦·沃·先生在《俄国资本主义的命运》第78—79页中，根据具有上述性质的一个事实立即作出了这样的结论。

大，决不表示手工业的积聚；这是由于这些作坊数量少，附近农民想在这些作坊里学到一门有益的手艺。至于说到农民手工业从旧中心传布到周围村庄的过程，那么，这种过程在很多场合都能看到。例如，在改革后时代，下列一些具有特出意义的手工业发展起来了（无论从已经有了手工业的村庄数、手工业者的人数或生产总额来看）：巴甫洛沃区的钢器装配业，基姆雷村的制革-制鞋业，阿尔扎马斯城及其郊区的编鞋业，布尔马基诺村的五金业，莫尔维季诺村及其附近地区的软帽业，莫斯科省的玻璃业、宽边帽业、花边业，克拉斯诺谢洛区的首饰业，等等。① 论图拉县 7 个乡的手工业一文的作者断言，“农民改革后手艺人人数的增加”，“手工业者和手艺人在改革以前没有手工业者和手艺人的地方的出现”，都是普遍的现象。② 莫斯科省的统计人员也提出了相应的意见。③ 我们可以拿有关莫斯科省 10 种手工业中 523 个手工业作坊开设时间

① A.斯米尔诺夫《巴甫洛沃和沃尔斯马——下诺夫哥罗德省以五金生产闻名的两个村子》1864 年莫斯科版；尼·拉布津《下诺夫哥罗德省戈尔巴托夫县和弗拉基米尔省穆罗姆县制刀业、制锁业及其他五金制品业的调查报告》1870 年圣彼得堡版；上引格里戈里耶夫的著作；1891 年《下诺夫哥罗德航运业和工业通报》杂志第 1 期。尼·安年斯基《关于巴甫洛沃区手工业者状况的报告》；地方自治局统计机关关于戈尔巴托夫县的《土地估价材料》1892 年下诺夫哥罗德版；亚·尼·波特列索夫于 1895 年在信贷社委员会圣彼得堡分会的报告；《俄罗斯帝国统计年鉴》1872 年圣彼得堡版第 2 辑第 3 编；《俄国手工工业调查委员会的报告》第 8 编；《俄国手工工业报告和研究》第 1 卷和第 3 卷；《俄国手工工业调查委员会的报告》第 6 编和第 13 编；《莫斯科省手工业》第 6 卷第 1 编第 111 页，同上，第 177 页；第 7 卷第 2 编第 8 页；《俄国工业历史统计概述》第 2 卷第 6 类行业 1；1898 年《财政与工商业通报》杂志第 42 期。也可参看《弗拉基米尔省手工业》第 3 编第 18—19 页及其他各页。

② 《俄国手工工业调查委员会的报告》第 9 编第 2303—2304 页。

③ 《莫斯科省手工业》第 7 卷第 1 编第 2 部第 196 页。

的统计资料来证实这一意见。①

| 作坊总数 | 各个时期建立的作坊数 | | | | | | | | |
|---|---|---|---|---|---|---|---|---|---|
| | 时期不详 | 很早以前 | 19 世纪各个年代 | | | | | | |
| | | | 10 年代 | 20 年代 | 30 年代 | 40 年代 | 50 年代 | 60 年代 | 70 年代 |
| 523 | 13 | 46 | 3 | 6 | 11 | 11 | 37 | 121 | 275 |

彼尔姆省的手工业调查也表明(根据 8 884 个小手艺作坊和手工业作坊开设时间的资料),改革后时代的特点是小手工业发展得特别迅速。稍微仔细地看一看新手工业产生的这种过程是有意义的。弗拉基米尔省的毛织业和半丝织业是在不久以前即 1861 年产生的。最初,这种行业是外出做零工,以后才在乡村中出现分发线纱的"师傅"。最早的"厂主"之一一度做过麦米买卖,在坦波夫省和萨拉托夫省的"草原"采购麦米。随着铁路的修建,粮价拉平了,粮食生意集中在百万富翁手中,于是我们这位商人决定把自己的资本投入工业织布企业;他进了工厂,熟悉了业务,成了一位"师傅"。② 由此可见,当地新"手工业"的形成,是由于国内总的经济发展把资本从商业中排挤出去,并把它引入工业。③ 我们引以为例的手工业的调查者指出,他记述的情况决不是个别的,因为靠外出做零工为生的农民"是各种手工业的先驱者,他们把自己的技术知识带回本村,带领一批新的劳动力外出,而且以手工业能使小

① 关于制刷业、别针制造业、制钩业、宽边帽业、淀粉业、制鞋业、眼镜业、铜制马具业、缨穗业和家具业的资料,摘自《莫斯科省手工业》和伊萨耶夫先生的同名著作所引证的手工业者按户调查资料。

② 《弗拉基米尔省手工业》第 3 编第 242—243 页。

③ 米·伊·杜·-巴拉诺夫斯基在他关于俄国工厂历史命运的研究著作中指出,商业资本是大工业形成的必要的历史条件。见他的《俄国工厂今昔》一书,1898 年圣彼得堡版。

工房主和师傅一本万利的故事来打动富裕农夫。那些把钱存放在钱罐里或做粮食买卖的富裕农夫，听信了这些故事，就经营起工业企业来了”(同上)。弗拉基米尔省亚历山德罗夫县的制鞋业和制毡业在某些地方是这样产生的：细平布小工房或小型分活站的业主们眼看手工织布业衰落下去，就开办了从事其他生产的作坊，他们有时为了熟悉业务和培训子女还雇用师傅。[①] 当大工业把小资本从一种生产中排挤出去的时候，这种资本就流入其他生产，推动其他生产朝同一方向发展。

改革以后使小手工业在农村中得到发展的一般条件，已由莫斯科省手工业的调查人员作了非常清楚的说明。我们在对花边业的记述中看到：“一方面，这时的农民生活条件大大恶化，另一方面，一部分境况较好的居民的需要却有了显著的增长。”[②]接着作者根据他所列举地区的资料断言，在多马农民人数和农民牲畜总数增多的时候，无马的和不种地的农民人数也同时增多。这样一来，一方面是需要“外水”、寻找副业工作的人数增多了，另一方面是少数富裕户发了财，有了“积蓄”，有“可能雇用一两个工人或者把工作分配给贫苦农民在家里做”。作者解释说：“当然，我们在这里没有谈到从富裕户中发展起来的那些有名的所谓富农、土豪的情况，而只是考察了农民中最通常的现象。”

总之，地方调查人员指出了农民分化和农民小手工业发展之间的联系。这是完全可以理解的。从第 2 章叙述的资料中可以得出结论说，种地的农民的分化必然使农民小手工业同时发展起来。随着自然经济的衰落，各种原料加工一个个地变成单独的工业部

① 《弗拉基米尔省手工业》第 2 编第 25 页和第 270 页。

② 《莫斯科省手工业》第 6 卷第 2 编第 8 页及以下各页。

门；农民资产阶级和农村无产阶级的形成，增加了对农民小手工业产品的需求，同时也为这些手工业提供了自由的劳动力和闲置的货币资金。①

## 四 小商品生产者的分化。莫斯科省手工业者的按户调查资料

现在我们来考察一下，在工业小商品生产者中间形成的那些社会经济关系是怎样的。确定这些关系的性质这个任务同前面第2章中提出的研究小农的任务是一样的。现在我们应当依据的不是农业经营的规模，而是手工业经营的规模；应当把小手工业者按其生产规模加以分类，考察雇佣劳动在每一类中的作用、技术状况等等。② 为了进行这种分析，必须有手工业者的按户调查资料，我们现在掌握的是莫斯科省手工业者的按户调查资料。③ 调查人员

---

① 尼·一逊先生在论述“手工业资本主义化”时所犯的基本理论错误，是他忽略了商品生产和资本主义在其依次各阶段中的那些最初步骤。尼·一逊先生从“人民生产”直接跳到“资本主义”，而后又带着一副可笑的天真神情，惊奇地发现资本主义是没有基础的、人为的等等。

② 瓦尔泽尔先生在描述切尔尼戈夫省的“手工”工业时，肯定“经济单位是多种多样的”(一方面是收入达500—800卢布的农户，另一方面是“近于赤贫的”农户)，并且作了这样的评论：“在这种条件下，对农户进行按户登记，并把它们及其全部经营设备划分成一定数量的平均农户，这是提供手工业者经济生活全貌的唯一办法。其余的一切，或者是偶然印象构成的幻想，或者是根据各种平均数字作出的不切实际的算术计算……”(《俄国手工工业调查委员会的报告》第5编第354页)

③ 《莫斯科省统计资料汇编》第6卷和第7卷，《莫斯科省手工业》和**安·伊萨耶夫**《莫斯科省手工业》1876—1877年莫斯科版，共2卷。在《弗拉基米尔省手工业》中，也刊载了有关少数几种手工业的这样的资料。不言而喻，我们在本章只考察这样的手工业，在这些手工业中，小商品生产者为市场工作，而不是

对许多手工业都列举了有关每一个手工业者的生产、有时还包括其农业的确切统计资料(作坊建立时间,本户工人和雇佣工人的人数,全年生产总额,手工业者拥有的马匹数目,耕种土地的方法等等)。在这里,调查人员并未提供任何分类表,因此我们必须自己来编制这些表,按照每一作坊的工人人数(本户工人和雇佣工人),有时按照生产规模及其技术设备等等,把每一种行业的手工业者都划分成等级(I是低级,II是中级,III是高级)。一般说来,手工业者分级的标准,是按照关于这种手工业的记载中所引用的全部资料来确定的;此外,在不同的手工业中,必须采用不同的标准来划分手工业者的等级。例如,在很小的手工业中,把有1个工人的作坊列为低级,把有2个工人的作坊列为中级,把有3个工人以上的作坊列为高级,而在较大的手工业中,则把有1—5个工人的作坊列为低级,把有6—10个工人的作坊列为中级,依此类推。如果不采用不同的分类法,我们就不可能对**每一种**手工业提供出关于不同规模的作坊的资料。用这种方法制成的表载于附录中(见附录一);表中指出了每一种行业的手工业者是根据什么标志划分成各种等级的,列举出了每一种行业中每一等级的作坊、工人(包括本户工人和雇佣工人)、生产总额、有雇佣工人的作坊、雇佣工人等的绝对数字;为了说明手工业者的农业状况,计算出了每一等级中每一个业主占有马匹的平均数字以及靠"工人"来耕种土地(即雇用农业工人)的手工业者的百分数。这个表共包括37种手工业、2 278个作坊、11 833名工人和500万卢布以上的生产总额;如

为包买主工作,至少在大多数情况下是如此。为包买主工作是一种更复杂的现象,我们在下面将专门考察这种现象。为包买主工作的手工业者的按户调查资料,对判断小商品生产者之间的关系并不适用。

果把因资料不完备或因其性质特殊[①]而不列入汇总资料的 4 种手工业除去，则共有 33 种手工业、2 085 个作坊、9 427 名工人和 3 466 000 卢布的生产总额，经过订正(对两种手工业)以后，生产总额约为 375 万卢布。

由于没有任何必要把 33 种手工业的资料全部考察一遍，而且这样做也未免太麻烦，所以我们把这些手工业分为四类：(1)9 种手工业，每个作坊的工人(包括本户工人和雇佣工人)平均数为 1.6—2.5 人；(2)9 种手工业，工人平均数为 2.7—4.4 人；(3)10 种手工业，工人平均数为 5.1—8.4 人；(4)5 种手工业，工人平均数为 11.5—17.8 人。我们就是这样把每一作坊工人人数彼此相当接近的手工业归为一类，在以下的叙述中，我们将只使用这四类手工业的资料。现在我们把这些资料全部列表如下。[②]

这个表汇总了高级和低级手工业者的关系的最主要资料，这些资料可供我们作出进一步的结论。关于这四类手工业的总结性资料，我们可以用图来说明，这个图的设计与我们在第 2 章中说明种地农民的分化的图完全相同。我们先算出每一等级的作坊总数、本户工人总数、有雇佣工人的作坊总数、工人(包括本户工人和雇佣工人)总数、生产总额和雇佣工人总数的百分数，然后把这些百分数(用第 2 章所说的方法)画在图上。[③]

现在我们来考察一下从这些资料中得出的结论。

① 拥有 20 个作坊和 1 817 名雇佣工人的瓷器"手工业"，就是由于这个原因而不列入汇总资料的。莫斯科省的统计人员把这个行业也列入了"手工"业(见上引书第 7 卷第 3 编汇总表)，这足以说明在我国流行的概念的混乱。

② 见本卷第 312 页。——编者注

③ 见本卷第 315—316 页上的图。——编者注

| 手工业类别 | 绝对数字①<br>(a)作坊数<br>(b)工人数<br>(c)生产总额<br>(单位卢布) | 百分数的分配②<br>(a)作坊数<br>(b)工人数<br>(c)生产总额 | | | | (a)有雇佣工人的作坊的百分数<br>(b)雇佣工人的百分数 | | | | 平均生产额<br>(单位卢布)<br>(a)每个作坊<br>(b)每个工人 | | | | 每个作坊的工人平均数<br>(a)本户工人<br>(b)雇佣工人<br>(c)总　计 | | | |
|---|---|---|---|---|---|---|---|---|---|---|---|---|---|---|---|---|---|
| | | 共计 | 等级 | | | 共计 | 等级 | | | 共计 | 等级 | | | 共计 | 等级 | | |
| | | | I | II | III | | I | II | III | | I | II | III | | I | II | III |
| 第1类<br>(9种手工业) | 831 | 100 | 57 | 30 | 13 | | | | | | | | | 1.9 | 1.28 | 2.4 | 3.3 |
| | 1 776 | 100 | 35 | 37 | 28 | 12 | 2 | 19 | 40 | 430 | 243 | 527 | 1 010 | 0.2 | 0.02 | 0.2 | 1.2 |
| | 357 890 | 100 | 32 | 37 | 31 | 11 | 1 | 9 | 27 | 202 | 182 | 202 | 224 | 2.1 | 1.3 | 2.6 | 4.5 |
| 第2类<br>(9种手工业) | 348 | 100 | 47 | 34 | 19 | | | | | | | | | 2.5 | 1.9 | 2.9 | 3.7 |
| | 1 242 | 100 | 30 | 35 | 35 | 41 | 25 | 43 | 76 | 1 484 | 791 | 1 477 | 3 291 | 1.0 | 0.3 | 0.8 | 3.0 |
| | 516 268 | 100 | 25 | 34 | 41 | 26 | 13 | 21 | 45 | 415 | 350 | 399 | 489 | 3.5 | 2.2 | 3.7 | 6.7 |
| 第3类<br>(10种手工业) | 804 | 100 | 53 | 33 | 14 | | | | | | | | | 2.4 | 2.0 | 2.7 | 2.3 |
| | 4 893 | 100 | 25 | 37 | 38 | 64 | 35 | 95 | 100 | 2 503 | 931 | 2 737 | 8 063 | 3.7 | 0.8 | 3.9 | 14.9 |
| | 2 013 918 | 100 | 20 | 37 | 43 | 61 | 25 | 59 | 86 | 411 | 324 | 411 | 468 | 6.1 | 2.8 | 6.6 | 17.2 |
| 第4类<br>(5种手工业) | 102 | 100 | 38 | 33 | 29 | | | | | | | | | 2.1 | 2.2 | 2.1 | 2.1 |
| | 1 516 | 100 | 15 | 24 | 61 | 84 | 61 | 97 | 100 | 5 666 | 1 919 | 3 952 | 12 714 | 12.7 | 3.5 | 8.7 | 29.6 |
| | ③577 930 | 100 | 13 | 23 | 64 | 85 | 60 | 81 | 93 | 381 | 331 | 363 | 401 | 14.8 | 5.7 | 10.8 | 31.7 |
| **各类总计<br>(33种手工业)** | 2 085 | 100 | 53 | 32 | 15 | | | | | | | | | 2.2 | 1.8 | 2.6 | 2.9 |
| | 9 427 | 100 | 26 | 35 | 39 | 40 | 21 | 57 | 74 | 1 664 | 651 | 1 756 | 5 029 | 2.3 | 0.4 | 2.2 | 9.0 |
| | 3 466 006 | 100 | 21 | 34 | 45 | 51 | 20 | 46 | 75 | 367 | 292 | 362 | 421 | 4.5 | 2.2 | 4.8 | 11.9 |

① (a)(b)(c)三字表示下列数字是按这三个项目在各栏中依次排列的。

② 这是各类手工业或各等级中的作坊和工人总数的百分数。

③ 有两种手工业，提供的不是产品的价值(=生产总额)，而是加工的原料价值的资料。这使生产总额减少 30 万卢布。

我们从雇佣劳动的作用谈起。33种手工业中的雇佣劳动超过本户劳动:工人总数中有51%是雇佣劳动者;对莫斯科省的“手工业者”来说,这个百分数甚至还低于实际情况。我们计算了一下莫斯科省54种提供了雇佣工人确切数字的手工业资料,结果是29 446名工人中有17 566名雇佣劳动者,即占59.65%。彼尔姆省雇佣工人在全部手工业者和手艺人中间所占的百分数是24.5%,而单单在商品生产者中间就占29.4—31.2%。但是,正如我们将在下面看到的,这些笼统的数字所包括的不仅是小商品生产者,而且还有资本主义手工工场。因此,下述结论要有意义得多:**雇佣劳动的作用随着作坊规模的扩大而增大**。在将一类手工业同另一类手工业相比或者将同一类手工业的不同等级相比时都可以看到这种情况。作坊的规模愈大,有雇佣工人的作坊的百分数就愈高,雇佣工人的百分数也就愈高。民粹派经济学家通常只是说,在“手工业者”中间占优势的是只有本户工人的小作坊,而且常常引用“平均”数字来加以证实。从引用的资料中可以看出,这些“平均”数字对说明这方面的现象并不适用,而且有本户工人的小作坊在数量上占优势,丝毫不能抹杀下列基本事实:**小商品生产的趋势是愈来愈多地使用雇佣劳动,建立资本主义的作坊**。不仅如此,引用的资料也驳斥了民粹派另一个同样流行的说法,那就是:“手工业”生产中的雇佣劳动不过是本户劳动的“补充”,使用雇佣劳动并不是为了发财致富等等。[①] 事实上我们看到,在小手工业者中间,正像在小农中间一样,**雇佣劳动的使用随着本户工人人数的增多而增加**。我们在大多数手工业中都看到,雇佣劳动的使

① 例如,见《莫斯科省统计资料汇编》第6卷第1编第21页。

用，从低的等级到高的等级是依次递增的，**尽管**每个作坊的本户工人人数也在递增。雇佣劳动的使用并不消除“手工业者”家庭人数方面的差别，而是加深这种差别。本图清楚地表明了小手工业的这种共同特点：高级手工业虽然拥有最多的本户工人，仍然集中了大量雇佣工人。**因此，“家庭协作”是资本主义协作的基础**①。当然，不言而喻，这个“规律”只适用于最小的商品生产者，只适用于资本主义的萌芽；这个规律证明，农民的趋势是变成小资产者。只要建立起有相当多雇佣工人的作坊，“家庭协作”的意义就必然下降。我们从我们的资料中也确实看到，上述规律并不适用于最高类别中那些规模最大的等级。当“手工业者”成为雇有15—30个雇佣工人的真正的资本家时，本户劳动在他的作坊中的作用也就降低了，变得微不足道了（例如，在最高类别的最高等级中，本户工人只占工人总数的7%）。换句话说，只要“手工”业具有的规模小到使“家庭协作”在其中起主要作用，那么这种家庭协作就是资本主义协作发展的最可靠保证。因此，在这里十分明显地表明了商品生产的辩证法，即“靠自己双手劳动为生”变成靠剥削他人劳动为生。

我们来看一下关于劳动生产率的资料。关于每个等级中每个工人的生产总额的资料表明：**劳动生产率随着作坊规模的扩大而提高**。这在大多数手工业中和所有手工业的类别中都可以看到；本图明显地说明了这一规律，表明高级手工业所占生产总额的比重比它在工人总数中所占的比重要大；而在低级手工业中这个比

① 从有关彼尔姆省“手工业者”的资料中也可以得出同样的结论；见我们的《评论集》第126—128页（本版全集第2卷第250—254页。——编者注）。

## 上表的总结性资料图

——实线表示高级(即第 III 级)手工业者在 33 种手工业的作坊、工人等等总数中所占比重的百分数(从上至下)。

-----虚线表示低级(即第 I 级)手工业者在 33 种手工业的作坊、工人等等总数中所占比重的百分数(从下至上)。

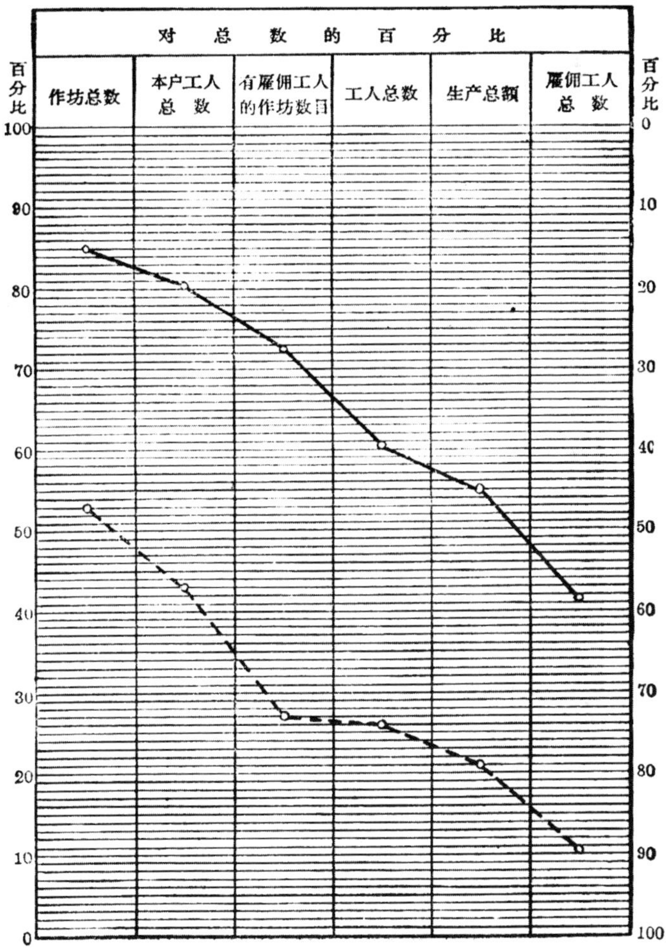

例恰恰相反。高级手工业作坊中每一个工人的生产总额比低级手工业作坊中每一个工人的生产总额高20%—40%。诚然，和小作坊相比，大作坊通常有较长的劳动期间，有时还加工比较贵重的材料，但是这两种情况并不能抹杀下列事实，即大作坊的劳动生产率大大超过小作坊。[①] 情况也只能是这样。大作坊的工人（包括本户工人和雇佣工人）比小作坊的工人多2—4倍，而采用较大规模的协作不能不有助于劳动生产率的提高。大作坊总是在技术方面装备较好，配备有优良的工具、设备和机器等等。例如，在制刷业的"正规组织起来的作坊"中大约应当有15个工人，在制钩业中应当有9—10个工人。在玩具业中，大多数手工业者都用普通火炉烘干货物，较大的业主就有专门的烘干炉，而最大的业主则有专门的房子即干燥室。在金属玩具业中，16个业主中8个业主有专门的作坊，各个等级的情况如下：(I)6个业主有0个；(II)5个业主有3个；(III)5个业主有5个。142个制镜匠和制框匠有18个专门的作坊，各个等级的情况如下：(I)99个业主有3个；(II)27个业主有4个；(III)16个业主有11个。在编筛业中，编筛是用手工（第I级），而织筛则用机器（第II级和第III级）。在缝纫业中，各等级中每一个业主占有的缝纫机台数如下：(I)1.3；(II)2.1；(III)3.4；等等。伊萨耶夫先生在调查家具业时断言，单干有以下几种不利的地方：(1)单干者没有全套工具；(2)所制商品种类受到限制，因为小屋内摆不下大件产品；(3)零买材料价钱要贵得多（要贵30%—35%）；(4)必须廉价出售商品，这一方面是由于人们不信

① 关于已列入我们表中的淀粉业，有各种规模作坊的劳动期间长短的资料。原来（正像我们在上面看到的），即使是同样的劳动期间，大作坊中一个工人所提供的产品数量也比小作坊多。

任小“手工业者”，另一方面是由于小“手工业者”需要现金。① 大家知道，与此完全类似的现象不仅在家具业中可以看到，而且在许许多多农民小手工业中都可以看到。最后，必须补充一点，一个工人生产的产品价值，不仅在大多数手工业中由低的等级到高的等级是递增的，而且由小手工业到大手工业也是递增的。在第 1 类手工业中，每个工人的平均产值是 202 卢布，在第 2 类和第 3 类手工业中是 400 卢布，在第 4 类手工业中则超出 500 卢布(根据上述原因，应把 381 这个数字增加½)。这种情况表明了原料涨价与大作坊排挤小作坊的过程之间的联系。资本主义社会每发展一步，必然会引起木材等等产品的涨价，从而加速了小作坊的灭亡。

从上述一切可以得出结论说：即使在农民小手工业中，起巨大作用的还是比较大的资本主义作坊。它们在作坊总数中占很少数，可是集中了工人总数中的很大部分和生产总数中的更大部分。例如，在莫斯科省的 33 种手工业中，占 15%的高级作坊集中了生产总额的 45%，而占 53%的低级作坊总共只占生产总额的 21%。不言而喻，手工业纯收入的分配一定更不平均得多。1894—1895 年度彼尔姆省手工业调查资料明显地证明了这一点。我们从 7 种手工业中把最大的作坊分出来，可以得出如下大小作坊间相互关系的情景②：

---

① 小生产者为了同这些不利条件作斗争，就延长工作日和增加劳动强度(上引书第 38 页)。在商品经济下，无论是农业中或工业中的小生产者都只有用降低需求的办法来维持。

② 见我们的《评论集》第 153 页及以下各页(本版全集第 2 卷第 283 页及以下各页。——编者注)，书中分别引用了每种手工业的资料。我们要指出，所有这些资料都是有关为市场工作的从事农业的手工业者的。

| 作　坊 | 作坊数目 | 工人人数 | | | 总收入 | | 工资 | | 纯收入 | |
|---|---|---|---|---|---|---|---|---|---|---|
| | | 本户工人 | 雇佣工人 | 共计 | 共计 | 每个工人 | 共计 | 每个雇佣工人 | 共计 | 每个本户工人 |
| | | | | | 单位卢布 | | 单位卢布 | | 单位卢布 | |
| 所有作坊 | 735 | 1 587 | 837 | 2 424 | 239 837 | 98.9 | 28 985 | 34.5 | 69 027 | 43 |
| 大作坊 | 53 | 65 | 336 | 401 | 117 870 | 293 | 16 215 | 48.2 | 22 529 | 346 |
| 其余作坊 | 682 | 1 522 | 501 | 2 023 | 121 967 | 60.2 | 12 770 | 25.4 | 46 498 | 30.5 |

为数极少的大作坊（不到作坊总数的1/10）拥有的工人约占工人总数的1/5，集中了全部生产的近一半和全部收入的2/5左右（工人工资和业主收入合计）。小业主所得的纯收入，远不及大作坊雇佣工人的工资多；我们在其他地方已详细地说明，这种现象对农民小手工业来说并不是例外，而是很普遍的。①

在归纳从我们所分析的资料中得出的结论时，我们应当说，农民小手工业的经济结构是典型的小资产阶级结构，同我们在上面证实的小农的经济结构一样。在当今的社会经济环境中，农民小手工业的扩大、发展和改善，只能是一方面分出少数小资本家，另一方面分出多数雇佣工人或生活得比雇佣工人更苦更坏的"独立手工业者"。因此，我们在最小的农民手工业中可以看到最明显的资本主义萌芽，而这种资本主义正是被各种马尼洛夫式的[85]经济学家描述为某种脱离"人民生产"的东西。从国内市场理论的观点来看，上面所

① 从正文中引用的资料可以看出，在农民小手工业中起巨大作用甚至起主要作用的是生产总额超过 1 000 卢布的作坊。要提醒的是，这样的作坊过去而且现在继续被我国官方统计算做"工厂"。[参看《评论集》第 267 页和第 270 页（本版全集第 4 卷第 12 页和第 16 页。——编者注）和第 7 章第 2 节]。可见，如果我们认为一个经济学家可以使用俄国民粹派所死守不放的那套流行的传统术语，那么我们就有理由确立下面这条"规律"：在农民的"手工业"作坊中，起主要作用的是那些因官方统计太糟而未被列入的"工厂"。

分析的事实的意义是相当重要的。农民小手工业的发展，使较殷实的手工业者扩大了对生产资料和来自农村无产阶级队伍的劳动力的需求。仅仅在彼尔姆一省，农村手艺人和小手工业者所雇用的工人就有6 500人左右，可见在整个俄国，这种雇佣工人的数量一定相当可观。①

## 五 资本主义的简单协作

小商品生产者建立较大的作坊，是向比较高级的工业形式的过渡。**资本主义的简单协作**是从分散的小生产中发展起来的。"资本主义生产实际上是在同一个资本同时雇用人数较多的工人，因而劳动过程扩大了自己的规模并提供了较大量的产品的时候才开始的。人数较多的工人在同一时间、同一空间（或者说同一劳动场所），为了生产同种商品，在同一资本家的指挥下工作，这在历史上和概念上都是资本主义生产的起点。就生产方式本身来说，例如，初期的工场手工业，除了同一资本同时雇用的工人人数较多而外，和行会手工业几乎没有什么区别。行会师傅的作坊只是扩大了而已。"（《资本论》第2版第1卷第329页）②

---

① 补充一点：除莫斯科省和彼尔姆省以外，其他各省的资料也证实在小商品生产者中有完全类似的关系。例如，见《弗拉基米尔省手工业》第2编，鞋匠和制毡匠的按户调查资料；《俄国手工工业调查委员会的报告》第2编，关于梅登县车轮制造匠的材料；第2编，关于该县鞣羊皮匠的材料；第3编，关于阿尔扎马斯县的熟制毛皮匠的材料；第6编，关于谢苗诺夫县制毡匠和瓦西里县制革匠的材料，等等。参看《下诺夫哥罗德省汇编》第4卷第137页，亚·绥·加戚斯基关于小手工业的总的评论肯定了大作坊的分离。参看安年斯基关于巴甫洛沃区手工业者的报告（前已提到），其中谈到各类家庭每周工资额以及其他等等。所有这些材料与我们所分析的按户调查资料不同的地方，仅仅在于它们的不完备和贫乏。而问题的实质，到处都是一样。

② 见《马克思恩格斯文集》第5卷第374页。——编者注

可见，在我国农民（“手工业者”）的小手工业中出现的也正是这种资本主义的起点。另一种历史环境（没有行会手工业，或者行会手工业不发达）只改变了同样一些资本主义关系的表现形式。资本主义作坊同小手工业者作坊的差别，最初只表现在同时雇用的工人人数上。因此，最早的资本主义作坊由于是少数，就好像湮没在许许多多的小作坊之中。但是，使用较多的工人，必然会引起生产本身一连串的变化，必然会引起生产的逐步改造。在使用原始手工技术的情况下，各个工人之间的差别（体力，灵巧，技艺等等）常常是很大的；单单由于这一个原因，小手工业者的地位已经变得极不稳定；他对市场波动的依附性极大。而当一个作坊有几个工人时，工人之间的个人差别在作坊本身中已经不那么显著了；“同时雇用的人数较多的工人的总工作日，本身就是一天的社会平均劳动”①，因此，资本主义作坊的产品生产和销售具有大得多的正常性和稳定性。于是有可能更充分地利用建筑物、仓库、器具和劳动工具等等；这样就降低了较大作坊的生产费用②。为了进行较大规模的生产和同时雇用许多工人，需要积累相当多的资本，但

① 马克思的原文是：“同时雇用的人数较多的工人的总工作日除以工人人数，本身就是一天的社会平均劳动。”见《马克思恩格斯文集》第5卷第375页。——编者注

② 例如，关于弗拉基米尔省的金箔工匠，我们看到这样一段话：“在工人较多的情况下，开支可以大大缩减；这里应该包括照明费，切箔费，砧石费和用具费。”（《弗拉基米尔省手工业》第3编第188页）在彼尔姆省的铜器业中，个体生产者需要一套完整的工具（16种），而两个工人只需要“增添很少”的工具，“有6—8人的作坊，全部工具只要增加两三倍。即使是有8个人的作坊，往往也只有一台旋床。”（《俄国手工工业调查委员会的报告》第10编第2939页）大作坊的固定资本为466卢布，中等作坊为294卢布，小作坊为80卢布，而生产总额各为6 200卢布，3 655卢布，871卢布。这就是说，小作坊的生产额比固定资本额大10倍，中等作坊大11倍，大作坊大13倍。

资本往往不是在生产领域形成的，而是在商业领域或其他领域形成的。这种资本的大小决定业主个人参加企业的形式：他本人也是工人（如果他的资本还很小），或者他不亲自参加劳动而专门从事商业企业性活动。例如，我们在关于家具业的记载中看到："可以把作坊主的状况同他雇用的工人人数联系起来。""2—3个工人给业主挣的盈余很少，以致业主要同工人一起干活…… 5个工人给业主挣的盈余已经能使业主在一定程度上摆脱手工劳动，偷点懒，主要执行业主的上述两种职能"（即购买材料和销售商品）。"一旦雇佣工人的数量达到10人或者超过这个数字，业主就不但不从事手工劳动，而且几乎不再亲自监督工人。他添设了一个监视工人的工头…… 这时他已经成为小资本家，成为'道地的业主'。"（伊萨耶夫《莫斯科省手工业》第1卷第52—53页）我们所引用的统计资料明显地证实了这段评述，说明当雇佣工人大量出现的时候，本户工人的数量减少了。

《资本论》的作者对资本主义的简单协作在资本主义工业形式发展中的一般意义，作了如下的评述：

"历史地说，资本主义的协作形式是同农民经济和独立的手工业生产（不管是否具有行会形式）相对立而发展起来的。…… 正如协作发挥的劳动的社会生产力表现为资本的生产力一样，协作本身表现为同单个的独立劳动者或小业主的生产过程相对立的资本主义生产过程的特有形式。这是实际的劳动过程由于隶属于资本而经受的第一个变化。…… 这一变化的前提，即在同一个劳动过程中同时雇用人数较多的雇佣工人，构成资本主义生产的起点。……因此，一方面，资本主义生产方式表现为劳动过程转化为社会过程的历史必然性，另一方面，劳动过程的这种社会形式表现为资本通过提高劳动过程的生产力来更有利地剥削劳动过程的一种方法。

上面所考察的简单形态的协作，是同规模较大的生产结合在一起的，但是并不构成资本主义生产方式的一个特殊发展时代的固定的具有特征的形式。它至多不过在仍然保持手工业性质的初期工场手工业中……近似地表现出来。”(《资本论》第 2 版第 1 卷第 344—345 页)①

我们将在下面的叙述中看到，在俄国，有雇佣工人的“手工业”小作坊同发达得多和普遍得多的资本主义形式有着多么密切的联系。至于这些作坊在农民小手工业中的作用，则上面已用统计资料说明，这些作坊创立了相当广泛的资本主义协作来代替先前生产上的分散性，并且大大提高了劳动生产率。

我们关于资本主义协作在农民小手工业中的巨大作用及其进步意义的结论，是和“劳动组合基础”的各种表现在农民小手工业中占优势这一广为流行的民粹派理论针锋相对的。事实上，恰恰相反，小工业(和手艺)的特点是生产者非常分散。民粹派的著作为了证实相反的观点，除了选出一些个别例子以外，什么东西都拿不出来，而这些例子的绝大部分根本与协作无关，只是说明业主和小业主为共同购买原料、建筑公共作坊等等而实行的临时的小范围结合。这样的劳动组合甚至一点也没有损害资本主义协作的主要作用。② 为了确切地了解“劳动组合基础”如何在实际中得到广

① 见《马克思恩格斯文集》第 5 卷第 388—389 页。——编者注

② 我们认为，用例子证实正文中所说的观点是多此一举，因为在瓦·沃·先生的《手工业中的劳动组合》(1895 年圣彼得堡版)一书中可以举出一大堆这样的例子。沃尔金先生已经分析了瓦·沃·先生援引的例子的真实意义(上述著作第 182 页及以下各页)，并且指出我国“手工”工业中的“劳动组合基础”少

泛的应用，引证从这里或那里取来的例子是不够的；为此，必须引用某一经过全面调查的地区的资料，考察哪些协作形式比较普遍以及它们的意义。例如，1894—1895年度彼尔姆省的“手工业”调查资料就是这样的资料。我们在其他地方（《评论集》第182—187页①）已经指出，这次调查证明小手工业者的分散性是多么惊人，极少数大作坊的意义是多么重大。上面所作的关于资本主义协作的作用的结论，并不是根据个别的例子，而是根据不同地方几十种各式各样手工业的确切按户调查资料。

## 六 小手工业中的商业资本

大家知道，农民小手工业在许多情况下产生出特种的包买主，他们专门从事销售产品和收购原料的商业业务，并且通常以这种或那种形式使小手工业者从属于自己。现在我们来考察一下这种现象同农民小手工业的一般结构有着怎样的联系，以及它的意义如何。

包买主的主要经济业务是为转卖商品而收买商品（产品或原料）。换句话说，包买主是商业资本的代表。个别人手中形成了闲置的货币资金（所谓闲置的货币资金，是指无需用于个人消费等等的货币资金），是一切资本——不论是产业资本或商业资本——的起点。我国农村中这种财产上的分化是如何发生的，这在上面已

---

得十分可怜。我们只指出瓦·沃·先生的下列论断：“……若干独立手工业者结合成一个生产单位……绝对不是由竞争的条件引起的。大多数手工业中都没有较大的有雇佣工人的作坊就可以证明这一点。”（第93页）毫无根据地提出这种笼统的论点，当然要比分析关于这个问题的按户调查资料容易得多。

① 见本版全集第2卷第315—321页。——编者注

经根据种地的农民和手工业农民分化的资料作了详细说明。这些资料阐明了产生包买主的条件之一，即小生产者的分散性、孤立性以及他们之间存在着经济摩擦和斗争。另一个条件和商业资本执行的那些职能的性质有关，即同制品的销售和原料的收购有关。在商品生产极不发达的情况下，小生产者只在地方小市场上销售制品，有时甚至把制品直接销售给消费者。这是商品生产发展的低级阶段，这种商品生产刚刚从手艺中分离出来。随着市场的扩大，这种小规模的分散的销售（这同小规模的分散的生产完全相适应）渐渐成为**不可能**。在大市场上，销售应当是大规模的、整批的。因此，生产的小规模性质同大规模的、整批销售的必要性产生了不可调和的矛盾。在现有的社会经济条件下，在小生产者孤立和分化的情况下，要解决这种矛盾，就只有由少数富裕者独揽销售，把销售集中起来。包买主大批地收购制品（或原料），这样就减少了销售的费用，把小规模的、偶然的和不正规的销售变为大规模的和正规的销售。这种大规模销售的纯粹经济上的优越性，必然使小生产者同市场隔绝，使他们在商业资本的权力面前无力自卫。这样，在商品经济的环境下，由于大规模的整批的销售对零散的小规模的销售占有纯粹经济上的优势，小生产者就必然依附于商业资本①。

---

① 关于商业资本即商人资本在整个资本主义发展中的意义问题，我们介绍读者阅读《资本论》第 3 卷。着重参看第 3 卷第 1 部分第 253—254 页（俄译本第 212 页）关于商品经营资本的实质；第 259 页（俄译本第 217 页）关于商业资本使销售费用降低；第 278—279 页（俄译本第 233—234 页）关于"集中的现象在商人业务中比在产业工场中出现得早"这一情况的经济必然性；第 308 页（俄译本第 259 页）和第 310—311 页（俄译本第 260—261 页）关于商业资本作为"资本主义生产方式发展的"必要"前提"的历史作用。（《马克思恩格斯文集》第 7 卷第 300—301、307—308、328—330、362—363、364—365 页。——编者注）

不言而喻，包买主的利润实际上常常远不只是大规模销售费用与小规模销售费用之间的差额，它正如产业资本家的利润一样，常常是由正常工资的扣除额组成的。然而为了说明产业资本家的利润，我们应当假定劳动力是按其实际价值出卖的。同样，为了说明包买主的作用，我们应当假定他们是按商品交换的一般规律来进行产品买卖的。只有商业资本占统治地位的这些经济上的原因，才能给我们提供一把锁钥，使我们了解商业资本实际上具有的各种不同的形式，在这些形式中经常可以看到（这是毫无疑义的）最普通的欺诈伎俩。相反的做法，——正如民粹派通常所做的那样，——即仅仅指出"盘剥者"的各种诡计，并根据这点而完全撇开现象的经济本质问题，就站到了庸俗经济学的观点上去。①

为了证实我们关于为市场进行的小生产同商业资本的统治之间存在着必然的因果关系这个论点，我们较详细地谈谈描写包买主如何出现和起了什么作用的优秀记述之一。我们指的是莫斯科省花边业调查（《莫斯科省手工业》第6卷第2编）。"女商人"的产生过程是这样的。在这种手工业刚产生的19世纪20年代和花边女工还很少的稍后一段时期，主要的购买者是地主，"老爷"。消费者同生产者的距离很近。随着这种手工业的普及，农民开始"利用某种机会"，比如通过制梳者，把花边运到莫斯科。这种原始销售

① 民粹派把"手工"业理想化，把商业资本说成某种可悲的倾向，而不把它看做是为市场进行的小生产的必然附属物，这种偏见可惜也影响到了统计调查。例如，我们有好多关于手工业者的按户调查资料（莫斯科省的，弗拉基米尔省的，彼尔姆省的），它们确切地调查了每个小手工业者的经济，但是忽视了包买主的**经济**问题：他们的资本是怎样积累起来的，这种资本的大小根据什么来确定，包买主的购销费用怎样，等等。参看我们的《评论集》第169页（本版全集第2卷第300—301页。——编者注）。

方法的不方便很快就表现出来了："一个不干这一行业的庄稼汉怎么能挨户兜售呢？"她们开始委托一个花边女工销售花边，对她损失的时间给以补偿。"她也运回编织花边的材料。"这样，单独销售的不上算，就使商业分离出来而成为一种由一个人执行的特殊职能，这个人从许多女工那里收集制品。这些女工由于彼此间的宗法式亲近关系（亲戚、邻居、同村人等等），起初打算合伙组织销售，想把销售事务委托给她们之中的一个女工。但是货币经济立刻在旧的宗法式关系中打开了缺口，立刻造成了我们在前面根据关于农民分化的大批资料所证实的那些现象。为销售而制造产品，教会人们以金钱来估价时间。于是，对女中间人损失的时间和劳动给以补偿就成为必要的了；女中间人逐渐习惯自己的工作，并开始以此为职业。"这样来回跑了几次，也就培养出了**女商人**这种人物。"（上引书第30页）到莫斯科去过几次的人，在那里建立起对正规销售十分必要的固定关系。"以经售所得报酬为生的必要性和习惯日渐形成。"女商人除经售所得报酬外，还"竭力在材料、棉布和线上打主意"，把超出花边定价多卖的钱据为己有。女商人说，得到的价格低于定价，"愿意就拿出来，不愿意就算了"。"女商人开始从城里带来商品并由此获取大量利润。"这样，女经纪人就变成独立的女商人，她已经开始垄断销售，而且利用自己的垄断地位使女工们完全受自己支配。在商业业务出现的同时，也出现了高利贷业务：把钱借给女工，以低价收购她们的商品等等。"姑娘们出卖1卢布的东西要付出10戈比，而且她们清楚地知道，女商人除此以外还以更高的价格出卖花边，从她们身上刮取油水。但是她们根本不知道有什么其他的办法。当我对她们说她们可以轮流到莫斯科去时，她们回答说，那就更糟了，她们不知道销给谁，而女商人已很熟悉各个地方。女商人销售了她们的成品，就带回订货、材料、图案（花样）等等；女商人总是把钱预支给她们，或者借给她们，如果等钱用，甚至还可以把花边零卖给女商人。一方面，女商人成了最需要和最不可缺少的人；另一方面，从她们中间逐渐产生了严重剥削别人劳动的人，即女盘剥者。”（第32页）对此必须补充一点：这类人物就是从那些小生产者中产生出来的，“不管打听过多少次，情况都是如此，所有的女商人从前都是编织花边的，因而都是懂得这门生产的人；她们都是从这些花边女工中产生的；她们最初并没有什么资本，只是由于自己做经纪人赚了些钱，才渐渐地做起印花布和其他商品的生意”（第31页）。[①] 因此，毫无疑问，在商品经济环境下，小生产者中间不仅必然分化出较富裕的手工业者，而且还分化出商业资本的代表。[②] 这些商业资本的代表一经形成，大规模的整批的销售就必然要排挤小规模的分散的销售。[③] 这里有几个例子，说明“手工业者”中间同时兼包买主的较大的业主实际上是怎样组织销售的。莫斯科省手工业者销售商用算盘（见我们表中关于商用算盘的统计资料；附录一），主要是在俄国各地市集上进行的。要想自己在市集上做买卖，第一，必须有大量资本，因为市集上只进行批发交易；第二，必须有自己人在当地收购

① 由小生产者自身中间形成包买主，这是普遍的现象，这种现象只要调查者一涉及这个问题差不多总是可以证实的。例如，见有关缝制羊皮手套业中的“分活者”（《莫斯科省手工业》第7卷第2编第175—176页）、有关巴甫洛沃手工业中的包买主（上引格里戈里耶夫的著作第92页）以及有关其他许多业主的评述。

② 科尔萨克（《论一般工业形式并论西欧和俄国家庭生产（手工工业和家庭工业）的意义》）早就十分公正地指出，小规模销售（以及小规模购买原料）的亏损同“小规模分散生产的共同性质”之间有联系（第23页和第239页）。

③ 我们在上面较详细地谈到的手工业者中间的那些大业主，常常也有一部分是包买主。例如，大手工业者向小手工业者购买制品是十分普遍的现象。

制品并把制品交给商人。符合这些条件的“只有一个经商的农民”，他也是一个拥有大量资本并从事算盘装配（就是用算盘架和算盘珠来装成算盘）和算盘买卖的“手工业者”，他的 6 个儿子“专门做买卖”，所以必须雇用两个工人来耕种份地。调查者指出：“他有可能把自己的商品拿到所有的市集上去销售，这是不足为奇的，而较小的商人通常只能在附近销售自己的商品。”（《莫斯科省手工业》第 7 卷第 1 编第 2 部第 141 页）在这个场合，商业资本的代表还没有从全体“农夫-庄稼汉”中分化出来，甚至还保存了自己的份地经济和父权制的大家庭。莫斯科省的眼镜匠完全依附于那些收购自己制品（眼镜架）的手工业者。这些包买主同时又是拥有自己作坊的“手工业者”；他们以供给“业主”制品等等为条件把原料贷给穷人。小手工业者曾经试图自己在莫斯科销售产品，但是遭到了失败，因为总共才 10—15 卢布的零星销售实在太不合算。（同上，第 263 页）在梁赞省的花边业中，女商人所获得的利润占女工工资的 12%—50%。“殷实的”女商人同销售中心建立了正规的联系，并且邮寄商品以节省川资。商人认为即使是 150—200 卢布的销售额也不能抵偿销售方面的支出，从这一点可以看出，整批销售是何等的必要。（《俄国手工工业调查委员会的报告》第 7 编第 1184 页）下面是别廖夫花边的销售组织。别廖夫城有三类女商人：(1)“女贩子”，她们分发小额订货，自己遍访女工，并把商品卖给大的女商人。(2)女订货商，她们亲自订货或者从女贩子那里收购商品，然后把商品运到首都等地。(3)大的女商人（2—3 家“商号”），她们已经同经纪人做交易了，即给他们送去商品并获得大批订货。地方上的女商人要把自己的商品运到大商店去“几乎是不可能的”，因为“商店宁愿同送来大宗各式各样编织物的批发包买主打交道”;女商人也必定把货物卖给这些“女供货者”;“从她们那里了解一切商业情况;由她们来规定价格;一句话,不通过她们就没有办法”。(《俄国手工工业调查委员会的报告》第10编第2823—2824页)这种例子不胜枚举。但是根据上面的引证完全可以看出:在为大市场生产的情况下,小规模的分散的销售是绝对不可能的。在小生产者分散和完全分化的情况下①,只有大**资本**才能组织大规模的销售,这样,大资本便使手工业者处于完全孤立无援和依附的地位。因此可以断定,那种建议通过“组织销售”来帮助“手工业者”的广为流行的民粹派理论是荒谬的。从纯理论方面来看,这种理论是由于不懂得**商品**生产同**资本主义**销售之间有着不可分割的联系而产生的小市民空想。② 至于说到俄国实际生活中的情况,那就干脆被编造这种理论的人忽视了,他们忽视了小商品生产者的分散性和他们的完全分化,忽视了在小商品生产者中间产生了并继续产生着“包买主”,以及在资本主义社会中只有大资本才能组织销售这一事实。显然,把所有这些不愉快的但却是肯定无疑的现实生活的特点抛开不谈,那就容易胡思乱想了。③

① 瓦·沃·先生断定说,受商业资本支配的手工业者“遭受着按问题的实质说是完全多余的损失”(《俄国手工工业概述》第150页)。瓦·沃·先生是不是认为,小生产者的分化“按问题的实质说”,即按这种小生产者在其环境中生活的那种商品经济的实质说,是“完全多余的”现象呢?

② 彼尔姆省的民粹派说道:“问题不在于盘剥者,而在于手工业者资本不足。”(《彼尔姆省手工工业状况概述》第8页)什么是盘剥者呢,不正是有资本的手工业者吗?糟糕的是,民粹派不想研究从小生产者中间产生出企业主和“盘剥者”这种小生产者的分化过程。

③ “独立手工业者”所必需的“固定”**资本**和“流动”**资本**为数不多的论断,是民粹派理论的所谓经济论据。这种特别流行的论断是这样推论的:手工业给农民带来很大的利益,因而农民希望发展手工业。(我们且不谈这种可笑的想法,仿佛大批日渐破产的农民因为其中有某些人变为小商品生产者就可以得到帮助似的。)但是要发展手工业,就应当知道一个手工业者需要多少“资本”才

我们在这里不可能详细叙述商业资本在我国“手工”业中究竟是怎样表现的，它使小工业者陷于怎样孤立无援的可怜境地。而且在下一章中，我们将评述商业资本在最高发展阶段的统治，在那个阶段，它作为工场手工业的附属品，大规模地组织资本主义的家庭劳动。这里，我们只指出商业资本在小手工业中所采取的那些基本形式。第一种也是最简单的一种形式，是商人（或大作坊业主）向小商品生产者收购制品。在收购不发达或互相竞争的包买主很多的情况下，把商品卖给商人同其他各种出卖方式可能并没有什么区别。但是在很多情况下，当地的包买主是农民能够经常把制品销售给他的唯一受主，这样，包买主就利用自己的垄断地位无限制地降低他付给生产者的价格。商业资本的第二种形式是商业资本同高利贷相结合：经常要钱用的农民向包买主借钱，然后用自己的商品来偿还债务。在这种情况下（这种情况非常普遍），商品的销售总是按照人为地降低了的价格进行，这种价格往往使手工业者的收入少于雇佣工人。此外，债权人同债务人的关系必然使后者处于人身依附地位，使他们遭受盘剥，使债权人利用债务人

---

能经营。下面是许多这种算法中的一个算法。格里戈里耶夫先生教导我们说，一个巴甫洛沃手工业者的固定“资本”，以劳动工具的价值计，需要3—5卢布，10—13—15卢布等等，流动“资本”以**一周的**粮食和原料支出计，需要6—8卢布。“所以，在巴甫洛沃区，固定资本和流动资本的数量〈原文如此！〉不大，要在那里置办独立〈原文如此！！〉生产所必需的工具和材料是很容易的。”（上引著作第75页）的确，有什么事情比这种论断“更容易”呢？大笔一挥就把巴甫洛沃的无产者变成了“资本家”，——只要把无产者每周的生活费和很不值钱的工具称做“资本”就行了。而垄断销售的、唯一能够真正“独立的”和操纵着成千累万资本的大包买主的真正**资本**，则被作者简单地抽象化了！这些富裕的巴甫洛沃人真是些怪人：他们世世代代千方百计地为自己积蓄了并且继续积蓄着成千累万的资本，可是根据最新的发现，原来只要几十卢布的“资本”就可以成为“独立的”资本了！

穷困的特殊境况等等。商业资本的第三种形式是以商品偿付制品，这是农村包买主通常采用的方法之一。这个形式的特点在于：它不仅是小手工业所固有的，而且是商品经济和资本主义所有各不发达阶段所固有的。只有使劳动社会化并且同一切宗法制完全断绝关系的大机器工业，才排除了这种盘剥形式，要求从立法上禁止对大工业企业采取这种形式。商业资本的第四种形式是商人以"手工业者"生产上所必需的各种商品（原料或辅助材料等等）来作支付。把生产材料卖给小手工业者也可以成为商业资本的一项独立业务，它同收购制品的业务完全是一类的。如果制品的包买主开始以"手工业者"所需要的那些原料来偿付，这就意味着在资本主义关系的发展上跨了很大一步。包买主把小手工业者同成品市场的联系切断之后，现在又切断了他同原料市场的联系，这样就使手工业者完全从属于自己。从这种形式到商业资本的最高形式，即包买主把材料直接分发给"手工业者"去进行生产并付给一定的报酬，只差一步了。手工业者事实上成了在自己家中为资本家工作的雇佣工人，包买主的商业资本在这里就转为产业资本。① 资本主义的家庭劳动形成了。这种家庭劳动在小手工业中比较少见，它的大规模采用是资本主义发展下一个较高阶段的事情。

## 七　"手工业和农业"

这是农民手工业记述中专门章节的普通标题。因为在我们考察

① 纯粹的商业资本形式在于：购买商品是为了加上利润出卖**这同一个**商品。纯粹的产业资本形式在于：购买商品是为了以**加工后的形式**出卖商品，因而就是购买原料等等和购买对原料进行加工的劳动力。

的资本主义最初阶段，手工业者几乎还没有从农民中分化出来，所以他们同土地的联系的确是非常有代表性的和需要特别考察的现象。

我们先从我们表中的资料谈起（见附录一）。为了评述“手工业者”的农业情况，这里首先援引每一等级手工业者马匹平均数的资料。把有这种资料的 19 种手工业汇总到一起，可以得出下列数字：每个手工业者（业主或小业主）总平均有 1.4 匹马，各个等级的平均数是：(I)1.1；(II)1.5 和(III)2.0。由此可见，业主的手工业经营规模愈大，他作为农民的经营规模也愈大。最大的手工业者的役畜数几乎比小手工业者多 1 倍。但就是最小的手工业者（第 I 级）的农业状况也胜过中等农民，因为 1877 年整个莫斯科省每一农户平均只有 0.87 匹马。[①] 因此，只有比较富裕的农民才能成为手工业业主和小业主。贫苦农民多半不能成为手工业业主，而只能成为手工业工人（“手工业者”那里的雇佣工人，外出零工等等）。可惜，莫斯科省绝大多数手工业，都没有关于小手工业所雇用的雇佣工人农业状况资料。宽边帽业是例外（见我们表中关于这一行业的总的资料，附录一）。下面是关于宽边帽业业主和宽边帽业工人农业状况的非常有教益的资料。

| 宽边帽业者状况 | 户数 | 每户的牲畜头数 | | | 按人口分配的份地数 | 其中 | | 耕种份地的户数 | | 不种地的户数 | 无马户数 | 欠缴税款（单位卢布） |
|---|---|---|---|---|---|---|---|---|---|---|---|---|
| | | 马 | 牛 | 羊 | | 耕种的 | 空闲的 | 自耕 | 雇人耕种 | | | |
| 业主 | 18 | 1.5 | 1.8 | 2.5 | 52 | 46 | 6 | 17 | — | 1 | — | 54 |
| 工人 | 165 | 0.6 | 0.9 | 0.8 | 389 | 249 | 140 | 84 | 18 | 63 | 17 | 2 402 |

① 见《欧俄农村居民经济状况统计资料汇编》大臣委员会版附录一：地方自治局按户调查资料，第 372—373 页。

可见，手工业业主是很“宽裕的”农民，即是农民资产阶级的代表，而雇佣工人则是从破产的农民群众中吸收来的。[①] 有关手工业业主土地耕种方式的资料，对于说明上述关系尤其重要。莫斯科省的调查者把土地耕种方式分为三类：(1)户主亲自劳动；(2)“雇人耕种”，即雇用某个邻居用他自己的农具耕种“破落”业主的土地。这种耕种方式表明了不富裕的破产业主的特点。第三种方式有相反的意义：由“工人”耕种，即业主雇用农业工人(“种地”人)；这些工人通常是在整个夏季被雇用，而在农活特别繁忙时，业主往往还派作坊中的工人去帮助他们。“可见，用‘种地’人耕种土地的方式是相当有利的事情。”(《莫斯科省手工业》第6卷第1编第48页)在我们的表中，我们汇总了16个行业的这种土地耕种方式的资料，其中7个行业完全没有雇用“种地人”的业主。在这全部16个行业中，雇用农业工人的手工业业主的百分比是12%，按等级是：(I)4.5%；(II)16.7%和(III)27.3%。手工业者愈殷实，他们中间就愈常出现农村企业主。因此，对手工业农民资料的分析，表明了工业和农业中平行分化的情景，这种情景我们在第2章关于种地的农民的资料中已经看到了。

一般说来，“手工业”业主雇用“种地人”，在所有工业省份都是很普遍的现象。例如，我们可以看到下诺夫哥罗德省富裕的椴皮席业者雇用农业雇农的材料。该省熟制毛皮业者雇用的农业工人通常都是来自附近纯粹的农业村庄的。从事制鞋业的“基姆雷乡

① 值得注意的是，宽边帽业记述的作者甚至在这里也“没有看到”农民在农业和工业中的分化。像所有的民粹派一样，他在自己的结论中只写了一些毫无内容的陈词滥调，说什么“手工业并不妨碍从事农业”(《莫斯科省手工业》第6卷第1编第231页)。这样，**无论是**手工业结构中**或是**农业结构中的社会经济矛盾就被顺利地回避过去了。

的村社农民认为，雇用从特维尔县和邻近地区大批到基姆雷乡来的雇农和女工来耕种自己的田地是有利的”。科斯特罗马省的器皿染色业者，在没有手工业活计时打发自己的雇佣工人做田间工作。[①]“独立业主〈弗拉基米尔省的金箔业者〉有专门的田间工人”；因此，他们的田地常常耕种得很好，尽管他们自己“往往根本不会耕地，也不会割草”。[②] 在莫斯科省，除我们表中开列资料的那些手工业者以外，还有很多手工业者都雇有“种地人”，例如别针工匠、制毡工匠、玩具工匠也都打发自己的工人去做田间工作；首饰工匠、金箔工匠、纽扣工匠、遮檐帽工匠、铜制马具工匠都雇有雇农等等。[③] 农民**手工业者**雇用**农业**工人这个事实的意义是很大的。它表明，甚至在农民小手工业中，也开始出现一切资本主义国家所特有的、证明资本主义进步历史作用的一种现象，即提高了居民的生活水平，提高了他们的需求。手工业者开始瞧不起“愚昧的”农民以及他们那种宗法式的村野习气，力求摆脱最繁重的和报酬最差的农业工作。在资本主义最不发达的小手工业中，这种现象表现得还很微弱；工业工人还刚开始从农业工人中分化出来。在资本主义工业的以后各个发展阶段，我们将要看到，这种现象会大量出现。

由于“农业同手工业的联系”问题很重要，我们必须比较详细地考察除莫斯科省以外的其他各省的资料。

下诺夫哥罗德省。许多椴皮席业者的农业衰落了，他们抛弃土地；有$\frac{1}{3}$左右的秋播地和$\frac{1}{2}$左右的春播地变成了“荒地”。而对

① 《俄国手工工业调查委员会的报告》第3编第57页和第112页；第8编第1354页；第9编第1931、2093、2185页。

② 《弗拉基米尔省手工业》第3编第187页和第190页。

③ 《莫斯科省手工业》，上引编。

“富裕农夫”来说，“土地已经不是凶恶的后娘，而是哺育自己的亲娘”，因为他们有足够的牲畜，有肥料，他们租种土地，竭力使自己的地块不被重新分配并更好地照管它们。“现在自己的兄弟富裕农夫成了地主，而另一个农夫则成了农奴般依附于他的贫农。”（《俄国手工工业调查委员会的报告》第3编第65页）熟制毛皮业者是“很糟糕的耕作者”，但这里也必须把“租种贫苦的同村人土地”等等的较大业主划分出来。下面是各类熟制毛皮业者的典型家庭收支表的总计：

| 农户类别（按富裕程度划分） | 男女人口数 | 男劳动力数 | 雇佣工人数 | 土地（单位俄亩） | 租地 | 出租地 | 收入（单位卢布） | | | | | 支出（单位卢布） | | | 差额 | 货币支出的百分比 |
|---|---|---|---|---|---|---|---|---|---|---|---|---|---|---|---|---|
| | | | | | | | 实物 | 货币 | 农业收入 | 熟制毛皮业收入 | 共计 | 实物 | 货币 | 共计 | | |
| 富裕户 | 14 | 3 | 2 雇用 | 19 | 5 | — | 212.8 | 697 | 409.8 | 500 | 909.8 | 212.8 | 503 | 715.8 | +194 | 70 |
| 中等户 | 10 | 2 | — | 16 | — | — | 88① | 120 | 138 | 70 | 208 | 88 | 124 | 212 | — 4 | 58 |
| 贫苦户 | 7 | 2 | 受人雇用 | 6 | — | 6 | 15① | 75 | 50 | 40 | 90 | 15 | 111 | 126 | — 36 | 88 |

农民和手工业者的平行分化，在这里表现得十分明显。调查者在谈到铁匠时说道，无论对富裕业主来说，或者对“贫苦”工人来说，“手工业比农业更为重要”（同上，第4编第168页）。

《弗拉基米尔省手工业》对手工业和农业相互关系问题的研究，比其他任何研究著作都详细得多。对许多行业，不仅提供了有关一般“手工业者”农业状况的确切资料（从上述一切可以看出，这种“平均”数完全是虚假的），而且提供了各等级和各类别“手工业者”农业状况的确切资料，如：大业主、小业主、雇佣工人；小工房主和织工；手工业业主和其他农民；在本地从事手工业的和外出做零

① 《俄国手工工业调查委员会的报告》第3编第38页及以下各页。这些数字是根据作者关于自己的粮食够吃多长时间的资料大致算出来的。

工的农户，等等。哈里佐勉诺夫先生根据这些资料作出总的结论说，如果把"手工业者"分为三类，即(1)大手工业者、(2)中小手工业者和(3)雇佣工人，那么可以看到，从第一类到第三类的**农业在恶化**，土地和牲畜的数量在减少，"破落"农户的百分比在增加等等。[①] 可惜，哈里佐勉诺夫先生过于狭隘和片面地看待这些资料，没有注意到种地的农民平行的和独立的分化过程。因此，他也就没有从这些资料中作出应有的结论，那就是农民无论在农业中或在工业中都在分化为小资产阶级和农村无产阶级。[②] 因此，他在各种手工业的记述中，往往滑到民粹派关于一般"手工业"影响一般"农业"的传统议论上去(例如，见《弗拉基米尔省手工业》第2编第288页；第3编第91页)，就是说，他竟忽视了他自己应当加以肯定的**不论**手工业结构**或**农业结构中都存在的那些深刻矛盾。弗拉基米尔省手工业的另一个调查者维·普鲁加文先生在这个问题上是民粹派观点的典型代表。下面是他的议论的一个例证。波克罗夫县的棉织业"根本不能认为是危害织工农业生活的祸根〈原文

① 见1883年《法学通报》杂志第14卷第11期和第12期。

② 哈里佐勉诺夫先生与这种结论多么接近，这可以从他在丝织业记述中对改革后经济发展的评述中看出来："农奴制拉平了农民的经济水平，它束缚了富裕农民的双手，帮助了贫苦农民，阻碍了分家。自然经济过于缩小了工商业的活动场所。地方市场没有给予进取精神以充分广阔的天地。农民商人或农民手工业者积蓄金钱时确实没有冒什么风险，但极其缓慢和困难，积蓄起来就放进钱罐。从60年代开始，条件有了变化。农奴制废除了；信贷、铁路建立起广阔而遥远的市场，给有进取心的农民商人和农民手工业者提供了自由发展的天地。一切本来超过中等经济水平的人很快站稳了脚根，发展了商业和工业，在数量上和质量上扩大了他们的剥削。一切本来低于这种水平的人，都在破落和下降，加入到无地者、不经营者和无马者队伍中来。农民分化为富农、中等农民和不经营的无产阶级这样一些类别。农民中的富农分子很快地染上了文化阶层的一切习惯；他们过着阔绰的生活；他们形成了一个人数众多的俄国社会中的半文化阶层。"(第3编第20页和第21页)

如此!!〉”(第4编第53页)。资料证明许多织工的农业状况很糟,而小工房主的农业则远远超出一般水平(同上);从表中可以看出,有些小工房主还雇用农业工人。结论却是:“手工业和农业齐头并进,相互发展和繁荣。”(第60页)这就是用空话来抹杀农民资产阶级的发展和繁荣在手工业和农业中齐头并进这个事实的例证之一。①

1894—1895年度彼尔姆省手工业调查的资料表明了同样的现象:在小商品生产者(业主和小业主)那里,农业最发达,而且出现了农业工人;在手艺人那里农业较差,而在为包买主工作的手工业者那里,农业状况最差(可惜没有收集雇佣工人和各类业主的农业状况的资料)。调查还表明,不经营农业的“手工业者”与经营农业的“手工业者”之间的区别是:(1)劳动生产率较高;(2)手工业的纯收入额高得多;(3)文化水平和识字率较高。这一切现象都证实了上面作出的结论:甚至在资本主义的最初阶段,也可以看到工业提高居民生活水平的趋向。(见《评论集》第138页及以下各页②)

最后,与手工业同农业的关系问题相关联的,有如下的情况。较大的作坊通常有较长的劳动期间。例如,在莫斯科省的家具业中,白木家具业的劳动期间是8个月(这里每个作坊平均有1.9个工人),曲木家具业的劳动期间是10个月(每个作坊有2.9个工人),大型家具业的劳动期间是11个月(每个作坊有4.2个工人)。

---

① 瓦·沃·先生在其《俄国手工工业概述》第8章中,对这个问题也只讲了同样的空话。“种地受到手工业的扶持。”(第205页)“手工业在工业省份中是农业的最可靠的支柱之一。”(第219页)证据呢?不胜枚举!例如,就拿制革业、淀粉业、榨油业等**业主**(同上,第224页)来说,你们可以看出,他们的农业比群众的农业发达!

② 参看本版全集第2卷第265页及以下各页。——编者注

在弗拉基米尔省的制鞋业中，14个小作坊的劳动期间是40周，而8个大作坊（每个大作坊有9.5个工人，而小作坊只有2.4个工人）的劳动期间是48周等等。[①] 显然，这种现象与大作坊中工人（本户工人、手工业雇佣工人和农业雇佣工人）人数众多有关，它向我们说明，大作坊异常稳固并且有专门从事工业活动的趋向。

现在我们总结一下上述"手工业和农业"的资料。在我们考察的资本主义低级阶段中，手工业者通常还几乎没有从农民中分化出来。手工业同农业的结合，在使农民分化加剧和加深的过程中起着极重要的作用：富裕的和殷实的业主开设作坊，从农村无产阶级中雇用工人，积蓄货币资金来从事商业业务和高利贷业务。相反，贫苦农民的代表则提供雇佣工人、为包买主工作的手工业者以及受商业资本势力压迫最甚的低级的小手工业业主。因此，手工业同农业的结合使资本主义关系得到巩固和发展，使这种关系从工业扩展到农业，或从农业扩展到工业。[②] 资本主义社会特有的工业同农业的分离，在这个阶段上还是以萌芽的状态表现出来，但是它毕竟已经表现出来了，而且（这特别重要）它的表现与民粹派所想象的完全不同。民粹派在说到手工业不"危害"农业时，把这种危害看做是由于手工业有利可图而抛弃农业。但是，对问题的

① 资料来源如上。这种现象在莫斯科省编筐业者、吉他琴业者、淀粉业者的按户调查中也可看到。彼尔姆省的手工业调查也指出大作坊的劳动期间较长（见《彼尔姆省手工工业状况概述》第78页。可惜没有引证这方面的确切资料）。

② 例如，在弗拉基米尔省的毛纺织业中，大"厂主"和师傅的农业水平最高。"在生产停滞时期，师傅竭力购买田庄，经营农业，而把手工业完全放弃。"（《弗拉基米尔省手工业》第2编第131页）这个例子是值得指出的，因为这种事实有时成了民粹派作出下列结论的借口："农民正在重新回到农业中去"，"从土地上放逐出来的人必须回到土地上去"。（瓦·沃·先生的文章，载于1884年《欧洲通报》杂志第7期）

这种看法是一种虚构(而不是从事实中得出的结论),而且是拙劣的虚构,因为它忽视了那些渗入全部农民经济结构的矛盾。工业同农业的分离是同农民的分化相联系的,是在农村的两极通过不同的道路进行的:少数富裕户开办工业作坊,扩大工业作坊,改善农业,雇用雇农来从事农业,把一年中愈来愈多的时间用在手工业上,而且(在手工业的一定发展阶段)认为更好是使工业企业从农业企业中分离出来,即把农业交给家庭的其他成员去做,或出卖建筑物、牲畜等等,自己变成小市民,变成商人。① 在这种情况下,农业中的企业关系的形成,先于工业同农业的分离。在农村的另一极,工业同农业的分离,就是贫苦农民日益破产和变成雇佣工人(手工业的和农业的)。在农村中的这一极,不是手工业的有利可图,而是贫困和破产迫使人们抛弃土地,而且不仅抛弃土地,还要抛弃独立的手工业劳动;工业同农业分离的过程,在这里就是剥夺小生产者的过程。

## 八 "手工业同农业的结合"

这是瓦·沃·先生、尼·—逊先生之流想用来解决俄国资本主义问题的一个常用的民粹派公式。"资本主义"使工业同农业分离;"人民生产"则使它们在典型的正常的农民经济中结合起来,——他们的理论的大部分就在于这种简单的对比。我们现在有可能对我国农民实际上怎样把"手工业同农业结合起来"的问题作出结论,因为我们在上面已详细地考察了种地的农民中和手工

① "农民们解释说,最近有一些富裕的手工业业主迁到莫斯科去从事手工业。"《1895 年制刷业调查》第 5 页。

业农民中的典型关系。现将俄国农民经济中出现的“手工业同农业的结合”的各种形式列举如下。

(1)宗法式的(自然经济的)农业同家庭手工业(即为自己消费而对原料进行加工)、同为地主进行的徭役劳动相结合。

这种农民“手工业”同农业结合的形式,是中世纪经济制度最典型的形式,是这个制度的必要的组成部分。① 在改革后的俄国,这种宗法式经济(其中还完全没有资本主义、商品生产和商品流通)所留下的只是些残骸,即农民的家庭手工业和工役制。

(2)宗法式的农业同手艺形式的手工业相结合。

这种结合形式同前一种形式还十分接近,所不同的只是这里在手艺人获得了货币酬金并在市场上购买工具、原料等等的场合,出现了商品流通。

(3)宗法式的农业同为市场制造工业品的小生产相结合,即同工业中的商品生产相结合。宗法式的农民变成小商品生产者,而小商品生产者,我们已经指出,是倾向于使用雇佣劳动即倾向于资本主义生产的。农民已有一定程度的分化,是这种转变的条件:我们已经看到,工业中的业主和小业主在大多数情况下属于富裕的或殷实的农民。而工业中小商品生产的发展,又进一步推动了耕作农民的分化。

(4)宗法式农业同工业中(以及农业中)的雇佣劳动相结合。②

---

① 科尔萨克在上述著作第4章中举出了这样的历史证据,例如,“修道院院长在村里分派纺亚麻的活”,农民有替土地占有者做“零活和杂差”的义务。**86**

② 上面已经指出,在我国经济著作和经济统计中使用术语如此混乱,以致把家庭工业、工役、手艺、小商品生产、商业、工业中的雇佣劳动、农业中的雇佣劳动等等都算做农民“手工业”。下面是民粹派怎样利用这种混乱的一个例子。瓦·沃·先生在称赞“农业同手工业的结合”时,还指出“木材业”和“粗活”作

这种形式是前一种形式的必要补充：在前一种形式中，产品变成了商品，在这种形式中，劳动力变成了商品。正如我们已经看到的，随着工业中小商品生产的出现，必然产生雇佣工人和为包买主工作的手工业者。这种“农业同手工业的结合”的形式是一切资本主义国家所特有的，而改革后俄国历史中最突出的特点之一，就在于这种形式得到非常迅速和非常广泛的发展。

(5)小资产阶级(商业性)农业同小资产阶级手工业(工业中的小商品生产、小商业等等)相结合。

这种形式同第三种形式的区别，在于小资产阶级关系在这里不仅包括工业，而且也包括农业。这种形式是农村小资产阶级经济中手工业同农业结合的最典型形式，因此它是一切资本主义国家所固有的。只有俄国民粹派经济学家，才能享有发现**没有**小资产阶级的资本主义的荣誉。

(6)农业中的雇佣劳动同工业中的雇佣劳动相结合。关于手工业同农业的**这种**结合如何表现出来以及这种结合的意义如何，我们在上面已经谈到了。

总之，在我国农民中，“农业同手工业的结合”的形式是非常多种多样的：有的表现为自然经济占统治地位的最原始的经济结构；有的表现出资本主义的高度发展；有的是这两者之间的许多过渡阶段。只采用一般公式(如“手工业同农业的结合”或“工业同农业的分离”之类)丝毫也不能阐明资本主义发展的实际过程。

---

为例证：“他〈农民〉力气大，习惯于重劳动，所以能够做各种粗活。”(《俄国手工工业概述》第26页)这样的事实也和其他许多事实一起被用来证明下述结论：“我们看到了对职业分离的抗议”和“早在自然经济占优势时期形成的生产组织的巩固性。”(第41页)这样，甚至农民变为木材工人和小工也可以成为自然经济巩固性的证据了！

## 九　关于我国农村前资本主义经济的几点意见

我们有人往往把“俄国资本主义的命运”问题的实质描述成这样：似乎**速度如何**(即资本主义发展的速度如何?)的问题具有主要意义。其实，**究竟如何**和**从何而来**(即俄国前资本主义的经济结构如何?)的问题具有重要得多的意义。民粹派经济学最主要的错误，正是对这两个问题作了不正确的回答，即对俄国资本主义究竟怎样发展作了不正确的描述，对前资本主义的制度虚假地加以理想化。在第2章(一部分在第3章)和本章中，我们考察了小农业中和农民小手工业中资本主义的各最原始阶段；在进行这种考察时，不可避免地多次指出了前资本主义制度的种种特点。如果我们现在试把这些特点综合起来，那可以得出如下的结论：前资本主义的农村是(从经济方面看)**一个地方小市场网，这些地方小市场把一些极小的小生产者群联结起来，他们由于自己的孤立经营、他们之间的许多中世纪壁垒和中世纪依附关系的残余而处于分散状态**。

至于谈到小生产者的分散性，那么它最明显地表现在上面已经在农业和工业中证实了的小生产者的分化上。但是，分散性远不只表现在这一点上。农民被村社联合成为行政兼征税性的和土地占有者的极小联合体，但他们同时是分散的，被大量按份地面积、纳税数额等形形色色的方法划分成各种等级和类别。姑且拿萨拉托夫省地方自治局统计汇编来说吧。这里的农民分为以下各种等级：有赐地的农民、私有农民、完全私有农民、国家农民、有村社地产的国家农民、有切特维尔梯地产的国家农民、原属地主的国家农民、皇族农民、租种官地的农民、无地农民、前地主农民中的私有农民、赎买了宅院的农民、前皇族农民中的私有农民、常住私有农民、移居农民、前地主农民中的有赐地农民、前国家农民中的私有农民、脱离农奴籍的农民、免缴代役租的农民、自由耕作农、暂时义务农、前工厂农民等等，此外还有注册农民、外来农民等等[87]。所有这些等级，都有不同的土地关系史、份地面积、纳税数额等等。而且在这些等级内部又有很多类似的区分：有时甚至同一乡村的农民分为完全不同的两类，如“前某某老爷的农民”和“前某某太太的农民”。所有这些五花八门的类别，在中世纪，在遥远的过去，是很自然的和必要的，而现在保留农民村团的等级闭塞性，便是不可容忍的时代错误了，而且将使劳动群众的生活状况极端恶化，同时丝毫也不能保证他们不受新的资本主义时代条件的压迫。民粹派常常闭眼不看这种分散性，而当马克思主义者发表关于农民分化具有进步性的意见时，民粹派就一味重弹反对“剥夺土地的拥护者”的老调，借以掩盖他们对前资本主义农村的认识的全部错误。只要想到小生产者的惊人的分散性这种宗法式农业的必然后果，就可以确信资本主义的进步性，因为它彻底破坏了旧的经济形式和生活方式以及它们长期以来停滞不前和因循守旧的状态，破坏了陷于中世纪壁垒中的农民的定居状态，造成了新的社会阶级，这些阶级根据需要而竭力联系起来，联合起来，并积极参加国家和全世界的整个经济（而且不只是经济）生活。

拿作为手艺人或小手工业者的农民来说，你们可以看到同样的情景。他们的利益没有超出附近村庄的小范围。由于地方市场的规模太小，他们同其他地区的手工业者不发生接触；他们怕“竞争”就像怕火一样，因为竞争无情地破坏了小手艺人和小手工业者在他们苟且偷安的生活中不受任何人和任何事物惊扰的宗法式乐园。竞争和资本主义对这些小手工业者做了一件有益的历史性工作，把他们从穷乡僻壤中拖了出来，对他们提出了对比较开化的居民阶层已经提出的一切问题。

除了手艺的原始形式以外，商业资本和高利贷资本的原始形式也是地方小市场的必然附属物。农村愈偏僻，受资本主义新制度、铁路、大工厂、资本主义大农业的影响愈小，地方商人和高利贷者的垄断就愈厉害，周围农民受他们的支配也愈厉害，而且这种支配的形式也愈粗暴。这些小吸血鬼的数量很多（同农民很少的产品数量相比），各地对他们的称呼也名目繁多。如鱼肉贩子、包货商、猪鬃贩子、投机商、贩卖人、收货人等等，就都是这一号人。自然经济占优势，使货币在农村中成为罕见的和贵重的物品，这样，所有这些"盘剥者"所起的作用要比他们资本的数量大得不可计量。农民对货币所有者的依附必然带有盘剥的形式。正如没有大量商品经营资本和货币经营资本，发达的资本主义是不可想象的一样，没有地方小市场的"主人"小商人和包买主，前资本主义的农村也是不可想象的。资本主义把这些市场联结起来，把它们结合成一个巨大的国内市场，以后又结合成世界市场，破坏了盘剥和人身依附的原始形式，深入而广泛地发展了在村社农民中就露出苗头的那些矛盾，从而为解决这些矛盾作了准备。

# 第 六 章

# 资本主义工场手工业和资本主义家庭劳动

## 一 工场手工业的形成及其基本特点

大家知道,工场手工业是一种以分工为基础的协作。工场手工业的产生是同上述"工业中资本主义的各最初阶段"直接相关的。一方面,拥有较多工人的作坊逐渐地实行分工,资本主义简单协作就这样变为资本主义工场手工业。前一章引用的关于莫斯科省手工业的统计资料,清楚地表明了工场手工业的这种产生的过程:第四类的全部手工业、第三类的某些手工业和第二类的个别手工业中的较大作坊,都有系统地采用大规模的分工,因此都应当列入资本主义工场手工业的类型。下面我们将列举有关其中某些手工业的技术和经济的更详细的资料。

另一方面,我们已经看到,小手工业中的商业资本怎样达到最高的发展,而使生产者处于替别人加工原料以获取计件工资的雇佣工人的地位。如果进一步的发展导致生产中实行系统的、使小生产者的技术得到改革的分工,如果"包买主"分出若干局部工序并由雇佣工人在自己的作坊里做,如果在分配家庭劳动的同时并与此紧密相联出现了实行分工的大作坊(常常就是属于这些包买主的)，——那么我们看到的是资本主义工场手工业产生的另一种过程①。

工场手工业在资本主义工业形式的发展中具有重大的意义，它是手艺和带有资本原始形式的小商品生产同大机器工业(工厂)之间的中间环节。使工场手工业同小手工业接近的是:工场手工业的基础仍然是手工技术，因而大作坊不能根本排挤小作坊，不能使手工业者完全脱离农业。"工场手工业既不能掌握全部社会生产，也不能根本(in ihrer Tiefe)改造它。工场手工业作为经济上的艺术品，耸立在城市手工业和农村家庭工业的广大基础之上。"②使工场手工业同工厂接近的，是大市场、拥有雇佣工人的大作坊以及使无产者工人群众完全依附于自己的大资本的形成。

在俄国书刊中，普遍流传着所谓的"工厂"生产同"手工业"生产没有联系以及前者的"人为性"和后者的"人民"性这样一种偏见，因此我们认为特别重要的是，重新考察加工工业一切最重要部门的资料，并且指出从农民小手工业阶段产生出来以后直到被大机器工业改造以前，这些部门的经济组织是怎样的。

① 关于资本主义工场手工业的这种产生过程，见马克思《资本论》第 3 卷第 318—320 页，俄译本第 267—270 页(《马克思恩格斯文集》第 7 卷第 373—376 页。——编者注)。

"工场手工业并不发生在古老的行会内部。主持现代作坊的是商人而不是从前的行会师傅。"(《哲学的贫困》第 190 页(见《马克思恩格斯文集》第 1 卷第 625 页——编者注))马克思所认为的工场手工业这一概念的基本标志，我们在其他地方已经列举过了。[《评论集》第 179 页。(见本版全集第 2 卷第 310—311 页。——编者注)]

② 《资本论》第 2 版第 1 卷第 383 页(见《马克思恩格斯文集》第 5 卷第 426 页。——编者注)。

## 二　俄国工业中的资本主义工场手工业

我们从加工纤维物质的工业谈起。

### （1）织 造 业

在我国，亚麻织布业、毛织业、棉织业、丝织业、饰绦织造业等到处都有过如下的组织（在大机器工业出现之前）。在行业中占居首位的是拥有数十个和数百个雇佣工人的资本主义大作坊。这些作坊的业主有大量资本，他们大宗地购买原料，一部分原料在自己作坊里进行加工，一部分细纱和经纱则交给小生产者（小工房主、包工[88]、工匠、农民“手工业者”等等），由他们在自己家里或在小作坊中织造以赚取计件工资。这种生产的基础是手工劳动，各个工人之间的各种工序分配如下：（1）染纱；（2）卷纱（这种工序常常专门由妇女和儿童来做）；（3）纱线整经（“整经工”）；（4）织造；（5）为织工卷纬纱（这是卷纬工的工作，大部分由儿童来做）。有时在大作坊里，还有专门的“穿经工”（把经纱穿过织机的综眼和筘）。① 通常不仅按局部操作分工，而且也按商品分工，即织工专门生产某种纺织品。分出某些生产工序给家庭去做，当然丝毫不会改变这类工业的经济结构。织工在那里工作的小工房或家庭，只不过是手工工场的场外部分。这种工业的技术基础是实行广泛而系统分工的手工生产；从经济方面我们看到巨额资本的形成，这些资本在

① 参看《莫斯科省统计资料汇编》（1883年莫斯科版）第7卷第3编第63—64页。

极广大的(国内的)市场上支配着原料的采购和制品的销售,而大批无产者织工则完全依附于它;少数大作坊(狭义的手工工场)控制着大量小作坊。分工使农民中分离出专业的工匠,出现了非农业的工场手工业的中心,例如弗拉基米尔省伊万诺沃村(从 1871 年起改称伊万诺沃-沃兹涅先斯克城,现为大机器工业的中心)、雅罗斯拉夫尔省韦利科耶村以及莫斯科、科斯特罗马、弗拉基米尔、雅罗斯拉夫尔等省的其他许多现在已变成工厂居民区的村庄。① 在我国经济著作和统计中,这样组织起来的工业通常被割裂为两部分:在家里或在不很大的小工房和作坊等等做工的农民被列入"手工"工业,而较大的小工房和作坊则列入"工厂"(而且这样划分完全是偶然的,因为没有任何明确规定和统一使用的规则,来区分小作坊和大作坊、小工房和手工工场、在家中做工的工人和在资本家作坊中做工的工人)。② 显然,把某些雇佣工人归到一方面,而把某些恰好是雇用(除了作坊内工人以外)这些雇佣工人的业主归到另一方面的这种分类法,从科学观点看来是荒谬的。

现在我们用"手工织造业"之一,即弗拉基米尔省丝织业的详细资料来说明上述情况③。"丝织业"是典型的资本主义工场手工业。手工生产占居优势。小作坊在作坊总数中占多数(313 家作坊中有 179 家,即占总数的 57%是有 1—5 个工人的小作坊),但

① 见下一章中关于这一类最重要居民点的一览表。

② 下一章将引述这种混乱的例子。

③ 见《弗拉基米尔省手工业》第 3 编。引证我国手工工业著作中所描述的一切织造业的详细资料,是不可能的,而且是多余的。何况现在在大多数这些行业中,工厂已经占统治地位。关于"手工织造业",还可参看《莫斯科省统计资料汇编》第 6 卷和第 7 卷、《俄国手工工业调查委员会的报告》、《俄国手工工业和手工劳动的研究材料》、《俄国手工工业报告和研究》、上引科尔萨克的书。

是它们大部分都是不独立的，它们在工业总计中的意义远不如大作坊。拥有20—150个工人的作坊占总数8%(有25家)，但是这些作坊集中了工人总数的41.5%，占生产总额的51%。在这个行业的工人总数(2 823人)中，有2 092个雇佣工人，占74.1%。“在生产中，有按商品分工的，也有按局部操作分工的。”织工很少会兼织“天鹅绒”和“平绣”的(该行业中两种主要的商品)。“只有拥有雇佣工人的大工厂〈即手工工场〉才能最严格地在作坊内部按局部操作分工。”完全独立的业主只有123人，只有他们自己购买材料和销售产品；他们有242个本户工人，“有2 498个雇佣工人为他们工作，这些雇佣工人大部分是拿计件工资的”，这样，他们总共有2 740个工人，占工人总数97%。这就很明显，这些手工工场主通过“包工”(小工房主)来分配家庭劳动，决不是一种特殊的工业形式，而只不过是工场手工业中资本的一种活动。哈里佐勉诺夫先生正确指出：“小作坊很多，大作坊极少，平均起来每个作坊工人人数不多($7\frac{1}{2}$人)，这些情况掩盖了生产的真实性质。”(上引书第39页)工场手工业所固有的业务专门化，在这里明显地表现为手工业者同农业的分离(抛弃土地的，一方面是变穷了的织工，另一方面是大手工工场主)以及特殊类型的工业人口的形成，这些人的生活比农民“干净”得多，他们瞧不起农夫。(上引书第106页)我国工厂统计一向只登记偶尔得到的这种手工业的一小部分材料①。

莫斯科省“饰绦业”是具有完全相同组织的资本主义工场手

① 《军事统计汇编》统计出：1866年弗拉基米尔省有98家丝织厂(!)，它们有98个工人，生产总额为4 000卢布(!)。根据1890年的《工厂一览表》有35家工厂，2 112个工人，生产总额为936 000卢布。根据1894—1895年度的《工厂索引》，有98家工厂，2 281个工人，生产总额为1 918 000卢布，并且还有2 477个“作坊外”工人。在这里请把“手工业者”同“工厂工人”区别开来！

工业。[1] 萨拉托夫省卡梅申县的条格布业也是一样。根据1890年《工厂一览表》，这里有"工厂"31家，工人4 250人，生产总额为265 000卢布，而根据《工厂索引》，这里有一个"分活站"，有33个作坊内工人，生产总额为47 000卢布。（这就是说，在1890年，作坊内工人和作坊外工人混在一起了！）根据地方调查，1888年条格布业的生产使用了约7 000台织机[2]，生产总额为200万卢布，并且"几个厂主主持一切事务"，为厂主工作的也有"手工业者"，其中包括每天拿7—8个戈比工资的6—7岁的儿童（《俄国手工工业报告和研究》第1卷）[3]。以及其他等等。

### （2）纺织工业的其他部门。制毡业

如果按官方工厂统计判断，制毡业中"资本主义"的发展是很薄弱的：整个欧俄总共只有55家工厂，1 212个工人，生产总额为454 000卢布（1890年《工厂一览表》）。但是，这些数字只表明了从广泛发展的资本主义工业中偶然抽出的一个片断。下诺夫哥罗德省在"工厂"制毡业的发展方面居于首位，而该省这一工业的主要中心，是阿尔扎马斯城和城郊的维耶兹德纳亚镇（在这两个地方有8

---

① 根据1890年的《工厂一览表》，在莫斯科以外，有饰绦工厂10家，工人303个，生产总额为58 000卢布，而根据《莫斯科省统计资料汇编》（第6卷第2编），有400个作坊，2 619个工人（其中雇佣工人占72.8%），生产总额为963 000卢布。

② 据《1903年工厂视察员报告汇编》（1906年圣彼得堡版）统计，萨拉托夫省全省有33个分活站，共10 000个工人。（**第2版注释**）

③ 这种行业的中心是索斯诺夫卡乡，根据地方自治局的调查，该乡在1886年有4 626户，男女人口38 000人，工业作坊291个。全乡无房屋户占10%（而全县占6.2%），不种地户占44.5%（而全县占22.8%）。见《萨拉托夫省统计资料汇编》第11卷。可见，资本主义工场手工业在这里也建立了使工人离开土地的工业中心。

家“工厂”，278 个工人，生产总额为 120 000 卢布；1897 年居民为 3 221 人，而在克拉斯诺耶村居民为 2 835 人）。恰好在这些中心地区附近，“手工”制毡业很发达，约有 243 个作坊，935 个工人，生产总额为 103 847 卢布（《俄国手工工业调查委员会的报告》第 5 编）。为了明显地表明这一地区制毡业的经济组织，我们试用图解的方法，以特别的符号来表示在该行业的总结构中占特殊地位的各种生产者。

### 制毡业组织图解

◎ 从第一手中购买羊毛的完全独立的业主。

〜〜〜○ 从第二手中购买羊毛的独立业主（波状线表明购自何人）。

——▭ 用业主材料为业主工作而赚取计件工资的非独立生产者（单实线表明为谁工作）。

═══△ 雇佣工人（双实线表明被谁雇用）。

数字表示工人人数（大约数）①。

虚线方格内的资料是指所谓“手工”工业，其余是指所谓“工厂”工业。

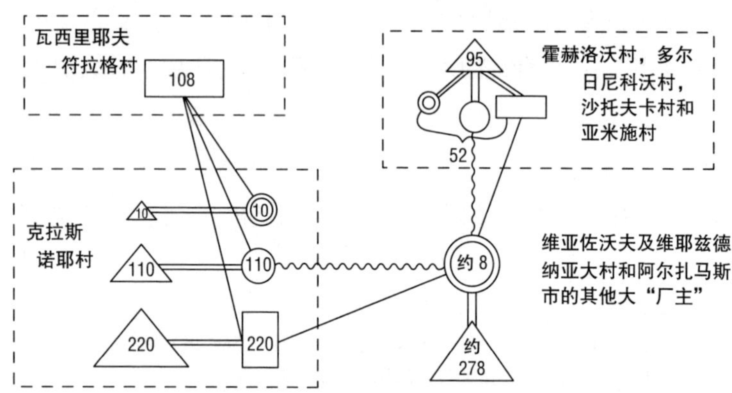
瓦西里耶夫
－符拉格村
108
霍赫洛沃村，多尔
日尼科沃村，
沙托夫卡村和
亚米施村
95
52
克拉斯
诺耶村
10
10
110
110
220
220
约 8
维亚佐沃夫及维耶兹德
纳亚大村和阿尔扎马斯
市的其他大“厂主”
约
278

① 资料来源已在正文中指出。作坊数目约比独立工人人数少一半（瓦西里耶夫-符拉格村有 52 个作坊，克拉斯诺耶村有 5+55+110 个作坊，4 个小村有 21 个作坊）。相反地，阿尔扎马斯市和维耶兹德纳亚镇的数字 8，是表示“工厂”数目，而不是工人人数。

由此可以明显地看出，把“工厂”工业同“手工”工业分开纯粹是人为的，我们面前是一个完全符合资本主义工场手工业概念的单一而完整的手工业结构。① 从技术方面来看，这是手工生产。工作组织是以分工为基础的协作，在这里分工有两种形式：按商品的分工（一些村做毡，另一些村做靴、帽和鞋垫等等）和按局部操作的分工（例如，瓦西里耶夫-符拉格全村为克拉斯诺耶村**轧平**帽子和鞋垫，由克拉斯诺耶村最后将半成品加工完成等等）。这种协作是资本主义协作，因为掌握协作的是大资本，它建立了大手工工场并使大批小作坊从属于自己（通过复杂的经济关系网）。绝大多数生产者已经变成了在极不卫生的条件下②为企业主工作的**局部工人**。这门手工业的悠久历史和完全形成的资本主义关系促使手工业者同农业分离：在克拉斯诺耶村，农业完全衰落了，居民的生活方式也不同于农民。③

其他许多地区的制毡业组织也是完全相似的。同一省的谢苗诺夫县，1889 年在 363 个村社中从事这一行业的有 3 180 户，

① 我们要指出，上面的图解是按资本主义工场手工业类型组织起来的一切俄国手工业的典型图示：我们看到，到处都是大作坊（有时算做“工厂”）居于手工业的首位，大批小作坊完全从属于它们，总之，到处都是以分工和手工生产为基础的资本主义协作。同样地，工场手工业不仅在这里，而且在其他大多数手工业中都已形成非农业的中心。

② 工人们在列氏 22°—24°气温下赤膊工作。空气中夹有粗细灰尘、毛屑和毛屑中的各种渣滓。“工厂”里的地是泥地（正是在洗濯间里）等等。

③ 在这里指出克拉斯诺耶村人的特殊方言，不是没有意义的；这是工场手工业所固有的地域闭塞性的特点。“在克拉斯诺耶村，**按照马特罗语**，工厂叫做**厨房**…… **马特罗**语属于奥芬语许多支派中的一种，其中主要支派有三种：**奥芬**语本身，主要通用于弗拉基米尔省；**加利封语**，通用于科斯特罗马省；**马特罗**语，通用于下诺夫哥罗德省和弗拉基米尔省”。（《俄国手工工业调查委员会的报告》第 5 编第 465 页）只有大机器工业才完全打破了社会联系的乡土性，代之以全国的（和国际的）联系。

工人达 4 038 人。在 3 946 个工人中，仅有 752 人是自做自卖，有 576 人是雇佣工人，有 2 618 人大部分用业主的材料为业主工作。189 户把工作分配给 1 805 户。大业主拥有雇佣工人数达 25 人的作坊，每年购买羊毛约 10 000 卢布。① 大业主被称为**富翁**；他们的周转额达 5 000—100 000 卢布；他们有自己的羊毛栈房和自己的出售制品的店铺。② 据《工厂索引》计算，在喀山省有 5 个制毡“工厂”，122 个工人，生产总额为 48 000 卢布，有 60 个作坊外工人。显然，这些作坊外工人也被算做“手工业者”。关于这些“手工业者”有这样的记载：他们常常为“包买主”工作；有一些作坊，约有 60 个工人。③ 科斯特罗马省的 29 家制毡“工厂”当中，有 28 家集中在基涅什马县，作坊内工人有 593 人，作坊外工人有 458 人(《工厂索引》第 68—70 页；有两个企业只有作坊外工人。已经出现了蒸汽发动机)。从《俄国手工工业调查委员会的报告》(第 15 编)中我们知道，该省 3 908 个弹毛工和制毡工中，有 2 008 个正是集中在基涅什马县。科斯特罗马省制毡工大部分是非独立的，或者是雇佣工人，在极不卫生的作坊里工作。④ 在特维尔省卡利亚津县，一方面，我们看到为“厂主”做工的家庭劳动(《工厂索引》第 113 页)，另一方面，该县正是制毡“手工业者”的老窝；从该县外出的制毡“手工业者”达 3 000 人，他们穿越“济姆尼亚基”荒野地区[89](在 60 年代这里有过阿列克

① 《下诺夫哥罗德省土地估价材料》1893 年下诺夫哥罗德版第 11 卷第 211—214 页。

② 《俄国手工工业调查委员会的报告》第 6 编。

③ 《俄国手工工业报告和研究》第 3 卷。

④ 《弗拉基米尔省手工业》第 2 编。

谢耶夫制呢厂），形成“弹毛工和制毡工的巨大劳力市场”[①]。在雅罗斯拉夫尔省，也有在厂外替“厂主”做工的情形（《工厂索引》第115页），也有用商人业主的羊毛为商人业主工作的“手工业者”等等。

### （3）宽边帽业和软帽业、大麻纺织业和绳索业

关于莫斯科省宽边帽业的统计资料，我们在上面已经引证过了。[②] 从这些资料可以看到，生产总额和工人总数的⅔集中在平均每个作坊有15.6个雇佣工人的18个作坊里[③]。宽边帽“手工业者”只做宽边帽生产的一部分工序：他们制造**帽身**销售给有“装饰作坊”的莫斯科商人；而“剪工”（剪绒毛的妇女）又在家里为宽边帽“手工业者”工作。因此，总的来说，我们在这里看到了以分工为基础的和交织着错综复杂的经济依存形式的资本主义协作。在这一行业的中心波多利斯克县克列诺沃村，明显地表现出手工业者（主要是雇佣工人）同农业的分离[④]，以及居民需求水平的提高：他们的生活“干净多了”，穿印花布，甚至穿呢绒，置备茶炊，抛弃旧习俗等等，这就引起当地守旧派的悲叹[⑤]。新的时代甚至出现了外出做工的宽边帽业者。

科斯特罗马省布伊县莫尔维季诺村的软帽业，是典型的资本

① 《弗拉基米尔省手工业》第2编第271页。

② 见第5章附录一，第27号手工业。

③ 其中某些作坊有时列入“工厂”之内。例如，见1879年的《工厂一览表》第126页。

④ 参看上面第5章第7节。

⑤ 《莫斯科省统计资料汇编》第6卷第1编第282—287页。

主义工场手工业[①]。“软帽业是莫尔维季诺村和36个乡村的主要职业。”农业被抛弃了。1861年以后，软帽业大大地发展起来；缝纫机得到广泛使用。在莫尔维季诺村，有10个作坊终年不息地工作着，每个作坊有5—25个男工匠和1—5个女工匠。“最好的一个作坊每年周转额将近10万卢布。”[②]也有把工作分到家里去做的（例如，帽顶的材料是妇女在家里做的）。分工使工人遭到摧残，他们在极不卫生的条件下工作，通常都患肺病。这个行业历史悠久（有200多年），培养出了手艺高超的工匠：莫尔维季诺村工匠，无论在京都和遥远的边疆地区都是有名的。

波洛特尼亚内扎沃德是卡卢加省梅登县大麻纺织业的中心。这是一个大村（根据1897年调查，居民为3 685人），居民没有土地，大多从事工业（有1 000以上“手工业者”）；这是梅登县“手工”业的中心[③]。大麻纺织业的组织情形如下：大业主（共有3个，最大的是叶罗欣）设有使用雇佣工人的作坊，并有相当多的流动资本用于购买原料。梳麻在“工厂”内进行，纺纱由女纺工在家中进行，拈线在工厂和家中进行。整经在工厂内进行，织造在工厂和家中进行。1878年大麻纺织业计有841个“手工业者”；叶罗欣既被认为是“手工业者”，也被认为是“厂主”，他在1890年和1894—1895年自报有工人94—64个；根据《俄国手工工业报告和研究》（第2卷第187页），为他工作的有“几百个农民”。

下诺夫哥罗德省的绳索业中心也是两个非农业的工业村——

① 见《俄国手工工业调查委员会的报告》第9编和《俄国手工工业报告和研究》第3卷。

② 由于某种偶然原因，这类作坊迄今没有列入“工厂”之内。

③ 《俄国手工工业调查委员会的报告》第2编。

戈尔巴托夫县的下伊兹贝列茨村和上伊兹贝列茨村。① 根据卡尔波夫先生的资料(《俄国手工工业调查委员会的报告》第8编),这是一个戈尔巴托夫-伊兹贝列茨绳索业地区;戈尔巴托夫城里一部分市民也从事这一行业,而上下伊兹贝列茨村,"几乎都是戈尔巴托夫城的一部分",这里的居民过着市民式的生活,每天喝茶,穿着买来的衣服,吃白面包。从事这一行业的总共达32个村人口的$\frac{2}{3}$,即4 701人(男工2 096人,女工2 605人),生产额约为150万卢布。该行业存在了大约200年,现在衰落了。它的组织情形如下:全部工人用业主材料为29个业主工作,取得计件工资,"完全依附于业主",每昼夜工作14—15小时。根据地方自治局统计资料(1889年),从事该行业的男工达1 699人(加上558个妇女和未成年男劳动力)。在1 648个工人中,只有197人是自做自卖,有1 340人为业主工作②,111人是58个业主作坊中的雇佣工人。在1 288家**有份地**户中,自己耕种全部田地的只有727户,即稍多于$\frac{1}{2}$。在1 573个有份地的工人中,完全不从事农业的有306人,即占19.4%。在谈到这些"业主"是谁的问题时,我们应当从"手工"工业方面转到"工厂"工业方面。根据1894—1895年度的《工厂索引》,这里有两个绳索工厂,共有厂内工人231人,厂外工人1 155人,生产总额为423 000卢布。这两个工厂已经购置了机器发动机(无论在1879年或1890年都没有这样的发动机),因此我

① 根据地方自治局统计(《下诺夫哥罗德省土地估价材料》1892年下诺夫哥罗德版第7编),1889年两村各有341户和119户,男女人口1 277人和540人。有份地户为253户和103户。经营手工业户为284户和91户,其中不从事农业的为257户和32户。无马户为218户和51户。出租份地的为237户和53户。

② 参看《下诺夫哥罗德省汇编》第4卷,罗斯拉夫列夫神父的论文。

们在这里明显地看到资本主义工场手工业过渡到资本主义机器工业，“手工业的”订货人和包买主变成真正的厂主。

1894—1895年度彼尔姆省手工业调查，登记了该省68个绳索业的农民作坊，有工人343人(其中有143个雇佣工人)，生产总额为115 000卢布。[①] 在这些小作坊中，居首位的是被计算在一起的大手工工场：6个业主有101个工人(其中雇佣工人91人)，生产总额为81 000卢布。[②] 这些大作坊的生产结构，可以作为“有机的工场手工业”(按马克思的说法)[③]的最突出的例子，在这种工场手工业里，各种工人完成对原料**顺序**加工的各种工序：(1)打麻；(2)梳麻；(3)纺麻；(4)卷绕成“盘”；(5)加树脂；(6)在滚筒上卷绕；(7)把线从打绳机穿过透孔板；(8)把线穿过铁套管；(9)搓辫、拧绳并将其收拾起来。[④]

显然，奥廖尔省大麻加工工业的组织情况也是相同的：多半设在城市的大手工工场从大量农民小作坊中分离出来，并且被列入“工厂”之内(根据1890年的《工厂一览表》，奥廖尔省有100家大麻打麻厂，工人1 671人，生产总额为795 000卢布)。农民在大麻加工业中用“商人”(大概就是那些手工工场主)的材料为他们工作而赚取计件工资，同时工作分成各种专门工序：“打麻工”打麻，“纺工”纺麻，“整理工”清除麻杆碎屑，“掌轮工”摇轮。工作很苦，许多

---

① 《彼尔姆省手工工业状况概述》第158页；在表的总计中有错误或印错的地方。

② 同上，第40页和第188页表。显然，在《工厂索引》第152页也提到了这些作坊。为了把大作坊同小作坊作比较，我们分出了从事农业的商品生产者，见《评论集》第156页(本版全集第2卷第285—286页。——编者注)。

③ 参看《马克思恩格斯文集》第5卷第396—406页。——编者注。

④ 《1887年在叶卡捷琳堡市举行的西伯利亚—乌拉尔科学工业展览会上的彼尔姆省手工工业》第3编第47页及以下各页。

工人都患肺病和“疝气”。灰尘很大，“如果不习惯，连一刻钟也待不了”。从5月到9月，他们通宵达旦地在这些简陋的小屋中工作。①

## （4）木材加工业

在这一部门中，制箱业是资本主义工场手工业最典型的例子。例如，根据彼尔姆省调查者的资料，“它的组织是这样的：若干有使用雇佣工人的作坊的大业主采购材料，自己**部分地**制造产品，但主要是把材料分给小的局部作坊，而在自己的作坊里组装箱子的各个部件，最后加一道工，就把货物运到市场上去。分工……在生产中有了广泛的运用：制造一只完整的箱子要分10—12道工序，每道工序都由局部手工业者分别去做。该行业的组织就是局部工人（《资本论》中叫做 Teilarbeiter）在**资本**指挥下的联合”②。这是合成的工场手工业（按马克思的说法，是 heterogene Manufaktur③），在这里，各种工人不是完成把原料制成产品的各道连贯性的工序，而是分别制造产品的各部分，然后将其组装起来。资本家之所以乐于使用“手工业者”的家庭劳动，部分地是由于该工场手工业的上述性质，部分地（而且主要地）是由于家庭工人工资更加低廉。④ 应当

① 见奥廖尔省特鲁布切夫斯克、卡拉切夫、奥廖尔各县的地方自治局统计资料汇编。大手工工场同农民小作坊的联系，从后者使用雇佣劳动也日益发展的事实中亦可以看出，例如奥廖尔县16个农民（麻纺业主）有77个工人。

② **弗·伊林**《评论集》第176页（见本版全集第2卷第308—309页。——编者注）。

③ 参看《马克思恩格斯文集》第5卷第396—406页。——编者注

④ 见彼尔姆省手工业调查关于这点的确切资料；同上，第177页（本版全集第2卷第309页。——编者注）。

指出，这个行业中比较大的作坊有时也列入“工厂”之内。[①]

弗拉基米尔省穆罗姆县制箱业十之八九也是这样组织的，《工厂索引》指出，该县有 9 家“工厂”（全部是手工的），厂内工人 89 人，**厂外工人 114 人**，生产总额为 69 810 卢布。

例如，彼尔姆省马车制造业的组织情形也是这样：从许多小作坊中分离出了使用雇佣工人的装配作坊；小手工业者是用自己的材料或用“包买主”（即装配作坊主）的材料来制造马车部件的局部工人。[②] 关于波尔塔瓦省制造马车的“手工业者”，我们看到，在阿尔顿镇，有一些使用雇佣工人并把工作分到家里去做的作坊（较大的业主有作坊外工人约 20 人）。[③] 在喀山省，城市马车生产中出现按商品的分工：一些村只制造雪橇，另一些村只制造四轮车等等。“完全在乡村装配起来的城市马车（但是没有铁皮、车轮和车辕），送交喀山订货商，再从他们那里交给打铁手工业者去包铁皮。然后这些制品又回到城市店铺和作坊，在那里进行最后加工，即镶钉和上漆…… 以前给城市马车包铁皮的喀山，逐渐地把这一工作转给手工业者，因为他们的工价比城市工匠低……”[④] 因此，资本宁愿把工作分到家里去做，因为这样能减低劳动力价格。从以上所引资料可以看到，马车制造业的组织多半是从属于资本的局部手工业者的体系。

沃罗涅日省巴甫洛夫斯克县工业大村沃龙措夫卡（1897 年居

① 见《工厂一览表》和《工厂索引》中谈到彼尔姆省涅维扬斯基工厂村（非农业村）的地方，该村是这一“手工业”的中心。

② 参看我们的《评论集》第 177—178 页（本版全集第 2 卷第 309—310 页。——编者注）。

③ 《俄国手工工业报告和研究》第 1 卷。

④ 同上，第 3 卷。

民为 9 541 人)仿佛是一个木制品手工工场。(《俄国手工工业调查委员会的报告》第 9 编,米特罗范·波波夫神父的论文)从事该行业的有 800 多户(还有居民超过 5 000 人的亚历山德罗夫卡镇的若干户)。制造大车、旅行马车、车轮、箱子等等,生产总额达 267 000 卢布。独立业主不到⅓。业主作坊中的雇佣工人极少。①大多数人做本地农民商人的订货,赚取计件工资。工人们欠业主的债,又被沉重的工作弄得筋疲力尽,因此人们的身体日益衰弱。镇上的居民是工业类型的居民,而不是乡村类型的居民,他们几乎都不经营农业(除种蔬菜以外),只有极少的份地。该行业存在很久了,它使居民离开农业,使贫富的分裂日益加剧。居民饮食不足,衣着“却比以前讲究”,“但并非财力所及”——所穿的东西都是买来的。“居民受工商业精神所支配。”“几乎每个不会手艺的人都做点买卖……　在工商业影响下,农民一致都比较活跃,变得较为开通和灵活。”②

下诺夫哥罗德省谢苗诺夫县著名的制匙业,就其组织来说,接近于资本主义工场手工业。固然,这里没有从大量小作坊中分离出来并控制着小作坊的大作坊,但是我们在这里看到根深蒂固的分工以及大批局部工人对资本的完全依附。制成一只匙子至少要经过十道手,其中某些工序,包买主或者交给特殊的雇佣工人来

① 大木材商有 14 人。他们有**木材蒸软装置**(价值约 300 卢布);全村共有 24 座,每座 6 个工人工作。这些商人也把材料分给工人去做,并以预先付钱的办法来盘剥他们。

② 这里不妨指出资本主义在**木材业**中的发展过程。木材业者不出卖原木,而是雇用工人来加工木材,制造各种木器,然后出售这些产品。见《俄国手工工业调查委员会的报告》第 8 编第 1268 页和第 1314 页。又见《奥廖尔省特鲁布切夫斯克县统计资料汇编》。

做，或者分配给专业工人来做（例如上色）；某些村专做个别的局部工序（例如，季亚科沃村专门旋磨包买主定做的匙子以赚取计件工资，赫沃斯季科瓦、季阿诺瓦、茹热尔卡等村，专为匙子上色，等等）。包买主在萨马拉等省整批收买木料，同时派遣几伙雇佣工人到那里去，他们有原料和制品的仓库，将最值钱的材料交给手工业者加工，等等。许多局部工人组成一个完全从属于资本的复杂的生产结构。“对于制匙工来说，无论是受业主雇用由业主供给膳宿在业主的作坊里做工，或是在自己的茅屋里从容干活，都是一样，因为在这一行业里，正像在其他各行业一样，所有东西都是称过、量过和计算过的。制匙工所赚的钱，只能维持最低的生活需要。”[①]很自然，在这种情况下，那些控制着全部生产的资本家并不急于建立作坊，而以手工技术和传统分工为基础的这种行业，便在荒废和停滞中混日子。那些被束缚于土地的“手工业者”似乎由于自己的因循守旧而停止不前：无论在1879年或1889年，他们仍按旧习惯以纸币而不以银币来计算金钱。

在莫斯科省玩具业中居于首位的，同样是资本主义工场手工业类型的作坊。[②] 在481个作坊中，工人超过10个的作坊有20个。在生产中很广泛地采用按商品的和按局部工序的分工，因而大大提高了劳动生产率（以对工人的摧残为代价）。例如，一个小作坊的收入占出售价格的26％，而大作坊则占58％。[③] 当然，大

① 《俄国手工工业调查委员会的报告》1879年版第2编。又见谢苗诺夫县地方自治局统计机关的《土地估价材料》1893年版第11编。

② 我们引证的统计资料（第5章附录一，第2、7、26号手工业）只包括全部玩具业者的一小部分，但是这些统计资料表明已经出现了雇有11—18个工人的作坊。

③ 《莫斯科省统计资料汇编》第6卷第2编第47页。

业主的固定资本也多得多；还有技术设备（如干燥室）。这一行业的中心就是非农业村——谢尔吉耶夫镇（在 1 398 个工人中该地占了 1 055 人，在 405 000 卢布生产总额中该地占了 311 000 卢布；根据 1897 年调查，那里居民为 15 155 人）。介绍这一行业概况的作者，在指出小作坊占居优势等等的同时，认为该手工业过渡到手工工场比过渡到工厂的可能性要大一些，但这种可能性也不大。他说："就是在将来，小生产者也总是有可能相当顺利地同大生产竞争。"（上引书第 93 页）作者忘记了，在工场手工业中，正像在小手工业中一样，技术基础仍然是手工生产；分工始终不能形成一种决定性优势，能把小生产者完全排挤出去，特别是在小生产者采用延长工作日等等手段的时候；工场手工业不过是大量小作坊的上层建筑，永远也不能囊括全部生产。

## （5）畜产品加工业。制革业和熟制毛皮业

极为广大的制革工业地区，是"手工"工业和工厂工业完全融合的特别明显的例子，是甚为发达的（无论在深度上和广度上）资本主义工场手工业的例子。值得注意的是：凡是"工厂"制革工业的规模特别大的省份（维亚特卡、下诺夫哥罗德、彼尔姆、特维尔等省），这一部门的"手工"业也特别发达。

根据 1890 年《工厂一览表》，在下诺夫哥罗德省戈尔巴托夫县博戈罗茨科耶村有 58 家"工厂"，392 个工人，生产总额 547 000 卢布；而根据 1894—1895 年度《工厂索引》，则有 119 家"工厂"，厂内工人 1 499 人，厂外工人 205 人，生产总额 934 000 卢布（后面的这些数字只包括畜产品加工业，这是当地的主要工业部门）。但

是，这些资料只叙述了资本主义工场手工业的**上层情况**。根据卡尔波夫先生的统计，1879 年该村及其附近地区，在制革、用碎皮粘鞋跟、编筐（装商品用）和制造马具、马轭、手套等行业以及占特殊地位的陶器业方面，共有作坊 296 家以上，工人 5 669 人（其中有很多人都是在家里为资本家做工的），生产总额约为 1 490 000 卢布①。据 1889 年地方自治局的调查，该区有 4 401 个手工业者，其中有详细资料的 1 842 个工人当中，有 1 119 人在别人作坊里被雇用，有 405 人在家里为业主做工②。“有 8 000 居民的博戈罗茨科耶是一座终年开工的大制革厂”。③ 更确切些说，这是一个受少数大资本家支配的“有机的”手工工场，这些大资本家购买原料，制成皮革，用皮革做出各种制品，他们雇用数千赤贫的工人来生产，并操纵着小作坊。④ 这种行业从 17 世纪以来早已存在；在该行业的历史中，特别值得记忆的是地主舍列梅捷夫家族（19 世纪初），他们大大地促进了这一行业的发展，同时又保护了这里很早以前就已形成的无产阶级，使他们不受当地富人的损害。在 1861 年以后，这一行业蓬勃地发展起来，特别是大作坊靠排挤小作坊而成长起来；几世纪的手工业活动从居民中间造就出了手艺非常高超的工匠，他们把这种生产传布俄国各地。已经巩固了的资本主义关系造成了工业同农业的分离：博戈罗茨科耶村不仅本村几乎不从

① 《俄国手工工业调查委员会的报告》第 9 编。

② 戈尔巴托夫县的《土地估价材料》。

③ 《俄国手工工业调查委员会的报告》第 9 编。

④ 例如，在马轭业中居于首位的是 13 个大业主，他们每家有 10—30 个雇佣工人，5—10 个作坊外工人。生产手套的大业主在自己的作坊里（有 2—3 个雇佣工人）裁剪手套，然后分给作坊外的 10—20 个妇女去缝制；这些妇女又分为**缝指工和缝掌工**，前者从业主那里领得工作，然后分配给后者，并从中剥削后者（1879 年的材料）。

事农业，而且还使迁居到这个“城市”的附近农民脱离土地。① 卡尔波夫先生断定，该村“居民完全没有任何农民性”，“你根本不会想到是在乡间，而不是在城市”。这个村把戈尔巴托夫城和下诺夫哥罗德省所有其他县城都远远抛在后面，也许只有阿尔扎马斯除外。这个村是“全省重要的工商业中心之一，生产额和贸易额达数百万卢布”。“受博戈罗茨科耶工商业影响的区域很大，而以周围约10—12俄里地区的工业同博戈罗茨科耶工业的关系最为密切。这个工业郊区仿佛是博戈罗茨科耶本身的延伸。”“博戈罗茨科耶居民一点也不像一般愚昧的农夫：他们都是一些小市民手艺人，这些人头脑灵活，饱经世故，轻视农民。博戈罗茨科耶居民的生活状况和道德观念完全是小市民式的。”这里还要补充一点，戈尔巴托夫县各工业村居民识字率比较高：例如巴甫洛沃、博戈罗茨科耶和沃尔斯马3个村，识字和上学的男女占37.8％和20.0％，而该县的其余地区只占21.5％和4.4％。（见地方自治局统计机关的《土地估价材料》）

在巴拉赫纳县的卡通基村和戈罗杰茨村，克尼亚吉宁县的大穆拉什基诺村，瓦西里县的尤里诺村、图巴纳耶夫卡村、斯帕斯科耶村、瓦特拉斯村和拉特希哈村等，加工皮革的各行业具有完全相似的关系（不过规模较小）。也是这样一些“周围”是农业村的非农业中心，也是这样一些受大企业主支配的各种手工业和许多小作

① 1889年，在1 812户（人口为9 241人）中，有1 469户不种地（1897年的人口为12 342人）。巴甫洛沃和博戈罗茨科耶两村同戈尔巴托夫县其他各村不同的地方是这两个村迁出的人特别少；相反，戈尔巴托夫县迁出的农民总数中，有14.9％居留在巴甫洛沃，有4.9％居留在博戈罗茨科耶。从1858年到1889年，全县人口共增加了22.1％，而博戈罗茨科耶村则增加了42％。（见地方自治局统计机关的《土地估价材料》）

坊(以及家庭工人),而这些大企业主的资本主义作坊有时也被列入“工厂”数目之中。[①] 我们不想叙述详细的统计材料,同上述材料比较,这些统计材料没有任何新的内容,我们只引述一段关于卡通基村的非常有趣的描述[②]:

“业主和工人之间某些骤然看来并不显眼的、而且十分遗憾〈?〉地在逐年消失的宗法制纯朴关系,证实了这些行业的手工业性〈?〉。这些行业和居民的工厂性只是在最近时期,特别是在城市的影响下才开始出现的,因为轮船通航方便了同城市的往来。现在该村已经完全像一个工业村:根本没有任何农业痕迹,房屋像城市一样建造得密密麻麻,富翁的石建邸宅,旁边是穷人的简陋茅舍,村中心密集着长长的工厂木房和石屋。所有这些都使卡通基村与邻近各村截然不同,明显地说明了当地居民的工业性。当地居民性格的某些特点,同在俄罗斯已经形成的‘工厂人’完全一样:在家庭的摆设上、穿着上和举止上有点讲究,生活方式大多及时行乐,对于明天很少考虑,敢于说话,有时很善于辞令,在庄稼人面前态度有些傲慢,——所有这些都是他们以及所有俄国工厂人的共同特点。”[③]

根据“工厂”统计,下诺夫哥罗德省阿尔扎马斯城在1890年共有6家制革厂和64个工人(《工厂一览表》);这仅仅是包括熟制毛皮业、制鞋业等等的资本主义工场手工业的一小部分。这些厂主无论在阿尔扎马斯城,还是在它的郊区5个村里,都雇有家庭工人

---

① 见上述各县的地方自治局统计机关的《土地估价材料》;《俄国手工工业调查委员会的报告》第9编和第6编;《工厂一览表》和《工厂索引》;《俄国手工工业报告和研究》第2卷。

② 1889年该村有380户(都不种地),共1 305人。卡通基乡全乡从事手工业的住户占90.6%,完全从事手工业(即不从事农业)的工人占70.1%。就识字率来看,这一乡大大地超过了全县的平均水平,仅仅落后于切尔诺列茨克乡,后者也是一个非农业乡,造船业很发达。1887年大穆拉什基诺村共有856户(其中853户不种地),男女人口3 473人。根据1897年的调查,戈罗杰茨村有居民6 330人,大穆拉什基诺村有5 341人,尤里诺村有2 189人,斯帕斯科耶村有4 494人,瓦特拉斯村有3 012人。

③ 《俄国手工工业调查委员会的报告》第9编第2567页。1880年的材料。

(1878年阿尔扎马斯城约有400人);在这5个村的360家熟制毛皮匠中,有330家是用阿尔扎马斯商人的材料为这些商人做工的,每昼夜工作14小时,每月挣6—9卢布[①];因此,熟制毛皮匠个个脸色苍白,身体虚弱,未老先衰。在郊区维耶兹德纳亚镇的600家制鞋户中,有500家从业主那里领取裁好的鞋料为业主工作。这一行业已很古老,有将近200年历史,但仍然在成长和发展。居民几乎都不从事农业,他们的整个生活面貌都纯粹是城市式的,过着"阔气"的生活。上述各熟制毛皮业村的情况也是这样,这些村子的居民"轻视从事农业的农民,把他们叫做'乡下佬'"[②]。

在维亚特卡省我们看到的情况也完全相同。维亚特卡和斯洛博茨科伊两县,是"工厂的"和"手工业的"制革业和熟制毛皮业中心。维亚特卡县的手工业制革厂集中在城郊,以"补充"大工厂的工业活动[③],例如为大厂主做工;为大厂主做工的,大多是造马具和熬胶的手工业者。熟制毛皮厂主有数百名在家里缝制羊皮等的工人。这是一种有鞣制羊皮和制造羊裘、制革和制造马具等部门的资本主义工场手工业。在斯洛博茨科伊县(手工业的中心为城郊的杰米扬卡村),关系形成得更为明显;在这里我们看到少数大厂主[④]支配着下列手工业者:制革业者(870人)、制鞋业者和制手套业者(855人)、鞣羊皮业者(940人)以及裁缝业者(309人,缝制

---

① 阿尔扎马斯工厂工人的状况比农村工人的状况要好些。(《俄国手工工业调查委员会的报告》第3编第133页)

② 同上,第76页。

③ 《俄国手工工业调查委员会的报告》第11编第3084页(参看1890年的《工厂一览表》)。种地的农民多尔古申有一个60个工人的工厂,他被列为手工业者。像这样的手工业者还有几个。

④ 根据1890年的《工厂一览表》,约有27家业主,雇有700多名工人。

资本家定做的短皮大衣)。这种革制品的生产组织,看来一般是分布得很广的:例如,根据《工厂索引》统计,在维亚特卡省萨拉普尔城共有6家兼做靴鞋的制革厂,它们除了雇有214个厂内工人以外,还雇有1 080个厂外工人。(第495页)如果所有俄国商人和厂主也都这样详细而准确地统计出他们所雇用的厂外工人,那么我国的"手工业者",这些被形形色色的马尼洛夫们所美化了的"人民"工业的代表,就不知到哪里去了!①

这里还必须提一提坦波夫省坦波夫县的工业村拉斯卡佐沃(在1897年有8 283个居民),它既是"工厂"工业(制呢厂、肥皂厂、制革厂、酿酒厂)的中心,又是"手工业"的中心,而且后者与前者有紧密的联系。手工业分为制革业、制毡业(将近70个业主,有雇用20—30个工人的作坊)、熬胶业、制鞋业、织袜业(全村没有一户不是用"包买主"按斤两分发的羊毛织袜的)等等。这个村附近,是白波利亚纳镇(有300户),它也是以这一类的手工业驰名的。莫尔尚斯克县的手工业中心——波克罗夫斯科耶-瓦西里耶夫斯科耶村,同时也是工厂工业的中心(见《工厂一览表》和《俄国手工工业报告和研究》第3卷)。在库尔斯克省以工业村和"手工业"中心而著称的有以下各镇:韦里科-米哈伊洛夫卡(属于新奥斯

① 也可参看《工厂索引》第489页关于弗拉基米尔省舒亚县的著名"手工业"村杜尼洛沃的资料。根据1890年《工厂一览表》的统计,这里有6家熟制毛皮工厂,共有151个工人,而根据《俄国手工工业调查委员会的报告》(第10编),这个地区约有2 200个熟制毛皮匠和2 300个皮袄匠;据1877年的统计则有将近5 500个"手工业者"。该县的马尾罗制造业的组织情况大概也是这样,从事这项生产的,约有40个村和将近4 000名所谓"马尔达斯人"(全地区的名称)。彼尔姆省的制革业和制鞋业的组织情况也是这样,这一点我们在《评论集》第171页及以下各页里已经叙述了。(见本版全集第2卷第302页及以下各页。——编者注)

科尔县，1897 年有居民 11 853 人）、博里索夫卡（属于格赖沃龙县，居民有 18 071 人）、托马罗夫卡（属于别尔哥罗德县，居民有 8 716 人）、米罗波利耶（属于苏贾县，居民有 1 万多人，见《俄国手工工业报告和研究》第 1 卷 1888—1889 年材料）。在这些村子里你们也可以找到制革“工厂”。（见 1890 年的《工厂一览表》）主要“手工业”就是制革-制鞋业。这种手工业早在 18 世纪上半叶就已产生，到 19 世纪 60 年代获得了高度的发展，形成了一个“纯商业性的巩固的组织”。承包人垄断了一切，他们购买皮革，分给手工业者去加工。铁路消灭了资本的这种垄断性，资本家-承包人就把自己的资本转入更有利的事业。现在的组织情况如下：大企业主约有 120 人；他们有使用雇佣工人的作坊，也把工作分到家里去做；小的独立企业主（但是他们要向大企业主购买皮革）将近 3 000 人；家庭工人（为大企业主做工的）有 400 人，雇佣工人也有这么多；其次还有徒工。制鞋业者总共有 4 000 余人。此外，这里还有做陶器、雕神龛、画圣像、织桌布等等的手工业者。

奥洛涅茨省卡尔戈波尔县的灰鼠毛皮业，是一个最有代表性的和典型的资本主义工场手工业。有一位工场工人兼教师在《俄国手工工业调查委员会的报告》（第 4 编）里非常内行地记述了这个行业，十分真实而直率地再现了手工业居民的全部生活。根据他的记述（1878 年），这一行业从 19 世纪初开始存在：8 个业主雇有 175 个工人，另外为他们做工的还有将近 1 000 个在家干的女缝纫工和约 35 家熟制毛皮匠（分布在各村），总共有 1 300—1 500 人，生产总额为 336 000 卢布。必须指出，奇怪的是，这种生产在它繁荣的时候，倒没有被列入“工厂”统计之内。在 1879 年的《工厂一览表》里，没有关于这种生产的材料。而当它开始衰落的时候却被列入统计之内了。据 1890 年《工厂一览表》的统计，卡尔戈波尔城和全县有 7 家工厂和 121 个工人，生产总额为 50 000 卢布；而据《工厂索引》的统计则有 5 家工厂和 79 个工人(另有 57 个厂外工人)，生产总额为 49 000 卢布。[①] 这种资本主义工场手工业中的情况是非常有教益的，因为它说明，在我国古老的、完全独特的、被遗弃在俄国无数穷乡僻壤一隅的“手工业”中，正在发生着什么事情。工匠们每昼夜要在非常有害健康的空气中工作 15 小时，每月的工资是 8 卢布，一年不超过 60—70 卢布。业主的收入一年约 5 000 卢布。业主同工人的关系是“宗法式的”:按照古老的习惯，业主无偿供给克瓦斯和食盐，工人向业主的厨娘索取。为了向业主表示谢意(因为业主“赐予了”工作)，工人们在下工以后，无偿地去拔灰鼠尾巴和刷毛皮。工匠们整个星期都住在作坊里，业主经常以揍他们取乐(上引书第 218 页)，强迫他们干各种活——翻干草、扫雪、挑水、洗衣服等等。在卡尔戈波尔城里，劳动力价格也低得惊人，而附近农民“都甘愿几乎白干”。生产是手工的，有系统的分工和漫长的学徒期限(8—12 年)；学徒的命运是不难想象的。

### (6) 其他各种畜产品加工业

特维尔省科尔切瓦县基姆雷村及其附近地区著名的制鞋业，

---

① 下面是 1894 年的“手工业者”资料。“缝制熟灰鼠皮的都是卡尔戈波尔城最穷困的小市民妇女和巴甫洛沃乡的农妇。她们的工资非常低”，一个女缝纫工每月只赚 2 卢布 40 戈比到 3 卢布，伙食自备，而且为了挣这点钱(计件工资)，每天必须弯着腰坐着干 12 小时。“工作非常紧张和劳累，她们都疲惫不堪。”现在的女缝纫工有将近 200 人(《奥洛涅茨省的手工工业》，布拉戈维申斯基先生和加里亚津先生的文章，1895 年彼得罗扎沃茨克版第 92—93 页)。

是资本主义工场手工业的特别值得注意的例子。[①] 这是一个古老的手工业，从16世纪起就已存在。在改革后的时代里，它继续成长和发展。据普列特涅夫的统计，70年代初这个地区从事这种手工业的有4个乡，而根据1888年的统计则已经有9个乡了。这一行业的组织基础如下。支配这项生产的是有雇佣工人的大作坊的业主，他们把裁好的皮革分发到作坊外去缝制。据普列特涅夫先生的统计，这样的业主有20个，他们共有124个工人和60个童工，生产额818 000卢布，另外，在家里为这些资本家做工的，据作者统计，约有1 769个工人和1 833个童工。其次，还有拥有1—5个雇佣工人和1—3个童工的小业主。这些小业主主要是在基姆雷村的集市上销售自己的商品；他们共有224人，雇了460个工人和301个童工，生产额为187 000卢布。因此，总共是244个业主，2 353个工人（其中在家里做的有1 769人）和2 194个童工（其中在家里做的有1 833人），生产总额1 005 000卢布。此外还有完成各种局部工序的作坊：净皮（以刮刀刮皮）作坊，碎皮（胶合刮下的碎皮）作坊，专门的运货人（4个业主，16个工人和将近50匹马），专门的木工（做箱子），等等。[②] 根据普列特涅夫的统计，整个

① 见《俄罗斯帝国统计年鉴》1872年圣彼得堡版第2辑第3编。供研究俄国手工工业和手工劳动的材料，**列·迈科夫**整理，В.А.普列特涅夫的文章。这篇著作，在记述手工业的全部**组织情况**方面是最清楚的。最近的一些著作提供了宝贵的统计资料和生活情况资料，但是对于这种复杂的手工业的经济结构的阐述却不大令人满意。其次见《俄国手工工业调查委员会的报告》第8编波克罗夫斯基先生的文章；《俄国手工工业报告和研究》第1卷。

② 参看《俄国手工工业报告和研究》：7类手工业者：(1)革制品商；(2)靴鞋包买主；(3)大作坊主（有5—6人），他们生产半制品，并把加工的皮革分到家里去做；(4)有雇佣工人的小作坊主，他们也把加工的皮革分到家里去做；(5)为市场或业主[指第3类和第4类手工业者]做工的个体生产者；(6) 雇佣工人（工

地区的生产总额为 4 700 000 卢布。根据 1881 年的统计,有 10 638 个手工业者,加上外来零工共计 26 000 人,生产额为 3 700 000 卢布。关于工作条件,重要的是要指出,工作日过长(14—15 小时)和工作条件极不卫生,以及用商品支付工资等等。手工业的中心基姆雷村"很像一个小城市"(《俄国手工工业报告和研究》第 1 卷第 224 页);居民都是不善种庄稼的人,整年从事手工业;只有农村手工业者才在割草的时期放下手工业。基姆雷村的房屋是城市式的,居民的生活习惯已城市化了(例如"讲究衣着")。这种手工业直到最近还没有列入"工厂统计"中,想必是因为业主们都"很愿意把自己叫做手工业者"(同上,第 228 页)。《工厂索引》第一次记载了基姆雷区的 6 家靴鞋作坊,每一作坊有 15—40 个作坊内工人,没有作坊外工人。当然,这里漏掉极多。

莫斯科省布龙尼齐县和博戈罗茨克县的钮扣业——用蹄料和羊角生产钮扣——也属于工场手工业。从事这一行业的有 52 个作坊和 487 个工人,生产总额为 264 000 卢布。不到 5 个工人的作坊有 16 家,有 5—10 个工人的作坊 26 家,有 10 个以上工人的作坊 10 家。没有雇佣工人的业主只有 10 个,他们都是用大业主的材料为大业主做工。只有大手工业者才是完全独立的(从上面引用的数字中便可看出,在大手工业者那里,大约每个作坊都有 17—21 个工人)。显然他们也是作为"工厂主"而被列入《工厂一览表》的。(见第 291 页:两个作坊,生产总额达 4 000 卢布,有 73 个工人)这是一种"有机的工场手工业":角料首先在所谓"锻造间"(装有蒸炉的木房)里蒸软,然后送到**作坊**,用断压机切割,用压印机压出形状,最

---

匠、帮工和童工);(7)"鞋楦制造工,切边工,以及净皮、上油和胶合等作坊的业主和工人"(上引书第 227 页)。根据 1897 年的调查,基姆雷村有居民 7 017 人。

后用机床修整，磨光。在这一行业中有学徒。工作日为 14 小时。一般都用商品支付工资。业主同工人的关系是宗法式的，如：业主称工人为“伙计”，把工资簿叫做“伙计账”；在算账的时候，业主总要教训工人一通，从来不完全满足工人们要求发给货币的“请求”。

列入我们的小手工业表内的角制品业（第 5 章附录一，第 31 号和第 33 号手工业），也是这种类型。有几十个雇佣工人的“手工业者”也作为“厂主”而被列入《工厂一览表》。（第 291 页）在生产中采用分工；也把工作分到家里去做（修整梳子者）。博戈罗茨克县的手工业中心是霍捷伊奇这个大村子，在这个村子里，农业已经退居次要地位（1897 年共有居民 2 494 人）。莫斯科地方自治机关出版的《1890 年莫斯科省博戈罗茨克县的手工业》说得完全正确：这个村“**无非是一个生产梳子的巨大的手工工场**”（第 24 页，黑体是我们用的）。据统计，1890 年该村有 500 多个手工业者，生产 350 万到 550 万把梳子。“角料商往往同时也是制品包买主，有时还是制梳大业主。”处境特别坏的是那些被迫“按计件工资”领取角料的业主：“实际上，他们的处境甚至比大作坊里的雇佣工人还坏。”穷困迫使他们过度地使用全家的劳动，**延长工作日**，让未成年的孩子也去干活。“冬天，在霍捷伊奇村，在‘按计件工资’干活的‘独立’手工业者的茅屋里，工作从夜间一点开始，大概很难说在什么时候停止。”以商品支付工资的做法很盛行。“这种在工厂里好不容易才废除了的制度，在手工业小作坊却仍然十分盛行。”（第 27 页）在沃洛格达省卡德尼科夫县包括 58 个村的乌斯季耶村地区（即所谓“乌斯季扬希纳”），角制品业的组织情况大概也是如此。据弗·波里索夫先生（《俄国手工工业调查委员会的报告》第 9 编）统计，这里有 388 个手工业者，生产额为 45 000 卢布；所有的手工业者都是为资本家工作，这些资本家在圣彼得堡购买角料，在国外购买玳瑁。

我们看到，支配莫斯科省制刷业（见第 5 章附录一，第 20 号手工业）的是拥有很多雇佣工人和实行系统分工的大作坊。[①] 在这里，值得指出的是从 1879—1895 年间这一行业的组织中所发生的变化。（见莫斯科地方自治机关出版的《1895 年制刷业调查》）某些富裕的手工业者为了经营这种行业而迁往莫斯科。工业者的人数增加了 70％，而增加得特别多的是妇女（增加了 170％）和女孩（增加了 159％）。雇有雇佣工人的大作坊的数量减少了：雇有雇佣工人的作坊所占的百分数，从 62％减为 39％。这是由于业主**把工作分到家里去做**所造成的。钻孔机（用来在刷底上钻眼）的普遍使用，加快并且简化了制刷的一项主要过程。对“串鬃工”（在刷底上“串”鬃的手工业者）的需求增加了，而这项越来越专业化的工作就落在妇女这种更便宜的劳动力身上。妇女开始在自己家里串鬃，得到计件工资。因此，家庭劳动的增强，在这里是由技术的进步（钻孔机）、分工的进步（专由妇女串鬃）和资本主义剥削的进步（妇女和女孩的劳动更便宜）所造成的。这一实例特别清楚地说明：**家庭劳动丝毫也不排除资本主义工场手工业这一概念**，恰恰相反，有时它甚至是**资本主义工场手工业进一步发展的标志**。

## （7）矿物加工业

格热尔区（该区包括莫斯科省布龙尼齐和博戈罗茨克两县 25 个村）的手工业，给我们提供了陶瓷生产部门中资本主义工场手工

① “锯工”锯刷底，“钻工”在刷底上钻孔，“洗工”洗鬃，“串鬃工”“串”鬃，“木工”把镶面板粘到刷子上去。（《莫斯科省统计资料汇编》第 6 卷第 1 编第 18 页）

业的实例。关于这些手工业的统计资料，已经列入我们的小手工业表。（第5章附录一，第15、28、37号手工业）从这些资料中可以看出，虽然在格热尔的陶器、瓷器和彩绘这三种手工业之间存在着巨大的差别，但是每种手工业中各级作坊之间的过渡消除了这些差别，因而我们看到规模依次扩大的一系列作坊。下面就是这三种手工业各级作坊中每一作坊的平均工人数：2.4—4.3—8.4；4.4—7.9—13.5；18—69—226.4。这也就是从最小的作坊到最大的作坊的顺序。大作坊属于资本主义工场手工业（因为它们没有采用机器，所以没有变成工厂）是毫无疑义的，但重要的并不仅限于此，而且还有下列事实：**小作坊同大作坊是联系着的**，我们在这里看到的是**一个工业结构**，而不是这类或那类经济组织的一些个别作坊。"格热尔已形成一个经济整体"（上引伊萨耶夫的书第138页），该区的大作坊是从小作坊成长起来的，而且是缓慢地和逐渐地形成起来的（同上，第121页）。生产是手工的[①]，大量地采用**分工**：我们看到在陶器业者那里有制坯工（按照器皿种类而分成专业）和烧窑工等等，有时还有制作釉子的专门工人。在瓷器厂厂主那里，分工非常细：有磨料工、制坯工、装窑工、烧瓷工和彩画匠等等。制坯工甚至专门做某几种器皿。（参看上引伊萨耶夫的书第140页：有一个地方，分工把劳动生产率提高了25%）彩绘作坊为瓷器厂厂主做工，所以它们只不过是这些厂主的工场手工业中完成专门局部工序的部门。业已形成的资本主义工场手工业的特

① 应该指出，同上述织造业一样，在这个行业里，资本主义工场手工业其实是昨天的经济。改革后时代的特征是这种工场手工业变成大机器工业。格热尔使用蒸汽发动机的工厂数目，1866年是1家，1879年是2家，1890年是3家。（根据《财政部年鉴》第1编和1879年与1890年的《工厂一览表》）

点是这里体力也成了专业。例如，格热尔有几个村干(几乎是每个人)挖掘粘土的活；一些笨重而又不需要特殊手艺的工作(磨料)，几乎完全使用从图拉省和梁赞省来的外地工人来做，因为这些工人比瘦弱的格热尔人有力气，结实。用商品支付工资的办法十分盛行。农业的状况很坏。“格热尔人是退化了的人”(伊萨耶夫的书第168页)，他们肺弱、肩窄、力气小，画匠视力早衰，等等。资本主义的分工摧残人，使人变成畸形。工作日长达12—13小时。

## (8) 金属加工业。巴甫洛沃的手工业

著名的巴甫洛沃钢器装配业，包括下诺夫哥罗德省戈尔巴托夫县和弗拉基米尔省穆罗姆县的整个区域。这些手工业的起源是很古老的，斯米尔诺夫指出，早在1621年巴甫洛沃就已经有11家铁铺(根据税务册[90])。到19世纪中叶，这些手工业已经是一张完全定形的资本主义关系的大网。改革以后，该区的手工业继续广泛深入地发展。根据地方自治局1889年的调查，在戈尔巴托夫县从事这一行业的有13个乡119个村，有5 953户，6 570个男工人(占这些村工人总数54%)，2 741个老年工、童工和女工，总共有9 311人。据格里戈里耶夫先生的统计，1881年穆罗姆县有6个手工业乡，66个村，1 545户，2 205个男工人(占这些村工人总数39%)。不仅形成了不从事农业的手工业村(巴甫洛沃，沃尔斯马)，而且附近的农民也都脱离了农业：除了巴甫洛沃和沃尔斯马以外，戈尔巴托夫县从事手工业的还有4 492个工人，其中2 357人即**半数以上**不从事农业。像巴甫洛沃这样的中心地区，生活已经完全城市化了，它所造成的提高了的需求，文明的摆设、服装和

生活方式等等，都是附近“土里土气的”庄稼汉无法相比的。①

在谈到巴甫洛沃手工业的经济组织问题时，我们首先应该肯定一个无可怀疑的事实，这就是一些最典型的资本主义手工工场支配着“手工业者”。例如，在扎维亚洛夫家族的作坊里（早在60年代该作坊就已雇用了100多个工人，而现在已经使用了蒸汽发动机），制造一把削笔刀要经过8—9道手：锻工、开刃工、制柄工（一般是在家里做）、淬火工、抛光工、研磨工、精修工、磨刀工和烙印记工。这是一种以分工为基础的广泛的资本主义协作，其中很大一部分局部工人并不是在资本家的作坊里做工，而是在自己家里干活。下面就是拉布津先生（1866年）关于该区巴甫洛沃、沃尔斯马和瓦恰等村各生产部门中最大的作坊的资料：15家业主有500个作坊内工人，1 134个作坊外工人；总共有1 634个工人，生产总额为351 700卢布。对经济关系的这种评述，现在在多大程度上适用于全区，可以从下列资料中看出②：

| 地　区 | 从事手工业工作的各类工人数 | | | | | 生产总额的大约数（单位百万卢布） |
|---|---|---|---|---|---|---|
| | 为市场做工的 | 为业主做工的 | 被雇用的 | 为业主做工的和被雇用的 | 共　计 | |
| 巴甫洛沃 | 3 132 | 2 819 | 619 | 3 438 | 6 570 | 2 |
| 谢利季巴村地区 | 41 | 60 | 136 | 196 | 237 | |
| 穆罗姆 | 500 | ? | ? | 2 000 | 2 500 | 1 |
| **共　计** | 3 673 | — | — | 5 634 | 9 307 | 3 |

① 见上面关于巴甫洛沃和沃尔斯马居民识字率较高和各村农民向这些中心迁移的资料。

② 地方自治局统计机关的《土地估价材料》、安年斯基先生的《关于巴甫洛沃区手工业者状况的报告》以及亚·尼·波特列索夫的调查（上面引用过的）中的资料。关于穆罗姆区的数字是大约数。根据1897年的人口调查，沃尔斯马的居民为4 674人，巴甫洛沃为12 431人。

由此可见,我们所简述的工业组织在各个地区都是占优势的。总的说来,按资本主义方式做工的工人约占工人总数的3/5。在这里我们当然也看到,虽然工场手工业在整个工业结构中居于主导地位①并支配着大量工人,但是它不能根除小生产。这种小生产所以较有生命力,完全是因为:第一,在某些巴甫洛沃的某些工业部门里还根本没有实行机器生产(例如制锁业);第二,小生产者采取了一些使自己的境况下降到远远不及雇佣工人的办法,来防止自己的没落。这些办法就是延长工作日、降低生活水平和需求水平。“为业主做工的那一类手工业者,工资的波动较小。”(上引格里戈里耶夫的著作第 65 页)例如,在扎维亚洛夫那里,收入最少的是制柄工:“他们在家里做工,所以低微的工资就可满足了。”(第 68 页)“为厂主”做工的手工业者,“所得的工资可能比拿自己产品到市场上去卖的手工业者的平均收入稍微多一些。住在工厂里的工人的工资增加得特别明显”。(第 70 页)②“工厂”里的工作日是 14.5 小时到 15 小时,最多达 16 小时。“而在自己家里做工的手工业者,工作日总不少于 17 小时,有时一昼夜长达 18 小时甚至 19 小时。”(同上)1897 年 6 月 2 日法令[91]在这里造成了家庭劳动的加强,这是一点也不奇怪的;这样的“手工业者”早就应该竭尽全力使业主建立工厂了!读

① 我们引证的资料还远远不能完全表现出这种主导地位。下文还会讲到,就对资本的依附程度来看,为市场做工的手工业者**甚于**为业主做工的手工业者,而后者又**甚于**雇佣工人。巴甫洛沃的手工业特别鲜明地表现了商业资本同产业资本的不可分割的联系,这种联系是资本主义工场手工业同小生产者的关系所固有的。

② 同土地的联系,在降低工资方面也起着主要的作用。农村手工业者“一般比巴甫洛沃的锁匠赚得少些”(安年斯基《关于巴甫洛沃区手工业者状况的报告》第 61 页)。固然要注意到,前者有自己的粮食,但是“一个普通农村手工业者的状况却不见得比巴甫洛沃一个中等锁匠的状况好”(第 61 页)。

者也应记得所谓独立小生产者身受其害的巴甫洛沃出名的"赊购"、"换货"、"抵押妻子"以及诸如此类的盘剥和人身侮辱。[①] 幸而迅速发展的大机器工业，不像工场手工业那样容易容忍这些最坏的剥削形式。我们来提前引证一下关于这一地区工厂生产发展的资料[②]。

| 年　代 | "工厂"数 | 工　人　数 | | | 生产总额（单位千卢布） | 使用蒸汽发动机的企业数 | 有15名工人以上的企业数 |
|---|---|---|---|---|---|---|---|
| | | 厂内工人 | 厂外工人 | 共计 | | | |
| 1879年 | 31 | ? | ? | 1 161 | 498 | 2 | 12 |
| 1890年 | 38 | 约1 206 | 约1 155 | 2 361 | 594 | 11 | 24 |
| 1894—1895年度 | 31 | 1 905 | 2 197 | 4 102 | 1 134 | 19 | 31 |

这样，我们看到，越来越多的工人在开始使用机器的大企业里集中起来。[③]

## （9）其他金属加工业

下诺夫哥罗德省下诺夫哥罗德县别兹沃德诺耶村的手工业，

---

① 在危机时期还有这样的情况，人们简直是在白干活，他们用"白的去换黑的"，即用成品去换原料，而且这种情况"相当常见"（上引格里戈里耶夫的著作第93页）。

② 《工厂一览表》和《工厂索引》关于全区即包括谢利季巴和瓦恰两村及其周围地区的资料。1890年的《工厂一览表》无疑把厂外工人算入工厂工人的总数中了；我们大致地算出了厂外工人的数字，仅仅对两个最大的厂（扎维亚洛夫家族和Ф.瓦雷帕耶夫两个厂）作了修正。为了使《工厂索引》和《工厂一览表》中的"工厂"数目可以比较，必须只取有15个工人以上的厂（关于这方面的情况，详见我们的《评论集》中《论我国工厂统计问题》一文）。（本版全集第4卷。——编者注）

③ 巴甫洛沃工业中的一个部门即制锁业的情况相反，雇有雇佣工人的作坊正在减少。亚·尼·波特列索夫（上引书）详细地说明了这一事实，指出它的原因是科夫诺省制锁**工厂**的竞争（施米特兄弟制锁厂，在1890年有500个工人，生产总额为50万卢布；在1894—1895年度有625个工人，生产总额为73万卢布）。

也是资本主义工场手工业。这个村也是一个工业村，大部分居民都完全不从事农业，它是由几个村组成的一个手工业区的中心。根据1889年地方自治局的调查（《土地估价材料》第8编1895年下诺夫哥罗德版），别兹沃德诺耶乡（581户）有67.3%户不种地，78.3%户没有马匹，82.4%户从事手工业，57.7%户有人识字和有人上学（全县平均数是44.6%）。别兹沃德诺耶的手工业是制造各种金属用品：链条、钓鱼钩、金属带；1883年的生产总额为250万卢布[①]，1888—1889年度为150万卢布[②]。这一手工业的组织，是用业主材料为业主工作，工作分配给许多局部工人，他们有的在企业主的作坊里做，有的在家里做。例如，在钓鱼钩的生产中，完成各道工序的，有"弯钩工"、"切断工"（在专门的房子里做）和"磨尖工"（在家里磨钩尖的妇女和儿童），所有这些工人都是为资本家做工以领取计件工资，而弯钩工又把工作分给切断工和磨尖工。"现在拉铁丝采用了马拉绞盘；从前拉铁丝是由集合到这里的许多盲人干的……"　这也是资本主义工场手工业的一项"专业"！"这种生产的环境与其他一切生产截然不同。人们在混浊的空气中工作，呼吸着马粪堆蒸发出来的恶臭。"[③]莫斯科省的编筛业[④]、别针制造业[⑤]和金银线拉制业[⑥]也都是按这种资本主义工场手工业类

① 《俄国手工工业调查委员会的报告》第9编。1897年别兹沃德诺耶村的居民为3 296人。

② 《俄国手工工业报告和研究》第1卷。据《工厂索引》所载，这个地区有4家"工厂"，厂内工人21人，厂外工人29人，生产总额68 000卢布。

③ 《俄国手工工业报告和研究》第1卷第186页。

④ 第5章附录一，第29号手工业。

⑤ 第5章附录一，第32号手工业。

⑥ 《莫斯科省统计资料汇编》第7卷第1编第2部和《1890年博戈罗茨克县的手工业》。

型组织起来的。80年代初，在金银线拉制业中，有66家作坊和670个工人（其中79％是雇佣工人），生产总额为368 500卢布，其中某些资本主义作坊有时也被列入“工厂”。①

雅罗斯拉夫尔省雅罗斯拉夫尔县布尔马基诺乡（及其附近各乡）的五金业的组织，大概也是同一类型。至少，我们在这里看到了同样的分工（铁匠、吹火工、钳工），同样的雇佣劳动的广泛发展（布尔马基诺乡307家铁铺中，231家有雇佣工人），同样的大资本对所有这些局部工人的统治（包买主处于支配地位；铁匠为他们工作，钳工为铁匠工作），同样的资本主义作坊中产品收购和产品生产的结合，其中某些资本主义作坊有时也被列入“工厂”名单之内。②

在上一章的附录里曾经举出了莫斯科省托盘业和铜器业③（从事后一种手工业的地区叫做“扎加里耶”区）的统计资料。从这些资料中可以看出，雇佣劳动在这些手工业中起主要作用，在手工业中居支配地位的是那些平均一个作坊雇有18—23个工人和生产总额达16 000—17 000卢布的大作坊。如果再补充一点，这里的分工规模十分广泛④，那就很清楚，这便是资本主义工场手工业⑤。

---

① 例如，见《工厂索引》第8819号。

② 《俄国手工工业调查委员会的报告》第6编1880年的调查；《俄国手工工业报告和研究》第1卷（1888—1889年），参看第271页：“几乎全部生产都集中在有雇佣工人的作坊里。”也可参看《雅罗斯拉夫尔省概述》1896年雅罗斯拉夫尔版第2编第8页和第11页；《工厂索引》第403页。

③ 第5章附录一，第19号和第30号手工业。

④ 在铜器业者那里，一个作坊需要5个完成各种工序的工人；在托盘业者那里至少需要3个工人，而“正规的作坊”则需要9个工人。“在大规模的作坊里”，采用“细致的分工”，“是为了提高生产率”（上引伊萨耶夫的书第27页和第31页）。

⑤ 根据1890年《工厂一览表》的统计，扎加里耶地区有14家工厂和184个工人，生产总额为37 000卢布。把这些数字同上述地方自治局的统计资料加以比较便可看出，工厂统计在这里也只包括广泛发展的资本主义工场手工业的上层。

“在现有技术和分工的条件下，小工业单位是一种反常现象，它只有靠把劳动时间延长到最大限度，才能够同大作坊并存”(上引伊萨耶夫的书第 33 页)，例如托盘业者把劳动时间延长到**19 小时**。这里工作日一般都是 13—15 小时，而小业主则是 16—17 小时。用商品支付工资的办法很普遍(在 1876 年和 1890 年都是这样)。[①] 我们补充一点，这种手工业早已存在(它的产生不晚于 19 世纪初)，加上各种操作的广泛专业化，也在这里培养了手艺非常精巧的工匠：扎加里耶人的手艺很出名。在这种手工业中还出现了一些不需要事先训练可以直接由童工来做的专业。伊萨耶夫先生正确地指出：“童工能直接担任工作，手艺似乎不学便会，这种情况就已表明，需要对劳动力进行培训的手艺性质正在消失，很多局部操作的简化是手艺过渡到工场手工业的标志。”(上引书第 34 页)不过应当指出，“手艺性质”在一定程度上总是在工场手工业中保留着，因为工场手工业的基础同样也是手工生产。

### (10) 首饰业、茶炊业和手风琴业

科斯特罗马省科斯特罗马县的克拉斯诺耶村，是通常成为我国“人民”资本主义工场手工业中心的那些工业村当中的一个。这个大村(1897 年有居民 2 612 人)具有纯城市性质，居民过着小市民式的生活，不从事农业(只有极少的例外)。克拉斯诺耶村是首饰业中心，这一行业包括 4 个乡 51 个村(其中包括涅列赫塔县锡

---

① 参看《博戈罗茨克县的手工业》。

多罗沃乡),总共有 735 户和大约 1 706 个工人。[①] 季洛先生说:"克拉斯诺耶村的大手工业者,如商人普希洛夫家族、马佐夫家族、索罗金家族、丘尔科夫家族等,毫无疑义应该算是这一行业的主要代表。他们购买金、银、铜等材料,雇用工匠,包买成品,把订货交到家里去做,提供货样,等等。"(第 2043 页)大手工业者有作坊——"试验室"(实验室),在这里锻造和熔炼金属,然后分给"手工业者"去加工;大手工业者还有种种技术设备,如"压机"(压出小物件的压模机)、"压印机"(压印花纹)、"拉丝机"(拉金属丝)、钳工台等等。在生产中广泛地实行分工:"几乎做每件产品都要按规定程序经过好几道手。例如,拿制造耳环来说,手工业业主首先把银子送到自己的作坊,在这里把一部分银子辗压成银页,一部分拉成银丝;然后把这些材料交给各个工匠去定做,如果那个工匠有家属,那么这项工作便分给几个人去做:一个人用压模把银页压出花纹或耳环形,另一个人把银丝弯成穿耳垂的小环,第三个人焊接这些物件,最后,由第四个人研磨做好的耳环。全部工作都不算难,并不需要受很多的训练,焊接和研磨工作常常由妇女和七八岁的儿童来做。"(第 2041 页)[②]这里的工作日也特别长,一般都达 16 小时。实行实物工资制。

① 《俄国手工工业调查委员会的报告》第 9 编阿·季洛先生的文章;《俄国手工工业报告和研究》第 3 卷(1893 年版)。这一行业还在发展。参看 1897 年《俄罗斯新闻》第 231 号所载的通讯。1898 年《财政与工商业通报》杂志第 42 期。生产总额为 100 多万卢布,其中工人约得 20 万卢布,而包买主和商人约赚 30 万卢布。

② "每一种制品,甚至制品的每一部分,在克拉斯诺耶村的手工业者中间都有自己的工匠,因此,在一个家庭里制造戒指和耳环、手镯和胸针等是十分少见的;通常一件制品都是由专业工人各造一部分,这些工人不仅住在不同的家里,而且甚至住在不同的村子里。"(《俄国手工工业报告和研究》第 3 卷第 76 页)

下列统计资料（当地的一位金银成色检验员最近公布的）清楚地说明了这一行业的经济结构[92]：

| 工　匠　类　别 | 工匠人数 | 百分比 | 工人总数（约计） | 百分比 | 制品量（单位普特） | 百分比 |
|---|---|---|---|---|---|---|
| 不提供制品者 | 404 | 66.0 | 1 000 | 58 | — | — |
| 提供制品 12 俄磅以下者 | 81 | | | | 11 | 1.3 |
| 提供制品 12—120 俄磅者 | 194 | 26.4 | 500 | 29 | 236 | 28.7 |
| 提供制品 120 俄磅以上者 | 56 | 7.6 | 206 | 13 | 577 | 70.0 |
| **共　计** | 735 | 100 | 1 706 | 100 | 824 | 100 |

“前两类工匠（约占工匠总人数的⅔），与其说是手工业者，不如说是在家里做工的工厂工人。”在最高的一类中，“雇佣劳动越来越多……　工匠已经开始添购他人的产品”，这一类的上层“以包买为主”，“有 4 个包买主根本没有开设作坊”。①

图拉城及其附近地区的茶炊业和手风琴业，是资本主义工场手工业的非常典型的例子。这一地区的“手工业”一般都是很古老的，它们起源于 15 世纪。② 从 17 世纪中叶起，这些手工业有了不寻常的发展；波里索夫先生认为，从这时起便是图拉手工业发展的第二阶段。1637 年建立了第一个铸铁厂（由荷兰人维尼乌斯建立）。图拉的兵器匠建立了特殊的铁匠镇，形成了拥有各种特权的特殊等级。1696 年图拉出现了由一位优秀的图拉铁匠建立的第一个铸铁厂，这一行业传到了乌拉尔和西伯利亚。③ 从这时起，图

① 1898 年《财政与工商业通报》杂志第 42 期。

② 见《俄国手工工业调查委员会的报告》第 9 编中弗·波里索夫先生的文章。

③ 图拉的铁匠尼基塔·杰米多夫·安土菲耶夫在图拉城附近建造了一所工厂，博得了彼得大帝的欢心，并于 1702 年得到了涅维扬斯基工厂。他的后裔便是乌拉尔的著名矿业主杰米多夫家族。

拉手工业的历史便进入了第三个时期。工匠们开始自设作坊，并把手艺传授给附近的农民。在1810—1820年间出现了第一批茶炊厂。“1825年图拉已经有了43家各种不同的工厂，这些工厂全都属于兵器匠，就连现有的工厂几乎全都属于从前的兵器匠，即现在的图拉商人。”（上引书第2262页）因此，在这里我们看到了旧时行会师傅同后来的资本主义工场手工业老板之间的直接继承和联系。1864年图拉的兵器匠们摆脱了农奴制的依附关系[93]，成了小市民；由于乡村手工业者的激烈竞争，收入降低了（这造成了手工业者从城里迁回乡间的现象）；工人们纷纷转向茶炊业、制锁业、刀剪业和手风琴业（图拉第一批手风琴是1830—1835年间出现的）。

茶炊业现在的组织情况如下。为首的是一些大资本家，他们拥有雇用数十名以至数百名雇佣工人的作坊，同时他们把许多局部工序也交给城里和乡间的家庭工人去做；承担这些局部工序的人有时自己也有使用雇佣工人的作坊。当然，除了大作坊以外，还有一些在依次的所有各个阶段都依赖资本家的小作坊。分工是这种生产全部结构的总基础。茶炊的制造过程分为下列几道工序：(1)卷铜板成圆筒（做壶身）；(2)焊合；(3)锉平焊缝；(4)安底座；(5)锻打制品（即所谓“修整”）；(6)清壶里；(7)旋壶身和壶颈；(8)包锡；(9)用钻孔机在茶炊底座和烟筒脖上钻气孔；(10)装配茶炊。其次，另外还有小铜件的铸造：(a)制模和(b)浇注。① 由于把工作分到家里去做，所以这些工序中的每一项都能成为一种专门的“手

① 在《俄国手工工业调查委员会的报告》第10编里马诺欣先生曾出色地描绘过彼尔姆省苏克孙的茶炊业。组织情况和图拉茶炊业相同。参看该书第9编波里索夫先生关于1882年展览会展出的各种手工业一文。

工业”。在《俄国手工工业调查委员会的报告》第 7 编里，波里索夫先生叙述了其中一种“手工业”。这一行业(做茶炊壶身)就是：农民为赚取计件工资，用商人的材料做上述各种局部工序当中的一种。1861 年以后，手工业者从图拉城转到乡间去做工，因为乡间生活费用比较便宜，需求水平较低。(上引书第 893 页)波里索夫先生正确地说明了“手工业者”能够这样长期存在，是由于保留了茶炊的手工锻造：“乡村的手工业者对订活的厂主来说总是比较有利的，因为他们的劳动比城里的手艺人便宜 10%—20%。”(第 916 页)

据波里索夫先生计算，1882 年茶炊的生产额约为 5 000 000 卢布，工人有 4 000—5 000 人（手工业者也包括在内）。在这里，工厂统计也只包括整个资本主义工场手工业的一小部分。根据 1879 年《工厂一览表》的统计，图拉省有 53 家茶炊“工厂”（都是手工生产的）和 1 479 个工人，生产额为 836 000 卢布。根据 1890 年《工厂一览表》的统计，有 162 家工厂，2 175 个工人，生产额为 1 100 000 卢布，但是在名单中却只有 50 家工厂（1 家有蒸汽机），1 326 个工人，生产额为 698 000 卢布。显而易见，这次是把成百家小作坊也列为“工厂”了。最后，《工厂索引》指出，在 1894—1895 年度有 25 家工厂（4 家有蒸汽机），1 202 个工人（外加 607 个厂外工人），生产额为 1 613 000 卢布。在这些资料中，不论是工厂数量或工人人数，都是不能比较的（由于上述原因，也由于前几年厂内工人和厂外工人都混在一起）。唯有一点倒是毫无疑义的，就是大机器工业不断地排挤工场手工业：1879 年，100 个工人以上的工厂有两家；1890 年还是两家（1 家有蒸汽机）；1894—1895 年度有 4 家（3 家有蒸汽机)。[①]

处在较低经济发展阶段的手风琴业的组织情况也完全相同。[②] “参加手风琴生产的有十几种专业”(《俄国手工工业调查委员会的报告》第 9 编第 236 页);制造手风琴的各个部件或进行某些局部工序,成为各个所谓独立“手工业”的对象。“在萧条的时候,所有手工业者都为工厂或较大的作坊做工,从这些工厂或作坊的业主那里领得材料;在手风琴的需要激增的时候,便出现大批小生产者,他们向手工业者买来各个部件,自己装配成手风琴,把它们送到当地店铺,当时这些店铺很愿意收买手风琴。”(同上)根据波里索夫先生的统计,1882 年在这种手工业中有工人 2 000—3 000 人,生产总额约为 4 000 000 卢布;根据工厂统计,1879 年有两家“工厂”和 22 个工人,生产总额为 5 000 卢布;1890 年有 19 家工厂和 275 个工人,生产总额为 82 000 卢布;1894—1895 年度有 1 家工厂和 23 个工人(还有 17 个厂外工人),生产总额为 20 000 卢布。[③] 蒸汽发动机根本没有采用。所有这些数字的变化表明,对那些已成为资本主义工场手工业复杂机体组成部分的个别企业的取舍,完全是偶然性的。

① 看来,图拉城及其附近的五金业的组织情况也有相似的特点。根据波里索夫先生 1882 年的统计,从事这种手工业的工人有 2 000—3 000 人,生产额约为 250 万卢布。这些“手工业者”在很大程度上依附于商业资本。图拉省的小五金“工厂”有时也有厂外工人。(参看《工厂索引》第 393—395 页)

② 手风琴业的发展也是值得注意的,它既是排挤原始民间乐器的过程,也是建立广大国内市场的过程,因为没有这样的市场就不能有细致的分工,而没有分工也就不能使产品价格低廉。“由于手风琴价格低廉,它几乎到处都排挤了原始的民间弦乐器——三弦琴。”(《俄国手工工业调查委员会的报告》第 9 编第 2276 页)

③ 根据图拉城 1891 年 11 月 29 日的调查,城里出售手风琴的店铺有 36 家,制造手风琴的作坊有 34 家。(见《1895 年图拉省省志》1895 年图拉版)

## 三 工场手工业的技术。分工及其意义

现在我们根据上述资料来作结论，并考察一下这些资料是否真正说明了我国工业中资本主义发展的一个特殊阶段。

---

保持手工生产和系统而广泛地实行分工，是我们所考察的一切行业的共同特点。生产过程分为若干局部工序，由各种专业工匠去做。这些专业工匠的培养，需要经过相当长时间的训练，因而**学徒制**就成为工场手工业的自然伴随物。大家知道，在商品经济和资本主义的一般环境中，这种现象会造成各种最坏的人身依附和剥削。[①] 学徒制的消灭是同工场手工业的更高发展和大机器工业的形成相联系的，因为机器把训练期缩短到最低限度，或者分出了一些连儿童也能胜任的十分简单的局部工序。（见上面扎加里耶的例子）

手工生产作为工场手工业的基础保持下来，说明工场手工业处于相对静止状态，把工场手工业同工厂加以比较，这种情况就特别显著。分工的发展和深化进行得非常缓慢，因而工场手工业几十年来（甚至几世纪）都保持着它一开始就采用的那种形式。我们看到，在我们考察的各种行业中，有很多是有悠久历史的，然而直

---

① 我们只举一个例子。在库尔斯克省格赖沃龙县博里索夫卡镇，有一种画圣像的行业，从事这种行业的有500人左右。工匠们大部分不用雇佣工人，而是用每昼夜工作14—15小时的学徒。这些工匠对建立绘画学校的想法抱敌对态度，害怕失去学徒这种无偿的劳动力。（《俄国手工工业报告和研究》第1卷第333页）在资本主义工场手工业中，家庭劳动下的儿童状况一点也不比学徒好，因为家庭工人不得不把工作日延长到极限，要全家全力以赴。

到最近，它们当中大多数在生产方法上还没有任何大的改革。

至于谈到分工，我们在这里就不再重复理论经济学中人所共知的那些关于分工在劳动生产力发展过程中的作用的原理了。在手工生产的基础上，除了分工的形式以外，不可能有其他的技术进步。[①] 我们只想指出两种最重要的情况，来说明作为大机器工业准备阶段的分工的必要性。第一，只有把生产过程分解为一系列最简单的纯粹机械的工序，才有可能使用机器，因为机器最初应用于最简单的工序，只是逐渐地才包括了比较复杂的工序。例如，在织造业中，织布机早就征服了简单织物的生产，但丝织业主要还是采用手工方法。在五金业中，机器首先应用于一种最简单的工序——研磨等等。但是，这种把生产分成各种最简单的工序的做法（这是实行大机器生产所必要的准备步骤），也使小手工业发展起来。附近的居民有可能在自己家中进行这种局部工序，或者用手工工场主的材料给他们做订货（制刷工场手工业中的串鬃，制革业中的缝制羊皮、皮外套、手套及鞋靴等，制梳工场手工业中的修整梳子，替茶炊"做壶身"等等），或者甚至"独立地"购买材料，制造产品的某些部件并把它们卖给手工工场主（宽边帽业，马车制造业，手风琴业等）。小的（有时甚至是"独立的"）手工业的发展竟是资本主义工场手工业发展的表现，这好像是奇谈，然而这是事实。这种"手工业者"的"独立性"完全是虚假的。如果同其他局部劳动，同产品的其他部分**不发生联系**，他们的工作就不能进行，他们的产品有时甚至就会没有任何使用价值。而这

① "当独立小工业遍布广大地区时，对独立小工业来说，大规模生产的家庭形式和工场手工业是不可避免的，在一定程度上甚至是最好的出路。"（哈里佐勉诺夫的著作，载于1883年《法学通报》杂志第11期第435页）

种联系，只有控制着(以某种形式)大批局部工人的**大资本**才能建立[①]，而且已经建立起来。民粹派经济学的基本错误之一，就是忽视或者抹杀局部“手工业者”是资本主义工场手工业的组成部分这一事实。

第二个情况必须特别强调指出，这就是工场手工业培养了手艺高超的工人。如果没有一个工场手工业培养工人的漫长时代，大机器工业在改革后时期就不可能这样迅速地发展。例如，弗拉基米尔省波克罗夫县“手工”织造业的调查者指出了库德基纳乡(奥列霍沃村和莫罗佐夫家族的一些著名工厂就在这里)织工出色的“技术本领和经验”：“无论在什么地方……我们都不会见到这样紧张的劳动……这里，织工同卷纬工之间总是实行严格的分工…… 过去……在库德基纳人中间培养出了……完善的生产技术方法……和在各种困难中找出头绪的本领”。[②] 关于丝织业，他们写道：“不能随便在某个村庄和任意建立多少工厂”，“工厂必须跟随织工进入那些通过外出做零工”(补充一句，或者通过在家里做工)“而形成了一批熟悉业务的工人的村庄”[③]。比如说，如果在基姆雷村地区几百年来没有培养出现在热衷于外出做零工的手艺高超的工人，那么像彼得堡制鞋厂**94**[④]这样的企业就不可能发展得这样迅速，等等。所以顺便提一下，工场手工业造成了许多专门

---

① 为什么只有资本**才能**建立这种联系呢？因为正如我们所见到的，商品生产造成小生产者的分散性，引起小生产者的彻底分化，因为小手工业给工场手工业留下了资本主义作坊和商业资本。

② 《弗拉基米尔省手工业》第 4 编第 22 页。

③ 同上，第 3 编第 63 页。

④ 1890 年有工人 514 人，生产额 600 000 卢布；1894—1895 年度有工人 845 人，生产额 1 288 000 卢布。

从事某种生产和培养出大批手艺高超的工人的广大地区，具有十分重大的意义。①

资本主义工场手工业的分工，使工人（包括局部“手工业者”）变成畸形和残疾。在分工中出现了能工巧匠和残疾者。前者人数极少，他们使调查者惊叹不已②；后者大批出现，他们是肺部不健康、双手过分发达、“驼背”等等的“手工业者”③。

## 四　地区的分工和农业同工业的分离

上面已经指出，同整个分工有直接联系的是地区的分工，即各个地区专门生产一种产品，有时是产品的一个品种，甚至是产品的某一部分。手工生产占优势，存在大批小作坊，工人同土地保持联系，工匠被固定在某一种专业上，这一切必然造成工场手工业各个工业地区的闭塞状态；有时这种地方闭塞状态达到完全与外界隔

---

① “批发手艺”这个术语很确切地说明了这种现象。在科尔萨克的著作中写道：“自17世纪起，农村工业开始比较明显地发展起来：许多村庄，尤其是莫斯科近郊沿着大道的那些村庄，都从事某种手艺的生产；有一些村庄的居民成为制革匠，另一些村庄的居民成为织工，还有一些村庄的居民则成为染色工、大车匠、铁匠等。到上世纪末叶，很多这样的**批发手艺**（某些人这样称呼它们）在俄国得到了发展。”（上引书第119—121页）

② 我们只举两个例子：巴甫洛沃著名的制锁匠赫沃罗夫做的锁，每24把重1左洛特尼克（等于1/96旧俄磅，4.266克。——编者注）。这种锁的零件只有针头那样大。（上引拉布津的书第44页）莫斯科省的一个玩具匠，几乎毕生都从事于装饰辕马，每天能装饰400个。（《莫斯科省统计资料汇编》第6卷第2编第38—39页）

③ 格里戈里耶夫先生这样描写巴甫洛沃的手工业者：“我曾经碰到这样一个工人，他在同一个台钳旁工作了6年，他那只光着的左脚把地板磨得剩下不到一半厚了；他苦笑说：他把地板磨穿，老板也就要赶他走了。”（上述著作第108—109页）

绝的地步①,同外界有往来的只是一些商人-业主。

哈里佐勉诺夫先生在下面冗长的论述中,对地区分工的意义估计不足:"帝国土地辽阔,自然条件差别很大:一个地方林茂兽多,另一地方盛产牲畜,还有些地方粘土和铁矿蕴藏丰富。这些自然特性也决定了工业的性质。由于土地辽阔和交通不便,原料无法运输,或者是运费昂贵。因此,手工业必然要设置在附近有丰富原料的地方。由此就产生了我国工业的特点——在各个广阔的连成一片的地区的商品生产专业化。"(《法学通报》杂志,上引期第440页)

地区的分工并不是我国工业的特点,而是工场手工业(包括俄国和其他国家)的特点;小手工业没有造成这样广大的地区,工厂破坏了这些地区的闭塞状态,促使作坊和大批工人迁移到别的地方。工场手工业不仅造成了连成一片的地区,而且在这些地区内实行了专业化(按商品的分工)。某个地方有原料,这决不是工场手工业的必不可少的条件,甚至未必是它的通常条件,因为工场手工业是以相当广泛的商业交往为前提的。②

下面这种情况同上述工场手工业的特点有联系:资本主义的这个演进阶段具有农业同工业分离的特殊形式。最典型的手工业者现在已不是农民,而是不从事农业的"工匠"(另一极则是商人和作坊主)。在大多数场合下(如我们在上面所看到的),按照工场手工业类型组织起来的手工业都拥有非农业的中心:或者是城市,或者是(常见得多)村庄,这些村庄的居民几乎都不从事农业,这样的

① 卡尔戈波尔县的灰鼠毛皮业,谢苗诺夫县的制匙业。

② 织造业和巴甫洛沃、格热尔、彼尔姆等地的制革业以及其他许多行业都是用输入的(即非本地的)原料进行加工的。(参看《评论集》第122—124页(本版全集第2卷第246—249页。——编者注))

村庄应该列为工商业性质的居民点。工业同农业的分离在这里有很深的基础，其根源既在于工场手工业的技术，也在于它的经济和它的生活(或文化)特征。技术把工人束缚在一种专业上，因而一方面使他不适合于从事农业(体力孱弱等等)，另一方面要求他不间断地和长期地从事一种手艺。工场手工业经济结构的特征，是手工业者的分化比小手工业中的分化深刻得多，而我们看到，在小手工业中，工业中的分化同农业中的分化是同时并进的。在大批生产者完全贫困化(这是工场手工业的条件和结果)的情况下，工场手工业的工人是不能由稍微宽裕的农民来补充的。工场手工业的文化特点在于：第一，一个行业存在很久，它(有时是几百年)给居民留下特殊的印记；第二，居民的生活水平较高。① 关于第二种情况，我们现在就来详细谈一谈，但是首先要指出，工场手工业并没有使工业同农业完全分离。在手工技术的条件下，大作坊不可能完全排挤小作坊，尤其是当小手工业者延长工作日和降低自己的需求水平的时候：在这种情况下，就像我们所看到的，工场手工业甚至会使小手工业发展起来。因此，在工场手工业的非农业中心周围，我们在大多数情况下都会看到一整片其居民也从事各种手工业的农业居民区，这是很自然的。显然，在这方面也突出地表

① 瓦·沃·先生在他的《俄国手工工业概述》中断言："在我国……完全抛弃农业的手工业地区很少"(第36页)(我们上面已经指出，恰恰相反，这样的地区很多)，"我们在国内所见到的分工不足的现象，与其说是由于工业进步的力量所造成的，不如说是由于农民占有土地的规模没有变动所造成的……"(第40页)瓦·沃·先生没有看到这样的情况：这些"手工业地区"的特点是在技术、经济和文化方面具有特殊的结构，它们标志着资本主义发展的一个特殊阶段。重要的是，"工业村"大部分只得到"最低额份地"(第39页)——(1861年时，它们的工业生活已有几十年，甚至几百年了！)——自然，没有官方的纵容，就不会有资本主义。

现了工场手工业在小手工生产和工厂之间的过渡性质。既然在西欧,资本主义工场手工业时期还不能使工业工人完全脱离农业[①],那么在俄国,在保存着许多把农民束缚在土地上的制度的情况下,这种脱离就不能不推迟。因此,我们再说一遍,非农业中心是俄国资本主义工场手工业的最典型特点,它把附近农村的居民(他们都是半农业者半工业者)吸引到自己身边,并且支配着这些农村。

在这里,这些非农业中心的居民文化水平较高这一事实,尤其值得注意。较高的识字率,高得多的需求水平和生活水平,他们同"土里土气的""乡下佬"的迥然不同,——这就是这些中心的居民的一般特点。[②] 这一事实有多么重大的意义是十分明显的,它清

① 《资本论》第2版第1卷第779—780页(参看《马克思恩格斯文集》第5卷第857—859页。——编者注)。

② 这一事实很重要,我们不得不再以下列资料来补充第2节中所引用的资料。沃罗涅日省博布罗夫县的布图尔利诺夫卡镇是制革业中心之一。有3 681户,其中2 383户不从事农业。居民21 000多人。识字户占53%,而全县识字户是38%。(博布罗夫县地方自治局统计汇编)萨马拉省的波克罗夫斯克镇和巴拉科沃村各有居民15 000人以上,其中外地人特别多。不经营者占50%和42%。识字率在中等以上。统计指出,**一般说来**工商业村的特点是识字率较高,"不经营户大批出现"(新乌津斯克县和尼古拉耶夫斯克县地方自治局统计汇编)。关于"手工业者"文化水平较高的情况,还可参看《俄国手工工业调查委员会的报告》第3编第42页,第7编第914页;上引斯米尔诺夫的书第59页;上引格里戈里耶夫的著作第106页及以下各页;上引安年斯基的著作第61页;《下诺夫哥罗德省汇编》第2卷第223—239页;《俄国手工工业报告和研究》第2卷第243页;第3卷第151页。其次,也可参看《弗拉基米尔省手工业》第3编第109页,那里生动地转述了调查者哈里佐勉诺夫先生同他的车夫——一个丝织工的谈话。这个丝织工激烈而尖锐地攻击农民"土里土气的"生活,攻击他们低下的需求水平、他们的不开化等等,最后感叹地说:"唉!上帝,想想看吧,人活着到底是为了什么呀!"有人早已指出,俄国农民对自己的贫困最缺乏认识。而资本主义工场手工业(不用说工厂了)的工人在**这方面**的认识,应当说是好得多了。

楚地证明资本主义而且是纯粹“人民”资本主义的进步历史作用，即使最狂热的民粹派分子也未必敢说这种资本主义是“人为的”，因为绝大多数上述中心通常都属于“手工”工业！工场手工业的过渡性质在这里也表现出来了，因为工场手工业仅仅开始改造居民的精神面貌，而完成这种改造的只是大机器工业。

## 五　工场手工业的经济结构

在我们考察过的所有按工场手工业类型组织起来的手工业中，大量的工人都不是独立的，而是依附于资本的，他们既没有原料，也没有成品，仅仅是领取工资而已。实质上，这些“手工业”中的极大多数工人都是**雇佣工人**，虽然这种关系在工场手工业中从来没有达到像工厂所固有的那样充分和纯粹。在工场手工业中，商业资本通过各种各样的方式同产业资本交织在一起，工人对资本家的依附形式和差别也是多种多样的，从在别人的作坊中当雇工开始，接着是为“业主”进行家庭劳动，直到在采购原料或销售产品方面的依附。除了大批依附工人外，在工场手工业中始终还保持有相当数量的所谓独立生产者。但是所有这些五花八门的依附形式，只是掩盖了工场手工业的一个基本特点：劳动的代表和资本的代表之间的分裂在这里已经充分表现出来。到农民解放时，这种分裂在我国工场手工业的各个最大中心已经由于数代的延续而固定下来。在上面所考察的各种“手工业”中，我们见到大批居民除了依附有产阶级分子去做工，没有任何生活资料，而另一方面，少数富裕的手工业者却差不多掌握了（通过某种方式）一个地区的全部生产。这一基本事实也表明，我国工场手工业与前一个阶段不同，它具有极其明显的资本主义性质。在前一个阶段，也存在着对资本的依附和雇佣劳动，但还未形成任何牢固的形式，也未包括大量的手工业者和大量的居民，还没有引起各个生产参加者集团之间的分裂。在前一个阶段，生产本身还保持着很小的规模，业主同工人之间的差别较小，大资本家（他们总是支配着工场手工业的首位）几乎没有，束缚于一种工序、因而也束缚于把这些局部工序联合成一个生产结构的资本的局部工人也没有。

这里是一位老著作家的证明，它明显地证实了我们对上引资料所作的这个评述："在基姆雷村，也像在其他的所谓俄国富裕村庄（例如巴甫洛沃村）一样，有半数居民是乞丐，专靠施舍为生……假使一个工人生了病，而又是个单身汉，那么他在下周就有连一片面包也吃不上的危险。"①

因此，早在60年代就已经完全暴露出我国工场手工业经济中的基本特点：很多"著名""村庄"的"富裕"同极大多数"手工业者"的完全无产阶级化之间的对立。同这一特点有联系的是下面这种情况：最典型的工场手工业工人（即完全或者几乎完全同土地断绝关系的工匠）已经倾向于资本主义的后一阶段，而不是前一阶段，他们接近大机器工业工人甚于接近农民。上面所举的关于手工业者文化水平的资料，明显地证明了这一点。但是不能把这种评论应用于所有工场手工业的工人。保存大批小作坊和小业主，保持同土地的联系和极其广泛地发展家庭劳动，——这一切都会使工

① **尼·奥弗相尼科夫**《伏尔加河流域上游地区同下诺夫哥罗德市集的关系》。《下诺夫哥罗德省汇编》第2卷（1869年下诺夫哥罗德版）中的论文。作者根据的是1865年的基姆雷村资料。这位著作家对于市集作了概述，同时评述了在市集上出现的那些手工业中的社会经济关系。

场手工业中很多"手工业者"仍然倾向于农民，想变成小业主，迷恋过去而不是向往未来[①]，会使他们沉醉于种种幻想，希望有朝一日（靠最紧张的劳动，靠节俭和机灵）变成一个独立的业主[②]。下面就是弗拉基米尔省"手工业"调查者对这些小资产阶级幻想所作的十分准确的评价：

"大工业彻底战胜小工业，把分散在许多小工房中的工人联合到一个丝织厂里，这仅仅是时间问题，这种胜利来得愈快，对织工愈好。

现代丝织工业组织的特征，就是各经济等级的不稳定和不固定，就是大生产同小生产以及同农业的斗争。这种斗争使小业主和织工激动不安，使他们一无所得，但却使他们离开了农业，负债累累，并且把萧条时期的一切重担都加在他们身上。生产的积聚不会降低织工的工资，但会使诱惑和拉拢工人、用同他们的全年收入不能相抵的定钱来吸引工人的做法成为多余的事情。随着相互竞争的缓和，厂主们就失掉了花大笔款项以便用债务来捆住织工的兴趣。同时，大生产使厂主的利益同工人的利益，一个人的富有同另一些人的贫穷如此明显地对立起来，以致织工不可能产生使自己成为厂主的愿望。小生产并不比大生产多给织工什么东西，但是它没有大生产那样的稳固性，所以它使工人更深地陷入歧途。手工业织工有一种虚幻的憧憬，他们期望有一天可以安装一台**自己的织布机**。为了达到这个理想，他们竭尽全力，借债，盗窃，扯谎，不把自己的伙伴当做患难朋友，而是当做敌人，当做他们好像在遥远的将来可能得到的那台可怜的机器的竞争者。小业主不了解自己在经济上的缺陷，他们逢迎包买主和厂主，对自己的同伙隐瞒采购原料和销售成品的地点和条件。他们自以为是独立的小业主，但实际上却成为自愿送到大商人手中的可怜工具和玩物。当他们还没有跳出泥坑，只有三四台织布机时，他们就已经在说业主的处境艰难，说织工懒惰和酗酒，说必须保证厂主不遭受债务的损失。小业主，这是工业奴隶制度的化身，就像从前黄金时代执事和管家是农奴制度的生动体现者一样。当生产工具还没有同生产者完全分离，而生产者尚有可能成为独立的业主的时候，当厂主、小业主和包工一

① 同他们的民粹派思想家完全一样。

② 对于个别独立自主的英雄们（弗·柯罗连科所著《巴甫洛沃随笔》中的杜日金之类）来说，这种变化在工场手工业时期还有可能，但是，对于大批一无所有的局部工人来说，当然是不可能的。

方面支配和剥削下层各经济等级，同时又受到上层各经济等级的剥削，因而使包买主同织工之间的经济鸿沟联结起来的时候，工人的社会意识就模糊起来，他们就堕入虚幻的想象中。在应该团结的地方却发生了竞争，而本质上敌对的各个经济集团的利益则一致起来。现代丝织业组织不仅进行着经济剥削，而且在被剥削者中寻找自己的代理人，利用他们来模糊工人的意识和腐蚀他们的心灵。”(《弗拉基米尔省手工业》第3编第124—126页)

## 六　工场手工业中的商业资本和产业资本。——“包买主”和“厂主”

从上面所引用的资料中可以看出：在资本主义的这个发展阶段，除了资本主义大作坊，我们还经常看到为数极多的小作坊；这些小作坊在数量上甚至往往占优势，而在生产总额上则完全起着从属的作用。在工场手工业中这种小作坊的保存(甚至发展，像我们上面所看到的)是一种十分自然的现象。在手工生产的情况下，大作坊对小作坊并不占绝对优势；分工产生最简单的局部工序，促进了小作坊的出现。因此，资本主义工场手工业的**典型现象**，就是少数较大的作坊和大量小作坊同时并存。它们两者之间有没有什么联系呢？上面所分析的资料使人毫不怀疑：它们之间的联系是极其密切的，大作坊正是从这些小作坊成长起来的，小作坊有时只是手工工场的场外部分，在极大多数场合下，属于大业主并使小业主从属于自己的商业资本起着联系大作坊和小作坊的作用。大作坊的业主**必须**大量采购原料和销售制品。他的商业贸易额愈大，他在收购和出售商品方面以及在检验商品和保管等方面的费用(每一单位产品上的)就愈少，于是手工工场主就把原料零售给小业主，购买他们的制品，把这些制品作为自己的制品转卖出去。[①] 如果盘剥和高利贷同这些出售原料和购买制品的活动结合在一起(这是常有的),如果小业主赊购材料并用制品偿付债款,那么,大手工工场主就能用自己的资本获得高额利润,而这是他从雇佣工人那里永远也得不到的。分工更加促进了小业主对大业主的这种依附关系的发展:大业主或者把材料分配到各家去加工(或完成某些局部工序),或者向"手工业者"购买产品的某些部分和特种产品等等。总之,**商业资本同产业资本之间最密切的不可分割的联系**,是工场手工业最有代表性的特点之一。"包买主"在这里差不多总是和手工工场主(按流行的不正确的用语,把手工工场主叫做"厂主",把所有稍微大些的作坊都算做"工厂")交错在一起。因此在极大多数场合下,关于大作坊生产规模的资料,**还丝毫不能说明**大作坊在我国"手工业"中的实际意义[②],因为这

① 我们对上面所讲的再补充一个例子。在莫斯科省家具业中(1876 年的资料,引自伊萨耶夫先生的书),最大的一些手工业者是捷宁家族,他们生产贵重的家具,"培养了好几代手艺高超的手艺人"。1845 年他们建立了自己的锯木厂(1894—1895 年度生产总额为 12 000 卢布,工人 14 人,有 1 台蒸汽发动机)。应当指出,这个行业共有作坊 708 个,工人 1 979 人,其中 846 人即 42.7%是雇佣工人,生产总额为 459 000 卢布。从 60 年代初期起,捷宁家族在下诺夫哥罗德开始大批收购材料,成车厢地买进板子:每 100 块为 13 卢布,而卖给小手工业者却是 18—20 卢布。在 7 个村庄(有工人 116 人)中,大部分人都把家具卖给捷宁,而他在莫斯科设有家具和胶合板仓库(建立于 1874 年),贸易额达 40 000 卢布。为捷宁家族做工的有 20 个个体生产者。

② 这里有一个例子可以说明正文中所说的。奥廖尔省特鲁布切夫斯克县的涅基诺村有一个榨油厂,有工人 8 人,生产总额 2 000 卢布(1890 年的《工厂一览表》)。看来,这个小工厂表明,资本在当地榨油业中的作用很小。但是产业资本不大的发展,只意味着商业资本和高利贷资本的巨大发展。我们从地方自治局统计汇编中了解到,这个村庄 186 户中有 160 户完全受当地厂主的盘剥,这个厂主甚至**替他们全体缴纳捐税**,贷给他们**一切必需的东西**(许多年来就是如此),按压低的价格得到了偿债的大麻。奥廖尔省的大量农民也遭受着这样的盘剥。在这种情况下,是否可以对产业资本不大的发展感到高兴呢?

些作坊的业主不仅支配着自己作坊中工人的劳动，而且支配着大批家庭工人的劳动，甚至事实上还支配着大批所谓独立小业主的劳动，他们对这些小业主来说就是“包买主”。[①] 这样，在有关俄国工场手工业的资料中，就非常突出地显示出《资本论》作者所确定的那个规律：商业资本的发展程度同产业资本的发展程度成反比例[②]。实际上我们可以这样说明第2节中所记述的各种手工业的特征：这些手工业中大作坊愈少，“包买”就愈发达，反过来说也是一样；变换的只是资本的形式，而资本在任何情况下都居于支配地位，并且使“独立”手工业者的处境常常比雇佣工人的处境恶劣得多。

民粹派经济学的基本错误也就在于：它一方面忽视或抹杀了大小作坊之间的联系，另一方面忽视或抹杀了商业资本和产业资本之间的联系。格里戈里耶夫先生说：“巴甫洛沃区的厂主不过是复杂化了的包买主。”（上引著作第119页）这不仅对于巴甫洛沃一个地方来说是正确的，而且对于大多数按照资本主义工场手工业类型组织起来的手工业来说，也是正确的。反之亦然：工场手工业中的包买主是复杂化了的“厂主”。工场手工业中的包买主与农民小手工业中的包买主之间的一个重大差别也就在这里。但是，把“包买主”同“厂主”之间的联系这一事实看做是某种对小工业有利的论据（像格里戈里耶夫先生和其他许多民粹派所认为的），这是在作完全任意的结论，硬要使事实去符合偏见。如我们所看到的，

① 因此，可以想象，如果把大手工工场主撇开不去考察（要知道这不是手工工业，而是工厂工业！），而把“包买主”看做“实质上完全是多余的和只是产品销售的混乱所引起的”现象（瓦·沃·先生《俄国手工工业概述》第150页），那么这种“手工业”的经济组织将会被描写成什么样子了！

② 参看《马克思恩格斯文集》第7卷第366—367页。——编者注

许多资料都证明，商业资本同产业资本结合，就会使直接生产者的状况比雇佣工人的状况恶劣得多，就会延长他们的工作日，降低他们的工资，阻碍经济和文化的发展。

## 七　资本主义的家庭劳动是工场手工业的附属物

资本主义的家庭劳动，即在家里加工从企业主那里领来的材料以取得计件工资，正如上一章里指出的，在农民小手工业中就存在了。我们在下面还会看到，它同工厂即大机器工业也是同时并存的（而且规模很大）。可见，资本主义的家庭劳动在工业资本主义的各个发展阶段都存在，不过它是工场手工业的最大特征。不论农民小手工业或大机器工业，没有家庭劳动也很容易对付。而在资本主义发展的工场手工业时期（它所固有的特点是保存着工人同土地的联系，在大作坊周围存在着许多小作坊），不把工作分到家里去做，那是很难想象的，几乎是不可能想象的。① 我们已经看到，俄国的资料确实证明，在按资本主义工场手工业类型组织起来的手工业中，把工作分到家里去做的办法，得到特别广泛的采用。所以我们认为在本章中考察资本主义家庭劳动的特点是极为正确的，即使下面引证的某些例子不可能专门适用于工场手工业。

首先我们要指出，在家庭劳动的情况下，资本家和工人之间有

① 大家知道，在西欧，资本主义工场手工业时期的特点也是家庭劳动的广泛发展，例如织造业。值得指出的是，马克思在叙述工场手工业的典型例子钟表业时指出，指针盘、发条和表壳也很少是在本手工工场内制造的，一般常常是由局部工人在家中做。（《资本论》第2版第1卷第353—354页（参看《马克思恩格斯文集》第5卷第396—400页。——编者注））

很多中间人。大企业主不可能亲自把材料分配给往往散居各村的千百个工人，这就必然会出现一批中间人（在某些场合甚至出现了各种等级的中间人），他们整批地取得材料，零星地分配出去。于是产生了真正的 sweating system，即榨取血汗的制度，这是最厉害的剥削制度：同工人接近的“工匠”（或是“小工房主”，或是花边业中的“女商人”等等）甚至会利用工人贫困的特殊机会，找出一些在大企业中不可想象的、根本不可能受到任何检查和监督的剥削方法。①

应当把 truck-system，即实物工资制同 sweating system 并列，或者作为它的形式之一，实物工资制在工厂中是被追究的，而在手工业中，特别是在把工作分到家里去做的情况下则仍被广泛采用。上面叙述各种手工业时，已经举出了这种流行现象的例子。

其次，资本主义的家庭劳动必然同极不卫生的工作环境联系着。工人一贫如洗，完全没有可能以任何规章来改善劳动条件，住的地方和工作场所混在一起，这些情况就把从事家庭劳动的工人的住所变成不讲卫生和发生职业病的地方。在大作坊中还有可能反对这种现象，而家庭劳动在这方面是资本主义剥削的最“自由的”形式。

过长的工作日，也是为资本家进行的家庭劳动和整个小手工

① 因此，附带说一下，工厂也进行着反对这类中间人的斗争，例如反对“包件工”，即雇用帮工的工人。参看科别利亚茨基《工厂视察机关官员和工厂主手册》1897 年圣彼得堡版第 24 页及以下各页。在关于手工业的一切著作中，记载了很多事实，证明中间人在把工作分配到家里去做的情况下，对手工业者进行无限制的剥削。我们可以举出这方面的例子，如科尔萨克在上引书第 258 页上的一般评述、“手工”织造业的记载（上面引证的）和莫斯科省妇女手工业的记载（《莫斯科省统计资料汇编》第 6 卷和第 7 卷）等等。

业的必然特征之一。上面已经举出“工厂”和“手工业者”工作日长短比较的几个例子。

在家庭劳动中，吸收妇女和极年幼的儿童参加生产几乎是常见的现象。现在，我们从莫斯科省妇女手工业的记载中引证一些资料作为例证。从事摇纱的妇女有 10 004 人；儿童从 5—6 岁(!)起就开始做工，日工资为 10 戈比，年工资为 17 卢布。妇女手工业中的工作日一般长达 18 小时。在针织业中，儿童从 6 岁起就开始做工，日工资为 10 戈比，年工资为 22 卢布。妇女手工业总计：女工 37 514 人；从 5—6 岁起就开始做工（在 19 种手工业中，有 6 种手工业是这种情况，而这 6 种手工业中共有 32 400 个女工）；平均日工资为 13 戈比，年工资为 26 卢布 20 戈比。①

资本主义的家庭劳动的最大害处之一，就是使工人需求水平降低。企业主有可能到一些偏僻地方给自己选择工人，那些地方的居民生活水平特别低，因居民同土地有联系而工钱非常便宜。例如，有一个农村制袜作坊主解释说，在莫斯科住房很贵，女工匠“还要吃白面包…… 而在我们这里，工人在自己的农舍里做工，吃的是黑面包…… 嘿，莫斯科怎能同我们相比呢?”②在摇纱业中，工资所以极其低廉，是因为对农民的妻子和女儿等等来说，这只不过是一种补助工资。“这样一来，这个行业中的现行制度，把专靠这个行业收入生活的人的工资降低到极限，而把专靠工厂劳动生活的人的工资降到最低限度的需求以下，或者阻碍后者提高

① 描述妇女手工业的哥尔布诺娃女士，错算成 18 戈比和 37 卢布 77 戈比，因为她只是根据每种手工业的平均数字，而没有注意各种手工业中女工人数的不同。

② 《莫斯科省统计资料汇编》第 7 卷第 2 编第 104 页。

生活水平。二者都造成了极不正常的条件。"[①]哈里佐勉诺夫先生说:"工厂要找廉价的织工,并在远离工业中心的织工的家乡找到了这种工人…… 工资从工业中心到周围地区是逐步降低的,这是不容怀疑的事实。"[②]可见,企业主十分善于利用那些人为地把居民阻留在农村的条件。

家庭工人的分散性是这种制度的另一个同样有害的方面。下面是包买主自己对这一害处的鲜明描述:"两者〈向特维尔铁匠收买钉子的大包买主和小包买主〉的活动都根据同样的原则——收买钉子时付一部分钱和一部分铁料,**为了更好商量**总是掌握一些铁匠在自己家中工作。"[③]这段话率直地说明了我国"手工"工业的"生命力"!

家庭工人的分散性以及中间人的众多,自然要使盘剥盛行起来,要造成各种形式的人身依附,这种人身依附在农村偏僻地方常常伴随有"宗法式的"关系。工人欠业主的债,在一般"手工业"中特别在家庭劳动的情况下是极其普遍的现象。[④] 工人通常不仅是雇佣奴隶,而且是债务奴隶。上文已举出几个例子,说明农村关系的"宗法性"使工人处于怎样的境况。[⑤]

---

① 《莫斯科省统计资料汇编》第 7 卷第 2 编第 285 页。

② 《弗拉基米尔省手工业》第 3 编第 63 页。同上,第 250 页。

③ 《俄国手工工业报告和研究》第 1 卷第 218 页。同上,第 280 页:厂主伊罗多夫说,对他更有利的是把工作分配给手工织工在家里做。

④ 参看莫斯科省制刷业(《莫斯科省统计资料汇编》第 6 卷第 1 编第 32 页)、制梳业(同上,第 261 页)、玩具业(第 6 卷第 2 编第 44 页)、首饰业等等行业中工人欠业主债的实例。在丝织业中,织工全都欠厂主的债,厂主代他们缴纳捐税,一般"像租地一样租用织工"等等(《弗拉基米尔省手工业》第 3 编第 51—55 页)。

⑤ 关于下诺夫哥罗德省铁匠的情况,我们读到这样一段话:"当然,这里业主也剥削工人的劳动,但是规模较小〈?〉,并且是宗法式地进行的,得到大家的同意〈!〉,并无任何误会。"(《俄国手工工业调查委员会的报告》第 4 编第 199 页)

前面评述了资本主义的家庭劳动，现在来考察这种劳动流行的条件，首先必须指出，这种制度同农民被束缚在份地上是联系着的。没有迁徙的自由，离开土地往往要损失一笔钱（就是说，为土地所支付的钱超过从土地所得的收入，出租份地者还要付款给租地者），农民村社处于等级制的隔绝状态，这一切都人为地扩大采用资本主义家庭劳动的范围，人为地把农民束缚在这种最坏的剥削形式上。可见，陈旧的制度和充满等级性的土地制度无论在农业或工业中都产生着最有害的影响，使技术上落后的生产形式保留下去，这种生产形式必定使盘剥和人身依附极为盛行，使劳动人民处于最艰难和最孤立无援的地位。①

其次，为资本家进行的家庭劳动同农民的分化有联系，也是毫无疑义的。家庭劳动的广泛流行以下面两个条件为前提：(1)大批**必须**出卖而且**必须**廉价出卖自己劳动力的农村无产阶级的存在；(2)在分配工作时能执行代理人任务的非常熟悉本地情况的**富裕**农民的存在。商人派来的伙计远不是总能执行这个任务（特别是在比较复杂的手工业中），而且也未必能在什么时候像当地农民即“自己的兄弟”那样“巧妙地”执行这个任务。② 大企业主如果不拥有大批可以赊购商品或代售商品，贪婪地抓住一切机会来扩大自己小生意的小企业主，那他们把工作分到家里去做的业务恐怕连

① 当然，在一切资本主义社会中，永远会有同意在最恶劣的条件下进行家庭劳动的农村无产阶级；但是，陈旧的制度扩大了采用家庭劳动的范围，使得人们难于同它作斗争。还在1861年，科尔萨克就指出我国家庭劳动的广泛流行同我国土地制度有联系。（上引书第305—307页）

② 我们已经看到，大工业业主、包买主、小工房主、工匠同时也是富裕的农民。例如，我们在莫斯科省饰绦织造业的记述（《莫斯科省统计资料汇编》第6卷第2编第147页）中看到：“工匠也和他的织工一样都是农民，只是他比织工多一间农舍、一匹马、一头奶牛，也许还有可能全家每天喝两次茶。”

一半都完成不了。

最后，指出资本主义的家庭劳动在资本主义所造成的过剩人口的理论上的意义，是非常重要的。关于俄国资本主义“解放”工人的问题，谁也没有像瓦·沃·先生和尼·—逊先生以及其他民粹主义者谈论得那样多，然而他们当中谁也不肯费心去分析一下改革后时代俄国已经形成和正在形成的工人“后备军”的那些具体形式。任何一个民粹派都没有注意到这件小事：家庭工人几乎是我国资本主义“后备军”中最大的一部分。① 企业主把工作分到家里去做，就可以不花费大量资本和很多时间去建造作坊等等，而把生产规模迅速地扩大到自己所期望的程度。生产规模这样迅速扩大常常是市场条件决定的，如由于某一大工业部门的兴旺（例如铁路建设）或由于战争等等情况而出现了急剧增加的需求。② 因此，

① 民粹派的这个错误，由于他们大多数人想遵循马克思的理论而更加严重。马克思极明确地强调了“现代家庭劳动”的资本主义性质，并且**特别指出这些家庭工人是资本主义所特有的相对过剩人口的形式之一**。（《资本论》第2版第1卷第503页及以下各页；第668页及以下各页（参看《马克思恩格斯文集》第5卷第550—551页及以下各页；第739—740页及以下各页。——编者注）；特别是第23章第4节）

② 举一个小例子。在莫斯科省，缝纫业流行很广（据地方自治局统计，在19世纪70年代末全省有本地缝衣匠1 123人，外来缝衣匠4 291人），而且大部分缝衣匠是为莫斯科服装商人工作的。缝纫业的中心是兹韦尼哥罗德县佩尔胡舍沃乡（见第5章附录—关于佩尔胡舍沃缝衣匠的资料，第36号手工业）。在1877年战争时期，佩尔胡舍沃缝衣匠的生意特别兴隆。他们按专门承包人的订货缝制军用帐篷，师傅们在使用3台缝纫机和雇用10个女日工的情况下，每天可赚得5—6卢布的“收益”。女日工每日工资为20戈比。“据说，在这段繁忙时期，从附近各村住到沙德林诺（佩尔胡舍沃乡的主要村庄）的女日工有300多人。”（上引《莫斯科省统计资料汇编》第6卷第2编第256页）“在这个时期，佩尔胡舍沃的缝衣匠，即那些作坊主，赚了很多钱，他们几乎都盖起了很好的房屋。”（同上）这几百个女日工也许5—10年才遇上一次繁忙的工作，她们只好在无产阶级后备军的队伍里经常准备着。

改革后时代资本主义家庭劳动的巨大发展，又是我们在第 2 章中已经说明的千百万农业无产阶级形成这个过程的另一方面。“从家庭经济（严格说来是自然经济，指的是自己的家庭和邻近集市的少数消费者）的活动中解放出来的人手，投到什么地方去了呢？塞满工人的工厂和**大规模家庭生产的迅速扩大**作了清楚的回答。”（《弗拉基米尔省手工业》第 3 编第 20 页。黑体是我们用的）现在在俄国，被工业企业主雇用的家庭工人究竟有多少，这从下一节引证的数字中可以看出来。

## 八　什么是“手工”工业？

在前两章里，我们主要研究了我国通常所说的“手工”工业；现在可以来回答标题中所提出的问题。

为了判断上面所分析的各种工业形式中究竟有哪些在书刊中是列入“手工业”之内的，我们先从一些统计资料谈起。

莫斯科省统计人员在他们关于农民“手工业”的调查报告的结尾，对**所有一切**非农业的行业作了一个总计。据他们计算，在地方手工业（制造商品的）中，计有 141 329 人（第 7 卷第 3 编），不过这里把手艺人（一部分鞋匠、玻璃匠以及其他许多手艺人）和锯木工等等也包括进去了。其中至少有 87 000 人（根据我们对各种手工业的统计）是被资本家雇用的家庭工人。① 在我们能够汇总资料的 54 种手工业中，29 446 个人里面有 17 566 个雇佣工人，即占

① 我们提醒一下，据哈里佐勉诺夫先生（上引文章）计算，在莫斯科省 42 种手工业的 102 245 个工人中，有 66%在家庭手工制大生产占绝对优势的各种手工业中做工。

59.65%。关于弗拉基米尔省，我们得出了这样的总计(根据5编《弗拉基米尔省手工业》)：在31种手工业中，共有工人18 286人；其中有15 447人在资本主义家庭劳动占优势的一些手工业中做工(包括5 504个雇佣工人，即所谓二等雇工)。其次有150个农村手艺人(其中有45个雇佣工人)和2 689个小商品生产者(其中有511个雇佣工人)。按资本主义方式雇用的工人总数等于(15 447+45+511=) 16 003人，即87.5%。[①] 在科斯特罗马省(根据《俄国手工工业调查委员会的报告》中季洛先生的表)总共有83 633个本地的手工业者，其中有19 701个木材工人(也是"手工业者"!)和29 564个为资本家做工的家庭工人；约有19 954人在小商品生产者占优势的手工业中做工；约有14 414个农村手艺人。[②] 维亚特卡省9个县总共有(也根据上述《俄国手工工业调查委员会的报告》)60 019个本地的手工业者，其中磨粉工和榨油工为9 672人，纯粹的手艺人(染布)为2 032人，部分是手艺人部分是以独立劳动为主的商品生产者为14 928人，在部分依附资本的手工业中做工的有14 424人，在完全依附资本的手工业中做工的有14 875人，在雇佣劳动占完全优势的手工业中做工的有4 088人[②]。

① 遗憾的是，我们没有机会读到关于雅罗斯拉夫尔省手工工业的最新著作。(《手工业》1904年雅罗斯拉夫尔雅罗斯拉夫尔省地方自治机关统计局出版社版)从《俄罗斯新闻》(1904年第248号)的详细评论来看，这是一部极有价值的调查报告。据统计，该省共有18 000个手工业者(在1903年有33 898个工厂工人)。手工业日益衰落。有雇佣工人的企业占1/5。雇佣工人占手工业者总数的1/4。在有5个和5个以上工人的作坊中做工的，占手工业者总数的15%。在全部手工业者当中，整整有一半是用业主的材料为业主做工的。农业日益衰落：1/6的手工业者没有马匹和奶牛；1/3的手工业者雇人耕种土地；1/5的手工业者不种地。每个手工业者每周工资为一个半卢布！(**第2版注释**)

② 所有这些数字都是概算的，因为资料没有提供确切的数字。农村手艺人中包括磨粉工、铁匠等等。

根据《俄国手工工业调查委员会的报告》中关于其余各省的资料，我们把在组织方面有比较详细资料的那些手工业编了一张表。总计有 97 种手工业，107 957 个工人，生产总额为 21 151 000 卢布。其中在雇佣劳动和资本主义家庭劳动占优势的手工业中做工的有 70 204 个工人（18 621 000 卢布），在雇佣工人和被资本家所雇用的家庭工人只占少数的手工业中做工的有 26 935 个工人（1 706 000 卢布），最后，在独立劳动几乎占完全优势的手工业中做工的有 10 818 个工人（824 000 卢布）。根据下诺夫哥罗德省戈尔巴托夫和谢苗诺夫两县 7 种手工业的地方自治局统计资料，总共有 16 303 个手工业者，其中为集市做工的有 4 614 人，"为业主"做工的有 8 520 人，雇佣工人有 3 169 人，就是说有 11 689 人是被按资本主义方式使用的工人。根据 1894—1895 年度彼尔姆省的手工业调查的资料，在 26 000 个手工业者当中，有雇佣工人 6 500 人（25%），为包买主做工的工人 5 200 人（20%），也就是说 45%是被按资本主义方式使用的工人。①

尽管这些资料很不完全（我们没有掌握别的资料），但是仍然清楚地表明，整个说来，**许多被按资本主义方式使用的工人**被列入了"手工业者"数目之内。例如，在家里为资本家做工的工人总共有（根据上面引证的资料）**20 万人以上**。这不过是 50—60 个县的资料，这些县份远不是都进行过比较充分的调查。在整个俄国，这

① 见《评论集》第 181—182 页。这里也把手艺人（25%）列入"手工业者"之中。把手艺人除外，就有 29.3%的雇佣工人和 29.5%为包买主做工的工人（第 122 页），也就是说有 58.8%是被按资本主义方式使用的工人。（本版全集第 2 卷第 313—314、246—247 页。——编者注）

种工人大约应当有200万人。[①] 再加上"手工业者"的雇佣工人(从上面引证的资料可以看出,这些雇佣工人的数字完全不像我们有些人有时所想象的那样少),我们应当承认,200万被按资本主义方式雇用的所谓"工厂"之外的工业工人这个数字,多半是一个最低的数字。[②]

对于"什么是手工工业?"这个问题,根据前两章叙述的资料应该回答如下:这是一个绝对不适用于科学研究的概念,因为它通常包括了从家庭手工业和手艺开始到很大的手工工场的雇佣劳动为止的所有一切工业形式。[③] 这种把各种类型的经济组织混淆起来的做法,在大量"手工业"记载中非常盛行[④],而民粹派经济学家却

---

① 例如在成衣业中,资本主义的家庭劳动特别发达,而这个行业正在迅速地发展。"对服装这种生活必需品的需求在逐年增加。"(1897年《财政与工商业通报》杂志第52期,下诺夫哥罗德市集概况)从80年代起,这种生产才大规模地发展起来。现在单莫斯科一个地方,服装生产总额就不下1 600万卢布,工人有2万人。据估计,在整个俄国,这种生产达到一亿卢布的生产额(《专家委员会对俄国工业成就的概论》1897年圣彼得堡版第136—137页)。在圣彼得堡,根据1890年的调查,成衣业(第11类第116—118项)中连手工业者的家庭计算在内共有39 912人,其中有19 000个工人,有13 000个带家属的个体生产者。(《1890年12月15日圣彼得堡调查》)根据1897年的调查,俄国从事服装业的共有1 158 865人,他们的家庭成员为1 621 511人,共计为2 780 376人。**(第2版注释)**(按:第2版注释指本注中最后一句话,其余部分是第1版注释中原有的。——编者注)

② 我们提醒一下,有人计算俄国"手工业者"的人数不少于400万人(这是哈里佐勉诺夫先生计算的数字。安德列耶夫先生计算有750万人,但他的计算方法过于夸张);因此,本文引证的总计数字大约包括"手工业者"总数的1/10。

③ 参看《评论集》第179页及以下各页(本版全集第2卷第311页及以下各页。——编者注)。

④ 想保存"手工业"这个术语作为工业形式的科学定义,在我国著作界引起了对"手工业"一词的纯经院式的论断和释义。一位学者把手工业者"理解"为只是商品生产者,另一位却把手艺人包括在内;一位学者认为同土地的联系是必要的标志,另一位则认为可以有例外;一位学者把雇佣劳动除外,另一位认

毫无批判、毫无意义地搬用这种做法，他们同科尔萨克这样的著作家比较起来是后退了一大步，他们还利用这种流行的概念混乱来创造极其可笑的理论。他们把"手工工业"看做是某种在经济上单一的、自身相同的东西，并且把它同"资本主义"**对立起来**（原文如此！），而对"资本主义"他们又直截了当地理解为"工厂"工业。例如就拿尼·一逊先生来说。在《概况》第79页上，你们会看到"手工业资本化〈？〉"这个标题①，接着就是"关于工厂的资料"，并没有任何保留意见或说明……　你们可以看见，这是多么简单："资本主义"＝"工厂工业"，而工厂工业＝官方出版物中这个标题所意味的东西。**根据**如此深刻的"分析"，就把大批列为"手工业者"的按资本主义方式雇用的工人从资本主义中除去了。**根据**这种"分析"，关于俄国各种工业形式的问题就完全避而不谈了。**根据**这种"分析"，形成了一种最荒谬和最有害的偏见：我国"手工业"和我国"工厂"工业是对立的，后者同前者是分离的，"工厂"工业是"人为的"等等。这正是一种偏见，因为任何人从来也不想接触一下在一切工业部门都表明"手工"工业同"工厂"工业之间有着最紧密的、

---

为可以把16个工人以下的包括在内，等等。不言而喻，这样的议论（而不去研究各种工业形式）不会有任何结果。应当指出，"手工业"这个专门术语之所以有生命力，最主要的是由于俄国社会存在着等级制度："手工业者"是最低等级中的工业者，可以保护他们，也可以任意地为他们作空洞计划；在这里人们是不区别工业形式的。人们很少在什么时候把商人和贵族（即使他们也是小工业者）列入"手工业者"之中。"手工业"一般是指各种**农民的**手工业，而且仅仅是指农民的手工业。

① 瓦·沃·先生和尼·一逊先生喜欢用的"资本化"这个术语，为了简便起见，在报纸文章中可以应用，但在经济研究中是完全不适当的，因为经济研究的整个目的在于分析资本主义的各种形式和各个阶段，分析它们的意义、联系和循序发展。而"资本化"这个术语随便怎样理解都可以：雇用一个"工人"，包买，或是一个使用蒸汽机的工厂。如果把这一切都混为一谈，那就请你们去把它弄清楚吧！

不可分割的联系的资料。

本章的任务就在于指出这种联系究竟是什么，在俄国介乎小工业和大机器工业之间的工业形式在技术、经济和文化上的特点究竟是什么。

parel", wie in den meisten übrigen Gewerken, die Umwälzung der Manufaktur, des Handwerks und der Hausarbeit in Fabrikbetrieb, nachdem alle jene Formen, unter dem Einfluss der grossen Industrie gänzlich verändert, zersetzt, entstellt, bereits längst alle Ungeheuerlichkeiten des Fabriksystems ohne seine positiven Entwicklungsmomente reproducirt und selbst übertrieben hatten[275]). || gegenwärtig || N. B.

Diese naturwüchsig vorgehende industrielle Revolution wird künstlich beschleunigt durch die Ausdehnung der Fabrikgesetze auf alle Industriezweige, worin Weiber, junge Personen und Kinder arbeiten. Die zwangsmässige Regulation des Arbeitstags nach Länge, Pausen, Anfangs- und Endpunkt, das System der Ablösung für Kinder, der Ausschluss aller Kinder unter einem gewissen Alter u. s. w. ernöthigen einerseits vermehrte Maschinerie[276]) und Ersatz von Muskeln durch Dampf als Triebkraft[277]). Andrerseits, um im Raum zu gewinnen, was in der Zeit verloren geht, findet Streckung der gemeinschaftlich vernutzten Produktionsmittel statt, der Oefen, Baulichkeiten u. s. w., also in einem Wort grössre Koncentration der Produktionsmittel und entsprechende grössre Konglomeration von Arbeitern. Der leidenschaftlich wiederholte Haupteinwand jeder mit dem Fabrikgesetz bedrohten Manufaktur ist in der That die Nothwendigkeit

[275]) „Tendency to factory system." (l. c. p. LXVII.) „The whole employment is at this time in a state of transition, and is undergoing the same change as that effected in the lace trade, weaving etc." (l. c. n. 405.) „A complete Revolution." (l. c. p. XLVI, n. 318.) Zur Zeit der „Child. Empl. Comm." von 1840 war die Strumpfwirkerei noch Handarbeit. Seit 1846 wurde verschiedenartige Maschinerie eingeführt, jetzt durch Dampf getrieben. Die Gesammtzahl der in der englischen Strumpfwirkerei beschäftigten Personen beiderlei Geschlechts und aller Altersstufen vom 3. Jahr an betrug 1862 ungefähr 120,000 Personen. Davon, nach Parliamentary Return vom 11. Februar, 1862 doch nur 4063 unter der Botmässigkeit des Fabrikakts.

[276]) So z. B. in der Töpferei berichtet die Firma Cochrane von der „Britain Pottery, Glasgow": „To keep up our quantity, we have gone extensively into machines wrought by unskilled labour, and every day convinces us that we can produce a greater quantity than by the old method." („Reports of Insp. of Fact. 31. Oct. 1865", p. 13.) „Die Wirkung des Fabrikakts ist zu weiterer Einführung von Maschinerie zu treiben." (l. c. p. 13, 14.)

[277]) So nach Einführung des Fabrikakts in die Töpferei grosse Zunahme der power jiggers statt der handmoved jiggers.



马克思《资本论》1872 年第 2 版
第 1 卷第 499 页,上面有列宁的批注

# 第 七 章

# 大机器工业的发展

## 一 工厂的科学概念和“工厂”统计的意义

谈到大机器工业(工厂工业)时，首先应当肯定，它的科学概念同这个术语通常的涵义完全不一样。我国官方统计和一般书刊都认为，任何有相当数量雇佣工人的相当大的工业企业就是工厂。而马克思的理论，只是把工业中资本主义的一定阶段即最高阶段叫做大机器工业(工厂工业)。这个阶段主要的和最重要的标志，就是在生产中使用机器体系。[①] 从手工工场向工厂过渡，标志着技术的根本变革，这一变革推翻了几百年积累起来的工匠手艺，随着这个技术变革而来的必然是：社会生产关系的最剧烈的破坏，各个生产参加者集团之间的彻底分裂，与传统的完全决裂，资本主义一切阴暗面的加剧和扩大，以及资本主义使劳动大量社会化。因而，大机器工业是资本主义的最高峰，是它的消极因素和“积极因素”[②]的最高峰。

由此可见，正是从手工工场向工厂的过渡，在资本主义发展问

① 《资本论》第 1 卷第 13 章(参看《马克思恩格斯文集》第 5 卷第 427—580 页。——编者注)。

② 同上，第 2 版第 1 卷第 499 页(参看《马克思恩格斯文集》第 5 卷第 546 页。——编者注)。

题上具有特别重要的意义。谁把这两个阶段混淆起来，谁就不能了解资本主义所起的改革和进步作用。我国民粹派经济学家正是犯了这种错误，像我们已经看到的，他们天真地把一般资本主义同“工厂”工业等同起来，他们想通过对工厂统计资料的简单探讨来解决“资本主义的使命”问题，甚至解决资本主义的“联合作用”①问题。姑且不说这些著作家在工厂统计问题上暴露出惊人的无知（我们在下面要详细谈到），他们更严重的错误就是非常死板和狭隘地理解马克思的理论。第一，他们令人发笑地把大机器工业的发展问题仅仅归结为工厂统计问题。这不仅是统计问题，而是一个国家工业中资本主义发展所经历的形式和阶段问题。只有弄清楚这些形式的实质及其特点之后，用经过妥善整理的统计资料来说明某一种形式的发展，这才有意义。如果只限于本国的统计资料，就必然会把资本主义的各种形式混淆起来，就会只见树木不见森林。第二，他们把资本主义的全部使命归结为“工厂”工人人数的增加，就是说，他们对理论具有与米海洛夫斯基先生同样深刻的理解，他觉得很奇怪，劳动社会化不过是几百或几千工人在一个场所内锯呀，砍呀，截呀，刨呀等等，为什么人们却要谈论资本主义使劳动社会化呢。②

下面准备做两件事：一方面，我们要详细考察一下我国工厂统计的状况问题和工厂统计资料是否适用的问题。这一工作虽然大部分是消极的，但是很有必要，因为在我国书刊中简直是在滥用这种统计数字。另一方面，我们要分析那些证明改革后时代大机器

① 尼·—逊先生的文章，1894年《俄国财富》杂志第6期第103页和第119页。也散见于他的《概况》和瓦·沃·先生的《俄国资本主义的命运》。

② 1883年《祖国纪事》杂志第7期，局外人先生给编辑部的信。

工业发展的资料。

## 二 我国的工厂统计

俄国工厂统计资料的主要来源，是厂主根据本世纪初颁布的法律的要求每年向工商业司呈送的报表。[①] 法律关于厂主呈送报表的十分详细的规定，不过是一种善良的愿望，直到现在，工厂统计还按照完全是改革前的老办法组织的，不过是省长报告的一个附件。“工厂”这个概念没有任何确切的定义，因此省的行政机关，甚至县的行政机关，对这个术语的应用都各不相同。没有一个中央机关来领导正规地统一地收集和审查报表的工作。工业企业分属于各个不同的主管部门（矿业司、工商业司、无定额税务司等），造成了更大的混乱。[②]

在附录二中，我们引用了官方出版物中刊载过的关于改革后时代我国工厂工业的资料，即1863—1879年和1885—1891年的资料。这些资料只包括不缴纳消费税的行业，而且在不同时期有不同数目行业的报表（最完备的是1864—1865年和1885年及以后几年的资料）；因此，我们选出了在1864—1879年和1885—1890年这22年中有报表可查的34种行业。为了判断这些资料的价值，我们首先考察一下我国工厂统计方面的最重要出版物。

---

① 我国工厂统计资料来源的详细评述，见《俄罗斯帝国统计年鉴》1872年圣彼得堡版第2辑第6编，博克先生整理的《1868年欧俄工厂工业统计材料》，导言，第I—XXIII页。

② 见《评论集》中《论我国工厂统计问题》一文，其中详尽地分析了工商业司新近出版的关于我国工厂工业的出版物。（本版全集第4卷。——编者注）

我们从60年代开始。

60年代工厂统计的编者非常清楚地知道，他们进行整理的那些资料是极不令人满意的。他们一致认为，厂主报告中的工人人数和生产总额是大大缩小了的；“甚至各省对于什么应当算做工厂也没有一致的定义，例如许多省把风力磨坊、烧砖场和小工业作坊都算进工厂数中，而有些省却没有把它们计算在内，因此，连各省工厂总数的比较材料也失去了意义”。[①] 布申、博克和季米里亚捷夫[②]的意见更尖锐，他们除此以外还指出：在家里做工的工人也列入了工厂工人之内；有些厂主只报告了住在工厂里的工人，等等。布申先生说：“只要收集原始材料的主要原则不改变，就没有也不会有工场手工业和工厂工业的官方确切统计。”[③]“在许多行业中，显然由于误解而把许多完全不带工厂性质的纯手艺作坊和纯手工业作坊列入工厂表内。”[④]因此，《财政部年鉴》编辑部甚至拒绝对发表的资料作出总计，“不愿把一些不确切的、显然夸大了的数字介绍给大家”[④]。为了使读者对这种明显夸大的程度有一个确切的了解，我们来看一看《财政部年鉴》的资料。《财政部年鉴》比其他一切资料好的一点，就是它有一张生产总额超过1 000卢布的工厂清单。现在(从1885年起)，生产总额较小的作坊并不列入工厂之内。根据《财政部年鉴》对这些小作坊的统计来看，列入工厂总数中的小作坊是2 366个，工人有7 327名，生产总额是987 000卢布。根据《财政部年鉴》，在71种行业中，工厂总数是6 891个，

① 彼·谢苗诺夫《俄罗斯帝国统计年鉴》1866年版第1辑序言第XXVII页。

② 《欧俄工厂工业主要部门统计图表(附厂名清册)》1869年、1870年和1873年圣彼得堡版，共3册。

③ 《财政部年鉴》第1编第140页。

④ 同上，第306页。

工人有342 473名，生产总额是276 211 000卢布。因此，小作坊占企业总数的34.3%，占工人总数的2.1%，占生产总额的0.3%。不言而喻，把这样小的作坊(每个作坊平均有工人3个多一点，生产总额不足500卢布)算做工厂实在荒谬，要比较完全地把它们登记下来是根本谈不到的。我国的统计不仅把这样的作坊列入工厂之内，甚至还把几百个手工业者完全人为地和任意地合在一起算做一个"工厂"。例如，这个《财政部年鉴》指出，下诺夫哥罗德省戈尔巴托夫县伊兹贝列茨乡的绳索业中，有一个"伊兹贝列茨乡农民"工厂，"有工人929名，纺车308部，生产总额100 400卢布"(第149页)；又如，在这个县的沃尔斯马村，有一个"舍列梅捷夫伯爵暂时义务农"工厂，"有铁铺100家，工作台(在家里)250个，马拉砂轮3台，手摇砂轮20台，工人902名，生产总额6 610卢布"(第281页)。可以设想，这样的统计使人对实际情况有什么样的认识！①

在60年代的工厂统计资料中，《军事统计汇编》(1871年圣彼得堡版第4编：俄罗斯)占有重要的地位。它引用了俄罗斯帝国全部工厂的资料，包括采矿工厂和缴纳消费税工厂的资料，算出

---

① 至于厂主在报告中减少工人人数和生产总额的问题，上述资料在这方面提供了两个值得注意的核对经验。季米里亚捷夫把100多个大厂主给官方统计的报告同他们给1865年展览会的报告作了比较，结果后者的数字比前者多出22%(上引书第1册第IV—V页)。1868年，中央统计委员会以莫斯科和弗拉基米尔两省为试点，对工厂工业作了专门的调查(这两省在1868年几乎集中了欧俄全部工厂工人和工厂生产总额的一半)。如果把财政部和中央统计委员会都有资料的行业单列出来，我们就得出如下的数字：根据财政部的资料，计有1 749个工厂，186 521名工人，生产总额是131 568 000卢布，而根据中央统计委员会的调查，计有1 704个工厂，196 315名厂内工人和33 485名厂外工人，生产总额是137 758 000卢布。

1866年欧俄不多不少正好有70 631个工厂，829 573名工人，生产总额是583 317 000卢布！！得出这些可笑的数字，第一是因为这些数字不是引自财政部的报表，而是引自中央统计委员会的专门资料（而且这些资料并没有在委员会的任何一种出版物上发表过，究竟是什么人、什么时候、怎样收集和整理的也不知道）①；第二是因为《军事统计汇编》的编者毫不犹豫地把最小的作坊也列入工厂（《军事统计汇编》第319页），并且对主要的资料补充以其他的资料，如工商业司的资料，军需处的资料，炮兵和海军部门的资料，最后还有"各种不同来源的"资料（同上，第XXIII页）②。因此，尼·—逊先生③、卡雷舍夫先生④和卡布鲁柯夫先生⑤拿《军事统计汇编》的资料同现代资料作比较，就是对我国工厂统计主要资料完全无知，对这种统计采取了完全不加批判的态度。

米·伊·杜·-巴拉诺夫斯基在帝国自由经济学会宣读的报告中指出《军事统计汇编》的数字是完全错误的，帝国自由经济学会在讨论他的报告时有些人说，即使工人数目有误差，也是很小

① 很有可能，这些资料不过是从省长的报告中引来的，我们在下面可以看到，省长的报告总是大大地夸大工厂数目的。

② 《军事统计汇编》怎样广泛地应用工厂这个概念，可以从这样一点特别明显地看出，就是它把《财政部年鉴》统计称为"我国**大**企业的统计"（第319页，黑体是原作者用的）。正如我们看到的，1/3的这些"大"企业的生产总额还不到1 000卢布！！我们不来更详细地论证不能拿《军事统计汇编》的数字同现代工厂统计资料作比较这一点了，因为杜冈-巴拉诺夫斯基先生已经完成了这项任务（见他的《俄国工厂今昔》一书第336页及以下各页）。参看《评论集》第271页和第275页（本版全集第4卷第16—18、20—21页。——编者注）。

③ 《概况》第125页和1894年《俄国财富》杂志第6期。

④ 1889年《法学通报》杂志第9期和《俄国国民经济资料》1898年莫斯科版。

⑤ 《1895—1896年度在莫斯科大学授课用的农业经济学讲义》1897年莫斯科版第13页。

的，不过差 10%—15%。例如瓦·沃·先生就是这样说的（见讨论的速记记录，1898 年圣彼得堡版第 1 页）。瓦·波克罗夫斯基先生“同意”他的看法，但是也只讲了一通空话。（第 3 页）这些人及其支持者们，甚至不想批判地考察一下我国工厂统计的各种资料，只用一些毫无意义的话来敷衍了事，说什么工厂统计不能令人满意，工厂统计的资料最近好像确切了一些（??）等等。正如彼·伯·司徒卢威十分正确地指出的，这样，尼·—逊先生和卡雷舍夫先生犯了严重错误这个根本问题就简单地**掩饰过去了**。（第 11 页）因此，我们认为把《军事统计汇编》资料中夸大的数字计算一下并不是多余的，这些夸大的数字每个仔细研究资料的人都会很容易而且一定能够发现。关于 71 种行业，有两种 1866 年的资料，一种是财政部的（《财政部年鉴》第 1 编），另一种出处不明（《军事统计汇编》）。《军事统计汇编》把这些行业（冶金业除外）中的欧俄工厂工人人数夸大了**50 000 人**。其次，关于《财政部年鉴》因数字“明显夸大”拒绝对它们作详细分析（《财政部年鉴》第 306 页）而只提供了帝国总数字的那些行业，《军事统计汇编》**还多**算了 **95 000 名**工人。在烧砖业方面，夸大的工人人数**至少有 10 000 人**；只要同《军事统计汇编》的各省资料以及《财政部所属各机关的通报及材料汇编》1866 年第 4 号和 1867 年第 6 号的资料比较一下，就可以证实这一点。在冶金业方面，《军事统计汇编》比《财政部年鉴》夸大的**工人人数是 86 000 人**，显然包括了一部分矿业工人。在缴纳消费税的行业方面，《军事统计汇编》夸大了 **40 000 人左右**，这一点我们在下一节里要谈到。总共夸大了 **280 000 人**。这是**最低的**和不完全的数字，因为我们没有材料来核对《军事统计汇编》有关**一切**行业的资料。因此我们可以判断，那些说尼·—逊先生和卡雷舍夫先生错误不大的人对这个问题到底知道多少！

19世纪70年代，对工厂统计资料的汇总和整理工作做得比19世纪60年代少得多。《财政部年鉴》只刊载了1867—1879年间40种行业（不缴纳消费税的）的资料（第8、10、12编，见附录二），没有包括其他行业的理由是那些“与农业生活有关或者是附属于手艺业和手工业”的行业的“材料极不令人满意”（第8编第482页；同书第10编第590页）。19世纪70年代最珍贵的资料是彼·奥尔洛夫先生的《工厂一览表》（1881年圣彼得堡第1版，1879年的资料取自厂主向工商业司呈送的报表）。这个出版物提供了生产总额在2 000卢布以上的全部企业清单。其他小的以及同手工业分不开的企业没有列入清单之内，**但包括在**《工厂一览表》引用的**总计资料中**。因为没有单独计算生产总额在2 000和2 000卢布以上的企业总数，《工厂一览表》的总的资料就和过去的出版物完全一样，把小企业和大企业混在一起，而且把各行业和各省中不同数目的小企业列入（当然纯粹是偶然地）统计之内。[①] 对于同农业有关联的行业，《工厂一览表》重复了（第396页）《财政部年鉴》的说明：由于资料不确切和不完全，不能对这些行业作出“**甚至大约的**总计”（黑体是原作者用的）。[②] 虽然作了这样的判断（下面我们可以看到，这是完全正确的），但还是把所有这些特别不可靠的资料列入了《工厂一览表》的总结之内，和比较可靠的资料混在一起。我们现在列出《工厂一览表》关于欧俄部分的总的资

① 下一节将举出一些例子。这里只引证《工厂一览表》第679页及以下各页；每个人只要看一看这些地方，就会相信正文中所说的是正确的。

② 在《工厂一览表》第3版（1894年圣彼得堡版）中，没有重复这个说明，其实应当重复，因为资料仍然不能令人满意。

料，同时应该指出，这些资料和以前的资料不同，它也包括缴纳消费税的行业(《工厂一览表》1887 年第 2 版提供的是 1884 年的资料；1894 年第 3 版提供的是 1890 年的资料)：

| 年　代 | 工厂数目 | 生产总额(单位千卢布) | 工人人数 |
|---|---|---|---|
| 1879① | 27 986 | 1 148 134 | 763 152 |
| 1884 | 27 235 | 1 329 602 | 826 794 |
| 1890 | 21 124 | 1 500 871 | 875 764 |

我们在下面将要指出，工厂数目实际上决不像这些资料所表明的那样不断减少；全部问题在于不同时期把不同数目的小企业算做了工厂。例如，生产总额超过 1 000 卢布的企业，1884 年是 19 277 个，而 1890 年是 21 124 个；生产总额在 2 000 卢布和 2 000 卢布以上的企业，1884 年是 11 509 个，而 1890 年是 17 642 个。②

从 1889 年起，工商业司开始出版一种专门性刊物《俄国工厂工业材料汇编》(1885 年和以后各年)。这些资料是以同样的材料(厂主的报表)为基础的，对材料的整理很不能令人满意，还赶不上上述 60 年代的出版物。唯一改进的地方就是没有把小企业即生产总额不到 1 000 卢布的企业列入工厂数目之内，而关于这些小企业的资料是单独列出的，不按行业来分。③ 当然，这样的"工厂"标志是十分不够的，因为靠现在收集资料的方法，要把生产总额超过 1 000 卢布的企业**完全**登记下来是根本谈不到的；把同农业有

① 某些缺少的资料是大致地补充上去的，见《工厂一览表》第 695 页。

② 见《工厂一览表》第 2 版和第 3 版中工厂按生产总额的分类。

③ 不言而喻，关于这些小企业的资料完全是带偶然性的：某些省份、某些年代把它们算为几百个、几千个，在另一些省份、另一些年代又算为几十个、几个。例如，比萨拉比亚省从 1887 年到 1890 年分别是 1 479、272、262、1 684 个，奔萨省从 1885 年到 1891 年分别是 4、15、0、1 127、1 135、2 148、2 264 个等等。

关的行业中的"工厂"划分出来，是完全带偶然性的，例如，在某些省份、某些年代把水力磨坊、风力磨坊算做工厂，而在另一些省份、另一些年代又不算工厂[①]。《1885—1887年俄国工厂工业的主要总计》一文(载于这几年的《汇编》中)的作者，忽视了各省资料是不同类的，不能相比的，因而不止一次地犯了错误。最后，再谈一点《汇编》的情况，1891年以前，它只包括不缴纳消费税的行业，从1892年起，就包括了矿业和缴纳消费税的行业在内的所有行业；同时没有把可以同以前的资料作比较的资料单独列出，也完全没有说明把矿厂包括到工厂总数中去的方法(例如，矿厂统计从来没有提供矿厂的产值，而只提供产量。不知道《汇编》的编者究竟是怎样算出生产总额的)。

还有一种有关19世纪80年代的我国工厂工业的资料，它的质量很差，而且卡雷舍夫先生正是利用了这个资料[②]，因此很值得大家注意。这就是《1884—1885年度俄国资料汇集》(1887年圣彼得堡中央统计委员会版)，里面有一张表列出了"欧俄工厂工业的生产总额"(第39表)；工厂和工人的数目只是全俄国的总数，没有按省分开。资料来源就是"省长先生们的报告中的资料"(第311页)。这些资料包括缴纳消费税的行业和矿业在内的所有行业，而且按每个行业算出整个欧俄每个工厂的工人"平均"人数和

---

① 参看《评论集》第274页的一些例子。(本版全集第4卷第19—20页。——编者注)杜·-巴拉诺夫斯基先生犯了一个不大的错误，他断言从1885年到1891年，真正的工厂数目减少了(《俄国工厂今昔》第350页)，并且把不同时期不同行业的一个工厂的工人平均数加以比较(同上，第355页)。《汇编》的资料非常混乱，不专门整理，是不能利用它来作出这种结论的。

② **尼·亚·卡雷舍夫**《俄国主要加工工业部门发展状况的统计概述》。1889年9月《法学通报》杂志第9期。除了我们在《评论集》中分析过的卡雷舍夫先生的最新著作外，这篇论文是一个例子，说明不应当使用我国的工厂统计资料。

生产总额。卡雷舍夫先生着手“分析”的就是这些“平均”数。为了判断这些“平均”数的意义，我们把《汇集》和《汇编》的资料作一对比（要进行这种对比，就应当从前一种资料中除去冶金业、缴纳消费税的行业、渔业以及“其他的”行业；还剩下53种行业；这些资料是欧俄部分的）：

| 资　料 | 工厂数目 | 工人人数 | 生产总额（单位千卢布） |
| --- | --- | --- | --- |
| 《俄国资料汇集》 | 54 179 | 559 476 | 569 705 |
| 《工商业司汇编》 | 14 761 | 499 632 | 672 079 |
| | +39 418 | +59 844 | −102 374 |
| | +267% | +11.9% | −15.2% |

这样，省长们的报告把几万个农业和手工业小企业都列为“工厂”了！当然，在有些行业、有些省和县，把这样的企业列为工厂完全是带偶然性的。下面就是《汇集》和《汇编》中一些行业的工厂数目的例子：熟制毛皮业—— 1 205 个和 259 个；制革业—— 4 079 个和 2 026 个；椴皮席业—— 562 个和 55 个；淀粉糖浆业—— 1 228 个和 184 个；面粉业—— 17 765 个和 3 940 个；榨油业—— 9 341 个和 574 个；焦油炼制业—— 3 366 个和 328 个；烧砖业—— 5 067 个和 1 488 个；陶器瓷砖业—— 2 573 个和 147 个。可以设想，根据用这种计算“工厂”的办法得出的“平均数”来判断我国工厂工业的“企业规模”①，将会得到什么样的“统计”！而卡雷舍夫先生就是这样来判断的，他只把上述一个工厂（全俄国的）的工人“**平均数**”**超过 100 人**的那些行业列为大工业。用这种少有

① 卡雷舍夫先生的论文第 4 节。应当指出，除《汇编》外，可以拿奥尔洛夫先生的《工厂一览表》同《汇集》比较，这个《工厂一览表》的第 2 版（1884 年）是卡雷舍夫先生也引证过的。

的方法得出的结论是："上述规模意义上的大工业"只提供全部生产总额的¼!!（上引文章第47页）①。下面我们要说明，工人在100和100以上的工厂，事实上集中了我国工厂工业全部生产总额的一半以上。

顺便指出，各地省统计委员会的资料（供省长报告用）的特点，始终是"工厂"概念的极不明确和登记小企业的偶然性。例如，1893—1894年度在斯摩棱斯克省，有些县把几十个小油坊列为工厂，而另一些县却一个也没有；该省共计有焦油炼制"工厂"152个（根据1890年的《工厂一览表》，一个也没有），有些县的登记也带有偶然性，等等。② 90年代在雅罗斯拉夫尔省，地方统计机关计算有3 376个工厂（根据1890年的《工厂一览表》是472个），其中包括（在某些县）几百个磨坊、铁铺、小型马铃薯淀粉厂等。③

最近我国工厂统计进行了一次改革，修改了收集资料的规程，改变了"工厂"的概念（提出了新的标志：有机器发动机或15名以上工人），吸收工厂视察机构参与收集和审核资料。读者要知道详细情况，请参看我们《评论集》的上述文章④，这篇文章详细地分析

① "于是，比较小型的企业就提供了后者〈全年生产总额〉的¾。产生这种现象的根源也许是俄国国民经济中许多非常重要的因素。顺便指出，这里应当包括**大批居民的土地制度**，包括全力阻碍我国工厂工人这个专业阶级发展的村社的生命力〈原文如此！〉。与此相结合的〈！〉，还有俄国这一〈中部〉地带**产品家庭加工形式的普及**，而这一地带也是我国工厂最主要的所在地。"（同上，黑体是卡雷舍夫先生用的）可怜的"村社"！它要对一切负责，甚至要对它的博学的信徒所犯的统计错误负责！

② 资料引自德·日班科夫先生的著作《斯摩棱斯克省的工厂卫生调查》（1894年斯摩棱斯克版第1编）。

③ 《雅罗斯拉夫尔省概述》1896年雅罗斯拉夫尔版第2编。也可参看《1895年图拉省省志》（1895年图拉版）第6篇第14—15页；《1893年工厂一览表》。

④ 见本版全集第4卷收载的《论我国工厂统计问题》一文。——编者注

了按新的规程编纂的《工厂索引》(1897年圣彼得堡版)[①]，并且指出，尽管进行了改革，但是我国的工厂统计**几乎看不出**有什么改进，“工厂”的概念仍然极不明确，资料依旧常常是完全带偶然性的，因此在使用这些资料时需要极其慎重[②]。只有正确的、按欧洲方式组织起来的工业调查，才能使我国工业统计摆脱混乱状态。[③]

从上面对我国工厂统计的概述中可以得出这样的结论：我国工厂统计资料如果不加专门整理，在极大多数场合是不能用的；整理的主要目的，应当是把比较适用的和绝对不适用的资料区别开来。在下一节里，我们将在这方面考察一些最重要的行业的资料，现在我们要提出一个问题：俄国工厂的数目是在增加还是在减少？这个问题的主要困难，就在于“工厂”的概念在我国工厂统计中用

① 按照卡雷舍夫先生的计算，《工厂索引》有关欧俄部分的资料的总计如下：工厂14 578个，工人885 555名，生产总额1 345 346 000卢布。

② 在工商业部出版的工厂视察员报告汇编(1901—1903年)中，有工厂数目和工厂工人人数的资料(俄国64省)，工厂是按工人人数分类的(不满20人，21—50人，51—100人，101—500人，501—1 000人，超过1 000人)。这是我国工厂统计的一大进步。大作坊(工人在21人或21人以上)的资料大概比较可靠一点。工人不满20名的“工厂”的资料显然带有偶然性，毫无用处。例如，1903年在下诺夫哥罗德省，工人不满20名的工厂有266个，工人共1 975名，即每个工厂平均不到8个工人。在彼尔姆省，这样的工厂只有10个，工人共159名！这显然是可笑的。1903年64个省的总计是：工厂15 821个，工人1 640 406名，如果除去工人不满20名的工厂，结果是工厂10 072个，工人1 576 754名。(**第2版注释**)

③ 参看1896年《财政与工商业通报》杂志第35期。关于下诺夫哥罗德代表大会的报告和讨论的报道。米海洛夫斯基先生非常突出地说明了工厂统计的混乱状态，描述了调查表怎样传到“直至下级警官手里，下级警官最后当然把调查表凭收条发给自己认为值得注意的工业企业，而且常常是他去年送过调查表的工业企业”；——描述了这个调查表的填写情形：或者是“像去年”那样填写(只要看一看工商业司关于某些省的某些行业的《汇编》，就会深信这是实话)，或者就乱填一通等等。

得很乱。因此，有时根据工厂统计资料对这个问题所作的否定回答（例如卡雷舍夫先生所作的）是不可能有任何意义的。首先必须对"工厂"这个概念定出一种确切的标志，没有这个条件，而只根据关于一些企业（在不同时期，不同数目的小磨坊、小油坊、小烧砖场等等都被列入这些企业的数目之中）的资料，就来说明大机器工业的发展，这是荒谬的。如果把企业有工人16人以上作为这种标志，那我们就会看到，这种工业企业1866年在欧俄最多有2 500—3 000个，1879年约有4 500个，1890年约有6 000个，1894—1895年度约有6 400个，1903年约有9 000个①。因此，**俄国工厂数目在改革后时代是在增加，而且增加得相当迅速**。

## 三 对大工业发展的历史统计资料的分析

上面已经指出，要根据工厂统计资料来判断大工业的发展，必须把工厂统计中比较适用的材料跟绝对不适用的材料区分开来。

① 这是除矿业以外的所有行业（即包括缴纳消费税的行业在内）的资料。1879年、1890年和1894—1895年度的资料，我们是根据《工厂一览表》和《工厂索引》计算出来的。《工厂索引》的资料中删去了印刷所，因为它从前不在工厂统计之列。（见《评论集》第273页（本版全集第4卷第18—19页。——编者注））根据《财政部年鉴》71种行业的资料，1866年共有企业6 891个，其中工人在16名和16名以上的有1 861个；1890年，这71种行业占工人在16名和16名以上的企业总数的4/5左右。我们认为，我们采用的"工厂"概念标志是最确切的，因为把工人在16名和16名以上的企业列为工厂，对于我国工厂统计的各种不同规程和一切行业来说，都是毫无疑问的。无疑，工厂统计过去从来不可能、而且现在也不可能把**所有**工人在16名和16名以上的企业都登记下来（见第6章第2节的例子），可是我们没有任何理由认为过去的遗漏比现在更多。1903年的资料，我们是根据《工厂视察员报告汇编》计算出来的。欧俄50个省工人超过20名的工厂有8 856个。

我们就本着这个目的来考察我国加工工业的几个最主要的行业。

## (1) 纺 织 业

制呢业在羊毛加工业中占主要地位,1890 年的生产总额超过 3 500 万卢布,工人超过 45 000 名。这个行业的历史统计资料表明,工人人数在大大减少,即从 1866 年的 72 638 人减少到 1890 年的 46 740 人。[①] 为了估计这种现象,必须注意到 19 世纪 60 年代以前(包括 60 年代)的制呢业具有一种独特的组织:生产集中在较大的企业中,但这些企业根本不是资本主义的工厂工业,而是以农奴或暂时义务农的劳动为基础的。因此,在 60 年代"工厂"工业的概述中,制呢厂分为(1)地主或贵族的和(2)商人的。前者主要生产军用呢,而且政府订货是按机器数目在各厂之间平均分配的。由于实行强制性劳动,这些企业的技术很落后,所用工人人数要比以自由雇佣劳动为基础的商人工厂多得多。[②] 制呢业中工人人数的减少,主要出现在地主工厂省份;例如,在 13 个地主工厂省份(《俄国工场手工业各部门概述》中指出的),工人人数从 32 921 人减少到 14 539 人(1866—1890 年),而在 5 个商人工厂省份(莫斯科省、格罗德诺省、里夫兰省、切尔尼戈夫省和圣彼得堡省),工人

① 如果没有特别说明,我们用的 1866 年的资料都是《财政部年鉴》的,1879 和 1890 年的资料都是《工厂一览表》的。《俄国工业历史统计概述》(第 2 卷)提供了制呢业从 1855 到 1879 年的逐年资料;下面是 1855—1859 年到 1875—1879 年两个五年的工人平均数:107 433;96 131;92 117;87 960 和 81 458。

② 见《俄国工场手工业各部门概述》1862 年圣彼得堡版第 1 卷,着重参看第 165 页和第 167 页。也可参看《军事统计汇编》第 357 页及以下各页。现在,在制呢业厂主名单中,很少看到在 19 世纪 60 年代占绝大多数的那些著名贵族的名字了。

人数只从 31 291 人减少到 28 257 人。由此可以明显地看出，这里存在着两种相反的趋向，可是这两种趋向都反映出资本主义的发展，即一方面是世袭占有性质的地主企业的衰落，另一方面是商人作坊向纯粹的资本主义工厂的发展。60 年代很多制呢业工人根本不是确切涵义下的**工厂**工人，他们是为地主做工的依附农民。①制呢业是俄国历史上把农奴劳动应用到工业中去的独特现象的一个例子。因为我们在这里只谈改革后时代，所以上面简单地指出这种现象在工厂统计中有反映也就够了。② 为了判断这个部门大机器工业的发展，我们还要举出下列蒸汽发动机的统计资料：1875—1878 年，欧俄毛纺业和制呢业中有使用机器的企业 167 个，蒸汽机 209 台，共 4 632 马力；1890 年，使用机器的企业 197 个，蒸汽机 341 台，共 6 602 马力。可见，蒸汽的应用发展并不很快，其原因一部分是由于地主工厂保持传统习惯，一部分是由于较廉价的精梳毛织品和混纺织品排挤了呢织品。③ 在毛织业中，1875—1878 年有使用机器的企业 7 个，蒸汽机 20 台，共 303 马力，到

---

① 下面是引自地方自治局统计中的两个例子。关于萨拉托夫省沃利斯克县 Н.П.格拉德科夫制呢工厂（1866 年有工人 306 名），我们在该县地方自治局统计汇编（第 275 页）中看到，农民是被迫在地主的工厂中工作的。"他们在工厂中工作到结婚，然后去服徭役。"1866 年，在梁赞省拉年堡县里亚瑟村，有一个有 180 名工人的制呢工厂。农民服徭役就是在工厂做工，这个工厂在 1870 年关闭。（《梁赞省统计资料汇编》1882 年莫斯科版第 2 卷第 1 编第 330 页）

② 见**尼谢洛维奇**《俄罗斯帝国工厂立法史》1883—1884 年圣彼得堡版第 1 部和第 2 部。**阿·谢苗诺夫**《对 17 世纪中叶到 1858 年俄国对外贸易和工业的历史资料的研究》1858—1859 年圣彼得堡版，共 3 卷。**瓦·伊·谢美夫斯基**《叶卡捷琳娜二世统治时代的农民》1881 年圣彼得堡版。《莫斯科省统计资料汇编。卫生统计部分》1890 年莫斯科版第 4 卷第 1 册（总集），**亚·瓦·波果热夫**的论文《18 世纪末 19 世纪初莫斯科省世袭占有性质的工厂及其日常活动》。**米·杜·-巴拉诺夫斯基**《俄国工厂今昔》1898 年圣彼得堡版第 1 卷。

③ 参看《专家委员会对俄国工业成就的概论》1897 年圣彼得堡版第 60 页。

1890 年，有使用机器的企业 28 个，蒸汽机 61 台，共 1 375 马力。①

我们还要谈一谈羊毛加工业中的制毡业，制毡业特别突出地表明不同时期的工厂统计资料是不能相比的。例如，1866 年有工厂 77 个，工人 295 名，1890 年有工厂 57 个，工人 1 217 名。在前一个数字中，生产总额不满 2 000 卢布的小企业有 60 个，工人 137 名，在后一个数字中，这种企业只有 1 个，工人 4 名；1866 年，下诺夫哥罗德省谢苗诺夫县有小企业 39 个，现在这个地方的制毡业也大大发展了，但它被列入“手工业”生产，而没有被列入“工厂”生产。（见第 6 章第 2 节(2)）

其次，棉花加工业在纺织业中占有特别显著的地位，它现在拥有 20 万以上工人。这里我们可以看到我国工厂统计最严重的错误之一，就是把按资本主义方式被雇用的家庭工人同工厂工人混在一起。在这里（以及在其他许多场合），大机器工业的发展就是把家庭工人吸收到工厂里来。显然，如果把分活站和小工房列为“工厂”，如果把家庭工人跟工厂工人混在一起，那么这个过程就会被歪曲得不成样子！1866 年（根据《财政部年鉴》），我们计算出被列为工厂工人的家庭工人达 22 000 名（而且这个数字远非全部数字，因为在《财政部年鉴》中的莫斯科省部分，显然由于纯粹偶然的原因而略去了关于“在各村干活”的注释，这种注释在弗拉基米尔省部分是很多的）。1890 年（根据《工厂一览表》），我们计算出这样的工人只有 9 000 名左右。显然，工厂统计数字（1866 年棉织厂的工人有 59 000 名，1890 年有 75 000 名）把实际上增加的**工厂工**

① 这里以及下面提到的蒸汽发动机的资料都引自《俄罗斯帝国蒸汽发动机统计材料》1882 年圣彼得堡中央统计委员会版；1890 年的资料引自《俄国工厂工业材料汇编》；使用机器的企业的数目资料引自《工厂一览表》。

人人数减少了。[①] 下面就是关于哪些不同的企业在不同时期被列为棉织“厂”的资料[②]：

| 年代 | 棉织“厂”总数 | 其中包括 | | |
|---|---|---|---|---|
| | | 工 厂 | 分活站 | 小工房 |
| 1866 | 436 | 256 | 38 | 142 |
| 1879 | 411 | 209 | 66 | 136 |
| 1890 | 311 | 283 | 21 | 7 |

因此，“统计”所指出的“工厂”数目的减少，事实上就是工厂排挤分活站和小工房。我们拿两个工厂的例子来说明这一点：

| 年代 | 舒亚城的И.М.捷连季耶夫工厂 | | | | | | 伊万诺沃-沃兹涅先斯克城的И.Н.加列林工厂 | | | | | |
|---|---|---|---|---|---|---|---|---|---|---|---|---|
| | | 机器织布机 | 工人 | | | 生产总额（单位千卢布） | | 机器织布机 | 工人 | | | 生产总额（单位千卢布） |
| | | | 厂内工人 | 厂外工人 | 共计 | | | | 厂内工人 | 厂外工人 | 共计 | |
| 1866年 | 手工的 | — | 205 | 670 | 875 | 130 | 分活站 | — | ? | 1 917 | 1 917 | 158 |
| 1879年 | 蒸汽的 | 648 | 920 | — | 920 | 1 346 | 蒸汽的 | 893 | 1 274 | — | 1 274 | 2 137 |
| 1890年 | 同上 | 1 502 | 1 043 | — | 1 043 | 1 244 | 同上 | 1 141 | 1 483 | — | 1 483 | 2 058 |
| 1894—1895年度 | 同上 | ? | 1 160 | — | 1 160 | 1 878 | 同上 | ? | 2 134 | — | 2 134 | 2 933 |

① 参看上引杜·-巴拉诺夫斯基的书第420页。谢苗诺夫算出资本家在各村雇用的手工织工的总数，在1859年大约为385 857人（上引书第3部第273页），另外还有在农村中从事“其他工厂生产”的工人20万（同上，第302页）。我们在上面已经看到，现在按资本主义方式被雇用的家庭工人人数要多得多。

② 生产总额不满2 000卢布的企业都列为小工房。1868年中央统计委员会对莫斯科省和弗拉基米尔省各工厂进行的专门调查资料不止一次地表明，小织布企业的生产总额不过是工资而已。把活计分到家里去做的企业都列为分活站。1866年这些企业的数目远非全部的数目，因为莫斯科省有明显的遗漏。

因此，用机器织布机数目的资料来判断这个部门大机器工业的发展，是最合适的。在 19 世纪 60 年代，机器织布机约有 11 000 台[①]，1890 年约有 87 000 台。可见，大机器工业的发展是极其迅速的。在棉纺织业中，1875—1878 年有使用机器的企业 148 个，蒸汽机 481 台，共 20 504 马力，到 1890 年，有使用机器的企业 168 个，蒸汽机 554 台，共 38 750 马力。

在亚麻布生产方面，我国统计也犯了完全同样的错误，错误地指出工厂工人人数减少了（1866 年是 17 171 人；1890 年是 15 497 人）。事实上，在 1866 年亚麻布厂厂主的 16 900 台织布机中，只有 4 749 台在工厂里，其余 12 151 台在小工房主那里。[②] 因此，1866 年列为工厂工人的家庭工人约有 12 000 人，而 1890 年只有 3 000 人左右（根据《工厂一览表》计算）。机器织布机的数目从 1866 年的 2 263 台（根据《军事统计汇编》计算）增加到 1890 年的 4 041 台，纱锭则从 95 495 个增加到 218 012 个。在亚麻纺织业中，1875—1878 年有使用机器的企业 28 个，蒸汽机 47 台，共 1 604 马力，到 1890 年，有使用机器的企业 48 个，蒸汽机 83 台，共 5 027 马力。[③]

最后，在纺织业中还应当谈一谈染色业、印花业和后处理业，在这些行业中，工厂统计把只有 1—2 个工人和生产总额只有几百卢布的最小的手艺作坊跟工厂混在一起了。[④] 显然，由此就会产

---

① 《军事统计汇编》第 380 页。《俄国工场手工业各部门概述》1863 年圣彼得堡版第 2 卷第 451 页。1898 年，在棉织业（大概是整个帝国的）中共计有机器织布机 100 630 台。《专家委员会对俄国工业成就的概论》第 33 页。

② 《军事统计汇编》第 367—368 页；军需处资料。

③ 在丝织业中，1879 年有机器织布机 495 台、手工织布机 5 996 台（《俄国工业历史统计概述》），到 1890 年有机器织布机 2 899 台、手工织布机 7 500 多台。

④ 例如在 1879 年，这些行业有工厂 729 个；其中 466 个工厂共有工人 977 名，生

生不少的混乱，使人看不清大机器工业的迅速增长。下面就是关于大机器工业迅速增长的资料：洗毛业、染色业、漂白业和上浆业在1875—1878年有使用机器的企业80个，蒸汽机255台，共2 634马力，到1890年有使用机器的企业189个，蒸汽机858台，共9 100马力。

### （2）木材加工业

在这一部门中，最可靠的是锯木业的资料，虽然以前也把小企业计算在内。[①] 在改革后时代，这种行业有很大发展（1866年是400万卢布，1890年是1 900万卢布），工人人数增加很多（从4 000增到15 000），使用蒸汽机的工厂也大量增加（从26个增到430个）。这种现象特别值得注意，因为它突出地证明了木材业的发展。锯木业只是木材业作业的一种，而木材业是大机器工业初期的必然伴随者。

至于这个部门的其他行业，如家具业、椴皮席业、树脂焦油炼制业，它们的工厂统计资料特别混乱。这些行业中有那么多小企业以前被随意列为"工厂"，甚至现在有时还被列为工厂。[②]

---

产总额为17万卢布。现在，在维亚特卡省和彼尔姆省关于手工业的记载中，还可以看到许多这样的"工厂"。

① 参看《军事统计汇编》第389页；《俄国工场手工业各部门概述》第1卷第309页。

② 例如在1879年，91个椴皮席厂中生产总额不满1 000卢布的就有39个（参看《评论集》第155页（本版全集第2卷第284页。——编者注））。在树脂焦油炼制业中，1890年有工厂140个，生产总额都超过2 000卢布；1879年有工厂1 033个，其中有911个生产总额不满2 000卢布；1866年有工厂669个（全国），而《军事统计汇编》居然计算出有3 164个！！（参看《评论集》第156页和271页（本版全集第2卷第286页和第4卷第16—17页。——编者注））

## （3）化学工业、畜产品加工业和陶瓷业

化学工业本身的资料是比较可靠的。下面就是关于它的增长情况的资料：1857年俄国消费的化学产品价值1 400万卢布（国内生产340万卢布，进口1 060万卢布）；1880年为3 625万卢布（国内生产750万卢布，进口2 875万卢布）；1890年为4 270万卢布（国内生产1 610万卢布，进口2 660万卢布）。[①] 这些资料特别值得注意，因为化学工业具有非常重要的意义，它为大机器工业制造辅助材料，即**生产性**消费品（不是个人消费品）。关于碳酸钾和硝酸钾的生产，我们要指出，工厂数目不可靠，还是因为把小企业算进去了。[②]

油脂加工业在改革后时代无疑是下降了。例如，脂烛和炼脂业的生产总额在1866—1868年是1 360万卢布，而1890年是500万卢布。[③] 下降的原因是愈来愈广泛地用矿物油来照明，旧的脂烛就被排挤。

在制革业方面（1866年有企业2 308个，工人11 463名，生产总额为1 460万卢布；1890年有企业1 621个，工人15 564名，生产总额为2 670万卢布），统计经常把工厂和小企业混在一起。这一行业的材料价格较高，生产总额必然也高，而需要的工人很少，

① 《军事统计汇编》，《俄国工业历史统计概述》和《俄国的生产力》第9编第16页。工人人数在1866年是5 645人；1890年是25 471人；1875—1878年有使用机器的企业38个，蒸汽机34台，共332马力，而1890年有使用机器的企业141个，蒸汽机208台，共3 319马力。

② 参看1879年和1890年《工厂一览表》关于碳酸钾生产。现在硝酸钾生产集中在圣彼得堡的一个工厂，在60年代和70年代则用堆（粪堆）制法制造硝酸钾。

③ 在60年代和70年代，这个行业中也有许多小企业被列为工厂。

因此要区分手工业企业和工厂企业就特别困难。1890 年，所有工厂(1 621 个)中生产总额不满 2 000 卢布的只有 103 个；1879 年，所有 3 320 ①个工厂中生产总额不满 2 000 卢布的有 2 008 个；1866 年，在 2 308 ②个工厂中，生产总额不满 1 000 卢布的有 1 042 个(这 1 042 个工厂有工人 2 059 名，生产总额为 474 000 卢布)。可见，工厂数目增加了，虽然工厂统计表明工厂数目减少了。小制革企业现在也很多：例如，根据财政部出版的《俄国工厂工业和商业》(1893 年圣彼得堡版)统计，手工业工厂约有 9 500 个，工人 21 000 名，生产总额为 1 200 万卢布。这些"手工业"企业比 60 年代列为"工厂"的企业要大得多。由于不同省份、不同年代小企业列为"工厂"的数目都不同，所以必须更加谨慎地对待这一行业的统计资料。根据蒸汽发动机的统计，在这一行业中，1875—1878 年有使用机器的企业 28 个，蒸汽机 33 台，共 488 马力，而在 1890 年有使用机器的企业 66 个，蒸汽机 82 台，共 1 112 马力。在这 66 个工厂中，集中了 5 522 名工人(占工人总数⅓强)，生产总额为 1 230 万卢布(占总生产额 46%)，所以生产的积聚是很高的，最大企业的劳动生产率也比平均生产率高得多。③

---

① 1875 年，基塔雷教授在《俄国制革业图表》一书中计算出有企业 12 939 个，生产总额 4 750 万卢布，而工厂统计计算出有作坊 2 764 个，生产总额 2 650 万卢布。(《俄国工业历史统计概述》)在该部门的另一行业熟制毛皮业中，也可以看到这种把工厂同小企业混淆在一起的情形。参看 1879 年和 1890 年的《工厂一览表》。

② 《军事统计汇编》甚至计算出有 3 890 个工厂!!

③ 如果把 1890 年《工厂一览表》中开列的工厂按建立时间加以分类，那就会看出，在 1 506 个工厂中，建立时间不详的有 97 个，1850 年以前建立的有 331 个，50 年代建立的有 147 个，60 年代建立的有 239 个，70 年代建立的有 320 个，80 年代建立的有 351 个，1890 年建立的有 21 个。后一个十年建立的工厂都比前一个十年多。

根据工厂统计资料的性质，陶瓷各行业可以分为两类。有一类行业几乎看不到大生产同小生产混在一起的情形。因此，统计资料比较可靠。这里包括下面几种行业：玻璃、细瓷、粗瓷、石膏和水泥。特别引人注目的，是证明建筑业发展的水泥业的迅速增长：生产总额 1866 年是 530 000 卢布（《军事统计汇编》），1890 年是 3 826 000 卢布；使用机器的企业在 1875—1878 年有 8 个，1890 年有 39 个。相反，在陶器业和烧砖业中，包括进去了大量小企业，因此 60 年代和 70 年代的工厂统计资料，特别不能令人满意，特别夸大。例如根据统计，陶器业 1879 年有企业 552 个，工人 1 900 名，生产总额为 538 000 卢布，1890 年有企业 158 个，工人 1 978 名，生产总额为 919 000 卢布。我们把小企业（生产总额不满 2 000 卢布的）除去之后，得到的数目是：1879 年有企业 70 个，工人 840 名，生产总额为 505 000 卢布；1890 年有企业 143 个，工人 1 859 名，生产总额为 857 000 卢布。也就是说，并不像统计所表明的那样"工厂"数目减少了，工人人数没有增加，实际上两者的数目都大大增加了。在烧砖业方面，官方的资料是：1879 年有企业 2 627 个，工人 28 800 名，生产总额为 6 963 000 卢布；1890 年有企业 1 292 个，工人 24 334 名，生产总额为 7 249 000 卢布。如果除去生产总额不满 2 000 卢布的小企业，那就会看出，1879 年有企业 518 个，工人 19 057 名，生产总额为 5 625 000 卢布，1890 年有企业 1 096 个，工人 23 222 名，生产总额为 7 240 000 卢布。①

① 这些行业中的小作坊现在都列为手工业作坊。可参看小手工业的表（附录一）或《评论集》第 158—159 页（本版全集第 2 卷第 287—288 页。——编者注）。由于资料显然是夸大的，所以《财政部年鉴》（第 1 编）没有对这些行业作出总计。从这个时候起，统计工作的进步就是更加大胆、更加漠视材料的可靠性。

### （4）冶 金 业

在冶金业的工厂统计中，自相矛盾的来源是：第一，把小企业包括在内（特别是60年代与70年代）[①]；第二，而且是主要的，矿厂不是归工商业司"管辖"，而是归矿业司"管辖"。财政部的资料通常"在原则上"是把矿厂除外的，但是区别矿厂与其他工厂的划一的不变的规则却从来没有过（也未必能规定出来）。因此，财政部的工厂统计出版物总是也计入一部分矿厂，而且计入的范围在不同省份与不同年代并不相同。[②] 改革后冶金业应用蒸汽发动机增长情况的总的资料，我们将在下面考察采矿工业时加以引证。

### （5）食 品 业

这些行业在我们感到兴趣的那个问题上值得特别注意，因为工厂统计资料的自相矛盾在这里达到了顶点。而在我国工厂工业的总计中，这些行业又占有显著的地位。例如，根据1890年的《工厂一览表》，欧俄的工厂总数为21 124个，工人为875 764名，生产总额为1 501 000 000卢布，其中从事这些行业的工厂为7 095

① 例如，在60年代，某些省就把几十个铁铺算做"铁工厂"。见《财政部所属各机关的通报及材料汇编》1866年第4号第406页；1867年第6号第384页。《俄罗斯帝国统计年鉴》第2辑第6编。也可参看上面（第2节）举出的1866年的《财政部年鉴》把巴甫洛沃区的小手工业者算做"厂主"的例子。

② 见《评论集》第269页和第284页的例子（本版全集第4卷第14—15、30—31页。——编者注）——对于卡雷舍夫先生忽视这种情况而犯的错误的分析。例如，1879年的《工厂一览表》把库列巴基和维克萨的矿厂或其分厂计算在内（第356页和第374页），而1890年的《工厂一览表》则把它们除外。

个，工人为45 000名，生产总额为174 000 000卢布。问题在于这一部门的主要行业（磨粉、碾麦与榨油）是农产品的加工。从事这种加工的小企业，在俄国每一省都有几百几千个，因为没有任何区分“工厂”与这些小企业的公认的规则，所以统计也就**完全偶然地**计入了这些小企业。因此“工厂”数目在不同年代和不同省份就有惊人的跳跃。例如，依据不同资料，面粉业在不同年代的工厂数目如下：1865年为857个（《财政部所属各机关的通报及材料汇编》）；1866年为2 176个（《财政部年鉴》）和18 426个（《军事统计汇编》）；1885年为3 940个（《俄国工厂工业材料汇编》）和17 765个（《俄国资料汇集》）；1889年、1890年及1891年为5 073个，5 605个及5 201个[①]（《俄国工厂工业材料汇编》）；1894—1895年度为2 308个（《工厂索引》）。1892年的磨坊总数为5 041个（《俄国工厂工业材料汇编》），其中蒸汽磨坊803个，水力磨坊2 907个，风力磨坊1 323个，马力磨坊8个！有些省份只计算蒸汽磨坊，另一些省份把水力磨坊也计算在内（从1个到425个），还有些省份（少数）则把风力磨坊（从1个到530个）和马力磨坊都计算在内。可想而知，这种统计和轻易使用这种统计资料得出的结论究竟有什么意义！[②] 显然，为了判断大机器工业的增长，我们应当首先为“工厂”这一概念规定一个明确的标志。我们把具有蒸汽发动机作为这种标志，因为蒸汽磨坊是大机器工业时代特有的伴随者。[③]

① 除此以外，还有32 957个“小磨坊”未算入“工厂”之内。

② 见上引《评论集》的一篇文章中谈到卡雷舍夫先生作出的这类结论的例子。（本版全集第4卷。——编者注）

③ 自然，**大的**水力磨坊也具有工厂的性质，可是要把它们和小磨坊分开，我们却没有资料。根据1890年的《工厂一览表》，有10个工人以上的水力磨坊共250个，工人为6 378名。

这一部门的工厂生产发展的情况如下①：

**欧 俄 50 省**

| 年　代 | 蒸汽磨坊数目 | 工人人数 | 生产总额（单位千卢布） |
|---|---|---|---|
| 1866 | 126 | ? | ? |
| 1879 | 205 | 3 621 | 21 353 |
| 1890 | 649 | 10 453 | 67 481 |
| 1892 | 803 | 11 927 | 80 559 |

由于同样的原因，榨油业的统计也是不能令人满意的。例如，1879 年计有工厂 2 450 个，工人 7 207 名，生产总额为 6 486 000 卢布，而在 1890 年则有企业 383 个，工人 4 746 名，生产总额为 12 232 000 卢布。但工厂数目与工人人数的这种减少只是表面上的。如果使 1879 年与 1890 年的资料成为可以比较的，即把生产总额在 2 000 卢布以下的小企业（未列入工厂清单中的）除去，那么 1879 年计有企业 272 个，工人 2 941 名，生产总额为 5 771 000 卢布，而在 1890 年则有企业 379 个，工人 4 741 名，生产总额为 12 232 000 卢布。大机器工业在这一行业中的发展并不比在面粉业中的发展慢，这从蒸汽发动机统计中就可以看出来：1875—1878 年计有使用蒸汽机的工厂 27 个，蒸汽机 28 台，共 521 马力，而 1890 年则有使用蒸汽机的工厂 113 个，蒸汽机 116 台，共 1 886 马力。

这一部门的其余行业都比较小。我们要指出，例如，在芥末业与鱼品业中，根据 60 年代统计的计算，这种小企业有几百个，它们与工厂毫无共同之点，而且现在也不列为工厂。我国不同年代的工厂统计资料究竟需要如何修正，这从下面即可看出：除去面粉业

① 《军事统计汇编》、《工厂一览表》和《俄国工厂工业材料汇编》。根据 1894—1895 年度的《工厂索引》，欧俄计有蒸汽磨坊 1 192 个。根据蒸汽发动机统计的计算，1875—1878 年欧俄有蒸汽磨坊 294 个。

外,1879 年的《工厂一览表》计算这一部门有企业 3 555 个,工人 15 313 名,而据 1890 年的《工厂一览表》计算,则有企业 1 842 个,工人 19 159 名。在 7 种行业[①]中,1879 年有小企业(生产总额在 2 000 卢布以下的)2 487 个,工人 5 176 名,生产总额为 916 000 卢布,而在 1890 年则有小企业 7 个,工人 10 名,生产总额为 2 000 卢布!因此,为了使资料可以比较,必须在一个场合减去 5 000 名工人,在另一个场合减去 10 名工人!

## (6) 缴纳消费税的行业及其他各种行业

在一些缴纳消费税的行业中,我们看到从 19 世纪 60 年代到现在工厂工人人数减少了,但减少的数量远不是像盲目相信每一个印出的数字的尼·—逊先生所断言的那样多[②]。问题在于,关于大多数缴纳消费税的行业,唯一的资料来源是《军事统计汇编》,而我们知道,《军事统计汇编》把工厂统计的总计大大地夸张了。但可惜我们没有多少材料来检查它的资料。在酿酒业中,根据《军事统计汇编》计算,在 1866 年有企业 3 836 个,工人 52 660 名(1890 年有企业 1 620 个,工人 26 102 名),其中工厂数目与财政部的资料不符,根据财政部的资料,1865—1866 年度计有开工的工厂 2 947 个,而在 1866—1867 年度则有 3 386 个。[③] 根据这一点来判断,工人人数夸大了 5 000—9 000 名。在烧酒业中,《军事

① 榨油业、淀粉业、糖浆业、制曲业、糖果点心业、罐头业与制醋业。

② 1894 年《俄国财富》杂志第 6 期第 104—105 页。

③ 《财政部年鉴》第 1 编第 76 页和第 82 页。全部工厂数目(连未开工的也在内)计有 4 737 个和 4 646 个。

统计汇编》计算有工厂 4 841 个，工人 8 326 名(1890 年有企业 242 个，工人 5 266 名)；其中比萨拉比亚省计有企业 3 207 个，工人 6 873 名。这个数字显然是很荒唐的。实际上，我们从财政部的材料[①]中知道，比萨拉比亚省的烧酒厂的实际数目是 10—12 个，而整个欧俄的烧酒厂是 1 157 个。可见，工人的人数**至少**夸大了 **6 000 名**。夸大的原因显然是比萨拉比亚的"统计学家们"把葡萄园主列为厂主了(见下面关于烟草业)。在啤酒与蜜酒业中，《军事统计汇编》计算有企业 2 374 个，工人 6 825 名(1890 年有企业 918 个，工人 8 364 名)，而《财政部年鉴》则计算欧俄在 1866 年有工厂 2 087 个。工人人数在这里也夸大了。[②] 在甜菜制糖业和精制糖业中，《军事统计汇编》把工人人数夸大了 **11 000 名**，计 92 126 名，而根据《财政部年鉴》的资料，则只有 80 919 名(1890 年有工人 77 875 名)。在烟草业中，《军事统计汇编》计算有工厂 5 327 个(!)，工人 26 116 名(1890 年有工厂 281 个，工人 26 720 名)；其中 4 993 个工厂和 20 038 名工人是在比萨拉比亚省。事实上，1866 年俄国有烟草工厂 343 个，而比萨拉比亚省则有 13 个。[③] 工人人数夸大了**大约 20 000 名**，连《军事统计汇编》的编者自己也指出："列入比萨拉比亚省的工厂……无非是些烟草种植园而已。"(第 414 页)也许，尼·—逊先生以为看一看他所利用的统计出版

① 《财政部年鉴》第 1 编第 104 页。

② 例如，在辛比尔斯克省，《军事统计汇编》计算有工厂 218 个(!)，工人 299 名，生产总额为 21 600 卢布。(根据《财政部年鉴》，该省有工厂 7 个。)大概这是些小的家庭企业或农民企业。

③ 《财政部年鉴》第 61 页。参看《俄国工场手工业各部门概述》(1863 年圣彼得堡版第 2 卷)，其中提供了 1861 年的详细资料：工厂 534 个，工人 6 937 名；而比萨拉比亚省则有工厂 31 个，工人 73 名。烟草工厂的数目在各年的变动是很大的。

物的本文是多余的；因此，他没有发现错误，而煞有介事地谈论“烟草工厂的工人人数增加不大”(上引文章第104页)!! 尼·—逊先生根据《军事统计汇编》与1890年的《工厂一览表》，直接举出了缴纳消费税的行业中的工人人数总计(186 053与144 332)，并且计算出减少的百分比…… “25年来在业工人的人数大大减少了，减少了22.4%……” “在这里〈即在缴纳消费税的行业中〉我们看到，根本谈不上增长，工人人数简单地比以前减少了¼。”(同上)的确，有什么比这更“简单”的呢！随便抓住一个数字就计算出百分比！而《军事统计汇编》把工人人数夸大了**40 000名**这件小事，却可以不管。

## (7) 结　论

最后两节中的对我国工厂统计的批判，使我们得出下面几个主要结论。

1. **俄国工厂数目在改革后时代是迅速增加的**。

从我国工厂统计的数字所得出的相反的结论是错误的。问题在于我国把小手艺作坊、手工业作坊与农业作坊都算做了工厂，而且**距离现在愈远，算做工厂的小作坊数目也就愈多**。

2. **工厂工人的人数与工厂的生产规模，以前同样被我国的统计夸大了**。其所以如此，第一，是因为以前计入了更多的小企业。因此，那些与手工业有关联的行业的资料，特别不可靠。① 第二，

① 如果拿一切行业的长时间的总的资料来看，那么从上述原因所产生的夸大就不会大了，因为小企业在工人总数与生产总额中所占的百分比并不大。自然，这里的前提是要拿同一来源的资料作比较(根本谈不到拿财政部资料与省长报告资料或《军事统计汇编》资料作比较)。

是因为以前比现在更多地把按资本主义方式雇用的家庭工人算做工厂工人。

3. 我们通常都这样想：既然采用官方工厂统计数字，那么应当认为这些数字与这种统计中的其他数字是可以比较的，在未有相反的证明以前，应当认为它们是比较可靠的。从我们上面的叙述中却得出相反的论点：我国不同时期和不同省份的工厂统计资料的任何比较，在未有相反的证明以前，都应当认为是不可靠的。

## 四 采矿工业的发展[①]

在俄国改革后发展的初期，采矿工业的主要中心是乌拉尔。乌拉尔形成了一个区域，——直到最近还与俄罗斯中部截然分离，——同时也成了一个独特的工业结构。农奴制很早就是乌拉尔“劳动组织”的基础，直到现在，即到19世纪末，它还在矿厂生活的十分重要的方面表现出来。很久很久以前，农奴制是乌拉尔高

① 资料来源：**谢苗诺夫**《对17世纪中叶到1858年俄国对外贸易和工业的历史资料的研究》1859年圣彼得堡版第3卷第323—339页。《军事统计汇编》矿业部分。《财政部年鉴》1869年圣彼得堡版第1编。《1864—1867年矿业统计资料汇编》1864—1867年圣彼得堡版（矿业工程师学术委员会出版）。**И.博哥柳勃斯基**《俄罗斯帝国矿业统计试验》1878年圣彼得堡版。《俄国工业历史统计概述》1883年圣彼得堡版第1卷（克本的论文）。《1890年的俄国采矿工业统计资料汇编》1892年圣彼得堡版。1901年的同样的汇编（1904年圣彼得堡版）和1902年的同样的汇编（1905年圣彼得堡版）。**康·斯卡尔科夫斯基**《1877年俄国采矿工业生产率》1879年圣彼得堡版。矿业司为芝加哥博览会出版的《俄国的采矿工业》1893年圣彼得堡版（克本编）。《1890年俄国资料汇集》1890年圣彼得堡中央统计委员会版。1896年的同样的汇集，1897年圣彼得堡版。《俄国的生产力》1896年圣彼得堡版第7编。1896—1897年的《财政与工商业通报》杂志。彼尔姆省叶卡捷琳堡县与克拉斯诺乌菲姆斯克县地方自治局统计资料汇编，以及其他等等。

度繁荣的基础，是乌拉尔不仅在俄国而且一定程度上在欧洲占统治地位的基础。在18世纪，铁是俄国的主要出口项目之一；铁的输出在1782年约为380万普特，在1800—1815年为200—150万普特，在1815—1838年约为133万普特。还在“19世纪20年代，俄国出产的生铁就比法国多0.5倍，比普鲁士多3.5倍，比比利时多2倍”。但是，同一个农奴制，在欧洲资本主义刚刚发展的时代曾经帮助乌拉尔上升得如此之高，在欧洲资本主义繁荣时代却成了乌拉尔衰落的原因。炼铁工业的发展在乌拉尔是进行得很慢的。在1718年俄国冶炼的生铁约为650万普特，在1767年约为950万普特，在1806年为1 200万普特，在30年代为900—1 100万普特，在40年代为1 100—1 300万普特，在50年代为1 200—1 600万普特，在60年代为1 300—1 800万普特，在1867年为1 750万普特。在100年当中，生产还没有增加1倍，俄国远远地落在其他欧洲国家后面，在这些欧洲国家中，大机器工业引起了冶金业的巨大发展。

农奴制是乌拉尔停滞的主要原因；矿业主既是地主又是厂主，他们不是把自己的统治建立在资本与竞争上，而是建立在垄断[①]和自己的所有权上。乌拉尔的厂主现在也还是极大的地主。1890年，全帝国262个铁厂共有土地1 140万俄亩（包括森林870万俄亩），其中1 020万俄亩是111个乌拉尔工厂的（森林770万俄亩）。因此，每个乌拉尔工厂平均占有约10万俄亩土地的大地产。从这些林地割出份地给农民，直到现在还没有完全结束。在乌拉尔，获得劳动力的方法不仅有雇佣制，而且还有**工役制**。例如，根

① 在农民解放时，乌拉尔的矿业主们特别坚持保留并且保留下了禁止在工厂区内开设锻冶企业的法律。见《评论集》第193—194页中的若干详细情形。（本版全集第2卷第327—329页。——编者注）

据地方自治局的统计，彼尔姆省克拉斯诺乌菲姆斯克县有几千农户免费使用或低价使用工厂的土地、牧场、森林等。不用说，这种免费使用事实上是代价很高的，因为这样一来，工资大大降低了；工厂得到了"自己的"束缚于工厂的廉价工人。① 请看B.Д.别洛夫先生怎样评述这种关系：

别洛夫先生叙述说，乌拉尔之所以强大，是因为有"独特"的历史所培养出来的工人。"其他国外工厂甚至圣彼得堡工厂中的工人，与这些工厂的利益毫不相干；他今天在这里，明天在另外的地方。工厂开工，他就做工；工厂不赚钱而亏本，他就提起自己的行囊，像来的时候那样迅速而轻易地离去。他与厂主是两个誓不两立的敌人…… 乌拉尔工厂工人的状况却完全两样：他是当地的居民，在工厂附近有自己的土地，自己的经济，还有自己的家庭。他自己的福利与工厂的福利密切地、不可分割地联系着。工厂如意，他就如意；工厂倒霉，他也倒霉，要离开是不可能的问题〈原文如此！〉：在这里不是一件行囊〈原文如此！〉；离开就意味着毁坏自己的整个世界，抛弃土地、经济和家庭…… 所以他甘心熬上几年，甘心为一半工资做工，或者，反正是一回事，让自己一半工作时间没有工作，使当地像他一样的其他工人能赚得一片面包。一句话，他愿意同自己的主人达成任何协议，只要还能在工厂附近住下。这样，在乌拉尔的工人与工厂之间就有着不可分割的联系；他们的关系仍旧和以前没有从农奴依附地位下解放出来时一样。改变的只是这些关系的形式，再没有别的什么。以前的农奴制原则被伟大的互利原则代替了。"②

① 乌拉尔的工人"是半个农民，所以矿业劳动给他们经济上很大的贴补，虽然工资比其他矿厂地区要低些"（1897年《财政与工商业通报》杂志第8期）。大家都知道，乌拉尔农民从农奴依附地位下解放的条件，是与农民同矿业劳动的关系正相适应的；矿厂居民分为工厂工人与农村工人，工厂工人没有土地，必须整年从事工厂劳动，而农村工人则有份地，必须完成辅助劳动。至今还保存着的关于乌拉尔工人的一个术语，即他们在劳动中"欠工"，是很说明问题的。例如，当你在地方自治局统计中读到《一个在阿尔京斯基工厂车间劳动中欠工的工人小队的材料》**95**时，你会不由自主地瞧一瞧封面，看一看年月：难道这真是1894年而不是1844年吗？

② 《俄国手工工业调查委员会的报告》1887年圣彼得堡版第16编第8—9页及以下各页。同一作者在下面却侈谈"健全的人民"工业！

这一伟大的互利原则，首先表现为工资特别低。“在南俄……工人的工资比乌拉尔高一倍甚至两倍”——例如，根据关于几千工人的资料来看，一个工人一年的工资是 450 卢布与 177 卢布之比。在南俄，“工人无论在自己的家乡或随便什么地方，只要在田间工作能够得到可以过得去的工资，就会离开工厂、矿井和矿山”（1897 年《财政与工商业通报》杂志第 17 期第 265 页）。然而在乌拉尔，可以过得去的工资是做梦也想不到的。

乌拉尔的技术落后，与工资低及乌拉尔工人受盘剥的状况有着自然的不可分割的联系。在乌拉尔，炼铁主要以木柴为燃料，高炉的构造是陈旧的，使用的是冷风或温度很低的热风。1893 年，乌拉尔 110 个高炉中有 37 个使用冷风的高炉，而南俄 18 个高炉中只有 3 个。每个使用矿物燃料的高炉平均每年出铁 1 400 000 普特，而以木柴为燃料的高炉每年平均出铁 217 000 普特。克本先生在 1890 年写道：“精炼制铁法在乌拉尔工厂中还牢固地保持着，而在俄国其他地方这种方法已经完全被搅炼法排挤了。”在蒸汽发动机的应用方面，乌拉尔比南俄要差得多。最后，不能不指出乌拉尔的闭关自守，它与俄罗斯中部的隔绝，这是由于距离太远而又没有铁路。直到现在，由乌拉尔运产品到莫斯科，主要是靠每年一次的原始的河上“流送”①。

总之，改革前制度最直接的残余，工役制的强有力发展，工人的被束缚，很低的劳动生产率，技术的落后，很低的工资，手工生产

① 参看马明-西比里亚克先生的短篇小说《斗士峡》中关于这种流送的描述。在这位作家的作品中，突出地描绘了与改革前差不多的乌拉尔的特殊生活，依附于工厂的居民的毫无权利、愚昧和卑贱，“老爷们”的“好心肠的孩子般的放荡”，中等阶层（平民知识分子，知识分子）的缺乏，而这种中等阶层是连俄国在内的一切国家的资本主义发展所特有的。

的占优势，对边区自然资源的原始的掠夺式的开发，垄断，限制竞争，闭关自守以及与当代整个工商业运动的隔绝，——这就是乌拉尔的全部情况。

南俄采矿工业区①在许多方面和乌拉尔正好相反。乌拉尔是古老的，在乌拉尔盛行的制度是“万古神圣的”，而南俄却是年轻的，正处于形成期。最近几十年来这里生长起来的纯粹资本主义的工业，既没有传统和等级制度，也没有民族性与固定居民的闭关自守性。外国的资本、工程师与工人大批地移入并且继续移入南俄，而在目前的狂热时期（1898 年），许多工厂也从美国搬到这里来②。国际资本毫不费力地移入关税壁垒内部并在“异国的”土地上安家落户：哪里好，哪里就是祖国**96**…… 下面就是关于南俄排挤乌拉尔的统计资料**97**：

| 年　代 | 炼　铁　量（单　位　千　普　特） | | | | | | 帝国产煤总量（单位百万普特） |
|---|---|---|---|---|---|---|---|
| | 帝国总量 | 百分比 | 乌拉尔 | 百分比 | 南　俄 | 百分比 | |
| 1867 | 17 028 | 100 | 11 084 | 65.1 | 56 | 0.3 | 26.7 |
| 1877 | 24 579 | 100 | 16 157 | 65.7 | 1 596 | 6.5 | 110.1 |
| 1887 | 37 389 | 100 | 23 759 | 63.5 | 4 158 | 11.1 | 276.8 |
| 1897 | 114 782 | 100 | 41 180 | 35.8 | 46 349 | 40.4 | 683.9 |
| 1902 | 158 618 | 100 | 44 775 | 28.2 | 84 273 | 53.1 | 1 005.21 |

① 在矿业统计中，所谓“俄国南部与俄国西南部”是指沃伦、顿河、叶卡捷琳诺斯拉夫、基辅、阿斯特拉罕、比萨拉比亚、波多利斯克、塔夫利达、哈尔科夫、赫尔松与切尔尼戈夫等省。举出的数字也是关于它们的。以下所说的一切关于南俄的情况，也可以说是波兰的情况（只有不大的变更），波兰是改革后另一个著名的矿业地区。

② 1897 年《财政与工商业通报》杂志第 16 期：尼科波尔-马里乌波尔公司在美国订购了一个轧管厂，并从那里搬到了俄国。

从这些数字可以明显地看出，俄国目前进行着怎样的技术革命，资本主义大工业具有多么巨大的发展生产力的能力。过去乌拉尔的统治无异是强迫劳动、技术落后与停滞的统治。[①] 相反，现在我们看到，采矿工业的发展在俄国比西欧快些，在某种程度上甚至比北美还快。在1870年，俄国生铁的产量占世界产量的2.9%（74 500万普特中的2 200万普特），而在1894年则占5.1%（158 420万普特中的8 130万普特）（1897年《财政与工商业通报》杂志第22期）。在最近10年（1886—1896年）中，俄国的生铁产量增加了两倍（由3 250万普特增至9 650万普特），而法国经过了28年（1852—1880年）才做到这一步，美国经过了23年（1845—1868年），英国经过了22年（1824—1846年），德国经过了12年（1859—1871年；见1897年《财政与工商业通报》杂志第50期）。年轻国家中的资本主义发展，由于有古老国家的先例与帮助而大大**加快了**。当然，最近10年（1888—1898年）是特别狂热的时期，它与任何资本主义繁荣一样，必然要引起危机，但是不

① 当然，乌拉尔的矿业主们把情况描述得有些不同。他们在上年的代表大会上曾经娓娓动听地诉苦说："乌拉尔的历史功绩是尽人皆知的。200年来，整个俄国都是用它的工厂的制品来耕耘、收割、打铁、掘土、伐木。人们胸前挂着乌拉尔的铜制成的十字架，乘着乌拉尔的车轴构成的车辆，用乌拉尔的钢制成的枪射击，用乌拉尔的煎锅煎薄饼，荷包中叮当响着乌拉尔5戈比铜币的声音。乌拉尔满足了整个俄国人民的消费……〈俄国人民差不多不消费铁。在1851年，俄国每一居民的生铁消费量为14俄磅，1895年为1.13普特，1897年为1.33普特〉它适应他们的需要和爱好来制造物品。它慷慨地〈?〉耗费了自己的自然资源，不追逐时髦，不醉心于路轨、壁炉铁栅和纪念碑的制造。它竟因为它的长期服务而在一天之中被人忘却和抛弃了。"（1897年《财政与工商业通报》杂志第32期：《乌拉尔矿业主代表大会总结》）的确，对于"万古神圣的"基石是多么轻视啊！这里的罪过都在这整个毒辣的资本主义身上，它把这种"不安定"带到我国国民经济中来。要是还能照老样子活下去，"不醉心于路轨的制造"，而用乌拉尔的煎锅给自己煎薄饼，那该多好啊！

采取跳跃方式，资本主义发展一般是不可能的。

机器在生产中的应用和工人人数的增加，南俄比乌拉尔快得多①：

| 年代 | 矿业中所应用的蒸汽机及马力 | | | | | | 矿业工人数（采盐工人除外） | | |
|---|---|---|---|---|---|---|---|---|---|
| | 俄国 | | 乌拉尔 | | 南俄 | | 俄国 | 乌拉尔 | 南俄 |
| | 蒸汽机 | 马力 | 蒸汽机 | 马力 | 蒸汽机 | 马力 | | | |
| 1877 | 895 | 27 880 | 268 | 8 070 | 161 | 5 129 | 256 919 | 145 455 | 13 865 |
| 1893 | 2 853 | 115 429 | 550 | 21 330 | 585 | 30 759 | 444 646 | 238 630 | 54 670 |

这样，蒸汽机马力的数量在乌拉尔只增加了 1.5 倍，而在南俄则增加了 **5 倍**；工人人数在乌拉尔增加了⅔倍，而在南俄则差不多增加了 **3 倍**②。可见，正是资本主义大工业使工人人数迅速增加，并且使他们的劳动生产率大大提高。

除了南俄以外，我们还应该提到高加索，它的特点也是采矿工业在改革后时期急遽增长。它的石油开采量在 60 年代连 100 万普特都不到（1865 年为 557 000 普特），1870 年却达 170 万普特，1875 年为 520 万普特，1880 年为 2 150 万普特，1885 年为 11 600 万普特，1890 年为 24 290 万普特，1895 年为 38 400 万普特，1902 年为 63 770 万普特。几乎全部石油都是在巴库省开采的，而巴库城“则由一个极小的城市变成了有 112 000 个居民的俄国第一等

① 博哥柳勃斯基先生认为，1868 年矿业使用了 526 台蒸汽机，共 13 575 马力。

② 铁业的工人人数在乌拉尔 1886 年为 145 910 名，1893 年为 164 126 名；而在南俄则为 5 956 名与 16 467 名。前者增加了⅓（约数），后者增加了1¾倍。没有 1902 年蒸汽机数与马力数的资料。矿业工人数（采盐工人除外）1902 年在全俄为 604 972 名，其中在乌拉尔的为 249 805 名，而在南俄的为 145 280 名。

工业中心”[①]。石油采炼业的巨大发展,引起了俄国煤油消费的增加(随着工厂加工的产品价格的下降,个人消费增加了),而把美国的产品完全排挤出去,同时,作为工厂与铁路燃料的重油的消费有了更大的增加(生产消费增加了)。[②] 在高加索采矿工业中做工的工人人数也增长得极其迅速,1877 年为 3 431 名,1890 年增加到 17 603 名,即增加了 **4 倍**。

为了说明南俄的工业结构,我们来看看顿涅茨矿区煤炭生产的资料(这里的矿井平均规模比俄国其他区域要小些)。我们把矿井按工人人数分类,就得出下面的情况[③]:

| 矿井类别(按工人人数分类) | 顿涅茨矿区 | | | | | | 每一矿井 | | | | 每一工人采煤量(单位千普特) |
|---|---|---|---|---|---|---|---|---|---|---|---|
| | 数目 | | | 采煤量(单位千普特) | 蒸汽机 | 马力 | 工人 | 采煤量(单位千普特) | 蒸汽机 | 马力 | |
| | 矿井 | 竖井与坑道 | 工人 | | | | | | | | |
| 一、有 10 个工人以下者 | 27 | 31 | 172 | 178 | — | — | 6.4 | 6.6 | — | — | 1.0 |
| 二、有 10—25 个工人者 | 77 | 102 | 1 250 | 3 489 | 8 | 68 | 16.2 | 45.3 | 0.1 | 0.8 | 2.8 |
| 三、有 25—100 个工人者 | 119 | 339 | 5 750 | 28 693 | 62 | 766 | 48.3 | 241.1 | 0.5 | 6.4 | 4.9 |
| 四、有 100—500 个工人者 | 29 | 167 | 6 973 | 59 130 | 87 | 1 704 | 240.4 | 2 038.9 | 3 | 58.7 | 8.4 |
| 五、有 500—1 000 个工人者 | 5 | 67 | 3 698 | 23 164 | 24 | 756 | 739.6 | 4 632.8 | 4.8 | 151.2 | 6.3 |
| 六、有 1 000 个工人以上者 | 3 | 16 | 5 021 | 53 605 | 29 | 1 724 | 1 673.7 | 17 868.3 | 9.6 | 574.6 | 10.6 |
| 工人人数不详者 | 9 | 40 | ?<br>(2 296) | 15 008 | 18 | 808 | | | | | |
| **共　计** | 269 | 762 | 25 167 | 183 267 | 228 | 5 826 | 93.5 | 681.3 | 0.9 | 21.6 | 7.3 |

① 1897 年《财政与工商业通报》杂志第 21 期。巴库 1863 年有居民 14 000 人,1885 年有 45 700 人。

② 在 1882 年,62%以上的机车用木柴作燃料,而在 1895—1896 年度,则有 28.3%的机车用木柴,30%用石油,40.9%用煤炭。(《俄国的生产力》第 17 编第 62 页)石油工业攫取了国内市场之后,就去寻找国外市场,于是石油对亚洲的出口增长很快(1897 年《财政与工商业通报》杂志第 32 期),这与若干爱谈俄国资本主义缺乏国外市场的经济学家们的先验的预言是相反的。

③ 这些资料取自《1890 年俄国采矿工业统计资料汇编》中的矿井一览表。

由此可见,在这一区域(只是在这一区域)有一些非常小的农民矿井,它们虽然为数甚多,可是在总产量中所起的作用却微乎其微(104 个小矿井只占采煤总量 2%),并且劳动生产率很低。相反,37 个最大的矿井雇用了工人总数的3/5左右,生产了采煤总量的 70%以上。劳动生产率随着矿井规模的扩大而提高,甚至不取决于是否采用机器(例如,可以比较第五类和第三类矿井的蒸汽机马力数和每一工人的生产量)。生产积聚在顿涅茨矿区日益增长着;例如,在 1882—1886 年这 4 年中间,512 名煤炭发货人中有 21 名每人运出了 5 000 车(即 300 万普特)以上,总共运出了 229 700 车,不到总数 480 800 车的一半。而在 1891—1895 年这 4 年中间,共有 872 名煤炭发货人,其中有 55 名每人运出了 5 000 车以上,共运出了 925 400 车,占总数 1 178 800 车的8/10以上。①

上述关于采矿工业发展的资料,在两方面显得特别重要:第一,它们特别明显地表明了俄国国民经济一切部门中所发生的社会经济关系更替的实质;第二,它们说明了这样一个理论原理,即在日益发展的资本主义社会中,增长特别迅速的是制造**生产资料**即生产消费品而非个人消费品的工业部门。两种社会经济结构的更替,在采矿工业方面表现得特别明显,这是因为两种结构的典型代表在这里是两个不同的区域:在一个区域里,可以看到前资本主义的旧制度及其原始的保守的技术,束缚于当地的居民的人身依附,强固的等级制传统、垄断等等,在另一区域里,可以看到与任何传统的完全决裂,技术革命以及纯粹资本主义机器工

① 引自**尼·斯·阿夫达科夫**的资料:《顿涅茨煤炭工业统计要览》1896 年哈尔科夫版。

业的迅速增长。[①] 这个例子特别清楚地表明了民粹派经济学家的错误。他们否认俄国资本主义的进步性，指出我国企业主在农业中非常愿意实行工役制，在工业中非常愿意把工作分到家里去做，在矿业中力求束缚工人，用法律禁止小作坊的竞争，等等，等等。这种议论不合逻辑，绝顶违背历史进程，是一目了然的。从什么地方竟可以得出结论说，我国企业主想利用前资本主义的经营方法的好处这种意向，应当记在我国资本主义的账上，而不应当记在那阻碍资本主义发展并在许多场合下靠法律力量来维持的旧制度残余的账上呢？既然在别的采矿工业区内，束缚工人和用法律禁止小作坊竞争由来已久，直到现在还是这样，既然在别的采矿工业区内，在技术低下和工人更廉价、更驯服的情况下，厂主可以毫不费力地从生铁上"以一个戈比赚得一个戈比，甚至以一个戈比赚得一个半戈比"[②]，那么南俄的矿业主们渴望束缚工人，渴望用法律禁止小作坊竞争，这有什么值得惊奇的呢？相反，在这种条件下有人竟能把俄国前资本主义的经济制度理想化，闭眼不看消灭一切阻碍资本主义发展的旧制度的迫切的和日益临近的必要性，这难道不值得惊奇吗？[③]

① 最近乌拉尔在新的生产条件的影响下也开始改变了，当铁路把它同"俄罗斯"更密切地连接起来的时候，这种改变还会进行得更快。在这方面，将有特别重要意义的是筹划中的一件事情：用铁路把乌拉尔和南俄连接起来，以便用乌拉尔的矿石交换顿涅茨的煤炭。直到现在，乌拉尔同南俄差不多还没有互相竞争，它们各自为不同的市场工作，主要是靠公家的订货为生。但是大量的公家订货是不会永久存在的。

② 叶古诺夫的文章，《俄国手工工业报告和研究》第 3 卷第 130 页。

③ 例如，尼·—逊先生把自己的全部牢骚都发泄在资本主义身上（特别参看关于南俄矿业主部分，《概况》第 211 页和第 296 页），这样就把俄国资本主义与我国采矿工业的前资本主义的结构的关系完全歪曲了。

另一方面，采矿工业发展的资料之所以重要，是因为它们清楚地表明，资本主义和国内市场比较迅速的发展主要是靠生产消费品生产的增长，而不是靠个人消费品生产的增长。例如尼·—逊先生就忽视了这种情况，他推断说，满足国内对采矿工业产品的全部需求，"大概很快就会实现了"(《概况》第 123 页)。问题在于，金属、煤炭等等的消费量(每一居民的)，在资本主义社会中不是而且也不可能是一成不变的，它必然要**增加**。铁路网每增加一俄里，作坊每增加一个，农村资产者每添置一张犁，都在**增加**对矿业产品的需求量。如果从 1851 年至 1897 年俄国每一居民的生铁消费量从 14 俄磅增加到$1\frac{1}{3}$普特，那么后面这个数目还必须大大增加，才能接近先进国家的生铁需求量(在比利时与英国，每一居民为 6 普特以上)。

## 五　资本主义大企业中的工人人数是否在增加？

考察了工厂工业与采矿工业的资料以后，我们现在可以试图回答这个问题，这个问题是民粹派经济学家们十分努力研究并作了否定解答的(瓦·沃·、尼·—逊、卡雷舍夫、卡布鲁柯夫各位先生都断言道：俄国工厂工人人数的增加——如果是在增加的话——要比人口的增加慢)。我们首先指出，问题应当或者是工商业人口是否因农业人口的减少而增加(这一点下面再谈)，或者是大机器工业中的工人人数是否在增加。决不能说小工业作坊或手工工场中的工人人数在日益发展的资本主义社会中一定会增加，因为工厂在不断地排挤比较原始的工业形式。正如上面已经详细指出的，我国工厂统计资料决不是始终在科学的意义上使用**工厂**

这个术语的。

为了考察我们感兴趣的问题的资料，我们应当采用：第一，关于一切行业的资料；第二，一个长时间的资料。只有在这种条件下才能保证资料是或多或少地可以比较的。我们看看 1865 年和 1890 年，这是改革后时代的 25 年。我们把现有的统计资料作一总计。工厂统计提出的 1865 年的资料是最完全的，它计算在欧俄一切行业中，除了酿酒、啤酒、甜菜制糖与烟草这几种行业以外，有工厂工人 380 638 名。[①] 为了计算出这几种行业中的工人人数，不得不采用现在唯一的《军事统计汇编》的资料，而这些资料，正如上面已经证明，是应当加以修正的。把这几种行业中的 127 935 名工人加进去[②]，1865 年欧俄工厂工人总数（在缴纳消费税与不缴纳消费税这两类行业中）便是 **508 573 名**。[③] 1890 年的工人总数为 **839 730 名**。[④] 增加了 65％，即比人口的增长大得多。但是必须注意，**事实上，增加的人数无疑地比这些数字所表明的还要多**：上面已经详细地证明，60 年代的工厂统计资料是夸大了的，因为把小手工业作坊、手艺作坊、农业作坊以及家庭工人都算进去了。可惜我们没有充分的材料，不能把这些夸大的地方完全改正过来，至于

---

① 1867 年《财政部所属各机关的通报及材料汇编》第 6 号。上面已经指出，为了与现今的资料作比较，只能采用同一来源的资料，即财政部的资料。

② 啤酒业中为 6 825 名。这里也有夸大，但是没有可据以修正的资料；甜菜制糖业中为 68 334 名（根据《财政部年鉴》），烟草业中为 6 116 名（修正过的），酿酒业中为 46 660 名（修正过的）。

③ 杜·-巴拉诺夫斯基先生引证韦什尼亚科夫先生关于 1866 年的数字——493 371 人（《俄国工厂今昔》第 339 页）。我们不知道这个数字是怎样得来的，这个数字与我们所引用的数字的差别是非常小的。

④ 根据 1890 年的《工厂一览表》。在总数 875 764 名中，必须减去矿业统计中所重复的工人，即土沥青业的 291 名、制盐业的 3 468 名与路轨制造业的 32 275 名。

部分的修正我们宁肯不作，尤其是因为下面将举出比较准确的关于大工厂中工人人数的资料。

我们来看看矿业统计。1865 年只有炼铜业和火车铁业以及金矿与白金矿的工人人数；欧俄为 **133 176 名**。① 1890 年这些行业中的**工人为 274 748 名**②**，即增加一倍多**。后一数目占 1890 年欧俄矿业工人总数的 80.6%；假定上述各种行业中的工人人数在 1865 年也占矿业工人总数 80.6%③，那么矿业工人总数在 1865 年为 **165 230 名**，在 1890 年为 **340 912 名**。增加了 107%。

其次，铁路工人也属于资本主义大企业工人之列。在 1890 年，欧俄连同波兰和高加索，共有 **252 415 名铁路工人**。④ 1865 年的铁路工人人数不详，但是可以计算出一个相当近似的数字，因为每一俄里铁路所需用的铁路工人人数的变动是很小的。以每俄里 9 名工人计算，便得出 1865 年的铁路工人为 **32 076 名**。⑤

---

① 见下列出版物中关于 60 年代的矿业工人数：《俄罗斯帝国统计年鉴》1866 年版第 1 辑；《财政部年鉴》第 1 编；《1864—1867 年矿业统计资料汇编》1864—1867 年圣彼得堡矿业学术委员会版。

② 《1890 年俄国采矿工业统计资料汇编》1892 年圣彼得堡版。依据这一《汇编》，欧俄工人总计为 342 166 名，如果减去煤油厂的工人（《工厂一览表》所计算的），并把若干小错误加以修正，则为 340 912 名。

③ 在其余的各种矿业中，有些矿业（采盐）的工人人数大概增加得很少；有些矿业（煤炭业、采石业）的工人人数一定增加得很多；有些矿业（例如，开采水银）在 19 世纪 60 年代还完全没有。

④ 交通部出版的《铁路与内河航运统计概述》1893 年圣彼得堡版第 22 页。可惜我们没有资料把欧俄单独划分出来。我们所计算的铁路工人不仅包括固定工人，并且包括临时工人（10 447 名）与日工（74 504 名）。临时工人一年的平均工薪为 192 卢布，日工为 235 卢布。平均每日工资为 78 戈比。因此，临时工人与日工一年大部分时间都在做工，所以，像尼·—逊先生那样把他们略去不算（《概况》第 124 页）是不对的。

⑤ 每一俄里铁路所需用的工人，1886 年为 9.0；1890 年为 9.5；1893 年为 10.2；1894 年为 10.6；1895 年为 10.9；这样看来，这个数目有明显的上升趋势。见

现在把我们的计算总计一下：

**资本主义大企业中的工人人数**(单位千)

| 年代 | 工厂工业 | 采矿工业 | 铁路 | 共计 |
|---|---|---|---|---|
| 1865 | 509 | 165 | 32 | 706 |
| 1890 | 840 | 340 | 252 | 1 432 |

可见，资本主义大企业中的工人人数在25年中增加了一倍以上，这就是说，它不仅比一般人口的增加快得多，甚至比城市人口的增加也快①。所以，工人日益从农业与小手工业被吸引到大工业企业里去，是毫无疑义的。② 我国民粹派经常引证和如此滥用的统计资料就是这样证明的。但是，说明他们滥用统计已达到登峰造极的地步的，是下面这种真正异乎寻常的方法：取来**工厂工人**人数同**全部人口**的比例(!)并根据这个数字(约为1%)大谈这"一小撮"③工人是很少的！例如，卡布鲁柯夫先生把"俄国工厂工人"④同人

---

1890年与1896年的《俄国资料汇集》及1897年《财政与工商业通报》杂志第39期。我们要附带说明，在这一节中我们只比较1865年与1890年的资料，因此，不论我们是拿整个帝国或者单拿欧俄的铁路工人人数来看，不论我们以每俄里9人或者更小的数字来计算，不论我们是拿采矿工业一切部门或者仅仅拿1865年有资料可查的那些部门来看，都是没有任何差别的。

① 欧俄的城市人口在1863年为610万，而在1897年则为1 200万。

② 资本主义大企业的工人人数的最新资料如下：关于1900年，有不缴纳消费税的企业的工厂工人人数的资料；关于1903年，有缴纳消费税的企业的工厂工人人数的资料；关于1902年，有矿业工人的资料。铁路工人的人数可以按每一俄里11人来计算(1904年1月1日以前的资料)。见《俄罗斯年鉴》1906年版和1902年的《俄国采矿工业统计资料汇编》。

把这些资料汇总起来，我们就得到：1900—1903年欧俄50个省的工厂工人为1 261 571名，矿业工人为477 025名，铁路工人为468 941名。总计为2 207 537名。在整个俄罗斯帝国，工厂工人为1 509 516名，矿业工人为626 929名，铁路工人为655 929名。总计为2 792 374名。这些数字也完全证实了正文中所述说的一切。(**第2版注释**)

③ 上引尼·—逊的书第326页及其他各页。

④ 《1895—1896年度在莫斯科大学授课用的农业经济学讲义》1897年莫斯科版第14页。

口的百分比这种计算方法重复了一遍之后，接着说："然而在西欧〈!!〉，从事加工工业的工人人数……"（"工厂工人"与"从事加工工业的工人"完全不是一回事，难道不是每个中学生都十分清楚的吗?）……"同全部人口的比例完全不同"，英国是53%，法国是23%。"不难看出，英法两国和我国的工厂工人阶级〈!!〉在比例上的差异是很大的，因此根本说不上我国的发展进程与西欧的一样。"这就是大学教授兼统计学专家的高论！他以非常的胆量一下子玩了两种诡计：(1)以从事加工工业的工人代替工厂工人，(2)以从事加工工业的人口代替从事加工工业的工人。让我们来对我国博学的统计学家们说明一下这些差别的意义。在法国，根据1891年的人口调查，从事加工工业的工人为330万——不到人口（按职业划分的人口3 680万，未按职业划分的人口130万）的1/10。这是在一切工业作坊与企业中的工人，而不仅是工厂工人。从事加工工业的人口，则为950万（约为全部人口的26%）；这里除了工人以外，还包括业主和其他的人（100万），以及职员（20万）、**家庭成员**（480万）与仆役（20万）。① 为了说明俄国相应的关系，必须拿个别的中心作为例子，因为我国还没有全部人口的职业统计。我们就拿一个城市中心与一个农村中心来看。在彼得堡，根据工厂统计计算，1890年有工厂工人51 760名（根据《工厂一览表》），而根据1890年12月15日的圣彼得堡人口调查，从事加工工业的男女人口为341 991名，其分类如下②：

① 《政治家年鉴》1897年版第472页。

② 《1890年圣彼得堡调查》1893年圣彼得堡版。采用了第2—15类手工业职业的总计。从事各种手工业职业的人共有551 700名，其中有200 748名是从事商业、运输业和饭馆业的。所谓"个体生产者"是指没有雇佣工人的小生产者。

| | 男女人口数目 | | |
|---|---|---|---|
| | 独立者(即自己维持生活者) | 家庭成员与仆役 | 共　计 |
| 业主…………………… | 13 853 | 37 109 | 50 962 |
| 管理人员(职员)……… | 2 226 | 4 574 | 6 800 |
| 工人…………………… | 148 111 | 61 098 | 209 209 |
| 个体生产者…………… | 51 514 | 23 506 | 75 020 |
| **总　计** | 215 704 | 126 287 | 341 991 |

另一个例子:在下诺夫哥罗德省戈尔巴托夫县博戈罗茨科耶村(我们已经看到,它并不从事农业,“仿佛是一个制革厂”),根据1890年的《工厂一览表》,计有**工厂工人392名**,而手工业人口,根据1889年的地方自治局调查,约为8 000人(全部人口为9 241人;从事手工业的家庭占$^{9}/_{10}$以上)。让尼·—逊先生、卡布鲁柯夫先生及其同伙想一想这些数字吧!

**第2版补充**。现在我们有了1897年全部人口职业统计普查资料的总结。我们所整理的全俄罗斯帝国的资料如下[①](单位百万):

不言自明,这些资料完全证实了上面所说的民粹派拿工厂工人人数同全部人口作比较的方法是很荒唐的。

首先,把上引俄国全部人口按职业划分的资料加以分类,以便说明**社会分工**这一俄国全部商品生产与资本主义的基础,是很有意思的。从这种观点来看,全部人口应当分为三大类:(一)农业人口;(二)工商业人口;(三)非生产人口(确切些说,不参加经济活动的人口)。在上述九类(a—i)中,只有一类不能直接地和完全地列入

① 《1897年1月28日帝国第一次人口普查材料研究结果总集》中央统计委员会版第2卷第21表第296页。各类职业我是这样编制的:(a)包括1、2与4;(b)3与5—12;(c)14与15;(d)16与63—65;(e)46—62;(f)41—45;(g)13;(h)17—21;(i)22—40。(图表见本卷第460页。——编者注)

| 职　　业 | 独立者（男女） | 家庭成员（男女） | 人口总数（男女） |
|---|---|---|---|
| (a)官吏与军队 | 1.5 | 0.7 | 2.2 |
| (b)僧侣与自由职业者 | 0.7 | 0.9 | 1.6 |
| (c)食利者与领抚恤金者 | 1.3 | 0.9 | 2.2 |
| (d)被剥夺自由者、娼妓、无一定职业者及职业不详者 | 0.6 | 0.3 | 0.9 |
| **非生产人口总数** | **4.1** | **2.8** | **6.9** |
| (e)商业 | 1.6 | 3.4 | 5.0 |
| (f)交通 | 0.7 | 1.2 | 1.9 |
| (g)私人职员、仆役、日工 | 3.4 | 2.4 | 5.8 |
| **半生产人口总数** | **5.7** | **7.0** | **12.7** |
| (h)农业 | 18.2 | 75.5 | 93.7 |
| (i)工业 | 5.2 | 7.1 | 12.3 |
| **生产人口总数** | **23.4** | **82.6** | **106.0** |
| **总　计** | 33.2 | 92.4 | 125.6 |

这三大类中的任何一类，这就是**g**类：私人职员、仆役、日工。这一类应该**大致地**分配在工商业人口与农业人口之间。我们把这一类中住在城市的一部分（250 万）列入工商业人口，而把住在各县的一部分（330 万）列入农业人口。这样，我们就可以把俄国全部人口的分类列表如下：

| | |
|---|---|
| 俄国农业人口 | 97.0（单位百万） |
| 俄国工商业人口 | 21.7（单位百万） |
| 俄国非生产人口 | 6.9（单位百万） |
| **共　计** | 125.6（单位百万） |

一方面，从这个表中可以清楚地看出，商品流通，因而商品生产，在俄国已经完全站稳脚跟。俄国是资本主义国家。另一方面，由此可以看出，同其他资本主义国家比较起来，俄国的经济发展还很落后。

其次，经过我们在本书中所作的分析以后，俄国全部人口职业统计能够而且应当用来**大致**确定，俄国全部人口按其**阶级**地位，即按其在生产的社会结构中的地位，可以划分为哪些**基本的**类别。

这种确定——自然只是大致的确定——之所以可能，是因为我们知道农民划分为几种基本经济类别的总的情况。完全可以把俄国全部农业人口看做农民，因为地主的人数在总数中是微不足道的。同时有不少的地主归入了食利者、官吏和显贵等等之内。在9 700万农民群众中，则必须区分为三个基本类别：下等户——无产者和半无产者阶层；中等户——极贫穷的小业主；上等户——富裕的小业主。这些类别——即各种**阶级**成分——的基本经济标志，我们在上面已经详细地分析过了。下等户，是无财产的并且主要或一半以**出卖劳动力**为生的人口。中等户，是极贫穷的小业主，因为中等农民只有在丰收年份才勉强收支相抵，但其**主要的**生活来源在这里是"独立的"(当然似乎是独立的)**小经济**。最后，上等户是富裕的小业主，他们剥削相当数目的有份地的雇农和日工以及各种雇佣工人。

这三种类别在总数中所占的百分比大约为：50%、30%和20%。上面我们经常采用农户或农场数目的百分比。现在我们采用人口的百分比。这样一变动，下等户这个类别扩大了，上等户这个类别缩小了。然而过去10年中俄国所发生的，无疑正是这种变动，农民失去马匹与破产，乡村中贫困与失业现象增长等等，都无可争辩地证明了这一点。

这就是说，在农业人口中间，我们看到有无产者与半无产者约4 850万人，极贫穷的小业主及其家属约2 910万人，富裕小农户的人口约1 940万人。

其次，产生一个如何划分工商业人口与非生产人口的问题？在后一类人口中，有很明显的大资产阶级分子：一切食利者("靠资本及不动产的收入生活的”——即我国统计中第 14 类第 1 组——90 万人)、一部分资产阶级知识分子、文武大官员等等。这里总计约为 150 万人。在非生产人口的另一极,是陆军、海军、宪兵和警察的下级官吏(约 130 万人),仆役和人数众多的小职员(共达 50 万),将近 50 万乞丐、游民等等。这里只能大致划分为几个最接近基本经济类型的类别:约有 200 万归入无产者与半无产者(一部分流氓无产者),约有 190 万归入极贫穷的小业主,约有 150 万归入富裕的小业主,其中包括大部分职员、管理人员、资产阶级知识分子等等。

最后,在工商业人口中间,最多的无疑是无产阶级,他们和大资产阶级之间的鸿沟最深。但是人口调查并没有提供关于这部分人口划分为业主、个体生产者、工人等等的任何资料。只好把上面举出的按生产中的地位划分的圣彼得堡工业人口的资料作为例子。根据这些资料,大体上可以把 7%左右的人列入大资产阶级,把 10%列入富裕的小业主,把 22%列入极贫穷的小业主,把 61%列入无产阶级。当然,在整个俄国,工业中的小生产比圣彼得堡活跃得多,但是我们并未把大批的个体生产者以及在家中为业主做工的手工业者列为半无产者。因此,总的说来,上述的百分比与实际情形大概不会有多大出入。于是我们得出工商业人口数目如下:大资产阶级约为 150 万,富裕业主约为 220 万,贫穷的小生产者约为 480 万,无产者与半无产者阶层约为 1 320 万。

把农业人口、工商业人口与非生产人口加在一起,俄国全部人口按阶级地位划分的情况大致如下:

| | | 全部男女人口 |
|---|---|---|
| 大资产阶级、地主、高等官吏等等……… | 约 | 3.0(单位百万) |
| 富裕的小业主……………………………… | 约 | 23.1(单位百万) |

| | | |
|---|---|---|
| 极贫穷的小业主…………………………… | 约 | 35.8(单位百万) |
| 无产者[①]和半无产者…………………………… | 约 | 63.7(单位百万) |
| **共　计** | 约 | 125.6(单位百万) |

我们毫不怀疑,我国立宪民主党的与立宪民主党人化的经济学家与政治家们将会怒气冲冲地来反对这种关于俄国经济的“简单化的”观念。抹杀详细分析中的经济矛盾的深度,同时指斥社会主义者对这些矛盾**整体**的看法的“粗野”,这是最方便最有利不过的了。对我们得出的结论的这种批判,自然是没有一点科学意义的。

关于某些数字的**近似程度**,当然可能有部分的意见分歧。从这种角度来看,指出洛西茨基先生的著作《根据 1897 年人口调查对俄国人口的研究》(1905 年《世间》杂志第 8 期)是很有意思的。作者利用了人口调查中关于工人与仆役人数的直接资料。根据这些资料,他确定俄国无产者人口为 2 200 万,农民与地主为 8 000 万,工商业业主与职员约为 1 200 万,非职业人口约为 1 200 万。

根据这些资料,无产阶级人数是与我们的结论很相近的。[②]否认在依靠“外水”的贫苦农民中间、在手工业者等等中间有极其大量的半无产者人口——这就是嘲弄关于俄国经济的一切资料。只要想一想欧俄一地就有 325 万无马的**农户**,340 万有一匹马的农户,以及关于租地、“外水”、家庭收支等等的全部地方自治局统计资料,就不会怀疑半无产者人数的众多了。假定无产者与半无产者人口共占农民的一半,这大概是把它的数目减小了,决没有夸大。而在农业人口以外,无产者与半无产者阶层的百分比无疑地还要大些。

---

① 无产者不少于 2 200 万。见下面。

② 这里不必详细讨论洛西茨基先生所使用的关于工人与仆役的统计。显然,这个统计的毛病在于把工人人数大大地**缩减了**。

其次，如果不愿把完整的经济图景分拆成小块，那就必须把很大一部分工商业管理人员、职员、资产阶级知识分子、官吏等等列入富裕的小业主之内。在这里我们也许是过于谨慎了，把这部分人口的数目算得太多：很可能倒是应该把极贫穷的小业主的人数增加，把富裕小业主的人数减少。不过这种划分当然并不奢望有统计上的绝对准确性。

统计应当说明由全面的分析所确定的社会经济关系，而不应当变成目的本身，就像在我国常常发生的那样。抹杀俄国人口中小资产阶级阶层人数众多，就是公然伪造我国经济现实的图画。

## 六 蒸汽发动机的统计

蒸汽发动机在生产中的运用，是大机器工业最特出的标志之一。因此，考察关于这一问题的现有资料是很有意义的。《俄罗斯帝国蒸汽发动机统计材料》(1882 年圣彼得堡中央统计委员会版)报道了 1875—1878 年的蒸汽发动机数目。① 关于 1892 年，我们有《俄国工厂工业材料汇编》的数字，把所有工厂生产及矿业生产都包括在内了。这些资料的比较如下：

**工业中蒸汽发动机的数目**

| | 1875—1878 年 | | | 1892 年 | | |
|---|---|---|---|---|---|---|
| | 蒸汽锅炉 | 蒸汽机 | 共有马力 | 蒸汽锅炉 | 蒸汽机 | 共有马力 |
| 欧俄(50 省) | 7 224 | 5 440 | 98 888 | 11 272 | 10 458 | 256 469 |
| 波兰 | 1 071 | 787 | 14 480 | 2 328 | 1 978 | 81 346 |

① 为了与 1892 年比较，我们从 13 类行业中除去下列各类：I(农业)，XII(印刷业及石印业)与 XIII(“水管”及其他)。锅驼机是和蒸汽机一起计算的。

| | | | | | | |
|---|---|---|---|---|---|---|
| 高加索 | 115 | 51 | 583 | 514 | 514 | 5 283 |
| 西伯利亚与土耳其斯坦 | 100 | 75 | 1 026 | 134 | 135 | 2 111 |
| **全帝国共计** | 8 510 | 6 353 | 114 977 | 14 248 | 13 085 | 345 209 |

在 16 年中间，蒸汽发动机马力的数量在俄国增加了 **2 倍**，而在欧俄则增加了 **1.5 倍**。蒸汽机数目增加得较少，因为每一蒸汽机的平均马力大大增加了，在欧俄从 18 马力增加到 24 马力，而在波兰王国则从 18 马力增加到 41 马力。因此，大机器工业在这一时期发展得很快。就蒸汽机马力数量来看，在 1875—1878 年站在其他省份前面的是下列各省：圣彼得堡省（17 808 马力）、莫斯科省（13 668 马力）、基辅省（8 363 马力）、彼尔姆省（7 348 马力）、弗拉基米尔省（5 684 马力），这 5 省共有 52 871 马力，约占欧俄总数3/5；其次是波多利斯克省（5 480 马力）、彼得库夫省（5 071 马力）、华沙省（4 760 马力）。在 1892 年，这个次序改变了：彼得库夫省（59 063 马力）、圣彼得堡省（43 961 马力）、叶卡捷琳诺斯拉夫省（27 839 马力）、莫斯科省（24 704 马力）、弗拉基米尔省（15 857 马力）、基辅省（14 211 马力）——后面 5 省共有 126 572 马力，即约为欧俄总数1/2；其次是华沙省（11 310 马力）与彼尔姆省（11 245 马力）。这些数字清楚地表明波兰和南俄这两个新的工业中心形成了。在彼得库夫省，蒸汽机马力数量增加了 10.6 倍，在叶卡捷琳诺斯拉夫和顿河两省①，从 2 834 马力增加到 30 932 马力，即增加了 9.9 倍。这些如此迅速发展起来的工业中心，由后列移到了前列，把旧的工业中心挤到后面去了。应该指出：在这些资料中，也显示出制造**生产**消费品的工业即采矿工业与冶金工业有特别迅速的增长。在 1875—1878 年，这种工业中使用蒸汽机 1 040 台，22 966 马力（在欧俄），而在

① 由于这两省的省界在 1878 年以后有了变动，我们把它们合在一起。

1890 年则使用蒸汽机 1 960 台,74 204 马力。这就是说,14 年间的增长比起全部工业中的蒸汽发动机总数在 16 年间的增长还要大。制造生产资料的工业在全部工业中所占的比重愈来愈大。[①]

## 七 大工厂的增加

上面已经证明我国工厂统计资料不能令人满意,所以我们不得不依靠更复杂的计算来确定改革后俄国大机器工业是如何发展起来的。我们选择了 1866 年、1879 年、1890 年以及 1894—1895 年度关于最大工厂即有厂内工人 100 以上的工厂的资料[②]。厂外工人只是在 1894—1895 年度《工厂索引》的资料中才严格地区分开来;因此,前面几个年份(特别是 1866 年和 1879 年)的资料,虽然有注释中所加的修正,可能仍然有一些夸大。

我们举出这些最大工厂的资料:

① 1892 年以后,蒸汽发动机在俄国的应用有多么巨大的发展,这可以从下列事实看出来:根据工厂视察员的报告,在 1904 年,64 省有工厂蒸汽锅炉 27 579 个,除农用者外,全国总计有蒸汽锅炉 31 887 个。(**第 2 版注释**)

② 资料来源:《财政部年鉴》第 1 编(只有 71 种行业的资料);《工厂一览表》,第 1 版和第 3 版,有一切行业的资料,正如在《工厂索引》中一样;但是,为了把《工厂索引》的资料与《工厂一览表》的资料作一比较,必须从列入《工厂一览表》清单的行业中除去路轨制造业。那些把家庭工人也列入工厂工人的作坊,已经被减去。这种把家庭工人列入的情形,有时候在上述出版物的注释中直接讲明了;这种情形有时候可以从各年资料的比较中看出来:例如,参看 1879 年、1890 年以及 1894—1895 年度萨拉托夫省棉织业的资料(参看第 6 章第 2 节(1))。**辛茨海梅尔**(《论德国大工厂生产扩张的限度》1893 年斯图加特版)把有 50 个工人以上的工厂企业归入大工厂企业。我们认为这个标准绝对不低,但是由于计算俄国资料很困难,所以只得限于最大的工厂了。

## 下列年代欧俄最大工厂表

| 工厂类别（按工人人数分类） | 1866年 | | | | 1879年 | | | | 1890年 | | | | 1894—1895年度 | | | |
|---|---|---|---|---|---|---|---|---|---|---|---|---|---|---|---|---|
| | 工厂数目 | | 工人人数 | 生产总额（单位千卢布） | 工厂数目 | | 工人人数 | 生产总额（单位千卢布） | 工厂数目 | | 工人人数 | 生产总额（单位千卢布） | 工厂数目 | | 工人人数 | 生产总额（单位千卢布） |
| | 共计 | 其中采用蒸汽发动机者 | | | 共计 | 其中采用蒸汽发动机者 | | | 共计 | 其中采用蒸汽发动机者 | | | 共计 | 其中采用蒸汽发动机者 | | |
| （A）有100工人—499工人者 | 512 | 204 | 109 061 | 99 830 | 641 | 354 | 141 727 | 201 542 | 712 | 455 | 156 699 | 186 289 | | | | |
| （B）有500工人—999工人者 | 90 | 68 | 59 867 | 48 359 | 130 | 119 | 91 887 | 117 830 | 140 | 140 | 94 305 | 148 546 | | | | |
| （C）1 000工人以上者 | 42 | 35 | 62 801 | 52 877 | 81 | 76 | 156 760 | 170 533 | 99 | 99 | 213 333 | 253 130 | | | | |
| **总　计**① | 644 | 307 | 231 729 | 201 066 | 852 | 549 | 390 374 | 489 905 | 951 | 694 | 464 337 | 587 965 | | | | |
| （A）有100工人—499工人者 | | | | | 981 | 534 | 219 735 | 289 006 | 1 133 | 769 | 252 656 | 355 258 | | | | |
| （B）有500工人—999工人者 | | | | | 166 | 145 | 115 586 | 142 648 | 183 | 183 | 121 553 | 190 265 | | | | |
| （C）1 000工人以上者 | | | | | 91 | 83 | 174 322 | 198 272 | 115 | 115 | 248 937 | 313 065 | | | | |
| **总　计**② | | | | | 1 238 | 762 | 509 643 | 629 926 | 1 431 | 1 067 | 623 146 | 858 588 | | | | |
| （A）有100工人—499工人者 | | | | | 979 | 532 | 219 436 | 288 759 | 1 131 | 767 | 252 063 | 352 526 | 1 136 | 935 | 252 676 | 374 444 |
| （B）有500工人—999工人者 | | | | | 164 | 144 | 113 936 | 140 791 | 182 | 182 | 120 936 | 186 115 | 215 | 212 | 143 453 | 229 363 |
| （C）1 000工人以上者 | | | | | 86 | 78 | 163 044 | 177 537 | 108 | 108 | 226 207 | 276 512 | 117 | 117 | 259 541 | 351 426 |
| **总　计**③ | | | | | 1 229 | 754 | 496 416 | 607 087 | 1 421 | 1 057 | 599 206 | 815 153 | 1 468 | 1 264 | 655 670 | 955 233 |

① 1866年、1879年、1890年的71种行业的资料，关于这些行业的情况，有1866年的资料。

② 1879年和1890年的缴纳消费税及不缴纳消费税的一切行业的资料。

③ 1879年、1890年、1894—1895年度除路轨制造业（铸钢业）以外的一切行业的资料。

我们从 1866 年、1879 年和 1890 年的资料开始来分析这个表。大工厂总数在这些年内变动如下:644—852—951,或者按百分比计算,100—132—147。因此,在 24 年内,大工厂数目差不多增加了 0.5 倍。此外,如果拿大工厂各个类别的资料来看,那么我们可以看到:工厂愈大,其数目增加也愈快(A:512—641—712;B:90—130—140;C:42—81—99)。这表明生产日益集中。

使用机器的工厂数目比工厂总数增加得更快;以百分比计算为:100—178—226。愈来愈多的大工厂改用蒸汽发动机。工厂愈大,其中使用蒸汽发动机的工厂就愈多;把这些工厂同该类工厂总数的百分比计算出来,我们就得到如下的数字:(A)39%—53%—63%;(B)75%—91%—100%;(C)83%—94%—100%。蒸汽发动机的应用,是与生产规模的扩大及生产协作的扩大紧密联系着的。

全部大工厂工人人数变动的百分比如下:100—168—200。在 24 年中,工人人数增加了 1 倍,即超过了“工厂工人”总数的增加。每一大工厂的平均工人人数按年份为:359—458—488。按类别则为:(A)213—221—220;(B)665—706—673;(C)1 495—1 935—2 154。因此,最大工厂集中的工人比例日益扩大。在 1866 年,工人在 1 000 以上的工厂,其工人人数占大工厂工人总数的 27%;在 1879 年,占 40%;在 1890 年,占 46%。

全部大工厂的生产总额的变动,用百分比表示是:100—243—292。按类别则为:(A)100—201—187;(B)100—245—308;(C)100—323—479。因此,全部大工厂的生产总额差不多增加了两倍,而且工厂愈大,这种增加的速度就愈快。但是,如果我们把各类工厂每年的劳动生产率作一比较,那么我们就会看到稍微不同的情形。全部大工厂中，每个工人的平均生产额为 866—1 250—1 260 卢布，而按类别则为：(A)901—1 410—1 191；(B)800—1 282—1 574；(C)841—1 082—1 188。因此，在这里看不出（每一工人）每年生产额由最低的类别到最高的类别的上升。这种情况之所以发生，是由于各种行业的工厂以不同的比例归入各类，而这些行业的原料价格不等，因而每一工人的全年生产额也不同。①

对 1879 年、1890 年的资料以及 1879 年、1890 年、1894—1895 年度的资料也进行这样详细的分析，我们觉得没有必要，因为这只不过是为了几个稍微不同的百分比把上面所说过的重复一遍而已。

最近《工厂视察员报告汇编》中引用了一些按工人人数划分工厂类别的资料。下面是 1903 年的这种资料：

| | 俄罗斯 64 省 | | 欧俄 50 省**98** | |
|---|---|---|---|---|
| 工厂类别 | 工厂数目 | 工人人数 | 工厂数目 | 工人人数 |
| 工人在 20 以下者 | 5 749 | 63 652 | 4 533 | 51 728 |
| 21—50 工人者 | 5 064 | 158 602 | 4 253 | 134 194 |
| 51—100 工人者 | 2 271 | 156 789 | 1 897 | 130 642 |
| 101—500 工人者 | 2 095 | 463 366 | 1 755 | 383 000 |
| 501—1 000 工人者 | 404 | 276 486 | 349 | 240 440 |
| 超过 1 000 工人者 | 238 | 521 511 | 210 | 457 534 |
| **共　计** | 15 821 | 1 640 406 | 12 997 | 1 397 538 |

这些资料是可以同上面引用的资料作比较的，只是有些不确切，虽然不严重。不管怎样，这些资料表明，大工厂（工人在 99 或 100 以上者）数目及其工人人数都迅速地增长着。这些大工厂中的最大工

① 例如，在 1866 年，列入 A 类的有 17 个精制糖厂，其中每一工人的全年生产额约为 6 000 卢布，而在纺织厂中（列入最高类别的），每一工人的全年生产额则为 500—1 500 卢布。

厂，其工人人数的集中——从而生产的集中——也在增长着。①

把大工厂的资料同我国官方统计中关于全部“工厂”的资料加以对照，我们就看到：在 1879 年，大工厂占全部“工厂”的 4.4%，集中了工厂工人总数的 66.8%及生产总额的 54.8%。在 1890 年，大工厂占全部“工厂”的 6.7%，集中了工厂工人总数的 71.1%与生产总额的 57.2%。在 1894—1895 年度，大工厂占全部“工厂”的 10.1%，集中了工厂工人总数的 74%与生产总额的 70.8%。在 1903 年，工人超过 100 人的大工厂，在欧俄占工厂总数的 17%，集中了工厂工人总数的 76.6%。② 这样，大工厂，主要

① 从“最近《工厂视察员报告汇编》……”开始这两段话，是《俄国资本主义的发展》第 2 版(1908 年版)增加的。后来，列宁在这一版的一本书的页边上，亲手补写了下面一些数字(为了清楚起见，我们把工厂类别再一次列出来，放在方括弧内)。

1908 年(俄罗斯 66 省)

| 工厂数目 | 工人人数 | [工厂类别] |
|---|---|---|
| 5 403—— | 63 954 | [工人在20以下者] |
| 4 569—— | 152 408 | [21 — 50 工人者] |
| 2 112—— | 150 888 | [51 — 100 工人者] |
| 2 169—— | 496 329 | [101 — 500 工人者] |
| 433—— | 280 639 | [501—1 000 工人者] |
| 299—— | 663 891 | [超过1 000工人者] |
| 14 985 — | 1 808 109 | [共　计] |

工厂有 100 工人以上者

| 1908 年 | | 1903 年 | |
|---|---|---|---|
| 工厂数目 | 工人人数 | 工厂数目 | 工人人数 |
| 2 901—— | 1 440 859 | 2 737—— | 1 261 363 |

见第 471—472 页插图。——编者注

② 《工厂一览表》和《工厂索引》中我国工厂工业的总计性资料，已在上面第 2 节中引用过了(参看《评论集》第 276 页(本版全集第 4 卷第 21—22 页。——编者注))。我们要指出：大工厂数目在“工厂”总数中的百分比的增长，首先表明了“工厂”这一概念在我国统计中的逐渐缩小。

100 — 201 — 187; B) 100 — 245 — 308; C) 100 — 320 — 477. Слѣд., сумма производства всѣхъ крупныхъ фабрикъ возрасла почти втрое, причемъ чѣмъ крупнѣе фабрики, тѣмъ быстрѣе шло это возрастаніе. Но если мы сравнимъ производительность труда за каждый отдѣльный годъ по различнымъ разрядамъ, то увидимъ нѣсколько иное. Средняя величина суммы производства, приходящаяся на одного рабочаго во всѣхъ крупныхъ фабрикахъ, будетъ: 866 руб.—1.250—1.260, а по разрядамъ: A) 901—1.410—1.191, B) 800—1.282—1.574; C) 841—1.082—1 188 Слѣд., за каждый отдѣльный годъ не наблюдается повышенія суммы производства (приходящейся на одного рабочаго) отъ низшаго разряда къ высшему. Происходитъ это отъ того, что въ разные разряды попадаютъ въ неравномъ отношеніи фабрики разныхъ производствъ, отличающихся различной стоимостью сырого матеріала, а, слѣдовательно, и различной величиной годового производства на одного рабочаго [*]).

Разбирать столь же подробно данныя за 1879—1890 гг. и за 1879—1890—1894—5 гг. мы находимъ лишнимъ, такъ какъ это значило бы повторять по поводу нѣсколько иныхъ процентныхъ отношеній все сказанное выше.

Въ послѣднее время въ „Сводѣ отчетовъ фабричныхъ инспекторовъ“ приводятся данныя о распредѣленіи фабрикъ и заводовъ на группы по числу рабочихъ. Вотъ эти данныя за 1903-й годъ.

| Въ 1908 г. (66 губ. Россіи) Число завед. | Въ 1908 г. Число рабоч. | Группы ф.-з. заведеній | Въ 64 губ. Россіи. Число заведеній | Въ 64 губ. Россіи. Число рабочихъ. | Въ 50 губ. Евр. Росс. Число заведеній | Въ 50 губ. Евр. Росс. Число рабочихъ. |
|---|---|---|---|---|---|---|
| 5.403 | 63.954 | Менѣе 20 рабоч. | 5.749 | 63.652 | 4.533 | 51.728 |
| 4.559 | 152.408 | 21—50 „ | 5.064 | 158.062 | 4.253 | 134.194 |
| 2.112 | 150.888 | 51—100 „ | 2.271 | 156.789 | 1.897 | 130.642 |
| 2.159 | 495.329 | 101—500 „ | 2.095 | 463.366 | 1.755 | 383.000 |
| 433 | 280.539 | 501—1000 „ | 404 | 276.486 | 349 | 240.440 |
| 299 | 663.891 | Свыше 1000 „ | 238 | 521.511 | 210 | 457.534 |
| 14.985 | 1.808.209 | Всего . . . | 15.821 | 1.640.406 | 12.997 | 1.397.538 |

Данныя эти могутъ быть сравниваемы съ вышеприведенными лишь при допущеніи нѣкоторой невѣрности, правда, ничтожной. Во всякомъ случаѣ эти данныя показываютъ, что число крупныхъ

[*]) Напр., за 1866 г. въ разрядъ *A* вошло 17 сахарорафинадныхъ заводовъ, въ которыхъ на 1 рабочаго приходится около 6 тыс. руб. годового производства, тогда какъ на текстильныхъ фабрикахъ (вошедшихъ въ высшіе разряды) приходится 500—1.500 р. годового производства на одного рабочаго.

1908 {Производ. зав., чис. 100 и более раб.} 1903
завод. рабоч. завод. рабоч.
2.901 - 1.440.853 2.737 - 1.261.363

列宁《俄国资本主义的发展》1908 年第 2 版
第 405 页，上面有列宁的批注
（按原版缩小）

是使用蒸汽机的大工厂，虽然为数不多，但集中了全部“工厂”工人人数与生产总额的大部分，而且是日益增加的。我们在上面已经看到，这些大工厂在改革后时代以怎样巨大的速度增长着。现在我们还要引证关于采矿工业中的大企业的资料①。

**1890年欧俄最大的工业企业**

| 工厂、矿山等等类别（按工人人数分类） | 采矿工业 | | | 工厂工业与采矿工业 | | |
|---|---|---|---|---|---|---|
| | 企业数目 | | 工人人数 | 企业数目 | | 工人人数 |
| | 共计 | 其中使用蒸汽发动机者 | | 共计 | 其中使用蒸汽发动机者 | |
| (A)100—499工人者 | 236 | 89 | 58 249 | 1 369 | 858 | 310 906 |
| (B)500—999工人者 | 73 | 38 | 50 607 | 256 | 221 | 172 160 |
| (C)1 000工人以上者 | 71 | 49 | 149 098 | 186 | 164 | 398 035 |
| **共　计** | 380 | 176 | 257 954 | 1 811 | 1 243 | 881 101 |

在采矿工业中，大企业工人的集中还更厉害（虽然生产上应用蒸汽发动机的企业的百分比比较低些）；在305 000名矿业工人中，有258 000人，即84.5%的矿业工人集中在有工人100名以上的企业里；差不多一半矿业工人（305 000中的145 000）在少数有工人1 000名以上的最大工厂内做工。在欧俄全部工厂工人与矿业工人（1890年为1 180 000）当中，¾（74.6%）集中在有工人100名以上的企业里；差不多一半（1 180 000中的570 000）集中在有工人500名以上的企业里。②

① 这些资料是根据《1890年俄国采矿工业统计资料汇编》计算出来的，同时把列入《工厂一览表》中的工厂除开了。由于这样除开的结果，欧俄矿业工人总数减少了35 000（340 000—35 000=305 000）。

② 根据1895年的工业调查，在德国的**全部**工业中（矿山建筑业也包括在内，这一部门在俄国并未登记），有工人1 000以上的企业248个；这些企业中的工人为430 286名。可见，俄国的最大工厂比德国的还要大。

---

尼·—逊先生说，1880—1890年时期同1865—1880年时期比较起来，资本主义的发展和“工厂人口”的增长“都变慢了”；我们认为在这里研究一下尼·—逊先生所提出的这个问题，并不是多余的。[①] 尼·—逊先生依靠他那独特的逻辑，居然从这个卓绝的发现中作出结论，仿佛“事实完全确证了”《概况》中所提出的论断，即“资本主义在达到其发展的一定界限时，就会缩小自己的国内市场”。——第一，从“增长变慢”就推断出国内市场的缩小，是毫无根据的。工厂工人人数既然比人口增长得快（而根据尼·—逊先生自己的资料也正是如此；从1880年到1890年增长了25%），这就意味着人口在脱离农业，甚至个人消费品的国内市场也在增长（更不必说生产资料的市场了）。第二，百分比上所表现的“增长的减少”，是资本主义国家在一定发展阶段上必定发生的现象，因为用百分数表示，小的数量总是比大的数量增长得快。根据资本主义在最初阶段发展得特别迅速的事实，只能作出结论说：年轻国家有赶过年老国家的趋势。把初期增长的百分比当做以后各个时期的标准是错误的。第三，**“增长的减少”这一事实本身，绝对不是尼·—逊先生所举出的各个时期的比较所能证明的**。资本主义工业的发展只能是周期性的；因此，要比较各个时期，就必须举出很多年的资料[②]，以便把特别繁荣、高涨的年代和衰落的年代划分清楚。尼·—逊先生不这样做，就犯了很大的错误，他没有看出1880

---

① 1894年《俄国财富》杂志第6期第101页及以下各页。我们所举出的大工厂的资料，也证明1879—1890年增长的百分比比1866—1879年要小些。

② 例如，像杜冈-巴拉诺夫斯基先生在其《俄国工厂今昔》第307页及图中所做的那样。依据这个图可以清楚地看出，1879年，尤其是1880年和1881年，是特别高涨的年份。

年是特别高涨的一年。不仅如此，尼·—逊先生甚至毫不在乎地“捏造出”相反的论断。他议论道：“还须指出，中间的〈1865 年和1890 年中间的〉1880 年是一个歉收的年份，因此在该年内所登记的工人人数，比正常年份要少些”!!（同上，第 103—104 页）。尼·—逊先生只要看看他从中取得 1880 年的数字的那本出版物（《工厂一览表》第 3 版）的正文，他就会在那里看到，1880 年的特点是工业，特别是制革业和机器制造业的“飞跃”（第 IV 页），这是因为战后对制成品的需求大大增加，政府订货大大增多。只要把 1879 年的《工厂一览表》翻一翻，就可以清楚地了解这种飞跃的程度。① 但是尼·—逊先生为了证明自己的浪漫派理论，竟不惜公然歪曲事实。

## 八　大工业的分布

为了说明大机器工业，除去生产集中在最大工厂的问题之外，生产集中在各个工厂工业中心的问题和工厂中心的各种不同形式的问题也很重要。可惜我国工厂统计不仅供给一些不能令人满意的和不能比较的材料，而且对这些材料的整理也很不够。例如，在现时的出版物中，只以各省为单位来表明工业的分布（而不是像 60 年代优秀的出版物那样以各个城市和各个县份为单位，这些出版物还用地图来说明工厂工业的分布）。但是为了确切说明大工业的分布，必须采用各个中心，即各个城市、各个工厂村或彼此距离相近的几个

① 例如，制呢业加紧制造军用呢；制革业欣欣向荣；大工厂“为军事部门”制造 250 万卢布的革制品。（第 288 页）伊热夫斯克工厂与谢斯特罗列茨克工厂制造炮兵用品共值 750 万卢布，而 1890 年则为 125 万卢布。铜器业把注意力放在制造军用品及军事器材上（第 388—389 页）；火药厂日夜开工等等。

工厂村的资料。省或县是太大的地域单位。① 因此，我们认为必须根据1879年和1890年的《工厂一览表》算出关于我国工厂工业集中在最重要中心的资料。附录(附录三)中所刊载的表，包括了欧俄103个工厂中心的资料，这些工厂中心大约集中了工厂工人总数的一半。②

这个表给我们指出了俄国工厂中心的三种主要类型。(1)城市。它们占第一位，其特点是工人与企业的最大集中。一些大城市在这方面特别突出。在1890年，两个首都各集中了70 000工厂工人(近郊也计算在内)，里加集中了16 000工人，伊万诺沃-沃兹涅先斯克集中了15 000工人，博戈罗茨克集中了10 000工人，其余城市都不到10 000工人。只要粗略地看一看官方公布的几个大城市的工厂工人的人数(1890年敖德萨为8 600名，基辅为6 000名，顿河畔罗斯托夫为5 700名，等等)，就知道这些数字小得可笑。上面所举的圣彼得堡的例子表明，必须把这些数字增加好几倍，才能得到这些工业中心的工业工人的总数。除了城市以

① "……在(莫斯科省)各县的辖区内，工厂的配置很不平衡：在工业十分发达的县份，除了那些由于工厂企业相当密集而可以称为真正工厂中心的地区以外，我们看到许多几乎没有任何工厂工业的乡；相反，在一般缺少工厂的县份，有一些地区，某一行业有了相当程度的发展，除了手工业者的茅舍与小工房以外，还出现了具有工厂生产的一切特征的较大的企业。"(《莫斯科省统计资料汇编》，卫生统计部分，1890年莫斯科版第4卷第1册第141页)这一出版物在现今的工厂统计书刊中是较好的一种，它以详细编制的地图说明了大工业的分布。要得到工厂工业分布的全貌，只缺少各个中心按工厂数、工人数和生产总额的分类。

② 只有生产额在2 000卢布以上的工厂才列入本表，而磨坊则只有使用蒸汽发动机的才列入。凡是指明厂外工人算做工厂工人的地方，都把这些厂外工人除外了；这种除外是用星花(*)来表明的。1879年的工业高涨，也不能不在这些资料中反映出来。

外，还必须指出城市近郊。大城市近郊往往是相当大的工业中心，但是根据我们的资料，我们只能举出一个这样的中心——圣彼得堡近郊，1890年这里有工人18 900名。列入我们表中的莫斯科县的几个村庄，实质上也是城市近郊。①

工厂中心的第二个类型就是工厂村，它们在莫斯科、弗拉基米尔与科斯特罗马3省特别多（在我们表中所列入的63个最重要的乡村中心总数中，有42个是在这3省之内）。在这些乡村中心中间，奥列霍沃-祖耶沃镇首屈一指（表中把奥列霍沃与祖耶沃分别列出，然而它们是一个中心）；就工人人数来说，它只逊于两个首都（在1890年为26 800人）②。在这3省以及雅罗斯拉夫尔与特维尔两省，大多数乡村工厂中心是由一些极大的纺织工厂（棉纺织厂、亚麻织布厂与毛织厂等等）形成的。以前在这些村庄中，差不多总是有分活站，即支配着附近大批手工织工的资本主义工场手工业的中心。在统计没有把家庭工人与工厂工人混在一起的场合，关于这种中心的发展的资料突出地表明了大机器工业的增长，大机器工业把附近成千的农民聚集起来，并把他们变成工厂工人。其次，相当多的乡村工厂中心是由一些大的矿厂与冶金厂（博布罗沃村的科洛姆纳厂，尤佐沃厂、布良斯克厂等等）形成的；其中大部

① "……按照当地居民的说法，莫斯科附近的大村切尔基佐沃，是一个大工厂，并且真正是莫斯科的延长…… 靠近这里，在谢苗诺夫关卡外面……还有许多各种各样的工厂…… 距离这里不远，我们看到伊兹梅洛沃村，村中有自己的一些织造厂与很大的伊兹梅洛沃纺织厂"。这是莫斯科北面的情形。向南面去，"在谢尔普霍夫关卡外面，我们首先看到很大的达尼洛夫纺织厂，单是这个工厂就像是一座小城…… 再往前走，看见一大圈彼此距离很近的大烧砖厂"等等（上引《统计资料汇编》第4卷第1册第143—144页）。因此，实际上，工厂工业的集中程度要比我们在表中所能表明的更大些。

② 在1879年，据计算这里只有10 900工人。显然，是使用了不同的登记方法。

分属于采矿工业，因而未列入我们的表。分布于西南各省村镇的甜菜制糖厂，也形成了不少的乡村工厂中心；我们举出最大的中心之一，基辅省的斯梅拉镇作例子。

工厂中心的第三种类型是“手工业”村，其中一些最大的企业往往被算做“工厂”。在我们的表中，巴甫洛沃、沃尔斯马、博戈罗茨科耶、杜博夫卡等村是这种中心的典型。我们在上面已经以博戈罗茨科耶村为例子，把这些中心的工厂工人人数同其全部从事手工业的人口作过比较了。①

把我们表中所列入的各个中心，按照每一中心的工人人数和各个中心的种类（城市或村庄）加以分类，可以得到下面的资料。②

从这个表可以看出：103 个中心在 1879 年集中了 356 000 工人（总数为 752 000），而在 1890 年则集中了 451 000 工人（总数为 876 000）。因此，工人人数增加了 26.8%，而在全部大工厂（工人在 100 以上者）中只增加了 22.2%，工厂工人总数在同一时期只增加了 16.5%。由此可见，工人正被聚集在各最大的中心。在 1879 年，工人超过 5 000 名的中心只有 11 个，而在 1890 年则已经有 21 个了。特别引人注目的是工人在 5 000 到 10 000 的中心数目的增加。这是由于两个原因造成的：(1)由于南俄（敖德萨、顿河畔罗斯托夫等等）工厂工业的显著增长；(2)由于中部各省工厂村的增长。

城市中心与乡村中心的比较，表明乡村中心在 1890 年占最主要中心工人总数的⅓**左右**（451 000 中的 152 000）。就整个俄国说来，这个比例应当还要高些，这就是说，⅓以上的工厂工人应当是

① 参看本卷第 459 页。——编者注

② 见本卷第 480 页。——编者注

在城市以外。事实上，所有著名的城市中心都已列入了我们的表，而有几百个工人的乡村中心，除去我们举出的以外，还有很多很多（如有玻璃厂、烧砖厂、酿酒厂、甜菜制糖厂等等的村庄）。矿业工人主要也是分布在城市以外。因此可以认为，在欧俄的工厂工人与矿业工人的总数中，分布在城市以外的不下一半（也许是一半以上）。这个结论具有重要的意义，因为它表明俄国**工业**人口的数量大大地超过**城市**人口。①

当我们谈到工厂工业在城市中心与乡村中心的发展速度的比较这个问题时，我们看到乡村中心在这方面无疑是领先的。工人在1 000以上的城市中心的数目在上述期间增加极少（从32增加到33），而这种情况的乡村中心的数目则增加很多（从38增加到53）。工人人数在40个城市中心只增加了16.1%（从257 000人增加到299 000人），而在63个乡村中心则增加了54.7%（从98 500人增加到152 500人）。每一城市中心的平均工人人数只从6 400人增加到7 500人，而每一乡村中心的平均工人人数则从1 500人增加到2 400人。这样，工厂工业大概具有下列的趋势：在城市以外扩展特别迅速；建立新的工厂中心并比城市中心更快地把它们向前推进；深入似乎与资本主义大企业世界隔绝的穷乡僻壤。这个十分重要的情况向我们表明：第一，大机器工业是以怎样的速度改造着社会经济关系。过去要几百年才能形成的东西，现在不过10年光景就实现了。例如，只要把上一章所指出的"手工业村"博戈罗茨科耶、巴甫洛沃、基姆雷、霍捷伊奇、韦里科耶等

① 1897年1月28日的人口普查，完全证实了这个结论。整个帝国的城市人口计为男女16 828 395人。而工商业人口，正如我们在上面指出的，是21 700 000人。**（第2版注释）**

**欧俄最重要的工厂工业中心**

| 中心类别（按工人人数及中心种类划分） | 1879年 | | | | | | 1890年 | | | | | |
|---|---|---|---|---|---|---|---|---|---|---|---|---|
| | 中心数目 | | | 工厂数目 | 生产总额（单位千卢布） | 工人人数 | 中心数目 | | | 工厂数目 | 生产总额（单位千卢布） | 工人人数 |
| | 城市 | 村庄 | 共计 | | | | 城市 | 村庄 | 共计 | | | |
| 工人在10 000人以上的中心…… | 4 | 1 | 5 | 1 393 | 279 398 | 158 670 | 6 | 1 | 7 | 1 644 | 361 371 | 206 862 |
| 工人在5 000—10 000的中心…… | 6 | — | 6 | 148 | 65 974 | 49 340 | 10 | 4 | 14 | 931 | 151 029 | 90 229 |
| 工人在1 000—5 000的中心…… | 22 | 37 | 59 | 1 029 | 174 171 | 133 712 | 17 | 48 | 65 | 804 | 186 422 | 144 255 |
| **工人在1 000以上的中心总计** | 32 | 38 | 70 | 2 570 | 519 543 | 341 722 | 33 | 53 | 86 | 3 379 | 698 822 | 441 346 |
| 工人不到1 000的中心……… | 8 | 20 | 28 | 260 | 17 144 | 14 055 | 6 | 10 | 16 | 259 | 8 159 | 9 898 |
| 没有工人的中心……… | — | 5 | 5 | 1 | — | — | 1 | — | 1 | — | — | — |
| **共　计**……… | 40 | 63 | 103 | 2 831 | 536 687 | 355 777 | 40 | 63 | 103 | 3 638 | 706 981 | 451 244 |
| 城市（与近郊）……… | 40 | — | 40 | 2 574 | 421 310 | 257 181 | 40 | — | 40 | 3 327 | 535 085 | 298 651 |
| 村庄（市镇）……… | — | 63 | 63 | 257 | 115 377 | 98 596 | — | 63 | 63 | 311 | 171 896 | 152 593 |

等这些非农业中心的形成，与一下子就把成千乡村居民聚集到工业村的现代工厂新中心的建立过程作一比较，就可以相信这一点。[①] 社会分工得到了巨大的推动。居民的流动代替了昔日的定居与闭塞状态而成为经济生活的必要条件。第二，工厂向乡村的迁移表明，资本主义克服了农民村社的等级闭塞状态为它设置的障碍，甚至从这种闭塞状态里面取得了利益。在乡村中设立工厂有不少不方便的地方，但是保证有廉价的工人。不让农夫进工厂，工厂却来找农夫。[②] 农夫不能完全自由地（由于连环保以及不许退出村社）去寻找最有利的雇主，而雇主却非常善于寻找最廉价的工人。第三，相当数量的乡村工厂中心及其迅速的发展表明，认为俄国工厂与农民群众处于隔绝状态、俄国工厂对农民的影响很小的意见是没有根据的。相反，我国工厂工业分布的特点表明，它的

① “在克里沃罗格镇，居民从 1887 年的 6 000 人增加到 1896 年的 17 000 人；在第聂伯公司采石厂中，从 2 000 人增加到 18 000 人；在德鲁日科夫卡车站附近，1892 年还只有车站建筑，现在则变成了住户达 6 000 人的村庄；在格丹策夫工厂中约有 3 500 人；在康斯坦丁诺夫卡车站附近，修建了很多工厂，形成了新的居民点；在尤佐夫卡，形成了有 29 000 人口的城市……在叶卡捷琳诺斯拉夫附近的下第聂伯罗夫斯克，在荒凉的沙地上，现在有许多工厂，形成了有 6 000 人的新的居民点。马利乌波尔的工厂吸引了 10 000 个新移民等等。各个煤矿形成了居民的中心。”（1897 年《财政与工商业通报》杂志第 50 期）根据《俄罗斯新闻》（1897 年 11 月 21 日第 322 号）的报道，巴赫姆特县地方自治会议申请把有 1 000 人口的商业村改为镇，而把有 5 000 人口的商业村改为市……　“在我们这里看到商业村和工厂村的无比增长……　共计有 30 个村，都以纯粹美国式的速度产生和增长着……　在沃伦策沃，正在建立一个有两座高炉（一个铸钢用，一个轧钢轨用）的大冶金厂，并将于 11 月初开工。那里计有 5 000—6 000 人口，他们在不久前几乎是渺无人烟的草原上盖起了房子。随着劳动者的流入，商人、手艺人、一般小手工业者也纷至沓来，他们指望各种商品能够很容易、很迅速地卖给劳动者。”

② “工厂寻找廉价的织工，它在织工的家乡找到了。工厂应当跟着织工走……”（《弗拉基米尔省手工业》第 3 编第 63 页）

影响很广泛，远不限于工厂墙壁之内。① 但是，另一方面，我国工厂工业分布的这个特点也不能不使大机器工业对它雇用的人所发生的改造作用受到暂时的阻碍。把偏僻地方的农夫**一下子**变为工人，工厂就在某一时期内保证自己有最廉价、最不开化与要求最少的"人手"。但是，很明显，这种阻碍只能是短时期的，它的代价就是大机器工业的影响范围更加扩大。

## 九　木材业与建筑业的发展

大机器工业发展的必要条件之一（也是大机器工业发展的非常有代表性的伴侣），是提供燃料和建筑材料的工业以及建筑业的发展。我们从木材业谈起。

砍伐树木并为自己使用而对树木进行初步加工，这是农民历来的工作，几乎各个地方都是列入农民一般活计范围之内的。但是所谓木材业，我们是专门指**为出卖**而采伐树木。改革后时代的特点是这种工业特别发展，作为个人消费品（城市的增加，乡村中非农业人口的增加，农民在获得解放时失去了自己的林木），尤其是作为生产消费品，对木材的需求都迅速增加了。商业、工业、城市生活、军事、铁路等等的发展，都引起对木材的需求的大量增加，而使用木材的不是人，而是资本。例如，在工业省份内，木柴价格"不是与日俱增，而是与时俱增"："最近 5 年来〈1881 年以前〉木柴价格上涨 1 倍以上"。②

---

① 我们回忆一下上面（第 3 章第 4 节第 146 页脚注（见本卷第 180—181 页。——编者注））所举出的叶卡捷琳诺斯拉夫省巴赫姆特县采矿工业影响当地农业制度的事实。地主经常抱怨居民被工厂"教坏了"，也是说明问题的。

② 《弗拉基米尔省手工业》第 1 编第 61 页。

“木材价格猛涨。”[①]在科斯特罗马省，“由于工厂大量使用木柴，7年来木柴价格上涨1倍”[②]等等。木材商品向国外的输出，从1856年的5 947 000卢布，增加到1881年的30 153 000卢布与1894年的39 200 000卢布，就是说，增长的比例如下：100—507—659。[③]通过欧俄内河航运，1866—1868年每年平均运输的建筑木材和木柴为15 600万普特[④]，而1888—1890年每年平均为70 100万普特[⑤]，即运输量增加了3倍以上。通过铁路，1888—1890年每年平均运输29 000万普特[⑥]，而在1866—1868年每年平均大概不出7 000万普特[⑦]。这就是说，木材商品运输总额，在60年代约为22 600万普特，而在1888—1890年则为99 100万普特，——即增加3倍以上。由此可见，木材业正是在改革后时代有了巨大发展，这是毫无疑问的。

这种工业的组织究竟是怎样的呢？——是纯粹资本主义的。企业主即“木材业者”从地主那里购买森林，雇用工人来砍伐、截锯、流送等等。例如，在莫斯科省，据地方自治局统计学家计算，在24 000个从事木材业的农民中间只有337个木材业者。[⑧] 在维亚

---

① 《弗拉基米尔省手工业》第4编第80页。

② **日班科夫**《从1866—1883年的资料看外出谋生对科斯特罗马省人口迁徙的影响》1887年科斯特罗马版第25页。

③ 《俄国的生产力》，俄国对外贸易，第39页。木材的输出在1902年为5 570万卢布，在1903年为6 630万卢布。（**第2版注释**）

④ 《军事统计汇编》第486—487页。

⑤ 《铁路与内河航运统计概述》1893年圣彼得堡版（交通部版）第40页。

⑥ 同上，第26页。

⑦ 估计约占全部铁路货运的1/5。（《军事统计汇编》第511页；参看第518—519页）。

⑧ 《莫斯科省统计资料汇编》第7卷第1编第2册。在我国木材业中，也常常没有把业主和工人严格分开，把工人也叫做木材业者。

特卡省斯洛博茨科伊县,计有木材业者 123 人("小木材业者大部分是大木材业者的承包人",而大木材业者只有 10 人),而从事木材业的工人为 18 865 人,每人工资为 19.5 卢布。[①] 谢·柯罗连科先生认为整个欧俄从事木材业劳动的有 200 万农民[②],这一数字大概没有夸大,例如,在维亚特卡省 9 个县(共 11 个县)计有木材工人约 56 430 人,在整个科斯特罗马省约有 47 000 人[③]。木材业劳动的报酬最低;卫生条件十分恶劣,工人的健康遭到极大的损坏;被派到森林深处的工人的状况是最没有保障的;在这一工业部门中,盘剥、实物工资制以及诸如此类的"宗法式的"农民手工业的伴随物非常盛行。我们举出地方调查者们的几段评论来证实这种评述。莫斯科的统计学家们指出了通常把木材工人的工资大大降低的"强制入伙制"。科斯特罗马省的木材工人"合伙住在森林中匆促地、马马虎虎地搭成的茅屋里,屋子里没有炉子,以灶火取暖。饭菜很坏,面包放了一礼拜变得像石头一样硬,空气污浊……经常穿着半湿的衣服……这一切,不能不损坏木材业者的健康"。"木材"乡中的居民比外出零工乡(即外出做零工的人占多数的乡)中的居民"肮脏得多"。[④] 关于诺夫哥罗德省季赫温县,我们读到:"农业是辅助的收入来源,虽然在一切官方资料中你们可以看到居民是种地的…… 农民用来满足自己根本需要的一切收入,都是他们为木材业者采伐与流送木材所得的工资。但是危机很快就会到来,再过 5—10 年森林就没有了……" "从事木材业的工人可

① 《俄国手工工业调查委员会的报告》第 11 编第 397 页。

② 《从欧俄工农业统计经济概述看地主农场中的自由雇佣劳动和工人的流动》。

③ 依据《俄国手工工业调查委员会的报告》计算的。

④ 上引书第 19—20 页和第 39 页。参看《俄国手工工业调查委员会的报告》第 12 编第 265 页中完全相似的论述。

以说是船夫;他们在深山老林的宿营地过冬……而在春天,由于不习惯家庭劳动,就去浮运和流送木柴;只有农忙季节和割草期才会使他们定居下来……” 农民处于木材业者的“永久盘剥”之下。[①]维亚特卡的调查者指出,雇用工人去从事木材业劳动通常安排在征税的时候,向业主购买生活用品大大降低了工资…… “不论伐木工或砍柴工,夏季每天获得17戈比左右,带马的每天获得33戈比左右。这样低的工资实在不足以补偿劳动,如果我们想到这种行业是在极不卫生的条件下进行工作的话”[②],以及其他等等。

总之,木材工人就是农村无产阶级的巨大组成部分之一。农村无产阶级只有很小一块土地,因而不得不在极不利的条件下出卖自己的劳动力。这种职业是极不规则、极不固定的。因此,木材工人形成了理论上称之为**潜在的**[③]形式的后备军(或资本主义社会中相对的人口过剩):一部分(而且,正如我们看到的,是不小的一部分)农村人口必须经常准备担任这类工作,必须经常需要这类工作。这就是资本主义存在与发展的条件。随着森林在木材业者掠夺似的采伐下正在消失(而这个过程是进行得非常快的),就愈益强烈地感觉到以煤炭代替木柴的需要,煤炭工业就愈益迅速地

---

① 《俄国手工工业调查委员会的报告》第8编第1372—1373页和第1474页。“由于木材业的需要,打铁业、制革业、熟制毛皮业及一部分制鞋业在季赫温县发展起来了;前者提供钩竿,而后三者提供靴、短皮大衣及手套。”同时,我们在这里看到生产资料的制造(即资本主义经济中第Ⅰ部类的增长)怎样推动消费品的制造(即第Ⅱ部类)的例子。不是生产跟着消费走,而是消费跟着生产走。

② 《俄国手工工业调查委员会的报告》第11编第399—400、405、147页。参看奥廖尔省特鲁布切夫斯克县地方自治局汇编,其中很多地方指出:“农业具有次要的意义”,主要的作用是属于副业,特别是木材业。(《特鲁布切夫斯克县统计资料汇编》1887年奥廖尔版,特别是关于各村的注释)

③ 《资本论》第2版第1卷第668页(参看《马克思恩格斯文集》第5卷第740页。——编者注)。

发展起来，只有煤炭工业才能成为大机器工业的坚固基础。需要有一种可以在任何时候用一定的很少波动的价格买到任何数量的廉价燃料，——这就是现代工厂的要求。木材业不能满足这个要求。① 因此，木材业在燃料供应上胜过煤炭工业，是与资本主义不甚发达的状态相适应的。至于谈到社会生产关系，那么在这方面，木材业同煤炭工业的关系大概就像资本主义工场手工业同资本主义大机器工业的关系一样。木材业意味着最原始的技术状态，以原始的方法开发自然资源；煤炭工业则引起技术上的彻底改革和机器的广泛应用。木材业使生产者仍然是农民，煤炭工业则把生产者变成工厂工人。木材业把整个旧的宗法式生活制度差不多原封不动地保留下来，利用被分派到森林深处的工人的愚昧无知、孤立无援与分散状态，以最坏的盘剥方式束缚他们。煤炭工业造成了人口的流动，建立了巨大的工业中心，并必然导致对生产进行社会监督。一句话，上述更替有着进步的意义，就像工厂代替手工工场一样。②

建筑业最初也同样归入农民家庭劳动范围以内（直到现在仍是这样，因为半自然的农民经济还存在）。进一步的发展使建筑工

---

① 下面是从《波兰王国工厂工业调查委员会委员的报告》（1888 年圣彼得堡版第 1 部）的资料中所得到的对于这点的说明。波兰的煤炭比莫斯科的便宜一半。波兰 1 普特纺线的平均燃料费用为 16—37 戈比，而莫斯科地区则为 50—73 戈比。莫斯科地区的燃料贮备量是 12—20 个月，而波兰最多是 3 个月，大部分是 1—4 星期。

② 尼·—逊先生讲到了煤炭工业代替木材业的问题（《概况》第 211 页和第 243 页），他像往常一样只是发牢骚。对于以最坏的剥削形式著称的资本主义木材业落后于资本主义煤炭工业这件小事，我们的浪漫派竭力不予理会。但是关于“工人人数”，他却大谈特谈！60 来万英国煤矿工人同几百万无工可做的农民比起来说明什么呢？——他说道。（第 211 页）我们对此回答道：资本主义形成相对的人口过剩是毫无疑义的，但是尼·—逊先生完全不懂得这种现

人变为按照消费者订货而工作的专业**手艺人**。在乡村及小城市中，建筑业的这种组织在现在也是相当发达的；手艺人通常保持着同土地的联系，为范围极其狭小的小消费者工作。随着资本主义的发展，保存这种工业结构就不可能了。商业、工厂、城市、铁路的发展，提出了对完全另外一种建筑的需求，这种建筑无论在建筑样式或规模上都与宗法制时代的旧式建筑是不一样的。新式建筑需要各种各样的贵重材料，需要大批各种各样专业工人的协作，需要很长的施工时间，这些新建筑的分布与传统的居民的分布完全不一致：它们建设在大城市里或城市近郊，建设在没有人烟的地方以及正在修筑的铁路沿线等等。当地的手艺人变为企业主-**承包人**所雇用的外出零工，而这些企业主-**承包人**逐渐挤进消费者与生产者之间，并且变成真正的资本家。资本主义经济的跳跃式的发展，长久萧条的年代被"建筑热"（正如现在 1898 年所经历的）的时期所代替，大大地推动了建筑业中资本主义关系的扩大与加深。

根据俄国经济学书刊的资料，上述工业在改革后时期的演进就是如此。[①] 这种演进特别突出地表现在地区分工上，也就是形成了各个广大地区，那里的劳动居民专门从事于某一种建

---

象与大机器工业的需要之间的联系。把临时地与不规则地从事各种工作的农民人数同只是开采煤炭的专业矿工的人数作比较，这是毫无意义的方法。尼·—逊先生使用这种方法，不过为了抹杀下述破坏他的理论的事实：俄国工厂工人与矿业工人的人数以及整个工商业人口都在迅速地增长。

① 我们在上面已经指出，断定这种演进是困难的，因为在我国书刊中，往往把建筑工人叫做"手艺人"，同时完全错误地把雇佣工人也归入这个类别。——关于西欧建筑业组织的类似的发展，可参看**韦伯**《不列颠工联主义运动史》1895 年斯图加特版第 7 页。

筑活计。[①] 这种地区的专业化，以建筑活计的大市场的形成为前提，因而以资本主义关系的形成为前提。我们举出一个这样的地区的资料来说明。弗拉基米尔省波克罗夫县早就以木匠出名，在本世纪初木匠就已占居民一半以上。改革以后，木匠业继续兴旺。[②] “在木匠业地区，类似工匠与厂主的分子就是承包人”，这种承包人通常从木工劳动组合中最灵巧的人员中产生。“承包人在10年之内赚到5—6万卢布以至更多的纯利是很常见的事情。有些承包人拥有300—500木匠，已经成为真正的资本家…… 难怪当地的农民说：**‘没有比木匠生意更赚钱的了**。’”[③]对于这一行业的现代组织的本质，很难有比这更鲜明的描述了！“木匠业给整个当地农民生活方式打下了深刻的印记…… 农民木匠渐渐地同农业疏远了，后来就完全抛开农业。”京都生活在木匠身上打下文明的印记：他们比周围农民要清洁得多，他们的“文化修养”、“较高的智力发展程度”都使他们与众不同。[④]

① 例如，在雅罗斯拉夫尔省，达尼洛夫县的火炉匠、灰泥匠和泥水匠特别有名，该县各个乡主要出其中一种行业的工匠。雅罗斯拉夫尔县伏尔加左岸地区所出的彩画匠特别多，莫洛加县中部地区所出的木匠特别多，等等。(《雅罗斯拉夫尔省概述》1896年雅罗斯拉夫尔版第2编第135页及其他各页)

② 在50年代末，阿尔古诺沃地区(阿尔古诺沃乡是手工业中心)出了大约10 000个木匠。在60年代，波克罗夫县的548个乡村当中，有503个是木匠居住的。(《弗拉基米尔省手工业》第4编第161页及以下各页)

③ 同上，第165页。黑体是我们用的。

④ 同上，第166页。其他资料也作了同样的描述。见**日班科夫**《从1866—1883年的资料看外出谋生对科斯特罗马省人口迁徙的影响》1887年科斯特罗马版；《关于科斯特罗马省索利加利奇县的城市外出谋生情况》，1890年《法学通报》杂志第9期；《农妇国》1891年科斯特罗马版；《研究外出谋生的总纲的尝试》；《1892—1895年斯摩棱斯克省的外出零工》1896年斯摩棱斯克版；《外出谋生对人口迁徙的影响》，1895年《医生》杂志第25期。又见上面引证过的《雅罗斯拉夫尔省概述》，《俄国手工工业调查委员会的报告》，《1896年卡卢加省统计概述》1897年卡卢加版；《1896年下诺夫哥罗德省的农业概况》1897年下诺夫哥罗德版以及其他地方自治局统计出版物。

根据现有的片断的资料来判断,欧俄建筑工人的总数应当是很大的。在卡卢加省,1896 年计有当地的与外来的建筑工人 39 860 人。在雅罗斯拉夫尔省,根据官方资料,1894—1895 年度计有外来工人 20 170 人。在科斯特罗马省,约有外来工人 39 500 人。在维亚特卡省 9 个县(共 11 个县),约有外来工人 30 500 人(在 80 年代)。在特维尔省 4 个县(共 12 个县),计有当地的与外来的工人 15 585 人。在下诺夫哥罗德省戈尔巴托夫县,计有当地的与外来的工人 2 221 人。根据 1875—1876 年的官方资料,梁赞省每年单是外出的木匠就不下 20 000 人。在奥廖尔省奥廖尔县,计有建筑工人 2 000 人。在波尔塔瓦省 3 个县(共 15 个县),计有 1 440 人。在萨马拉省尼古拉耶夫斯克县,计有 1 339 人。[①] 根据这些数字判断,欧俄建筑工人人数应当**不下 100 万人**。[②] 必须承认这个数字是最低数字,因为一切资料来源都证明建筑工人人数在改革后时代是迅速增长的。[③] 建筑工人是正在形成的工业无产

① 资料来源,除了上条注释中所讲到的以外,还有地方自治局汇编。瓦·沃·先生(《俄国手工工业概述》第 61 页)引用了波尔塔瓦省、库尔斯克省与坦波夫省 13 个县的资料。建筑工人(瓦·沃·先生毫无根据地把他们全算做“小工业者”)共为 28 644 人,占各县全部成年男子的 2.7%到 22.1%。如果以平均百分比(8.8%)作为标准,那么欧俄就会有 133 万左右的建筑工人(把成年男工算做 1 500 万)。而上述各省处于建筑业最发达的省份与建筑业最不发达的省份之间的中间地位。

② 根据 1897 年 1 月 28 日的人口调查(《1897 年 1 月 28 日帝国第一次人口普查材料研究结果总集》1905 年版),整个帝国**独立的**建筑业人口(自己赚得生活资料者)为 717 000 人,外加以建筑业为副业的农民 469 000 人。(**第 2 版注释**)

③ 保了火险的建筑物的价值的资料,部分地可以用来判断建筑业的规模。这种价值在 1884 年是 596 800 万卢布,在 1893 年是 785 400 万卢布(《俄国的生产力》第 12 编第 65 页)。每年增加了 18 800 万卢布。

阶级，他们与土地的联系现在已很薄弱[①]，并且一年一年地在削弱下去。按其地位来说，建筑工人与木材工人截然不同，更接近于工厂工人。他们在大城市中心与工业中心工作，正如我们所看到的，这些中心大大提高了他们的文化水平。日益衰落的木材业代表了还容忍宗法式生活制度的不大发展的资本主义形式，而日益发展的建筑业则代表了资本主义的更高阶段，它导致新的产业工人阶级的形成，标志着旧的农民的深刻分化。

## 十　工厂的附属物

我们把直接与工厂有联系的雇佣劳动形式与小工业形式称为工厂附属物。这里首先包括木材工人和建筑工人（他们的一定部分），关于这些工人我们已经讲过了，他们有时候直接归入工厂中心的工业人口，有时候属于周围乡村的人口。[②] 其次，这里包括有时候由厂主自己开采的泥炭沼地的工人[③]，以及车夫、搬运工人、

① 例如，在雅罗斯拉夫尔省，外出者占全部人口 11%—20%，即占男工的 30%—56%；外出者中间有 68.7%是**全年**外出的。（《雅罗斯拉夫尔省概述》）显然，他们"不过是**正式名称**叫做农民而已"（第 117 页）。

② 例如，在梁赞省，"单是在赫卢多夫工厂"**99**（1894—1895 年度，计有工人 4 849 名，生产额为 600 万卢布）"冬天运柴就用了约 7 000 匹马，这些马大部分是叶戈里耶夫斯克县农民的"。（《俄国手工工业调查委员会的报告》第 7 编第 1109—1110 页）

③ 泥炭业的统计也是十分混乱的。通常不把它归入"工厂"生产（参看科别利亚茨基《工厂视察机关官员和工厂主手册》第 15 页），但是有时候也归入在内，例如，依据《工厂索引》计算，在弗拉基米尔省（只提到这一个省，虽然其他各省也开采泥炭），有 12 处泥炭采掘场，工人 2 201 名。根据斯维尔斯基所著《弗拉基米尔省的工厂》，1890 年，在弗拉基米尔省采掘泥炭的有 6 038 人。俄国采掘泥炭的工人总数，应当还要大许多倍。

商品包装工人和一般所谓的小工，这些工人总是占工厂中心人口不小的一部分。例如，在圣彼得堡，根据1890年12月15日调查，登记在“日工，小工”这一类的计有44 814人(男女)；其次，运输业中的工人计有51 000人(男女)，其中有9 500人是专门搬运重物和卸货的。再其次，工厂的若干辅助工作是由“独立的”小手工业者进行的；工厂中心或其周围出现了这样的一些手工业：制造榨油厂与酒厂所用的桶[①]，编织装玻璃器皿的篮子[②]，制造装小五金的盒子，制造木工和钳工工具上所用的木柄[③]，制造制鞋厂所用的双帽靴钉、制革厂等所用的“鞣酸”[④]，编织包装工厂产品的椴皮席(在科斯特罗马及其他各省)，做火柴“梗”(在梁赞、卡卢加及其他各省)，替烟草厂糊纸盒(在圣彼得堡附近)[⑤]，制作醋厂用的木粉[⑥]，因大工厂的需要而发展起来的由小纺纱厂加工废纱(在洛兹)[⑦]，以及其他等等。所有这些小手工业者，正如上述的雇佣工人一样，或者是属于工厂中心的工业人口，或者是属于附近的半农业人口。再其次，当工厂只生产半成品时，工厂有时候会带出一些进一步加工半成品的小手工业，例如，机器纺纱推动了手工织布，矿厂周围出现了制造金属用品的“手工业者”，以及其他等等。最后，资本主义的家庭劳动也往往是工厂的附

---

① 《俄国手工工业调查委员会的报告》第6编。

② 同上，第8编，在诺夫哥罗德省。

③ 同上，第9编，在图拉县近郊各乡。

④ 在彼尔姆省昆古尔城周围以及特维尔省基姆雷村和其他村子。

⑤ 见《1889年圣彼得堡县地方自治局报告》，沃伊诺夫先生关于第5医疗地段的报告。

⑥ 《俄国手工工业报告和研究》第1卷第360页。

⑦ 《波兰王国工厂工业调查委员会委员的报告》1888年圣彼得堡版第24页。

属物。[①] 在一切国家内，大机器工业时代的特征，就是资本主义的家庭劳动在成衣业这样一些工业部门中得到广泛发展。上面我们已经讲过这种劳动在俄国普遍到什么程度，它有什么不同的条件，为什么我们认为在关于工场手工业的一章中来叙述它更为恰当。

要比较完全地叙述工厂附属物，就必须有居民职业的完全统计，或工厂中心及其附近地区全部经济生活的专题记述。但是，我们仅有的片断资料也表明，在我国流行的下列意见是多么不正确，这种意见认为，工厂工业是与其他各种工业分离的，工厂人口是与不在工厂中工作的人口分离的。工业形式的发展，就像任何社会关系的发展一样，只能非常缓慢地进行，只能通过大量交错的、过渡的形式和仿佛回到过去的形式进行。例如，小手工业的增长能够表现（我们已经看到）资本主义工场手工业的进步；现在我们看到，工厂有时候也能发展小手工业。为"包买主"做工，也是手工工场与工厂的附属物。为了正确估计这些现象的意义，必须把这些现象同工业发展一定阶段上的整个工业结构以及这一发展的基本趋势联系起来。

## 十一　工业与农业的完全分离

**只有**大机器工业才能引起工业与农业的完全分离。俄国的资

① 根据《工厂索引》，我们计算出，厂内工人在1 000名以上的工厂有16个，它们还有厂外工人7 857名。雇用500—999工人的工厂14个，其厂外工人为1 352名。《工厂索引》对厂外劳动的登记，纯粹是偶然的，而且遗漏极多。根据《工厂视察员报告汇编》，1903年有分活站632处，雇用工人65 115名。当然，这些资料很不完全，然而仍然说明这些分活站及其雇用的工人绝大多数都集中在工厂工业中心（莫斯科地区有503个分活站，49 345名工人。萨拉托夫省——条格布——有33个分活站，10 000名工人）。**（第2版注释）**

料完全证实了《资本论》的作者为其他国家所确立的这个原理①，但是民粹派经济学家通常都把这个原理忽视了。尼·—逊先生在其《概况》中处处谈论“工业与农业的分离”，然而他不想根据确切的资料去详细分析这个过程究竟是怎样进行的以及它采取哪些不同的形式。瓦·沃·先生指出了我国工业工人（**工场手工业中的**；我们的作者认为不必区分资本主义的各个阶段，虽然他装出遵循《资本论》作者的理论的样子！）与土地的联系，并据此宣称，“**我国的**〈黑体是原作者用的〉资本主义生产”“可耻地〈原文如此！〉依赖”工人-耕作者等等。（《资本主义的命运》第114页及其他各页）不仅在“我国”，而且在西欧各地，资本主义在发展到大机器工业阶段以前是不能彻底割断工人与土地的联系的，——这一点瓦·沃·先生大概没有听到过，即使听到过，也已经忘记了！最后，卡布鲁柯夫先生最近向大学生们讲了下面这些极端歪曲事实的话：“在西欧，工厂劳动是工人唯一的生活来源，在我国，**除了比较少数的例外**〈原文如此!!!〉，工人认为工厂劳动是副业，**他们更倾心于土地**。”②

莫斯科卫生统计，即杰缅季耶夫先生论述“工厂工人与农业的联系”的著作，对这个问题进行了实际研究。③ 系统收集的有关约20 000名工人的资料表明，只有14.1%的工厂工人去做农活。但

① 《资本论》第2版第1卷第779—780页（参看《马克思恩格斯文集》第5卷第857—858页。——编者注）。

② 见《1895—1896年度在莫斯科大学授课用的农业〈原文如此！〉经济学讲义》，大学课本，1897年莫斯科版第13页。也许，这位博学的统计学家认为可以把85%的情况算做“比较少数的例外”吧？（见下面正文）

③ 《莫斯科省统计资料汇编》，卫生统计部分，1893年莫斯科版第4卷第2册。转载于杰缅季耶夫先生名著《工厂，它给予居民什么和从居民那里取得什么》。

更重要得多的是,上述著作最详尽地证明了这样一个事实,**正是机器生产使工人离开土地**。从许多用来证实这一点的数字中,我们举出下列最突出的数字①:

| 工　　厂 | 兼务农者的百分比 | |
|---|---|---|
| 有染房的手工棉织厂 | 72.5 | 手工生产 |
| 丝织厂 | 63.1 | 手工生产 |
| 瓷器厂 | 31.0 | 手工生产 |
| 手工印花厂和经线分活站 | 30.7 | 手工生产 |
| 制呢厂(全部生产) | 20.4 | |
| 纺纱厂和自动机织厂 | 13.8 | 机器生产 |
| 有印花场和后处理房的自动机织厂 | 6.2 | 机器生产 |
| 机器制造厂 | 2.7 | 机器生产 |
| 机器印花厂和后处理厂 | 2.3 | 机器生产 |

我们在作者这张表上所添加的,是把 8 种生产分为手工生产与机器生产。关于第 9 种生产,即制呢业,我们要指出,它部分地是用手工进行的,部分地是用机器进行的。可以看出,在手工工厂的织工中,兼务农的约占 63%,而在用自动织机工作的织工中,则**没有一个人兼务农的**,在制呢厂使用机器动力的各部门的工人中,兼务农的只占 3.3%。"这样看来,使工厂工人与土地断绝联系的最重要原因,是手工生产变为机器生产。虽然比较起来手工生产的工厂数目还相当多,可是其中的工人人数,同机器生产的工厂中的工人人数比起来,却是微不足道的,因此我们所得到的兼务农的工人百分比是很小的,即全部成年工人的 14.1%与纯粹农民等级的成年工人的 15.4%。"②我们要指出,莫斯科省工厂卫生调查资

① 上引《莫斯科省统计资料汇编》第 292 页。《工厂,它给予居民什么和从居民那里取得什么》第 2 版第 36 页。

② 《莫斯科省统计资料汇编》第 280 页。《工厂,它给予居民什么和从居民那里取得什么》第 26 页。

料曾提供这样的数字：采用机器发动机的工厂，占工厂总数22.6%(其中18.4%是采用蒸汽发动机的)，集中了工人总数80.7%。手工工厂占69.2%，其中的工人只占16.2%。在244个采用机器发动机的工厂中，有工人92 302名(每一工厂为378名工人)，而在747个手工工厂中，则有工人18 520名(每一工厂为25名工人)。[①] 我们在上面指出，俄国一切工厂工人大量集中在最大的企业，这些大企业大部分是采用机器的，平均每一企业有488名工人以上。杰缅季耶夫先生详细地研究了工人籍贯、当地工人与外来工人的差别、等级的差别(小市民与农民)对于工人脱离土地的影响，结果发现，所有这些差别都抵不上一个基本因素的影响，这个基本因素就是手工生产变为机器生产。[②] “不管是什么原因促使以前的农民变为工厂工人，但是这种专门工人已经存在了。他们只被算做农民，而他们同乡村的联系只是在换身份证时缴纳捐税，因为事实上他们在乡村中没有产业，往往连房屋也没有，他们通常都把房屋卖掉了。可以说，甚至土地权他们也只在法律上保留着，1885—1886年许多工厂中的风潮也表明，这些工人都认为自己是与乡村完全无关的人，而乡村农民也把他们这些本村人的后裔看做外来的异乡人。因此，在我们面前出现的是一个已经形成的工人阶级，这个阶级没有自己的家园，实际上也没有任何财

① 《莫斯科省统计资料汇编》第4卷第1册第167、170、177页。

② 日班科夫先生在其《斯摩棱斯克省的工厂卫生调查》(1894—1896年斯摩棱斯克版)中，算出了亚尔采沃纺织厂一个兼务农的工人人数大约只占10%—15%。(第2编第307页和第445页；亚尔采沃纺织厂在1893—1894年度计有工人3 106名，而斯摩棱斯克省的工厂工人是8 810名)这个工厂中的非固定工人，占男工28%(在一切工厂中占29%)，占女工18.6%(在一切工厂中占21%。见第2卷第469页)。必须指出：归入非固定工人的是：(1)进工厂不到一年者；(2)夏季干农活者；(3)“由于各种原因停工数年者”(第2编第445页)。

产，这个阶级毫无羁绊，身无隔宿之粮。这个阶级不是从昨天起才形成的，它已经有自己的工厂系谱，而且不小的一部分已经是第三代了。”①最后，关于工厂同农业分离的问题，最新的工厂统计提供了有趣的材料。《工厂索引》(1894—1895 年度的资料)中举出了每一工厂每年开工日数的资料。卡斯佩罗夫先生急忙利用这些资料来替民粹派理论辩护，据他计算，“俄国工厂平均每年开工 165 天”，“我国有 35%的工厂每年开工不到 200 天”。② 不用说，由于“工厂”这一概念不明确，这种笼统的数字差不多没有任何意义，因为它没有指出多少工人每年工作多少日子。我们计算了《工厂索引》中关于大工厂(有 100 工人以上的)的这方面的资料，我们在上面(第 7 节)已经看到，这些大工厂的工人人数大约占工厂工人总数的 ¾。结果是：各类工厂年平均工作日数如下：(A)242；(B)235；(C)273③，而全部大工厂则为 244。如果把每一工人的平均工作日数计算一下，那就得到每年为 253 个工作日，——这是大工厂中每一工人的平均工作日数。在《工厂索引》所划分的 12 个生产部门中，只有一个部门其较低的两类工厂的平均工作日数不到 200 天，这就是第 11 部门(食品)：(A)189；(B)148；(C)280。在这一部门的 **A** 类与 **B** 类工厂中，计有工人 110 588 名，等于大工厂中工人总数(655 670)的 16.2%。我们要指出，在这一部门中，包括了各

① 《莫斯科省统计资料汇编》第 296 页。《工厂，它给予居民什么和从居民那里取得什么》第 46 页。

② 《俄国工业发展统计总结》。帝国自由经济学会会员米·伊·杜·-巴拉诺夫斯基的报告以及第三部会议上关于这一报告的讨论。1898 年圣彼得堡版第 41 页。

③ 我们提醒一下：**A** 类包括 100—499 名工人的工厂；**B** 类包括 500—999 名工人的工厂；**C** 类包括 1 000 名工人以上的工厂。

种完全不同的行业，例如，甜菜制糖业与烟草业，酿酒业与面粉业等等。在其余部门中，每一工厂的每年平均工作日数如下：(A)259；(B)271；(C)272。这样，工厂愈大，每年工作的日数就愈多。因此，关于欧俄一切最大工厂的总的资料证实了莫斯科卫生统计的结论，证明了工厂造就着固定的工厂工人阶级。

总之，俄国工厂工人的资料完全证实了《资本论》的理论：正是大机器工业对工业人口的生活条件进行了完全的和彻底的变革，使他们同农业以及与之相联系的几百年宗法式生活传统彻底分离。但是，大机器工业在破坏宗法关系与小资产阶级关系时，另一方面却创造了使农业中的雇佣工人与工业中的雇佣工人相接近的条件：第一，大机器工业把最初在非农业中心所形成的工商业生活方式带到乡村中去；第二，大机器工业造成了人口的流动性以及雇用农业工人与手工业工人的巨大市场；第三，大机器工业把机器应用于农业时，把具有最高生活水平的有技术的工业工人带到乡村。

## 十二　俄国工业中资本主义发展的三个阶段

现在我们把我国工业中资本主义发展的资料所得出的基本结论总括一下。①

这种发展有三个主要阶段：小商品生产（小的、主要是农民的手工业）、资本主义工场手工业和工厂（大机器工业）。事实完全驳倒了我国流行的关于“工厂”工业与“手工”工业分离的看法。相反，把它们分开纯粹是人为的。上述三种工业形式的联系与继承

① 正如我们在序言中所说的，我们只限于改革后的时代，至于以农奴劳动为基础的工业形式则抛开不谈。

性是最直接和最密切的。事实十分清楚地表明，小商品生产的基本趋势是发展资本主义，特别是形成工场手工业，而工场手工业在我们面前极其迅速地成长为大机器工业。许多大厂主与最大的厂主本人曾经是小而又小的手工业者，他们经历了从“人民生产”到“资本主义”的一切阶段。也许这一事实，就是各种依次相连的工业形式之间有密切和直接联系的最突出表现之一。萨瓦·莫罗佐夫过去是农奴(1820 年赎身)，牧人，车夫，织工，手工业织工，他曾步行到莫斯科把自己的产品卖给包买主；后来成为小作坊主——分活站的主人——厂主。他死于 1862 年，当时他和他的许多儿子已有两个大工厂。在 1890 年，属于他的子孙的 4 个工厂中计有工人 39 000 名，生产额达 3 500 万卢布。[①] 在弗拉基米尔省的丝织业中，许多大厂主都是织工与手工业织工出身。[②] 伊万诺沃-沃兹涅先斯克一些最大的厂主(库瓦耶夫家族、福金家族、祖勃科夫家族、科库什金家族、博勃罗夫家族以及其他许多人)都是手工业者出身。[③] 莫斯科省的锦缎厂，以前都是手工业小工房。[④] 巴甫洛沃区的厂主扎维亚洛夫，在 1864 年还“对他自己在哈巴罗夫工匠手下做一个普通工人的情景记忆犹新”[⑤]。厂主瓦雷帕耶夫曾经是小手工业者[⑥]；康德拉托夫曾经是手工业者，他曾经携带一袋子自

---

① 《弗拉基米尔省手工业》第 4 编第 5—7 页。1890 年的《工厂一览表》。**施什马廖夫**《下诺夫哥罗德与舒亚—伊万诺沃铁路区域工业简明概论》1892 年圣彼得堡版第 28—32 页。

② 《弗拉基米尔省手工业》第 3 编第 7 页及以下各页。

③ 施什马廖夫的书第 56—62 页。

④ 《莫斯科省统计资料汇编》1883 年莫斯科版第 7 卷第 3 编第 27—28 页。

⑤ **A.**斯米尔诺夫《巴甫洛沃和沃尔斯马——下诺夫哥罗德省以五金生产闻名的两个村子》第 14 页。

⑥ 上引拉布津的书第 66 页。

己的制品步行到巴甫洛沃[①]。厂主阿斯莫洛夫曾经替商贩赶过马，后来他成为小商人、小烟草作坊主，最后他成为贸易额达数百万的厂主。[②] 诸如此类，不胜枚举。看看民粹派经济学家们在此种情况下如何确定“人为的”资本主义的开始与“人民”生产的终结，倒是很有意思的。

上述三种基本的工业形式，首先是以各种不同的技术结构来区分的。小商品生产的特征是完全原始的手工技术，这种技术几乎从古至今都没有变动。手工业者仍是按照传统方法对原料进行加工的农民。工场手工业采用了分工，分工使技术有了根本改革，把农民变为工匠，变为“局部工人”。但是，手工生产仍旧保存着，在这种基础上生产方式的进步必然是十分缓慢的。分工是自发地形成的，像农民劳动一样是按照传统学来的。只有大机器工业才引起急剧的变化，把手工技术远远抛开，在新的合理的基础上改造生产，有系统地将科学成就应用于生产。当资本主义在俄国尚未组织起大机器工业的时候，在那些尚未被资本主义组织起大机器工业的工业部门之内，我们看到技术差不多是完全停滞的，我们看到人们使用着几百年前就已经应用于生产的那种手织机、那种风磨或水磨。相反，在工厂所支配的工业部门中，我们看到彻底的技术改革和机器生产方式的极其迅速的进步。

根据各种不同的技术结构，我们看到资本主义发展的各种不同阶段。小商品生产与工场手工业的特征是小作坊占优势，从小作坊中，只产生出少数大作坊。大机器工业彻底排挤小作坊。资

① 上引格里戈里耶夫的著作第 36 页。

② 《俄国工业历史统计概述》第 2 卷第 27 页。

本主义关系就在小手工业中形成起来(表现为有雇佣工人的作坊及商业资本),但它们在这里的发展还很微弱,没有在各生产参加者集团间形成尖锐的对立。这里既还没有大资本,也还没有广大的无产阶级阶层。在工场手工业中,我们看到了这两者的形成。生产资料占有者与工人间的鸿沟,已经达到颇深的程度。"富裕"的工业市镇成长起来,其中大批居民都是没有任何财产的工人。少数商人握有巨款以采购原料和销售产品,大批局部工人过着朝不保夕的生活,——这就是工场手工业的总的情景。但是,小作坊的大量存在,与土地的联系的保存,生产中与全部生活制度中传统的保存,——这一切造成了工场手工业两极之间的大批中间分子,阻碍了这两极的发展。在大机器工业中,所有这些阻碍都消失了;社会对立的两极达到了最高的发展。资本主义的一切黑暗面仿佛都集中在一起了:大家知道,机器大大推动了工作日的无限延长;妇女与儿童加入了生产;失业工人后备军形成了(而且根据工厂生产的条件也必定形成),等等。然而,工厂大规模实现的劳动社会化,以及被工厂雇用的人们的情感与观念的改造(特别是宗法式传统与小资产阶级传统的破坏),引起了一种反作用:大机器工业和以前各个阶段不同,它坚决要求有计划地调节生产和对生产实行社会监督(工厂立法就是这种趋向的表现之一)。①

生产发展的性质本身在资本主义各个阶段上是变化着的。在小手工业中,这种发展是随着农民经济的发展行进的;市场极其狭小,生产者与消费者间的距离不大,微不足道的生产规模容易适应

---

① 关于工厂立法同大机器工业所产生的条件和关系的联系问题,见杜·-巴拉诺夫斯基先生所著《俄国工厂今昔》一书第 2 部第 2 章,特别是 1897 年 7 月《新言论》杂志上的一篇文章。

于波动极小的地方需求。因此，最大的稳定性是这一阶段的工业的特点，但是这种稳定性等于技术停滞，等于保存与中世纪传统的种种残余纠缠在一起的宗法式社会关系。工场手工业是为大市场而工作，有时是为全国而工作，因而生产也就具有资本主义所固有的不稳定性，这种不稳定性在工厂生产的条件下达到了最高峰。大机器工业的发展只能以跳跃方式、以繁荣时期与危机时期的周期性的更替方式进行。小生产者的破产由于工厂的这种跳跃式的增长而大大加剧了。工人时而在兴旺时期大批地被工厂吸收进去，时而又被抛掷出来。失业者和甘愿从事任何工作者广大后备军的形成，成为大机器工业存在与发展的条件。我们在第 2 章中曾经指出，这种后备军是从农民的哪些阶层召募来的；而在以下各章中，则指出了资本把这些后备军准备好去从事的各种最主要职业。大机器工业的“不稳定性”一直引起人们的反动的抱怨，这些人继续以小生产者的眼光来看事物，他们忘记只有这种“不稳定性”才以生产方式与全部社会关系的迅速改造代替了以前的停滞。

这种改造的表现之一，就是工业与农业分离，就是工业中的社会关系摆脱开束缚农业的农奴制度与宗法制度的传统。在小商品生产中，手工业者还未完全从农民蜕变出来；他们大半还是耕作者，小工业与小农业的这种联系是如此之深，以致我们看到工业中与农业中的小生产者平行分化的有趣规律。小资产阶级与雇佣工人的各自形成，是在国民经济的两个部门中同时发生的，因而在分化的两极为手工业者脱离农业作了准备。在工场手工业中这种脱离已经很明显。许多不经营农业的工业中心形成起来。工业的主要代表者已经不是农民，而是一方面为商人与手工工场主，另一方面为“工匠”了。工业以及与社会其他部分的比较发达的商业交往,提高了居民的生活水平及其文化程度;手工工场中的工人已经瞧不起种地的农民。大机器工业彻底完成了这种改造,使工业与农业完全分离,而且正如我们所看到的,它创造了一个与旧式农民完全不同的特殊的居民阶级,这个阶级具有不同于旧式农民的另外的生活制度、另外的家庭关系制度以及比较高的物质需要水平与精神需要水平。[①] 在小手工业及工场手工业中,我们始终看到宗法关系及各种人身依附形式的残余,这些残余在资本主义经济的一般环境下使劳动者的状况极端恶化,使他们受到屈辱,使他们颓废。大机器工业把往往是来自全国各地的大批工人集中在一起,已经绝对不再与宗法关系和人身依附的残余相妥协,并且以真正"轻蔑的态度对待过去"。这种同陈腐的传统的决裂,正是使调节生产及对生产进行社会监督成为可能与必要的重要条件之一。同时,在讲到工厂对居民生活条件的改造时,必须指出,吸收妇女与少年参加生产[②],基本上是一种进步的现象。无须争论,资本主义工厂使这两类劳动者的境况特别艰苦,缩短与调整工作日,保证卫生的工作条件等等,对于他们特别必要;但是那种想完全禁止妇女与少年参加工业劳动或者想支持根本不许有这种劳动的宗法式生活制度的意向,却是反动的与空想的。大机器工业破坏了这两类居民过去走不出家庭关系即家族关系狭隘圈子的宗法式闭塞状

① 关于"工厂工人"的类型,参看上面第 6 章第 2 节(5)第 317 页(本卷第 365—366 页。——编者注)。又见《莫斯科省统计资料汇编》1883 年莫斯科版第 7 卷第 3 编第 58 页(工厂工人是说教者、"聪明人")。《下诺夫哥罗德省汇编》第 1 卷第 42—43 页;第 4 卷第 335 页。《弗拉基米尔省手工业》第 3 编第 113—114 页及其他各页。1897 年 10 月《新言论》杂志第 63 页。也可参看日班科夫先生的上述著作,其中描述了到城市去谋工商业职业的工人情况。

② 依据《工厂一览表》的资料,在 1890 年,欧俄工厂中的工人共为 875 764 名,其中妇女为 210 207 名(24%),男孩为 17 793 名(2%),女孩为 8 216 名(1%)。

态，吸收他们直接参加社会生产，从而促进了他们的发展，提高了他们的独立性，即创造了比前资本主义关系的宗法式停滞状态要高得不可比拟的生活条件。①

工业发展的前两个阶段的特征是人口的定居。小工业者仍是农民，被土地经营束缚在自己的乡村。手工工场中的工匠，通常仍是束缚在工场手工业所造成的那个不大的闭塞的工业区域。在工业发展的第一和第二阶段上，工业结构本身中没有什么东西会破坏生产者的这种定居生活与闭塞状态。各个工业区域间的交往极少。工业向其他地区的迁移，只是以个别小生产者的迁移来进行，他们在国内各个边疆地区建立新的小手工业。相反，大机器工业必然造成人口的流动性；各个区域间的商业交往大大地扩展了；铁

① “贫穷的女织工跟着父亲与丈夫到工厂去，同他们一起工作，不依赖他们。她和男子一样是家庭的供养人。”“在工厂里……妇女是不依赖丈夫而完全独立的生产者。”工厂女工的识字程度增长得特别快。（《弗拉基米尔省手工业》第3编第113、118、112页及其他各页）哈里佐勉诺夫先生所作的下列结论是完全正确的：工厂消灭着“妇女对于家庭……以及对于户主的经济依赖性……在他人的工厂里，妇女是与男子平等的。这是无产者的平等……　工业的资本主义化在妇女争取其在家庭中的独立地位的斗争中起着显著的作用”。“工业为妇女创造了新的、完全不依赖家庭及丈夫的独立地位。”（1883年《法学通报》杂志第12期第582页和第596页）在《莫斯科省统计资料汇编》（1882年莫斯科版第7卷第2编第152页和第138—139页）中，研究者把手工织袜业与机器织袜业的女工的地位作了比较。在手工生产中每日工资约为8戈比，在机器生产中则为14—30戈比。机器生产中的女工地位被描述如下：“……在我们面前的已经是一个自由的姑娘，她不受任何约束，已经由家庭和构成农妇生存条件的一切东西之下解放出来，她随时都可以从这个地方转到那个地方，从这个主人转到那个主人，也随时都有失掉工作、失掉面包的可能……　在手工生产之下，女织袜工获得极其微薄的工资，连饭钱都不够，它之所以能够被接受，只是因为她是拥有份地的农业家庭的一员，可以部分地使用这块土地的生产品；在机器生产之下，女工除去吃饭与喝茶之外，还有工资使她可以离开家庭而生活，不使用家庭的土地收入。同时，在现存条件下，机器生产中的女工的工资是比较有保障的。”

路促进了人们的流动。对工人的需求总的说来是增加的，在兴旺时期增高，在危机时期下降，于是工人从一个工厂转到另一个工厂，从国家的一方转到另一方，就成为必然的了。大机器工业建立了许多新的工业中心，这些工业中心有时候是在没有人烟的地方以空前未有的速度产生的。没有工人的大批流动，就不可能有这种现象。我们在下面将要谈到所谓外出做非农业零工的规模与意义。现在我们只简短地谈谈莫斯科省地方自治局卫生统计资料。对 103 175 个工厂工人的调查表明，在本县工厂内做工的本地工人为 53 238 名，即占总数的 51.6%。因此，全部工人中差不多有一半是从一个县迁移到另一个县的。莫斯科省的本地工人为 66 038 名，占总数的 64%。[①] ⅓以上的工人来自其他各省(主要是来自莫斯科省邻近的中部工业地区)。此外，各个县份的比较表明，工业最发达的县份，本县工人的百分比最低：例如，在工业不大发达的莫扎伊斯克与沃洛科拉姆斯克两县，92%—93%的工厂工人是本县人。在工业十分发达的县份莫斯科、科洛姆纳与博戈罗茨克 3 县，本县工人的百分比分别降到 24%、40%、50%。调查者们由此作出结论："一个县的工厂生产有巨大发展，会促进外地人流入该县。"[②]这些资料也表明(我们再补充一句)，工业工人的流动与我们上面所讲的农业工人的流动，具有相同的特征。这就是说，工业工人也不仅从工人过剩的地区迁出，而且还从工人不足的地区迁出。例如，布龙尼齐县从莫斯科省其他各县及其他各省招

① 在工业不大发达的斯摩棱斯克省，对 5 000 个工厂工人的调查表明：其中有 80%是斯摩棱斯克省本地人。(上引日班科夫的书第 2 编第 442 页)

② 《莫斯科省统计资料汇编》，卫生统计部分，(1890 年莫斯科版)第 4 卷第 1 册第 240 页。

来了 1 125 名工人，同时却向工业更发达的莫斯科县与博戈罗茨克县放走了 1 246 名工人。因此，工人外移，不仅是因为找不到“本地的手边工作”，而且是因为他们想去更好的地方。尽管这是一个十分浅近的事实，但是我们不妨再次向民粹派经济学家们提醒一下，因为他们把本地工作理想化并责难人们外出做零工，抹杀资本主义所造成的人口流动性的进步意义。

上面叙述的大机器工业与以前的工业形式不同的一些特点，可以用一句话来概括：劳动的社会化。事实上，为巨大的国内市场与国际市场的生产，在购买原料及辅助材料上同国内各个地区及各个国家的密切的商业联系的发展，巨大的技术进步，庞大的企业所造成的生产与人口的集中，宗法式生活的陈腐传统的被破坏，人口流动性的形成，工人的需求和开化水平的提高，——所有这些，都是使国内生产日益社会化，同时也使生产参加者日益社会化的资本主义过程中的各种要素。①

① 我们认为，上面 3 章的资料表明，马克思对工业的资本主义形式与阶段的分类，比现时流行的分类更正确而且更有内容，现时所流行的分类把手工工场与工厂混淆起来，并把为包买主工作列为一种特殊的工业形式（黑尔德，毕歇尔）。把手工工场与工厂混淆在一起，这就是以纯粹外部的标志作为分类的基础，而忽视了区别资本主义工场手工业时期与机器工业时期的那些技术的、经济的与生活环境的极重要特征。至于谈到资本主义家庭劳动，那么，无疑地，它在资本主义工业的结构中起着很重要的作用。同样无疑地，为包买主工作正是机器工业以前的资本主义的突出特征，但是它在资本主义发展的各个不同时期也可以看到（而且规模并不小）。如果不把为包买主工作与资本主义发展的一定时期或一定阶段的整个工业结构联系起来，要了解这种工作的意义是不可能的。替农村小店主定做篮子的农民，在家中为扎维亚洛夫定做刀柄的巴甫洛沃制柄工，为大工厂主或大商人定做衣服、鞋子、手套或纸盒的女工，都是为包买主工作的，但资本主义家庭劳动在所有这些场合下都有不同的性质与不同的意义。当然，我们决不否认例如毕歇尔在研究**前**资本主义的工业形式上的功绩，但是他对工业的资本主义形式的分类，我们认为是错误的。对司徒卢威先生的观点（见 1898 年《世间》杂志第 4 期），我们不能同意，

关于俄国大机器工业同资本主义国内市场的关系问题，上述资料得出了如下的结论：俄国工厂工业的迅速发展，建立着巨大的并且日益扩大的生产资料（建筑材料、燃料、金属等等）市场，特别迅速地增加着从事制造生产消费品而非个人消费品的那一部分人口。但是个人消费品的市场由于大机器工业的增长也迅速扩大了，因为大机器工业把愈来愈多的人口从农业吸引到工商业方面来。至于讲到工厂产品的国内市场，本书前几章已将这种市场的形成过程详细地考察过了。

因为他采用了毕歇尔的理论（即上述那一部分）并把它应用于俄国的“手工业”。（从我 1899 年写了这段话以后，司徒卢威先生完成了他的科学与政治发展的循环。他从一个摇摆于毕歇尔与马克思之间即自由主义经济学与社会主义经济学之间的人，变成了一个最纯粹的自由派资产者。笔者感到自豪的是尽力协助社会民主党把这类分子清洗出去。**第 2 版注释**）

# 第八章
# 国内市场的形成

现在我们把前几章中考察过的资料作一总结，并想说明一下国民经济各个部门在其资本主义发展中的相互依存关系。

## 一 商品流通的增长

大家都知道，商品流通先于商品生产，并且是商品生产产生的条件之一（但不是唯一的条件）。在本书中，我们把自己的任务只限于分析商品生产与资本主义生产的资料，因此不打算详细分析商品流通在改革后的俄国的增长这个重要问题。为了使人对国内市场的增长速度有一个总的认识，只要简短地指出下面这些情况就够了。

俄国的铁路网从 1865 年的 3 819 公里增长到 1890 年的 29 063 公里①，即增加 6 倍多。英国迈出这样的一步用了较长的时间（1845 年为 4 082 公里，1875 年为 26 819 公里，增加了 5 倍），德国则用了较短的时间（1845 年为 2 143 公里，1875 年为 27 981 公里，增加了 11 倍）。每年敷设的铁路俄里数在各个不同的时期变动很大：例如，在 1868—1872 年这 5 年中敷设了 8 806 俄里，而在 1878—

① 上引《世界经济概述》。在 1904 年，欧俄（波兰王国、高加索与芬兰也在内）有 54 878 公里，亚俄有 8 351 公里。（**第 2 版注释**）

1882 年这 5 年中只敷设了 2 221 俄里。[①] 根据这种变动的幅度，可以判断资本主义需要多么庞大的失业工人后备军，因为资本主义时而扩大对工人的需求，时而又缩小对工人的需求。在俄国铁路建设的发展中，曾经有两个大高涨时期：60 年代末（和 70 年代初）以及 90 年代后半期。从 1865 年到 1875 年，俄国铁路网平均每年增加 1 500 公里，而从 1893 年到 1897 年，平均每年增加大约 2 500 公里。

铁路货运量如下：1868 年为 43 900 万普特；1873 年为 111 700 万普特；1881 年为 253 200 万普特；1893 年为 484 600 万普特；1896 年为 614 500 万普特；1904 年为 1 107 200 万普特。客运增长的速度也很快：1868 年为 1 040 万人；1873 年为 2 270 万人；1881 年为 3 440 万人；1893 年为 4 940 万人；1896 年为 6 550 万人；1904 年为 12 360 万人。[②]

水路运输的发展如下（全俄的资料）[③]：

| 年代 | 汽船 | | 其他船舶数目 | 载重量（单位百万普特） | | | 船的价值（单位百万卢布） | | | 船上职工人数 | | |
|---|---|---|---|---|---|---|---|---|---|---|---|---|
| | 数目 | 马力 | | 汽船 | 其他船只 | 共计 | 汽船 | 其他船只 | 共计 | 汽船 | 其他船只 | 共计 |
| 1868 | 646 | 47 313 | — | — | — | — | — | — | — | — | — | — |
| 1884 | 1 246 | 72 105 | 20 095 | 6.1 | 362 | 368.1 | 48.9 | 32.1 | 81 | 18 766 | 94 099 | 112 865 |
| 1890 | 1 824 | 103 206 | 20 125 | 9.2 | 401 | 410.2 | 75.6 | 38.3 | 113.9 | 25 814 | 90 356 | 116 170 |
| 1895 | 2 539 | 129 759 | 20 580 | 12.3 | 526.9 | 539.2 | 97.9 | 46.0 | 143.9 | 32 689 | 85 608 | 118 297 |

① **瓦·米海洛夫斯基**《俄国铁路网的发展》，1898 年《帝国自由经济学会学报》第 2 期。

② 《军事统计汇编》第 511 页。尼·—逊先生《概况》附录。《俄国的生产力》第 17 编第 67 页。1898 年《财政与工商业通报》杂志第 43 期。1905 年的《俄罗斯年鉴》1906 年圣彼得堡版。

③ 《军事统计汇编》第 445 页。《俄国的生产力》第 17 编第 42 页。1898 年《财政与工商业通报》杂志第 44 期。

欧俄内河货运量，1881 年为 89 970 万普特；1893 年为 118 150 万普特；1896 年为 155 300 万普特。运费在以上各年为 18 650 万卢布、25 720 万卢布、29 000 万卢布。

俄国的商船队在 1868 年有汽船 51 艘，装载量为 14 300 拉斯特①，又有帆船 700 艘，装载量为 41 800 拉斯特，而在 1896 年则有汽船 522 艘，装载量为 161 600 拉斯特②。

外海各港口商轮航运业的发展如下：在 1856—1860 年这 5 年间，出入的船舶数目平均每年为 18 901 艘，装载量为 3 783 000 吨；在 1886—1890 年，平均每年为 23 201 艘（增加 23%），装载量为 13 845 000 吨（增加 266%）。因此，装载量增加 $2\frac{2}{3}$ 倍。在 39 年间（从 1856 年到 1894 年），装载量增加了 4.5 倍；如果把俄国船舶和外国船舶区别开来，那么俄国船舶数目在这 39 年间增加了 2.4 倍（从 823 艘增加到 2 789 艘），装载量增加了 11.1 倍（从 112 800 吨增加到 1 368 000 吨），而外国船舶数目增加了 16%（从 18 284 艘增加到 21 160 艘），装载量增加了 4.3 倍（从 3 448 000 吨增加到 18 267 000 吨）。③ 我们指出，出入船舶的装载量在各个年份也有很大的变动（例如，1878 年为 1 300 万吨，1881 年为 860 万吨），根据这种变动部分地可以判断对小工、码头工人等等的需求的变动。资本主义在这里也需要这样一大批人的存在，他们始终需要工作，准备一有召唤就着手工作，不管这种工作是多么的不固定。

---

① **拉斯特**是俄国在 20 世纪初以前使用的商船容量单位，等于 5.663 立方米，重量约为两吨。——编者注

② 《军事统计汇编》第 758 页和《财政部年鉴》第 1 编第 363 页。《俄国的生产力》第 17 编第 30 页。

③ 《俄国的生产力》，俄国对外贸易，第 56 页及以下各页。

对外贸易的发展，从下面的资料可以看出来①：

| 年　代 | 俄国居民数目（芬兰除外，单位百万） | 进出口总值（单位百万纸卢布） | 人均对外贸易额（单位卢布） |
|---|---|---|---|
| 1856—1860 | 69.0 | 314.0 | 4.55 |
| 1861—1865 | 73.8 | 347.0 | 4.70 |
| 1866—1870 | 79.4 | 554.2 | 7.00 |
| 1871—1875 | 86.0 | 831.1 | 9.66 |
| 1876—1880 | 93.4 | 1 054.8 | 11.29 |
| 1881—1885 | 100.6 | 1 107.1 | 11.00 |
| 1886—1890 | 108.9 | 1 090.3 | 10.02 |
| 1897—1901 | 130.6 | 1 322.4 | 10.11 |

下面的资料使人对银行周转和资本积累的数额有一个总的认识。国家银行的放款总额，从 1860—1863 年的 11 300 万卢布（1864—1868 年是 17 000 万卢布）增加到 1884—1888 年的 62 000 万卢布，而活期存款总额则从 1864—1868 年的 33 500 万卢布增加到 1884—1888 年的 149 500 万卢布。② 信贷社和信贷所（农业的与工业的）周转额，从 1872 年的 275 万卢布（1875 年是 2 180 万卢布）增加到 1892 年的 8 260 万卢布，1903 年的 18 960 万卢布。③ 土地抵押贷款从 1889 年到 1894 年增加的数额如下：抵押土地的估价额从 139 500 万卢布增加到 182 700 万卢布，而贷款数额则从 79 100 万卢布增加到 104 400 万卢布。④ 储金局的业务在 80 年代与 90 年代特别发展。1880 年，这类储金局有 75 家，1897 年则有 4 315 家（其中有 3 454 家是邮电储金局）。存款，

① 《俄国的生产力》，俄国对外贸易，第 17 页。1904 年的《俄罗斯年鉴》1905 年圣彼得堡版。

② 《俄国资料汇集》1890 年版第 109 表。

③ 《俄国资料汇集》1896 年版第 127 表。

④ 同上。

1880年为440万卢布，1897年为27 660万卢布。年底存款额，1880年为900万卢布，1897年为49 430万卢布。就资本的年增长额来看，特别显著的是1891年与1892年这两个荒年（5 290万卢布与5 050万卢布）以及最近两年（1896年为5 160万卢布，1897年为6 550万卢布）。①

最近的资料表明储金局有了更大的发展。在1904年，全俄共有储金局6 557家，存户为510万，存款总额为110 550万卢布。附带说一句，在我国，不论是老民粹派，还是社会主义运动中的新机会主义者，都不止一次地发表很天真的言论（说得客气些），说什么储金局的增加是"人民"富裕的标志。因此，把俄国（1904年）与法国（1900年—1901年《劳动局公报》第10号的资料）的这些储金局的存款划分状况作一比较，也许不是多余的。

俄　国

| 存款数目 | 存户数目（单位千） | 百分比 | 存款总额（单位百万卢布） | 百分比 |
|---|---|---|---|---|
| 25卢布以下者 | 1 870.4 | 38.7 | 11.2 | 1.2 |
| 25—100卢布者 | 967.7 | 20.0 | 52.8 | 5.4 |
| 100—500卢布者 | 1 380.7 | 28.6 | 308.0 | 31.5 |
| 超过500卢布者 | 615.5 | 12.7 | 605.4 | 61.9 |
| **共　计** | 4 834.3 | 100 | 977.4 | 100 |

法　国

| 存款数目 | 存户数目（单位千） | 百分比 | 存款总额（单位百万法郎） | 百分比 |
|---|---|---|---|---|
| 100法郎以下者 | 5 273.5 | 50.1 | 143.6 | 3.3 |
| 100—500法郎者 | 2 197.4 | 20.8 | 493.8 | 11.4 |
| 500—1 000法郎者 | 1 113.8 | 10.6 | 720.4 | 16.6 |
| 超过1 000法郎者 | 1 948.3 | 18.5 | 2 979.3 | 68.7 |
| **共　计** | 10 533.0 | 100 | 4 337.1 | 100 |

① 1898年《财政与工商业通报》杂志第26期。

这里有多少材料可以用来为民粹派、修正主义者、立宪民主党人辩护啊！值得注意的是，俄国的存款也是根据存户的12类行业和职业划分的。我们看到，存款最多的是从事农业与乡村手工业的人，达22 850万卢布，这些存款增加得特别迅速。乡村正在开化，靠农夫破产去办工业日益变得有利。

还是回到我们眼前的题目吧。我们看到，这些资料证明了商品流通与资本积累的巨大增长。至于国民经济各部门中的投资场所怎样形成，商业资本如何转变为产业资本，即商业资本如何用于生产并在生产参加者之间造成资本主义关系，——这些在上面已经谈过了。

## 二　工商业人口的增长

我们在上面已经讲过：工业人口因农业人口减少而增加，是任何资本主义社会的必然现象。工业如何循序渐进地同农业分离开来，这也已经考察过了，现在只须把这个问题作一总结。

### (1) 城市的增加

我们所考察的这一过程的最明显的表现，就是城市的增加。改革后时代欧俄(50个省)城市增加的资料如下①：

---

① 1863年的数字，引自《俄罗斯帝国统计年鉴》(1866年版第1辑)和《军事统计汇编》。奥伦堡省与乌法省城市人口的数字，是依据城市表改正过的。因此，我国城市人口总计为6 105 100人，而不是《军事统计汇编》所说的6 087 100人。1885年的资料，引自《1884—1885年度俄国资料汇集》。1897年的数字，

| 年代 | 欧俄人口(单位千) | | | 城市人口的百分比 | 城市数目 | | | | 大城市人口(单位千) | | | | 1863年14个最大城市的人口(单位千) |
|---|---|---|---|---|---|---|---|---|---|---|---|---|---|
| | 共计 | 城市 | 县 | | 人口超过20万的 | 人口在10万—20万的 | 人口在5万—10万的 | 大城市总数 | 人口超过20万的 | 人口在10万—20万的 | 人口在5万—10万的 | 总数 | |
| 1863 | 61 420.5 | 6 105.1 | 55 315.4 | 9.94 | 2 | 1 | 10 | 13 | 891.1 | 119.0 | 683.4 | 1 693.5 | 1 741.9 |
| 1885 | 81 725.2 | 9 964.8 | 71 760.4 | 12.19 | 3 | 7 | 21 | 31 | 1 854.8 | 998.0 | 1 302.7 | 4 155.5 | 3 103.7 |
| 1897 | 94 215.4 | 12 027.1 | 82 188.3 | 12.76 | 5 | 9 | 30 | 44 | 3 238.1 | 1 177.0 | 1 982.4 | 6 397.5 | 4 266.3 |

由此可见，城市人口的百分比在不断地增长，这就是说，人口离开农业而转向工商业在不断地进行着。① 城市人口比其他人口增长快1倍：从1863年到1897年，全部人口增加了53.3％，农村人口增加了48.5％，而城市人口则增加了97％。在11年(1885—1897年)中间，“流入城市的农村人口的最低数目”，据瓦·米海洛夫斯基先生计算是250万人②，这就是说，每年有20万人以上。

大工商业中心的城市人口的增加，比整个城市人口的增加要快得多。居民在5万人以上的城市数目，从1863年到1897年，增加了2倍以上(从13个到44个)。在1863年，市民总数之中只有约27％(610万中的170万)集中于这种大中心；在1885年，则约有41％(990万中的410万)③，而在1897年，则已经有一半以上，

引自1897年1月28日的人口调查(中央统计委员会出版的《1897年俄罗斯帝国第一次人口普查》1897年和1898年圣彼得堡版第1编和第2编)。根据1897年的人口调查，城市的常住人口为11 830 500人，即12.55％。我们采取的是城市现有人口。应该指出：不能担保1863、1885、1897各年资料是完全同类的和可比的。因此，我们只限于比较最一般的关系并把大城市的资料划分出来。

① “具有农业性质的城市居民点的数目极少，而这些地方的居民数目，与市民总数比起来是非常小的。”(格里戈里耶夫先生的话，见《收成和粮价对俄国国民经济某些方面的影响》第2卷第126页)

② 1897年6月《新言论》杂志第113页。

③ 格里戈里耶夫先生开列了一个表(上引书第140页)，从这个表上可以看出：在1885年，85.6％的城市，其居民皆不到20 000人，这些城市的市民占市民总数的38％；12.4％的城市(660个当中的82个)，其居民皆不到2 000人，这些城市的市民只占市民总数的1.1％(9 962 000人当中的110 000人)。

大约53%(1 200万中的640万)。因此,在60年代,城市人口的性质主要是由不很大的城市的人口决定的,而在19世纪90年代,大城市却取得了完全的优势。14个在1863年是最大的城市的人口,从170万人增加到430万,即增加了153%,而全部城市人口只增加了97%。可见,大工业中心的巨大增长和许多新的中心的形成,是改革后时代的最显著的特点之一。

## (2) 国内移民的意义

我们在上面(第1章第2节)已经指出,理论上得出工业人口由于农业人口减少而增长这一规律,是根据以下的事实:在工业中,可变资本绝对地增加(可变资本的增加,就是工业工人人数和全部工商业人口的增加),而在农业中,"经营一定土地所需的可变资本则绝对减少"。马克思补充说:"因此,在农业中,只有在耕种新的土地时,可变资本才会增加,但这又以非农业人口的更大增加为前提。"①由此可以看出:只有当我们面前的地区已经住满了人而且全部土地都已被人占用的时候,才能看到纯粹形态的工业人口增加的现象。这个地区的被资本主义从农业中排挤出来的人口没有其他的出路,只有迁移到工业中心去,或者迁移到其他地区去。但是,如果我们面前的那个地区尚未全部土地被人占用,尚未完全住满人,那么,情况就根本不同了。这个地区的人口,从人烟稠密的地方的农业中被排挤出来以后,可以转移到这个地区的人烟稀少的那部分地区去"耕种新的土地"。于是有农业人口的增长,

① 参看《马克思恩格斯文集》第7卷第718页。——编者注

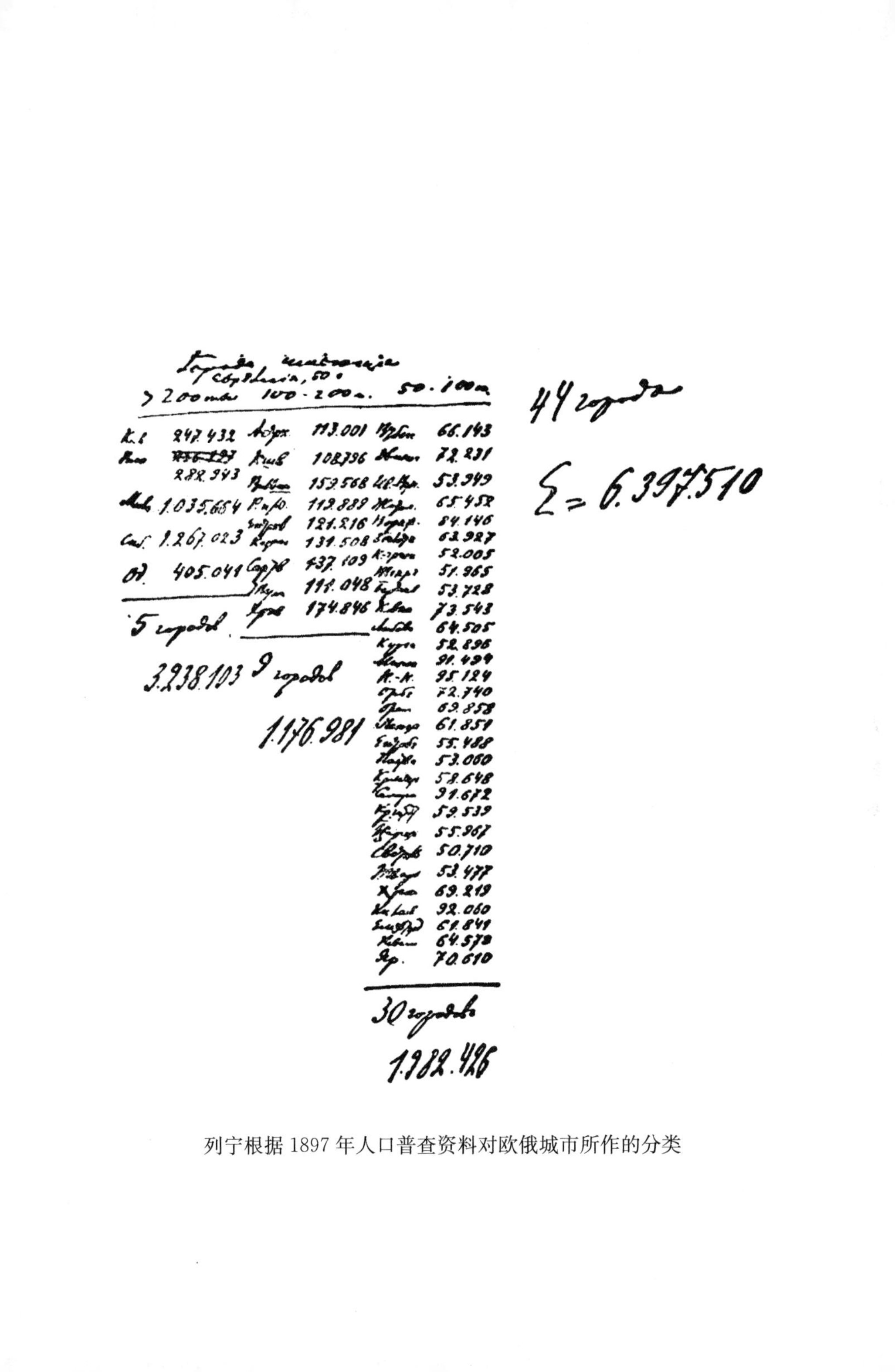

\> 200 т. | 100-200 т. | 50-100 т.

247.432
288.943
1.035.664
1.267.023
405.041

5 городов
3.238.103

113.001
108.736
159.568
112.889
121.216
131.508
437.109
111.048
174.846

9 городов
1.176.981

66.143
72.231
53.949
65.452
84.146
63.927
52.005
51.965
53.728
73.543
64.505
52.896
91.494
95.124
72.740
69.858
61.851
55.488
53.060
58.648
91.672
59.539
55.967
50.710
53.477
69.219
92.060
61.841
64.578
70.610

30 городов
1.982.426

44 города
Σ = 6.397.510

列宁根据 1897 年人口普查资料对欧俄城市所作的分类

这种增长(在某一时期内)并不比工业人口的增长慢,如果不是更快的话。在这种场合下,我们看见两种不同的过程:(1)资本主义在旧的人烟稠密的地域或这一地域的一部分地区的发展;(2)资本主义在“新的土地”上的发展。第一种过程表现了已经形成的资本主义关系的进一步发展,第二种过程表现了新地区中新的资本主义关系的形成。第一种过程就是资本主义向深度的发展,第二种过程就是资本主义向广度的发展。显然,把这两种过程混淆起来,就必然会得出关于人口离开农业转向工商业过程的错误认识。

改革后的俄国向我们展现的,正是这两种过程的同时出现。在改革后时代初期,即在 60 年代,欧俄南部与东部边疆地区是人烟相当稀少的地区,因而俄国中部农业区域的人口就像巨流般地向这里移来。新的土地上新的农业人口的形成,在某种程度内也掩盖了与之平行进行的人口由农业向工业的转移。为了根据城市人口的资料来清楚地说明俄国的这种特点,必须把欧俄的 50 个省分成几个类别。我们举出 1863 年和 1897 年欧俄 9 个地区的城市人口的资料。①

就我们感兴趣的问题来说,最有意义的是下面 3 个地区的资料:(1)非农业的工业地区(前两类的 11 个省,其中有两个首都省)②。这是人口向其他地区迁移很少的地区。(2)中部农业地区(第 3 类的 13 个省)。人口从这个地区移出的非常多,部分是移到前一地区,主要是移到下一地区。(3)农业边疆地区(第 4 类的 9

① 见本卷第 519 页。——编者注

② 把我们所举出的非农业省同两个首都省列为一类是正确的,两个首都的人口主要由这些省的移民来补充这一事实就证明了这一点。根据 1890 年 12 月 15 日圣彼得堡人口调查,该地共有 726 000 农民与小市民;其中有 544 000(即 ¾)是我们列为第一个地区的 11 个省的农民与小市民。

个省)——这是改革后时代的移民地区。从表中可以看到,所有这33个省城市人口的百分比,同整个欧俄城市人口的百分比比较起来,相差甚小。

在第一个地区,即非农业的或工业的地区,我们看到城市人口百分比增长得特别迅速:从14.1%增长到21.1%。农村人口的增长在这里则很慢,——差不多比整个俄国慢一半。相反,城市人口的增长则大大超过平均数(105%与97%之比)。如果拿俄国同西欧工业国家比较(像我们常常做的那样),那就必须只拿这一地区同西欧工业国家比较,因为只有这一地区是同工业资本主义国家的条件大体相同的。

在第二个地区,即中部农业地区,我们看到另一种情景。城市人口的百分比在这里很低,增长得比平均速度慢些。从1863年到1897年,城市人口与农村人口的增加在这里都比俄国平均增加数低得多。产生这种现象的原因,是由于移民像巨流般地从这一地区去到边疆地区。根据瓦·米海洛夫斯基先生的计算,从1885年到1897年,从这里移出**约300万人**,即人口总数的1/10强。①

在第三个地区,即边疆地区,我们看到城市人口百分比的增加稍微**低于平均增加数**(从11.2%增加到13.3%,即100与118之比,而平均增加数则是从9.94%增加到12.76%,即100与128之比)。然而城市人口的增长在这里不仅不比平均数低些,而且**比平均数高得多**(130%与97%之比)。可见,人口异常急剧地离开农业而转向工业,不过这一点却被农业人口因有移民而大量增加的

① 上引著作第109页。"在西欧现代史中,这个运动是无与伦比的。"(第110—111页)

| 欧俄各省类别 | 省数 | 人口数目(单位千) | | | | | | 城市人口的百分比 | | 1863年至1897年人口增加的百分比 | | |
|---|---|---|---|---|---|---|---|---|---|---|---|---|
| | | 1863年 | | | 1897年 | | | | | | | |
| | | 共计 | 村庄 | 城市 | 共计 | 村庄 | 城市 | 1863年 | 1897年 | 共计 | 村庄 | 城市 |
| I. 首都省…………………… | 2 | 2 738.4 | 1 680.0 | 1 058.4 | 4 541.0 | 1 989.7 | 2 551.3 | 38.6 | 56.2 | 65 | 18 | 141 |
| II. 工业的与非农业的省份 | 9 | 9 890.7 | 9 165.6 | 725.1 | 12 751.8 | 11 647.8 | 1 104.0 | 7.3 | 8.6 | 29 | 26 | 52 |
| **两者总计**………………… | 11 | 12 629.1 | 10 845.6 | 1 783.5 | 17 292.8 | 13 637.5 | 3 655.3 | 14.1 | 21.1 | 36 | 25 | 105 |
| III. 中部农业省份、小俄罗斯和中伏尔加省份…… | 13 | 20 491.9 | 18 792.5 | 1 699.4 | 28 251.4 | 25 464.3 | 2 787.1 | 8.3 | 9.8 | 38 | 35 | 63 |
| IV. 新罗西亚、下伏尔加与东部各省…………… | 9 | 9 540.3 | 8 472.6 | 1 067.7 | 18 386.4 | 15 925.6 | 2 460.8 | 11.2 | 13.3 | 92 | 87 | 130 |
| **前四类总计**…………… | 33 | 42 661.3 | 38 110.7 | 4 550.6 | 63 930.6 | 55 027.4 | 8 903.2 | 10.5 | 13.9 | 49 | 44 | 95.6 |
| V. 波罗的海沿岸各省…… | 3 | 1 812.3 | 1 602.6 | 209.7 | 2 387.0 | 1 781.6 | 605.4 | 11.5 | 25.3 | 31 | 11 | 188 |
| VI. 西部各省……………… | 6 | 5 548.5 | 4 940.3 | 608.2 | 10 126.3 | 8 931.6 | 1 194.7 | 10.9 | 11.8 | 82 | 81 | 96 |
| VII. 西南部各省…………… | 3 | 5 483.7 | 4 982.8 | 500.9 | 9 605.5 | 8 693.0 | 912.5 | 9.1 | 9.5 | 75 | 74 | 82 |
| VIII. 乌拉尔各省…………… | 2 | 4 359.2 | 4 216.5 | 142.7 | 6 086.0 | 5 794.6 | 291.4 | 3.2 | 4.7 | 39 | 37 | 105 |
| IX. 极北部各省…………… | 3 | 1 555.5 | 1 462.5 | 93.0 | 2 080.0 | 1 960.0 | 120.0 | 5.9 | 5.8 | 33 | 34 | 29 |
| **共　计** | 50 | 61 420.5 | 55 315.4 | 6 105.1 | 94 215.4 | 82 188.2 | 12 027.2 | 9.94 | 12.76 | 53.3 | 48.5 | 97.0 |

各类所包括的省份:(I)圣彼得堡与莫斯科;(II)弗拉基米尔、卡卢加、科斯特罗马、下诺夫哥罗德、诺夫哥罗德、普斯科夫、斯摩棱斯克、特维尔与雅罗斯拉夫尔;(III)沃罗涅日、喀山、库尔斯克、奥廖尔、奔萨、波尔塔瓦、梁赞、萨拉托夫、辛比尔斯克、坦波夫、图拉、哈尔科夫与切尔尼戈夫;(IV)阿斯特拉罕、比萨拉比亚、顿河、叶卡捷琳诺斯拉夫、奥伦堡、萨马拉、塔夫利达、赫尔松与乌法;(V)库尔兰、里夫兰与爱斯兰;(VI)维尔纳、维捷布斯克、格罗德诺、科夫诺、明斯克与莫吉廖夫;(VII)沃伦、波多利斯克与基辅;(VIII)维亚特卡与彼尔姆;(IX)阿尔汉格尔斯克、沃洛格达与奥洛涅茨。

现象掩盖了:在这一地区内,农村人口增加了87%,而俄国的平均增加数则为48.5%。就个别省份看来,这种人口工业化过程被掩盖的现象还更加明显。例如,在塔夫利达省,1897年城市人口的百分比仍然与1863年一样(19.6%),而在赫尔松省,这种百分比甚至降低了(从25.9%降到25.4%),虽然这两省城市的增长比首都的增长稍微慢一些(增加131%与135%,而两个首都省则增加141%)。因此,新的土地上新农业人口的形成,又引起非农业人口的更大的增长。

### (3) 工厂村镇和工商业村镇的增长

除了城市以外,具有工业中心性质的,第一是城市近郊,它们并非总与城市算在一起,它们包括日益扩大的大城市周围地区;第二是工厂村镇。这种工业中心[①]在城市人口百分比极小的工业省内特别多。[②] 上面所举的各个地区城市人口资料表表明,在9个工业省中,城市人口百分比在1863年为7.3%,在1897年为8.6%。问题在于,这些省的工商业人口,主要并非集中于城市,而是集中于工业村。在弗拉基米尔、科斯特罗马、下诺夫哥罗德及其他各省的"城市"中间,有不少城市的居民人数是不到3 000、2 000、甚至1 000的,而许多"村庄"单是工厂工人就有2 000、3 000或5 000。《雅罗斯拉夫尔省概述》的编者说得对(第2编第191页),在改革后时代,"城市开始更加迅速地增长,同时还有一

① 见上面第7章第8节和有关第7章的附录三。

② 关于科尔萨克早就指出的这种情况的意义,可参看沃尔金先生正确的评论。(上引书第215—216页)

种新类型的居民点在增长，这是一种介乎城市与乡村之间的中间类型的居民点，即工厂中心”。上面已经举出了关于这些中心的巨大增长以及它们所集中的工厂工人人数的资料。我们看到，这种中心在整个俄国是不少的，不仅在各工业省，而且在南俄都是这样。在乌拉尔，城市人口的百分比最低，在维亚特卡与彼尔姆两省，1863 年为 3.2%，1897 年为 4.7%，但是请看下面“城市”人口和工业人口相应数量的例子。在彼尔姆省克拉斯诺乌菲姆斯克县，城市人口为 6 400 人(1897 年)，但是根据 1888—1891 年地方自治局人口调查，该县工厂地带的居民为 84 700 人，其中有 56 000 人完全不从事农业，只有 5 600 人主要靠土地取得生活资料。在叶卡捷琳堡县，根据地方自治局人口调查，65 000 人是无土地的，81 000 人则只有割草场。这就是说，单是这**两个**县的城市以外的工业人口，就比全省的城市人口还要多(1897 年为 195 600 人!)。

最后，除了工厂村之外，具有工业中心性质的还有工商业村，它们或者居于大手工业地区的首位，或者因为地处河岸或铁路车站附近等等而在改革后时代迅速发展起来。这种村庄的例子，在第 6 章第 2 节已经举出了一些，而且我们在那里已经看到，这种村庄和城市一样，把人口从乡村吸引过来，它们的特征就是居民的识字率通常比较高。① 我们再举沃罗涅日省的资料作例子，以便表

① 在俄国，成为很大居民中心的村庄之多，可以根据《军事统计汇编》下列(虽然是陈旧的)资料看出来：欧俄 25 个省在 60 年代居民超过 2 000 的村有 1 334 个。其中有 108 个村，其居民为 5 000 — 10 000 人，有 6 个村，其居民为 10 000 — 15 000 人；有 1 个村，其居民为 15 000 — 20 000 人；有 1 个村，其居民超过 20 000 人。(第 169 页)不仅在俄国，而且在一切国家，资本主义的发展都引起了未被正式列为城市的新工业中心的形成。“城市与乡村间的差别正在消失：在日益成长的工业城市近旁发生这个现象，是因为工业企业与工人住宅移到了市郊和城市附近；在日益衰落的小城市近旁发生这个现象，是因

明把城市的与非城市的工商业居民区加以比较的意义。沃罗涅日省的《汇编》提供了关于该省 8 个县**村庄**分类的综合表。这些县里的城市为 8 个，人口为 56 149 人(1897 年)。而在村庄中，有 4 个村庄很突出，它们共有 9 376 户，居民达 53 732 人，即比城市大得多。在这些村庄中有商店 240 家，工业企业 404 个。总户数中有 60%完全不种地，有 21%雇人或按对分制种地，有 71%既无役畜又无农具，有 63%全年购买粮食，有 86%从事手工业。把这些中心的全部人口列入工商业人口之内，我们不但没有夸大甚至还减少了工商业人口的数量，因为在这 8 个县中，共有 21 956 户完全不种地。反正，在我们所举出的农业省份中，城市以外的工商业人口并不比城市中的少。

## (4) 外出做非农业的零工

但是，把工厂村镇和工商业村镇同城市加在一起，也还远没有把俄国全部工业人口包括无遗。流动自由的缺乏，农民村社的等级闭塞状态，完全说明了俄国为什么有这样一个显著的特征，即在俄国，不小的一部分农村人口应当列入工业人口之内，这一部分农村人口靠在工业中心做工而取得生活资料，每年要在这些工业中

为这些小城市与周围村庄的日益接近，也因为大工业村的发展…… 城市居民区与农村居民区的差别，由于很多过渡区域的形成而正在消灭。统计学早已承认了这点，抛开了关于城市的历史法律概念，而代之以只根据居民人数来区分居民区的统计概念。”(毕歇尔《国民经济的发生》1893 年蒂宾根版第 296—297 页和第 303—304 页)俄国的统计在这方面也大大落后于欧洲的统计。在德国和法国(《政治家年鉴》第 536 页和第 474 页)，列入城市的是居民超过 2 000 的居民点；在英国，是城市类型的卫生区域，即也包括工厂村等等。因此，俄国的“城市”人口资料，完全不能和欧洲的相比。

心度过一部分时光。我们说的是所谓外出做非农业的零工。从官方的观点看来，这些“手工业者”是仅仅赚取“辅助工资”的种地的农民，大多数民粹派经济学的代表人物都老老实实地接受了这个观点。了解上述一切情况以后，这个观点的站不住脚，就不需要再详细地证明了。不管对于这个现象有怎样不同的看法，然而毫无疑问，这个现象反映了**人口离开农业而转向工商业**。[①] 城市所提供的关于工业人口人数的概念，由于这个事实而改变到什么程度，可以从下面的例子看出来。在卡卢加省，城市人口的百分比大大低于俄国的平均百分比(8.3%和12.8%之比)。但是，该省1896年的《统计概述》，根据身份证资料，算出了外出工人出外做工的月数。我们看到，总共为1 491 600个月；以12来除，得出外出人口为124 300人，即“**约占总人口的11%**”(上引书第46页)！把这些人口加到城市人口(1897年为97 900人)上去，工业人口的百分比就很大了。

当然，外出做非农业零工的工人，有一部分登记在城市现有人口人数之内，或包括在上述非城市工业中心的人口之内。但只是一部分而已，因为这种人口具有流动性质，各个中心的人口调查很难把他们计算进去；其次，人口普查一般在冬季进行，而大部分手工业工人是在春季离开家庭。下面就是外出做非农业零工的一些

① 尼·—逊先生完全**没有看出**俄国人口工业化的过程！瓦·沃·先生看出了这一点并承认道：外出做零工的现象的增长反映了人口的离开农业(《俄国资本主义的命运》第149页)；然而他不但没有把这个过程添入他对于“资本主义的命运”的认识总和中去，而且极力用以下的埋怨来掩盖这个过程，说什么“有些人认为这一切是很自然的〈对于资本主义社会吗？而瓦·沃·先生能想象没有这种现象的资本主义吗?〉，而且差不多是合乎心愿的”(同上)。是合乎心愿的，而且不须加什么“差不多”，瓦·沃·先生！

主要省份的这方面的资料①：

居 民 证 分 发 数 的 百 分 比

| 季节 | 莫斯科省（1885 年） | | 特维尔省（1897 年） | 斯摩棱斯克省（1895 年） | 普斯科夫省（1895 年）身份证 | | 科斯特罗马省（1880 年） | | |
|---|---|---|---|---|---|---|---|---|---|
| | 男 | 女 | 男女合计 | | 男 | 女 | 男 | | 女子的身份证与临时身份证 |
| | | | | | | | 身份证 | 临时身份证 | |
| 冬季 | 19.3 | 18.6 | 22.3 | 22.4 | 20.4 | 19.3 | 16.2 | 16.2 | 17.3 |
| 春季 | **32.4** | **32.7** | **38.0** | **34.8** | **30.3** | **27.8** | **43.8** | **40.6** | **39.4** |
| 夏季 | 20.6 | 21.2 | 19.1 | 19.3 | 22.6 | 23.2 | 15.4 | 20.4 | 25.4 |
| 秋季 | 27.8 | 27.4 | 20.6 | 23.5 | 26.7 | 29.7 | 24.6 | 22.8 | 17.9 |
| **共计** | 100.1 | 99.9 | 100 | 100 | 100 | 100 | 100 | 100 | 100 |

各地都是春季发出的身份证最多。因此，暂时离家的工人，大部分未列入城市人口调查之内。② 但是，我们有更多的理由把这些临时的市民列为城市人口，而不列为农村人口："全年或一年大部分时间都依赖在城里做工而获得生活资料的家庭，有更多的根据认为它们的定居点是城市而不是乡村，因为城市保证它们的生

① 《1880 年和 1885 年发给莫斯科省农民人口的居民证》。《1897 年特维尔省统计年鉴》。**日班科夫**《1892—1895 年斯摩棱斯克省的外出零工》1896 年斯摩棱斯克版。**日班科夫**《从 1866—1883 年的资料看外出谋生对科斯特罗马省人口迁徙的影响》1887 年科斯特罗马版。《普斯科夫省农民的副业》1898 年普斯科夫版。莫斯科省百分比的错误，未能加以改正，因为没有绝对数字。科斯特罗马省只有各县的资料，而且只是百分比，因此我们不得不取各县的平均数，于是我们也就把科斯特罗马省的资料单独列出来。根据计算，雅罗斯拉夫尔省的外出工业者中间，全年离家的有 68.7%；秋冬两季离家的有 12.6%；春夏两季离家的有 18.7%。必须指出，雅罗斯拉夫尔省的资料（《雅罗斯拉夫尔省概述》1896 年雅罗斯拉夫尔版第 2 编）是不能与前面的资料比较的，因为它们是根据神父等等的陈述，而不是根据关于身份证的资料。

② 大家知道，例如，在圣彼得堡近郊，夏季人口增加极多。

存，而乡村只不过有亲属与赋税的联系。”①这些赋税的联系直到现在究竟有多大的意义，从下面的事实可以看出来：从外出做零工的科斯特罗马人那里，“业主很少能从它〈土地〉身上取得很小一部分赋税，他们出租土地，常常只是为了让租地人在土地周围筑起篱笆来，而一切赋税则由业主自己缴纳”（德·日班科夫《农妇国》1891 年科斯特罗马版第 21 页）。我们看到，《雅罗斯拉夫尔省概述》（1896 年雅罗斯拉夫尔版第 2 编）一再指出外出的手工业工人这种必须为他们离开农村和放弃份地而偿付赎金的情形。（第 28、48、149、150、166 页及其他各页）②

外出做非农业零工的工人人数究竟有多少呢？外出做各种零工的工人人数不下 **500 万—600 万**。实际上，在 1884 年，欧俄所

① 《1896 年卡卢加省统计概述》1897 年卡卢加版第 2 篇第 18 页。

② “外出做零工……是把城市的不断发展过程掩盖起来的一种形式……　村社土地占有制，以及俄国财政与行政生活的各种特点，不容许农民像西欧那样容易地转变为市民……　法律的线索维持着他〈外出做零工的工人〉与乡村的联系，但就其职业、习惯和趣味讲来，他实质上完全属于城市了，并且往往把这种联系看做一种负担。”（1896 年《俄国思想》杂志第 11 期第 227 页）这说得很对，但是对于一个政论家来说还不够。为什么作者不坚决主张流动的完全自由，主张农民离开村社的自由呢？我国自由派还怕我国民粹派。他们是用不着怕的。

为了比较，请看一看同情民粹派的日班科夫先生的议论：“到城市去做零工，可以说是防止我们的首都与大城市的剧烈增长以及防止城市与无土地的无产阶级增长的避雷针〈原文如此！〉。不论在卫生方面或社会经济方面，外出谋生的这种影响都应当认为是有益的：只要人民大众没有完全脱离作为外出做零工的工人某种保证〈他们要用金钱才能赎买这种“保证”啊！〉的土地，这些工人就不能成为资本主义生产的盲目工具，同时建立工农业村社的希望也依然保存着”（1890 年《法学通报》杂志第 9 期第 145 页）。保存小资产阶级的希望，事实上难道不是有益的吗？至于说到“**盲目**工具”，那么欧洲的经验以及在俄国所看到的一切事实都表明，这种评语对于与土地和宗法式关系仍然保持着联系的工人，比对于断绝了这种联系的工人，更加适用得多。同一个日班科夫先生的数字与资料表明，外出“到彼得堡谋生的人”，比在某些“森林”县份定居的科斯特罗马人更有知识，更有文化，更开展。

发出的身份证和临时身份证达 467 万张[①]，而身份证收入从 1884 年到 1894 年增加了⅓以上（由 330 万卢布增加到 450 万卢布）。在 1897 年，整个俄国所发出的身份证和临时身份证为 9 495 700 张（其中欧俄 50 个省占 9 333 200 张）。在 1898 年，为 8 259 900 张（欧俄占 7 809 600 张）。[②] 欧俄过剩的（同当地的需求比较）工人人数，谢·柯罗连科先生计算为 630 万人。我们在上面已经看到（第 3 章第 9 节第 174 页）[③]，11 个农业省所发出的身份证数目超过谢·柯罗连科先生的计算（200 万对 170 万）。现在我们可以添上 6 个非农业省的资料：柯罗连科先生计算这些省的过剩工人为 1 287 800 人，而发出的身份证数目则为 1 298 600 张。[④] 这样，在欧俄 17 个省（11 个黑土地带省和 6 个非黑土地带省）中，谢·柯罗连科先生计算有 300 万过剩的（对当地的需求而言）工人。而在 90 年代，这 17 个省所发出的身份证和临时身份证为 330 万张。在 1891 年，这 17 个省提供了身份证总收入的 52.2%。因此，**外出工人人数大概超过了 600 万**。最后，地方自治局统计资料（大部分是陈旧的）使乌瓦罗夫先生作出这样的结论，谢·柯罗连科先生的数字与真实情况相近，而 500 万外出工人这个数字“是非常可能的”。[⑤]

---

① **列·韦辛**《外出做零工在俄国农民生活中的意义》。《事业》杂志 1886 年第 7 期和 1887 年第 2 期。

② 《1897—1898 年缴纳消费税的各种行业和印花税票统计》1900 年圣彼得堡版，无定额税管理总署出版。

③ 见本卷第 209 页。——编者注

④ 这 6 个省份是：莫斯科（1885 年的旧资料）、特维尔（1896 年）、科斯特罗马（1892 年）、斯摩棱斯克（1895 年）、卡卢加（1895 年）与普斯科夫（1896 年）。材料来源如上述。是关于各种外出许可证（男女合计）的资料。

⑤ 1896 年 7 月《公共卫生、法医学和实用医学通报》杂志。**米·乌瓦罗夫**《论外出做零工对俄国卫生状况的影响》。乌瓦罗夫先生汇总了 20 个省 126 个县的资料。

现在试问：外出做非农业零工与外出做农业零工的工人人数究竟有多少呢？尼·—逊先生很大胆和完全错误地断言："绝大多数的农民外出做零工正是做农业零工。"（《概况》第16页）尼·—逊先生所引证的查斯拉夫斯基，讲话就谨慎得多，他没有举出任何资料，只限于一般地推测各种工人外出的地区的大小。而尼·—逊先生的铁路客运资料却什么也没有证明，因为非农业工人主要也是在春季离开家庭，他们乘火车的要比农业工人多得多。① 相反，我们认为，多数（虽然不是"绝大多数"）外出工人大概是非农业工人。这种看法，第一是根据身份证收入分布资料，第二是根据韦辛先生的资料。弗列罗夫斯基根据1862—1863年度"各种捐税"收入分布（身份证收入占⅓强）资料，早就作出了这样的结论：农民外出谋生的最大的运动出自首都省与非农业省。② 如果我们拿11个非农业省来看，——我们在前面（这一节的第2点）已经把这些省份合为一个地区，从这些省份外出做零工的绝大多数是非农业工人——那么我们就会看到，这些省份的人口在1885年仅占整个欧俄人口的18.7%（1897年占18.3%），而身份证收入在1885年却占42.9%（1891年占40.7%）。③ 另外还有许多省也有非农业工人外出，所以我们应该认为，农业工人占外出做零工的工人半数以下。韦辛先生根据各种外出做零工占优势的情况把欧俄38个省（占各种外出许可证总数的90%）加以分类，

① 参看上面第174页（本卷第209—210页。——编者注）脚注。

② 《俄国工人阶级的状况》1869年圣彼得堡版第400页及以下各页。

③ 身份证收入的数字，引自1884—1885年度和1896年的《俄国资料汇集》。在1885年，身份证收入在欧俄每1 000居民为37卢布，而在11个非农业省份每1 000居民则为86卢布。

得出下面的资料①。

| 省　　别 | 1884年发出的外出许可证数目(单位千) | | | 1885年的人　口(单位千) | 每千人平均所得许可证 |
|---|---|---|---|---|---|
| | 身份证 | 临　时身份证 | 共　计 | | |
| 一、外出做非农业零工占优势的12个省… | 967.8 | 794.5 | 1 762.3 | 18 643.8 | 94 |
| 二、过渡性质的5个省 | 423.9 | 299.5 | 723.4 | 8 007.2 | 90 |
| 三、外出做农业零工占优势的21个省…… | 700.4 | 1 046.1 | 1 746.5 | 42 518.5 | 41 |
| **38　个　省** | 2 092.1 | 2 140.1 | 4 232.2 | 69 169.5 | 61 |

"这些数字表明,外出做零工在第一类中比在第三类中发展得厉害些……　其次,从所引用的数字可以看出,随着所属的类别的不同,外出谋生的期间也各异。外出做非农业零工占优势的地方,外出的期间就长得多。"(1886年《事业》杂志第7期第134页)

最后,上述对缴纳消费税等等的各种行业的统计,使我们能够把发出的居民证数目,按欧俄全部50个省区别开来。对韦辛先生

① 本表最后两栏是我们加上的。列入第一类的是阿尔汉格尔斯克、弗拉基米尔、沃洛格达、维亚特卡、卡卢加、科斯特罗马、莫斯科、诺夫哥罗德、彼尔姆、圣彼得堡、特维尔与雅罗斯拉夫尔等省;列入第二类的是喀山、下诺夫哥罗德、梁赞、图拉与斯摩棱斯克等省;列入第三类的是比萨拉比亚、沃伦、沃罗涅日、叶卡捷琳诺斯拉夫、顿河、基辅、库尔斯克、奥伦堡、奥廖尔、奔萨、波多利斯克、波尔塔瓦、萨马拉、萨拉托夫、辛比尔斯克、塔夫利达、坦波夫、乌法、哈尔科夫、赫尔松与切尔尼戈夫等省。应该指出:这种分类有不正确的地方,把外出做农业零工的意义夸大了。斯摩棱斯克、下诺夫哥罗德与图拉3省,应当列入第一类(参看《1896年下诺夫哥罗德省的农业概况》第11章。《1895年图拉省省志》第6篇第10页:外出做零工者人数为188 000人,——而谢·柯罗连科先生计算只有50 000剩余工人!——其中北部6个非黑土地带县份有107 000外出做零工者)。库尔斯克省应列入第二类(上引谢·柯罗连科的书:7县的外出者大部分是去做手工业零工,其余8个县的只是去做农业零工)。可惜韦辛先生没有提供各省的外出许可证数目资料。

的分类作上述修正，并将 1884 年未列入的 12 个省也按这三类区别开来(奥洛涅茨省与普斯科夫省列为第一类；波罗的海沿岸与西北部各省，共 9 省，列为第二类；阿斯特拉罕省列为第三类)，我们就可看到这样的情景：

| 省　　别 | 发出的居民证的总数 | |
|---|---|---|
| | **1897 年** | **1898 年**① |
| 一、外出做非农业零工占优势的 17 个省………… | 4 437 392 | 3 369 597 |
| 二、过渡性质的 12 个省……… | 1 886 733 | 1 674 231 |
| 三、外出做农业零工占优势的 21 个省…………… | 3 009 070 | 2 765 762 |
| **50 个省总计** | 9 333 195 | 7 809 590 |

根据这些数字，外出做零工在第一类中比在第三类中要多得多。

因此，毫无疑问，人口的流动性在俄国非农业地带要比在农业地带大得多。外出做非农业零工的工人人数，应当比外出做农业零工的工人人数多，他们**至少有 300 万人**。

一切材料都证明，外出做零工的情况有巨大的与日益加剧的增长。身份证收入从 1868 年的 210 万卢布(1866 年为 175 万卢布)，增加到 1893—1894 年度的 450 万卢布，即增加 1 倍多。所发出的身份证和临时身份证数目，在莫斯科省从 1877 年至 1885 年增加了 20%(男的)与 53%(女的)；在特维尔省从 1893 年至 1896 年增加了 5.6%；在卡卢加省从 1885 年至 1895 年增加了 23%(而

① 顺便讲一讲，这些资料概述的作者(上引书第 6 章第 639 页)说明，1898 年身份证发出数目减少的原因，是由于歉收和农业机器的推广使夏季工人外出到南部各省的人数减少了。这个说明根本讲不通，因为发出的居民证数目减得最少的是第三类，减得最多的是第一类。1897 年与 1898 年的登记方法可以相比吗？(**第 2 版注释**)

外出的月数增加了 26%)；在斯摩棱斯克省从 1875 年的 100 000 增加到 1885 年的 117 000，1895 年增加到 140 000；在普斯科夫省从 1865—1875 年的 11 716 增加到 1876 年的 14 944，1896 年增加到 43 765(男的)。在科斯特罗马省，1868 年所发出的身份证和临时身份证，每 100 男子中占 23.8，每 100 妇女中占 0.85，而在 1880 年则占 33.1 与 2.2，等等，等等。

与居民离开农业而转向城市一样，外出做非农业的零工是**进步的现象**。它把居民从偏僻的、落后的、被历史遗忘的穷乡僻壤拉出来，卷入现代社会生活的漩涡。它提高居民的文化程度[①]及觉悟[②]，使他们养成文明的习惯和需要[③]。“头等的动因”，即到彼得堡谋生的人的风度与浮华，吸引农民外出；他们寻找“更好的地方”。“彼得堡的工作与生活被认为比乡村的轻松。”[④]“所有乡村居民都被叫做**乡下佬**；令人奇怪的是，他们毫不认为这个称号是对自己的侮辱，他们自己也这样称呼自己，埋怨父母不把他送到圣彼

① 日班科夫《从 1866—1883 年的资料看外出谋生对科斯特罗马省人口迁徙的影响》第 36 页及以下各页。科斯特罗马省外出零工县份识字男子的百分比为 55.9%；在工厂县份为 34.9%；在定居(森林)县份为 25.8%；识字妇女分别为 3.5%，2.0%，1.3%；学生分别为 1.44%，1.43%，1.07%。外出零工县份中儿童也有在圣彼得堡读书的。

② “识字的到彼得堡谋生的人，的确更好地和更自觉地求医治病”(同上，第 34 页)，因此传染病在他们中间不像在“**文化很低的**”(黑体是原作者用的)乡中那样厉害。

③ “就生活设备来说，外出零工县份大大超过农业地区和森林地区……　到彼得堡谋生的人的衣服清洁、美观、卫生得多……　儿童们比较清洁，所以他们中间很少看到疥疮和其他皮肤病。”(同上，第 39 页。参看《1892—1895 年斯摩棱斯克省的外出零工》第 8 页)“外出零工乡村与定居乡村截然不同：住宅、衣服、一切习惯、娱乐，与其说像农民生活，不如说像市民生活。”(《1892—1895 年斯摩棱斯克省的外出零工》第 3 页)在科斯特罗马省外出零工乡里，“你在半数人家中可以看到纸、墨水、铅笔与钢笔”(《农妇国》第 67—68 页)。

④ 《农妇国》第 26—27 页和第 15 页。

得堡去读书。不过要附带说明，这些**土里土气的**乡村居民远不如纯农业地区的乡村居民那样土里土气：他们不自觉地模仿到彼得堡谋生的人的外表与习惯，首都的光辉间接地也投射在他们身上。”[①]在雅罗斯拉夫尔省(除了发财的例子)，“还有其他原因驱使每个人离开家庭。这就是舆论，那些没有在彼得堡或其他地方居住过而只是从事农业或做某种手艺的人，一辈子都被人称为牧人，这种人很难找到老婆”(《雅罗斯拉夫尔省概述》第2编第118页)。外出到城市去，可以提高农民的公民身份，使他们跳出乡村根深蒂固的宗法式的与人身的依附关系及等级关系的深渊[②]…… “人民中间个人的自我意识的增长，是助长外出的首要因素。从农奴制依附下的解放，最精干的一部分农村人口早已与城市生活的接触，老早就在雅罗斯拉夫尔省的农民中间唤起了一种愿望：保卫自己的‘我’，从乡村生活条件所注定的贫困与依附状况中解脱出来，过富足的、独立的与受人尊敬的生活…… 靠外出做零工生活的农民感到自己自由些，同其他等级的人平等些，因而农村青年日益强烈地渴望到城市去。”(《雅罗斯拉夫尔省概述》第2编第189—190页)

外出到城市，削弱了旧的父权制家庭，使妇女处于比较独立的、与男子平等的地位。“与定居的地区比较起来，索利加利奇与楚赫洛马的家庭”(科斯特罗马省外出做零工之风最盛的两个县)，“不仅在家长的宗法权力方面，而且在父母与子女、丈夫与妻子的关系方面都薄弱得多。对于12岁就被送到彼得堡去的儿子，当然

---

① 《农妇国》第27页。

② 例如，使科斯特罗马农民登记为市民的原因之一，就是“可能的体罚，这种体罚对于衣著华丽的到彼得堡谋生的人比对于土里土气的村民更为可怕”(同上，第58页)。

不能希望他们如何热爱父母,如何依恋父母的家庭;他们不自觉地变成世界主义者了:'哪里好,哪里就是祖国'"。[①] "过惯了不受丈夫支配与帮助的生活的索利加利奇妇女,与农业地带受践踏的农妇完全不同:她们是独立自主的…… 殴打虐待老婆在这里是罕见的事情…… 男女平等差不多在一切地方与一切方面都反映出来。"[②]

最后(最后但不是最不重要),外出做非农业零工不仅提高了外出雇佣工人的工资,**而且也提高了留在当地的工人的工资**。

这个事实的最突出表现,是下面这样一个普遍现象:非农业省份比农业省份的工资高,吸引了农业省份的农业工人。[③] 下面是卡卢加省的有趣资料:

| 县 别<br>(以外出做零工的人数为标准) | 外出男性工人<br>对全体男性人口的百分比 | 每月的工资(单位卢布)<br>外出工业者 | <br>农村年工 |
|---|---|---|---|
| 一、 | 38.7 | 9.0 | 5.9 |
| 二、 | 36.3 | 8.8 | 5.3 |
| 三、 | 32.7 | 8.4 | 4.9 |

"这些数字完全说明了……下列现象:(1)外出做零工对农业生产中工资的提高有影响,(2)外出做零工吸引走了人口中的优秀力量。"[④]不仅货币工资提高了,而且实际工资也提高了。在100名工人中有60人以上外出做零工的县份内,一个全年雇农的平均工资为69卢布或123普特黑麦;在外出做零工的工人占40%—60%的县份内,平均工资为64卢布或125普特黑麦;在外出做零工的工人不到40%的县份内,平均工资为59卢布或

① 《农妇国》第88页。

② 1890年《法学通报》杂志第9期第142页。

③ 参看第4章第4节(本卷第238—239页。——编者注)。

④ 《1896年卡卢加省统计概述》第2篇第48页。

116普特黑麦。[①] 在这几类县份中，诉说缺乏工人的通讯的百分比是依次降低的：58％—42％—35％。加工工业中的工资高于农业中的工资，“根据很多通讯员先生的评述，手工业促进了农民中间新的需求的发展（茶、印花布、靴、钟表等等），提高了需求的一般水平，于是对工资的提高产生影响”[②]。下面就是一位通讯员的典型评述：工人“始终很缺少，其原因是城市附近的居民被娇养惯了，他们都在铁路工厂做工或在那里做事。卡卢加附近及其市场，经常聚集着四周的居民，他们出卖鸡蛋、牛奶等等，然后在酒馆中狂饮；其原因是所有的人都想多拿钱不干事。当农业工人，被认为是**可耻的事情**，大家都想到城市去，在那里当无产阶级和游民；乡村则感到缺乏有能力的健康的工人”[③]。这种对外出做零工的评价，我们有充分理由可以称之为**民粹派的**评价。例如，日班科夫先生指出，外出的工人不是过剩的工人，而是由外来的农民所代替的“必要的”工人，他认为，“很明显”，“这种相互代替是很不利的”。[④] 日班科夫先生，对谁很不利呢？“京都的生活使人们养成许多**低级**

① 《1896年卡卢加省统计概述》第1篇第27页。

② 同上，第1篇第41页。

③ 同上，第40页。黑体是原作者用的。

④ 《农妇国》第39页和第8页。“这些真正的〈外来的〉农民，是否会以其富裕的生活状况，给予那些不是视土地而是视外出谋生为其生活基础的本地居民以清醒的影响呢？”（第40页）作者叹息道：“然而我们在上面已经举出了相反影响的例子。”这个例子如下。沃洛格达人买了土地，生活过得“很富裕”。“我曾经问过其中的一个人，既然他家里很富裕，为什么还把儿子送到圣彼得堡去？我得到的回答是：‘事情是这样，我们并不穷，但是我们这里很土气，他学别人的样，自己也想去受教育，其实他在我们家里已经是一个有学问的人了。’”（第25页）可怜的民粹派啊！甚至富裕的购买土地的农夫-庄稼汉的例子，也不能使那个青年“清醒过来”，他竟要去“受教育”，以逃开“保证其生活的份地”，这怎能不令人伤心呢！

**的文明习惯**，尚奢侈和浮华，白白地〈原文如此!!〉耗费许多金钱”[①]；在这种奢侈等等上的支出大部分是“白费的”(!!)[②]。赫尔岑施坦先生直率地悲叹“表面的文明”、“恣意的放荡”、“纵情的欢宴”、“野蛮的酗酒与廉价的荒淫”等等。[③] 莫斯科统计学家们从大批外出做零工的事实直接得出这样的结论：必须“采取办法以减少外出谋生的需要”。[④] 卡雷舍夫先生谈到外出做零工的问题时说道：“只要把农民土地使用面积增加到足以满足其家庭最主要的〈!〉需要，就可以解决我国国民经济中这个最严重的问题。”[⑤]

这些好心肠的先生们，谁也没有想到，在谈论“解决最严重的问题”之前，必须关心农民流动的完全自由，即放弃土地和退出村社的自由，在国内任何城市公社或村社随意居住(不缴纳“赎”金)的自由!

---

总之，居民离开农业，在俄国表现在城市的发展(这一点部分地被国内移民掩盖了)以及城市近郊、工厂村镇与工商业村镇的发展上，并且也表现在外出做非农业零工的现象上。所有这些在改革后时代已经和正在向纵深和宽广两方面迅速发展的过程，是资本主义发展的必要组成部分，同旧的生活方式比起来，具有很大的进步意义。

---

① 《从 1866—1883 年的资料看外出谋生对科斯特罗马省人口迁徙的影响》第 33 页。黑体是原作者用的。

② 1890 年《法学通报》杂志第 9 期第 138 页。

③ 1887 年《俄国思想》杂志(不是《俄罗斯通报》杂志，而是《俄国思想》杂志)第 9 期第 163 页。

④ 《1880 年和 1885 年发给莫斯科省农业人口的居民证》第 7 页。

⑤ 1896 年《俄国财富》杂志第 7 期第 18 页。这样，“最主要的”需要应由份地去满足，而其余的需要，显然应由从“感到缺乏有能力的健康的工人”的“乡村”中所得到的“当地工资”来满足!

## 三　雇佣劳动使用的增长

在资本主义发展问题上，雇佣劳动的普遍程度差不多具有最大的意义。资本主义是商品生产发展的这样一个阶段，这时劳动力也变成了商品。资本主义的基本趋势是：国民经济的全部劳动力，只有经过企业主的买卖后，才能应用于生产。这个趋势在改革后的俄国是怎样表现的，我们在上面已经尽力详细地考察过了，现在应当把这个问题作一总结。首先把前几章所引证的劳动力出卖者人数的资料计算在一起，然后（在下一节）再叙述劳动力购买者的总数。

全国参加物质财富生产的劳动人口，是劳动力出卖者。据计算，这种人口约有 1 550 万成年男工。[①] 第 2 章中曾经指出，下等农户无非是农村无产阶级；同时曾经指出（第 122 页脚注[②]），这种无产阶级出卖劳动力的形式将在下面加以考察。现在把前面列举的各类雇佣工人作一总计：（1）农业雇佣工人，其数目约为 350 万人（欧俄）。（2）工厂工人、矿业工人和铁路工人，约为 150 万人。总计职业雇佣工人共 500 万人。其次，（3）建筑工人，约为 100 万人。（4）从事木材业（伐木、木材初步加工、运木等等）、挖土、修筑铁路、装卸货物以及工业中心的各种“粗”活的工人。这些工人约

① 《欧俄农村居民经济状况统计资料汇编》（1894 年大臣委员会办公厅出版）的数字，为 15 546 618 人。这个数字是这样得到的：假设城市人口等于不参加物质财富生产的人口；成年男性农民人口减少了 7％（4.5％服兵役，2.5％在村社中服务）。

② 参看本卷第 150 页。——编者注

为 200 万人。[①] (5)被资本家所雇用在家中工作的以及在未列入"工厂工业"的加工工业中做雇佣工作的工人,其人数约为 200 万。

总计——**约有 1 000 万雇佣工人**。除去其中大约¼的女工与童工[②],还有 **750 万成年男性雇佣工人**,即参加物质财富生产的全国成年男性人口的**一半左右**。[③] 在这一大批雇佣工人中,有一部分已完全与土地断绝关系,专门靠出卖劳动力为生。这里包括绝大多数的工厂工人(无疑也包括绝大多数的矿业工人与铁路工人),其次包括一部分建筑工人、船舶工人与小工;最后,还包括不小一部分资本主义工场手工业工人以及为资本家进行家庭劳动的非农业中心的居民。另外很大一部分雇佣工人尚未与土地断绝关系,他们的支出一部分是以他们在很小一块土地上生产的农产品来抵补,因而他们形成了我们在第 2 章中极力详述过的那一类有份地的雇佣工人。前面的叙述已经指出,所有这一大批雇佣工人主要是在改革后的时代出现的,现在还继续迅速地增长着。

重要的是指出我们的结论在资本主义所造成的相对人口过剩(或失业工人后备军人员)问题上的意义。国民经济各部门中雇佣工人总数的资料,特别明显地暴露了民粹派经济学在这个问题上

① 我们在上面看见,单是木材工人就有 200 万。从事上述后两种工作的工人人数,应当大于外出做非农业零工的工人总数,因为一部分建筑工人、小工、特别是木材工人,是本地工人,而不是外来工人。我们看见,外出做非农业零工工人人数不下 300 万人。

② 我们看见,在工厂工业中,妇女与儿童占工人总数¼强。在采矿工业、建筑业与木材业等等中,妇女与儿童是很少的。相反,在资本主义的家庭劳动中,妇女与儿童大概比男子多些。

③ 为了避免误解起见,我们附带说明一下:我们决不奢望这些数字得到统计上的确切证明。我们只想大概表明一下雇佣劳动形式的多样化和雇佣劳动者人数的众多。

的基本错误。正如我们在另外一个地方(《评论集》第 38—42 页[①])已经指出的,这种错误在于民粹派经济学家(瓦·沃·先生、尼·—逊先生及其他人)大谈资本主义使工人"游离出来",但不想研究一下俄国资本主义人口过剩的具体形式;其次,在于他们完全不懂得大批后备工人对我国资本主义的存在与发展的必要性。他们凭着对"工厂"工人人数发表几句抱怨的话和进行一些奇怪的算法[②],就把资本主义发展的基本条件之一变成了证明资本主义不可能、错误、无根据等等的论据。事实上,如果对小生产者的剥夺没有造成千百万的雇佣工人群众,使他们随时准备一有号召就去满足企业主在农业、木材业与建筑业、商业、加工工业、采矿工业、运输工业等等中最大限度的需求,那么,俄国资本主义永远也不能发展到目前的高度,而且连一年也不能存在。我们说最大限度的需求,是因为资本主义只能是跳跃式地发展,因而需要出卖劳动力的生产者人数,应当始终高于资本主义对工人的平均需求。我们刚才计算了各类雇佣工人的总数,但是我们这样做决不是想说资本主义能够经常雇用这全部工人。不管我们拿哪类雇佣工人来看,这种经常的雇用在资本主义社会中是没有的,而且也是不可能有的。在千百万流动的与定居的工人中间,有一部分经常留在失

① 见本版全集第 2 卷第 146—151 页。——编者注

② 我们回忆一下尼·—逊先生关于"一小撮"工人的议论以及瓦·沃·先生下面这种真正古典的算法(《理论经济学概论》第 131 页)。在欧俄 50 个省中,计有属于农民等级的成年男工 15 547 000 人,其中"被资本所联合起来的"为 1 020 000 人(工厂工业中的 863 000 人及铁路工人 160 000 人),其余的是"农业人口"。在"加工工业完全资本主义化"之下,"资本主义工厂工业"雇用了两倍的人手(不是 7.6%,而是 13.3%;其余的 86.7%的人口"则依然耕种土地,将在半年内没有工作")。看来,注解只能削弱经济科学与经济统计的这个出色例子给人造成的印象。

业后备军内，这种后备军在危机年代，或在某一区域某种工业衰落的情况下，或在排挤工人的机器生产特别迅速地扩展的情况下，达到很大的数量；有时候则降到最低限度，甚至往往引起个别年份国内个别区域的个别工业部门的企业主抱怨工人"缺乏"。由于完全没有比较可靠的统计资料，即使大致算出通常年份的失业人数，也是不可能的；但是，没有疑问，这个数目应当是很大的，不论是上面多次指出的资本主义工业、商业与农业的巨大波动，或者是地方自治局统计所肯定的下等农户家庭收支中的通常亏空，都证明了这一点。被驱入工业无产阶级与农村无产阶级队伍中的农民人数的增加，以及对雇佣劳动的需求的增加，这是一件事情的两个方面。至于谈到雇佣劳动形式，那么它们在各方面都还被前资本主义制度的残余和设施所缠绕着的资本主义社会中是极其多种多样的。忽视这种多样性，将是重大的错误。谁要像瓦·沃·先生那样认为资本主义"给自己划定了一个容纳 100 万—150 万工人的角落而不超出这个角落"[①]，他就会陷入这种错误。这里说的已经不是资本主义，而只是大机器工业。但是，在这里把这 150 万工人圈定在一个特别的似乎与雇佣劳动其他领域没有任何联系的"角落"里，这是多么随心所欲和多么不合情理啊！事实上，这种联系是很密切的，为了说明这种联系，只须举出现代经济制度的两个基本特点就够了。第一，货币经济是这种制度的基础。"货币权力"充分表现在工业中与农业中，城市中与乡村中，但是只有在大机器工业中它才得到充分发展，完全排挤了宗法式经济的残余，集中于少数大机关（银行），直接与社会大生产发生联系。第二，劳动力的买卖

① 1896 年《新言论》杂志第 6 期第 21 页。

是现代经济制度的基础。即使拿农业中或工业中的最小的生产者来看,你就会看到,那种既不受人雇又不雇人的生产者是例外的情况。但是,这些关系也只有在大机器工业中才能得到充分发展,才能与以前的经济形式完全分离。因此,某一位民粹派认为极小的"角落",实际上体现着现代社会关系的精髓,而这个"角落"的人口即无产阶级,才真正是全部被剥削劳动群众唯一的前卫和先锋。①因此,只有从这个"角落"中所形成的关系的角度去考察整个现代经济制度,才有可能认识清楚各种生产参加者集团之间的基本相互关系,从而考察这种制度的基本发展方向。相反,谁要撇开这一"角落"而从宗法式小生产关系的角度来考察经济现象,那么历史进程就会把他或者变为天真的梦想家,或者变为小资产阶级的和大地主的思想家。

## 四　劳动力国内市场的形成

为了总括上面叙述中关于这个问题所引证的资料,我们只谈欧俄工人流动的情况。以业主陈述为基础的农业司出版物②,给

① 如果作相应的改变,那就可以说,大机器工业中的雇佣工人与其余的雇佣工人的关系,就像韦伯夫妇所说的英国工联主义者与非工联主义者的关系一样。"工联主义者约占全部人口4%……　据工联计算,在自己队伍中以体力劳动为生的成年男工占20%左右。"但是"工联的成员……照例总是每一部门的一批最优秀的工人。因此,他们对其余工人群众的道德和精神的影响,是同他们的人数完全不能相比的。"(悉·韦伯和比·韦伯《不列颠工联主义运动史》1895年斯图加特狄茨版第363、365、381页)

② 《根据业主方面的材料所编的农业统计资料,第5编,从欧俄工农业统计经济概述看地主农场中的**自由雇佣劳动**和工人的流动》,**谢·亚·柯罗连科**编,1892年圣彼得堡农业和农村工业司出版。

我们提供了这种情况。工人流动的情况,使人对劳动力国内市场如何形成有一个总的认识;我们在利用这一出版物的材料时,只是力求把农业工人的流动与非农业工人的流动加以区别,虽然该出版物所附的表明工人流动的地图上并未作出这种区别。

**农业**工人最主要的流动情况如下:(1)从中部农业省份移到南部和东部边疆地区。(2)从北部黑土地带省份移到南部黑土地带省份,同时从南部黑土地带省份又有工人移到边疆地区(参看第3章第9节和第10节)①。(3)从中部农业省份移到工业省份(参看第4章第4节)②。(4)从中部与西南部农业省份移到甜菜种植区域(甚至有一部分加利西亚工人也移到这里)。

**非农业工人**最主要的流动情况如下:(1)主要从非农业省份、但在很大程度上也从农业省份移到首都与大城市。(2)从上述地区移到弗拉基米尔省、雅罗斯拉夫尔省及其他各省工业地区的工厂中。(3)移到新工业中心或新工业部门,以及非工厂的工业中心和其他区域。这里是指移动到下列各处:(a)西南各省甜菜制糖厂;(b)南部矿业地区;(c)码头工作地区(敖德萨、顿河畔罗斯托夫、里加等等);(d)弗拉基米尔省及其他各省的泥炭采掘业地区;(e)乌拉尔矿业区;(f)渔业地区(阿斯特拉罕、黑海与亚速海等等);(g)造船业、航运业、伐木及流送木材等等部门;(h)铁路工作等等部门。

工人的主要流动情况就是如此,雇主通讯员指出这些流动对于各地工人的雇用条件发生相当重大的影响。为了更清楚地表明这些流动的意义,我们拿工人移出和移入的各个地区的工资资料

① 参看本卷第207、212页。——编者注

② 参看本卷第238—239页。——编者注

与之作一对比。我们只举出欧俄 28 个省，根据工人流动的性质把它们分为 6 类，于是得到下面的资料①：

这个表向我们明显地指出了那个建立劳动力国内市场、从而也建立资本主义国内市场的过程的基础。资本主义关系最发达的两个主要区域，吸引了大量工人。这两个区域就是农业资本主义区域（南部与东部边疆地区）与工业资本主义区域（首都省与工业省）。在人口外移的区域，在中部各农业省，工资是最低的，这些省份不论在工业中还是在农业中资本主义都极不发达②；在人口移入的区域，各种工作的工资都增高了，货币工资对工资总额的比例也增高了，即货币经济由于排挤自然经济而得到加强。人口移入最多（和工资最高）的区域与人口移出（和工资最低）的区域之间的中间区域，则表现出上面已经指出过的工人相互代替的现象：工人移出的数目过多，以致移出的地区发生工人不足的情况，因而从更"低廉"的省份吸收外来工人。

---

① 其余各省均略去不计，以便不让那些对所研究的问题不能提供任何新东西的资料使叙述复杂起来；况且，这些省份不是与工人主要的、大批的流动无关（乌拉尔、北部），便是有民族学上的和行政法律上的特点（波罗的海沿岸各省、特许犹太居住区各省、白俄罗斯各省等等）。资料取自上面引证过的出版物。工资数字系各省的平均数；夏季日工工资是播种、割草、收获三个时期的平均数。这些区域（第 1 类——第 6 类）包括下列各省：(1)塔夫利达、比萨拉比亚与顿河；(2)赫尔松、叶卡捷琳诺斯拉夫、萨马拉、萨拉托夫与奥伦堡；(3)辛比尔斯克、沃罗涅日与哈尔科夫；(4)喀山、奔萨、坦波夫、梁赞、图拉、奥廖尔与库尔斯克；(5)普斯科夫、诺夫哥罗德、卡卢加、科斯特罗马、特维尔与下诺夫哥罗德；(6)圣彼得堡、莫斯科、雅罗斯拉夫尔与弗拉基米尔。（图表见本卷第 542 页。——编者注）

② 于是，农民就大批地离开宗法式经济关系最厉害的、工役制及原始工业形式保存最多的区域，跑到"基础"完全瓦解了的地区去。他们逃离"人民生产"，不听那紧跟在他们后面的"社会"呼声。在这一片呼声中，听得最清楚的有两种声音："束缚得太少呀！"——这是黑帮分子索巴开维奇**100**的恫吓的叫声；"没有充分保证份地"，——立宪民主党人马尼洛夫客气地纠正他说。

| 省　区（按工人流动的性质划分） | 10年（1881—1891年）的平均工资 | | | | | 工人流动数量 | | | |
|---|---|---|---|---|---|---|---|---|---|
| | 年工 | | 货币工资对全部工资的百分比 | 季节工（夏季） | 自备伙食的夏季日工 | 农业的 | 移出 | | 非农业的 |
| | 食宿在外 | 食宿在内 | | | | 移入 | 农业的 | 非农业的 | 移入 |
| | 卢布 | 卢布 | | 卢布 | 戈比 | | | | |
| 1. 大量的农业移入 | 93.00 | 143.50 | 64.8 | 55.67 | 82 | 约100万工人 | — | — | 大部分移向矿业地区 |
| 2. 大量的农业移入，而移出甚少 | 69.80 | 111.40 | 62.6 | 47.30 | 63 | 约100万工人 | 数量不大 | — | 大部分移向矿业地区 |
| 3. 大量的农业移出，而移入甚少 | 58.67 | 100.67 | 58.2 | 41.50 | 53 | 数量不大 | 30万工人以上 | 数量不大 | 数量不大 |
| 4. 大量的移出，大部分是农业移出，也有非农业移出 | 51.50 | 92.95 | 55.4 | 35.64 | 47 | — | 150万工人以上 | 150万工人以上 | — |
| 5. 大量的非农业移出，而农业移入甚少 | 63.43 | 112.43 | 56.4 | 44.00 | 55 | 数量不大 | 数量不大 | 125万工人左右 | — |
| 6. 大量的非农业移入，而农业的移入也相当大 | 79.80 | 135.80 | 58.7 | 53.00 | 64 | 数量相当大 | — | （到首都） | 数量很大 |

实际上，我们表中所表明的人口从农业向工业的转移（人口的工业化）和工商业农业即资本主义农业的发展（农业的工业化）这两个方面的过程，把上面关于资本主义社会国内市场形成问题的全部叙述总括起来了。资本主义国内市场的建立，是由于资本主义在农业中与工业中的平行发展①，是由于一方面形成了农业企业主与工业企业主阶级，另一方面形成了农业雇佣工人与工业雇佣工人阶级。工人流动的主要潮流表明了这种过程的一些主要形式，但还远不是其全部形式；在前面的叙述中已经指出，这种过程的形式在农民经济中与在地主经济中是各不相同的，在商业性农业的不同区域中是各不相同的，在工业资本主义发展的不同阶段是各不相同的，等等。

这一过程被我国民粹派经济学的代表者歪曲和混淆到什么程度，这在尼·—逊先生所著《概况》第 2 篇第 6 节里特别明显地表现出来了，这一节有这样一个特出的标题：《社会生产力的再分配对于农业人口的经济地位的影响》。请看尼·—逊先生是怎样设想这种"再分配"的："在资本主义……社会中，劳动生产力的每一次提高，都使相应数量的工人被'游离'出来，他们被迫去另谋生计；然而因为这种事情发生在一切生产部门，这种'游离'遍布整个资本主义社会，所以这些工人除了转向他们暂时还未失掉的生产工具，即转向土地之外，是没有其他出路的……"（第 126 页）"我国

① 理论经济学早已确定了这个简单的真理。马克思更不用说了，他曾经直接指出资本主义在农业中的发展是建立"工业资本的国内市场"的过程（《资本论》第 2 版第 1 卷第 776 页（参看《马克思恩格斯文集》第 5 卷第 854 页。——编者注），第 24 章第 5 节）；我们来看看亚当·斯密。在《国民财富的性质和原因的研究》第 1 篇第 11 章和第 3 篇第 4 章中，他指出了资本主义农业发展的最显著的特点，指出这一过程与城市增长和工业发展的过程是平行的。

农民并未失掉土地，所以他们就把自己的力量投在土地上。他们失去工厂中的工作或被迫抛弃其家庭副业时，除了加紧耕种土地之外，看不到其他的出路。一切地方自治局统计汇编，都肯定了耕地扩大的事实……”(第 128 页)

你们瞧，尼·—逊先生知道一种十分特别的资本主义，这种资本主义是任何时候任何地方都不曾有过的，而且是任何一个经济学理论家难以想象的。尼·—逊先生的资本主义不使人口离开农业转向工业，也不把农民分裂为对立的阶级。完全相反。资本主义把工人从工业“游离”出来，而且“他们”只得转向土地，因为“我国农民并未失掉土地”!! 这种“理论”在诗意的混乱中把资本主义发展的种种过程独创地“再分配”了一下，而这种“理论”的基础，就是前面叙述中所详细分析过的一般民粹派的笨拙方法：把农民资产阶级与农村无产阶级混淆起来，忽视商业性农业的增长，拿“人民”“手工业”与“资本主义”“工厂工业”分离的童话，来代替对资本主义在工业中的各种循序出现的形式与各种表现的分析。

## 五　边疆地区的意义。国内市场还是国外市场？

在第 1 章中已经指出了把资本主义国外市场问题同产品的实现问题联在一起的理论的错误。(第 25 页①及以下各页)资本主义之所以必须有国外市场，决不是由于产品不能在国内市场实现，而是由于资本主义不能够在不变的条件下以原有的规模重复同样

① 参看本卷第 48—49 页。——编者注

的生产过程(如像在前资本主义制度下所发生的那样),它必然会引起生产的无限制的增长,而超过原有经济单位的旧的狭隘的界限。在资本主义所固有的发展不平衡的情况下,一个生产部门超过其他生产部门,力求越出旧的经济关系区域的界限。例如,我们拿改革后时代初期的纺织工业来看。这种工业在资本主义关系上有相当高度的发展(工场手工业开始过渡到工厂),完全占领了俄国中部的市场。但是如此迅速增长的大工厂已经不能满足于以前的市场范围;它们开始到更远的地方,到移居新罗西亚、伏尔加左岸东南地区、北高加索以及西伯利亚等地的新的人口中间给自己寻找市场。大工厂力求超出旧市场的界限,这是毫无疑问的。这是否意味着,在这些旧市场的区域内,更大数量的纺织工业产品一般说来就不能消费了呢?这是否意味着,例如,工业省份与中部农业省份一般说来就不能吸收更大数量的工厂产品了呢?不是的。我们知道,农民的分化,商业性农业的增长以及工业人口的增加,过去和现在都继续扩大这个旧区域的国内市场。但是,国内市场的这种扩大却被许多情况(主要是还保留了阻止农业资本主义发展的一些旧制度)所阻止。厂主当然不会等待国民经济其他部门在其资本主义发展上赶上纺织工业。厂主是立即需要市场的,如果国民经济其他方面的落后使旧区域内的市场缩小,那么他们将在其他区域、其他国家或老国家的移民区内去寻找市场。

但什么是政治经济学意义上的移民区呢?上面已经指出,根据马克思的意见,这一概念的基本特征如下:(1)移民容易获得的未被占据的闲地的存在;(2)业已形成的世界分工即世界市场的存在,因而移民区可以专门从事农产品的大宗生产,用以交换现成的工业品,即“在另外的情况下必须由他们自己制造的那些产品”(见上面第 4 章第 2 节第 189 页脚注[①])。在改革后时代住满了人的欧俄南部与东部边疆地区,正是具有这两个特点,从经济学的意义上说来,它们是欧俄中部的移民区,——这一点已经在别一地方讲过了。[②] 移民区这个概念更可以应用于其他边疆地区,例如高加索。俄罗斯在经济上“征服”这个地方,比政治上要迟得多,直到现在这种经济上的征服还没有完全结束。在改革后时代,一方面对高加索进行大力开发[③],移民广泛开垦土地(特别在北高加索),为出售而生产小麦、烟草等等,并从俄罗斯吸引了大批农村雇佣工人。另一方面,几百年的当地“手工业”遭到排挤,这些当地“手工业”在输入的莫斯科工厂产品的竞争下日益衰落。古老的兵器制造业,在输入的图拉的和比利时的制品的竞争下衰落了,手工制铁业在输入的俄罗斯产品的竞争下衰落了,而对铜、金银、陶土、油脂和碱、皮革等等的手工加工业,也都是如此[④];所有这些产品,俄罗斯工厂都生产得便宜些,它们把自己的产品运到高加索去。角骨杯制造业,由于格鲁吉亚封建制度及其传统性宴会的没落而衰落了。软帽业也因为欧洲式服装代替亚洲式服装而衰落了。装当地酒的皮囊与酒罐制造业也衰落了,因为当地所产的酒首次拿去出

---

① 见本卷第 227 页。——编者注

② “……完全由于它们,由于这些人民生产形式,而且以它们为基础,全部南俄才开发出来并且住上了人。”(尼·—逊先生《概况》第 284 页)“人民生产形式”这一概念是多么广泛与丰富啊!它包括了一切应有尽有的东西:宗法式的农业,工役制,原始的手艺,小商品生产,我们在上面关于塔夫利达省和萨马拉省的资料中看见过的(第 2 章)农民村社内部的典型资本主义关系,以及其他等等。

③ 参看 1897 年《财政与工商业通报》杂志第 21 期上彼·谢苗诺夫先生的文章和 1897 年 6 月《新言论》杂志上瓦·米海洛夫斯基的文章。

④ 见《俄国手工工业报告和研究》第 2 卷中 K.哈季索夫的文章和《俄国手工工业调查委员会的报告》第 5 编中 П.奥斯特里亚科夫的文章。

卖(使酒桶业发展起来),并且获得了俄罗斯市场。这样,俄国资本主义把高加索卷入世界商品流通之中,消灭了它的地方特点——昔日宗法式闭塞状态的残余,——为自己的工厂**建立了市场**。在改革后初期居民稀少的或者与世界经济甚至历史隔绝的山民所居住的地方,已经变成了石油工业者、酒商、小麦与烟草工厂主的地方,而库庞先生[101]也就无情地把自豪的山民们富有诗意的民族服装脱去,给他们穿上欧洲仆役的制服了(格·乌斯宾斯基)。与高加索的加紧开发及其农业人口急剧增长的过程并行的,还有人口离开农业而转向工业的过程(这一过程被农业人口的增长掩盖了)。高加索的城市人口,从 1863 年的 35 万人增加到 1897 年的 90 万人左右(高加索全部人口从 1851 年到 1897 年增加了 95%)。至于在中亚细亚和西伯利亚等地,过去和现在都发生着同样的过程,这点我们就无须赘述了。

这样,自然也就发生一个问题:国内市场与国外市场的界限在什么地方呢?采用国家的政治界限,那是太机械的解决办法,而且这是否是解决办法呢?如果中亚细亚是国内市场,波斯是国外市场,那么把希瓦与布哈拉归在哪一类呢?如果西伯利亚是国内市场,中国是国外市场,那么把满洲归在哪一类呢?这类问题是没有重要意义的。重要的是,资本主义如果不经常扩大其统治范围,如果不开发新的地方并把非资本主义的古老国家卷入世界经济的漩涡,它就不能存在与发展。资本主义的这种特性,在改革后的俄国已经非常充分地表现出来了,并且继续表现出来。

因此,资本主义市场形成的过程表现在两方面:资本主义向深度发展,即资本主义农业与资本主义工业在现有的、一定的、闭关自守的领土内的进一步发展;资本主义向广度发展,即资本主义统治范围扩展到新的领土。根据本书的计划，我们差不多只叙述这个过程的前一方面，因此我们认为特别必须在这里着重指出，这个过程的另一方面具有非常重大的意义。从资本主义发展的观点对开发边疆地区与扩大俄国领土的过程进行稍微充分的研究，就需要有专门的著作。我们在这里只须指出，由于俄国边疆地区有大量空闲的可供开垦的土地，俄国比其他资本主义国家处于特别有利的情况。[①] 不必说亚俄，就是在欧俄也有这样的边疆地区，它们由于距离遥远，交通不便，在经济方面同俄罗斯中部的联系还极端薄弱。例如，拿“遥远的北方”——阿尔汉格尔斯克省来看，该省辽阔的土地和自然资源还没有怎样开发。当地主要产品之一木材，直到最近主要是输往英国。因此，从这方面说来，欧俄的这一区域就成为英国的国外市场，而不是俄国的国内市场。过去俄国企业家当然嫉妒英国人，现在铁路敷设到阿尔汉格尔斯克，他们兴高采烈起来，预见到“边疆地区各种工业部门中的精神振奋与企业家的活动了”[②]。

① 正文中指出的情况也有另外的一方面。资本主义在为人久居的旧领土内向深度的发展，由于边疆地区的开发而受到阻碍。资本主义所固有的以及资本主义所产生的各种矛盾的解决，由于资本主义能容易地向广度发展而暂时延缓。例如，最先进的工业形式与半中世纪的农业形式同时存在，无疑是一种矛盾。如果俄国资本主义在改革后初期所占领的领土界限以外没有地方可以扩张，那么资本主义大工业与农村生活古老制度（农民被束缚在土地上等等）之间的这个矛盾，就一定会迅速导致这些制度的完全废除，导致俄国农业资本主义道路的完全扫清。但是，在被开发的边疆地区寻求并找到市场的可能（对于厂主），出外到新土地上去的可能（对于农民），削弱了这个矛盾的尖锐性并延缓了它的解决。不用说，资本主义增长的**这种**延缓，等于是为它在最近的将来有更大和更广泛的增长作准备。

② 《俄国的生产力》第 20 编第 12 页。

## 六　资本主义的“使命”

最后，我们还要对著作界称之为资本主义的“使命”问题，即资本主义在俄国经济发展中的历史作用问题作出总结。承认这种作用的进步性，与完全承认资本主义的消极面和黑暗面，与完全承认资本主义所必然具有的那些揭示这一经济制度的历史暂时性的深刻的全面的社会矛盾，是完全一致的(我们在叙述事实的每一阶段上都力求详细指明这一点)。正是民粹派竭尽全力把事情说成这样，仿佛承认资本主义的历史进步性就是充当资本主义的辩护人，正是他们犯了过低估计(有时是抹杀)俄国资本主义最深刻的矛盾的毛病，他们掩盖农民的分化、我国农业演进的资本主义性质、具有份地的农村雇佣工人与手工业雇佣工人阶级的形成，掩盖资本主义最低级最恶劣的形式在著名的“手工”工业中完全占优势的事实。

资本主义的进步的历史作用，可以用两个简短的论点来概括：社会劳动生产力的提高和劳动的社会化。但这两个事实是在国民经济各个部门的各种极不相同的过程中表现出来的。

社会劳动生产力的发展，只有在大机器工业时代才会十分明显地表现出来。在资本主义这个高级阶段以前，还保持着手工生产与原始技术，这种技术的进步纯粹是自发的，极端缓慢的。改革后的时代，在这方面与以前各个俄国历史时代截然不同。浅耕犁与连枷、水磨与手工织布机的俄国，开始迅速地变为犁与脱粒机、蒸汽磨与蒸汽织布机的俄国。资本主义生产所支配的国民经济各个部门，没有一个不曾发生这样完全的技术改革。这种改革的过程，根据资本主义的本质，只能通过一系列的不平衡与不合比例来进行：繁荣时期被危机时期所代替，一个工业部门的发展引起另一工业部门的衰落，农业的进步在一个区域包括农业的一方面，在另一区域则包括农业的另一方面，工商业的增长超过农业的增长，等等。民粹派著作家的许多错误，都来源于他们企图证明这种不合比例的、跳跃式的、寒热病似的发展不是发展。①

资本主义所造成的社会生产力发展的另一特点，是生产资料（生产消费）的增长远远超过个人消费的增长。我们不止一次地指出了这个现象在农业与工业中是怎样表现出来的。这个特点是从资本主义社会中产品实现的一般规律所产生的，是与这个社会的对抗性质完全适应的。②

① "我们看一看……即使我们把英国沉入海底并取其地位而代之，资本主义的进一步发展究竟能带给我们什么东西。"（尼·—逊先生《概况》第 210 页）英国和美国的棉纺织工业，满足了世界消费的⅔，其所雇用的工人仅有 60 余万。"由此可见，即使我们获得了最大一部分的世界市场……资本主义也还不能够使用它现在正不断使之丧失职业的全部劳动力。事实上，与几百万整月整月坐着没有事干的农民比较起来，英国和美国的区区 60 万工人又算得了什么呢。"（第 211 页）

"以前有历史，现在没有了。"以前，纺织工业中资本主义发展的每一步，都伴随着农民的分化，商业性农业及农业资本主义的增长，人口的离开农业而转入工业，"成百万农民的"转入建筑业、木材业及其他各种非农业的雇佣劳动，大批人口的迁移到边疆地区，以及这些边疆地区的变为资本主义市场。然而这一切都只是以前的事情，现在不再有这类事情了！

② 对生产资料的意义的忽视和对"统计"缺乏分析的态度，使尼·—逊先生作出下述经不住任何批判的论断："……在加工工业部门中，整个〈！〉资本主义生产所产生的新的价值，最多不会超过 4—5 亿卢布。"（《概况》第 328 页）尼·—逊先生以三分税和摊派税的资料作为这个计算的根据，没有想一想这类资料能否包括"加工工业部门中的全部资本主义生产"。此外，他采用了未包括（根据他自己的话）采矿工业的资料，并且只把额外价值与可变资本算做"新价值"。我们的理论家忘记了，在生产个人消费品的工业部门中，不变资本**对于社会**也是新价值，同制造生产资料的工业部门（采矿工业、建筑业、木材业、铁路建筑等等）中的可变资本与额外价值进行交换。如果尼·—逊先生不把"工厂"工人人数与加工工业中按资本主义方式被雇用的工人总数混淆起来，那么他就会容易看出自己计算的错误。

资本主义所造成的劳动社会化，表现在下列过程中。第一，商品生产的增长本身破坏自然经济所固有的小经济单位的分散性，并把小的地方市场结合成为广大的国内市场（然后结合成为世界市场）。为自己的生产变成了为整个社会的生产；资本主义愈高度发展，生产的这种集体性与占有的个人性之间的矛盾就愈剧烈。第二，资本主义在农业中和工业中都造成了空前未有的生产集中以代替过去的生产分散。这是我们所考察的资本主义特点的最明显和最突出的但决非唯一的表现。第三，资本主义排挤人身依附形式，它们是以前的经济制度不可缺少的组成部分。俄国资本主义的进步性，在这方面表现得特别显著，因为生产者的人身依附，在我国不仅曾经存在（在某种程度上现在还继续存在）于农业中，并且还存在于加工工业（使用农奴劳动的"工厂"）、采矿工业及渔业中①等等。与依附的或被奴役的农民的劳动比起来，自由雇佣工人的劳动在国民经济一切部门中是一种进步的现象。第四，资本主义必然造成人口的流动，这种人口流动是以前各种社会经济制度所不需要的，在这些经济制度下也不可能有较大的规模。第五，资本主义不断减少从事农业的人口的比例（在农业中最落后的社会经济关系形式始终占着统治地位），增加大工业中心数目。第六，资本主义社会扩大居民对联盟、联合的需要，并使这些联合具

① 例如，在俄国渔业主要中心之一的摩尔曼斯克沿岸，"古老的"与真正"万古神圣的"经济关系形式，就是在17世纪已经完全形成而直到最近差不多没有改变的"分成制"**102**。"分成制渔工同其主人的关系并不只限于捕鱼的时候；相反，这些关系包括了分成制渔工的一生，他们终身在经济上依附自己的主人。"（《俄国劳动组合材料汇编》1874年圣彼得堡版第2编第33页）幸而资本主义在这个部门中大概"对自己过去的历史抱着轻蔑的态度"。"垄断……正被使用自由雇佣工人捕鱼的资本主义组织所代替。"（《俄国的生产力》第5编第2—4页）

有一种与以前的各种联合不同的特殊性质。资本主义破坏中世纪社会狭隘的、地方的、等级的联盟，造成剧烈的竞争，同时使整个社会分裂为几个在生产中占着不同地位的人们的大集团，大大促进了每个这样的集团内部的联合。① 第七，上述一切由资本主义所造成的旧经济制度的改变，必然也会引起人们精神面貌的改变。经济发展的跳跃性，生产方式的急剧改革及生产的高度集中，人身依附与宗法关系的一切形式的崩溃，人口的流动，大工业中心的影响等等，——这一切不能不引起生产者性格的深刻改变，而俄国调查者们有关这方面的观察，我们已经指出过了。

我们再来谈谈民粹派经济学。我们曾经不断同这一经济学的代表人物进行论战，现在可以把我们与他们的意见分歧的原因概述如下。第一，民粹派对正在俄国进行的资本主义发展过程的理解，以及他们对俄国资本主义以前的经济关系结构的观念，我们不能不认为是绝对错误的，而且在我们看来，特别重要的是他们忽视农民经济(不论是农业的或手工业的)结构中的资本主义矛盾。其次，至于说到俄国资本主义发展快慢的问题，那么这完全要看把这种发展同什么东西相比较。如果把俄国前资本主义时代同资本主义时代作比较(而这种比较正是正确解决问题所必要的)，那就必须承认，在资本主义下，社会经济的发展是非常迅速的。如果把这一发展速度与现代整个技术文化水平之下所能有的发展速度作比较，那就确实必须承认，俄国当前的资本主义发展是缓慢的。它不能不是缓慢的，因为没有一个资本主义国家内残存着这样多的旧制度，这些旧制度与资本主义不相容，阻碍资本主义发展，使生产

① 参看《评论集》第 91 页脚注 85；第 198 页。(本版全集第 2 卷第 208、332—334 页。——编者注)

者状况无限制地恶化，而生产者“不仅苦于资本主义生产的发展，而且苦于资本主义生产的不发展”[①]。最后，我们与民粹派的意见分歧的最深刻原因，可以说是对社会经济过程基本观点的不同。在研究社会经济过程时，民粹派通常作这种或那种道德上的结论；他们不把各种生产参加者集团看做是这种或那种生活形式的创造者；他们的目的不是把社会经济关系的全部总和看做是利益不同与历史作用各异的这些集团间的相互关系的结果…… 如果本书作者能为阐明这些问题提供若干材料，那么他就可以认为自己的劳动不是白费的了。

1899 年 3 月底印成单行本

译自《列宁全集》俄文第 5 版第 3 卷第 1—602 页

① 见《马克思恩格斯文集》第 5 卷第 9 页。——编者注

# 附录二（第 7 章第 361 页①）

## 欧俄工厂工业统计资料汇编

| 年　代 | 各种行业的资料（在不同时期，有资料的行业数目不同） | | | 34 种行业的资料 | | |
|---|---|---|---|---|---|---|
| | 工厂数目 | 生产额（单位千卢布） | 工人人数 | 工厂数目 | 生产额（单位千卢布） | 工人人数 |
| 1863 | 11 810 | 247 614 | 357 835 | — | — | — |
| 1864 | 11 984 | 274 519 | 353 968 | 5 782 | 201 458 | 272 385 |
| 1865 | 13 686 | 286 842 | 380 638 | 6 175 | 210 825 | 290 222 |
| 1866 | 6 891 | 276 211 | 342 473 | 5 775 | 239 453 | 310 918 |
| 1867 | 7 082 | 239 350 | 315 759 | 6 934 | 235 757 | 313 759 |
| 1868 | 7 238 | 253 229 | 331 027 | 7 091 | 249 310 | 329 219 |
| 1869 | 7 488 | 287 565 | 343 308 | 7 325 | 283 452 | 341 425 |
| 1870 | 7 853 | 318 525 | 356 184 | 7 691 | 313 517 | 354 063 |
| 1871 | 8 149 | 334 605 | 374 769 | 8 005 | 329 051 | 372 608 |
| 1872 | 8 194 | 357 145 | 402 365 | 8 047 | 352 087 | 400 325 |
| 1873 | 8 245 | 351 530 | 406 964 | 8 103 | 346 434 | 405 050 |
| 1874 | 7 612 | 357 699 | 411 057 | 7 465 | 352 036 | 399 376 |
| 1875 | 7 555 | 368 767 | 424 131 | 7 408 | 362 931 | 412 291 |
| 1876 | 7 419 | 361 616 | 412 181 | 7 270 | 354 376 | 400 749 |
| 1877 | 7 671 | 379 451 | 419 414 | 7 523 | 371 077 | 405 799 |
| 1878 | 8 261 | 461 558 | 447 858 | 8 122 | 450 520 | 432 728 |
| 1879 | 8 628 | 541 602 | 482 276 | 8 471 | 530 287 | 466 515 |
| 1885 | 17 014 | 864 736 | 615 598 | 6 232 | 479 028 | 436 775 |
| 1886 | 16 590 | 866 804 | 634 822 | 6 088 | 464 103 | 442 241 |
| 1887 | 16 723 | 910 472 | 656 932 | 6 103 | 514 498 | 472 575 |
| 1888 | 17 156 | 999 109 | 706 820 | 6 089 | 580 451 | 505 157 |
| 1889 | 17 382 | 1 025 056 | 716 396 | 6 148 | 574 471 | 481 527 |
| 1890 | 17 946 | 1 033 296 | 719 634 | 5 969 | 577 861 | 493 407 |
| 1891 | 16 770 | 1 108 770 | 738 146 | — | — | — |

① 见本卷第 417 页。——编者注

## 注　　释

(1)这里汇总了我们在官方出版物中所能找到的改革后时代欧俄工厂工业的资料。这些官方出版物是:《俄罗斯帝国统计年鉴》1866 年圣彼得堡版第 1 辑;《财政部所属各机关的通报及材料汇编》1866 年 4 月第 4 号和 1867 年 6 月第 6 号;《财政部年鉴》第 1、8、10、12 编;工商业司出版的 1885—1891 年《俄国工厂工业材料汇编》。所有这些资料都是根据同一来源,即厂主呈送给财政部的表报。关于这些资料的意义及其价值,我们在本书正文中已经详细讲过了。

(2)我们曾经引用其 1864—1879 年和 1885—1890 年的资料的 34 种行业如下:棉纺业;棉织业;亚麻纺纱业;印花布业;大麻纺纱及绳索业;毛纺业;制呢业;毛织业;丝织及丝带业;锦缎业;饰绦业;金线及金箔业;编物业;染色业;后处理业;漆布与油漆业;造纸业;壁纸业;橡胶业;化学品染料业;化妆品业;制醋业;矿泉采取业;火柴业;封蜡与油漆业;制革、麂皮与山羊鞣皮业;熬胶业;硬脂业;肥皂及脂烛业;蜡烛业;玻璃业;玻璃器具业;瓷器业;机器制造业;铸铁业;铜器及青铜业;铁丝、钉及若干小金属制品业。

# 附录三(第 7 章第 409 页①)

## 欧俄最重要的工厂工业中心

| 省 | 县 | 城市或村镇 | 1879 年 | | | 1890 年 | | | 1897 年人口调查所载居民人数 |
|---|---|---|---|---|---|---|---|---|---|
| | | | 工厂数目 | 生产额(单位千卢布) | 工人人数 | 工厂数目 | 生产额(单位千卢布) | 工人人数 | |
| 莫斯科 | 莫斯科 | 莫斯科市 | 618 | 95 403 | 61 931 | 806 | 114 788 | 67 213 | 1 035 664 |
| | 莫斯科 | 达尼洛夫镇 | 3 | 2 502 | 1 837 | 6 | 10 370 | 3 910 | 3 958 |
| | 莫斯科 | 切尔基佐沃村 | 1 | 53 | 125 | 12 | 449 | 322 | ? |
| | 莫斯科 | 伊兹梅洛沃村 | — | — | — | 1 | 1 604 | 1 104 | 3 416 |
| | 莫斯科 | 普希金诺村 | 2 | 3 060 | 1 281 | 1 | 620 | 1 076 | 3 151 |
| | 莫斯科 | 巴拉希哈镇 | 1 | 1 050 | 905 | 1 | 3 045 | 2 687 | ? |
| | 莫斯科 | 列乌托沃村 | 1 | 2 900 | 2 235 | 1 | 2 180 | 2 134 | 3 256 |
| | 韦列亚 | 纳拉-福明斯科耶村 | 3 | 2 690 | 1 955 | 3 | 2 445 | 1 133 | ? |
| | 布龙尼齐 | 特罗伊茨科耶-拉缅斯科耶村 | 1 | 3 573 | 2 893 | 1 | 4 773 | 5 098 | 6 865 |
| | 克林 | 太阳山村 | 1 | 60 | 304 | 2 | 1 384 | 1 073 | ? |
| | 克林 | 涅克拉西纳村 | 1 | 1 300 | 538 | 1 | 3 212 | 2 794 | ? |
| | 科洛姆纳 | 奥焦雷村 | 4 | 214 | 1 163 | 5 | 4 950 | 5 574 | 11 166 |
| | 科洛姆纳 | 萨德基镇 | 3 | 1 775 | 1 865 | 1 | 1 598 | 1 850 | ? |
| | 科洛姆纳 | 博布罗沃村 | 1 | 4 558 | 2 556 | 1 | 4 608 | 3 396 | 5 116 |

**第 2 版注释**:为了比较,我们加上 1897 年人口调查关于居民人数的数字。可惜在中央统计委员会出版物《各县有两千以上居民的城镇》中,没有任何详细资料。

① 见本卷第 476 页。——编者注

| 省 | 县 | 城市或村镇 | 1879年 工厂数目 | 1879年 生产额（单位千卢布） | 1879年 工人人数 | 1890年 工厂数目 | 1890年 生产额（单位千卢布） | 1890年 工人人数 | 1897年人口调查所载居民人数 |
|---|---|---|---|---|---|---|---|---|---|
| | 德米特罗夫 | 德米特罗夫城及其附近……… | 2 | 3 600 | 3 462 | 3 | 4 167 | 3 565 | |
| | 德米特罗夫 | 穆罗姆采沃村………………… | 1 | 1 774 | 2 371 | 1 | 2 076 | 1 816 | ? |
| | 谢尔普霍夫 | 谢尔普霍夫城及其附近……… | 21 | 18 537 | 9 780 | 23 | 11 265 | 5 885 | ? |
| | 谢尔普霍夫 | 涅费多瓦村………………… | — | — | — | 1 | 2 735 | 2 000 | ? |
| | 博戈罗茨克 | 博戈罗茨克城及附近的格卢霍沃村………………… | 16 | 3 870 | 9 548 | 16 | 8 880 | 10 405 | 9 309 |
| | 博戈罗茨克 | 巴甫洛夫镇………………… | 15 | 2 623 | 2 751 | 13 | 1 760 | 2 071 | 9 991 |
| | 博戈罗茨克 | 伊斯托姆基诺村……………… | 1 | 2 006 | 1 426 | 1 | 2 007 | 1 651 | 2 085 |
| | 博戈罗茨克 | 克列斯托沃兹德维任斯科耶村………………… | 4 | 740 | 935 | 5 | 1 415 | 1 670 | ? |
| | 博戈罗茨克 | 祖耶沃村………………… | 10 | 3 216 | 2 059 | 9 | 5 876 | 2 054 | 9 908 |
| | | 全省总计（莫斯科市除外） | 92 | 60 101 | 49 989 | 108 | 81 419 | 63 268 | — |
| 特维尔 | 特维尔 | 特维尔城及其附近………… | 23 | 6 440 | 8 404 | 26 | 8 720 | 6 875 | 53 477 |
| | 上沃洛乔克 | 上沃洛乔克城及其附近……… | 1 | 1 780 | 1 221 | 2 | 3 584 | 2 393 | 16 722 |
| | 上沃洛乔克 | 扎瓦罗沃村………………… | 1 | 1 130 | 2 003 | 1 | 1 020 | 2 186 | ? |
| | 科尔切瓦 | 库兹涅佐沃村……………… | 1 | 400 | 861 | 1 | 500 | 1 220 | 2 503 |
| | 勒热夫 | 勒热夫城………………… | 15 | 1 894 | 3 533 | 6 | 411 | 765 | 21 397 |
| | | 全　省………………… | 41 | 11 644 | 16 022 | 36 | 14 235 | 13 439 | — |

**注释**："全省"总计是指表内列举的该省各个中心的总计。

| 省 | 县 | 城市或村镇 | 1879年 | | | 1890年 | | | 1897年人口调查所载居民人数 |
|---|---|---|---|---|---|---|---|---|---|
| | | | 工厂数目 | 生产额（单位千卢布） | 工人人数 | 工厂数目 | 生产额（单位千卢布） | 工人人数 | |
| 梁赞 | 叶戈里耶夫斯克 | 叶戈里耶夫斯克城…………… | 20 | 4 126 | 3 532 | 15 | 5 598 | 5 697 | 19 241 |
| 下诺夫哥罗德 | 阿尔扎马斯 | 阿尔扎马斯…………………… | 24 | 394 | 380 | 18 | 255 | 366 | 10 591 |
| | 戈尔巴托夫 | 博戈罗茨科耶村……………… | 41 | 315 | 219 | 58 | 547 | 392 | 12 342 |
| | 戈尔巴托夫 | 巴甫洛沃村…………………… | 21 | 235 | 272 | 26 | 240 | 589 | 12 431 |
| | 戈尔巴托夫 | 沃尔斯马村…………………… | 3 | 116 | 303 | 4 | 181 | 894 | 4 674 |
| | 巴拉赫纳 | 索尔莫沃村…………………… | 1 | 2 890 | 1 911 | 1 | 1 500 | 1 000 | 2 963 |
| | | 全　省…………………………… | 90 | 3 950 | 3 085 | 107 | 2 723 | 3 241 | — |
| 格罗德诺 | 比亚韦斯托克 | 比亚韦斯托克城……………… | 59 | 2 122 | 1 619 | 98 | 2 734 | 3 072 | 63 927 |
| | 比亚韦斯托克 | 苏普拉斯尔镇………………… | 7 | 938 | 854 | 5 | 447 | 585 | 2 459 |
| 喀山 | 喀山 | 喀山城…………………………… | 66 | 8 083 | 3 967 | 78 | 7 663 | 4 787 | 131 508 |
| 坦波夫 | 坦波夫 | 拉斯卡佐沃村………………… | 19 | 1 067 | 2 128 | 13 | 940 | 2 058 | 8 283 |
| 切尔尼戈夫 | 苏拉日 | 克林齐郊……………………… | 15 | 1 892 | 2 456 | 27 | 1 548 | 1 836 | 12 166 |
| 斯摩棱斯克 | 杜霍夫希纳 | 亚尔采沃村…………………… | 1 | 2 731 | 2 523 | 1 | 4 000 | 3 106 | 5 761 |
| 卡卢加 | 日兹德拉 | 柳季诺沃村…………………… | 1 | 2 488 | 3 118 | 1 | 529 | 1 050 | 7 784 |
| | 梅登 | 特罗伊茨科耶村与孔德罗沃村…………………………… | 1 | 1 047 | 1 019 | 1 | 1 330 | 1 285 | ? |
| 奥廖尔 | 布良斯克 | 别日察站附近………………… | 1 | 6 970 | 3 265 | 1 | 8 485 | 4 500 | 19 054 |
| | 布良斯克 | 谢尔吉耶沃-拉季茨科耶村…… | 1 | 1 000 | 1 012 | 1 | 257 | 400 | 2 808 |
| 图拉 | 图拉 | 图拉城…………………………… | 95 | 3 671 | 3 661 | 248 | 8 648 | 6 418 | 111 048 |

| 省 | 县 | 城市或村镇 | 1879年 | | | 1890年 | | | 1897年人口调查所载居民人数 |
|---|---|---|---|---|---|---|---|---|---|
| | | | 工厂数目 | 生产额（单位千卢布） | 工人人数 | 工厂数目 | 生产额（单位千卢布） | 工人人数 | |
| 弗拉基米尔 | 波克罗夫 | 奥列霍沃车站的尼科利斯科耶镇 | 2 | 7 316 | 10 946 | 3 | 22 160 | 26 852 | {25 233 7 219 |
| | 波克罗夫 | 杜廖沃村 | 1 | 425 | 1 100 | 1 | 600 | 1 400 | 3 412 |
| | 波克罗夫 | 利基纳村 | 1 | 317 | 389 | 2 | 1 184 | 1 155 | ? |
| | 波克罗夫 | 基尔扎奇城 | 11 | 1 025 | 1 437 | 9 | 628 | 825 | ? |
| | 舒亚 | 舒亚城 | 38 | 5 161 | * 4 879 | 32 | 6 857 | 5 473 | 4 799 |
| | 舒亚 | 伊万诺沃-沃兹涅先斯克城 | 49 | 20 867 | 9 943 | 52 | 26 403 | 15 387 | 53 949 |
| | 舒亚 | 捷伊科沃村 | 4 | 5 913 | * 3 524 | 4 | 4 642 | 3 581 | 5 780 |
| | 舒亚 | 科赫马村 | 9 | 3 232 | 2 413 | 6 | 2 769 | * 1 666 | 3 337 |
| | 梅连基 | 梅连基城 | 16 | 1 597 | 2 769 | 15 | 2 509 | 2 498 | 8 904 |
| | 梅连基 | 古西村 | 2 | 2 284 | 3 438 | 2 | 3 748 | 5 241 | 12 007 |
| | 维亚兹尼基 | 维亚兹尼基城及其附近的亚尔采沃村 | 8 | 2 879 | 3 017 | 6 | 3 012 | 3 331 | 7 398 |
| | 维亚兹尼基 | 尤扎村 | 1 | — | — | 1 | 2 390 | 1 961 | 3 378 |
| | 亚历山德罗夫 | 卡拉巴诺沃村 | 1 | 5 530 | 4 248 | 1 | 5 000 | 3 879 | ? |
| | 亚历山德罗夫 | 斯特鲁尼诺村 | 2 | 3 522 | 1 688 | 1 | 4 950 | 2 771 | |
| | 佩列亚斯拉夫利 | 佩列亚斯拉夫利城 | 8 | 2 671 | 2 154 | 6 | 2 703 | 2 157 | 8 662 |
| | 科夫罗夫 | 科夫罗夫城及其附近 | 4 | 1 760 | 1 723 | 5 | 1 940 | 2 062 | 14 570 |
| | 科夫罗夫 | 哥尔克村 | 1 | 1 350 | 838 | 1 | 1 632 | 1 332 | ? |
| | 科夫罗夫 | 科洛博沃村 | 1 | 676 | 575 | 2 | 895 | 885 | ? |
| | 弗拉基米尔 | 索比诺村 | 1 | 2 200 | 1 819 | 1 | — | 2 000 | 5 486 |
| | 弗拉基米尔 | 斯塔夫罗沃村 | 3 | 1 834 | 1 335 | 2 | 567 | 871 | ? |
| | 穆罗姆 | 穆罗姆城 | 26 | 1 406 | * 1 407 | 27 | 943 | * 1 274 | 12 589 |
| | 尤里耶夫波利斯基 | 尤里耶夫波利斯基城 | 12 | 1 062 | * 1 138 | 7 | 1 183 | * 1 126 | 5 637 |
| | | 全省 | 201 | 73 027 | 60 780 | 186 | 96 715 | 87 727 | — |

**注释**:星花是表示厂外工人未算在工厂工人之内。

| 省 | 县 | 城市或村镇 | 1879年 | | | 1890年 | | | 1897年人口调查所载居民人数 |
|---|---|---|---|---|---|---|---|---|---|
| | | | 工厂数目 | 生产额（单位千卢布） | 工人人数 | 工厂数目 | 生产额（单位千卢布） | 工人人数 | |
| 圣彼得堡 | 圣彼得堡 | 圣彼得堡 | 538 | 117 500 | 48 888 | 490 | 126 645 | 51 760 | 1 267 023（两行合计） |
| | 圣彼得堡 | 圣彼得堡近郊 | 84 | 40 085 | 24 943 | 51 | 35 927 | 18 939 | |
| | 纳尔瓦 | 纳尔瓦城及其附近① | 7 | 12 361 | 6 484 | 6 | 15 288 | 7 566 | 16 577 |
| | 皇村 | 科尔皮诺镇 | 1 | 3 148 | 1 872 | 1 | 2 906 | 1 930 | 12 241 |
| | | 全省 | 630 | 173 094 | 82 187 | 548 | 180 766 | 80 195 | — |
| 基辅 | 基辅 | 基辅城 | 76 | 3 279 | 1 858 | 125 | 16 186 | 5 901 | 247 432 |
| | 切尔卡瑟 | 斯梅拉镇 | 9 | 4 070 | 1 434 | 8 | 4 715 | 1 238 | 15 187 |
| 科斯特罗马 | 科斯特罗马 | 科斯特罗马城 | 32 | 3 899 | 5 181 | 24 | 5 220 | 4 907 | 41 268 |
| | 基涅什马 | 基涅什马城及其附近 | 4 | 421 | 157 | 9 | 1 737 | 1 748 | 7 564 |
| | 基涅什马 | 捷集诺村 | 3 | 768 | 950 | 3 | 1 866 | 2 420 | ? |
| | 基涅什马 | 博尼亚奇基村 | 3 | 1 865 | 2 365 | 3 | 1 331 | 1 495 | 3 158 |
| | 基涅什马 | 纳沃洛基村 | — | — | — | 1 | 1 314 | 1 305 | ? |
| | 基涅什马 | 维丘加村 | 1 | 940 | 800 | 2 | 684 | 1 138 | ? |
| | 基涅什马 | 新戈利奇哈村 | 4 | 389 | 265 | 4 | 260 | * 686 | ? |
| | 涅列赫塔 | 涅列赫塔城 | 1 | 883 | 1 204 | — | — | — | 3 002 |
| | 涅列赫塔 | 基谢廖沃村 | 2 | 1 189 | 1 196 | 3 | 2 855 | 2 368 | ? |
| | 涅列赫塔 | 亚科夫列夫斯科耶村 | 5 | 1 041 | * 1 095 | 5 | 1 378 | * 2 177 | ? |
| | 涅列赫塔 | 皮斯佐沃村 | 4 | 1 634 | 417 | 5 | 923 | 1 773 | 2 668 |
| | 涅列赫塔 | 弗罗洛夫卡村 | 1 | 1 700 | 1 300 | 1 | 1 750 | 1 530 | ? |
| | 尤里耶韦茨 | 尤里耶韦茨城 | 2 | 383 | 569 | 1 | 750 | 830 | 4 778 |
| | 尤里耶韦茨 | 罗德尼基村 | 4 | 1 154 | 776 | 3 | 2 188 | 2 792 | 3 225 |
| | | 全省 | 66 | 16 266 | 16 275 | 64 | 22 256 | 25 169 | — |

① 这里部分地也包括了爱斯兰省（克连戈尔姆纺织厂）。

| 省 | 县 | 城市或村镇 | 1879年 工厂数目 | 1879年 生产额（单位千卢布） | 1879年 工人人数 | 1890年 工厂数目 | 1890年 生产额（单位千卢布） | 1890年 工人人数 | 1897年人口调查所载居民人数 |
|---|---|---|---|---|---|---|---|---|---|
| 里夫兰 | 里加 | 里加城…… | 151 | 19 094 | 11 962 | 226 | 26 568 | 16 306 | 256 197 |
| 雅罗斯拉夫尔 | 雅罗斯拉夫尔 | 雅罗斯拉夫尔城及其附近 | 49 | 5 245 | 4 206 | 47 | 12 996 | 9 779 | 70 610 |
| | 雅罗斯拉夫尔 | 诺尔斯克镇…… | 1 | 2 500 | 2 304 | 2 | 1 980 | 1 639 | 2 134 |
| | 雅罗斯拉夫尔 | 韦利科谢洛乡…… | 1 | 910 | 956 | 6 | 2 169 | 2 992 | 4 534 |
| | | 全　省…… | 51 | 8 655 | 7 466 | 55 | 17 145 | 14 410 | — |
| 哈尔科夫 | 哈尔科夫 | 哈尔科夫城…… | 102 | 4 225 | 2 171 | 122 | 5 494 | 3 406 | 174 846 |
| 萨拉托夫 | 萨拉托夫 | 萨拉托夫城…… | 103 | 4 495 | 1 983 | 89 | 7 447 | 2 224 | 137 109 |
| | 察里津 | 察里津城…… | 25 | 272 | 218 | 57 | 1 086 | 751 | 55 967 |
| | 察里津 | 杜博夫卡镇…… | 21 | 157 | 110 | 26 | 221 | 270 | 16 255 |
| | | 全　省…… | 149 | 4 924 | 2 311 | 172 | 8 754 | 3 245 | — |
| 萨马拉 | 萨马拉 | 萨马拉城…… | (?)1 | 18 | 10 | 48 | 4 560 | 1 377 | 91 672 |
| 赫尔松 | 敖德萨 | 敖德萨城…… | 159 | 13 750 | 3 763 | 306 | 29 407 | 8 634 | 405 041 |
| 顿河 | 纳希切万 | 纳希切万城…… | 34 | 873 | 732 | 45 | 3 472 | 3 098 | 29 312 |
| | 新切尔卡斯克 | 新切尔卡斯克城…… | 15 | 278 | 128 | 28 | 965 | 467 | 52 005 |
| | 罗斯托夫 | 顿河畔罗斯托夫城…… | 26 | 4 898 | 2 750 | 92 | 13 605 | 5 756 | 119 886 |
| 叶卡捷琳诺斯拉夫 | 叶卡捷琳诺斯拉夫 | 叶卡捷琳诺斯拉夫城…… | 33 | 1 003 | 469 | 63 | 4 841 | 3 628 | 121 216 |
| | 巴赫姆特 | 尤佐夫卡镇…… | 1 | 2 000 | 1 300 | 3 | 8 988 | 6 332 | 28 076 |
| | 叶卡捷琳诺斯拉夫 | 卡缅斯科耶村…… | — | — | — | 1 | 7 200 | 2 400 | 16 878 |
| | | 两　省…… | 109 | 9 052 | 5 379 | 232 | 39 071 | 21 681 | — |
| | | **上列 103 个中心总计** | 2 831 | 536 687 | 355 777 | 3 638 | 706 981 | 451 244 | — |

# 非批判的批判[103]

（评1899年《科学评论》杂志[104]第12期
帕·斯克沃尔佐夫先生的论文《商品拜物教》）

（1900年1—3月）

“丘必特发怒了”[105]……　大家早就知道，这种景象是很可笑的，威严的雷神的暴怒实际上只能引人发笑。帕·斯克沃尔佐夫先生再一次证实了这个旧真理，他用了一大堆精选过的“愤怒”词句来攻击我那本论述俄国资本主义国内市场形成过程的书。

## 一

斯克沃尔佐夫先生庄严地教训我说：“要叙述整个过程，就必须说明自己对资本主义生产方式的理解，仅仅求证实现论，是完全不必要的。”为什么在一本专门分析国内市场资料的书中，求证国内市场的理论竟是“不必要的”，这始终是我们这位威严的丘必特先生的秘密，他所谓“说明自己的理解”，“是指”……从《资本论》中摘引一些多半与事情不相干的话。“可以责难作者陷入了**辩证的**〈这是斯克沃尔佐夫先生机智的范例！〉矛盾，即他立意要考察一个问题〈俄国资本主义的**国内**市场是怎样形成的〉，但在**求证**理论之后，却得出这个问题完全不存在的结论。”斯克沃尔佐夫先生非常满意他的这种责难，三番五次地加以重复，看不见或不愿看见这种责难是建立在重大的错误上面的。我在第一章末尾说过：“国内市场问题，**作为同资本主义发展程度问题无关的个别的独立问题**，是完全不存在的。”（第 29 页）[①]怎么，批判家不同意这一点吗？不，他是同意的，因为他在前一页说我的说法是“对的”。既然如此，那么他为什么要大叫大嚷，力图抛弃我的结论中最重要的部分呢？这也始终是一个秘密。在本书论述理论问题的开头一章末尾，我直截了当地指出了我感兴趣的题目：“关于俄国资本主义国内市场如何形成的问题，就归结为下面的问题：俄国国民经济的各个方面如何发展，并朝什么方向发展？这些方面之间的联系和相互依存关系如何？”（第 29 页）[①]批判家是否认为这些问题不值得研究呢？不，他宁愿回避我给自己提出的那个题目，而指出了**其他一些题目**，这些题目丘必特命令我必须进行研究。在他看来，必须“叙述农业和工业中用资本主义方式生产的那一部分产品的再生产和流通，也必须叙述农民独立生产者所生产的那一部分产品的再生产和流通……指出它们之间的关系，即指出上述每一个社会劳动部门中不变资本、可变资本和剩余价值的大小”（第 2278 页）。要知道这不过是一句响亮而毫无内容的空话！在叙述农业中用资本主义方式生产的产品的再生产和流通以前，必须首先弄清楚农业究竟**如何**变为资本主义农业并变到**什么程度**，是在农民那里还是在地主那里，是在这一区域还是在那一区域等等。不弄清楚这一点（我在自己的书中也就要弄清这一点），斯克沃尔佐夫先生所鼓吹

① 见本卷第 52 页。——编者注

的叙述就仍然是些陈词滥调。在谈论工业中用资本主义方式生产的那一部分产品之前，必须首先弄清俄国究竟是什么样的工业在变为资本主义工业并变到什么程度。我整理手工工业一类的资料，也就是想弄清这一点；威严的批判家对这一切庄严地闭口不谈，而极其郑重地要我踏步不前，要我空谈关于资本主义工业的毫无内容的老调！俄国究竟什么样的农民算是“独立生产者”的问题，也需要切实加以研究，我在自己的书中也正是打算进行这种研究。如果斯克沃尔佐夫先生思考一下这个问题，他就不会这样胡说八道，说什么可以毫不犹豫地把不变资本、可变资本和剩余价值这些范畴搬到“农民独立生产者”经济上面去。一句话，只有**在**弄清了我指出的问题**以后**，研究斯克沃尔佐夫先生所提出的题目才有可能。在修正我的问题提法的幌子下，威严的批判家后退了，从分析具体的和有历史特点的现实，后退到简单地抄录马克思的话。

此外，决不能对帕·斯克沃尔佐夫先生以下的攻击不置一词，这个攻击最能说明我们这位批判家的手法。桑巴特教授指出(帕·斯克沃尔佐夫先生说)，德国的输出落后于德国工业的发展。帕·斯克沃尔佐夫先生解释道：“这些资料恰好证实了我对市场的理解。”这岂不是很妙吗？斯克沃尔佐夫先生的议论证明了一句名言：风马牛不相及。人们争论实现论，而资本主义却和农奴制一样靠剩余劳动生存！如果这种举世无双的攻击再加上一些威严的吆喝，我们就会看到斯克沃尔佐夫先生“批判”的全貌了。

但是，让读者自己去判断吧：在第2279页和第2280页中，帕·斯克沃尔佐夫先生为了说明我的“不理解”，从第1章的几个地方摘录了一些话，抓住个别词句中的个别字眼，大叫大嚷说：“**找到，交换，国内市场的**理论，**找到替换物**，最后是**补偿**！我不认为这种定义的确切性会证明伊林先生对马克思'出色的'实现论有清楚的理解!?"其实这种批判和车尔尼雪夫斯基曾经嘲笑过的"批判"一模一样;有人拿起一本《乞乞科夫奇遇记》,开始"批判"道:"嚏—嚏—科夫,啊嚏,啊嚏…… 啊,真可笑!找到,交换…… 我不认为这是清楚的……"**106**啊,这是多么毁灭性的批判!

我在本书第14页①中说过:按实物形式划分产品,在分析单个资本的生产时,并不必要,但是在分析社会资本的再生产时,是绝对必要的,因为在后一种场合(也只有在后一种场合)所谈的正是产品实物形式的补偿。斯克沃尔佐夫先生硬说我"不理解"马克思,对我的"自由翻译"作了严厉的判决,认为"必须详细地引证《**资本论**》"(其实引文中所讲的正是我说明过的),猛烈攻击我的这样几句话:"现在",即在分析社会资本而不是单个资本的再生产时,"问题正在于:工人和资本家从哪里获得自己的消费品?资本家从哪里获得生产资料?生产出来的产品怎样满足这些需求和怎样使扩大生产成为可能?"斯克沃尔佐夫先生把这段话用黑体标出,然后写道:"在我用了黑体的地方,实际上是伊林先生的实现论,而不是马克思的实现论,这种理论和马克思的任何理论都毫无共同之处。"(第2282页)话说得好厉害!但是我们看看论据是什么。论据当然就是从马克思那里引证来的话,其中有这样几句:"他直接摆出〈原文如此!〉②的问题是这样的:在生产中消耗的资本怎样按

---

① 见本卷第33—34页。——编者注

② 顺便谈一下译文。斯克沃尔佐夫先生从我的书中引证了以下一句话:"……好像只有社会的绝对消费能力才是它们〈生产力〉发展的界限"(第19页(见本卷第41页。——编者注)),于是就严厉地训斥我说:"伊林先生……并没有注意译文的不当,而原文却很简单很明白:'als ob nur die absolute Konsumptionsfähigkeit der Ge sellschaft ihre Grenze bilde'。"(第2286页)这个(完全正

其价值由每年的产品来代替,这种代替的运动怎样同资本家对剩余价值的消费和工人对工资的消费交织在一起?"结论是:"我认为这已充分表明,伊林先生拿来冒充马克思理论的实现论和马克思的分析毫无共同之处"等等。我只想再问一句:这岂不是很妙吗?我所说的和马克思的引文中所说的,究竟有什么差别呢?这始终是威严的批判家的秘密。只有一点是清楚的:我的致命罪过在于"自由翻译",或者也许像斯克沃尔佐夫先生在该文另一个地方所说的(第2287页),在于我用"自己的话"叙述马克思。只要稍微想一想吧!用"自己的话"叙述马克思!"真正的"马克思主义在于背诵和引证《资本论》,不管恰当不恰当……就像尼古拉·—逊先生所干的那样。

这里有一个例子可以证实我的后一种意见。我说过,资本主义"只是广泛发展了的商品流通的结果",在另一地方又说过,"资本主义是商品生产发展的一个阶段,在这个阶段劳动力也变成了商品"。威严的丘必特大发雷霆说,"在什么条件下才出现资本主义……这是每一个稍微识几个字的读者都知道的"(原文如此!),此外,他还说了"伊林先生的资产阶级眼界"以及其他一些使发怒的斯克沃尔佐夫先生的论战增色的妙语。接着就从马克思那里引证了两段话:第一段讲的正是我所讲过的(劳动力的买卖是资本主

---

确的)译文有什么不好,批判家没有说明。而要说明他的严格精神,只要把**他的**译文举出两三行就够了。第2284页:"如果每年正常的再生产表现为已知的数量,那么这也表现为……"(原文为:ist damit auch unterstellt);第2285页:"问题首先是关于简单再生产。其次将表现为〈原文为:Ferner wird unterstellt〉不仅是产品按其价值来交换"等等。总之,毫无疑问,善良的斯克沃尔佐夫先生坚信:unterstellen意思是表现,wird unterstellt是将来时。

至于威严的批判家的文笔,我就不谈了,他甚至用这样的句子来款待读者:"现在资本主义的生产方式等于农业性工业。"(第2293页)

义生产的基本条件);第二段讲的是流通方式产生于生产的社会性质,而不是相反(《资本论》第2卷第93页)①。斯克沃尔佐夫先生以为他用这最后一段话彻底驳倒了他的论敌。事实上,他用别的问题偷换了我提出的问题,从而证明了他引证不当的本领。我在被指责的地方讲的是什么呢?讲的是资本主义是商品流通的结果,也就是资本主义生产和商品流通的历史相互关系。而从《资本论》第2卷(专门论述资本流通问题的一卷)引证的一段话讲的是什么呢?是资本主义生产和资本主义流通的关系;马克思在这个地方(第2卷第93页)②反对经济学家们把自然经济、货币经济和信用经济作为社会生产运动的三种典型的经济形式对立起来;马克思说,这是不对的,因为货币经济和信用经济只表现了资本主义生产不同发展阶段所固有的流通方式,马克思并在最后批评了**这些经济学家**的"资产阶级眼界"。斯克沃尔佐夫先生认为,"真正的"马克思主义就是要抓住马克思的最后一句话,反复重述,即使是反对一个没有想谈自然经济、货币经济和信用经济相互关系的论敌,也要这样做。我们让读者自己判断一下:这里究竟是谁"不理解",哪一种书刊才会有这类攻击。在一阵威严的吆喝声中,斯克沃尔佐夫先生不仅使出了"偷换的一手",而且完全回避了资本主义生产和商品流通的相互关系问题。这是一个很重要的问题,我在我的书中反复讲过很多次,着重指出了商业资本的历史作用,认为它是资本主义生产的先行者。斯克沃尔佐夫先生对于这一点似乎一点也不反对(从他对这一点避而不谈来判断)。既然如此,那么他针对我的资本主义是商品流通的结果这种说法发出的叫

① 参看《马克思恩格斯文集》第6卷第133页。——编者注

② 同上书,第132页。——编者注

器，究竟有什么意思呢？难道商业资本不是表现商业的发展，即没有资本主义生产的商品流通的发展吗？这些问题又始终是发怒的丘必特的秘密。

为了结束斯克沃尔佐夫先生对我那本书的理论部分的“批判”，我还要考察几处《商品拜物教》一文中满篇都是的威严吆喝和重大错误。

我在书中说：“资本主义国家必须有国外市场，取决于……资本主义只是超出国家界限的广阔发展的商品**流通**的结果。因此，没有对外贸易的资本主义国家是不能设想的，而且也没有这样的国家。正如读者所看到的，这个原因是有历史特性的。”（第26页）①威严的丘必特“批判”说：“我这个读者并没有看出这个原因有历史特性。这种言论完全没有根据”（第2284页）等等。既然商品流通是资本主义的必然的历史的先行者，那么“这个原因有历史特性”难道还需要说明吗？

对抽象的资本主义理论来说，只存在发达的和完全形成了的资本主义，而资本主义起源的问题是略去不提的。

“伊林先生……为了在资本主义社会中实现产品……而求助于国外市场。”（第2286页）对于读过我的《评论集》和《俄国资本主义的发展》的读者，我就用不着说明这又是用上述手法玩弄的把戏了。这里从马克思那里引证的话是：“……对外贸易仅仅是以使用形式或实物形式不同的物品来替换本国的物品……”②结论是：“每一个识字的人，除了那些批判地思维的人，都会懂得：马克思所讲的和伊林先生的理论正好是相反的，在国外市场上用不着找到

① 见本卷第48—49页。——编者注

② 见《马克思恩格斯文集》第6卷第527页。——编者注

‘销售的那部分产品的等价物’，即‘能够替换销售部分产品的另一部分资本主义产品’。”（第 2284 页）啊，高明的斯克沃尔佐夫先生！

“伊林先生撇开资本主义社会的重大特点不谈，因而把它变为有计划的生产（各个生产部门发展的比例性无疑就是生产的计划性），最后在国内顺利地实现了同一数量的产品。”（第 2286 页）“批判家”的这种新手法，就是把似乎资本主义能保证经常的比例性这个思想硬加在我的头上。经常的、自觉保持的比例性也许确实是计划性，但这不是“只是从一系列经常波动中得出的平均数”的那种比例性了（我在斯克沃尔佐夫先生引证的地方所说的正是这一点）。我坦率地说：比例性（或适应）是理论上“**假定**”的，事实上它“**经常遭到破坏**”，要使一种资本分配由另一种资本分配代替而造成比例性，就“**必须经过危机**”（所有用了黑体的字，都在斯克沃尔佐夫先生引证的第 26 页①上）。批判家引证论敌说资本主义**必须经过危机**来建立**经常遭到破坏的**比例性的那一页和那一节，却硬说这个论敌把资本主义变为有计划的生产，试问，对于这样的批判家，该作何感想呢??

## 二

现在我们谈谈斯克沃尔佐夫先生文章的第二部分，这一部分是专门批判我那本书中引证和分析的实际资料的。在这里，在斯克沃尔佐夫先生专门研究的问题范围内，我们是否能够遇到一些

① 见本卷第 49 页。——编者注

稍微严肃的批判呢?

社会分工是商品经济的基础和国内市场建立的基本过程,——斯克沃尔佐夫先生引证我的话说,“而单纯的‘分工’,大概不是社会分工,是工场手工业的基础……” 批判家这样“滥用讽刺”,暴露了自己连社会分工和作坊内分工的起码差别都不懂:第一种分工造成(在商品经济情况下,——这是我直截了当地指出的条件,所以斯克沃尔佐夫先生提到印度公社的分工,是和这位作者从马克思那里引证毫不相干的词句的可悲缺点有关)单独的商品生产者,他们独立地和互不依赖地生产各种用以交换的产品。第二种分工并不改变生产者和社会的关系,只改变他们在作坊中的地位。根据这个原因,就我的判断,马克思也有时讲“社会分工”[①],有时只讲分工。如果斯克沃尔佐夫先生有不同的看法,那他应该阐述和说明自己的意见,但不应该发出威严而无谓的责难。

“分工决不是工场手工业的显著标志,因为工厂中也存在着分工。”

很好,斯克沃尔佐夫先生!但是难道我只拿这个标志来区分工厂和工场手工业吗?如果批判家愿意稍微认真地分析一下我对“工场手工业的显著标志”(这个问题很有意义,决不像乍一看去那样简单)的理解是否正确,那么他能够闭口不谈我在同一节中所说的一段话吗?在那里我直截了当地说:“马克思所认为的工场手工

① 在《资本论》专门论述工场手工业问题的第1卷第12章中单独有一节,标题为:《工场手工业内部的分工和社会内部的分工》,在这一节的开头马克思说道:“现在我们简单地叙述一下工场手工业分工和构成一切商品生产的一般基础的社会分工之间的关系。”(《资本论》第2版第1卷第362页(见《马克思恩格斯文集》第5卷第406页。——编者注))把这句话同我们发怒的丘必特的攻击对照一下,不是很有教益吗?

业这一概念的基本标志，我们在其他地方已经（《评论集》第179页[①]）列举过了。”（第297页[②]脚注1）在《评论集》中，分工只是作为许多标志中的**一个**标志提到的。因此，读了斯克沃尔佐夫先生的文章，对于我的观点，只能得到完全歪曲的概念，而对于批判家自己的观点，却根本得不到任何概念。

其次。我在那本书中把许多所谓“手工”业列入俄国资本主义工场手工业阶段，如果我没有弄错的话，**还是一个创举**；我自然决不认为这个问题已经完全解决了（特别是因为我是从某种专门的观点去研究它的）。因此，我预先就期待别人对我的观点提出批评，我有更充分的理由和更大的兴趣这样做，因为俄国的某些马克思主义者已经发表了一些不同的见解（见《俄国资本主义的发展》第437页[③]脚注）。帕·斯克沃尔佐夫先生是怎样对待这个问题的呢？他的“批判”就其简短而威严来说，完全可以说是一种高明的教训：不能限于“机械地开列某一生产部门在某些年度的雇佣工人数目和生产总额”（第2278页）。如果这个教训不是指我书中专门论述工厂统计问题的那一部分（斯克沃尔佐夫先生对这一点只字未提），那么它一定是指论工场手工业的那一章，因为这一章多半都是实际资料。怎样才能做到不用这些资料也能解决问题，这个秘密威严的批判家并没有揭示出来，因此我要继续坚持下列意见：宁肯被人指责叙述枯燥，也不愿使读者认为我的观点是根据对《资本论》的“引证”，而不是根据对俄国资料的研究。既然斯克沃尔佐夫先生认为我的计算是“机械地”开列，那是不是说，他认为我

① 见本版全集第2卷第311页。——编者注
② 见本卷第347页。——编者注
③ 见本卷第505—506页。——编者注

在第 6 章后半部根据这些资料所作的并且在第 7 章第 12 节重复过的结论是错误的？是不是说，他不同意这些资料表明了以(1)技术、(2)经济和(3)文化的特殊结构为特征的特殊的手工业结构？威严的丘必特在他的“批判”中对这一点没有说出只言片语，这个“批判”除去恶狠狠的吆喝，毫无内容可言。这未免不足吧，可敬的斯克沃尔佐夫先生！

现在我们谈谈农民的赋税在商品经济发展中的作用问题。我说过：赋税过去是交换发展的一个重要因素，但是现在商品经济已经站稳了脚根，赋税的这种意义就“远远地退居次要地位”。斯克沃尔佐夫先生对于这一点大肆攻击，使用了一大堆可怜又可怕的词句，如“商品拜物教”、把一切结合起来、“万能”、商品生产的威力等等，但是，唉！有力的词句只不过掩饰威严的批判家无力推翻我所作出的结论。斯克沃尔佐夫先生写道：“甚至伊林先生在许多方面与之相似的考茨基先生”……（不幸的“考茨基先生”竟和“商品拜物主义者”“相似”，这就表明他完全不懂《资本论》并且同被“资产阶级眼界”压服的伊林先生相似了！他挨了“真正的”马克思主义者的一拳能不能恢复过来呢？）……“他也说：农民的实物税变为货币税，提高了农民对货币的需要。”（第 2288 页）好极了，威严的批判家先生，但这同**在农民的货币支出中**，赋税同其他各种需要的支出比较起来起了什么作用这个问题毫不相干。**这个**问题考茨基并**没有触及**，斯克沃尔佐夫先生再次显露出引证不当的卓越才能。斯克沃尔佐夫先生提出的第二个反驳是：“这个甚至根据家庭收支资料都不能解释的基本问题可以归结为：无马户从哪里拿 25 个卢布去交税”（斯克沃尔佐夫先生把货币支出的 **25%**，即 100 个卢布中的 25 个卢布，干脆改为 25 个卢布！），“有马户又从哪里拿 10 个卢布去交税？——决不能归结为：在农民全部货币支出中，赋税占收入〈?〉多大比重”。（第2290页）我劝斯克沃尔佐夫先生去领取优秀发明的专利证吧，因为他发明了一个根本消灭论敌的最新最容易的“科学批判”方法。您的论敌在一本数百页的书里的一页上顺便提出了赋税支出在全部货币支出中所占的比重问题；您只要把这个地方引一下，把**别的**问题悄悄加在论敌头上，您就能够辉煌地证明论敌是“商品拜物主义者”，这个无赖竟没有想到没有马的贫苦农民从哪里去拿25个卢布！其次，您对该书谈赋税同收入的比例、收入的构成和来源的其他几页可以撇开不谈，这样还证明了论敌的“资产阶级眼界”。真的，去领个专利证吧，斯克沃尔佐夫先生！

下面还有斯克沃尔佐夫先生怎样利用这种发明的一个例子。我要请读者注意：这种“科学批判”的法宝是独一无二的。

问题还是发生在谈关于农民赋税问题的家庭收支资料的第101页[①]上。我指出了赋税在农民的货币支出中的作用之后继续说：“如果我们谈的不是赋税在交换发展中的作用，而是赋税同收入的比例，那么我们可以看到，这种比例是极高的。改革前时代的传统如何沉重地压在现在的农民身上，这可以从现存的赋税吞掉了小农甚至有份地的雇农总支出的1/7这一点极明显地看出来。除此以外，赋税在村社内部的分配也是极不均衡的：农民愈富裕，则赋税在其总支出中所占的比例就愈小。无马户所纳的税同自己的收入比较起来，几乎是多马户的3倍（见上面的支出分配表）……”每一个读者，只要稍微留心一下他所读的书，自然就会产生下列问题：既然家庭收支表包括的不仅是不同村社的农户，而且甚至是不

① 见本卷第130—131页。——编者注

同县份的农户，那我为什么要说村社内部的赋税分配呢？也许这里分配的不均衡是偶然的，也许这种不均衡是由于不同县份或不同村社（这些县份或村社的农户被用来编制典型的家庭收支表）的每俄亩份地的课税不同？为了消除这种不可避免的不同意见，我在上面那段话后面，紧接着就解释说："……**我们所以说村社内部的赋税分配，是因为如果按每俄亩份地计算各种赋税额，那么它们差不多是均衡的**……"如果批判家想核实这几句话，那他只要把第96页[①]的表（每一农户的各种赋税额）与第102页[②]的表（每一农户的份地数量）对照一下，就会很容易地相信：的确，根据家庭收支资料看来，虽然这些有家庭收支表的农户属于不同村社甚至不同县份，但每一俄亩份地的各种赋税额**差不多**是均衡的。

现在大家来欣赏一下批判家先生是**用什么手法**来消灭自己论敌的。他抓住我用了黑体的关于计算每一俄亩份地的税额的几句话；**没有注意到**（原文如此！）这几句话**仅仅同家庭收支资料**有关；硬说这几句话的意思是每俄亩份地的税额在全体俄国农民中差不多是均衡的，他根据这个"结论"得意扬扬地谴责我不熟悉地方自治局的统计出版物，并且举出两个表来证明一个（众人皆知的）事实，即在不同的村社、乡、县份内，每俄亩份地的税额是远远不均衡的。耍完这套把戏之后，批判家还补充道："实际上，在一个得到**同样面积**份地的村社内部，税额不是差不多均衡，而是完全均衡。全部问题在于：伊林先生不知道他自己谈的是什么样的村社。为了结束伊林先生滥用地方自治局统计资料的情况"等等……（第2292页） 我非常想知道，在科学书刊中能不能找到这类批评的另一个例子。

---

① 见本卷第126页。——编者注

② 见本卷第132页。——编者注

了解了斯克沃尔佐夫先生用来“证明”我引用的家庭收支资料完全“无用”的手法之后，看来我们可以不提批判家用来对使用家庭收支资料本身表示不满的那些有力的（和无力的）词句了。斯克沃尔佐夫先生要求提供**大量的**家庭收支资料，他大概又要说一些不相干的话，因为我使用的记述**具体**农户的材料，从来**不是而且也不可能是**大量的。有关具体农户家庭收支情况的文献，我在被批判的那一节一开头就已指出，如果批判家能够补充或修正我所指出的东西，那我自然只有感谢他。但是斯克沃尔佐夫先生善于“批判”，而不涉及问题的本质！我曾经打算根据家庭收支资料和“大量资料”，把没有马的和有一匹马的农户的家庭人口、播种面积、租地数量和牲畜头数的平均数作一比较，来证明家庭收支表的典型性（我的书第 102 页①），而威严的批判家把这种打算简单地称为“怪事”。什么原因，不知道。也许和一位“批判家”认为乞乞科夫这几个字很可笑的原因是一样的吧？家庭收支表“不是典型的，因为粮食的秋卖春买在沃罗涅日省很少见到，至于在整个俄国”，这种出卖粮食似乎已被尼古·—逊先生证明了。（第 2291 页）无怪乎伟大的灵魂是互相了解的这句话说得对：“真正的”马克思主义者帕维尔·斯克沃尔佐夫先生，在看到“真正的”马克思主义者尼古拉·—逊先生的论断同地方自治局统计资料之间有矛盾的时候，解决问题毫不含糊，一口咬定是资料不典型，而不是尼古·—逊先生的话不对或太一般。其次，粮食的秋卖春买问题，和我在分析这个问题时完全没有使用过的家庭收支表是否典型的争论，究竟有什么关系呢？

---

① 参看本卷第 132 页。——编者注

# 三

在对偷换手法作了一番费力不讨好的说明以后，终于令人愉快地见到了一个切实的反驳，尽管这个反驳也是用斯克沃尔佐夫先生显然认为极有说服力的威严吆喝（“拜物教”，“完全不理解”）表述的，尽管关于批判家自己的观点，我们很少看到直接的叙述，而更多要靠推测。斯克沃尔佐夫先生说得非常对，我的观点“像一根红线贯穿着全部著作”。

为了更鲜明地刻画出我们的意见分歧，我要把表达两个对立观点的极端说法对比一下。斯克沃尔佐夫先生大概认为（这至少可以从他的反驳中看出），农民在解放时得到的土地愈少，为此而付出的钱愈多，俄国资本主义的发展就愈迅速。我认为正相反，**农民在解放时得到的土地愈多，为此而付出的钱愈少，俄国资本主义的发展就愈迅速、愈广泛、愈自由**，人民的生活水平也就愈高，国内市场就愈大，生产中采用机器就愈迅速，总之，俄国的经济发展就会同美国的经济发展愈相似。我只指出两个我认为可以证明上述意见是正确的情况：(1)由于地少税重，在我国很大一部分地区，地主经济中的工役制度有所发展，这是农奴制的直接残余①，而根本

① 顺便谈谈。这个论点（工役制是农奴制的残余）是我在自己书里直接提出的。斯克沃尔佐夫先生没有谈到这一点，却抓住我说的工役制实质上是从《罗斯法典》起就保存下来的这句话，大发雷霆：又是从克柳切夫斯基那里来的引文，又是12世纪的国内市场，又是商品拜物教，又断言我认为“商品生产从《罗斯法典》起〈原文如此！〉就是历史上创造奇迹和阐明一切的基础”（原文如此！！）。这显然还是“啊嚏——啊嚏”之类的批判，这种批判我似乎在文章开头谈得已经太多了。

不是资本主义;(2)在我国边疆地区,农奴制根本不存在或者最薄弱,农民受地少、服工役和税重的痛苦最少,那里的农业资本主义也最发达。为了分析"从一种社会形态转到另一种社会形态"的条件,就必须作这样的对比,而斯克沃尔佐夫先生却如此威严而又毫无根据地指责我忽视了这些条件。

斯克沃尔佐夫先生对我国农民经济中发生的经济过程的陈腐透顶的观点,在他关于移民和关于资本主义破坏了中世纪壁垒的言论中也暴露了出来。我把帕维尔·斯克沃尔佐夫先生同尼古拉·—逊先生作了对照,难道不对吗?他们两人都用一些反对"重视"移民观点的极其简单和一味否定的指责来"解决"移民问题。但是要知道,这种结论只对那些满足于完全抽象的……陈词滥调的最原始的……即"真正的"马克思主义才是适用的。"重视"移民是什么意思呢?如果从本来意义上理解这几个字,那么一个头脑健全、神志清醒的经济学家难道会**不重视**每年的移民吗?如果从**资本主义**这个特殊意义上理解这几个字,那么第一,斯克沃尔佐夫先生曲解了我的意思,因为在他所引证的地方我讲的正好相反。第二,一个认为自己的任务是研究俄国的经济结构和经济发展的特点(而不仅是详细引证并且往往是胡乱引证马克思的话)的经济学家,一定要提出这样的问题:移民在俄国究竟发生什么影响?我没有专门研究这个问题,但我在斯克沃尔佐夫先生指出的地方说过,我关于农民分化问题的结论是和古尔维奇先生的结论完全一致的。① 此外,我在该书其他地方也不止一次地谈到过移民问题。

① 顺便谈谈古尔维奇先生。这位著作家因著有两部书和为杂志撰稿而闻名于马克思主义著作界,斯克沃尔佐夫先生以蛮横无理和蔑视一切的态度对待这位著作家的"结论",只不过暴露了他自命不凡而已。

也许我这个观点不对，但是斯克沃尔佐夫先生根本没有提出任何修改或补充，完全用威严的吆喝掩盖问题的本质。其次，我的话使斯克沃尔佐夫先生据以断定，"商品拜物主义者现在相信自己物神的创造奇迹的力量了"（原文如此！！）。这真是可以说"消灭了"！然而，最尊贵的批判家先生，您是不是否定我的看法呢？为什么不把您们的**真正**看法告诉人们，不去分析**哪怕一个**县的资料呢？要知道这对于专门研究地方自治局统计资料的人是理所当然的！我还要保留这个意见，不管斯克沃尔佐夫先生使用怎样骇人的字眼（拜物教，创造奇迹的力量），而这些字眼是能把所有的人都吓住的，这一点谁会怀疑呢？①

最后一个问题，这是可以同斯克沃尔佐夫先生谈谈事情的本

---

① 我说过："在资本主义以前，农业在俄国对一些人来说是老爷的事情，是贵族的消遣，而对另一些人来说是义务，是租赋"（见本卷第 279 页。——编者注），斯克沃尔佐夫先生认为从我的这句话看出，"原来整个社会形态，即农奴生产方式，不过是贵族的消遣"。不，斯克沃尔佐夫先生，这还决不是"原来"，因为我在别的地方指出，"农奴制经济乃是某种程度合理的和完美的制度"（第 129 页（见本卷第 161 页。——编者注）），我在这里只是说明了这种制度的标志中的**一个**标志。在地主经济中有"贵族的消遣"的因素，凡是记得"农奴制乡村或盘剥性乡村的奥勃洛摩夫们"（第 152 页（见本卷第 189 页。——编者注））这类著名典型的人，都会很容易地看到这一点；地方自治局的统计也指出了这一点，"贵族的消遣"这种说法就是统计中提出的（第 148 页（见本卷第 185 页。——编者注））；甚至俄国农业机器制造业发展中某一时期的资料也证明了这一点：地主竟想从国外雇请工人和订购机器（第 130 页和第 153 页（见本卷第 162、191 页。——编者注）），这无非是"贵族的消遣"。"何时何地资本主义把世袭领主〈斯克沃尔佐夫先生毫无道理地认为这个范畴只适用于"农奴制形成以前的"时代；它也适用于农奴制时代〉和依附农民转变为从事工业者，可惜伊林先生没有讲到。"（第 2293 页）关于这一点，我在本书的第 2 章、第 3 章，特别是第 4 章都谈到了，那里谈的正是农业转变为**工商**企业。很可能，我对这一过程的意见需要补充和修正；我不怀疑一切严肃和内行的批评家都能给予补充和修正，然而可惜斯克沃尔佐夫先生却用简单的威严的吆喝完全掩盖了问题的本质。这未免不足吧！

质的一个问题,也就是关于农民的地方自治局统计资料的分类问题。斯克沃尔佐夫先生专门研究过地方自治局的统计,如果我们没有弄错的话,现在也还在研究,因此,我们可以期待他发表一些以事实为根据的意见来阐明这个争论不休和极有价值的问题。我说过:“我们一开始就驳斥了按份地的分类法,而一律采用按殷实程度(按役畜;按播种面积)的分类法”;其次,我还指出:在我国地方自治局统计中极为通用的按份地分类法是完全不中用的,因为实际生活破坏了(村社内部)份地的平均占有,这只要回想一下出租份地、抛弃份地、购买和租种土地、工商企业和雇佣劳动同农业结合这样一些人所共知的不容争辩的事实就够了。“经济统计必须把**经营的规模和类型**作为分类的根据。”(第 60 页)①斯克沃尔佐夫先生的“批判”如下:“伊林先生不满意农民统计资料的按份地分类法。统计资料的分类法有两种〈原文如此!〉。一种是历史的分类法,这种分类法把每个纳税人拥有同一数量份地的村社〈!〉汇总为一个整体;另一种是事实的分类法,这种分类法把具有同一数量份地的农户汇总为一个整体,不管这些农户属于什么样的村社。历史的分类法所以重要,是因为它清楚地表明了农民是在什么样的条件下完成了从农奴制社会到资本主义社会的过渡……”表明了上面也探讨过的这个题目的其他论点…… “伊林先生提出的分类法完全搞乱了对我国农民从一种社会形态向另一种社会形态过渡的条件的历史理解。伊林先生的提议倒适用于手工业调查〈原文如此!〉,像德国所做的那样。”(第 2289 页)这就是斯克沃尔佐夫先生对他的专业对象和想“引证”马克思而又无法引证的问题

① 见本卷第 85 页。——编者注

进行的典型的批判。试问:这些关于**村社**的“历史”分类法的议论,同我说的**按户**资料分类法有什么相干呢?现代按户资料分类法用什么奇妙的手段可以“完全搞乱”早已查明的关于村社的历史资料呢?要知道,斯克沃尔佐夫先生只是就他**背弃历史**来说,才有权在这个问题上使用“历史的”这个字眼,因为如果按每个纳税人份地数量进行的村社分类法是属于40年前的历史,那么在我们眼前日益迅速发生的事情也都是历史了。其次,完全不能解释的是,既然任何人都知道**有许多分类法**,有按播种面积、按役畜、按劳力、按雇工、按房产以及其他等等的分类法,那么一位研究地方自治局统计并总是以预言家口吻谈一切事物的人,又怎么能写出“分类法有两种”(按份地的村社分类法和按份地的农户分类法)呢?既然争论的问题正在于**按份地的分类法是不是事实的分类法**,斯克沃尔佐夫先生怎么能这样武断和**毫无理由地**宣称只有按份地的分类法才是“事实的”分类法呢?我根据许多县份的情况指出:各农户之间的份地分配直到现在比较起来还是十分“平均”的(在不同县份或各类县份,20%的富裕户,占人口26%—30%,占份地29%—36%),而产业、役畜、播种面积、改良农具等等**事实的**经济指标的分配,各地毫无例外地都**非常不**平均。斯克沃尔佐夫先生只是想方设法来批判甚至摧毁我的论点,但一句话也没有触及问题的本质。

当然,我不是一个统计学专家,一点也不妄想去解决分类问题。但是我认为,对于地方自治局统计的基本问题(而按户调查资料的分类方法问题,像我在斯克沃尔佐夫先生引证的地方指出的,正是一个基本问题),有权利甚至有义务讲话的,决不只是一些地方自治局的统计学家,而且还有一切经济学家。不能设想,一个研究俄国实际经济情况的经济学家能够不使用地方自治局的统计资料，因此，如果地方自治局的统计和经济学家的工作各走各的路，那么它们两者都不能获得满意的结果。按份地的分类法**不是**令人满意的事实的分类法，这一点地方自治局的统计学家们自己也部分地承认了，他们提供了一些按役畜和按播种面积的分类法，这些方法我在自己的书里也采用了。正是在现在，当几乎所有的马克思主义者都特别强调问题的重要性而其他派别的经济学家们也都不否认的时候，重新探讨这个问题就特别必要了。然而斯克沃尔佐夫先生不是去进行批判，而是发表下面那种冠冕堂皇但是毫无内容的言论："需要汇总对农民经济的生产和再生产进行详细计算的地方自治局汇编，以便每个想要的人都可以拿到这么一本汇编，来检查伊林先生、波斯特尼柯夫和古尔维奇的'结论'。"(第 2292 页)是的，当然"需要汇总"，但是要使这些话不流于空谈，要使汇总真正能够回答现代俄国经济制度和这个制度的演进所提出的主要问题，就必须提出和全面讨论关于汇总方法的基本问题，而且这种讨论一定要在整个著作界进行，而不能仅仅在地方自治局的统计学家们中间进行，尤其是不能在某个地方自治机关统计局的四壁之内进行。这个问题我在自己书里已经提出来了，并且试图加以解决。至于解决得是否正确，当然不由我来判断，不过我有权利作出如下结论：不管斯克沃尔佐夫先生怎样威严，但是他对这个问题什么话也没有说出来，而是毫无理由地维护常规惯例，维护 1885 年就已经陈腐了的观点(见《俄国资本主义的发展》第 58 页[①]脚注 2，在那里，我引证了瓦·沃·先生《新型的地方统计出版物》一文，他在文中承认："必须使数字资料不是同村或村社这种形形色

① 见本卷第 83—84 页。——编者注

色农民经济类别的聚合体联系起来，而是同这些类别本身联系起来”，我并且提出了一个问题：为什么瓦·沃·先生一次也没有使用过关于这些形形色色类别的资料呢？）。

---

最后简单谈一谈“正统思想”，这样做不会是多余的，因为帕·斯克沃尔佐夫先生扮演了“真正的”马克思主义者的角色，这样，尽可能准确地明确我自己的立场（如果可以这样说的话）就成为迫不及待的事情了。我一点也不想把波·阿维洛夫先生同斯克沃尔佐夫先生相提并论，不过我觉得有必要谈谈前者在同一期《科学评论》杂志上发表的一篇文章中的一个地方。波·阿维洛夫先生在附言的末尾说道：“伊林先生拥护‘正统思想’。不过我觉得对于正统思想，**也就是单纯地解释马克思**，还有许多地方……”（第2308页）我认为我用了黑体的那几个字大概是笔误，因为我完全肯定地说过，我所说的**正统思想决不是指单纯地解释马克思**。正是在波·阿维洛夫先生所谈的那篇文章里，在“算了吧，还是让我们留‘在正统思想的标志下面’吧！”这句话之后，紧接着就说：“我们决不相信：正统思想容许把任何东西奉为信仰，正统思想排斥批判的改造和进一步的发展，正统思想容许用抽象公式掩盖历史问题。如果有正统派的学生犯了这种确实严重的错误，那么责任完全是在这些学生身上，而绝不能归罪于性质正好与此相反的正统思想。”（1899年《科学评论》杂志第8期第1579页[①]）可见我直截了当地说过：把某种东西奉为信仰，排斥批判的改造和发展，是严重的错误，然而要改造和发展，“单纯地解释”显然是不够的。拥护所

① 见本版全集第4卷第78页。——编者注

谓“新的批判潮流”的马克思主义者和拥护所谓“正统思想”的马克思主义者之间的意见分歧在于：两者是想在**不同的方向**上改造和发展马克思主义。一派想始终做彻底的马克思主义者，根据改变了的条件和各国当地的特点来发展马克思主义的基本原理，进一步研究马克思的辩证唯物主义和政治经济学理论；另一派想抛弃马克思学说中若干相当重要的方面，例如，在哲学上不是站在辩证唯物主义方面，而是站在新康德主义107方面，在政治经济学上是站在那些硬说马克思的某些学说“有片面性”的人们方面，等等。第一种人因此指责第二种人是折中主义，在我看来，这种指责是完全有根据的。第二种人称第一种人为“正统派”，使用这个用语时决不能忘记，这个用语是论敌在论战中提出来的，“正统派”并不拒绝一般批判，而只是拒绝折中主义者的“批判”（这些人所以有权利称为“批判”的拥护者，只是因为在哲学史上康德及其信徒的学说都被称为“批判主义”、“批判哲学”）。在同一篇文章中，我还提到了一些著作家（第1569页脚注和第1570页脚注①）。在我看来，他们是彻底地完整地而不是折中主义地发展马克思主义的代表人物，他们对这种发展的贡献，不论在哲学方面，在政治经济学方面或者在历史和政治方面，都比桑巴特或施塔姆勒②要大得不可比拟，但是许多人现在认为简单地重复这两个人的折中主义观点是一大进步。我未必用得着再来说明：折中主义派的代表人物目前已经集结在爱·伯恩施坦周围。关于我自己的“正统思想”问题，我只简短地谈

① 参看本版全集第4卷第66—67页。——编者注

② 参看亨·库诺先生（他的论文有一部分译载于1899年的《科学评论》杂志）对施塔姆勒提出的公正评论、Б.李沃夫的《社会规律》（同上）和《科学评论》杂志答应在1900年译载的萨迪·贡特尔先生那篇文章。

这几点意见，一则因为这和我论文的主题没有直接关系，二则因为我没有可能详尽地发挥第一种人的观点，只能请有兴趣的人去查看德国书刊。在这个问题上，俄国人的争论不过是德国人的争论的反应，不知道德国人的争论，就不能对争论的本质获得十分确切的认识。①

载于 1900 年 5 月和 6 月《科学评论》杂志第 5 期和第 6 期

译自《列宁全集》俄文第 5 版第 3 卷第 611—636 页

① 在我看来，最近在我国书刊“开始表现出来”的那种“新的”“批判的”思潮正可归结为这种折中主义（参看司徒卢威发表在《生活》杂志 1899 年第 10 期和 1900 年第 2 期上的论文；杜·-巴拉诺夫斯基发表在《科学评论》杂志 1899 年第 5 期和 1900 年第 3 期上的论文）。前者 5 年多以前在其《评述》中就开始“表现了”他对折中主义的爱好，而在这一著作发表之后，我们立即着手（承蒙司徒卢威记得住）使公众“睁开眼睛”看看在他的见解中怎样把马克思主义和资产阶级科学混淆起来**108**。所以，奇怪的是听到了司徒卢威这样的话：“干脆闭起眼睛不看对马克思学说进行的所谓〈也许不是**所谓**吧？——**弗·伊·**注〉‘资产阶级的’批判，而重复和转述马克思学说，现在这不仅是无益的，甚至是有害的。”（《生活》杂志第 2 期第 305 页）不仅“干脆闭起眼睛”不看资产阶级科学，甚至不看包括极端反动的学说在内的最荒谬的学说，当然是绝对有害的。这是老生常谈。但是，不是闭起眼睛不看资产阶级科学，而是注意它，利用它，**批判地**对待它，不放弃自己完整的明确的世界观，这是一回事；匍匐在资产阶级科学面前，重复马克思“有片面性”等等这类具有十分明确意思和意义的词句，这是另一回事。其次，如果说到“重复和转述”，那么重复和转述柏姆-巴维克和维泽尔、桑巴特和施塔姆勒本身，难道先天地比重复和转述马克思更值得注意吗？司徒卢威竟然能够（请注意，在俄国书刊中）发现重复马克思的“害处”（原文如此！），难道过去和现在就没有看出非批判地重复时髦的资产阶级“科学”的时髦修正的害处吗？得出这样的观点和这样不可宽恕地“闭起眼睛不看”现代的“思想动摇”，离开马克思主义是多么遥远啊！司徒卢威在他的文章末尾表示了一个特别的愿望，要我对所谓的“批判”所提出的问题发表意见。我的答复是：目前我特别关心的是哲学中和政治经济学中现代折中主义的思潮问题，我还没有失去将来对这一思潮提出系统分析**109**的希望；而追赶折中主义的每一条“基本错误”和“基本矛盾”……我（请尊贵的“批判家”宽恕我！）实在没有兴趣。因此，我暂时只能表示一个相反的愿望：让新的“批判思潮”完全明确地表现出来，不要只作暗示。这一点进行得愈快愈好，因为这样思想混乱就愈少，公众就会愈清楚地认识到马克思主义和对马克思进行资产阶级批判的新“思潮”之间的差别。

# 注　释

1 《俄国资本主义的发展(大工业国内市场形成的过程)》一书写于1895年底—1899年1月,这正是列宁因彼得堡工人阶级解放斗争协会案件在彼得堡被捕和被流放到西伯利亚舒申斯克村的时期。为了撰写这一著作,列宁查考了有关俄国经济的全部重要文献,阅读和研究了大量的书刊,包括卷帙浩繁的各种统计资料,仅他在本书中提到和引用的著作就有近600种。这些书籍和资料是列宁在被监禁和流放的困难条件下通过各种渠道、首先是通过亲友的协助收集到的。列宁于1898年8月9日(21日)写完本书的初稿,然后又进一步加工,于1899年1月30日(2月11日)完成全书的定稿。在撰写过程中,每一章的手稿都经当时流放在米努辛斯克专区的社会民主党人阅读和讨论过。本书的出版事务,列宁委托给了当时住在莫斯科的姐姐安·伊·乌里扬诺娃-叶利扎罗娃。为争取时间,列宁决定采取分批付排的办法。对书的开本、字号和书中统计表的排版等,列宁都从方便读者的角度作了仔细的考虑。他尤其关心校对工作。本书的书名是在出版时确定的。列宁同意把自己原拟的书名作为副标题,同时认为"俄国资本主义的发展"这个题目太大,曾建议用"关于俄国资本主义发展的问题"作书名。1899年3月底,本书在彼得堡出版,署名:弗拉基米尔·伊林。初版印了2 400册,很快就销售一空。当时它主要是在社会民主党的知识分子和青年学生中传播,同时也通过宣传员在工人小组中传播。1908年,本书经列宁补充和修订后出了第2版。本卷翻译所依据的《列宁全集》俄文第5版第3卷以第2版为底本,同时考虑了作者对第1版的所有意见。列宁为第2版所写的序言同第1版序言一起收进了本卷。——1。

2 指俄国1861年废除农奴制的改革。这次改革是由于沙皇政府在军事上遭到失败、财政困难和反对农奴制的农民起义不断高涨而被迫实行的。沙皇亚历山大二世于1861年2月19日(3月3日)签署了废除农奴制的宣言,颁布了改革的法令。这次改革共"解放了"2 250万地主农民,但是地主土地占有制仍然保存下来。在改革中,农民的土地被宣布为地主的财产,农民只能得到法定数额的份地,并要支付赎金。赎金主要部分由政府以债券形式付给地主,再由农民在49年内偿还政府。根据粗略统计,在改革后,贵族拥有土地7 150万俄亩,农民则只有3 370万俄亩。改革中地主把农民土地割去了$\frac{1}{5}$,甚至$\frac{2}{5}$。

在改革中,旧的徭役制经济只是受到破坏,并没有消灭。农民份地中最好的土地以及森林、池塘、牧场等都留在地主手里,使农民难以独立经营。在签订赎买契约以前,农民还对地主负有暂时义务。农民为了赎买土地交纳的赎金,大大超过了地价。仅前地主农民交给政府的赎金就有19亿卢布,而转归农民的土地按市场价格仅值5亿多卢布。这就造成了农民经济的破产,使得大多数农民还像以前一样,受着地主的剥削和奴役。但是,这次改革仍为俄国资本主义经济的发展创造了有利的条件。——5。

**3** *地方自治局*是沙皇俄国地方自治机关中地方自治会议的执行机关。地方自治机关是沙皇政府为使专制制度适应资本主义发展的需要,于1864年颁布条例逐步设立的。按照这个条例,县地方自治会议议员由县地主、城市选民、村社代表三个选民团分别选举,以保证地主在地方自治机关中占优势。省地方自治会议的议员由县地方自治会议选举。地方自治会议的主席由贵族代表担任。地方自治机关由地方自治会议选举产生,每届任期三年。内务大臣和省长监督地方自治机关的活动,他们有权停止它的任何一项决议的执行。沙皇政府只授权地方自治机关管理当地经济事务。地方自治机关的经费来源于对土地、房屋及工商企业征收的不动产税。从19世纪90年代起,由于供职的知识分子(其中有自由派、民粹派以至社会民主党人)影响增大,地方自治机关的活动趋于活跃。地方自治机关在发展教育和卫生事业方面做出了一些成绩。其经济措施——举办农业展览、设立农事试验站、发展农业信贷等,有利于地主和富农经济的巩固,对贫苦农民并没有什么实际意义;

所组织的统计工作对研究改革后的俄国经济具有重要意义。到 19 世纪 70 年代,设立地方自治机关的行政单位有欧俄 34 个省和顿河军屯州。到第一次世界大战前,则有欧俄个 43 个省。1917 年二月革命后,资产阶级临时政府扩大了地方自治机关的权限,并在乡一级设立了地方自治机关,使之成为资产阶级在地方上的支柱。十月革命后,地方自治机关被撤销。——6。

**4** 列宁在第 1 版序言后面加的这篇附言是 1899 年 3 月 17 日(29 日)从舒申斯克村寄出的。4 月 27 日(5 月 9 日),列宁在给亚·尼·波特列索夫的信中提到,这篇附言送晚了,受到了书报检查机关的预先检查,似乎被删改了。由于手稿没有保存下来,被删改的情况无法查明。——6。

**5** 卡·马克思《资本论》第 3 卷于 1894 年出版。恩格斯为它写的序言所注日期是 1894 年 10 月 4 日。——6。

**6** 由于列宁在《俄国资本主义的发展》再版时作了增补,书中章节稍有变动。在第 2 版中,此处所指在第 2 章第 12 节 C,见本卷第 141—142 页。——7。

**7** 指瓦·巴·沃龙佐夫在 1899 年 2 月 17 日俄国工商业促进会讨论题为《不能使民粹主义同马克思主义调和吗?》的报告时的发言。他在发言中说,"西欧马克思主义最新流派"代表人物所持的观点与其说接近俄国马克思主义者,不如说接近俄国民粹派。参加讨论的还有下列自由主义民粹派的代表和合法马克思主义者:彼·伯·司徒卢威、安·阿·伊萨耶夫、米·米·菲力波夫、亚·亨·施坦格、米·伊·杜冈-巴拉诺夫斯基、尼·瓦·列维茨基等。1899 年 2 月 19 日(3 月 3 日),《新时报》简要地报道了这次会议。——8。

**8** 《新时报》(«Новое Время»)是俄国报纸,1868—1917 年在彼得堡出版。出版人多次更换,政治方向也随之改变。1872—1873 年采取进步自由主义的方针。1876—1912 年由反动出版家阿·谢·苏沃林掌握,成为俄国最没有原则的报纸。1905 年起是黑帮报纸。1917 年二月革命后,完全支持资产阶级临时政府的反革命政策，攻击布尔什维克。1917 年 10 月 26 日（11 月 8 日）被查封。——8。

**9** 《俄国资本主义的发展》第 2 版于 1908 年 2—3 月间出版。在这一版里，列宁根据新的统计资料对本书作了许多补充和修订，主要是：在第 2 章中增添了分析 1896—1900 年军马调查总结的一节（第 11 节）；引用了证明他先前所作的关于俄国资本主义发展的结论的新事实，特别是工厂统计的新材料；分析了 1897 年人口普查的总结，更全面地揭示了俄国的阶级结构。在这一版里，还总结了同合法马克思主义者在本书所涉及的基本问题上进行的斗争。此外，初版为应付检查而使用的“学生”、“劳动人民的拥护者”等用语，都相应改为“马克思主义者”、“社会主义者”，并且不再用“新理论”这一说法，而直接提马克思著作或马克思主义。据计算，在第 2 版里共增添了 24 条脚注（见本卷第 6、27、41、131、133、137、155、178—179、192、241—242、248、351、408、410、427、457、466、479、483、489、492、505—506、507、529 页），新写了两节（见本卷第 121—123、459—464 页），加了一个表（见本卷第 469 页），新写了 8 段正文并对原有文字作了 3 处大的补充（见本卷第 267—271、194—195、196—197、260—261 页），还作了约 75 处小的补充和修改。在第 2 版出版后，列宁对本书的修订仍未停止。本卷第 471 页的插图就是他在第 2 版上所作修改的手迹。列宁在第 2 版序言的脚注中曾提到，将来修订本书，准备把它分为两卷：第 1 卷分析革命前的俄国经济，第 2 卷研究革命的总结和成果。列宁的一系列著作，包括 1907 年底写成的《社会民主党在 1905—1907 年俄国第一次革命中的土地纲领》（见本版全集第 16 卷），都是研究 1905—1907 年革命的总结和成果的。——11。

**10** 指 1895—1896 年俄国发生的几次大罢工，包括 1895 年雅罗斯拉夫尔纺织工厂的罢工、同年秋季彼得堡托伦顿工厂的罢工和 1896 年彼得堡纺织工人的大罢工。其中彼得堡纺织工人大罢工的影响和意义特别大。这次罢工是彼得堡工人解放斗争协会领导的，有 3 万多工人参加。它第一次推动了彼得堡无产阶级结成广泛阵线向剥削者进行斗争，并促进了全俄国工人运动的发展。在这次罢工的压力下，沙皇政府加速了工厂法的修订，于 1897 年 6 月 2 日(14 日)颁布了关于缩短各类工厂工作日的法令。列宁称这次罢工为著名的彼得堡工业战争，认为它开辟了俄国工人运动的新纪元。——11。

**11** 指 1901 年遍及俄国各地的罢工和“五一”示威。它们显示了俄国工人运动已由经济罢工发展到政治罢工和示威。在这一年发生的彼得堡奥布霍夫工厂的罢工具有特别重要的意义。由于厂方开除了一些参加“五一”罢工的工人，工人群众于 5 月 7 日举行抗议性罢工，提出开除为工人所痛恨的工头等要求。工人们对调来镇压的军警进行了持续 3 个小时的英勇抵抗，终因力量悬殊而失败。这次斗争创造了俄国无产阶级群众斗争的新形式，史称“奥布霍夫保卫战”。——11。

**12** 容克经济指从封建制演化到资本主义的普鲁士贵族地主经济。容克是德文 Junker 的音译，即普鲁士的贵族地主阶级。容克从 16 世纪起就利用农奴劳动经营大庄园经济，并长期垄断普鲁士军政职位，掌握国家领导权。为适应资本主义关系的发展，普鲁士在 19 世纪前半期进行了一系列改革，主要是：1807 年废除了农奴制；1850 年 3 月颁布了新的《调整地主和农民关系法》，允许农民以高额赎金赎免劳役和其他封建义务。通过这些改革，容克不仅获得了大量赎金，而且掠夺了三分之一的农民土地；另一方面，广大农民群众则丧失了土地和牲畜，成为半无产者。这就为封建经济转变为资本主义经济创造了条件。在以大地产为基础的容克农场中越来越多地使用雇佣劳动和农业机器，但容克仍保留某些封建特权，包括对自己庄园范围内的农民的审判权。列宁称这种农业资本主义发展道路为普鲁士式的道路。——12。

**13** 立宪民主党(正式名称为人民自由党)是俄国自由主义君主派资产阶级的主要政党，1905 年 10 月成立。中央委员中多数是资产阶级知识分子、地方自治人士和自由派地主。主要活动家有帕·尼·米留可夫、谢·安·穆罗姆采夫、瓦·阿·马克拉柯夫、安·伊·盛加略夫、彼·伯·司徒卢威、约·弗·盖森等。立宪民主党提出一条与革命道路相对抗的和平的宪政发展道路，主张俄国实行立宪君主制和资产阶级的自由。在土地问题上，主张将国家、皇室、皇族和寺院的土地分给无地和少地的农民；私有土地部分地转让，并且按“公平”价格给予补偿；解决土地问题的土地委员会由同等数量的地主和农民组成，并由官员充当他们之间的调解人。1906 年春，曾同政府进行参加内阁的秘密谈判，后来在国家杜马中自命为“负责任的反对派”。在第一次世界大战期间，支持沙皇政府的掠夺政策，曾同十月党等反动政党组成“进步同盟”，要求成立责任内阁，即为资产阶级和地主所信任的政府，力图阻止革命并把战争进行到最后胜利。二月革命后，立宪民主党在资产阶级临时政府中居于领导地位，竭力阻挠土地问题、民族问题等基本问题的解决，并奉行继续帝国主义战争的政策。七月事变后，支持科尔尼洛夫叛乱，阴谋建立军事独裁。十月革命胜利后，苏维埃政府于 1917 年 11 月 28 日(12 月 11 日)宣布立宪民主党为“人民公敌的党”。该党随之转入地下，继续进行反革命活动，并参与白卫将军的武装叛乱。国内战争结束后，该党上层分子大多数逃亡国外。1921 年 5 月，该党在巴黎召开代表大会时分裂，作为统一的党不复存在。——13。

**14**　十月党人是俄国十月党的成员。十月党(十月十七日同盟)代表和维护大工商业资本家和按资本主义方式经营的大地主的利益，属于自由派的右翼。该党于 1905 年 11 月成立，名称取自沙皇 1905 年 10 月 17 日宣言。十月党的主要领导人是大工业家和莫斯科房产主亚·伊·古契柯夫、大地主米·弗·罗将柯，活动家有彼·亚·葛伊甸、德·尼·希波夫、米·亚·斯塔霍维奇、尼·阿·霍米亚科夫等。十月党完全拥护沙皇政府的对内对外政策，支持政府镇压革命的一切行动，主张用调整租地、组织移民、协助农民退出村社等办法解决土地问题。第一次世界大战期间，号召支持政府，后来参加了军事工业委员会的活动，曾同立宪民主党等结成“进步同盟”，主张把帝国主义战争进行到最后胜利，并通过温和的改革来阻止人民革命和维护君主制。二月革命后，该党参加了资产阶级临时政府。十月革命后，十月党人反对苏维埃政权，在白卫分子政府中担任要职。——13。

**15**　1907 年 6 月 3 日的政变是指俄国沙皇政府在这一天发动的反动政变，

史称六三政变。政变前，沙皇政府保安部门捏造罪名，诬陷社会民主党国家杜马党团准备进行政变。沙皇政府随之要求审判社会民主党杜马代表，并且不待国家杜马调查委员会作出决定，就于6月2日(15日)晚逮捕了他们。6月3日(16日)，沙皇政府违反沙皇1905年10月17日宣言中作出的非经国家杜马同意不得颁布法律的诺言，颁布了解散第二届国家杜马和修改国家杜马选举条例的宣言。依照新的选举条例，农民和工人的复选人减少一半(农民复选人由占总数44%减到22%，工人复选人由4%减到2%)，而地主和资产阶级的复选人则大大增加(地主和大资产阶级复选人共占总数65%，其中地主复选人占49.4%)，这就保证了地主资产阶级的反革命同盟在第三届国家杜马中居统治地位。新的选举条例还剥夺了俄国亚洲部分土著居民以及某些省份的突厥民族的选举权，并削减了民族地区的杜马席位(高加索由29席减为10席，波兰王国由37席减为14席)。六三政变标志着1905—1907年革命的失败和反革命的暂时胜利，斯托雷平反动时期由此开始。——13。

**16**　人民社会党人是1906年从俄国社会革命党右翼分裂出来的小资产阶级政党人民社会党的成员。人民社会党的领导人有尼·费·安年斯基、韦·亚·米雅柯金、阿·瓦·彼舍霍诺夫、弗·格·博哥拉兹、谢·雅·叶尔帕季耶夫斯基、瓦·伊·谢美夫斯基等。人民社会党提出“全部国家政权应归人民”，即归从无产者到资产阶级知识分子的全体劳动者，主张对地主土地进行赎买和实行土地国有化，但不触动份地和经营“劳动经济”的私有土地。在俄国1905—1907年革命趋于低潮时，该党赞同立宪民主党的路线，六三政变后，因没有群众基础，实际上处于瓦解状态。第一次世界大战期间，持社会沙文主义立场。二月革命后，该党开始恢复组织。1917年6月，同劳动派合并为劳动人民社会党。这个党代表富农利益，积极支持资产阶级临时政府，十月革命后参加反革命阴谋活动和武装叛乱，1918年后不复存在。——14。

**17**　劳动派(劳动团)是俄国国家杜马中的农民代表和民粹派知识分子代表组成的小资产阶级民主派集团，1906年4月成立。领导人是阿·费·阿拉季因、斯·瓦·阿尼金等。劳动派要求废除一切等级限制和民族限制,实行自治机关的民主化,用普选制选举国家杜马。劳动派的土地纲领要求建立由官地、皇族土地、皇室土地、寺院土地以及超过劳动土地份额的私有土地组成的全民地产,由农民普选产生的地方土地委员会负责进行土地改革,这反映了全体农民的土地要求,同时它又容许赎买土地,则是符合富裕农民阶层利益的。在国家杜马中,劳动派动摇于立宪民主党和布尔什维克之间。布尔什维克党支持劳动派的符合农民利益的社会经济要求,同时批评它在政治上的不坚定,可是劳动派始终没有成为彻底革命的农民组织。六三政变后,劳动派在地方上停止了活动。第一次世界大战期间,劳动派多数采取沙文主义立场。二月革命后,劳动派积极支持资产阶级临时政府,1917 年 6 月与人民社会党合并为劳动人民社会党。十月革命后,劳动派站在资产阶级反革命势力方面。——14。

**18**　莫尔恰林习气意思是阿谀逢迎,奴颜婢膝。莫尔恰林是俄国作家亚·谢·格里鲍耶陀夫的喜剧《智慧的痛苦》中的主人公,他热衷于功名利禄,一心依附权贵,为了得到赏识和提拔,在上司面前总是唯唯诺诺,寡言少语。他夸耀自己有两种长处:“温和和谨慎”。——14。

**19**　“劳动派”政党包括人民社会党、社会革命党、最高纲领派。——14。

**20**　在《俄国资本主义的发展》第 1 版(1899 年)中,本章标题是《向理论求证》。——17。

**21**　《欧洲通报》杂志(«Вестник Европы»)是俄国资产阶级自由派的历史、政治和文学刊物,1866 年 3 月—1918 年 3 月在彼得堡出版。1866—1867 年为季刊,后改为月刊。先后参加编辑出版工作的有米·马·斯塔秀列维奇、马·马·柯瓦列夫斯基等。——19。

**22**　额外价值即剩余价值。列宁在 19 世纪 90 年代的著作中,常把“额外价值”与“剩余价值”并用,后来就只用“剩余价值”一词。——23。

**23**　《祖国纪事》杂志(«Отечественные Записки»)是俄国刊物,在彼得堡出版。1820—1830 年期间登载俄国工业、民族志、历史学等方面的文章。1839 年起成为文学和社会政治刊物(月刊)。1839—1846 年,由于维·格·别林斯基等人参加该杂志的工作，成为当时最优秀的进步刊物。60年代初采取温和保守的立场。1868年起，由尼·阿·涅克拉索夫、米·叶·萨尔蒂科夫-谢德林、格·扎·叶利谢耶夫主持，成为团结革命民主主义知识分子的中心。1877年涅克拉索夫逝世后，尼·康·米海洛夫斯基加入编辑部，民粹派对这个杂志的影响占了优势。该杂志不断遭到沙皇政府书报检查机关的迫害，1884年4月被查封。——23。

**24** 从本丢推给彼拉多意思是推来推去，不解决问题。本丢·彼拉多是罗马帝国驻犹太行省的总督。据《新约全书·路加福音》说，犹太教的当权者判处耶稣死刑，要求彼拉多批准。彼拉多在审问中得知耶稣是加利利人，就命令把他送往加利利的统治者希律那里。希律经过审讯，也无法对耶稣定罪，又把他送回到彼拉多那里。据说“从本丢推给彼拉多”是由“本丢推给希律，希律又推给彼拉多”这句话演化而成的。——30。

**25** 这里指的是1872年汉堡出版的《资本论》第1卷。在该书以后的版本中，恩格斯删去了这句话。——31。

**26** 赫罗斯特拉特是公元前4世纪希腊人。据传说，他为了扬名于世，在公元前356年纵火焚毁了被称为世界七大奇观之一的以弗所城阿尔蒂米斯神殿。后来，赫罗斯特拉特的名字成了不择手段追求名声的人的通称。——41。

**27** 《世间》杂志（«Мир Божий»）是俄国文学和科学普及刊物（月刊），1892—1906年在彼得堡出版。先后担任编辑的是维·彼·奥斯特罗戈尔斯基和费·德·巴秋什科夫，实际领导人是安·伊·波格丹诺维奇，撰稿人有米·伊·杜冈-巴拉诺夫斯基、彼·伯·司徒卢威、帕·尼·米留可夫、马·高尔基等。90年代中期，曾站在合法马克思主义立场上同民粹主义作斗争，在民主主义知识分子中颇受欢迎。1898年刊载过列宁对亚·波格丹诺夫的《经济学简明教程》一书的评论。1906—1918年以《现代世界》为刊名继续出版。——41。

**28** 地方自治局统计机关的按户调查资料指19世纪80年代以后的俄国地

方自治局农民经济调查资料。这种调查在范围上几乎包括整个欧俄，收集了俄国农民经济及其发展的丰富材料，对450万个农户作了记述。但是，在地方自治局统计工作人员中占多数的民粹派分子，往往带着偏见整理调查资料，因而降低了它们的价值。——53。

**29** 新罗西亚是18世纪后半叶到1917年期间南俄罗斯靠黑海、亚速海沿岸地区的正式名称。十月革命后，这一名称不再使用。——53。

**30** 弗·叶·波斯特尼柯夫的《南俄农民经济》一书指出了农民经济分化的事实。本版全集第1卷中《农民生活中新的经济变动》一文对此书作了详细的分析。该卷还载有列宁在这本书上所作的批注、计算和着重标记。——53。

**31** 份地是指1861年俄国废除农奴制后留给农民的土地。这种土地由村社占有，分配给农民使用，并定期重分。——55。

**32** 《言论》杂志(«Слово»)是俄国自由派刊物，1878年在彼得堡创刊，1881年停刊。——66。

**33** 《俄国思想》杂志(«Русская Мысль»)是俄国科学、文学和政治刊物(月刊)，1880—1918年在莫斯科出版。起初是同情民粹主义的温和自由派的刊物。90年代有时也刊登马克思主义者的文章。1905年革命后成为立宪民主党右翼的刊物，由彼·伯·司徒卢威和亚·亚·基泽韦捷尔编辑。十月革命后于1918年被查封。后由司徒卢威在国外复刊，成为白俄杂志，1921—1924年、1927年先后在索非亚、布拉格和巴黎出版。——66。

**34** 村社是俄国农民共同使用土地的形式，其特点是在实行强制性的统一轮作的前提下，将耕地分给农户使用，森林、牧场则共同使用，不得分割。村社内实行连环保制度。村社的土地定期重分，农民无权放弃和买卖土地。村社管理机构由选举产生。俄国村社从远古即已存在，在历史发展过程中逐渐成为俄国封建制度的基础。沙皇政府和地主利用村社对农民进行监视和掠夺，向农民榨取赎金和赋税，逼迫他们服徭役。

村社问题在俄国曾引起热烈争论,发表了大量有关的经济学文献。民粹派认为村社是俄国向社会主义发展的特殊道路的保证。他们企图证明俄国的村社农民是稳固的,村社能够保护农民,防止资本主义关系侵入他们的生活。早在19世纪80年代,格·瓦·普列汉诺夫就已指出民粹派的村社社会主义的幻想是站不住脚的。到了90年代,列宁粉碎了民粹派的理论,用大量的事实和统计材料说明资本主义关系在俄国农村是怎样发展的,资本是怎样侵入宗法制的村社、把农民分解为富农与贫苦农民两个对抗阶级的。

在1905—1907年革命中,村社曾被农民用做革命斗争的工具。地主和沙皇政府对村社的政策在这时发生了变化。1906年11月9日,沙皇政府大臣会议主席彼·阿·斯托雷平颁布了摧毁村社、培植富农的土地法令,允许农民退出村社和出卖份地。这项法令颁布后的9年中,有200多万农户退出了村社。但是村社并未被彻底消灭,到1916年底,欧俄仍有三分之二的农户和五分之四的份地在村社里。村社在十月革命以后还存在很久,直到全盘集体化后才最终消失。——67。

**35** 独立农庄原指开垦新土地时建立的独户农业居民点,随着资本主义的发展,后来通常指拥有农业建筑物和供个人使用的地段的独立庄园。在俄国,独立农庄最早于18世纪前半期出现在顿河军屯地区,农庄主是富裕的哥萨克。到19世纪,独立农庄在波兰王国地地区、波罗的海沿岸以及西部各省得到了发展。1906年以后,随着斯托雷平土地改革的实行,独立农庄的数量增加较快。到1910年,独立农庄在欧俄农户中所占比重为10.5%。十月革命后,在农业全盘集体化的过程中,多数独立农庄被取消,某些地区保存到1940年。——67。

**36** 村团即村社,见注34。——69。

**37** 登记丁口指农奴制俄国应交纳人头税的男性人口,主要是农民和小市民。为了计算这种纳税人口,采用了一种叫做“登记”的特别人口调查。俄国人头税开征于彼得一世时代,这种登记从1719年开始,共进行了10次,最后一次是在1857年。许多村社按登记丁口重分土地,所以农户的份地面积取决于它的登记丁口数。——83。

**38** 《北方通报》杂志(«Северный Вестник»)是俄国文学、科学和社会政治月刊,1885—1898年在彼得堡出版。1890年5月以前由安·米·叶夫列伊诺娃任编辑,主要撰稿人是民粹派和接近民粹派的作家、政论家尼·康·米海洛夫斯基、谢·尼·克里文柯、弗·加·柯罗连科、格·伊·乌斯宾斯基等。该刊从1891年起,实际上由阿·沃伦斯基担任编辑,开始宣传唯心主义哲学和美学,登载象征派的作品,但也刊载某些现实主义作家的文章。——84。

**39** 下表所列数字是克拉斯诺乌菲姆斯克县的,见1894年出版的《彼尔姆省克拉斯诺乌菲姆斯克县统计材料》第3编。——89。

**40** 强占的祖传地指俄国农民(主要是富裕农民)在西伯利亚占取的土地。这种土地可以由占有者随意处置。——103。

**41** 军马调查是沙皇俄国对动员时适合军队使用的马匹的统计调查,通常每隔6年进行一次。第一次调查是1876年在西部33个省进行的。第二次调查是1882年在整个欧俄地区进行的,其结果于1884年公布在《1882年马匹调查》一书中。1888年的调查是在41个省进行的,1891年的调查是在其余18个省和高加索进行的,所得资料由中央统计委员会整理后公布于《俄罗斯帝国统计资料第20卷。1888年军马调查》(1891年圣彼得堡版)和《俄罗斯帝国统计资料第31卷。1891年军马调查》(1894年圣彼得堡版)。1893—1894年的调查在欧俄38个省进行,调查结果公布于《俄罗斯帝国统计资料第37卷。1893年和1894年军马调查》(1896年圣彼得堡版)。1899—1901年欧俄43个省、高加索1个省和阿斯特拉罕省卡尔梅克草原的军马调查资料编成了《俄罗斯帝国统计资料》第55卷(1902年圣彼得堡版)。军马调查提供了马匹在农户间分配的资料,带有对农民经济进行普查的性质。——116。

**42** 这是俄国自由主义民粹派代表人物瓦·巴·沃龙佐夫在1892年出版的一部著作的标题。——120。

**43** 《俄国手工工业调查委员会的报告》共16编，1879年至1887年出版。俄国手工工业调查委员会（简称手工工业委员会）是根据1870年召开的全俄工厂主第一次代表大会和全俄农村业主第二次代表大会的申请于1874年成立的，直属工商业委员会。参加该委员会的有财政部、内务部、国家产业部、俄国地理学会、自由经济学会、莫斯科农业协会、俄国技术协会和俄国工商业促进会等单位的代表。《俄国手工工业调查委员会的报告》中所公布的资料，主要是地方上的工作人员收集的。列宁仔细地研究了全部《报告》，从中得到了许多说明资本主义关系在俄国手工业中发展的资料和事实。——124。

**44** 列宁把果园业和畜牧业的收入也列入了这一栏。——127。

**45** 列宁指的是对亚·伊·丘普罗夫教授1897年3月1日在自由经济学会所作的题为《收成和粮价对经济生活各个方面的影响》的报告进行的讨论。——130。

**46** 连环保是每一村社的成员在按时向国家和地主交清捐税和履行义务方面互相负责的制度。这种奴役农民的形式，在俄国废除农奴制后还保存着，直到1906年才最终取消。——131。

**47** 指沙皇政府大臣会议主席彼·阿·斯托雷平实行的土地改革。1906年11月9日（22日），沙皇政府颁布了《关于农民土地占有和土地使用现行法令的几项补充决定》，这个法令由国家杜马和国务会议通过后称为1910年6月14日法令。1906年11月15日（28日），又颁布了《关于农民土地银行以份地作抵押发放贷款的法令》。根据这两个法令，农民可以退出村社，把自己的份地变成私产，也可以卖掉份地。村社必须为退社农民在一个地方划出建立独立田庄或独立农庄的土地。独立田庄主或独立农庄主可以从农民土地银行取得优惠贷款来购买土地。沙皇政府制定这些土地法令的目的是，在保留地主土地私有制和强制破坏村社的条件下，建立富农这一沙皇专制制度在农村的支柱。斯托雷平的土地政策通过最痛苦的普鲁士道路，在保留农奴主-地主的政权、财产和特权的条件下，加速了农业的资本主义演进，加剧了对农民基本群众的强行剥夺，加速了农村资产阶级的发展。

列宁称1906年斯托雷平土地法令是继1861年改革以后俄国从农奴主专制制度变为资产阶级君主制的第二步。尽管沙皇政府鼓励农民退出村社，但在欧俄部分，九年中(1907—1915年)总共只有250万农户退出村社。首先使用退出村社的权利的是农村资产阶级，因为这能使他们加强自己的经济。也有一部分贫苦农民退出了村社，其目的是为了出卖份地，彻底割断同农村的联系。穷苦的小农户仍旧像以前一样贫穷和落后。斯托雷平的土地政策并没有消除全体农民和地主之间的矛盾，只是导致了农民群众的进一步破产，加剧了富农和贫苦农民之间的阶级矛盾。——131。

**48** 发财吧一语出自法国七月王朝(1830—1848年)政府首脑弗·皮·吉·基佐的一次讲话。七月王朝时期掌握政权的是资产阶级中的金融贵族集团，它规定了很高的选民财产资格，不仅工人和农民，而且小资产阶级和部分资产阶级也被剥夺了选举权。在人们要求进行选举改革时，基佐回答说:“不会有改革的，发财吧，先生们，你们会成为选民的。”——131。

**49** 列宁在《土地问题和“马克思的批评家”》第11章《小农户和大农户的畜牧业》(见本版全集第5卷)中分析了古·德雷克斯勒尔的资料。——133。

**50** “四分之一的马”和“活的统计分数”是俄国作家格·伊·乌斯宾斯基的特写《活的数字》中的用语。——133。

**51** 《莫斯科新闻》(«Московские Ведомости»)是俄国最老的报纸之一，1756年开始由莫斯科大学出版。1842年以前每周出版两次，以后每周出版三次，从1859年起改为日报。1863—1887年，由米·尼·卡特柯夫等担任编辑，宣扬地主和宗教界人士中最反动阶层的观点。1897—1907年由弗·安·格林格穆特任编辑，成为黑帮报纸，鼓吹镇压工人和革命知识分子。1917年10月27日(11月9日)被查封。——137。

**52** 1891年的饥荒是俄国历史上规模空前的一次饥荒，以东部和东南部各省灾情最为严重。它使大批农民遭到破产，加速了农民的分化和国内市场的形成。恩格斯在《德国的社会主义》一文中，以及在 1891 年 10 月 29—31 日、1892 年 3 月 15 日和 6 月 18 日致尼·弗·丹尼尔逊的三封信中，都谈到了俄国的这次饥荒（参看《马克思恩格斯文集》第 4 卷第 440—441 页；《马克思恩格斯全集》第 1 版第 38 卷第 194—195、304—307 页；《马克思恩格斯文集》第 10 卷第 624—629 页）。——139。

**53** 《新言论》杂志（«Новое Слово»）是俄国科学、文学和政治刊物（月刊），1894—1897 年在彼得堡出版。最初是自由主义民粹派刊物。1897 年春起，在亚·米·卡尔梅柯娃的参加下，由合法马克思主义者彼·伯·司徒卢威等出版。撰稿人有格·瓦·普列汉诺夫、维·伊·查苏利奇、尔·马尔托夫和马·高尔基等。杂志刊载过恩格斯的《资本论》第 3 卷增补和列宁的《评经济浪漫主义》、《论报纸上的一篇短文》等著作。1897 年 12 月被查封。——140。

**54** 瓦卢耶夫委员会即沙皇大臣彼·亚·瓦卢耶夫领导的俄国农业状况调查委员会。这个委员会成立于 1872 年，1872—1873 年搜集了大量关于改革后俄国农业状况的材料，包括省长的报告，地主、贵族代表、地方自治局、乡公所、粮商、农村牧师、富农、统计协会、农业协会和其他与农业有关的机关的声明和证词等等，编成《钦设俄国农业和农村生产率目前状况调查委员会报告》一书，于 1873 年在彼得堡出版。——147。

**55** 《俄国财富》杂志（«Русское Богатство»）是俄国科学、文学和政治刊物。1876 年创办于莫斯科，同年年中迁至彼得堡。1879 年以前为旬刊，以后为月刊。1879 年起成为自由主义民粹派的刊物。1892 年以后由尼·康·米海洛夫斯基和弗·加·柯罗连科领导，成为自由主义民粹派的中心，在其周围聚集了一批政论家，他们后来成为社会革命党、人民社会党和历届国家杜马中的劳动派的著名成员。在 1893 年以后的几年中，曾同马克思主义者展开理论上的争论。为该杂志撰稿的也有一些现实主义作家。1906 年成为人民社会党的机关刊物。1914 年至 1917 年 3 月以《俄国纪事》为刊名出版。1918 年被查封。——147。

**56**　有赐地的农民指俄国1861年农民改革时获得赏赐份地的一部分前地主农民。沙皇亚历山大二世签署的2月19日法令规定，地主可以按照同农民达成的协议，以最高标准四分之一的份地赐给农民，不取赎金，而其余四分之三归地主所有。这种有赐地的农民主要是在土地昂贵的黑土地带。到20世纪初，由于人口的增加和由此而来的土地重分，有赐地的农民差不多完全失掉了自己的份地。——152。

**57**　三日工是俄国的一种自己拥有份地、经营极小经济的农业雇佣工人，他们在受盘剥的条件下，为得到粮食或20—30卢布，整个夏季在富农或地主的农场每周做3天工。这种农业雇佣工人在沙皇俄国的西北各省特别多。——152。

**58**　波罗的海沿岸边疆区包括俄国爱斯兰省、库尔兰省和里夫兰省，即今拉脱维亚共和国和爱沙尼亚共和国的领土。——152。

**59**　本章前6节最初以论文形式发表于1899年3月《开端》杂志第3期，标题是《现代俄国农业中资本主义经济对徭役经济的排挤》。杂志编辑部按语说："本文是作者关于俄国资本主义发展的一部巨著中的一段。"——160。

**60**　割地是指俄国1861年改革中农民失去的土地。按照改革的法令，如果地主农民占有的份地超过当地规定的最高标准，或者在保留现有农民份地的情况下地主占有的土地少于该田庄全部可耕地的⅓（草原地区为½），就从1861年2月19日以前地主农民享有的份地中割去多出的部分。份地也可以通过农民与地主间的特别协议而缩减。割地通常是最肥沃和收益最大的地块，或农民最不可缺少的地段（割草场、牧场等），这就迫使农民在受盘剥的条件下向地主租用割地。改革时，对皇族农民和国家农民也实行了割地，但割去的部分要小得多。要求归还割地是农民斗争的口号之一，1903年俄国社会民主工党第二次代表大会曾把它列入党纲。1905年俄国社会民主工党第三次代表大会提出了没收全部地主土地，以代替这一要求。——165。

**61** 地役权是使用他人土地的有限物权，如步行或乘车马通过邻近地段的权利等，起源于罗马法。西方封建社会和资本主义社会都保留和发展了这种权利。这里说的是俄国1861年改革后农村中公共道路、割草场、牧场、池塘等等的使用权。由于这些地方被地主霸占，农民要为地主服额外劳役，才能取得这种使用权。——165。

**62** 暂时义务农指俄国农奴制度废除后，为使用份地而对地主暂时负有一定义务（交纳代役租或服徭役）的前地主农民。农民同地主订立了赎买份地的契约后，即不再是暂时义务农，而归入私有农民一类。1881年12月沙皇政府法令规定，从1883年1月1日起，暂时义务农必须赎得份地。——165。

**63** 《法学通报》杂志（«Юридический Вестник»）是俄国莫斯科法学会的机关刊物（月刊），1867—1892年在莫斯科出版。先后参加编辑工作的有马·马·柯瓦列夫斯基和谢·安·穆罗姆采夫等。为杂志撰稿的主要是莫斯科大学的自由派教授，在政治上主张进行温和的改革。——168。

**64** 全包制是俄国1861年改革后的一种工役制形式。实行“全包制”的农民须用自己的农具和耕畜替地主包种土地，即种一俄亩春播作物，一俄亩秋播作物，有时还要割一俄亩的草，以换取货币，或冬季的贷款，或租地。——171。

**65** 粮垛租是沙皇俄国南部地区的一种盘剥性的实物地租。租地者在收割时按俄亩交若干由禾捆堆成的粮垛给地主，所交部分达到收成的一半，有时更多。此外，租地者还用一部分劳动为地主服各种工役。——173。

**66** 实物工资制是盛行于资本主义初期的一种工资制度。实行这种制度的工厂主在自己的工厂里开设店铺，用质次价高的商品和食物代替货币支付给工人，以加重对工人的剥削。这一制度在俄国手工业发达的地区也曾十分流行。——174。

**67** 《罗斯法典》是11—12世纪古罗斯第一部成文法律和大公法令汇编，发现于1738年。《法典》是研究古罗斯社会经济关系和阶级关系的极有价值的资料。《法典》中有许多维护封建所有制和保护封建主生命的条款,这表明在古罗斯农奴化的农民同剥削者之间存在着剧烈的阶级斗争。——177。

**68** 这个记录载于1897年《帝国自由经济学会学报》第4期。

帝国自由经济学会是俄国第一个经济学会,1765年在彼得堡成立,其宗旨是"在国内传播对工农业有益的知识"。学会有三个部:(1)农业部;(2)技术性农业生产和耕作机械部;(3)农业统计和政治经济学部。自由经济学会团结自由派贵族和资产阶级的学者,对国民经济各部门和国内各地区进行调查研究和考察。《帝国自由经济学会学报》是该学会的定期刊物,登载学会的研究结果以及各部门的报告和讨论的速记记录。自由经济学会图书馆藏书20万册,十月革命后并入国立列宁格勒米·叶·萨尔蒂科夫-谢德林公共图书馆。——184。

**69** 奥勃洛摩夫是俄国作家伊·亚·冈察洛夫的长篇小说《奥勃洛摩夫》的主人公,他是一个怠惰成性、害怕变动、终日耽于幻想、对生活抱消极态度的地主。——189。

**70** 《财政与工商业通报》杂志(«Вестник Финансов, Промышленности и Торговли»)是沙皇俄国财政部的刊物(周刊),1883年11月—1917年在彼得堡出版,1885年1月前称《财政部政府命令一览》。该杂志刊登政府命令、经济方面的文章和评论、官方统计资料等。——191。

**71** 这是马克思对资本主义辩护士、英国经济学家安·尤尔博士的称呼(参看《马克思恩格斯文集》第5卷第482页,第7卷第434页)。

平达是古希腊抒情诗人,写有许多歌颂竞技场上胜利者的诗歌。平达的名字后来成了过分颂扬者的代称。——203。

**72** 兹韦金采夫委员会是由沙皇政府内务部办公会议成员И.А.兹韦金采夫任主席的一个委员会,成立于1894年5月27日,直属内务部地方局,其任务是制定措施,以整顿外出做零工的活动和调节农业工人的流动。——212。

**73** 在《俄国资本主义的发展》第1版(1899年)里,这个表的样式如下:

欧 俄 50 省

| 时期 | 人口 | | | | 全部粮食,即谷物加马铃薯(单位千俄石) | | | | | | | | 马铃薯(单位千俄石) | | | | | | | | 每一口人的纯收获(单位俄石) | | |
|---|---|---|---|---|---|---|---|---|---|---|---|---|---|---|---|---|---|---|---|---|---|---|---|
| | | | | | 播种 | | | | 纯收获 | | | | 播种 | | | | 纯收获 | | | | | | |
| | 单位千 | 百分数 | | | | 百分数 | | | | 百分数 | | | | 百分数 | | | | 百分数 | | | 谷物 | 马铃薯 | 粮食总计 |
| 1864—66 | 61 400 | 100 | | | 72 225 | 100 | | | 152 851 | 100 | | | 6 918 | 100 | | | 16 996 | 100 | | | 2.21 | 0.27 | 2.48 |
| 1870—79 | 69 853 | 114 | 100 | | 75 620 | 104 | 100 | | 211 325 | 138 | 100 | | 8 757 | 126 | 100 | | 30 379 | 178 | 100 | | 2.59 | 0.43 | 3.02 |
| 1883—87 | 81 725 | 132 | 117 | 100 | 80 293 | 111 | 106 | 100 | 255 178 | 166 | 120 | 100 | 10 847 | 156 | 123 | 100 | 36 164 | 212 | 119 | 100 | 2.68 | 0.44 | 3.12 |
| 1885—94 | 86 282 | 140 | 123 | 105 | 92 616 | 128 | 122 | 115 | 265 254 | 173 | 126 | 104 | 16 552 | 239 | 187 | 152 | 44 348 | 260 | 146 | 123 | 2.57 | 0.50 | 3.07 |

——222。

74 《星期周报》(«Неделя»)是俄国政治和文学报纸,1866—1901年在彼得堡出版。1868—1879年间曾因发表"有害言论"多次被勒令停刊。1880—1890年该报急剧向右转,变成自由主义民粹派的报纸,反对同专制制度作斗争,鼓吹所谓"干小事情"的理论,即号召知识分子放弃革命斗争,从事"平静的文化工作"。——234。

75 可代替物是罗马法里已经有的古老法学术语,指合同中以简单的计数和量度规定的东西,如若干吨生铁,若干块砖。它的对称是不可代替物,指以特定的特征所规定的东西,如有特定名字的某一匹马,艺术品的原作等。——237。

76 小俄罗斯是沙皇俄国在官方文件中对乌克兰的称呼,十月革命后已废弃不用。——239。

77 《北方边疆区报》(«Северный Край»)是俄国政治、社会和文学日报,1898—1905年在雅罗斯拉夫尔市出版。——248。

78 《经济评论集》是列宁的第一本文集,1898年10月用弗·伊林的笔名在彼得堡出版。文集包括列宁的以下著作:《评经济浪漫主义》、《1894—1895年度彼尔姆省手工业调查以及"手工"工业中的一般问题》、《民粹主义空想计划的典型》、《我们拒绝什么遗产?》和《论我国工厂统计问题》(见本版全集第2卷和第4卷)。——266。

79 首都省指圣彼得堡省和莫斯科省。——274。

80 克兰是克尔特民族中对氏族的叫法,有时也用以称部落。在氏族关系瓦解时期,则指一群血缘相近且具有想象中的共同祖先的人们。克兰内部保存着土地公有制和氏族制度的古老习俗(血亲复仇、连环保等)。在苏格兰和威尔士的个别地区,克兰一直存在到19世纪。——289。

81 马尔克公社是中世纪西欧各国的农村公社。在马尔克公社里,耕地是加入公社的农民家庭的私有财产,牧场、森林及其他用地是公共财产。"马尔克"一词的原意是"边界",后成为日耳曼人农村公社的名称。马尔克首先执行经济的职能,同时也是广义的公共权力机关。马尔克公社起初是自由农民的联户组织,后来在封建化的过程中逐渐沦落到依附大封建主的地位。——289。

**82** 指恩格斯的《法德农民问题》一文(见《马克思恩格斯文集》第4卷)。该文发表于1894—1895年德国社会民主党的杂志《新时代》第13年卷第1册第10期。法国的"学生"是为应付书报检查而给法国马克思主义者(或如恩格斯在上述著作中所称的"马克思主义派的法国社会党人")所取的代称。——292。

**83** 卡尼茨提案是德国大地主利益的代表汉·威·卡尼茨伯爵于1894—1895年向德意志帝国国会提出的一项议案,它要求政府负责采购须从国外输入的全部谷物,然后按平均价格出售。这个议案被国会所否决。——295。

**84** 啊,多么纯朴的天真啊!(O,Sancta Simplicitas!)意指过分天真。传说捷克宗教改革家扬·胡斯被天主教神职人员会议作为异端用火刑处死时,有个不明真相的老太婆,怀着宗教的虔诚和狂热,也往火堆上添加干柴,胡斯见此情状,不禁说出了这句话。——296。

**85** 马尼洛夫是俄国作家尼·瓦·果戈理的小说《死魂灵》中的一个地主。他生性怠惰,终日想入非非,崇尚空谈,刻意讲究虚伪客套。马尼洛夫通常被用来形容耽于幻想、无所作为的人。——319。

**86** 这里说的是亚·卡·科尔萨克《论一般工业形式并论西欧和俄国家庭生产(手工工业和家庭工业)的意义》一书提到的基普利安大主教1391年给康斯坦丁-叶列娜修道院制定的规约。规约所列举的农民对修道院的义务,除了耕地、播种、收割、割草、烤面包、酿造啤酒、捕鱼等工作外,还包括纺亚麻以及所谓"零活和杂差"。——341。

**87** 俄国农民作为封建社会的一个阶级分为三大类:(1)私有主农民即地主农民,(2)国家农民即官地农民,(3)皇族农民。每一大类又分为若干在出身、占有土地和使用土地形式、法律地位和土地状况等等方面互不相同的等级和特殊类别。1861年的农民改革保留了五花八门的农民类别，这种状况一直持续到1917年。现将这里提到的主要农民类别解释如下：

有赐地的农民，见注56。

暂时义务农，见注62。

私有农民指根据1861年改革法令赎回自己的份地，从而终止了暂时义务农身份的前地主农民。

完全私有农民指提前赎回了自己的份地，因而取得土地的私有权的前地主农民。完全私有农民人数较少，是农村中最富裕的上层。

国家农民是按照彼得一世的法令由未农奴化的农村居民组成的一类农民。国家农民居住在官有土地上，拥有份地，受国家机关的管辖，并被认为在人身上是自由的。他们除交人头税外，还向国家或者官有土地承租人交纳代役租，并履行许多义务。国家农民的成分是各种各样的，他们使用和占有土地的形式也是各种各样的。

有村社地产的国家农民是按照村社土地占有制使用耕地及其他用地而没有土地私有权的国家农民。

有切特维尔梯地产的国家农民即切特维尔梯农民，他们是莫斯科国军人的后裔。这些军人（哥萨克骑兵、射击兵、普通士兵）因守卫边疆而分得若干切特维尔梯（一切特维尔梯等于半俄亩）的小块土地，供其暂时或永久使用，切特维尔梯农民即由此得名。从18世纪起，切特维尔梯农民开始称为独户农。独户农在一个时期内处于介乎贵族和农民之间的地位，享有各种特权，可以占有农奴。独户农可以把土地作为私有财产来支配，这是他们和土地由村社占有、自己无权买卖土地的其他国家农民不同的地方。1866年的法令承认独户农的土地（即切特维尔梯土地）为私有财产。

原属地主的国家农民是官家从私有主手里购买的或私有主捐献给官家的农民。他们虽然列入国家农民一类，但不完全享有国家农民的权利。在1861年改革之前，即1859年，这类农民取得了平等权利，但他们和其他国家农民之间仍存在着某些差别。

皇族农民是18世纪末—19世纪中沙皇俄国的一类农民。这类农民耕种皇族土地，除人头税外，还交纳代役租，并履行各种义务，承担供养沙皇家族成员的实物捐税。根据1797年的条例，皇族农民的地位介于国家农民和地主农民之间。在皇族农民中，废除农奴制的改革是按照1858年、1859年、1863年的法令实行的。皇族农民得到的土地多于地主农民，少于国家农民。

自由耕作农指根据沙皇俄国1803年2月20日的法令而解除了农奴制依附关系的农民。这一法令允许地主以收取赎金等为条件释放农奴，但必须分给被释放农奴一份土地。

注册农民是沙皇俄国国家农民的一种。17世纪末—18世纪，沙皇政府为了扶持大工业和保证这种工业有廉价的、固定的劳动力，把大量国家农民编入俄国各地的手工工场。这种农民被称为注册农民。注册农民要为国有或私有手工工场做辅助工作（劈柴、备煤、碎矿、搬运等），以顶替代役租和人头税。他们名义上属于国家，实际上变成了工厂的农奴。从19世纪初开始，注册农民逐渐被解除工厂的劳动，直到1861年农民改革后才完全解脱出来。——344。

**88** 包工是小工房主的别称。包工或小工房主把自己的小工房租给工厂主当厂房，本人也在里面做工。根据与工厂主所订的合同，他们负责房屋供暖和修缮，给织工运送原料，给工厂主运送成品，有时还执行监工的职责。——348。

**89** “济姆尼亚基”荒野地区在离弗拉基米尔省亚历山德罗夫县科兹洛夫村5公里以外的地方。——354。

**90** 税务册是俄国15—17世纪为征收土地税而进行的经济登记的汇总文件。这种经济登记通常以县划区，由莫斯科派专门税务人员前往办理，每当课征单位改变时即重新进行。税务册按居民点编写，详细记载土地情况、居民收入以及街道、店铺、教堂、寺院、堡垒等等的情形。每份独立地产之末，列出总计数字并注明税额。册子的每一页均由税务人员签字，以保证真实。税务册后来还成为巩固封建土地所有制和使农民农奴化的手段。现存税务册中，最早的是15世纪末诺夫哥罗德的税务册，最多的是17世纪的税务册。它们是研究俄国社会经济史的宝贵资料。——376。

**91** 指1897年6月2日(14日)沙皇政府颁布的缩短工厂工作日的法令。这个法令是在彼得堡工人阶级解放斗争协会领导的工人运动的压力下颁布的。它规定工业企业和铁路工厂的工作日为11½小时(夜班为10小时),而在此以前,工作日是没有限制的,可以达到14—15小时,甚至更长。列宁在《新工厂法》一文(见本版全集第2卷)中详细地分析和批判了这个法令。——378。

**92** 下表是根据1898年《财政与工商业通报》杂志第42期上刊载的一张比较详细的表编制的。——384。

**93** 1864年以前,图拉的兵器匠是具有农奴身份的官有的(国家的)兵器匠。他们住在特别的大村里(官有的铁匠大村等),被分配在枪身、枪托、枪机和配件等车间干活。若干村子的农民被编入图拉工厂做烧木炭、看守森林等辅助工作。到解除农奴制依附关系时,图拉总共约有4 000名制造兵器的工匠,其中1 276名在厂内工作,2 362名在家里工作。如把家属计算在内,则兵器匠人口超过2万人。——385。

**94** 指1878年创办的圣彼得堡机器制鞋公司。该厂在1894—1895年有工人845人,生产总额为1 287 912卢布。——390。

**95** 这是1894年喀山出版的《彼尔姆省克拉斯诺乌菲姆斯克县统计材料》第5编第1部(工厂区)第65页上一个表的标题。——446。

**96** *哪里好,哪里就是祖国*一语出自古希腊喜剧作家阿里斯托芬的剧本《财神》。剧本说,小偷的主神赫耳墨斯前来投靠家里住着财神的凡人克瑞密罗斯,情愿做个仆役。有人问他,这样他岂不是离开了众神?难道他觉得离乡背井的生活好?他答道,哪里好,哪里就是祖国。列宁认为这句话是资产阶级最重视的原则。——448。

**97** 在《俄国资本主义的发展》第1版里,这个表还包含有1890年和1896年的资料,而且所引用的1897年资料也和第2版引用的稍有不同。第

1版表中相应部分如下：

| 年代 | 炼铁量（单位千普特） | | | | | | 帝国产煤总量（单位百万普特） |
|---|---|---|---|---|---|---|---|
| | 帝国总量 | 百分数 | 乌拉尔 | 百分数 | 南俄 | 百分数 | |
| 1890 | 56 560 | 100 | 28 174 | 49.7 | 13 418 | 23.7 | 367.2 |
| 1896 | 98 414 | 100 | 35 457 | 36.6 | 39 169 | 39.7 | 547.2 |
| 1897 | 113 982 | 100 | 40 850 | 35.8 | 46 350 | 40.6 | — |

第1版在1897年资料后边还加了一个脚注："1898年帝国生铁总产量为13 300万普特，其中南俄生产了6 000万普特，乌拉尔生产了4 300万普特（1899年《俄罗斯新闻》第1号）"。这个脚注在第2版里删去了。——448。

**98** 列宁后来给本表补充了1908年的相应资料（见第471页插图），这些资料引自1910年出版的《工厂视察员1908年报告汇编》第50—51页。由此可见，列宁在1910年或1911年仍在继续修订自己的这部书。——469。

**99** 赫卢多夫工厂指赫卢多夫兄弟叶戈里耶夫斯克纺织公司（厂址在梁赞省叶戈里耶夫斯克县）。列宁引用的该厂工人人数和生产额的资料出自《工厂索引》1897年圣彼得堡版第763号第36页。——490。

**100** 索巴开维奇是俄国作家尼·瓦·果戈理的小说《死魂灵》中的一个地主。他粗暴蛮横，厚颜无耻，嗜财如命，是愚蠢贪婪的农奴主的典型。——541。

**101** 库庞先生（库庞是俄文 купон 的音译，意为息票）是19世纪80—90年代俄国文学作品中用来表示资本和资本家的借喻语。这个词是俄国作家格·伊·乌斯宾斯基在随笔《罪孽深重》中使用开的。——547。

**102** 分成制是俄国北方捕捉海兽和鱼类的劳动组合中的经济关系形式。在这种劳动组合里，生产工具属于主人，工人对主人处于依附地位。主人通常分得捕获物的⅔，而工人们只能分得⅓，并且还不得不把自己这一份低价让给主人，由主人用生活用品抵偿。——551。

**103** 《非批判的批判》一文是列宁对合法马克思主义者帕·尼·斯克沃尔佐夫恶意攻击《俄国资本主义的发展》一书所作的答复。列宁于1900年1月他的流放期将满的时候在舒申斯克村开始写这篇文章，而于1900年3月从流放地返回后写完。文章刊登在1900年5月和6月《科学评论》杂志上。它是列宁出国以前在俄国合法刊物上发表的最后一篇文章。——563。

**104** 《科学评论》杂志（«Научное Обозрение»）是俄国科学刊物，1903年起是一般文学刊物。1894—1904年在彼得堡出版。开始为周刊，后改为月刊。杂志刊登各派政论家和科学家的文章，1900年曾把列宁列入撰稿人名单，曾发表过列宁的《市场理论问题述评》、《再论实现论问题》、《非批判的批判》等文章（见本版全集第4卷和本卷）。——563。

**105** 丘必特是罗马神话中最高的天神和司风雨雷电之神，据说他性情暴戾，动辄发火，一动怒就投掷轰雷和闪电。在俄语中，丘必特这个词也用来比喻自高自大、目空一切的人。——563。

**106** 这里是套用尼·加·车尔尼雪夫斯基《俄国文学果戈理时期概观》中的话。车尔尼雪夫斯基抨击当时所谓机智的批评家说，他们的"全部技能往往只是：抓住所评论的书的不正确的文句，然后重述它几遍；如果书的标题不完全恰当，那就连带嘲笑标题；如果可能，就挑选跟标题或作者姓氏音近或义近的词，重述几遍，同时掺和一起…… 总之，用这个十分简单的药方，对于《死魂灵》的机智的评论可以写成下面的样子。抄下书的标题《乞乞科夫奇遇记或死魂灵》之后，就干脆这么开始：'嚏！嚏！科夫的发冷（在俄语中"发冷"与"奇遇"谐音），——读者，您不要以为我在打喷嚏，我不过是把果戈理先生新长诗的标题念给您听，这位先生如此写作，只有黑格尔一个人懂得他。……'"——566。

**107** 新康德主义是在复活康德哲学的口号下宣扬主观唯心主义的资产阶级哲学流派，19世纪中叶产生于德国。创始人是奥·李普曼和弗·阿·

朗格等人。1865 年李普曼出版了《康德及其追随者》一书。该书每一章都以“回到康德那里去!”的口号结束。他还提出要纠正康德承认“自在之物”这一“根本错误”。朗格则企图用生理学来论证不可知论。新康德主义后来形成两大学派：马堡学派（赫·柯亨、保·格·纳托尔普等）和弗赖堡学派（威·文德尔班、亨·李凯尔特等）。前者企图利用自然科学的成就，特别是利用数学方法向物理学的渗透，来论证唯心主义；后者则把社会科学与自然科学对立起来，宣称历史现象有严格的独特性，不受任何规律性的支配。两个学派都用科学的逻辑根据问题来取代哲学的基本问题。新康德主义者从右边批判康德，宣布“自在之物”是认识所趋向的“极限概念”。他们否认物质世界的客观存在，认为认识的对象并不是自然界和社会的规律性，而仅仅是意识的现象。新康德主义的不可知论不是“羞羞答答的唯物主义”，而是唯心主义的变种，断言科学没有力量认识和改变现实。新康德主义者公开反对马克思主义，用“伦理社会主义”对抗马克思主义。他们依据自己的认识论，宣布社会主义是人类竭力追求但不可能达到的“道德理想”。新康德主义曾被爱·伯恩施坦、康·施米特等人利用来修正马克思主义。俄国的合法马克思主义者企图把新康德主义同马克思主义结合起来。格·瓦·普列汉诺夫、保·拉法格和弗·梅林都批判对马克思主义所作的新康德主义的修正。列宁揭露了新康德主义的实质并指出了它同其他资产阶级哲学流派（内在论者、马赫主义、实用主义等等）的联系。——584。

**108**　这里指列宁自己在《民粹主义的经济内容及其在司徒卢威先生的书中受到的批评（马克思主义在资产阶级著作中的反映）》这篇著作（见本版全集第 1 卷）中对司徒卢威主义即合法马克思主义所作的批判。——585。

**109**　列宁在《唯物主义和经验批判主义》一书（见本版全集第 18 卷）中对这一思潮作了系统的分析。列宁这部重要哲学著作于 1908 年写成，1909 年在莫斯科出版。——585。

# 人名索引

## A

阿夫达科夫,尼古拉·斯捷潘诺维奇(Авдаков,Николай Степанович 1847—1915)——俄国垄断资产阶级首领之一,矿业工程师,十月党人。在俄国南方矿业主代表大会上被选为代表大会委员会主席(1900—1905)和全权代表(1878—1915)。曾任垄断组织煤炭公司董事长和五金公司董事。1906年起为国务会议成员。1907—1915年为历届俄国企业主代表大会委员会主席。《工商业》杂志撰稿人,写有一系列采矿工业经济方面的著作。——452。

阿列克谢耶夫(Алексеев)——俄国工厂主。——354—355。

阿斯莫洛夫,В.И.(Асмолов,В.И.1828—1881)——俄国大烟草厂主。1857年在顿河畔罗斯托夫创办烟草工厂,当时只有7名工人。死后企业转归其兄弟所有。90年代该厂有工人2 000名,1912年同一些烟草工厂合并成阿斯莫洛夫股份公司。——499。

阿维洛夫,波里斯·瓦西里耶维奇(Авилов,Борис Васильевич 1874—1938)——俄国社会民主党人,新闻工作者,统计学家。1904年加入俄国社会民主工党。1905年代表哈尔科夫布尔什维克《前进报》小组出席党的第三次代表大会,对孟什维克采取调和主义态度。同年参与组织和领导哈尔科夫武装起义。曾为布尔什维克报刊撰稿。1917年退党,为半孟什维克的《新生活报》撰稿,后加入孟什维克国际主义派。1918年脱离政治活动。1928年以前在苏联中央统计局工作,1929年起在俄罗斯联邦国家计划委员会工作,后在交通人民委员部工作。——583—584。

安德列耶夫,叶夫根尼·尼古拉耶维奇(Андреев,Евгений Николаевич 1829—1889)——俄国工艺学教授。19世纪60年代起为俄国技术协会秘书，主持该协会的技术教育委员会。70 年代为财政部办公会议成员，俄国手工工业调查委员会主席。——410。

安年斯基，尼古拉·费多罗维奇（Анненский，Николай Федорович 1843—1912）——俄国政论家，经济学家和统计学家。19 世纪 80—90 年代领导喀山和下诺夫哥罗德省地方自治局的统计工作，1896—1900 年任彼得堡市政管理委员会统计处处长，主持编辑了许多统计著作。曾为《事业》和《祖国纪事》等杂志撰稿，担任过《俄国财富》杂志编委。90 年代是自由主义民粹派代表人物。1903—1905 年是资产阶级自由派组织“解放社”的领导人之一。1906 年参与组织人民社会党，是该党领导人之一。——166、306、320、377、378、394。

安土菲耶夫，尼基塔·杰米多维奇（**杰米多夫，尼基塔**）（Антуфьев，Никита Демидович（Демидов，Никита）1656—1725）——俄国彼得大帝时代著名的兵器匠和工业家，乌拉尔、图拉、卡卢加和莫斯科等省许多冶金工厂的创办人和厂主。因善于制造兵器，受到彼得一世的赏识。1696 年在图拉附近建立了一个铸铁厂。1702 年彼得一世下令把乌拉尔的涅维扬斯克工厂给了他。以后他收购了周围的土地和农奴，从图拉和莫斯科调集工匠，建立了一些新的工厂。1720 年获得杰米多夫世袭贵族的称号。著名的乌拉尔矿业主——杰米多夫家族是他的后裔。——384。

奥尔洛夫，彼得·安德列耶维奇（Орлов，Петр Андреевич）——《工厂一览表》的编者。该书的第 1 版、第 2 版和第 3 版（与 С.Г.布达戈夫合编）分别于 1881 年、1887 年和 1894 年出版。列宁认为这本书是 19 世纪 70 年代最珍贵的资料。——193、232、258、261、262、265、267、273、298、422、425。

奥尔洛夫，瓦西里·伊万诺维奇（Орлов，Василий Иванович 1848—1885）——俄国统计学家，经济学家，地方自治局统计工作开创者之一。1875 年起任莫斯科省地方自治局统计处处长，进行了一系列重要的统计考察。还指导过坦波夫、库尔斯克、奥廖尔、沃罗涅日和萨马拉等省的统计工作。是最早采用按详尽的提纲进行普遍的按户考察方法的人之一。编辑了《莫斯科省统计资料汇编》相当大部分的内容。——131、134、147、183、264。

奥弗相尼科夫，尼古拉·尼古拉耶维奇（Овсянников，Николай Николаевич

1834—1912)——俄国著作家和教育家,写有一些伏尔加河流域史方面的著作。——396。

奥萨德奇,Т.И.(Осадчий,Т.И.)——俄国农民土地占有问题的著作家,小说家。写有历史、风俗文化和经济统计考察著作《赫尔松省伊丽莎白格勒县谢尔巴诺夫乡》(1891)。——124。

奥斯特里亚科夫,П.(Остряков,П.)——俄国民族志学家。19 世纪 60 年代为《诺夫哥罗德省新闻》撰稿,1879 年为《欧洲通报》杂志撰稿。从事俄国手工业的考察。——546。

## B

巴塔林,费多尔·亚历山德罗维奇(Баталин,Федор Александрович 1823—1895)——俄国学者。1847—1859 年为《祖国纪事》杂志撰稿。1860 年起主编《国家产业部部刊》(后改名为《农业和林业》杂志)。1865 年起兼任《农业报》编辑。1875—1878 年逐年出版《农村业主手册》,1879 年起编辑《俄国农村业主的历书和手册》,俗称《巴塔林历书》。——59。

贝奇科夫,Г.Н.(Бычков,Г.Н.)——俄国诺夫哥罗德省地方自治局统计人员和农学家,写有一些关于该省农民经济的著作:《诺夫哥罗德县三个乡农民经济状况和经营的按户调查试验》(1882)、《杰缅季耶夫村社和牧草栽培》(1880)、《切列波夫县私有土地上的牛奶业》(1880)。——247。

比比科夫,彼得·阿列克谢耶维奇(Бибиков,Петр Алексеевич 1832—1875)——俄国翻译家和政论家,翻译出版了亚·斯密、托·罗·马尔萨斯和阿·布朗基等人的著作共 13 卷,著有论述沙·傅立叶、尼·加·车尔尼雪夫斯基等人的《评论集》(1865)一书。——29。

彼得一世(彼得大帝)(Петр Ⅰ Великий 1672—1725)——俄国沙皇(1682—1725),第一个全俄皇帝(1721—1725)。——384。

毕歇尔,卡尔(Bücher,Karl 1847—1930)——德国经济学家,国民经济史学家,政治经济学中新历史学派的代表人物。1892—1917 年任莱比锡大学政治经济学教授。以产品从生产者到消费者所经过的路途长度为基础,提出了三阶段(家庭经济、城市经济、国民经济)的经济发展模式,这是资产阶级交换观在国民经济史上的应用。他的关于中世纪城市历史的著作包含有城市人口数量及手工业组织的珍贵材料。他对资本主义工业形式的分类受到列宁的批评。主要著作有《中世纪妇女问题》(1882)、《14 世纪和 15 世纪美因河畔法兰克福的居民》(1886)、《国民经济的发生》(1893)、《原始民族的经济》(1897)。——297、505、506、522。

别洛博罗多夫,A.(Белобородов А.)——《库班地区的外来工人》一文(载于 1896 年《北方通报》杂志第 2 期)的作者。——216、268。

别洛夫,В.Д.(Белов,В.Д.)——俄国经济学家。1885 年起代表俄国工商业促进会参加俄国手工工业调查委员会,写有题为《乌拉尔的手工工业同采矿业的关系》的报告和其他一些经济问题的著作。——446—447。

波波夫,米特罗范(Попов,Митрофан)——俄国神父,《沃罗涅日省沃龙措夫卡镇的手工业》一文(载于《俄国手工工业调查委员会的报告》第 9 编(1883))的作者。——360—361。

波多利斯基(Подольский)——俄国哈尔科夫省阿赫特尔卡县科捷利瓦镇地方自治局医生。——260。

波果热夫,亚历山大·瓦西里耶维奇(Погожев,Александр Васильевич 1853—1913)——俄国保健医生,工人生活问题和工人立法问题的评论家。因写有许多关于工厂卫生和工业企业卫生状况方面的著作而闻名。1902 年起任彼得堡《工业与健康》杂志编辑。——430。

波克罗夫斯基,瓦西里·伊万诺维奇(Покровский,Василий Иванович 1838—1915)——俄国经济学家和统计学家。1871—1893 年领导特维尔省地方自治局的统计工作,参加编写有关特维尔省的研究报告 20 多卷。1893 年领导彼得堡市的统计工作。1894 年起主持财政部关税司统计处的工作;曾领导自由经济学会统计委员会。1902 年被选为彼得堡科学院通讯院士。——370—371、421。

波里索夫,弗拉基米尔·米哈伊洛维奇(Борисов,Владимир Михайлович)——俄国农学家和统计学家,图拉省统计委员会秘书,写过不少关于图拉省手工业的著述(载于《俄国手工工业调查委员会的报告》)。——276、373、384、385、386、387。

波诺马廖夫,Н.В.(Пономарев,Н.В.)——《论农业工人向俄国东南地区的流动》一文(载于 1896 年《农业和林业》杂志第 2 期)的作者,该文是作者根据

1895年对俄国东南地区的调查写成的。——203。

**波斯特尼柯夫，弗拉基米尔·叶菲莫维奇**（Постников，Владимир Ефимович 1844—1908）——俄国经济学家和统计学家，自由经济学会会员。在农业和国家产业部任职，从事官地规划工作。主要著作有《南俄农民经济》(1891)、《萨马拉边疆区的经济生活》(1894)等。——53—56、57、58、62、64、66、73、81、84、227。

**波特列索夫，亚历山大·尼古拉耶维奇**（Потресов，Александр Николаевич 1869—1934）——俄国孟什维克领袖之一。19世纪90年代初参加马克思主义小组。1896年加入彼得堡工人阶级解放斗争协会，后被捕，1898年流放维亚特卡省。1900年出国，参与创办《火星报》和《曙光》杂志。在俄国社会民主工党第二次代表大会上是《火星报》编辑部有发言权的代表，属火星派少数派，会后是孟什维克刊物的主要撰稿人和领导人。斯托雷平反动时期和新的革命高涨年代是取消派思想家，在《复兴》杂志和《我们的曙光》杂志中起领导作用。第一次世界大战期间是社会沙文主义者。1917年在反布尔什维克的资产阶级《日报》中起领导作用。十月革命后侨居国外，为克伦斯基的《白日》周刊撰稿，攻击苏维埃政权。——306、377、379。

**伯恩施坦，爱德华**（Bernstein，Eduard 1850—1932）——德国社会民主党和第二国际右翼领袖之一，修正主义的代表人物。1872年加入社会民主党，曾是欧·杜林的信徒。1879年和卡·赫希柏格、卡·施拉姆在苏黎世发表《德国社会主义运动的回顾》一文，指责党的革命策略，主张放弃革命斗争，适应俾斯麦制度，受到马克思和恩格斯的严厉批评。1881—1890年任党的中央机关报《社会民主党人报》编辑。从90年代中期起完全同马克思主义决裂。1896—1898年以《社会主义问题》为题在《新时代》杂志上发表一组文章，1899年发表《社会主义的前提和社会民主党的任务》一书，从经济、政治和哲学方面对马克思主义的理论和策略作了全面的修正。1902年起为国会议员。第一次世界大战期间持中派立场。1917年参加德国独立社会民主党，1919年公开转到右派方面。1918年十一月革命失败后出任艾伯特—谢德曼政府的财政部长助理。——41、584。

**柏姆-巴维克，欧根·冯**（Böhm-Bawerk，Eugen von 1851—1914）——奥地利经济学家，奥地利学派的代表人物。1881年起在因斯布鲁克大学和维也纳大学任教授。曾三次出任奥地利财政大臣，还担任过奥地利科学院院长。在《经济财物价值理论纲要》(1886)、《资本与利润》(1884—1889)、《卡尔·马克思的理论及对它的批判》(1896)等著作中，与弗·维泽尔共同发展了边际效用价值论，试图推翻马克思的劳动价值论和剩余价值论。——585。

博勃罗夫家族(Бобровы)——俄国伊万诺沃-沃兹涅先斯克地区的工厂主。这个家族原来是农民，19世纪初把自己的小作坊从农村搬到舒亚城；起初没有雇用工人，到19世纪末有工人76名。——498。

博哥柳勃斯基，И.С.(Боголюбский，И.С.)——俄国矿业工程师。写有《俄罗斯帝国矿业统计试验》(1878年圣彼得堡版)一书以及关于阿穆尔边疆区、萨哈林岛和西伯利亚其他地区的著述。——444、450。

博克，伊万·伊万诺维奇(Бок，Иван Иванович 1848—1916)——俄国统计学家。19世纪70年代为内务部中央统计委员会编辑。《1868年欧俄工厂工业统计资料》(即《俄罗斯帝国统计年鉴》第2辑第6编)的编者。——417、418。

布尔加柯夫，谢尔盖·尼古拉耶维奇(Булгаков，Сергей Николаевич 1871—1944)——俄国经济学家、哲学家和神学家。19世纪90年代是合法马克思主义者，后来成了“马克思的批评家”。修正马克思关于土地问题的学说，企图证明小农经济稳固并优于资本主义大经济，用土地肥力递减规律来解释人民群众的贫困化；还试图把马克思主义同康德的批判认识论结合起来。后来转向宗教哲学和基督教。1901—1906年和1906—1918年先后在基辅大学和莫斯科大学任政治经济学教授。1905—1907年革命失败后追随立宪民主党，为《路标》文集撰稿。1918年起是正教司祭。1923年侨居国外。1925年起在巴黎的俄国神学院任教授。主要著作有《论资本主义生产条件下的市场》(1897)、《资本主义和农业》(1900)、《经济哲学》(1912)等。——27、33、35、48。

布拉戈维申斯基，尼古拉·安德列耶维奇(Благовещенский，Николай Андреевич 生于1859年)——俄国库尔斯克地方自治局统计人员，著有《地方自治局按户调查经济资料综合统计汇编。第1卷：农民经济》(1893)一书及其他统计方面的著作。十月革命后在库尔斯克省统计局工作。——117、242、243。

布拉戈维申斯基，И.И.（Благовещенский，И.И. 死于 1924 年）——俄国奥洛涅茨省的考察者。19 世纪 90 年代任彼得罗扎沃茨克市统计委员会秘书，是《奥洛涅茨省的手工工业》(1895)的作者之一。——370。

布拉任，Н.Ф.（Блажин，Н.Ф.1861—1921）——俄国农学家，牛奶业专家。出身于农民家庭，14 岁起在布兰多夫家族的干酪公司工作。1886 年毕业于莫斯科农学院，并在国外受过专业教育。多年任莫斯科农学院牛奶业教员和综合技术博物馆讲师。写有一些牛奶业方面的著作。——234。

布兰多夫，В.И.（Бландов，В.И.1844—1906）——俄国著名干酪师，雅罗斯拉夫尔、科斯特罗马、特维尔、梁赞、下诺夫哥罗德、诺夫哥罗德等省的劳动组合干酪制造厂的创办人之一，莫斯科最大的牛奶和干酪公司的业主。19 世纪 90 年代该公司称为“布兰多夫兄弟商行，劳动组合干酪制造厂货栈”。——248。

布申，阿尔图尔·波格丹诺维奇（Бушен，Артур Богданович 1831—1876）——俄国统计学家。1857 年起在中央统计委员会任初级编辑，后在财政部任职。1869 年起主持出版了《财政部年鉴》第 1—7 编。曾作为俄国地理学会的代表参加俄国手工工业调查委员会。——418。

## C

查默斯，托马斯（Chalmers，Thomas 1780—1847）——英国经济学家，牧师。马克思称他为“新教大主教”，“最狂热的马尔萨斯主义者之一”。1832 年出版《论政治经济学同社会的道德状况和道德远景的关系》一书。马克思在《剩余价值理论》第 1 册和《资本论》第 1 卷里批判了这本书。——33。

查斯拉夫斯基，瓦西里·伊万诺维奇（Чаславский，Василий Иванович 1834—1878）——俄国统计学家，国家产业部统计局编辑。曾参加自由经济学会和地理学会组织的调查俄国粮食贸易和生产率的考察团。著有《外出做农业零工与农民迁徙的关系》。——207、208、527。

车尔尼雪夫斯基，尼古拉·加甫里洛维奇（Чернышевский，Николай Гаврилович 1828—1889）——俄国革命民主主义者和空想社会主义者，作家，文学评论家，经济学家，哲学家；俄国社会民主主义先驱之一，俄国 19

世纪60年代革命运动的领袖。1853年开始为《祖国纪事》和《同时代人》等杂志撰稿，1856—1862年是《同时代人》杂志的领导人之一，发扬别林斯基的民主主义批判传统，宣传农民革命思想，是土地和自由社的思想鼓舞者。因揭露1861年农民改革的骗局，号召人民起义，于1862年被沙皇政府逮捕，入狱两年，后被送到西伯利亚服苦役。1883年解除流放，1889年被允许回家乡居住。著述很多，涉及哲学、经济学、教育学、美学、伦理学等领域。在哲学上批判了贝克莱、康德、黑格尔等人的唯心主义观点，力图以唯物主义精神改造黑格尔的辩证法。对资本主义作了深刻的批判，认为社会主义是由整个人类发展进程所决定的，但作为空想社会主义者，又认为俄国有可能通过农民村社过渡到社会主义。所著长篇小说《怎么办?》(1863)和《序幕》(约1867—1869)表达了社会主义理想，产生了巨大的革命影响。——566。

## D

丹尼尔逊，尼古拉·弗兰策维奇(尼·—逊；尼古·—逊；尼古拉·—逊)(Даниельсон, Николай Францевич (Н.—он, Ник.—он, Николай —он) 1844—1918)——俄国经济学家，政论家，自由主义民粹派理论家。他的政治活动反映了民粹派从对沙皇制度进行革命斗争转向与之妥协的演变。19世纪60—70年代与革命的青年平民知识分子小组有联系。接替格·亚·洛帕廷译完了马克思的《资本论》第1卷(1872年初版)，以后又译出第2卷(1885)和第3卷(1896)。在翻译该书期间同马克思和恩格斯有过书信往来。但不了解马克思主义的实质，认为马克思主义理论不适用于俄国，资本主义在俄国没有发展前途；主张保存村社土地所有制，维护小农经济和手工业经济。1893年出版了《我国改革后的社会经济概况》一书，论证了自由主义民粹派的经济观点。列宁尖锐地批判了他的经济思想。——5、19、21—24、27、28、43、48、66、67、72、78—80、91、140、154、157、182、183、200—202、206、207、210、218、221、222、245、250、265、275、283—285、288、289、293—295、301、309、340、406、411、414、420、421、422、441、442—443、453、454、456、457、459、474、475、486—487、493、508、523、526—527、536—537、543、544、545—546、549—550、567、576、578。

德雷克斯勒尔，古斯塔夫（Drechsler，Gustav 1833—1890）——德国教授，格丁根农学院院长。曾与弗·亨涅贝格一起出版《农业杂志》，写有《农业状况》（1869）、《征收地段的赎买计算法》（1873）等农业方面的著作。1887 年被选入帝国国会。——133。

狄茨，约翰·亨利希·威廉（Dietz，Johann Heinrich Wilhelm 1843—1922）——德国社会民主党人，出版家。19 世纪 60 年代在俄国彼得堡《同时代人》杂志当排字工人。返回德国后，参加汉堡、莱比锡、斯图加特的社会民主主义运动。1881 年起在斯图加特定居，创办狄茨出版社，即后来的社会民主党出版社。1881—1918 年为帝国国会议员。曾出版马克思和恩格斯的著作以及《曙光》杂志和列宁的著作《怎么办?》。——6、539。

迪尔，卡尔（Diehl，Karl 1864—1943）——德国经济学家，教授，政治经济学中社会学派的信徒。认为法决定经济范畴的形式，而经济范畴的内容则是由自然规律决定的，是永恒的和不变的。主要著作有《蒲鲁东传》（1—3 卷，1888—1896）、《对大卫·李嘉图的国民经济基本原理的社会科学解释》（1905）、《社会主义、共产主义和无政府主义》（1906）等。——43、45。

杜冈-巴拉诺夫斯基，米哈伊尔·伊万诺维奇（Туган-Барановский，Михаил Иванович 1865—1919）——俄国经济学家和历史学家。1895—1899 年任彼得堡大学政治经济学讲师，1913 年起任彼得堡工学院教授。19 世纪 90 年代是合法马克思主义的代表人物。曾为《新言论》杂志和《开端》杂志等撰稿，积极参加同自由主义民粹派的论战。20 世纪初起公开维护资本主义，修正马克思主义的基本原理，成了“马克思的批评家”。1905—1907 年革命期间加入立宪民主党。十月革命后成为乌克兰反革命势力的骨干分子，1917—1918 年任乌克兰中央拉达财政部长。主要著作有《现代英国的工业危机及其原因和对人民生活的影响》（1894）、《俄国工厂今昔》（第 1 卷，1898）等。——27、33、35、41、184、307、420—421、424、430、432、455、474、496、500、585。

多尔古申，И.В.（Долгушин，И.В. 生于 1816 年）——俄国维亚特卡县普拉斯季宁乡奥列霍夫斯卡亚村一家制革厂的厂主。该厂创办于 1839 年，90 年代末有工人 80 名。——367。

## E

恩格尔哈特，亚历山大·尼古拉耶维奇(Энгельгардт，Александр Николаевич 1832—1893)——俄国政论家，农业化学家，民粹主义者。1859—1860年编辑《化学杂志》。1866—1870年任彼得堡农学院教授，因宣传民主思想被捕。1871年被解送回斯摩棱斯克省的巴季舍沃田庄，在那里建立了合理经营的实验农场。列宁在《俄国资本主义的发展》一书(第3章第6节)中评论了他的农场，并以此为例说明民粹派的理论纯系空想。所写《农村来信》先发表于《祖国纪事》杂志，1882年出了单行本。还写过其他一些有关农业问题的著作。——111、140、161、171、176、187—190、249。

恩格斯，弗里德里希(Engels，Friedrich 1820—1895)——科学共产主义创始人之一，世界无产阶级的领袖和导师，马克思的亲密战友。——45、139、161、215、289、291、292、293—295。

## F

法尔茨-费恩(Фальц-Фейн)——俄国塔夫利达省的地主，拥有约20万俄亩土地。——228。

费恩贝格，Л.Б.(Фейнберг，Л.Б.)——俄国医生，《论考察哈尔科夫省甜菜种植园卫生情况的必要性》这篇报告的作者。——260。

弗列罗夫斯基，恩·(**别尔维，瓦西里·瓦西里耶维奇**)(Флеровский，Н.(Берви，Василий Васильевич)1829—1918)——俄国经济学家和社会学家，俄国空想社会主义的代表人物。1862年因向亚历山大二世呈递同情民政和经济改革要求的请愿书而被捕，并流放。60年代末接近革命民粹派，在他们的帮助下出版了《俄国工人阶级的状况》(1869)和《社会科学入门》(1871)。马克思称《俄国工人阶级的状况》为第一部说出俄国经济状况真相的著作。在社会学中反对社会达尔文主义，针对“生存斗争”提出“生存联合”的论点。站在民粹主义立场上批判改革后俄国的社会政治制度和经济制度。把村社和劳动组合理想化，认为俄国过渡到社会主义既可通过社会革命，也可通过一系列的社会改革，而这种改革的前提是在人民中普及教育。——207、527。

福尔卡德，欧仁（Forcade，Eugène 1820—1869）——法国政论家，庸俗经济学家。——44。

福尔图纳托夫，阿列克谢·费多罗维奇（Фортунатов，Алексей Федорович 1856—1925）——俄国统计学家和经济地理学家，政治上倾向民粹派。19世纪80年代曾参加莫斯科、萨马拉和坦波夫等省的统计调查工作；是莫斯科法律学会统计学部的活动家。1885—1924年在一些高等院校教授统计学。写有许多农业经济学和统计学方面的著作。——85、224。

福金家族（Фокины）——俄国伊万诺沃-沃兹涅先斯克的工厂主，拥有一些印染漂白工厂。1838年开办第一个手工生产的企业。90年代所属各工厂有工人500多名，生产总值达220万卢布。到1909年工人增加到922名，生产总值达450万卢布。——498。

## G

哥尔布诺娃（**卡布鲁柯娃**），敏娜·卡尔洛夫娜（Горбунова（Каблукова），Минна Карловна 1840—1931）——俄国第一个女统计学家，民粹派作家。19世纪80年代受莫斯科省地方自治局的委托，研究该省的妇女手工业。《莫斯科省统计资料汇编。经济统计部分》第6卷第2编（1880）刊载了她叙述莫斯科省花边手工业的文章；还编了同一汇编第7卷第2编（1882）。曾在国外研究妇女职业教育，为此与恩格斯通过信。——403。

哥尔茨，泰奥多尔·亚历山大（Goltz，Theodor Alexander 1836—1905）——德国农业经济学家，先后任柯尼斯堡农学院和耶拿农学院院长。写有许多农业问题的著作，维护大土地占有者的利益。主要著作有《农业制度和农业政策讲授》（1899）、《德国农业历史》（1902—1903）等。——152。

哥利科夫，А.Е.（Голиков，А.Е.）——俄国梁赞省萨波若克县卡尼诺村农具和农机制造厂所有者之一。该厂创办于1894年，存在时间不长。全厂约有工人15名，不包括厂外工人。——196。

格拉德科夫，Н.П.（Гладков，Н.П.）——俄国萨拉托夫省沃利斯克县的地主，19世纪60年代是新茹科夫基村的所有人。在他的庄园里有一个使用农奴劳动的制呢工厂。——430。

格里夫斯，约翰·爱德华（Гриевз，Джон Эдуард）——英国国民。1884年在俄国塔夫利达省别尔江斯克市开办了一家农机制造厂。1890年该厂有工人55名，1897年约350名，1909年约800名。——195。

格里戈里耶夫，瓦西里·尼古拉耶维奇(Григорьев, Василий Николаевич 1852—1925)——俄国统计学家，经济学家，民粹派政论家。因进行革命宣传多次被流放。1886—1917年在莫斯科市政管理委员会统计处工作。著有《巴甫洛沃区制锁制刀手工业》(1881)、《梁赞省农民的迁移》(1885)和《从19世纪60年代到1917年地方自治机关统计著作资料主题索引》(1926—1927)等。——227、302、305、306、328、331、376、378、379、391、394、400、499、513。

贡特尔，萨迪(**施陶丁格尔，弗兰茨**)(Gunther, Sadi(Staudinger, Franz))——德国社会民主党理论刊物《新时代》杂志撰稿人，《历史唯物主义和实用唯心主义》一文的作者，后成为修正主义者。——584。

古尔维奇，伊萨克·阿道福维奇(Гурвич, Исаак Адольфович 1860—1924)——俄国经济学家。早年参加民粹派活动，1881年流放西伯利亚。在流放地考察了农民的迁移，1888年出版了根据考察结果写出的《农民向西伯利亚的迁移》一书。从流放地归来后，在工人中进行革命宣传，参加组织明斯克的第一个犹太工人小组。1889年移居美国，积极参加美国工会运动和民主运动。20世纪初成为修正主义者。所著《农民向西伯利亚的迁移》、《俄国农村的经济状况》(1892)和《移民与劳动》(1912)等书，得到列宁的好评。——154、155、201、578。

## H

哈季索夫，К.(Хатисов, К.)——《俄国手工工业报告和研究》第2卷(1894年圣彼得堡版)所载《外高加索边疆区的手工业(1891年报告)》一文的作者。——546。

哈里佐勉诺夫，谢尔盖·安德列耶维奇(Харизоменов, Сергей Андреевич 1854—1917)——俄国地方自治局统计人员，经济学家。1876年起是民粹派组织土地和自由社的成员，该组织分裂后，加入土地平分社。80年代初脱离革命活动，从事地方自治局的统计工作。考察了弗拉基米尔省的手工业，在塔夫利达省进行了按户调查，领导了萨拉托夫、图拉和特维尔三省地方自治局的统计调查工作,在《俄国思想》杂志和《法学通报》杂志上发表过一些经济学问题的文章。主要著作有《弗拉基米尔省手工业》(1882)、《手工工业的意义》(1883)。——76、336、337、350、389、392、394、404、407、410、503。

海涅,亨利希(Heine,Heinrich 1797—1856)——德国诗人和作家。反对封建容克反动势力,抨击资产阶级市侩习气,显示了卓越的讽刺才能,得到马克思和恩格斯的高度评价。与马克思的结识和通信对诗人政治上的成长有很大影响。晚年诗作中有时流露彷徨苦闷情绪,但仍洋溢着战斗豪情。——12。

赫尔岑施坦,格里戈里·马尔科维奇(Герценштейн,Григорий Маркович 1851—1899)——俄国医生和卫生保健问题评论家。1887年起任外科医学院医疗地理学和医疗统计学讲师。主要著作是《梅毒在俄国》(1885),还写过《火柴生产的卫生环境》、《外出做零工》等文章。——534。

赫克纳,亨利希(Herkner,Heinrich 1863—1932)——德国经济学家,柏林大学教授,讲坛社会主义代表人物之一,社会政治协会的积极参加者和副会长;协会创始人古·施穆勒逝世后为其实际领导人。——45。

赫柳斯京,П.И.(Хлюстин,П.И. 生于1856年)——俄国奥廖尔省克罗梅县斯图杰涅茨卡亚乡维索科耶村的贵族地主。他的资本主义类型的田庄在《奥廖尔省统计资料汇编》第4卷第2编(1892)中有所记述。——286。

赫沃罗夫,М.М.(Хворов,М.М. 死于1868年)——俄国巴甫洛沃制锁巧匠,以制作小至3毫米的微型项锁闻名。——391。

黑尔德,阿道夫(Held,Adolf 1844—1880)——德国经济学家,教授,政治经济学中历史学派的信徒。社会政治协会的积极成员和秘书。——505。

## J

基尔希曼,尤利乌斯·海尔曼(Kirchmann,Julius Hermann 1802—1884)——德国法学家、哲学家和政论家,国家社会主义理论家洛贝尔图斯的志同道合者。曾任柏林刑事法庭副庭长。1848—1849年任普鲁士议会议员。1871—1876年为帝国国会中资产阶级进步党议员。写有法学和哲学方面的著作。——33、45。

基塔雷,莫杰斯特·雅柯夫列维奇(Киттары,Модест Яковлевич 1825—1880)——俄国工艺化学家,喀山大学和莫斯科大学工艺学教授。曾领导莫斯科实用商业学院,主编《莫斯科农业协会杂志》和《工业小报》。写有《俄国纺织工业的现状和需求概论》(1857)、《俄国制革业图表》(1875)等著作。——436。

季别尔,尼古拉·伊万诺维奇(Зибер,Николай Иванович 1844—1888)——俄国经济学家,政论家。1873年任基辅大学政治经济学和统计学教授,1875年辞职,不久去国外。1876—1878年为《知识》杂志和《言论》杂志撰稿,发表了题为《马克思的经济理论》的一组文章(阐述《资本论》第1卷的内容)。1881年在伦敦结识马克思和恩格斯。1885年出版了主要著作《大卫·李嘉图和卡尔·马克思的社会经济研究》。是马克思经济学说在俄国最早的传播者。——32。

季洛,阿列克谢·安德列耶维奇(Тилло,Алексей Андреевич 生于1849年)——俄国科斯特罗马省手工业考察者。1875年以前在奥伦堡省总督手下任职,1875年起是科斯特罗马省公署顾问。《俄国手工工业调查委员会的报告》第9、14、15等编载有他的文章。——382—383、408。

季米里亚捷夫,德米特里·阿尔卡季耶维奇(Тимирязев,Дмитрий Аркадьевич 1837—1903)——俄国统计学家。1886—1894年主持财政部的统计工作,任《财政部年鉴》和《财政与工商业通报》杂志编辑。1894年起任农业和国家产业部农业经济和统计局局长。作为自由经济学会的代表参加俄国手工工业调查委员会,是1897年人口普查总调查委员会委员、国际统计研究所成员。主编过两卷《俄国工业历史统计概述》(1883—1886)。晚年在《祖国之子报》编辑部工作。对工业统计原始资料收集的制度提出过批评,并在70—90年代试图改进俄国工业统计的组织,但未能成功。——418、419。

加里亚津,А.Л.(Гарязин,А.Л. 生于1869年)——19世纪90年代是俄国奥洛涅茨省省长特派员,《奥洛涅茨省的手工工业》(1895)一书的作者之一。——370。

加列林,И.Н.(Гарелин,И.Н. 死于1884年)——俄国伊万诺沃-沃兹涅先斯克的工厂主,俄国最早建立的企业之一——1751年创办的加列林织布厂的所有人。该厂于1832年安装了蒸汽机。1855年成立了伊万·加列林父子纺织公司。90年代该公司所属各工厂共有工人2 000多名。——432。

加戚斯基，亚历山大·绥拉菲莫维奇（Гацисский，Александр Серафимович 1838—1893）——俄国统计学家、历史学家和民族志学家，19世纪末自由派资产阶级的活动家；观点接近民粹派。1865—1893年任下诺夫哥罗德省统计委员会秘书（稍有间断）。1887年起任下诺夫哥罗德省学术档案委员会主席。他主编的《下诺夫哥罗德省汇编》（十卷本）和他的其他著作，包含大量有关下诺夫哥罗德边疆区的实际资料。——320。

杰米多夫家族（Демидовы）——俄国工业家，尼基塔·杰米多维奇·安土菲耶夫的后裔。18世纪和19世纪杰米多夫家族把乌拉尔和阿尔泰采矿工业的大部分企业集中在自己手中，开办了许多新工厂。——384。

杰缅季耶夫，叶夫斯塔菲·米哈伊洛维奇（Дементьев，Евстафий Михайлович 1850—1918）——俄国医生和社会活动家，俄国最早研究劳动统计和卫生保健统计的学者之一。受莫斯科省地方自治局的委托，对莫斯科省一些工厂1879—1885年的卫生状况进行了调查，详尽地记述了工人恶劣的劳动生活条件。在1893年出版的《工厂，它给予居民什么和从居民那里取得什么》一书中，批驳了民粹派关于俄国不存在工厂工人阶级的荒谬论断，证明大机器工业必然使工人离开土地。——263、493、495。

捷贾科夫，尼古拉·伊万诺维奇（Тезяков，Николай Иванович 1859—1925）——俄国卫生事业活动家。1884年在喀山大学医学系毕业，曾领导彼尔姆、赫尔松、沃罗涅日、萨拉托夫等省的保健组织。十月革命后积极从事苏维埃的保健事业，1920年起在卫生人民委员部管理疗养地的部门担任领导职务。写有关于儿童死亡率、人口学及社会病等问题的著作，其中《赫尔松省农业工人及其卫生监督组织》（1896）一书得到列宁的好评。——197、200、202、204、205、207、209、212、213、216—217、218、220、228。

捷连季耶夫，И.М.（Терентьев，И.М.）——俄国工厂主，1866年在舒亚市开办的一家平纹布厂的老板。90年代该厂有工人1 160名，生产总值180万卢布。——432。

捷林，麦克斯（Sering，Max 1857—1939）——德国经济学家，教授。1883年

在北美考察农业,写有《北美合众国的粮食贸易》一文,载于百科全书性质的《政治学辞典》。在关于土地问题和经济危机理论的著作中宣扬土地肥力递减规律,维护大地主和富农的利益。——237。

捷宁家族(Зенины)——俄国莫斯科省的家具厂主。约在1845年开办锯木厂,1874年在莫斯科建立家具和胶合板仓库。——399。

局外人——见米海洛夫斯基,尼古拉·康斯坦丁诺维奇。

**K**

卡布鲁柯夫,尼古拉·阿列克谢耶维奇(Каблуков,Николай Алексеевич 1849—1919)——俄国经济学家和统计学家,民粹主义者。1874—1879年在莫斯科省地方自治局统计处工作,1885—1907年任统计处处长。1894—1919年在莫斯科大学教书,1903年起为教授。在著述中宣扬小农经济稳固,把村社理想化,认为它是防止农民分化的一种形式,反对马克思主义的阶级斗争学说。1917年在临时政府最高土地委员会工作。十月革命后在中央统计局工作。主要著作有《农业工人问题》(1884)、《农业经济学讲义》(1897)、《论俄国农民经济发展的条件》(1899)、《政治经济学》(1918)等。——60、79、183—186、200、225、284、420、454、457—458、459、493。

卡尔波夫,A.B.(Карпов,A.B.)——俄国手工业考察者,《俄国手工工业调查委员会的报告》第3、8、9等编载有他的文章。——124、357、363、364—365。

卡雷舍夫,尼古拉·亚历山德罗维奇(Карышев,Николай Александрович 1855—1905)——俄国经济学家和统计学家,地方自治运动活动家。1891年起先后在尤里耶夫(塔尔图)大学和莫斯科农学院任教授。写有许多经济学和统计学方面的著作,其中收集了大量统计资料。1892年发表的博士论文《农民的非份地租地》编为《根据地方自治局的统计资料所作的俄国经济调查总结》第2卷。曾为《俄罗斯新闻》、《俄国财富》杂志等撰稿。主要研究俄国农民经济问题,赞同自由主义民粹派的观点,维护村社土地占有制、手工业劳动组合以及其他合作社。——64、65、70—71、77—80、105、113、134、147、171、174—176、184、420、421、422、424、425—426、427、

428、438、439、454、534。

卡列夫,П.П.(Карев,П.П. 死于 1909 年)——俄国梁赞省萨波若克县卡尼诺村的农民。青年时受雇于本村一家工厂主当木工,后来成了叶尔马柯夫的企业的股东。1894 年自办了一家铸铁和机器制造厂。90 年代末该厂约有工人 15 名,1909 年有 23 名,不包括大量的厂外工人。——196。

卡尼茨,汉斯·威廉(Kanitz,Hans Wilhelm 1841—1913)——德国政治活动家,伯爵,容克利益的代言人。1869 年起为国会议员,是德国保守党的领导人之一。1894—1895 年曾向国会提出一项议案(著名的"卡尼茨提案"),要求政府负责采购须从国外输入的全部谷物,然后按平均价格出售。——295。

卡斯佩罗夫,瓦西里·伊万诺维奇(Касперов,Василий Иванович 生于 1862 年)——俄国经济学家和统计学家,粮食贸易问题专家。19 世纪 90 年代任哈尔科夫省统计委员会秘书,后主持财政部工商业司粮食贸易处的工作。写有一些关于国际粮食市场的著作。——496。

凯斯勒尔,伊万·奥古斯托维奇(Кейслер,Иван Августович 1843—1897)——俄国经济学家,在财政部任职。写过一些关于俄国农民经济和农民村社问题的著作(多数是用德文写的)。以《关于俄国农民村社占有制的历史和对它的批判》(四卷本)取得政治经济学硕士和博士学位。——131。

康德,伊曼努尔(Kant,Immanuel 1724—1804)——德国哲学家,德国古典唯心主义哲学奠基人。1755—1770 年任柯尼斯堡大学讲师,1770—1796 年任该校教授。1770 年以前致力于研究自然科学,发表了《自然通史和天体论》(1755)一书,提出了关于太阳系起源的星云说。1770 年以后致力于"批判地"研究人的认识以及这种认识的方式和界限,发表了《纯粹理性批判》(1781)、《实践理性批判》(1788)、《判断力批判》(1790),分别阐述他的认识论、伦理学、美学等观点。康德哲学的基本特点是调和唯物主义和唯心主义。它承认在意识之外独立存在的物,即"自在之物",认为"自在之物"是感觉的源泉,但又认为"自在之物"是不可知的,是超乎经验之外的,是人的认识能力所不可能达到的"彼岸的"东西,人只能认识自己头脑里固有的先验的东西。——584。

康德拉托夫,德米特里·德米特里耶维奇(Кондратов,Дмитрий Дмитриевич)

——俄国康德拉托夫和继承人公司的创办人。该公司的企业设在弗拉基米尔省穆罗姆县和下诺夫哥罗德省戈尔巴托夫县，生产刀类商品。第一座工厂建于19世纪30年代。1840年企业的资本只有300卢布，1880年达20万卢布。90年代有工人500多名。——498。

康拉德，约翰奈斯（Conrad，Johannes 1839—1915）——德国经济学家和统计学家，政治经济学教授。先后在耶拿大学和哈雷大学任教。写有一些土地政策和农业统计方面的著作，因出版《国民经济和统计年鉴》（1870年起简称《康拉德年鉴》）和《政治学辞典》而闻名，另著有《国民经济研究导论》（1901）、《经济学研究纲要》（第1—4卷，1896—1910年初版）等。——151—152。

考茨基，卡尔（Kautsky，Karl 1854—1938）——德国社会民主党和第二国际的领袖和主要理论家之一。1875年加入奥地利社会民主党，1877年加入德国社会民主党。1881年与马克思和恩格斯相识后，在他们的影响下逐渐转向马克思主义。从19世纪80年代到20世纪初写过一些宣传和解释马克思主义的著作：《卡尔·马克思的经济学说》（1887）、《土地问题》（1899）等。但在这个时期已表现出向机会主义方面摇摆，在批判伯恩施坦时作了很多让步。1883—1917年任德国社会民主党理论刊物《新时代》杂志主编。曾参与起草1891年德国社会民主党纲领（爱尔福特纲领）。1910年以后逐渐转到机会主义立场，成为中派领袖。第一次世界大战前夕提出超帝国主义论，大战期间打着中派旗号支持帝国主义战争。1917年参与建立德国独立社会民主党，1922年拥护该党右翼与德国社会民主党合并。1918年后发表《无产阶级专政》等书，攻击俄国十月革命，反对无产阶级专政。——6、7、8、573。

柯罗连科，弗拉基米尔·加拉克季昂诺维奇（Короленко，Владимир Галактионович 1853—1921）——俄国作家，政论家和社会活动家。青年时代倾向民粹主义思想，后来由于对生活的认真观察，和民粹派的观点有了分歧。多次被捕和流放。1896年起参加编辑《俄国财富》杂志，1904年起主持该杂志的工作，但在许多问题上和杂志其他领导人意见不同。1900年当选科学院名誉院士。他的作品描写了从事奴役性劳动的人们的艰苦生活，揭露了俄国封建农奴制度的残余。其中最著名的有：《马卡尔的梦》

(1883)、《盲音乐家》(1886)、《巴甫洛沃随笔》(1890)以及自传体小说《我的同时代人的故事》(四卷本,1922年出版)等。——397。

柯罗连科,谢尔盖·亚历山德罗维奇(Короленко,Сергей Александрович)——俄国统计学家,经济学家。曾在国家产业部工作,后为国家监察长所属专员。1889—1892年受国家产业部的委托,撰著《从欧俄工农业统计经济概述看地主农场中的自由雇佣劳动和工人的流动》一书。20世纪初曾为黑帮报纸《新时报》撰稿。——141、142、152、165、179、207、208、209、219、238—239、266、271、274、304、484、526、528、539。

柯瓦列夫斯基,弗拉基米尔·伊万诺维奇(Ковалевский,Владимир Иванович 生于1844年)——俄国农学家,先在农业部工作,后任副财政大臣和财政部工商业司司长,是谢·尤·维特最信任的助手之一。与И.О.列维茨基合著《欧俄北部和中部地带牛奶业统计概论》(1879)一书。还写有许多农业方面的专著和文章。1923年任莫斯科农业展览会科技委员会主席。——230、237。

科别利亚茨基,А.И.(Кобеляцкий,А.И.1862—1907)——俄国一些工厂立法手册的编纂者,俄国副交通大臣。——402、490。

科尔萨克,亚历山大·卡济米罗维奇(Корсак,Александр Казимирович 1832—1874)——俄国经济学家、历史学家和政论家。所著《论一般工业形式并论西欧和俄国家庭生产(手工工业和家庭工业)的意义》(1861)一书得到列宁的肯定。他确定了工厂和手工工场之间的区别,并认为它们都是大生产的形式。——328、341、349、391、402、405、411、520。

科库什金家族(Кокушкины)——俄国伊万诺沃-沃兹涅先斯克地区的工厂主,1888年成立捷集诺纺织工厂联合公司。这些工厂原是И.Ф.波波夫于1847年创办的,1856年转归科库什金家族所有,90年代有工人1 500多名,生产总值160万卢布。——498。

科斯京斯卡娅,В.В.(Костинская,В.В.)——俄国莫斯科省波多利斯克县的女地主。1869年在离莫斯科30俄里的杰斯纳乡普列谢耶瓦村购买了一处占地132俄亩的田庄,办了一个六田轮作制的收入可观的农场。利用农民在1861年改革后的困苦处境,以允许农民使用牧道和牧场为条件,迫使他们承担农场的全部活计,并向农民发放面粉、食品和种子作为工作报酬,以进一步加强农民的依附性。——183。

克本，阿列克谢·彼得罗维奇（Кеппен，Алексей Петрович 生于 1840 年）——俄国矿业工程师，矿业委员会委员。著作有《采矿工业和制盐工业》（1883）、《俄国的采矿工业》（1893）等。——444、447。

克柳切夫斯基，瓦西里·奥西波维奇（Ключевский，Василий Осипович 1841—1911）——俄国历史学家，俄国资产阶级历史编纂学的代表人物，莫斯科大学教授，彼得堡科学院院士，立宪民主党人。他的著作重视地理殖民地在俄国历史上的作用；不局限于政治史的研究，还注意分析历史过程中的社会和经济因素等。主要著作有《俄国史教程》（五卷本，最后一卷是他死后由他的学生整理出版的）、《古罗斯的贵族杜马》（1882）等。——577。

库德里亚夫采夫，彼得·菲力波维奇（Кудрявцев，Петр Филиппович 1863—1935）——俄国保健医生，地方自治局卫生事业活动家。1887 年毕业于喀山大学医学系。曾领导伏尔加河流域的大学生革命小组，同土地和自由社有联系。1889—1917 年在雅罗斯拉夫尔、辛比尔斯克、赫尔松、梁赞等省的地方自治机关中担任保健医生。十月革命后先在梁赞省的卫生部门工作，后来到莫斯科的卫生保健研究所工作。他的著作主要是研究居民患病率、流行病的传播、儿童死亡率、学校保健状况、农业工人的劳动和生活等问题。——204、207、209。

库诺，亨利希（Cunow，Heinrich 1862—1936）——德国社会民主党的理论家，历史学家、社会学家和民族志学家。早期倾向马克思主义，后成为修正主义者。1902 年任《前进报》编委。第一次世界大战期间是社会沙文主义者，战后在社会民主党内持极右立场。1917—1923 年任德国社会民主党理论刊物《新时代》杂志编辑。1919—1930 年任柏林大学教授，1919—1924 年任民族志博物馆馆长。——584。

库特（Кутэ）——亚麻碎茎机设计师。所设计的库特亚麻碎茎机在 19 世纪 80 年代的俄国被广泛采用。——253。

库瓦耶夫家族（Куваевы）——俄国伊万诺沃-沃兹涅先斯克地区一家大公司——库瓦耶夫纺织品印染公司的老板。该公司 1817 年起家时是个小印花作坊，没有雇用工人，后来发展成了大型企业。1845 年安装了第一台畜力印染机,1857 年安装了第一台蒸汽印染机。到 19 世纪末有工人 1 500 多名,1909 年达 2 500 名。90 年代该公司的周转额达 500 多万卢布。——498。

## L

拉布津,尼古拉·菲力波维奇(Лабзин,Николай Филиппович 1837—1927)——俄国工艺工程师,教授。曾在国民教育部和财政部等政府机关工作。受财政部的委托,对戈尔巴托夫县和穆罗姆县的手工业进行过调查,写了《下诺夫哥罗德省戈尔巴托夫县和弗拉基米尔省穆罗姆县制刀业、制锁业及其他五金制品业的调查报告》(1870)。曾参加俄国手工工业调查委员会。——306、377、391、498。

拉斯波平,瓦西里(Распопин,Василий)——俄国统计学家,《从地方自治局统计资料看俄国的私有经济》一文(载于 1887 年《法学通报》杂志第 11、12 期)的作者。——167—168、191、207、235—236、257。

劳,卡尔·亨利希(Rau,Karl Heinrich 1792—1870)——德国经济学家,亚当·斯密和大卫·李嘉图的信徒。1822 年起任海德堡大学政治经济学教授。1848 年当选为法兰克福国民议会议员。1856 年为法兰西学会通讯研究员。主要著作为《政治经济学教程》(三卷本,1826—1837)。——45。

老乳脂制造者(Старый маслодел)——1899 年 8 月 6 日《北方边疆区报》所载《乳脂制造业的落后面及其出路》一文作者的笔名。——248。

勒热夫斯基,弗拉基米尔·阿列克谢耶维奇(Ржевский,Владимир Алексеевич 生于 1866 年)——俄国工程师,莫斯科县地方自治局主席,第四届国家杜马代表(属于资产阶级进步党党团)。开设过一个电机工程预算和图纸审查事务所。1902 年 1 月 2 日在全俄电气技术人员第二次代表大会上作过《电力在农业中的应用》的报告。——194—195。

李嘉图,大卫(Ricardo,David 1772—1823)——英国经济学家,资产阶级古典政治经济学最著名的代表人物。早年从事证券交易所活动,后致力于学术研究。1819 年被选为下院议员。在资产阶级反对封建残余的斗争中维护资产阶级的利益,坚持自由竞争原则,要求消除妨碍资本主义生产发展的一切限制。在经济理论上发展了亚当·斯密的价值论,对商品价值决定于生产商品所耗费的劳动时间的原理作了比较透彻的阐述与发展，奠定了劳动价值学说的基础，并在这一基础上着重论证了资本主义的分配问题，发现了工人、资本家、土地所有者之间经济利益上的对立，从而初步揭示了阶级矛盾和阶级斗争的经济根源。但是由于资产阶级立场、观点、方法的限制，把资本主义生产方式看做是永恒的唯一合理的生产方式，在理论上留下了不少破绽和错误，为后来的庸俗政治经济学所利用。主要著作有《政治经济学和赋税原理》(1817)、《论对农业的保护》(1822)等。——31、32、33。

李沃夫，Б.(Львов，Б.)——《社会规律(社会学绪论初探)》的作者，该著作作为附录发表于1899年《科学评论》杂志第2、3、5、7、9、10、11期。——584。

里博皮耶尔，Г.И.(Рибопьер，Г.И.)——俄国奥廖尔省克罗梅县尼科利斯科耶村的地主，伯爵。其田庄按资本主义方式经营，有大批雇佣工人和改良农具。——286。

列梅佐夫，尼古拉·弗拉基米罗维奇(Ремезов，Николай Владимирович 1857—1917)——俄国作家和政论家，乌法省的土地测量员。1886年发表《野蛮的巴什基尔生活特写》一书，揭露了沙皇政府的殖民主义政策。——227。

列宁，谢尔盖·尼古拉耶维奇(Ленин，Сергей Николаевич 生于1860年)——俄国农学家，自由经济学会的活动家。19世纪90年代为《业主》杂志撰稿。《财政与工商业通报》杂志曾刊登他写的《农具和农业机器》和《农业机器制造业》等文章。——191。

列维茨基，И.О.(Левитский，И.О.1844—1907)——俄国农学副博士，曾在国家产业部农业和农村工业司任职。1887年起在西西伯利亚和奥洛涅茨等省任国家产业管理局局长。著有《波列西耶经济条件概论》一书，与弗·伊·柯瓦列夫斯基合著《欧俄北部和中部地带牛奶业统计概论》(1879)一书。——230、237。

鲁德涅夫，斯捷潘·费多罗维奇(Руднев，Степан Федорович 死于1909年)——俄国统计学家，莫斯科省地方自治局统计处副处长，《欧俄农民的副业》一文的作者。——207、210、211、240、298。

罗曼年科，А.А.(Романенко，А.А.)——俄国医生，1898年举行的哈尔科夫省医生第七次代表大会的报告人之一。——260—261。

罗斯拉夫列夫，И.（Рославлев，И.）——俄国神父，《戈尔巴托夫县伊兹贝列茨村的绳索业》一文（载于《下诺夫哥罗德省汇编》第 4 卷（1871））的作者。——357。

罗雪尔，威廉·格奥尔格·弗里德里希（Roscher，Wilhelm Georg Friedrich 1817—1894）——德国经济学家，政治经济学中旧历史学派的创始人。否认人类社会的经济发展存在一般规律，用记述片断的历史事实来代替科学研究。1844 年起任格丁根大学教授，1848 年起任莱比锡大学教授。1843 年出版被称为历史学派纲领的《历史方法的国民经济学大纲》。主要著作还有《国民经济体系》（第 1—5 卷，1854—1894）。马克思在《资本论》和《剩余价值理论》两书中批判了他的理论观点。——113、231。

洛贝尔图斯-亚格措夫，约翰·卡尔（Rodbertus-Jagetzow，Johann Karl 1805—1875）——德国经济学家，国家社会主义理论家，资产阶级化的普鲁士贵族利益的表达者，大地主。认为劳动和资本的矛盾可以通过普鲁士容克王朝实行的一系列改革得到解决。由于不了解剩余价值产生的根源和资本主义基本矛盾的实质，认为经济危机的原因在于人民群众的消费不足；地租是由于农业中不存在原料的耗费而形成的超额收入。主要著作有《关于我国国家经济状况的认识》（1842）、《给冯·基尔希曼的社会问题书简》（1850—1851、1884）等。——41、44—45。

洛西茨基，阿列克谢·叶梅列诺维奇（Лосицкий，Алексей Емеленович 生于 1869 年）——俄国经济学家和统计学家，写过一些有关农民经济及其他问题的著作。十月革命后在苏联中央统计局工作，主管消费和家庭收支统计。——463。

## M

马尔萨斯，托马斯·罗伯特（Malthus，Thomas Robert 1766—1834）——英国经济学家，英国资产阶级庸俗政治经济学的创始人之一，人口论的主要代表。毕业于剑桥大学耶稣学院，1797 年成为牧师。1805—1834 年任东印度公司创办的海利贝里学院历史和经济学教授。在对他人理论予以吸收和加工的基础上，于 1798 年匿名发表《人口原理》一书。认为人口按几何级数增长，而生活资料按算术级数增长，因而造成人口绝对过剩，而贫穷和罪恶抑制人口增长，使生活资料与人口恢复平衡。把资本主义制度下劳动人民失业、贫困、饥饿和其他灾难都归之于自然规律的作用，为资本主义辩护，受到统治阶级的推崇。主要著作还有《政治经济学原理的实际应用》(1820)。——33。

马克思，卡尔(Marx,Karl 1818—1883)——科学共产主义的创始人，世界无产阶级的领袖和导师。——12、13、18、20、22—24、27—28、29—32、33—41、42—44、46—47、48、51—52、130、143、147—149、156—157、162、172、183、227、280、281—282、284、287—294、322—323、347、358、359、400、401、406、415、416、493、505、506、514、543、545、565—568、569—571、578、580、583。

马雷斯，Л.Н.(Маресс,Л.Н.)——俄国统计学家和经济学家，《农民经济中粮食的生产和消费》一文的作者，该文载于自由主义民粹派文集《收成和粮价对俄国国民经济某些方面的影响》(1897 年圣彼得堡版)。——80、81、142。

马明-西比里亚克，德米特里·纳尔基索维奇(Мамин-Сибиряк, Дмитрий Наркисович 1852—1912)——俄国作家。早年受车尔尼雪夫斯基等革命民主主义者的思想影响。作品主要描写 19 世纪俄国资本主义迅速发展时期乌拉尔地区各阶级的生活。著有小说《普里瓦洛夫的百万家私》(1884)、《矿巢》(1884)、《黄金》(1892)、《粮食》(1895)、《乌拉尔短篇小说集》(1888—1901)以及儿童文学作品《阿辽努什卡童话》(1894—1896)等。——447。

马诺欣，格里戈里(Манохин,Григорий)——俄国手工业考察者。《俄国手工工业调查委员会的报告》中载有他的文章。——124、385。

马佐夫家族(Мазовы)——俄国商人。1861 年以前是科斯特罗马省克拉斯诺耶村的农奴。80 年代在克拉斯诺耶村开首饰店，并在西伯利亚等地经商。——383。

迈科夫，列昂尼德·尼古拉耶维奇(Майков, Леонид Николаевич 1839—1900)——俄国文学史研究家和民族志学者。1864—1882 年在中央统计委员会工作，曾出席国际统计代表大会，一度参加俄国手工工业调查委员会。1872—1886 年任地理学会民族志学部主席。1882 年被任命为公共图书馆副馆长。1891 年当选为科学院院士。1893 年被任命为科学院副院长。写有许多研究俄国文学史的著作,曾整理《供研究俄国手工工业和手工劳动的材料》(1872),编为《俄罗斯帝国统计年鉴》第 2 辑第 3 编。——370。

迈耶尔,罗伯特(Meyer,Robert 1855—1914)——奥地利经济学家和国务活动家,维也纳大学教授。主要著作是《收入的实质》(1887)。——45。

米海洛夫斯基,尼古拉·康斯坦丁诺维奇(局外人)(Михайловский,Николай Константинович(Посторонний)1842—1904)——俄国自由主义民粹派理论家,政论家,文艺批评家,实证论哲学家,社会学主观学派代表人物。1860 年开始写作活动。1868 年起为《祖国纪事》杂志撰稿,后任编辑。1879 年与民意党接近。1882 年以后写了一系列谈"英雄"与"群氓"问题的文章,建立了完整的"英雄"与"群氓"的理论体系。1884 年《祖国纪事》杂志被查封后,给《北方通报》、《俄国思想》、《俄罗斯新闻》等报刊撰稿。1892 年起任《俄国财富》杂志编辑,在该杂志上与俄国马克思主义者进行激烈论战。——416。

米海洛夫斯基,瓦西里·格里戈里耶维奇(Михайловский,Василий Григорьевич 生于 1871 年)——俄国统计学家。1897—1911 年任莫斯科市政管理委员会统计处副处长,1911 年起任处长,十月革命后继续担任此职到 1922 年。1922—1927 年任中央统计局的处长和局务委员。曾出席俄国历届统计工作者代表大会,领导过许多项统计和调查工作。——226—227、508、513、518、546。

米海洛夫斯基,Я.Т.(Михайловский,Я.Т. 生于 1834 年)——俄国财政部工商业司的工厂总视察员(1883—1894),写有许多有关国民教育和工厂立法问题的著作。——427。

缅施科夫,В.А.(Менщиков,В.А.)——俄国莫斯科省克林县亚历山德罗沃村的地主,公爵。他的田庄通称克鲁哥夫庄园,有土地 23 000 俄亩。——286。

莫尔德维诺夫(Мордвинов)——俄国塔夫利达省的大地主,伯爵,有 8 万俄亩土地。——228。

莫罗佐夫,萨瓦·瓦西里耶维奇(Морозов,Савва Васильевич 1770—1862)——俄国工厂主,莫罗佐夫家族的始祖。原先是农奴,当过牧人、车夫、手工织工,后来在科诺诺夫丝织厂当雇工,由东家供给伙食,每年只得5卢布纸币。1797年起开始独立经营,成为一家分活工厂的老板。1820年花17 000卢布巨款为自己和四个儿子向地主赎了身。后来由丝织业改营毛纺业。1847年开始经营棉布生产。——498。

莫罗佐夫家族(Морозовы)——俄国最大的纺织工厂主家族,始祖是萨瓦·瓦西里耶维奇·莫罗佐夫(1770—1862)。1825—1840年莫罗佐夫家族创建了四家棉纺织厂,19世纪下半叶发展成四家大公司:萨瓦·莫罗佐夫父子公司尼科利斯科耶纺织公司、尼科利斯科耶维库尔·莫罗佐夫父子纺织公司、博戈罗茨克-格卢霍沃纺织公司和特维尔棉纺织品公司。1913—1914年莫罗佐夫家族的企业共有工人54 000名。第一次世界大战期间,莫罗佐夫家族在军事工业委员会中起了重大作用。——390。

穆勒,约翰·斯图亚特(Mill,John Stuart 1806—1873)——英国哲学家,经济学家,逻辑学家,实证论代表人物。哲学观点接近休谟的经验论和孔德的实证论,否认物质世界的客观存在,认为感觉是唯一的实在,物质是感觉的恒久可能性。对逻辑学中的归纳法的研究有一定贡献。在经济学上追随古典学派,用生产费用论代替劳动价值论,比李嘉图倒退一步。企图用节欲论来解释资本家的利润。主张通过分配关系的改革实现社会改良。主要著作有《推论和归纳的逻辑体系》(1843)、《政治经济学原理》(1848)、《汉密尔顿爵士哲学探讨》(1865)等。——31、33。

## N

尼·—逊;尼古·—逊;尼古拉·—逊——见丹尼尔逊,尼古拉·弗兰策维奇。

尼谢洛维奇,列奥波德·尼古拉耶维奇(Нисселович,Леопольд Николаевич 生于1858年)——俄国律师,经济学家和政论家,第三届国家杜马代表,立宪民主党人。曾在财政部和国家银行任职。写有财政问题和工厂立法史方面的著作。——430。

## P

帕什凯维奇，瓦西里·瓦西里耶维奇（Пашкевич，Василий Васильевич 1857—1939）——俄国果树栽培业专家。1894年起在农业和国家产业部农业司工作。曾为财政部1896年出版的《俄国的生产力》撰写《果树栽培业现状概述》一文。1922年起任列宁格勒农学院教授。1935年被选为全苏农业科学院院士。——271。

蒲鲁东，皮埃尔·约瑟夫（Proudhon，Pierre-Joseph 1809—1865）——法国政论家，经济学家，社会学家，小资产阶级思想家，无政府主义理论的创始人之一。1840年出版《什么是财产？》一书，从小资产阶级立场出发批判大资本主义所有制，幻想使小私有制永世长存。主张由专门的人民银行发放无息贷款，帮助工人购置生产资料，使他们成为手工业者，再由专门的交换银行保证劳动者"公平地"销售自己的劳动产品，而同时又不触动生产工具和生产资料的资本主义所有制。认为国家是阶级矛盾的主要根源，提出和平"消灭国家"的空想主义方案，对政治斗争持否定态度。1846年出版《经济矛盾的体系，或贫困的哲学》，阐述其小资产阶级的哲学和经济学观点。马克思在《哲学的贫困》一书中对该书作了彻底的批判。1848年革命时期被选入制宪议会后，攻击工人阶级的革命发动，赞成1851年12月2日的波拿巴政变。——42、43、44。

普里马克，Г.А.（Приймак，Г.А.）——俄国统计学家，移民问题资料的编者。主持编写了《研究向西伯利亚迁移的数字材料》（1895和1896）。——155。

普列汉诺夫，格奥尔吉·瓦连廷诺维奇（沃尔金，阿·）（Плеханов，Георгий Валентинович（Волгин，А.）1856—1918）——俄国早期的马克思主义理论家，后来成为孟什维克和第二国际机会主义领袖之一。19世纪70年代参加民粹主义运动，是土地和自由社成员及土地平分社领导人之一。1880年侨居瑞士，逐步同民粹主义决裂。1883年在日内瓦创建俄国第一个马克思主义团体——劳动解放社。翻译和介绍了马克思和恩格斯的许多著作，对马克思主义在俄国的传播起了重要作用；写过不少优秀的马克思主义著作，批判民粹主义、合法马克思主义、经济主义、伯恩施坦主义、马赫主义。20世纪初是《火星报》和《曙光》杂志编辑部成员。曾参与制定俄国社会民主工党纲领草案和参加党的第二次代表大会的筹备工作。在代表大会上是劳动解放社的代表,属火星派多数派,参加了大会常务委员会,会后逐渐转向孟什维克。1905—1907 年革命时期反对列宁的民主革命的策略,后来在孟什维克和布尔什维克之间摇摆。在俄国社会民主工党第四次(统一)代表大会上作了关于土地问题的报告,维护马斯洛夫的孟什维克方案;在国家杜马问题上坚持极右立场,呼吁支持立宪民主党人的杜马。斯托雷平反动时期和新的革命高涨年代反对取消主义,领导孟什维克护党派。第一次世界大战期间持社会沙文主义立场。1917 年二月革命后支持资产阶级临时政府。对十月革命持否定态度,但拒绝支持反革命。最重要的理论著作有《社会主义与政治斗争》(1883)、《我们的意见分歧》(1885)、《论一元论历史观之发展》(1895)、《唯物主义史论丛》(1896)、《论个人在历史上的作用》(1898)、《没有地址的信》(1899—1900),等等。——12、48、184、274、323、520。

普列特涅夫,B.A.(Плетнев,B.A.1837—1915)——俄国特维尔省的考察者,1869—1874 年任该省统计委员会秘书。写有一些特维尔省手工业方面的著作。他对制鞋手工业的组织和经济结构的记述,得到列宁的好评。——370、371。

普鲁加文,维克多·斯捷潘诺维奇(Пругавин,Виктор Степанович 1858—1896)——俄国经济学家,地方自治局统计人员,自由主义民粹派代表人物。认为发展手工业劳动组合是防止资本主义关系渗入农民手工业的手段。曾为《法学通报》杂志、《俄国思想》杂志和《俄罗斯新闻》撰稿。写有《弗拉基米尔省手工业》(第 1 编和第 4 编,1882)、《弗拉基米尔省尤里耶夫县的村社、手工业和农业》(1884)等。——250、253、264、265、266、275、337。

普洛特尼科夫,米哈伊尔·亚历山德罗维奇(Плотников,Михаил Александрович 1864—1903)——俄国地方自治局统计人员和民粹派政论家。1897 年以前在下诺夫哥罗德省地方自治局统计处任职。写有《下诺夫哥罗德省手工业》(1894)一书。曾参加撰写两卷本文集《收成和粮价对俄国国民经济某些方面的影响》(1897)。——100。

普希洛夫家族(Пушиловы)——俄国科斯特罗马省克拉斯诺耶村的企业主。

早在19世纪60年代,瓦西里·普希洛夫父子商行就有6万卢布的资本。到80年代,除了克拉斯诺耶村的商行,还在莫斯科、下诺夫哥罗德等地经商。——383。

## Q

乔治,亨利(George,Henry 1839—1897)——美国经济学家和社会活动家。19世纪70年代起致力于土地改革运动。认为人民贫困的根本原因是人民被剥夺了土地;否认劳动和资本之间的对抗,认为资本产生利润是自然规律;主张由资产阶级国家实行全部土地国有化,然后把土地租给个人。主要著作有《进步和贫困》(1879)、《土地问题》(1881)等。——161。

切尔尼亚耶夫,瓦列里安·瓦西里耶维奇(Черняев,Валериан Васильевич 1844—1892)——俄国国家产业部官员,《农具和农业机器,它们的推广和制造》和《农业机器制造业》两文的作者。——190、206。

切尔年科夫,H.H.(Черненков,H.H. 生于1863年)——俄国统计学家。在奥廖尔、莫斯科、萨拉托夫和特维尔等省的地方自治局任职。曾参加立宪民主党的土地委员会。——123。

丘尔科夫家族(Чулковы)——俄国商人。1861年以前是科斯特罗马省克拉斯诺耶村的农奴,靠经营首饰业发家。——383。

丘普罗夫,亚历山大·伊万诺维奇(Чупров,Александр Иванович 1842—1908)——俄国经济学家、统计学家和政论家,俄国统计学奠基人之一。1878—1899年任政治经济学和统计学教授。曾创办技术知识普及协会(1869)、莫斯科法学会统计学部(1882)。是自由主义民粹派经济思想的代表,主编两卷本文集《收成和粮价对俄国国民经济某些方面的影响》(1897)并为其撰稿。曾参加地方自治运动,积极为《俄罗斯新闻》撰稿。写有许多政治经济学、土地问题和铁道经济方面的著作。——184、280。

## R

日班科夫,德米特里·尼古拉耶维奇(Жбанков,Дмитрий Николаевич 1853—1932)——俄国医生,地方自治局卫生事业活动家。曾在梁赞省和斯摩棱斯克省工作,1904年起任皮罗哥夫俄国医生协会常任秘书。他的著作涉及地方自治机关卫生事业的各个方面以及流行病学、统计学、外出零工及其对居民在文化卫生方面的影响问题等。谴责沙皇俄国的警察专制,争取妇女平等权利,维护民粹派的小资产阶级理想。1921年起脱离社会活动。著有《地方自治机关卫生汇编》、《农妇国》、《1892—1895年斯摩棱斯克省的外出零工》等。——236、258、426、483、488、495、502、504、524、525。

## S

萨尔蒂科夫,米哈伊尔·叶夫格拉福维奇(谢德林,尼·)(Салтыков,Михаил Евграфович(Щедрин,Н.)1826—1889)——俄国讽刺作家,革命民主主义者。1848年因发表抨击沙皇制度的小说被捕,流放七年。1856年初返回彼得堡,用笔名"尼·谢德林"发表了《外省散记》。1863—1864年为《同时代人》杂志撰写政论文章,1868年起任《祖国纪事》杂志编辑,1878年起任主编。60—80年代创作了《一个城市的历史》、《戈洛夫廖夫老爷们》等长篇小说,批判了俄国的专制农奴制,刻画了地主、沙皇官僚和自由派的丑恶形象。——241。

萨宁,阿列克谢·阿列克谢耶维奇(Санин,Алексей Алексеевич 生于1869年)——俄国马克思主义著作家,《萨马拉新闻》撰稿人和《无产阶级斗争》文集出版工作的参加者。曾把伊·古尔维奇的《俄国农村的经济状况》一书从英文译成俄文。——201。

萨伊,让·巴蒂斯特(Say,Jean-Baptiste 1767—1832)——法国经济学家,庸俗政治经济学早期代表人物之一。1819年起任经济学教授。为适应资产阶级维护资本主义制度的需要,发展了亚当·斯密经济理论中的庸俗成分。认为政治经济学是研究财富的科学,把政治经济学研究内容划分为生产、分配、消费三部分,割裂三者之间的内在联系。认为生产过程中创造的效用使物品具有价值,把使用价值和价值混为一谈。宣称"生产三要素"(劳动、资本和土地)是价值的源泉,工资、利息和地租是三者各自创造的收入,否认资本对劳动者的剥削和劳动与资本之间的对抗。首倡所谓供给自行创造需求的萨伊定律,否认有发生生产过剩的经济危机的可能性。主要著作是《论政治经济学》(1803)。——33。

桑巴特,韦尔纳(Sombart,Werner 1863—1941)——德国经济学家和社会学家。1890 年起任布雷斯劳大学教授,1906 年起任柏林大学教授。早期著作受到马克思主义的影响,后来反对历史唯物主义和马克思的经济学说,否认社会发展的一般规律,强调精神的决定性作用,把资本主义描绘成一种协调的经济体系。晚年吹捧希特勒法西斯独裁制度,拥护反动的民族社会主义。主要著作有《19 世纪的社会主义和社会运动》(1896)、《现代资本主义》(1902)、《德国社会主义》(1934)。——565、584、585。

沙霍夫斯科伊,尼古拉·弗拉基米罗维奇(Шаховской, Николай Владимирович 1856—1906)——俄国彼得堡书报检查委员会主席,出版总署主任,公爵。著有《外出做农业零工》(1896)和《农民外出做农业零工》(1903)。在后一本书所附的文献目录中列入了列宁的《俄国资本主义的发展》。——196、207、209、212、214、219、228。

舍尔巴乔夫,弗拉基米尔·谢尔盖耶维奇(Щербачев, Владимир Сергеевич)——《俄国烟草业概况》一书的作者。——268、269。

舍尔比纳,费多尔·安德列耶维奇(Щербина, Федор Андреевич 1849—1936)——俄国统计学家,民粹主义者,俄国家庭收支统计学创始人。1884—1903 年主持沃罗涅日地方自治局统计处的工作。1904 年被选为彼得堡科学院通讯院士。1907 年是第二届国家杜马人民社会党的代表。十月革命后移居国外。主编过近百种统计著作,其中有《奥斯特罗戈日斯克县的农民经济》(1887)、《沃罗涅日地方自治机关。1865—1889 年。历史统计概述》(1891)、《沃罗涅日省 12 个县综合汇编》(1897)、《农民的收支及其对收成和粮价的依赖关系》(1897)、《农民的收支》(1900)。——124、143、144、145。

舍列梅捷夫(Шереметев)——俄国大地主,世袭伯爵,波·彼·舍列梅捷夫元帅的后裔。——419。

舍列梅捷夫家族(Шереметевы)——与俄国世袭伯爵舍列梅捷夫同族的贵族世家。19 世纪 60 年代前在下诺夫哥罗德省拥有两个工业村:戈尔巴托夫县博戈罗茨科耶村(有 2 590 个农奴)和瓦西里县尤里诺村(有 1 034 个农奴)。——364。

施米特兄弟(Шмидт бр.)——俄国科夫诺省的工厂主。19 世纪 90 年代他们的商号称为德国施米特兄弟威斯特伐利亚工厂公司,20 世纪初称为科夫诺五金工厂股份公司。工厂创办于1879年，生产锁、钉子、铁锹等小五金商品。90年代约有工人600名，20世纪初约有1 200名。——379。

施什马廖夫，Д.И.(Шишмарев，Д.И.)——《下诺夫哥罗德与舒亚—伊万诺沃铁路区域工业简明概论》(1892)一书的作者。——498。

施塔姆勒，鲁道夫(Stammler，Rudolf 1856—1938)——德国法学家和哲学家，新康德主义者。社会观点接近讲坛社会主义者。1882年起为大学教授，1916—1923年任柏林大学教授。把资产阶级社会理想化，批判马克思主义，把它等同于经济决定论。颠倒经济和法的关系，认为法决定经济。他的关于民族统一的学说，后来成为法西斯主义的理论基础之一。主要著作有《从唯物史观看经济和法》(1896)、《法学理论》(1911)、《法哲学教科书》(1922)等。——584、585。

司徒卢威，彼得·伯恩哈多维奇(Струве，Петр Бернгардович 1870—1944)——俄国经济学家，哲学家，政论家，合法马克思主义主要代表人物，立宪民主党领袖之一。19世纪90年代编辑合法马克思主义者的《新言论》杂志和《开端》杂志。1896年参加第二国际第四次代表大会。1898年参加起草《俄国社会民主工党宣言》。在1894年发表的第一部著作《俄国经济发展问题的评述》中，在批判民粹主义的同时，对马克思的经济学说和哲学学说提出"补充"和"批评"。20世纪初同马克思主义和社会民主主义彻底决裂，转到自由派营垒。1902年起编辑自由派资产阶级刊物《解放》杂志，1903年起是解放社的领袖之一。1905年起是立宪民主党中央委员，领导该党右翼。1907年当选为第二届国家杜马代表。第一次世界大战爆发后鼓吹俄国的帝国主义侵略扩张政策。十月革命后敌视苏维埃政权，是邓尼金和弗兰格尔反革命政府成员，后逃往国外。——13、27、80、181、184、250、251、421、505—506。

斯捷布特，伊万·亚历山德罗维奇(Стебут，Иван Александрович 1833—1923)——俄国农学家和社会活动家。1860年起为教授。1865—1894年任彼得罗夫斯克农学院(现称莫斯科季米里亚捷夫农学院)教研室主任。1898年起任农业和国家产业部学术委员会主席。1869—1870年兼任《俄国农业》杂志编辑。写有许多农业方面的著作。——18、151、181。

斯卡尔科夫斯基，康斯坦丁·阿波罗诺维奇(Скальковский，Константин

Аполлонович 1843—1906)——俄国矿业工程师和著作家。1867 年起任俄国工商业促进会秘书近十年，并代表促进会参加俄国手工工业调查委员会。1870—1881 年编辑文集《俄国采矿工业生产率》。1891—1896 年任国家产业部矿业司司长。——444。

斯克沃尔佐夫，帕维尔·尼古拉耶维奇（Скворцов，Павел Николаевич 1854—1931）——俄国统计学家，合法马克思主义者。19 世纪 80—90 年代在《法学通报》和《科学评论》等杂志上发表文章。——75、563—585。

斯克沃尔佐夫，亚历山大·伊万诺维奇（Скворцов，Александр Иванович 1848—1914）——俄国经济学家，农学家，新亚历山大农业和林业学院教授。主要著作有《蒸汽机运输对农业的影响》（1890）、《经济评述》（1894）、《政治经济学原理》（1898）等。——19、35。

斯米尔诺夫，А.（Смирнов，А.）——《巴甫洛沃和沃尔斯马——下诺夫哥罗德省以五金生产闻名的两个村子》（1864）一书的作者。——306、376、394、498。

斯密，亚当（Smith，Adam 1723—1790）——英国经济学家和哲学家，资产阶级古典政治经济学最著名的代表人物。曾任格拉斯哥大学教授和校长。第一个系统地论述了劳动价值论的基本范畴，分析了价值规律的作用。研究了雇佣工人、资本家和地主这三大阶级的收入，认为利润和地租都是对劳动创造的价值的扣除，从而接触到剩余价值的来源问题，并在一定程度上揭露了资本主义社会阶级对立的经济根源。但由于历史的和阶级的局限性以及方法论上的矛盾，他的经济理论既有科学成分，又有庸俗成分。代表作《国民财富的性质和原因的研究》（1776）。——29—33、42、44、45、51、277、543。

斯特罗金，Н.А.（Строкин，Н.А.）——《普斯科夫省的亚麻业》（1882）一书的作者。——251、252—253。

斯托尔皮扬斯基，尼古拉·彼得罗维奇（Столпянский，Николай Петрович 1834—1909）——俄国历史和地理教员，19 世纪 60 年代是星期日学校的组织者之一。80 年代受俄国手工工业调查委员会的委托，对雅罗斯拉夫尔省罗斯托夫县波列奇耶-雷布诺耶村的手工业进行过考察，所写调查材料载于《俄国手工工业调查委员会的报告》第 14 编。——273。

斯托雷平，彼得·阿尔卡季耶维奇（Столыпин，Петр Аркадьевич 1862—1911）——俄国国务活动家，大地主。1884 年起在内务部任职。1902 年任格罗德诺省省长。1903—1906 年任萨拉托夫省省长，因镇压该省农民运动受到尼古拉二世的嘉奖。1906—1911 年任大臣会议主席兼内务大臣。1907 年发动"六三政变"，解散第二届国家杜马，颁布新选举法以保证地主、资产阶级在杜马中占统治地位，残酷镇压革命运动，大规模实施死刑，开始了"斯托雷平反动时期"。实行旨在摧毁村社和培植富农的土地改革。1911 年被社会革命党人 Д.Г.博格罗夫刺死。——13、131。

斯维尔斯基，В.Ф.（Свирский，В.Ф.）——俄国工艺工程师，19 世纪 80 年代末是弗拉基米尔省地方自治局的技师，《弗拉基米尔省的工厂和其他工业企业》（1890）一书的作者。——490。

索罗金家族（Сорокины）——俄国商人。1861 年以前是农奴，靠经营首饰业发家。除了科斯特罗马省克拉斯诺耶村的作坊，80 年代还有占地 2 500 俄亩的几处庄园和彼得堡的一个商店。——383。

## T

特里罗果夫，弗拉基米尔·格里戈里耶维奇（Трирогов，Владимир Григорьевич）——俄国统计学家，萨拉托夫省统计委员会副主席。著有《村社和赋税》（1882）一书。——111、131、219。

## W

瓦·沃·——见沃龙佐夫，瓦西里·巴甫洛维奇。

瓦尔泽尔（**瓦尔扎尔**），瓦西里·叶哥罗维奇（Варзер（Варзар），Василий Егорович 1851—1940）——俄国经济学家和统计学家，俄国工业统计学的奠基人。青年时代和革命民粹派有联系，是揭露沙皇政府税收政策反动实质的著名小册子《巧妙的圈套》（1874）的作者。1876 年参与创立切尔尼戈夫省地方自治局统计处。倡议和领导了 1900 年和 1908 年头两次俄国工业统计调查，通称"瓦尔扎尔调查"。写有三种关于俄国工业工人罢工的统计著作。十月革命后在最高国民经济委员会和中央统计局工作，并在高等院校任教。1925—1927 年出版理论性著作《工业统计学基础概论》（两卷本)。——309。

瓦格纳,阿道夫(Wagner,Adolph 1835—1917)——德国经济学家和政治活动家,政治经济学和财政学教授,新历史学派和讲坛社会主义的代表人物。在其导师洛贝尔图斯和历史学派的影响下,强调经济生活受法律条件(如私有权制度)支配,要求加强国家在经济方面的作用。1872 年参与创建社会政治协会。曾与俾斯麦积极合作,是基督教社会党领袖之一。主要著作有《一般的或理论的国民经济学》(1879)、《政治经济学原理》(1892—1894)等。——45。

瓦雷帕耶夫,Ф.М.(Варыпаев,Ф.М.1818—1900)——俄国下诺夫哥罗德省戈尔巴托夫县巴甫洛沃村的工厂主,农民出身。起初是小手工业者,后来是一家制造刀类和外科器械的工厂主。该厂创办于 1813 年,1890 年厂内外共有工人约 200 名。曾参加各种展览会,包括 1862 年的伦敦博览会。——379、498。

瓦西里契柯夫,亚历山大·伊拉里昂诺维奇(Васильчиков,Александр Илларионович 1818—1881)——俄国经济学家和地方自治运动活动家,贵族地主。1872 年起任由他倡议建立的彼得堡信贷储金会委员会主席。发表过不少有关土地问题、地方自治和信贷方面的著作。在《俄国和欧洲其他国家的土地占有制和农业》(1876)、《俄国农村风俗和农业》(1881)等著作中,主张在俄国保存村社,认为村社是消除阶级斗争的手段。列宁称他为民粹主义的地主。——146、175。

韦伯,比阿特里萨(Webb,Beatrice 1858—1943)——英国经济学家和社会活动家,悉尼·韦伯的妻子。曾在伦敦一些企业中研究工人劳动条件,担任与失业和妇女地位问题相关的一些政府委员会的委员。——487、539。

韦伯,悉尼·詹姆斯(Webb,Sidney James 1859—1947)——英国经济学家和社会活动家,工联主义和所谓费边社会主义的理论家,费边社的创建人和领导人之一。1915—1925 年代表费边社参加工党全国执行委员会。第一次世界大战期间持社会沙文主义立场。1922 年起为议员,1924 年任商业大臣,1929—1930 年任自治领大臣,1929—1931 年任殖民地大臣。与其妻比阿特里萨·韦伯合写的关于英国工人运动的历史和理论的许多著作,宣扬在资本主义条件下和平解决工人问题的改良主义思想,但包含有英国工人运动历史的极丰富的材料。主要著作有《英国社会主义》(1890)、《产业民主》(1897)(列宁翻译了此书的第1卷,并校订了第2卷的俄译文;俄译本书名为《英国工联主义的理论和实践》)等。——487、539。

韦列萨耶夫,维·(**斯米多维奇,维肯季·维肯季耶维奇**)(Вересаев,В.(Смидович,Викентий Викентьевич)1867—1945)——俄国作家。早年学医,当过医生。19世纪90年代加入合法马克思主义小组,曾在《新言论》、《开端》和《生活》等杂志上发表文章。1895年发表中篇小说《无路可走》,开始在文学界知名。是俄国批判现实主义的继承者之一,写有许多关于19世纪末20世纪初知识分子的思想趋向和反映俄国工人农民苦难状况的作品。十月革命后继续从事创作和文学研究工作。——241。

韦什尼亚科夫,弗拉基米尔·伊万诺维奇(Вешняков,Владимир Иванович 1830—1906)——俄国经济学家和统计学家。1852—1896年在国家产业部任职,代表该部参加俄国手工工业调查委员会。曾任俄国地理学会统计学部秘书和自由经济学会副主席。开创了全国范围的经常性的农业统计工作,领导制定了1872年工业调查的提纲。著有《俄国工业及其需要》、《俄国家庭工业概述》(1873)等。——455。

韦辛,列昂尼德·巴甫洛维奇(Весин,Леонид Павлович 1850—1895)——俄国政论家,在财政部任职。写过不少有关俄国工厂工业和外出做零工的文章。——526、527、528。

维尔涅尔,康斯坦丁·安东诺维奇(Вернер,Константин Антонович 1850—1902)——俄国统计学家,农学家,民粹主义者。1880—1889年在莫斯科省和塔夫利达省地方自治局统计处工作。1895年起任莫斯科农学院农业经济学教授。主要著作有《梅利托波尔县的农民经济》(1887)、《塔夫利达省省志》(1889)、《莫斯科省博戈罗茨克县手工业》(1890)等。——64。

维赫利亚耶夫,潘捷莱蒙·阿列克谢耶维奇(Вихляев,Пантелеймон Алексеевич 1869—1928)——俄国统计学家和农学家,自由主义民粹派分子,后为社会革命党人。1896—1898年主持特维尔地方自治局经济处的工作,1907—1917年主持莫斯科地方自治局统计处的工作。写过一些有关沙俄时期农民经济方面的统计著作,否认农民的阶级分化,赞扬村社制度。1917年二月革命后在临时政府中任农业部副部长。十月革命后在中央统计局工作，同时在莫斯科大学和莫斯科其他高等院校任教。——105、123。

维尼乌斯，安德列·杰尼索维奇（Виниус，Андрей Денисович 死于 1652 年）——1627 年由荷兰来到俄国，在阿尔汉格尔斯克从事粮食贸易。1637 年在图拉附近建立了第一个铸铁厂。1646 年加入俄国籍，并获莫斯科贵族身份。——384。

维亚佐沃夫，С.В.（Вязовов，С.В.1812—1885）——俄国阿尔扎马斯一家制毡工厂的厂主。该企业除季节工外，约有工人 300 名。商品行销范围极广，包括德国和奥地利等国。——352。

维泽尔，弗里德里希（Wieser，Friedrich 1851—1926）——奥地利经济学家，奥地利学派的代表人物。1903 年起任维也纳大学政治经济学教授，1917 年任商务大臣。首先提出"边际效用"一词，并与柏姆-巴维克共同发展了边际效用价值论，试图推翻马克思的劳动价值论。认为利润的来源是资本的生产率，而不是剩余价值。主要著作有《经济价值的起源和主要规律》（1884）、《自然价值》（1889）、《社会经济理论》（1914）。——585。

沃尔金，阿·——见普列汉诺夫，格奥尔吉·瓦连廷诺维奇。

沃龙佐夫，瓦西里·巴甫洛维奇（瓦·沃·）（Воронцов，Василий Павлович（В.В.）1847—1918）——俄国经济学家，社会学家，政论家，自由主义民粹派思想家。曾为《俄国财富》、《欧洲通报》等杂志撰稿。认为俄国没有发展资本主义的条件，俄国工业的形成是政府保护政策的结果；把农民村社理想化，力图找到一种维护小资产者不受资本主义发展之害的手段。19 世纪 90 年代发表文章反对俄国马克思主义者，鼓吹同沙皇政府和解。主要著作有《俄国资本主义的命运》（1882）、《俄国手工工业概述》（1886）、《农民经济中的进步潮流》（1892）、《我们的方针》（1893）、《理论经济学概论》（1895）。——5、8、19、21—24、27、28、43、48、58—59、62—64、66、69、72、83—84、90—91、94、115、122、131、157、159、182、183、201、206、235、241、242、265、284、285、288、302、305、323—324、330、338、339、340、341—342、393、400、406、411、416、421、454、489、493、523、536—538、582。

沃伊诺夫，Л.И.（Воинов，Л.И.1853—1905）——俄国地方自治局医生。1880 年起在彼得堡省伊若拉河口医院工作。曾为《医学通报》和《医生》等杂志撰稿。写有《论硬纸盒业的卫生情况(摘自1889—1891年向彼得堡县地方自治会议的报告)》一文和一些医学研究著作。——491。

乌斯宾斯基,格列勃·伊万诺维奇(Успенский,Глеб Иванович 1843—1902)——俄国作家和政论家,革命民主主义者。1865年起先后为《同时代人》和《祖国纪事》等杂志撰稿。在《遗失街风习》(1866)、《破产》(1869—1871)、《乡村日记片断》(1877—1880)、《农民和农民劳动》(1880)、《土地的威力》(1882)等作品中,描写了城市贫民和农民贫困、无权和被压迫的境遇。违背自己的民粹主义观点,真实地表现了农村资本主义关系的发展、宗法制农村生活基础的崩溃和村社的瓦解。——276、547。

乌瓦罗夫,米哈伊尔·谢苗诺维奇(Уваров,Михаил Семенович)——1896年《公共卫生、法医学和实用医学通报》杂志7月号所载《论外出做零工对俄国卫生状况的影响》一文的作者。——526。

## X

西尼耳,纳索·威廉(Senior,Nassau William 1790—1864)——英国庸俗经济学家。1825—1830年和1847—1852年任牛津大学教授。在多届政府的劳动和工业问题委员会中担任领导职务。倡导"节欲论",并极力反对缩短工作日。马克思在《资本论》第1卷中批判了他在1837年发表的小册子《关于工厂法对棉纺织业的影响的书信》。——39。

西斯蒙第,让·沙尔·莱奥纳尔·西蒙德·德(Sismondi,Jean-Charles-Léonard Simonde de 1773—1842)——瑞士经济学家和历史学家,政治经济学中浪漫主义学派的代表人物,小资产阶级社会主义者。认为政治经济学是促进人类物质福利的伦理科学,对李嘉图理论提出尖锐批评。批判资本主义制度,指出资本主义的矛盾,但不理解资本主义矛盾的性质和根源,不了解资本主义大生产的进步性,把中世纪宗法制农业和行会手工业理想化,认为消灭资本主义矛盾的途径就是使现代社会回到小生产方式中去。主要经济著作有《政治经济学新原理,或论财富同人口的关系》(1819)和《政治经济学概论》(1837—1838)。——33、113。

谢美夫斯基,瓦西里·伊万诺维奇(Семевский,Василий Иванович 1849—1916)——俄国历史学家,俄国历史编纂学中民粹派的代表人物。1882—

1886 年任彼得堡大学讲师。1905 年任施吕瑟尔堡被释囚徒救援委员会主席和政治流放者救援委员会委员。1906 年加入人民社会党。曾为《祖国纪事》、《俄国财富》及其他一些民粹派的和自由派资产阶级的杂志撰稿。主要著作有《叶卡捷琳娜二世统治时代的农民》(1881—1901)、《18 世纪和 19 世纪前半叶俄国农民问题》(1888)、《西伯利亚金矿工人》(1898)、《十二月党人的政治社会思想》(1909)。——430。

谢苗诺夫，阿列克谢·瓦西里耶维奇(Семенов, Алексей Васильевич)——《对 17 世纪中叶到 1858 年俄国对外贸易和工业的历史资料的研究》(三卷本，1859 年圣彼得堡版)的作者。——430、432、444。

谢苗诺夫(**谢苗诺夫-天山斯基**)，彼得·彼得罗维奇(Семенов(Семенов-Тян-Шанский), Петр Петрович 1827—1914)——俄国地理学家和统计学家，彼得堡科学院和艺术研究院名誉院士。1873—1914 年为俄国地理学会副主席和实际领导人，1864—1875 年任中央统计委员会主席，1875—1897 年任统计委员会主席。1870 年组织了第一次统计工作者代表大会，为俄国地方自治局统计工作奠定了基础。曾领导俄国第一次人口普查。1897 年为国务会议成员。写有许多著作。——124、418、546。

谢苗诺夫，Д.П.(Семенов, Д.П.)——《俄国的农业和林业》(1893)一书中《粮食生产》一文的作者。——224。

辛茨海梅尔，路德维希(Sinzheimer, Ludwig)——德国慕尼黑大学政治经济学和财政学教授，著有《论德国大工厂生产扩张的限度》(1893)一书。——466。

## Y

扬松，尤利·爱德华多维奇(Янсон, Юлий Эдуардович 1835—1893)——俄国经济学家和统计学家，彼得堡大学教授。曾任内务部统计委员会委员、彼得堡省统计委员会副主席、地理学会和自由经济学会会员、俄国人民保健协会统计学和流行病学部主席、彼得堡科学院通讯院士。参加过粮食贸易的调查工作和俄国手工工业调查委员会的工作。创立了彼得堡市政管理委员会统计处，领导了 1881 年和 1890 年彼得堡人口调查。写有《论李嘉图地租学说的意义》(1864)、《关于农民份地和付款统计调查的试验》

(1877)、《俄国与西欧各国的比较统计学》(1878—1880)等著作。——60、137。

叶尔马柯夫,В.И.(Ермаков,В.И.)——俄国梁赞省萨波若克县卡尼诺村农机装配厂厂主,出身农民。19世纪90年代初自办铸铁厂,约有工人10名,不包括厂外工人。——196。

叶古诺夫,亚历山大·尼古拉耶维奇(Егунов,Александр Николаевич 1824—1897)——俄国统计学家和经济学家。曾在内务部总务司及农业和国家产业部任职。1888年任自由经济学会农业统计和政治经济学部副主席。1892年被国家产业部派往彼尔姆省考察手工业。——453。

叶罗欣,А.В.(Ерохин,А.В.)——俄国商人和工厂主,卡卢加省梅登县波洛特尼亚内扎沃德村大麻纺织作坊的业主。该作坊创办于1851年,生产帆布和麻纱,1890年有工人94名,1909年有工人48名,还雇有几百个在厂外做工的农民。——356。

伊林,弗拉基米尔(Ильин,Владимир)——列宁的笔名,列宁曾用这个笔名发表过许多著作。——266、282、359、565—568、569、570、572、573、575、579、580、582、583、585。

伊罗多夫家族(Иродовы)——俄国雅罗斯拉夫尔县韦利科耶村附近的亚麻布厂厂主。该厂以生产餐巾和优质亚麻布闻名,把活计分配给手工织工在家里做。——404。

伊萨耶夫,安德列·阿列克谢耶维奇(Исаев,Андрей Алексеевич 1851—1924)——俄国民粹派经济学家和统计学家。1875年在莫斯科地方自治局开始科学研究工作。1879—1893年在高等学校任教,1884年起为教授。赞许马克思主义,但以资产阶级改良主义精神解释马克思的经济学说,鼓吹合作制社会主义,认为村社、手工业劳动组合和合作社可以使小经济具有大经济的优越性,是易于向社会主义过渡的经济形式。著作有《莫斯科省手工业》(1876—1877)、《政治经济学原理》(1894)、《俄国社会经济的现在和未来》(1896)等。——307、309、317、322、375、376、381、382、399。

尤尔,安德鲁(Ure,Andrew 1778—1857)——英国化学家和经济学家。1804—1830年任格拉斯哥一所大学的化学和自然哲学教授。对资本主义工厂颂扬备至。主要经济学著作有《工厂哲学》(1835)、《英国的棉纺织工业》(1836)。——203。

## Z

扎维亚洛夫家族(Завьяловы)——俄国下诺夫哥罗德省戈尔巴托夫县沃尔斯马村五金制品厂的厂主。该厂创办于 1827 年,1897 年厂内外共有工人 800 名。——377、378、379、498、505。

兹韦金采夫,И.А.(Звегинцев,И.А.1840—1913)——俄国内务部办公会议成员,1894 年 5 月 27 日成立的内务部地方局特别委员会主席。——212。

祖勃科夫家族(Зубковы)——俄国伊万诺沃-沃兹涅先斯克地区的织布厂厂主。该厂创办于 19 世纪 20 年代末,生产印花布和细布,50 年代改用蒸汽机,90 年代约有工人 1 000 名。——498。

# 文献索引

阿尔诺德,费·卡·《木材商品》(Арнольд,Ф.К. Лесной товар.—В кн.:Обзор различных отраслей мануфактурной промышленности России. Т. I. Спб., 1862,стр.251—325)——434。

阿夫达科夫,尼·斯·《顿涅茨煤炭工业统计要览》(Авдаков,Н.С. Краткий статистический обзор донецкой каменно-угольной промышленности.(На память о Всероссийской художественно-промышленной выставке в Нижнем-Новгороде).Харьков,1896.32 стр.)——452。

—《关于外国生铁税问题》(По вопросу о пошлинах на иностранный чугун.(Доклад комиссии,организованной XXII съездом горнопромышленников юга России).—«Вестник Финансов,Промышленности и Торговли»,Спб., 1897,№50,стр.812—820)——449、481。

阿维洛夫,波·瓦·《关于"新的"市场理论》(Авилов,Б.В. О «новой» теории рынков.—«Научное Обозрение», [Спб.], 1899, №12, стр. 2296—2308)——583、584。

安德列耶夫,叶·尼·《从"俄国手工工业调查委员会"的调查和其他资料看俄国手工工业》(Андреев,Е.Н. Кустарная промышленность в России по исследованиям«Комиссии для исследования кустарной промышленности в России» и другим источникам.Спб.,1885.II,97 стр.)——410。

—《俄国手工工业》(Кустарная промышленность в России. Спб., 1882.31 стр.)——410。

安年斯基,尼·费·《地主农场中的粮食生产价值》(Анненский, Н. Ф. Стоимость производства хлеба в частновладельческих хозяйствах.—В кн.:Влияние урожаев и хлебных цен на некоторые стороны русского народного хозяйства.Под ред.проф.А.И.Чупрова и А.С.Посникова.Т.I.

Спб.,1897,стр.157—235)——166、167。

—《关于巴甫洛沃区手工业者状况的报告》(Доклад по вопросу о положении кустарей Павловского района.—«Нижегородский Вестник Пароходства и Промышленности»,1891,№1,стр.10—16;№2,стр.40—45;№3,стр.58—62)——306、320、377、378、394。

奥尔洛夫,彼·安·《欧俄(包括波兰王国和芬兰大公国)工厂一览表》(Орлов, П. А. Указатель фабрик и заводов Европейской России с Царством Польским и вел. кн. Финляндским. Материалы для фабрично-заводской статистики. Сост. по офиц. сведениям деп. торговли и мануфактур. [По сведениям за 1879 г.].Спб.,1881.IX,754 стр.)——193、232、265、355、369、375、379、386、387、422、428、431、433、434、435—438、439—441、466、470、475—476、477、478—480。

—《欧俄和波兰王国工厂一览表》(Указатель фабрик и заводов Европейской России и Царства Польского. Материалы для фабрично-заводской статистики. Сост. по офиц. сведениям деп. торговли и мануфактур. Изд. 2-е, испр. и значит. доп. [По сведениям за 1884 г.].Спб.,1887.XVIII,824 стр.)——422、425、470。

奥尔洛夫,彼·安·和布达戈夫,С.Г.《欧俄工厂一览表》(Орлов, П. А. и Будагов, С. Г. Указатель фабрик и заводов Европейской России. Материалы для фабрично-заводской статистики. Сост. по офиц. сведениям деп. торговли и мануфактур. Изд. 3-е, испр. и значит. доп. [По сведениям за 1890 г., доп. сведениями за 1893 и 1894 гг.]. Спб., 1894.II, XVI, 827 стр.)——193、232、248、258、261、262、265、267、273、298、350、351、358、360、363、366、367、368、369、372、375、379、381、386、387、399、422、425—426、428、429、431、433、435—438、439—440、441、443、455、458—459、466、470—473、475、476、477、478—480、498、502。

奥尔洛夫,瓦·《农民经济》(Орлов, В. Крестьянское хозяйство. Вып. I. Формы крестьянского землевладения в Московской губернии. М., изд. Моск. губ. земства, 1879.III, 320, 39 стр.(В изд.: Сборник статистических сведений по Московской губернии. Отдел хозяйственной статистики. Т.

IV. Вып. I))——131、147、264。

奥尔洛夫,瓦·和博哥列波夫,И.《莫斯科省的手工业》——见《莫斯科省统计资料汇编》第 6 卷第 1 编。

奥尔洛夫,瓦·伊·和卡布鲁柯夫,尼·阿·《莫斯科省统计资料汇编》(Орлов, В. И. и Каблуков, Н. А. Сборник статистических сведений по Московской губернии. Т. II. М., изд. Моск. губ. земства, 1878. 628 стр.)——183。

奥弗相尼科夫,尼·尼·《伏尔加河流域上游地区同下诺夫哥罗德市集的关系》(Овсянников, Н. Н. Отношения верхней части Поволжья к Нижегородской ярмарке.—В кн.: Нижегородский сборник. Изд. Нижегородским губ. стат. ком., под ред. А. С. Гацисского. Т. II. Н.-Новгород, 1869, стр. 385—426)——396。

—《关于下诺夫哥罗德的市集贸易》(О торговле на Нижегородской ярмарке.—В кн.: Нижегородский сборник. Изд. Нижегородским губ. стат. ком., под ред. А. С. Гацисского. Т. I. Н.-Новгород, 1867, стр. 1—167)——502。

奥萨德奇,Т. И.《赫尔松省伊丽莎白格勒县谢尔巴诺夫乡》(Осадчий, Т. И. Щербановская волость Елисаветградского уезда, Херсонской губернии. Историко-этнографическое и хозяйственно-статистическое описание. Херсон, изд. Херсонской губ. земской управы, 1891. 112 стр.)——124—126。

奥斯特里亚科夫,А.《诺夫哥罗德省季赫温县的手工业》(Остряков, А. Кустарные промыслы Тихвинского уезда Новгородской губернии.—В кн.: Труды комиссии по исследованию кустарной промышленности в России. Вып. VIII. Спб., 1882, стр. 1359—1475)——484—485。

奥斯特里亚科夫,П.《关于高加索捷列克州卡巴尔达的手工工业札记》(Остряков, П. Заметки о кустарной промышленности Кабарды, Терской области, на Кавказе.—В кн.: Труды комиссии по исследованию кустарной промышленности в России. Вып. V. Спб., 1880, стр. 25—45)——546。

巴塔林,费·亚·《1883 年俄国农村业主的历书和手册》(Баталин, Ф. А.

Календарь и справочная книжка русского сельского хозяина на 1883 г. Сост. при уч. Ф. К. Арнольда и др. В 2-х ч. Спб., Девриен, 1883. 614 стр.)——59。

巴塔林，亚·费·《蔬菜业和果园业》(Баталин, А. Ф. Огородничество и садоводство.—В кн.: Историко-статистический обзор промышленности России. Под ред. Д. А. Тимирязева. Т. I. Сельскохозяйственные произведения, огородничество, садоводство и домашние животные. Горная и соляная промышленность. Спб., 1883, стр. 1—42. (Всерос. пром.-худож. выставка 1882 г. в Москве))——271、272、273。

贝奇科夫，Г. Н.《诺夫哥罗德县三个乡农民经济状况和经营的按户调查试验》(Бычков, Г. Н. Опыт подворного исследования экономического положения и хозяйства крестьян в 3-х волостях Новгородского уезда. Новгород, 1882. 116, 70, III стр.)——247。

彼·伯·——见司徒卢威，彼·伯·。

毕歇尔，卡·《国民经济的发生》(Bücher, K. Die Entstehung der Volkswirtschaft. Sechs Vorträge. Tübingen, Laupp, 1893. VI, 2, 304 S.)——297、522。

别洛博罗多夫，А.《库班地区的外来工人》(Белобородов, А. Пришлые рабочие на Кубанщине.—«Северный Вестник», Спб., 1896, №2, стр. 1—8)——216、268。

别洛夫，В. Д.《乌拉尔的手工工业同采矿业的关系》(Белов, В. Д. Кустарная промышленность в связи с уральским горнозаводским делом.—В кн.: Труды комиссии по исследованию кустарной промышленности в России. Вып. XVI. Спб., 1887, стр. 1—35)——446。

波波夫，米·《沃罗涅日省沃龙措夫卡镇的手工业》(Попов, М. Промыслы в слободе Воронцовке, Воронежской губернии.—В кн.: Труды комиссии по исследованию кустарной промышленности в России. Вып. IX. Спб., 1883, стр. 2568—2592)——361。

波果热夫，亚·瓦·《18世纪末19世纪初莫斯科省世袭占有性质的工厂及其日常活动》(Погожев, А. В. Вотчинно-посессионные фабрики и фабричный быт Московской губернии в конце XVIII и в начале XIX века.—В кн.:Сборник статистических сведений по Московской губернии. Отдел санитарной статистики. Т. IV. Ч. I. Общая сводка по санитарным исследованиям фабричных заведений Московской губернии за 1879—1885 гг. Под ред. Ф. Ф. Эрисмана. М.,1890,стр. 64—92,в отд. I)——430。

波克罗夫斯基,瓦·伊·《特维尔省科尔切瓦县基姆雷村和基姆雷乡的制鞋业和制鞋辅助业》(Покровский,В. И. Сапожный и вспомогательные для него промыслы в селе Кимрах и Кимрской волости Корчевского уезда,Тверской губернии.—В кн.:Труды комиссии по исследованию кустарной промышленности в России. Вып. VIII. Спб.,1882,стр. 1323—1358)——306、334—335、370—371。

波里索夫,弗·《图拉城和图拉县手工业的发展史和进一步发展手工业的措施》(Борисов,В. История развития кустарных промыслов в г. Туле,Тульском уезде и меры к дальнейшему развитию промыслов.—В кн.:Труды комиссии по исследованию кустарной промышленности в России. Вып. IX. Спб.,1883,стр. 2234—2291)——276、384—385、387。

—《图拉县谢尔吉耶夫乡的手工业》(Кустарные промыслы Сергиевской волости,Тульского уезда.—В кн.:Труды комиссии по исследованию кустарной промышленности в России. Вып. VII. Спб.,1881,стр. 891—969)——385—386、394。

—《1882年在莫斯科举办的全俄美术工业展览会上展出的手工工业》(Кустарная промышленность на Всероссийской промышленно-художественной выставке в Москве в 1882 г.—В кн.:Труды комиссии по исследованию кустарной промышленности в России. Вып. IX.Спб.,1883,стр.151—247)——373、384—385、387。

波里索夫斯基,А.《谢苗诺夫县的制匙业》(Борисовский,А. Ложкарство в Семеновском уезде.—В кн.:Труды комиссии по исследованию кустарной промышленности в России. Вып. II. Спб.,1879,стр. 7—28)——362。

波诺马廖夫,Н. В.《喀山省的手工工业》(Пономарев,Н. В. Кустарная

промышленность в Казанской губернии. Отчет 1893 г.—В кн.:Отчеты и исследования по кустарной промышленности в России. Т. III. Спб.,1895, стр. 15 — 44.(Мин. земл. и гос. имуществ. Отдел сельской экономии и сельскохозяйственной статистики))——354、360。

—《库尔斯克省和基辅省的手工业》(Кустарные промыслы Курской и Киевской губерний. Исследования 1889—1890 гг.—В кн.:Отчеты и исследования по кустарной промышленности в России. Т. I. Спб.,1892,стр. 317—353.(М-во гос. имуществ))——300、369、388。

—《论农业工人向俄国东南地区的流动》(О передвижении сельскохозяйственных рабочих,направляющихся в юго-восточные местности России.—«Сельское Хозяйство и Лесоводство», Спб., 1896, №2, стр. 289 — 315)——203。

—[《论农业工人向俄国东南地区的流动》]([О передвижении сельскохозяйственных рабочих,направляющихся в юго-восточные местности России. Краткое изложение].—«Вестник Финансов, Промышленности и Торговли», Спб., 1896, №14, стр. 34 — 35, в ст.: Обзор сельскохозяйственных журналов,в отд.:Библиография)——203。

—《叶卡捷琳诺斯拉夫省和卡卢加省的手工业》(Кустарные промыслы Екатеринославской и Калужской губ. Отчеты 1891 — 92 гг.—В кн.: Отчеты и исследования по кустарной промышленности в России. Т. II. Спб.,1894,стр. 160—194.(М-во гос. имуществ))——305、356。

波斯佩洛夫,М.《马卡里耶夫县韦特卢加的椴皮席业者》(Поспелов,М. Ветлужские рогожники Макарьевского уезда.—В кн.:Труды комиссии по исследованию кустарной промышленности в России. Вып. III. Спб., 1880,стр. 45—74)——335、336。

波斯特尼柯夫,弗·叶·《南俄农民经济》(Постников,В. Е. Южнорусское крестьянское хозяйство. М.,1891. XXXII,392 стр.)——53—54、55、57—58、60、61、62、64、66、73、81、84、227。

波特列索夫,亚·尼·《巴甫洛夫斯克手工业区制锁业的危机》(Потресов,А. Н. Кризис в замочном промысле кустарного Павловского района. [Доклад на заседании С.-Петербургского отделения комитета о сельских ссудо-сберегательных и промышленных товариществах 22 февраля 1895 г.]. Краткое изложение.—В кн.:Сообщения С.-Петербургского отделения комитета о сельских ссудо-сберегательных н промышленных товариществах,изд.под ред.секретаря отд-ния.Вып.11.Спб.,1896,стр.247—249,254—256)——306、377、379。

伯恩施坦,爱·《社会主义的前提和社会民主党的任务》(Bernstein,E. Die Voraussetzungen des Sozialismus und die Aufgaben der Sozialdemokratie. Stuttgart,Dietz,1899.X,188 S.)——41。

博哥柳勃斯基,И.《俄罗斯帝国矿业统计试验》(Боголюбский,И. Опыт горной статистики Русской империи. Спб.,1878. 216 стр.)——444、450。

布尔加柯夫,谢·尼·《论资本主义生产条件下的市场》(Булгаков,С.Н.О рынках при капиталистическом производстве.Теоретический этюд.М., Водовозова,1897. 260 стр.)——27、33、35、48。

布拉戈维申斯基,尼·安·《地方自治局按户调查经济资料综合统计汇编》(Благовещенский,Н. А. Сводный статистический сборник хозяйственных сведений по земским подворным переписям. Т. I. Крестьянское хозяйство.М., 1893. XVI,267 стр. На русск. и франц. яз.)——117、242、243。

布拉戈维申斯基,И.И.和加里亚津,А.Л.《奥洛涅茨省的手工工业》(Благовещенский,И.И. и Гарязин,А.Л.Кустарная промышленность в Олонецкой губернии. Петрозаводск,1895. II,125 стр.)——370。

布拉任,Н.《牛奶业的技术成就》(Блажин,Н. Успехи техники молочного хозяйства.—В кн.:Производительные силы России.Краткая характеристика различных отраслей труда—соответственно классификации выставки.Сост.под общ.ред.В.И.Ковалевского.Спб.,[1896],стр.38—45,в отд.:III.Домашние животные.(М-во финансов.Комиссия по заведованию устройством Всерос. пром.и худож.выставки 1896 г. в Н.-Новгороде))——234、237。

查斯拉夫斯基,瓦·伊·《外出做农业零工与农民迁徙的关系》(Чаславский,В. И.Земледельческие отхожие промыслы в связи с переселением крестьян.—В кн.:Сборник государственных знаний.Под ред.В.П.Безобразова.Т.II.

Спб.,1875,стр. 181—211)——207、208、527。

车尔尼雪夫斯基,尼·加·《俄国文学果戈理时期概观》(Чернышевский,Н. Г. Очерки гоголевского периода русской литературы)——566、576、577。

达维多娃,С. А.《弗拉基米尔省、库尔斯克省、波尔塔瓦省、比萨拉比亚省和沃罗涅日省的手工工业》(Давыдова,С. А. Кустарная промышленность Владимирской, Курской, Полтавской, Бессарабской и Воронежской губерний. Исследования 1889 г.—В кн.: Отчеты и исследования по кустарной промышленности в России. Т. I. Спб.,1892,стр. 72—144.(М-во гос. имуществ))——302、305、306。

—《梁赞省的花边业》(Кружевной промысел в Рязанской губернии.—В кн.: Труды комиссии по исследованию кустарной промышленности в России. Вып. VII. Спб.,1881,стр. 1127—1215)——329。

—《萨拉托夫省、奔萨省和莫斯科省的手工工业》(Кустарная промышленность Саратовской, Пензенской и Московской губерний. Исследования 1888 г.—В кн.: Отчеты и исследования по кустарной промышленности в России. Т. I. Спб.,1892,стр. 1—71.(М-во гос. имуществ))——351。

—《图拉省的花边业》(Кружевной промысел в Тульской губернии.—В кн.: Труды комиссии по исследованию кустарной промышленности в России. Вып. X. Спб.,1883,стр. 2747—2827)——330。

[丹尼尔逊,尼·弗·]尼古拉·—逊,尼·—逊《给编辑部的信》([Даниельсон, Н. Ф.] Николай—он, Н.—он. Письмо в редакцию. (По поводу обсуждения доклада Н. В. Левитского о земледельческих артелях).—«Новое Слово»,Спб.,1896,№5,февраль,стр.256—261)——293、295。

—《关于我国经济发展条件的一些情况》(Нечто об условиях нашего хозяйственного развития.—«Русское Богатство», Спб., 1894, №6, стр. 86—130)——416、420、441、443、474。

—《我国改革后的社会经济概况》(1880 年圣彼得堡版)(Очерки нашего пореформенного общественного хозяйства.—«Слово», Спб., 1880, октябрь,стр. 77—142)——66、72。

—《我国改革后的社会经济概况》(1893 年圣彼得堡版)(Очерки нашего

пореформенного общественного хозяйства. Спб., 1893. XVI, 353 стр.; XVI л. табл.)——19、21、22、23、27、28、66、72、79、182、201、202、206、210、218、219、221、222、250、265、283、284、285、288—289、309、411、416、421、453—454、456、457、474、486、493、508、526—527、536、543、545、549—550、576。

—《我国国家收入增长的原因何在?》(Чем объяснить рост наших государственных доходов? —«Новое Слово», 1896, №5, февраль, стр. 65—85)——140。

丹尼洛夫斯基, M. A.《俄国保险业现状》(Даниловский, M. A. Состояние страхового дела в России.—В кн.: Производительные силы России. Краткая характеристика различных отраслей труда—соответственно классификации выставки. Сост. под общ. ред. В. И. Ковалевского. Спб., [1896], стр. 57—69, в отд.: XII. Машины, аппараты, машиностроение и электротехника. (М-во финансов. Комиссия по заведованию устройством Всерос. пром. и худож. выставки 1896 г. в Н.-Новгороде))——489。

德雷克斯勒尔, 古·《格丁根县农业协会辖区的土地占有和畜牧业分配情况》(Drechsler, G. Die Verteilung des Grundbesitzes und der Viehhaltung im Bezirke des landwirtschaftlichen Kreisvereins Göttingen in «Landwirtschaftliche Jahrbücher». Bd. XV. Berlin, 1886)——133。

—《汉诺威省某些地区的农民状况》(Die bäuerlichen Zustände in einigen Teilen der Provinz Hannover. —In: Bäuerliche Zustände in Deutschland. Berichte, veröffentlicht vom Verein für Sozialpolitik. Bd. III. Leipzig, Duncker und Humblot, 1883, S. 59—112; 2 Tab. (Schriften des Vereins für Sozialpolitik. XXIV))——133。

迪尔, 卡·《蒲鲁东传》(Diehl, K., Proudhon, P. J. Seine Lehre und sein Leben. 2. Abteilung: Das System der ökonomischen Widersprüche, die Lehren vom Geld, Kredit, Kapital, Zins, Recht auf Arbeit und die übrigen Theorien, sowie die praktischen Vorschläge zur Lösung der sozialen Frage. Jena, Fischer, 1890. XI, 328 S. (Sammlung nationalökonomischer und statistischer Abhandlungen des staatswissenschaftlichen Seminars zu

Halle a. d. S. Hrsg. J. Conrad. Bd. 6,Heft 3))——43。

—《约翰·卡尔·洛贝尔图斯》(Rodbertus,Johann Karl. —In:Handwörterbuch der Staatswissenschaften. Bd. 5. Jena, Fischer, 1893. S 442—450)——45。

杜冈-巴拉诺夫斯基,米·伊·《俄国工厂今昔》(Туган-Барановский,М. И. Русская фабрика в прошлом и настоящем. Историко-экономическое исследование. Т. I. Историческое развитие русской фабрики в XIX веке. Спб., Пантелеев,1898. XI,497 стр.,3 л. диагр.)——307、420、424、430、432、455、500。

—《俄国工业发展统计总结》(Статистические итоги промышленного развития России.(Доклад,читанный в заседании III отд. И. В. Э. общества 17-го января 1898 г.)—«Труды Императорского Вольного Экономического Общества»,Спб.,1898,№1,январь—февраль,стр. 1—41)——420、496。

—《劳动价值和利润理论》(Трудовая ценность и теория прибыли.(Моим критикам).—«Научное Обозрение», [Спб.], 1900, №3, стр. 607—633)——585。

—《马克思的资本主义抽象理论的基本错误》(Основная ошибка абстрактной теории капитализма Маркса.—«Научное Обозрение»,[Спб.],1899,№5, стр. 973—985)——585。

—《现代英国的工业危机及其原因和对人民生活的影响》(Промышленные кризисы в современной Англии, их причины и влияние на народную жизнь. С прил. 12 диагр. Спб.,1894. IV,513 стр.)——33、35。

—《资本主义与市场》(Капитализм и рынок.(По поводу книги С. Булгакова«О рынках при капиталистическом производстве».Москва.1897 г.).—«Мир Божий»,Спб.,1898,№6,стр. 118—127)——41。

杜霍夫斯科伊,С.《巴拉赫纳县的卡通基村及附近各村的制革业和熬胶业》(Духовской,С. Кожевенный и клееваренный промыслы в селе Катунках и близлежащих деревнях Балахнинского уезда. —В кн.: Труды комиссии по исследованию кустарной промышленности в России.Вып.IX. Спб.,1883,стр.2513—2567)——302、365—366。

多库恰耶夫，К.А.《卡尔戈波尔及其附近村庄的灰鼠毛皮业》(Докучаев，К.А. Беличий промысел в Каргополе и окрестных селениях.—В кн.：Труды комиссии по исследованию кустарной промышленности в России.Вып.IV. Спб.，1880，стр.210—317)——369。

多利沃-多布罗沃尔斯卡娅，В.А.《格赖沃龙县和克罗列韦茨县的织造业》(Доливо-Добровольская，В. А. Ткацкий промысел в Грайворонском и Кролевецком уу. Отчет 1891 г.—В кн.：Отчеты и исследования по кустарной промышленности в России.Т.II.Спб.，1894，стр.80—88.(М-во гос.имуществ))——260。

恩格尔哈特，亚·尼·《农村来信》(Энгельгардт，А.Н. Из деревни.11 писем. 1872—1882.Спб.，1885.563 стр.)——111、140、161、171、176、187—190。

恩格斯，弗·《德国的社会主义》(Engels，F. Der Sozialismus in Deutschland.—«Die Neue Zeit»，Stuttgart，1891—1892，Jg. X，Bd. I，№19，S. 580—589)——139。

—《法德农民问题》(Die Bauernfrage in Frankreich und Deutschland.—«Die Neue Zeit»，Stuttgart，1894—1895，Jg.XIII，Bd.I，№10，S.292—306)——291—293。

—《论住宅问题》(Zur Wohnungsfrage. Zweite Maihälfte 1872—Januar 1873)——215。

—《[〈论住宅问题〉一书第二版]序言》(Vorwort[zur 2.Auflage der Arbeit：Zur Wohnungsfrage].—In：Engels，F. Zur Wohnungsfrage. 2.，durchges. Aufl. Hottingen-Zürich，Verlag der Volksbuchhandlung，1887，S. 3—10)——215。

—[卡·马克思的《资本论》第二卷]《序言》(Vorwort [zum 2. Band des Kapital von Marx].—In：Marx，K. Das Kapital. Kritik der politischen Ökonomie. Bd. II. Buch II：Der Zirkulationsprozeß des Kapitals. Hrsg. von F.Engels. Hamburg，Meißner，1885，S.III—XXIII)——45。

—《1844年的英国工人阶级状况》(The condition of the working class in England in 1844. With appendix written 1886，and pref.1887. Transl. by K. Wischnewetzky. New York，J. W. Lovell Company，[1887]. VI，200，XI p.)——161。

—《[〈1844 年的英国工人阶级状况〉]序言》(Preface [to: The condition of the working class in England in 1844].—In: Engels, F. The condition of the working class in England in 1844. With appendix written 1886, and pref. 1887. Transl. by K. Wischnewetzky. New York, J. W. Lovell Company, [1877], p. I—VI)——161。

费多托夫,A. 等《棉织品生产概论》(Федотов, А. и др. Обзор производства хлопчатобумажных изделий.—В кн.: Успехи русской промышленности по обзорам экспертных комиссий. Спб., 1897, стр. 32—53. (М-во финансов. Деп. торговли и мануфактур. Всерос. пром. и худож. выставка 1896 г. в Н.-Новгороде))——433。

费恩贝格,Л. Б.《论考察哈尔科夫省甜菜种植园卫生情况的必要性》(Фейнберг, Л. Б. О необходимости исследования свекловичных плантаций Харьковской губернии в санитарном отношении. (Доклад губернскому врачебному совету).—«Врачебная Хроника Харьковской Губернии», 1899, №9(27), сентябрь, стр. 580—584)——260。

—[《论考察哈尔科夫省甜菜种植园卫生情况的必要性》(摘录)]([О необходимости исследования свекловичных плантаций Харьковской губернии в санитарном отношении. Доклад губернскому врачебному совету. Отрывок].—«Русские Ведомости», М., 1899, №254, 14 сентября, стр. 2, в отд.: Внутренние известия)——260。

弗列罗夫斯基,恩·《俄国工人阶级的状况》(Флеровский, Н. Положение рабочего класса в России. Наблюдения и исследования. Спб., Поляков, 1869. II, II, 494 стр.)——207、527。

福尔图纳托夫,阿·《地方自治局农民经济统计概论》(Фортунатов, А. Общий обзор земской статистики крестьянского хозяйства.—В кн.: Итоги экономического исследования России по данным земской статистики. Т. I. М., 1892, стр. I—XXXV)——85。

冈察洛夫,伊·亚·《奥勃洛摩夫》(Гончаров, И. А. Обломов)—— 189、280、579。

哥尔布诺娃,敏·卡·《花边业》(Горбунова, М.К. Кружевной промысел.—В кн.: Промыслы Московской губернии. Вып. II. Сост. И. Боголепов. М., изд. Моск. губ. земства, 1880, стр. 1 — 91. (В изд.: Сборник статистических сведений по Московской губернии. Отдел хозяйственной статистики. Т. VI. Вып. II))——308、326、402。

—《莫斯科省的妇女手工业》(Женские промыслы Московской губернии. Вып. IV. М., изд. Моск. губ. земства, 1882. XXXII, 299 стр. (В изд.: Сборник статистических сведений по Московской губернии. Отдел хозяйственной статистики. Т. VII. Вып. II))——306、328、403、503。

哥尔茨,泰·《农业工人》(Гольц, Т. Сельскохозяйственные рабочие.—В кн.: Землевладение и сельское хозяйство. Статьи из Handwörterbuch der Staatswissenschaften. Пер. с нем. М., Водовозовы, 1896, стр. 228 — 238)——152、178。

哥利岑,Ф.С.《下诺夫哥罗德省和弗拉基米尔省的手工工业》(Голицын, Ф.С. Кустарная промышленность Нижегородской и Владимирской губерний. Исследования 1888—89 гг.—В кн.: Отчеты и исследования по кустарной промышленности в России. Т. I. Спб., 1892, стр. 166 — 200. (М-во гос. имуществ))——380。

哥卢别夫,А.《丝绸和锦缎生产》(Голубев, А. Производство шелковых и парчовых тканей.—В кн.: Историко-статистический обзор промышленности России. Под ред. Д. А. Тимирязева. Т. II. Произведения фабричной, заводской, ремесленной и кустарной промышленности. Спб., 1886, стр. 185 — 212. (Всерос. пром.-худож. выставка 1882 г. в Москве))——433。

—《甜菜制糖业》(Свеклосахарное производство.—В кн.: Историко-статистический обзор промышленности России. Под ред. Д. А. Тимирязева. Т. II. Произведения фабричной, заводской, ремесленной и кустарной промышленности. Спб., 1886, стр. 3 — 45. (Всерос. пром.-худож. выставка 1882 г. в Москве))——259。

格里鲍耶陀夫,亚·谢·《智慧的痛苦》(Грибоедов, А.С. Горе от ума)——14。

格里戈里耶夫,瓦·尼·《巴甫洛沃区制锁制刀手工业》(Григорьев, В. Н.

Кустарное замочно-ножевое производство Павловского района.（В Горбатовском уезде Нижегородской губ. и в Муромском уезде Владимирской губ.）.—В кн.：Рагозин，В.Материалы к изучению кустарной промышленности Волжского бассейна. Прил. к изд.«Волга». М.，1881，стр. XI—XVI，1—124）——302、305、328、331、376、378—379、391、394、400、499。

—《梁赞省农民的迁移》（Переселения крестьян Рязанской губернии. Исследование，удостоенное императорским Московским университетом половины премии имени Ю. Ф. Самарина. С отзывами проф. А. И. Чупрова и А. И. Кошелева. М.，журн.«Русская Мысль»，1885. XVI，194 стр.）——227。

—《收成和粮价对俄国城市居民的影响》（Влияние урожаев и хлебных цен на городское население России.—В кн.：Влияние урожаев и хлебных цен на некоторые стороны русского народного хозяйства. Под ред. проф. А. И. Чупрова и А. С. Посникова. Т. II. Спб.，1897，стр. 117—135）——513。

格里姆，奥·安·《猎业、毛皮狩猎业和渔业》（Гримм，О. А. Охотничьи，пушные и рыбные промыслы.—В кн.：Производительные силы России. Краткая характеристика различных отраслей труда—соответственно классификации выставки. Сост. под общ. ред. В. И. Ковалевского. Спб.，［1896］，стр. 1—13，в отд.：V. Охотничьи，пушные и рыбные промыслы.（М-во финансов. Комиссия по заведованию устройством Всерос. пром. и худож. выставки 1896 г. в Н.-Новгороде））——551。

贡特尔，萨·《历史唯物主义和实用唯心主义》（Гунтер，С. Исторический материализм и практический идеализм. Пер. М. К.—«Научное Обозрение»，［Спб.］，1900，№10，стр. 1759—1774）——584。

古尔维奇，伊·阿·《俄国农村的经济状况》（俄文版）（Гурвич，И. А. Экономическое положение русской деревни. Пер. с англ. А. А. Санина под ред. и с предисл. автора. М.，1896. 395 стр.）——154、201、578。

—《俄国农村的经济状况》（英文版）（Hourwich，I. A. The economics of the russian village. New York，1892. VI，182 p.）——154。

—《农民向西伯利亚的迁移》（Переселения крестьян в Сибирь. Исследование. М.，1888. X，149 стр.）——155、578。

果戈理,尼·瓦·《死魂灵》(Гоголь,Н.В. Мертвые души)——319、368、541、566、576。

哈季索夫,К.《外高加索边疆区的手工业》(Хатисов,К. Кустарные промыслы Закавказского края. Отчет 1891 г.—В кн.: Отчеты и исследования по кустарной промышленности в России. Т.II.Спб.,1894,стр.259—370.(М-во гос.имуществ))——299、546。

哈里佐勉诺夫,谢·安·《弗拉基米尔省手工业》(Харизоменов, С. А. Промыслы Владимирской губернии. М., Баранов, 1882—1884.(Труды комиссии по устройству кустарного отдела на Всерос. пром. и худож. выставке 1882 г.))

第 2 编(Вып. II. Александровский уезд. 1882. XII, 353, IV стр.)——308、320、337、339、354、408。

第 3 编(Вып. III. Покровский и Александровский уезды. 1882. X, 256, 149 стр.)——306、307、321、335、337、349—350、390、394、397—398、404、407、481、498、502。

第 5 编(Вып. V. Переяславский и Александровский уезды. 1884. VIII, 231 стр.)——300、408。

—[《萨拉托夫省统计资料汇集》一书]《导言》(Введение[к книге «Свод статистических сведений по Саратовской губернии»].—В кн.: Свод статистических сведений по Саратовской губернии. Ч. I. Таблицы. Сост. под ред. С. Харизоменова. Саратов, изд. Саратовского губ. земства, 1888, стр. 1—53)——77、83、84、85。

—《手工工业的意义》(Значение кустарной промышленности.—«Юридический Вестник», М., 1883, №11, стр. 414—441; №12, стр. 543—597)——337、389、392、407、410、503。

赫尔岑施坦,格·《谈谈外出做零工问题》(Герценштейн, Г. К вопросу об отхожих промыслах.—«Русская Мысль», М., 1887, №9, стр. 147—165)——534。

赫克纳,亨·《危机》(Геркнер, Г. Кризисы.—В кн.: Промышленность. Статьи из Handwörterbuch der Staatswissenschaften. Пер. с нем. М.,

Водовозовы，1896，стр.70—112)——43、45。

基塔雷，莫·《俄国制革业图表》(Киттары，М.Карта кожевенного производства в России.Сост.по данным главного интендантского управления.Спб.，1875.II，22，76 стр.)——436。

季洛，阿·《科斯特罗马省的人民手工业》(Тилло，А.Народные промыслы Костромской губернии.—В кн.：Труды комиссии по исследованию кустарной промышленности в России. Вып. IX. Спб.，1883，стр. 1919—2022)——335、356、408。

—《科斯特罗马省的手工工业》(Кустарная промышленность Костромской губернии. Кустарные промыслы Кинешемского уезда.—В кн.：Труды комиссии по исследованию кустарной промышленности в России. Вып. XV.Спб.，1886，стр. 161—277)——354。

—《[科斯特罗马省的]五金首饰业》(Ювелирно-металлический промысел[в Костромской губернии ].—В кн.：Труды комиссии по исследованию кустарной промышленности в России. Вып. IX. Спб.，1883，стр. 2023—2056)——383。

—《科斯特罗马县的手工业和外出做零工》(Кустарные и отхожие промыслы Костромского уезда.—В кн.：Труды комиссии по исследованию кустарной промышленности в России. Вып. IX. Спб.，1883，стр. 2093—2171)——335、356。

季米里亚捷夫，德·阿·《欧俄工厂工业主要部门统计图表(附厂名清册)》(Тимирязев，Д.А. Статистический атлас главнейших отраслей фабрично-заводской промышленности Европейской России с поименным списком фабрик и заводов.Сост.по офиц.сведениям деп.торговли и мануфактур за 1867 год.Труд，удост.медали на Парижской всемирной выставке 1867 г.и на Всероссийской мануфактурной выставке 1870 г. Вып. 1—3. Спб.，1869—1873.VI，VI，132 стр.；14 карт.)——418、419。

季莫霍维奇，С.《[卡卢加省]梅登县的手工工业》(Тимохович，С. Кустарная промышленность в Медынском уезде[Калужской губернии].—В кн.：Труды комиссии по исследованию кустарной промышленности в России.

Вып.II.Спб.,1879,стр.6—108)——301、320、356。

季亚科诺夫,Н.Г.《1881—1896年铁路网在技术方面的成就》(Дьяконов,Н.Г. Успехи железнодорожной сети в техническом отношении за 1881—1896 гг.—В кн.: Производительные силы России. Краткая характеристика различных отраслей труда—соответственно классификации выставки. Спб., [1896],стр.53—71,в отд.:XVII.Строительное и инженерное дело;морское и речное судоходство.(М-во финансов. Комиссия по заведованию устройством Всерос. пром. и худож.выставки 1896 г.в Н.-Новгороде))——451、508。

加米涅夫,Н.《图拉县七个乡的手工业》(Каменев,Н. Кустарные промыслы в семи волостях Тульского уезда:Хрущевской,Севрюковской,Павловской, Анишенской,Зайцевской,Мошковской и Денисовской.—В кн.:Труды комиссии по исследованию кустарной промышленности в России.Вып.IX. Спб.,1883,стр.2292—2365)——306。

加戚斯基,亚·绥·《博尔金诺和科奇库罗沃》(Гацисский,А.С. Болдино и Кочкурово.(Из записной книжки).—В кн.:Нижегородский сборник. Изд.Нижегородским губ. стат. ком.,под ред. А.С. Гацисского. Т.IV. Н.-Новгород,1871,стр.321—336)——502。

—《就乌拉尔—西伯利亚铁路的铺设问题对下诺夫哥罗德省工业活动的评论》(Очерки промышленной деятельности Нижегородской губернии,в связи с вопросом о проведении Урало-Сибирской железной дороги.—В кн.:Нижегородский сборник.Изд.Нижегородским губ.стат.ком.,под ред. А.С.Гацисского.Т.IV.Н.-Новгород,1871,стр.127—166)——320。

杰缅季耶夫,叶·米·《工厂,它给予居民什么和从居民那里取得什么》(1893年版)(Дементьев,Е.М. Фабрика,что она дает населению и что она у него берет.М.,1893.VIII,246 стр.)——263。

—《工厂,它给予居民什么和从居民那里取得什么》(1897年第2版)(Фабрика,что она дает населению и что она у него берет.Изд.2-е,испр.и доп.С прил.библиографического указателя книг и статей по русской фабрично-заводской промышленности в связи с сельскохозяйственной. М.,Сытин,1897.VIII,256,39 стр.)——493—496、497。

—《工人的卫生经济状况》(Санитарно-экономическое положение рабочих.—В кн.:Сборник статистических сведений по Московской губернии. Отдел санитарной статистики. Т. IV. Ч. II. Общая сводка по санитарным исследованиям фабричных заведений Московской губернии за 1879—1885 гг.Сост.д-ром Е.М.Дементьевым и проф.Ф.Ф.Эрисманом.М.,1893, стр.253—462)——493—496、497。

捷贾科夫,尼·伊·《赫尔松省农业工人及其卫生监督组织》(Тезяков,Н.И. Сельскохозяйственные рабочие и организация за ними санитарного надзора в Херсонской губернии.(По материалам лечебно-продовольственных пунктов в 1893—1895 гг.).(Доклад XIII губернскому съезду врачей и представителей земских управ Херсонской губ.).Херсон,изд.Херсонской губ.земской управы,1896.II,300 стр.)——197、200、202、203—204、205、207、209、212、216—217、218、220、228。

捷林,麦·《北美合众国的粮食贸易》(Зеринг, М. Хлебная торговля в Соединенных Штатах Северной Америки.—В кн.: Землевладение и сельское хозяйство.Статьи из Handwörterbuch der Staatswissenschaften. Пер.с нем.М.,Водовозовы,1896,стр.281—286)——237。

局外人——见米海洛夫斯基,尼·康·。

卡布鲁柯夫,尼·阿·《粮价对欧俄私人地产的影响》(Каблуков,Н. А. Значение хлебных цен для частного землевладения в Европейской России.—В кн.:Влияние урожаев и хлебных цен на некоторые стороны русского народного хозяйства. Под ред. проф. А. И. Чупрова и А. С. Посникова.Т.I.Спб.,1897,стр.97—144)——225。

—《农业工人问题》(Вопрос о рабочих в сельском хозяйстве. М., ред. «Юридического Вестника»,1884.X,XXIV,299 стр.)——60。

—《土地私有主经济概况》(Очерк хозяйства частных землевладельцев.М., изд. Моск. губ. земства, 1879. V, 200, 103 стр. (В изд.: Сборник статистических сведений по Московской губернии.Отдел хозяйственной статистики.Т.V.Вып.I))——171、183—186。

—《1895—1896年度在莫斯科大学授课用的农业经济学讲义》(Лекции по

экономии сельского хозяйства，читанные в Московском университете в 1895/6 г.М.，1897.228 стр.（Издание для студентов））——284、420、454、457—458、493。

卡尔波夫，А.《阿尔扎马斯县的手工业》（Карпов，А. Кустарные промыслы в Арзамасском уезде.—В кн.：Труды комиссии по исследованию кустарной промышленности в России.Вып.VI.Спб.，1880，стр.489—562）——306。

—《阿尔扎马斯县的熟制毛皮业》（Скорняжный промысел в Арзамасском уезде.—В кн.：Труды комиссии по исследованию кустарной промышленности в России.Вып.III.Спб.，1880，стр.75—134）——320、335、367。

—《阿尔扎马斯县的制毡业》（Валеный промысел в Арзамасском уезде.—В кн.：Труды комиссии по исследованию кустарной промышленности в России.Вып.V.Спб.，1880，стр.455—487）——302、352、353。

—《阿尔扎马斯县东北部以及与之毗邻的下诺夫哥罗德县地区的打铁业》（Кузнечный промысел в северо-восточной части Арзамасского уезда и в смежной с нею части Нижегородского уезда.—В кн.：Труды комиссии по исследованию кустарной промышленности в России.Вып.IV.Спб.，1880，стр.161—201）——336、405。

—《阿尔扎马斯县维耶兹德纳亚镇的制鞋业》（Сапожный промысел в Выездной слободе Арзамасского уезда.—В кн.：Труды комиссии по исследованию кустарной промышленности в России.Вып.III.Спб.，1880，стр.29—44）——305、336、394。

—《博戈罗茨科耶村及其周围地区的手工业》（Промыслы села Богородского и его окрестностей.—В кн.：Труды комиссии по исследованию кустарной промышленности в России.Вып.IX.Спб.，1883，стр.2420—2470）——305、364—366。

—《戈尔巴托夫县的纺纱业》（Прядильный промысел в Горбатовском уезде.—В кн.：Труды комиссии по исследованию кустарной промышленности в России.Вып.VIII.Спб.，1882，стр.1227—1263）——357。

—《下诺夫哥罗德省谢苗诺夫县和巴拉赫纳县的制毡业和小型木制业》（Валеный и щепной промыслы в Семеновском и Балахнинском уездах

Нижегородской губернии.—В кн.：Труды комиссии по исследованию кустарной промышленности в России. Вып. VI. Спб.，1880，стр. 563—638)——320、354。

卡兰塔尔，А. А.《牛奶业》(Қалантар，А. А. Молочное хозяйство.—В кн.：Сельское и лесное хозяйство России. С прил. 47 карт и диагр. Спб.，изд. деп. земледелия и сельской пром-сти м-ва гос. имуществ，1893，стр. 296—305.(Всемирная Қолумбова выставка 1893 г. в Чикаго))——234。

卡雷舍夫，尼·亚·《俄国国民经济资料》(Қарышев，Н. А. Материалы по русскому народному хозяйству. I. Наша фабрично-заводская промышленность в половине 90-х годов. С 5 картогр.(Оттиск из«Известий Московского Сельскохозяйственного Института»，год IV，кн. 1). М.，1898. 52 стр.)——420、425、438、439。

—《俄国主要加工工业部门发展状况的统计概述》(Статистический обзор распространения главнейших отраслей обрабатывающей промышленности в России.—«Юридический Вестник»，М.，1889，№9，стр. 38—67)——420、424、425。

—《个体农户经济和村社经济》(Подворное и общинное хозяйство.(Статистические параллели).—«Русское Богатство»，Спб.，1894，№1，стр. 45—67；№6，стр. 102—135)——147。

—《国民经济概述》(第35卷)(Народнохозяйственные наброски. XXXV. Қ изучению наших отхожих промыслов.—«Русское Богатство»，Спб.，1896，№7，стр. 1—24)——534。

—《国民经济概述》(第43卷)(Народнохозяйственные наброски. XLIII. О сводной работе г. Вихляева по Тверской губ.—«Русское Богатство»，Спб.，1898，№8，стр. 36—59)——105。

—《农民的非份地租地》(Крестьянские вненадельные аренды. Дерпт，1892. XIX，402，LXV стр.(В изд.：Итоги экономического исследования России по данным земской статистики. Т. II))——64、77—78、112—113、134、147、171—174、175、180。

—《农民的非份地租地决定于粮价和收成的波动情况》(Крестьянские

вненадельные аренды в зависимости от колебаний хлебных цен и урожаев.—В кн.:Влияние урожаев и хлебных цен на некоторые стороны русского народного хозяйства. Под ред. проф. А. И. Чупрова и А. С. Посникова. Т. I. Спб., 1897, стр. 277—349)——70、71、174、182、184。

—《西欧大陆上土地的永久租用》(Вечнонаследственный наем земель на континенте Западной Европы. Экономическое исследование. Спб., 1885. 407 стр.)——112—113。

卡塔列伊,В.И.《波尔塔瓦省和切尔尼戈夫省的手工工业》(Каталей, В.И. Кустарная промышленность Полтавской и Черниговской губерний. Исследования 1889 г.—В кн.: Отчеты и исследования по кустарной промышленности в России. Т. I. Спб., 1892, стр. 283 — 304. (М-во гос. имуществ))——300、360。

—《特维尔省和雅罗斯拉夫尔省的手工工业》(Кустарная промышленность Тверской и Ярославской губерний. Исследования 1888 г.—В кн.: Отчеты и исследования по кустарной промышленности в России. Т. I. Спб., 1892, стр. 216—282. (М-во гос. имуществ))——371、381、404。

凯戈罗多夫,Д.Н.《喀山省、下诺夫哥罗德省、科斯特罗马省和诺夫哥罗德省的木器业》(Кайгородов, Д. Н. Древодельные промыслы Казанской, Нижегородской, Костромской и Новгородской губ. Исследования 1889—1890 г.—В кн.: Отчеты и исследования по кустарной промышленности в России. Т. I. Спб., 1892, стр. 354—398. (М-во гос. имуществ))——491。

凯斯勒尔,伊·《关于俄国农民村社占有制的历史和对它的批判》(Keussler, J. Zur Geschichte und Kritik des bäuerlichen Gemeindebesitzes in Rußland. T. 2, H. II. St.-Petersburg, Ricker, 1883. VIII, 248 S.)——131。

康拉德,约·《农民土地占有情况统计》(Конрад, И. Статистика крестьянского землевладения.—В кн.: Землевладение и сельское хозяйство. Статьи из Handwörterbuch der Staatswissenschaften. Пер. с нем. М., Водовозовы, 1896, стр. 83—121)——151。

考茨基,卡·《土地问题》(Kautsky, K. Die Agrarfrage. Eine Übersicht über die Tendenzen der modernen Landwirtschaft und die Agrarpolitik der Sozialdemokratie. Stuttgart, Dietz, 1899. VIII, 451 S.)——6—8。

柯罗连科,弗·加·《巴甫洛沃随笔》(Короленко, В. Г. Павловские очерки)——397。

柯罗连科,谢·亚·《从欧俄工农业统计经济概述看地主农场中的自由雇佣劳动和工人的流动》(Короленко, С. А. Вольнонаемный труд в хозяйствах владельческих и передвижение рабочих, в связи с статистико-экономическим обзором Европейской России в сельскохозяйственном и промышленном отношениях. Спб., 1892. 864 стр.; 17 л. карт. (Деп. земледелия и сельской пром-сти. С.-х. и стат. сведения по материалам, полученным от хозяев. Вып. V))——141、142、152—153、165—166、174、179、207—209、219、233、238—239、240、247、266、271、274、304、484、526、528、539。

柯瓦列夫斯基,弗·伊·和列维茨基,И. О.《欧俄北部和中部地带牛奶业统计概论》(Ковалевский, В. И. и Левитский, И. О. Статистический очерк молочного хозяйства в северной и средней полосах Европейской России. Спб., изд. распорядительного ком. по устройству молочнохоз. выставки в С.-Петербурге, 1879. IV, 95, 8 стр.)——230、231—232、233、237、238。

科别利亚茨基,А.《工厂视察机关官员和工厂主手册》(Кобеляцкий, А. Справочная книга для чинов фабричной инспекции, для фабрикантов и заводчиков. Полный сборник узаконений о найме рабочих на фабрики, заводы и мануфактуры; о взаимных отношениях фабрикантов и рабочих; о фабричной инспекции; о надзоре за заведениями фабрично-заводской промышленности. Изд. 4-е. Спб., 1897. 311 стр.)——402、490。

科尔萨克,亚·卡·《论一般工业形式并论西欧和俄国家庭生产(手工工业和家庭工业)的意义》(Корсак, А. К. О формах промышленности вообще и о значении домашнего производства (кустарной и домашней промышленности) в Западной Европе и России. М., 1861. 311 стр.)——328、341、349、391、402、405、520。

科捷利尼科夫,В. Г.《家畜》(Котельников, В. Г. Домашние животные.—В кн.: Историко-статистический обзор промышленности России. Под ред. Д. А. Тимирязева. Т. I. Сельскохозяйственные произведения, огородничество, садоводство и домашние животные. Горная и соляная промышленность. Спб., 1883, стр. 1—70. (Всерос. пром.-худож. выставка 1882 г. в Москве))——231。

科伊舍夫斯基，И.《欧俄河运船队和湖运船队》(Коишевский, И. Речной и озерный флот Европейской России.—«Вестник Финансов, Промышленности и Торговли», Спб., 1898, №44, стр. 379—382)——508。

科扎琴科，И.А.《维亚特卡省手工工业》(Козаченко, И.А. Кустарная промышленность Вятской губернии. [А. Вятский уезд. В. Слободской уезд].—В кн.: Труды комиссии по исследованию кустарной промышленности в России. Вып. XI. Спб., 1884, стр. 1—453(3057—3509))——367、408、484。

科兹洛夫，И.《化学产品》(Козлов, И. Химические продукты.—В кн.: Историко-статистический обзор промышленности России. Под ред. Д. А. Тимирязева. Т. II. Произведения фабричной, заводской, ремесленной и кустарной промышленности. Спб., 1886, стр. 1 — 101. (Всерос. пром.-худож. выставка 1882 г. в Москве))——435。

—《化学产品、染料及其他制品的生产》(Производство химических продуктов, красок и других препаратов.—В кн.: Историко-статистический обзор промышленности России. Под ред. Д. А. Тимирязева. Т. II. Произведения фабричной, заводской, ремесленной и кустарной промышленности. Спб., 1886, стр. 8—49. (Всерос. пром.-худож. выставка 1882 г. в Москве))——435。

克本，阿·彼·《采矿工业和制盐工业》(Кеппен, А.П. Горная и соляная промышленность.—В кн.: Историко-статистический обзор промышленности России. Т. I. Сельскохозяйственные произведения, огородничество, садоводство и домашние животные. Горная и соляная промышленность. Спб., 1883, стр. 1—164. (Всерос. пром.-худож. выставка 1882 г. в Москве))——444。

—《俄国的采矿工业》(Горнозаводская промышленность России. Спб., изд. горного деп., 1893. 129 стр. (Всемирная Колумбова выставка 1893 г. в Чикаго))——444、447。

克拉斯诺彼罗夫，Е.И.《1887年在叶卡捷琳堡市举行的西伯利亚—乌拉尔科学工业展览会上的彼尔姆省手工工业》(Красноперов, Е.И. Кустарная промышленность Пермской губернии на Сибирско-Уральской научно-промышленной выставке в г. Екатеринбурге, в 1887 г. Вып. 3: уезды Кунгурский, Осинский, Камышловский, Ирбитский, Шадринский, Соликамский и Чердынский. Пермь, изд. Пермск. губ. земства, 1889. (Работы статистического бюро, учрежд. при Пермск. губ. зем. управе). 174 стр.)——358。

库德里亚夫采夫，彼·菲·《1895年塔夫利达省卡霍夫卡镇尼古拉耶夫市集的外来农业工人和对他们的卫生监督》(Кудрявцев, П. Ф. Пришлые сельскохозяйственные рабочие на Николаевской ярмарке в м. Каховке, Таврической губернии, и санитарный надзор за ними в 1895 году. (Доклад XIII губернскому съезду врачей и представителей земских управ Херсонской губернии). Херсон, изд. Херсонской губ. земской управы, 1896. II, 168 стр.)——204、207、209。

库利宾，С.Н.《采矿业和冶金业》(Кулибин, С. Н. Горное дело и металлургия.—В кн.: Производительные силы России. Краткая характеристика различных отраслей труда—соответственно классификации выставки. Сост. под общ. ред. В. И. Ковалевского. Спб., [1896], стр. 1—58, в отд.: VII. Горное дело и металлургия. (М-во финансов. Комиссия по заведованию устройством Всерос. пром. и худож. выставки 1896 г. в Н.-Новгороде))——444。

库诺，亨·《社会哲学的迷途》(Кунов, Г. Социально-философские заблуждения. (Пер. с разр. авт. С. Левинсон).—«Научное Обозрение», [Спб.], 1899, №4, стр. 768—784)——584。

拉布津，尼·《下诺夫哥罗德省戈尔巴托夫县和弗拉基米尔省穆罗姆县制刀业、制锁业及其他五金制品业的调查报告》(Лабзин, Н. Исследование промышленности ножевой, замочной и других металлических изделий в Горбатовском уезде Нижегородской и в Муромском уезде Владимирской губернии. Спб., 1870. II, II, 177 стр.)——306、377、391、498。

拉斯波平，瓦·《从地方自治局统计资料看俄国的私有经济》(Распопин, В. Частновладельческое хозяйство в России. (По земским статистическим данным).—«Юридический Вестник», М., 1887, №11, стр. 460—486; №12, стр. 629—647)——167、191、207、235—236、257。

劳赫贝格,H.《1895年6月14日德意志帝国行业统计》(Rauchberg,H. Die Berufs-und Gewerbezählung im Deutschen Reichvom 14. Juni 1895. Berlin,Heymann,1901.XVI,422 S.)——473—474。

老乳脂制造者《乳脂制造业的落后面及其出路》(Старый маслодел. В чем темные стороны маслоделия и каков выход из них.—«Северный Край», Ярославль,1899,№223,25 июля(6 августа),стр.4;«Жизнь»,Спб.,1899, №8,стр.377,в отд.:Хроника внутренней жизни)——248。

[勒热夫斯基,弗·阿·《农业中的电力》]([Ржевский, В. А. Электричество в сельском хозяйстве. Краткое изложение].—«Торгово-Промышленная Газета», Спб.,1902,№6,8(21)января,стр.4,в ст.:II. Электротехнический съезд)——194—195。

雷托夫,М.В.《俄国蔬菜业概述》(Рытов, М. В. Обзор русского огородничества.—В кн.: Производительные силы России. Краткая характеристика различных отраслей труда—соответственно классификации выставки. Сост. под общ. ред. В. И. Ковалевского. Спб., [1896], стр. 38 — 59, в отд.: IV. Садоводство, плодоводство и огородничество. (М-во финансов. Комиссия по заведованию устройством Всерос. пром. и худож. выставки 1896 г. в Н.-Новгороде))——272、273、274。

李维诺夫,И.和哥卢别夫,А.《毛纺织品》(Литвинов, И. и Голубев, А. Шерстяные изделия.—В кн.: Историко-статистический обзор промышленности России. Под ред. Д. А. Тимирязева. Т. II. Произведения фабричной, заводской, ремесленной и кустарной промышленности. Спб.,1886,стр.133—184.(Всерос. пром.-худож. выставка 1882 г. в Москве))——429。

李沃夫,Б.《社会规律》(Львов, Б. Социальный закон. (Опыт введения в социологию).[Прил. к №№2—3,5,7,9—10 и 11 журнала «Научное Обозрение» за 1899 г.]. Спб., 1899. 159 стр. (Научно-философская б-ка))——584。

利亚多夫,И.《舒亚县地理概况、地形概况和统计概况》(Лядов, И. Географический, топографический и статистический очерк Шуйского уезда.—В кн.: Труды комиссии по исследованию кустарной промышленности в

России. Вып. X. Спб., 1883, стр. 2829—2882)——368。

列别金斯基,И.《巴拉赫纳县的普列赫村及其同一教区各村》(Лебединский, И. Село Пурех, с его приходскими деревнями, Балахнинского уезда.—В кн.: Нижегородский сборник. Изд. Нижегородским губ. стат. ком., под ред. А.С. Гацисского. Т. II. Н.-Новгород, 1869, стр. 217—258)——394。

列梅佐夫,尼·弗·《野蛮的巴什基尔生活特写》(Ремезов, Н. В. Очерки из жизни дикой Башкирии. Быль в сказочной стране. 2-е испр. и доп. изд. М., 1889. IV, 306, II стр.)——227。

[列宁,弗·伊·]伊林,弗·《俄国资本主义的发展》(1899 年版)([Ленин, В. И.] Ильин, В. Развитие капитализма в России. Процесс образования внутреннего рынка для крупной промышленности. Спб., Водовозова, 1899. IX, IV, 480 стр.; 2 л. диагр.; VIII стр. табл. Перед загл. авт.: Владимир Ильин)——5—8、497、563—583。

—《俄国资本主义的发展》(1908 年第 2 版)(Развитие капитализма в России. Процесс образования внутреннего рынка для крупной промышленности. Изд. 2-е, доп. Спб., «Паллада», 1908. VIII, VIII, 489 стр. Перед загл. авт.: Владимир Ильин)——11—14。

—《〈俄国资本主义的发展〉一书第一版序言》(Предисловие к первому изданию книги «Развитие капитализма в России».— В кн.: Ильин, Владимир. Развитие капитализма в России. Процесс образования внутреннего рынка для крупной промышленности. Спб., Водовозова, тип. Лейферта, 1899, стр. I—IV)——497。

—《经济评论集》(Экономические этюды и статьи. Спб., тип. Лейферта, 1899. 290 стр. Перед загл. авт.: Владимир Ильин)——21、42、266、282、298、299、314、318—319、324、326、338、347、358、359、360、368、379、392、409、410、417、420、424、426、428、434、437、438、439、445、470、536、552、569、571—572。

—《论我国工厂统计问题》(К вопросу о нашей фабрично-заводской статистике. Новые статистические подвиги проф. Карышева.—В кн.: [Ленин, В. И.] Ильин, Владимир. Экономические этюды и статьи. Спб.,

190—191、192、193—194、195。

—《农业机器制造业》(Сельскохозяйственное машиностроение.—«Вестник Финансов, Промышленности и Торговли», Спб., 1897, №21, стр. 537—552)——197、198。

列瓦绍夫,И.И.《坦波夫省和科斯特罗马省的手工业》(Левашов, И.И. Кустарные промыслы в Тамбовской и Костромской губ. (Отчет 1893 г.).—В кн.: Отчеты и исследования по кустарной промышленности в России. Т. III. Спб., 1895, стр. 45—78. (М-во земл. и гос. имуществ. Отдел сельской экономии и с.-х. статистики))——354、356、368、382、383。

列维茨基,И.《农业性工业概述》(Левитский, И. Общий обзор сельскохозяйственной промышленности.—В кн.: Историко-статистический обзор промышленности России. Под ред. Д. А. Тимирязева. Т. I. Сельскохозяйственные произведения, огородничество, садоводство и домашние животные. Горная и соляная промышленность. Спб., 1883, стр. 1—22. (Всерос. пром.-худож. выставка 1882 г. в Москве))——224、226、257。

林科,И.和库凯尔,Ф.《淀粉业和糖浆业》(Линко, И. и Кукель, Ф. Крахмальное и паточное производства.—В кн.: Историко-статистический обзор промышленности России. Под ред. Д. А. Тимирязева. Т. II. Произведения фабричной, заводской, ремесленной и кустарной промышленности. Спб., 1886, стр. 102—136. (Всерос. пром.-худож. выставка 1882 г. в Москве))——261—262。

鲁德涅夫,斯·费·《欧俄农民的副业》(Руднев, С. Ф. Промыслы крестьян в Европейской России.—«Сборник Саратовского Земства», 1894, №6, стр. 189—222; №11, стр. 421—463)——207、210—211、240、298。

罗斯拉夫列夫,И.《戈尔巴托夫县伊兹贝列茨村的绳索业》(Рославлев, И. Пеньково-канатный промысел в селе Избыльце Горбатовского уезда.—В кн.: Нижегородский сборник. Изд. Нижегородским губ. стат. ком., под ред. А. С. Гацисского. Т. IV. Н.-Новгород, 1871, стр. 299—305)——357。

罗雪尔,威·《农业和同类原始生产的国民经济学》(Roscher, W. Nationalökonomik des Ackerbaues und der verwandten Urproduktionen. Ein Hand-

und Lesebuch für Staats-und Landwirte. 7., stark verm. und verb. Aufl. Stuttgart, Cotta, 1873, X, 646 S. (System der Volkswirtschaft…v. W. Roscher. Bd. 2))——231。

洛贝尔图斯-亚格措夫,卡·《社会问题研究》(Rodbertus-Jagetzow, K. Zur Beleuchtung der sozialen Frage. I. Unveränderter Abdruck meines zweiten und dritten sozialen Briefes an von Kirchmann enthaltend einen compendiösen Abriß meines staatswirtschaftlichen Systems, nebst einer Widerlegung der Ricardo'schen und Ausführung einer neuen Grundrententheorie. Berlin, Puttkammer und Mühlbrecht, 1875. II, 223 S.)——44—45。

—《遗著选》(Aus dem literarischen Nachlaß. Hrsg. von A. Wagner und Th. Kozak. II. Das Kapital. Vierter sozialer Brief von Rodbertus an von Kirchmann. Berlin, Puttkammer und Mühlbrecht, 1884, XIX, 315 S.)——45。

洛西茨基,阿·《根据1897年人口调查对俄国人口的研究》(Лосицкий, А. Этюды о населении России по переписи 1897 года.—«Мир Божий», Спб., 1905, №8, стр. 224—244)——463。

马克思,卡·《路易·波拿巴的雾月十八日》(Marx, K. Der achtzehnte Brumaire des Louis Bonaparte. 3. Aufl. Hamburg, Meißner, 1885. VI, 108 S.)——281—282。

—《哲学的贫困》(Misère de la philosophie. Réponse à la Philosophie de la misère de m. Proudhon. Avec une préf. de F. Engels. Paris, V. Giard & E. Brière, 1896. 292 p.)——280、292、347。

—《资本论》(德文版第1卷)(Das Kapital. Kritik der politischen Ökonomie. Bd. I. Buch I: Der Produktionsprozeß des Kapitals. 2. Aufl. Hamburg, Meißner, 1872. 830 S.)——22、30、31、146、156、203、286、287、320—321、322、323、347、359、393—394、401、406、415、485、493、542—543、552、571、572、573。

—《资本论》(德文版第2卷)(Das Kapital. Kritik der politischen Ökonomie. Bd. II. Buch II: Der Zirkulationsprozeß des Kapitals. Hrsg. von F. Engels. Hamburg, Meißner, 1885. XXVII, 526 S.)——28、30、31—41、45、46、47、

286、287—288、567—569。

—《资本论》(德文版第 3 卷上册)(Das Kapital. Kritik der politischen Ökonomie. Bd. III. T. 1. Buch III: Der Gesamtprozeß der kapitalistischen Produktion. Kapitel I bis XXVIII. Hrsg. von F. Engels. Hamburg, Meißner, 1894. XXVIII, 448 S.)——36、40—41、156—157、203、291、325、347。

—《资本论》(德文版第 3 卷下册)(Das Kapital. Kritik der politischen Ökonomie. Bd. III. T. 2. Buch III: Der Gesamtprozeß der kapitalistischen Produktion. Kapitel XXIX bis LII. Hrsg. von F. Engels. Hamburg, Meißner, 1894. IV, 422 S.)——18、20、41、43—44、47—48、130、147—149、156、162、172、183、227、289、292—295、545、566、567。

—《资本论》(俄文版第 1—3 卷)(Маркс, К. Капитал. Критика политической экономии. Т. I—III. 1867—1894 гг.)——497、563、566—567、572—573。

—《资本论》(俄文版第 1 卷)(Капитал. Критика политической экономии. Т. I. 1867 г.)——30—31、33、358、359、552。

—《资本论》(1885 年俄文版第 2 卷)(Капитал. Критика политической экономии. Т. II. 1885 г.)——24、31、35、47—48。

—《资本论》(1885 年俄文版第 2 卷)(Капитал. Критика политической экономии. Под ред. Ф. Энгельса. Пер. с нем. Т. II. Кн. II. Процесс обращения капитала. Спб., [тип. министерства путей сообщения(Бенке)], 1885. XXI, 403 стр.)——39。

—《资本论》(1894 年俄文版第 3 卷)(Капитал. Критика политической экономии. Т. III. Ч. 1—2. 1894 г.)——6、172、176、183、400、545。

—《资本论》(1896 年俄文版第 3 卷)(Капитал. Критика политической экономии. Под ред. Ф. Энгельса. Пер. с нем. Т. III. Кн. III. Процесс капиталистического производства, взятый в целом. Спб., тип. Демакова, 1896. XLVI, 734 стр.)——18、20、36、40—41、43—44、47—48、130、147—149、156—157、227、291—292、292—295、325、347、514。

马克思,卡·和恩格斯,弗·《德意志意识形态》(Маркс, К. и Энгельс, Ф. Немецкая идеология. Критика новейшей немецкой философии в лице ее представителей Фейербаха, Б. Бауэра и Штирнера и немецкого социализма в лице его различных пророков. 1845—1846 гг.)——12。

—《共产党宣言》(Манифест Коммунистической партии. Декабрь 1847 г.—январь 1848 г.)——214。

马雷斯,Л.Н.《农民经济中粮食的生产和消费》(Маресс,Л.Н. Производство и потребление хлеба в крестьянском хозяйстве.—В кн.: Влияние урожаев и хлебных цен на некоторые стороны русского народного хозяйства. Под ред. проф. А.И.Чупрова и А.С.Посникова. Т.I. Спб., 1897, стр. 1—72)——80—81、142、278。

马明-西比里亚克,德·纳·《斗士峡》(Мамин-Сибиряк,Д.Н. Бойцы)——447。

马诺欣,格·《彼尔姆省的手工工业》(Манохин,Г. Кустарная промышленность Пермской губернии.—В кн.: Труды комиссии по исследованию кустарной промышленности в России. Вып. X. Спб., 1883, стр. 2899—3018)——124—125、321、385。

马特维耶夫,А.《南俄冶金工业概况》(Матвеев,А. Очерки южнорусской металлургической промышленности.—«Вестник Финансов, Промышленности и Торговли», Спб., 1897, №17, стр. 263—266)——447。

迈耶尔,罗·《收入》(Мейер,Р. Доход.—В кн.: Промышленность. Статьи из Handwörterbuch der Staatswissenschaften. Пер. с нем. М., Водовозовы, 1896, стр. 283—328)——46。

麦焦克里特斯基,Е.《马卡里耶夫县斯科罗博加托夫乡器皿和家具染色业》(Медиокритский,Е. Крашение посуды и мебели в Скоробогатовской волости Макарьевского уезда.—В кн.: Труды комиссии по исследованию кустарной промышленности в России. Вып. IX. Спб., 1883, стр. 2173—2192)——335。

[米海洛夫斯基,尼·康·]局外人《给编辑部的信》([Михайловский,Н.К.] Посторонний. Письмо в редакцию.—«Отечественные Записки», Спб., 1883, №7, стр. 97—112)——416。

米海洛夫斯基,瓦·格·《俄国铁路网的发展》(Михайловский,В.Г. Развитие русской железнодорожной сети. (Доклад, читанный в заседании III отделения императорского Вольного экономического общества 21 марта

1898 года). «Труды Императорского Вольного Экономического Общества», Спб., 1898, №2, март—апрель, стр. 117 — 147)—— 507 — 508。

—《俄国现实中的事实与数字》(Факты и цифры из русской действительности. I. Население России по первой всеобщей переписи.—«Новое Слово», Спб., 1897, №9, июнь, стр. 97—117)——226—227、513、518、546。

尼·—逊——见丹尼尔逊,尼·弗·。

尼古拉·—逊——见丹尼尔逊,尼·弗·。

尼谢洛维奇,列·尼·《俄罗斯帝国工厂立法史》(Нисселович, Л.Н. История заводско-фабричного законодательства Российской империи. Ч. 1—2. Спб., 1883—1884)——430。

涅恰耶夫,Н.《图拉省奥多耶夫县的车轮业》(Нечаев, Н. Производство колес в Одоевском уезде Тульской губернии.—В кн.: Труды комиссии по исследованию кустарной промышленности в России. Вып. VIII. Спб., 1882, стр. 1265—1311)——361。

—《图拉省奥多耶夫县的纱梳业》(Производство гребней для пряжи в Одоевском уезде Тульской губернии.—В кн.: Труды комиссии по исследованию кустарной промышленности в России. Вып. VIII. Спб., 1882, стр. 1313—1322)——361。

诺武斯——见司徒卢威,彼·伯·。

帕什凯维奇,瓦·瓦·《果树栽培业现状概述》(Пашкевич, В. В. Очерк современного состояния плодоводства.—В кн.: Производительные силы России. Краткая характеристика различных отраслей труда—соответственно классификации выставки. Сост. под общ. ред. В. И. Ковалевского. Спб., [1896], стр. 13 — 32, в отд.: IV. Садоводство, плодоводство и огородничество. (М-во финансов. Комиссия по заведованию устройством Всерос. пром. и худож. выставки 1896 г. в Н.-Новгороде))——271。

佩达申科,亚·德·《农作物及其敌人》(Педашенко, А. Д. Сельскохозяйственные растения и их враги.—В кн.: Производительные силы России. Краткая характеристика различных отраслей труда—соответственно классификации выставки. Сост. под общ. ред. В. И. Ковалевского. Спб., [1896], стр. 31—47, в отд.: I. Сельское хозяйство. (М-во финансов. Комиссия по заведованию устройством Всерос. пром. и худож. выставки 1896 г. в Н.-Новгороде))——252、258、266。

佩图霍夫,格·《上身成衣的生产概况》(Петухов, Г. Обзор производства готового верхнего платья.—В кн.: Успехи русской промышленности по обзорам экспертных комиссий. Спб., 1897, стр. 136—137. (М-во финансов. Деп. торговли и мануфактур. Всерос. пром. и худож. выставка 1896 г. в Н.-Новгороде))——410。

普里马克,Г.А.《研究向西伯利亚迁移的数字材料(1895 年由 Г.А.普里马克领导的移民统计队收集的)》(Приймак, Г. А. Цифровой материал для изучения переселений в Сибирь, собранный в 1895 году статистическим переселенческим отрядом под руководством Г. А. Приймака. 1895. Т. I. Ч. II. М., 1898. 425, II стр.)——155。

—《研究向西伯利亚迁移的数字材料(1896 年由 Г.А.普里马克领导的移民统计队收集的)》(Цифровой материал для изучения переселений в Сибирь, собранный в 1896 году статистическим переселенческим отрядом под руководством Г. А. Приймака. 1896. Ч. II. М., 1899. 430 стр.)——155。

—《研究向西伯利亚迁移的数字材料(引自 1895 年到西伯利亚去的和从西伯利亚途经车里雅宾斯克回来的移民的普遍登记一书)》(Цифровой материал для изучения переселений в Сибирь, извлеченный из книг общей регистрации переселенцев, проходивших в Сибирь и возвращавшихся из Сибири через Челябинск в 1895 году. Под рук. Г. А. Приймака. 1895. Т. I. Ч. I. М., 1898. XV, 101 стр.)——155。

—《研究向西伯利亚迁移的数字材料(引自 1896 年到西伯利亚去的和从西伯利亚途经车里雅宾斯克回来的移民的普遍登记一书)》(Цифровой материал для изучения переселений в Сибирь, извлеченный из книг общей регистрации переселенцев, проходивших в Сибирь и возвращавшихся из Сибири через Челябинск в 1896 году. Под рук. Г. А. Приймака.

1896.Ч.I.М.,1899.203 стр.)——155。

[普列汉诺夫,格·瓦·]沃尔金,阿·《沃龙佐夫(瓦·沃·)先生著作中对民粹主义的论证》([Плеханов,Г.В.]Волгин,А.Обоснование народничества в трудах г-на Воронцова(В.В.).Критический этюд.Спб.,1896.VI,286 стр.)——48、184、274、323—324、520。

普列特涅夫,В.А.《特维尔省的制鞋业》(Плетнев,В.А. Сапожный промысел в Тверской губернии.—В кн.: Статистический временник Российской империи.II.Вып.III.Материалы для изучения кустарной промышленности и ручного труда в России.Собраны губ.стат.комитетами и обработаны Л. Майковым.Ч.I.Спб.,1872,стр.167—185)——371。

普鲁加文,维·斯·《弗拉基米尔省手工业》(Пругавин,В.С. Промыслы Владимирской губернии.Вып.I,IV.М.,Баранов,1882)

第 1 编(Вып. I. Александровский уезд. XVI, 184 стр.)——302、408、483。

第 4 编(Вып.IV.Покровский уезд.VII,169,87 стр.)——304—305、337—338、390、408、483、488、498。

—《弗拉基米尔省尤里耶夫县的村社、手工业和农业》(Сельская община, кустарные промыслы и земледельческое хозяйство Юрьевского уезда, Владимирской губернии. М., Баранов, 1884. VIII, 151, 229 стр.)——250—251、253、264—265、266、275。

普洛特尼科夫,米·亚·《下诺夫哥罗德省手工业》(Плотников, М. А. Кустарные промыслы Нижегородской губернии. Н.-Новгород, изд. Нижегородского губ.земства,1894.X,279 стр.;5 л.табл.)——100。

普希金,亚·谢·《关于沙皇萨尔坦、他的儿子光荣而威武的勇士格维顿·萨尔坦诺维奇公爵及美丽的天鹅公主的故事》(Пушкин,А.С. Сказка о царе Салтане, о сыне его славном и могучем богатыре князе Гвидоне Салтановиче и о прекрасной царевне Лебеди)——482—483。

切尔尼亚耶夫,瓦·瓦·《梁赞省萨波若克县的农业机器生产》(Черняев,В. В. Производство сельскохозяйственных машин в Сапожковском у., Рязанской губернии. Исследования 1888 г.—В кн.: Отчеты и исследования по кустарной промышленности в России. Т. I. Спб., 1892, стр. 201—215.(М-во гос. имуществ))——194、195、305。

—《农具和农业机器,它们的推广和制造》(Земледельческие орудия и машины, их распространение и изготовление.—В кн.: Сельское и лесное хозяйство России. С прил. 47 карт и диагр. Спб., изд. деп. земледелия и сельской пром-сти м-ва гос. имуществ, 1893, стр. 351—362.(Всемирная Колумбова выставка 1893 г. в Чикаго))——190—191、192、193—194。

—《农业机器制造业》(Сельскохозяйственное машиностроение.—В кн.: Историко-статистический обзор промышленности России. Под ред. Д. А. Тимирязева. Т. I. Сельскохозяйственные произведения, огородничество, садоводство и домашние животные. Горная и соляная промышленность. Спб., 1883, стр. 142—157.(Всерос. пром.-худож. выставка 1882 г. в Москве))——190—191、192。

切尔年科夫,Н.Н.《评农民经济》(Черненков, Н. Н. К характеристике крестьянского хозяйства. Вып. I. М., 1905. 171 стр.)——123。

切尔诺夫,维·《坦波夫通讯》(Чернов, В. Из Тамбова.—«Новое Слово», Спб., 1895, №3, декабрь, стр. 183—191)——182。

丘普罗夫,亚·伊·《收成和粮价对经济生活各个方面的影响》(Чупров, А. И. Влияние урожаев и хлебных цен на разные стороны экономической жизни. Доклад в III отделении императорского Вольного экономического общества 1 и 2 марта 1897 г.—«Труды Императорского Вольного Экономического Общества», Спб., 1897, №4, июль—август, стр. 2—10, 35—40, 86—93)——184、280。

日班科夫,德·尼·《关于科斯特罗马省索利加利奇县的城市外出谋生情况》(Жбанков, Д. Н. О городских отхожих заработках в Солигаличском уезде, Костромской губернии.—«Юридический Вестник», М., 1890, №9, стр. 130—148. На тит. л. инициалы авт. указаны ошибочно: Д. И.)——488、502、525、531—532、534。

—《农妇国》(Бабья сторона. Статистико-этнографический очерк.—В кн.: Материалы для статистики Костромской губернии. Под ред. В. Пирогова.

Вып. VIII. Кострома, изд. Костромского губ. стат. ком., 1891, стр. 1—136)——488、502、525、530—531、533。

—《斯摩棱斯克省的工厂卫生调查》(Санитарное исследование фабрик и заводов Смоленской губернии. Вып. I—II. Смоленск, изд. Смоленского губ. земства, 1894—1896)

第 1 编(Вып. I. 1894. 290 стр.)——236、426、495。

第 2 编(Вып. II. 1896. III, 477, 66 стр.)——258、495、504。

—《外出谋生对人口迁徙的影响》(Влияние отхожих заработков на движение населения.—«Врач», Спб., 1895, №25, стр. 703—705)——488、502。

—《研究外出谋生的总纲的尝试》(Опыт общей программы для исследования отхожих заработков. (Сост. по предложению стат. отд-ния Моск. юрид. общ.). М., 1891. 16 стр.)——488、502。

—《从 1866—1883 年的资料看外出谋生对科斯特罗马省人口迁徙的影响》(Влияние отхожих заработков на движение народонаселения Костромской губернии, по данным 1866—83 годов. (С диагр. и объяснением к ним).—В кн.: Материалы для статистики Костромской губернии. Под ред. В. Пирогова. Вып. VII. Кострома, изд. Костромского губ. стат. ком., 1887, стр. 1—117)——483、484、488、502、524、530、534。

—《1892—1895 年斯摩棱斯克省的外出零工》(Отхожие промыслы в Смоленской губернии в 1892—1895 гг. (Прил. к материалам о распространении сифилиса и венерических заболеваний в Смоленской губернии). Смоленск, изд. Смоленского губ. земства, 1896. 87, 70 стр.)——483、488、502、524、530、533。

萨尔蒂科夫-谢德林,米·叶·《生活琐事》(Салтыков-Щедрин, М. Е. Мелочи жизни)——241。

萨宁,阿·阿·《关于"人民生产"理论的几点意见》(Санин, А. А. Несколько замечаний по поводу теории «народного производства».—В кн.: Гурвич, И. Экономическое положение русской деревни. Пер. с англ. А. А. Санина, под ред. и с предисл. автора. М., 1896, стр. 1—66)——201。

沙霍夫斯科伊,尼·《外出做农业零工》(Шаховской, Н. Сельскохозяйственные

отхожие промыслы. М., 1896. VII, 253, II стр.)——196、207、209、212、214、219、228。

舍尔巴乔夫,弗·谢·《俄国烟草业概况》(Щербачев, В.С. Обзор табаководства в России. Вып. II и III. Малороссия и Туркестанский край. Спб., 1894. II, 192 стр.)——268—270。

舍尔比纳,费·安·《奥斯特罗戈日斯克县的农民经济》(Щербина, Ф. А. Крестьянское хозяйство по Острогожскому уезду. С 8 карт. Воронеж, изд. Воронежского губ. земства, 1887. XVIII, 454, 51 стр. (В изд.: Сборник статистических сведений по Воронежской губернии. Т. II. Вып. II))——124、144。

—《农民的收支及其对收成和粮价的依赖关系》(Крестьянские бюджеты и зависимость их от урожаев и цен на хлеба.—В кн.: Влияние урожаев и хлебных цен на некоторые стороны русского народного хозяйства. Под ред. А.И.Чупрова и А.С.Посникова. Т. II. Спб., 1897, стр. 1—79)——124、143、145。

—《沃罗涅日省12个县综合汇编》(Сводный сборник по 12 уездам Воронежской губернии. Стат. материалы подворной переписи по губернии и обзор материалов, способов по собиранию их и приемов по разработке. Воронеж, 1897. 1058 стр.)——124、521—522。

舍夫利亚金,Н.И.《下诺夫哥罗德省、切尔尼戈夫省、波尔塔瓦省、哈尔科夫省和库尔斯克省的制革业》(Шевлягин, Н.И. Кожевенное производство в Нижегородской, Черниговской, Полтавской, Харьковской и Курской губ. Отчет 1892 г.—В кн.: Отчеты и исследования по кустарной промышленности в России. Т. II. Спб., 1894, стр. 195—258)——304—305、365—366、394。

舍利尔,А.《棉纺织工业》(Шерер, А. Хлопчатобумажная промышленность.—В кн.: Обзор различных отраслей мануфактурной промышленности России. Т. II. Спб., 1863, стр. 445—514)——433。

施什马廖夫,Д.И.《下诺夫哥罗德与舒亚—伊万诺沃铁路区域工业简明概论》(Шишмарев, Д. И. Краткий очерк промышленности в районе Нижегородской и Шуйско-Ивановской жел. дор. Изд. в пользу и на средства кассы взаимопомощи при Нижегородской жел. дор., при содействии местных фабрикантов.Спб.,1892.92 стр.)——498。

施塔姆勒,鲁·《从唯物史观看经济和法》(Stammler, R. Wirtschaft und Recht. Nach der materialistischen Geschichtsauffassung. Eine sozialphilosophische Untersuchung. Leipzig, Veit, 1896. VIII, 668)——584、585。

施泰因费尔德,Н.《乌拉尔矿业主代表大会总结》(Штейнфельд, Н. Итоги горнопромышленных съездов на Урале.—«Вестник Финансов, Промышленности и Торговли», Спб., 1897, №32, стр.224—228)——449。

舒尔茨,А. А.《特种作物》(Шульц, А. А. Специальные культуры.—В кн.: Историко-статистический обзор промышленности России. Под ред. Д. А. Тимирязева. Т. I. Сельскохозяйственные произведения, огородничество, садоводство и домашние животные. Горная и соляная промышленность. Спб., 1883, стр. 68 — 141. (Всерос. пром.-худож. выставка 1882 г. в Москве))——251、253、258、259、266、267。

[司徒卢威,彼·伯·]彼·伯·《俄国经济发展问题的评述》([Струве, П. Б.] П. Б. Критические заметки к вопросу об экономическом развитии России. Вып. I. Спб., 1894. X, 293 стр.)——80、181、250、251、585。

—《俄国手工工业的历史地位和传统地位》(Историческое и систематическое место русской кустарной промышленности. (Ответ П. Н. Милюкову).—«Мир Божий», Спб., 1898, №4, стр.188—200)——505。

—《反对正统思想》(Против ортодоксии.—«Жизнь», Спб., 1899, №10, стр. 175—179)——585。

—《劳动价值理论的主要二律背反》(Основная антиномия теории трудовой ценности.—«Жизнь», Спб., 1900, №2, стр.297—306)——585。

—《6月2日颁布的关于工作时间长短的法令以及把工厂监督向整个欧俄的推广》(Закон 2-го июня о продолжительности рабочего времени и распространение фабричного надзора на всю Европейскую Россию.—«Новое Слово», Спб., 1897, №10, июль, стр.216—243)——500。

—《杂谈》(На разные темы. IV. «Мужики» Чехова и г. Михайловский.—«Новое Слово», Спб., 1897, №1, октябрь, стр. 55 — 66. Подпись:

Novus)——502。

斯捷布特,伊·亚·《俄国的大田作业原理以及改进大田作业的措施》(Стебут И.А.Основы полевой культуры и меры к ее улучшению в России.,2-е,вновь передел.изд.В 2-х т.т.М.,1882—1884)——18。

—《关于俄国农业及其缺点和改良方法的论文》(Статьи о русском сельском хозяйстве,его недостатках и мерах к его усовершенствованию.1857—1882.М.,Васильев,1883.363 стр.)——151、181。

斯卡尔科夫斯基,康·《1877年俄国采矿工业生产率》(Скальковский,К.Горнозаводская производительность России в 1877 году.Спб.,1879.113 стр.)——444。

斯克沃尔佐夫,帕·《根据地方自治局的统计研究资料所作的农民经济总结》(Скворцов,П.Итоги крестьянского хозяйства по земским статистическим исследованиям.—В кн.:Материалы к характеристике нашего хозяйственного развития.Сб.статей.Спб.,1895,стр.1—107)——75。

—《商品拜物教》(Товарный фетишизм.(Владимир Ильин.Развитие капитализма в России.Процесс образования внутреннего рынка для крупной промышленности,Спб.,1899 г.).—«Научное Обозрение»,[Спб.],1899,№12,стр.2277—2295)——563—582。

斯克沃尔佐夫,亚·伊·《蒸汽机运输对农业的影响》(Скворцов,А.И.Влияние парового транспорта на сельское хозяйство.Исследование в области экономики земледелия.Варшава,1890.VIII,VI,703 стр.)——18—19。

—《政治经济学原理》(Основания политической экономии.Спб.,Попова,1898.IX,432 стр.)——35。

斯米尔诺夫,А.《巴甫洛沃和沃尔斯马——下诺夫哥罗德省以五金生产闻名的两个村子》(Смирнов,А.Павлово и Ворсма,известные стальнослесарным производством села Нижегородской губернии.М.,1864.II,67,20 стр.)——306、376、394、498。

斯密,亚·《国民财富的性质和原因的研究》(俄文版)(Смит,А.Исследования о природе и причинах богатства народов.С примеч.Бентама и др.Пер.П.

A. Бибиков. Т. 1—2. Спб., 1866. 2 т.)——29—33、543。

—《国民财富的性质和原因的研究》(英文版)(Smith, A. An Inquiry into the nature and causes of the wealth of nations. 4-th edition. Vol. I—II. Basil. Printed and fold by J. Decker. Paris, fold by Levrault freres. Quai Malaquai, 1801. 2 Bd.)——29、31—32、277。

斯特罗金,Н. А.《普斯科夫省的亚麻业》(Строкин, Н. А. Льноводство Псковской губернии. Спб., изд. Псковского губ. стат. ком., 1882. 39 стр.)——251—252。

斯托尔皮扬斯基,尼·彼·《雅罗斯拉夫尔省罗斯托夫县波列奇耶-雷布诺耶村的手工业》(Столпянский, Н. П. Промыслы в селе Поречье-Рыбном, Ростовского уезда, Ярославской губернии. (Сообщения 28 февраля 1885 г.).—В кн.: Труды комиссии по исследованию кустарной промышленности в России. Вып. XIV. Спб., 1885, стр. 1—50)——273。

斯维尔斯基,В. Ф.《弗拉基米尔省的工厂和其他工业企业》(Свирский, В. Ф. Фабрики, заводы и прочие промышленные заведения Владимирской губернии. Владимир-на-Клязьме, изд. Владимирской губ. земской управы, 1890. 67, 198 стр.)——490。

塔维尔达罗娃,Н. И.《酿酒业》(Тавилдарова, Н. И. Винокурение.—В кн.: Производительные силы России. Краткая характеристика различных отраслей труда—соответственно классификации выставки. Сост. под общ. ред. В. И. Ковалевского. Спб., [1896], стр. 47—53, в отд.: IX. Фабрично-заводские производства. (М-во финансов. Комиссия по заведованию устройством Всерос. пром. и худож. выставки 1896 г. в Н.-Новгороде))——256。

特里罗果夫,弗·格·《村社和赋税》(Трирогов, В. Г. Община и подать. (Собрание исследований). Спб., 1882. 509 стр.)——111、131、219。

土林,克·——见列宁,弗·伊·。

瓦·沃·——见沃龙佐夫,瓦·巴·。

瓦尔泽尔,瓦·叶·《切尔尼戈夫、博尔兹纳、新济布科夫诸县的手工工业》(Варзер, В. Е. Кустарная промышленность в Черниговском, Борзенском и

Новозыбковском уездах.—В кн.: Труды комиссии по исследованию кустарной промышленности в России. Вып. V. Спб., 1880, стр. 327—364)——309。

瓦西里契柯夫,亚·《俄国和欧洲其他国家的土地占有制和农业》(Васильчиков, А. Землевладение и земледелие в России и других европейских государствах. Т. I. Спб., 1876. V, L, 565 стр.)——146—147、175。

瓦西里耶夫,П.А.和舍雷尔,А.А.《毛纺织工业》(Васильев, П. А. и Шерер, А. А. Шерстяная промышленность.—В кн.: Обзор различных отраслей мануфактурной промышленности России. Т. I. Спб., 1862, стр. 145—250)——429。

韦伯,悉·和韦伯,比·《不列颠工联主义运动史》(Webb, S. u. Webb, B. Die Geschichte des britischen Trade Unionismus. Deutsch von R. Bernstein. Mit Noten und einem Nachwort versehen von E. Bernstein. Stuttgart, Dietz, 1895. XII, 460 S.)——487、539。

韦尔霍夫采夫,Л.《粗纺毛纱和绒品生产概述》(Верховцев, Л. Обзор производства аппаратной шерстяной пряжи и суконных изделий.—В кн.: Успехи русской промышленности по обзорам экспертных комиссий. Спб., 1897, стр. 59—62. (М-во финансов. Деп. торговли и мануфактур. Всерос. пром. и худож. выставка 1896 г. в Н.-Новгороде))——430。

韦列萨耶夫,维·《利扎尔》(Вересаев, В. Лизар. Рассказ.—«Северный Курьер», Спб., 1899, №1, 1(13) ноября, стр. 9—10)——241—242。

韦列夏金,尼·瓦·《俄国畜牧业的发展条件》(Верещагин, Н. В. Условия развития скотоводства в России.—В кн.: Производительные силы России. Краткая характеристика различных отраслей труда—соответственно классификации выставки. Сост. под общ. ред. В. И. Ковалевского. Спб., [1896], стр. 9—20, в отд.: III. Домашние животные. (М-во финансов. Комиссия по заведованию устройством Всерос. пром. и худож. выставки 1896 г. в Н.-Новгороде))——237、244。

韦什尼亚科夫,弗·伊·《俄国工业及其需要》(Вешняков, В. И. Русская промышленность и ее нужды.—«Вестник Европы», Спб., 1870, №10, стр.

508—528)——455。

韦辛,列·巴·《外出做零工在俄国农民生活中的意义》(Весин,Л.П.Значение отхожих промыслов в жизни русского крестьянства.—«Дело», Спб., 1886,№7,стр.127—155;1887,№2,стр.102—124)——526、527—528。

—《烟草业》(Табачное производство.—В кн.: Историко-статистический обзор промышленности России. Под ред. Д. А. Тимирязева. Т. II. Произведения фабричной, заводской, ремесленной и кустарной промышленности. Спб., 1886, стр. 1 — 31. (Всерос. пром.-худож. выставка 1882 г.в Москве))——498—499。

—《榨油业》(Маслобойное производство.—В кн.: Историко-статистический обзор промышленности России. Под ред. Д. А. Тимирязева. Т. II. Произведения фабричной, заводской, ремесленной и кустарной промышленности. Спб., 1886, стр. 32 — 44. (Всерос. пром.-худож. выставка 1882 г.в Москве))——266。

维尔涅尔,康·安·《塔夫利达省省志》(Вернер, К. А. Памятная книжка Таврической губернии. Сост. стат. бюро Таврического губ. земства. Под ред. К. А. Вернера. Симферополь, 1889. 678 стр. (В изд.: Сборник статистических сведений по Таврической губернии. Т. IX))——64。

维赫利亚耶夫,潘·阿·《俄国农业现状概论》(Вихляев, П. А. Очерки из русской сельскохозяйственной действительности. Спб., журн. «Хозяин», 1901. IV, 173 стр. (Книжки хозяина №21))——123。

—《农民经济》(Крестьянское хозяйство. Тверь, изд. Тверского губ. земства, 1897. X, 313 стр. (В изд.: Сборник статистических сведений по Тверской губернии. Т. XIII. Вып. 2))——105、199、243、246、251。

沃尔金,阿·——见普列汉诺夫,格·瓦·。

[沃龙佐夫,瓦·巴·]瓦·沃·《大经济中发生了什么事情?》([Воронцов, В. П.] В. В. Что делается в крупном хозяйстве? —«Северный Вестник», Спб., 1886, №2, стр. 26—57)——201。

—《俄国农业和工业的分工》(Разделение труда земледельческого и промышленного в России.—«Вестник Европы», Спб., 1884, №7, стр.

319—356)——19、58—59、62、63、64、66、122、339。

—《俄国手工工业概述》(Очерки кустарной промышленности в России. Спб.,1886.III,233 стр.)——265、302、330、338、341—342、393、400、489。

—《俄国资本主义的命运》(Судьбы капитализма в России. Спб.,1882.312 стр.)——157、159、183、305、416、493、523。

—《理论经济学概论》(Очерки теоретической экономии. Спб.,1895.321 стр.)——23—27、28、284、537。

—《农民村社》(Крестьянская община. Общий обзор земской статистики крестьянского хозяйства А.Фортунатова. М.,1892.XLVI,600,VI стр.(В изд.: Итоги экономического исследования России по данным земской статистики. Т.I))——131。

—《农民经济中的进步潮流》(Прогрессивные течения в крестьянском хозяйстве. Спб.,1892.VI,261 стр.)——69、72、90、94、115、120、155、206、235、241、242。

—《市场的商品供应过剩》(Излишек снабжения рынка товарами.—«Отечественные Записки»,Спб.,1883,№5,стр.1—39)——23。

—《手工业中的劳动组合》(Артель в кустарном промысле. Спб.,1895.200 стр.(Мелкое производство в России.I))——323—324。

—《我国农民经济和农业》(Наше крестьянское хозяйство и агрономия.—«Отечественные Записки»,Спб.,1882,№8,стр.143—169;№9,стр.1—35)——182。

—《我们的方针》(Наши направления. Спб.,1893.VI,215 стр.)——284。

—《现代方针概述》(Очерки современных направлений. Производительные классы и интеллигенция в России.—«Новое Слово»,Спб.,1896,№6, март,стр.1—34)——538—539。

—《新型的地方统计出版物》(Новый тип местно-статистического издания. Сборник статистических сведений по Таврической губернии. Статистические таблицы о хозяйственном положении селений Мелитопольского уезда. Приложение к I тому сборника.—«Северный Вестник»,Спб.,1885, №3,ноябрь,стр.186—193)——83—84、582—583。

—[《1899 年 2 月 17 日就 Л.Е.奥博连斯基的〈不能使民粹主义同马克思主义调和吗?〉这一报告所作的声明》]([Заявление 17 февраля 1899 г. по докладу Л. Е. Оболенского «Нельзя ли примирить народничество с марксизмом»].—«Новое Время», Спб., 1899, №8255, 19 февраля (3 марта), стр.3, в ст.: В обществе для содействия русской промышленности и торговле)——8。

—《振兴俄国经济方案》(Проект экономического подъема России.—«Русская Мысль», М., 1894, №2, стр.53—73)——66。

沃伊诺夫,Л. И.《论硬纸盒业的卫生情况》(Воинов, Л. И. О картонно-коробочном производстве в санитарном отношении. (Из отчета земскому Петербургскому уездному собранию за 1889—1891 годы). Спб., 1891. 21 стр.)——491。

乌斯宾斯基,格·伊·《活的数字》(Успенский, Г.И. Живые цифры)——133。

—《乡村日记片断》(Из деревенского дневника)——276。

—《在高加索》(На Кавказе)——547。

—《罪孽深重》(Грехи тяжкие)——546—547。

乌瓦罗夫,米·谢·《论外出做零工对俄国卫生状况的影响》(Уваров, М.С. О влиянии отхожего промысла на санитарное положение России.—«Вестник Общественной Гигиены, Судебной и Практической Медицины», Спб., 1896, т.XXXI, кн.1, июль, стр.1—49)——526。

谢美夫斯基,瓦·伊·《叶卡捷琳娜二世统治时代的农民》(Семевский, В.И. Крестьяне в царствование императрицы Екатерины II. Т. I. Спб., 1881. LIII, 504, III стр.)——430。

谢苗诺夫,阿·《对 17 世纪中叶到 1858 年俄国对外贸易和工业的历史资料的研究》(Семенов, А. Изучение исторических сведений о российской внешней торговле и промышленности с половины XVII-го столетия по 1858 год. Ч.1—3. Спб., 1859)——430、432、444。

谢苗诺夫,彼·彼·《第一次普查》(Семенов, П. П. Первая всеобщая перепись.—«Вестник Финансов, Промышленности и Торговли», Спб., 1897, №21, стр.552—558)——450—451、546。

—《穆拉耶夫尼亚乡(梁赞省)》(Мураевенская волость(Рязанская губ.).—В кн.:Сборник материалов для изучения сельской поземельной общины. Под ред. Ф. Л. Барыкова и др. Т. I. Спб., изд. императорских Вольного экономического и Русского географического обществ, 1880, стр. 37—158)——124。

—《序言》(Предисловие.—В кн.: Статистический временник Российской империи. I. Спб., 1866, стр. I—XXXVI)——418。

谢苗诺夫,Д.П.《粮食生产》(Семенов, Д. П. Производство хлебов.—В кн.: Сельское и лесное хозяйство России. С прил. 47 карт и диагр. Спб., изд. деп. земледелия и сельской пром-сти м-ва гос. имуществ, 1893, стр. 125—142. (Всемирная Колумбова выставка 1893 г. в Чикаго))——221—222。

辛茨海梅尔,路·《论德国大工厂生产扩张的限度》(Sinzheimer, L. Über die Grenzen der Weiterbildung des fabrikmäßigen Großbetriebes in Deutschland. Stuttgart, Verlag der J. G. Cotta'schen Buchhandlung Nachfolger, 1893. VIII, 197 S. (Münchener volkswirtschaftliche Studien. Hrsg. von L. Brentano u. W. Lotz, Drittes Stück))——466。

亚戈金斯基,И.П.《下诺夫哥罗德省瓦西里县图巴纳耶夫卡村以及与之毗连的各村庄的制革业》(Ягодинский, И. П. Кожевенный промысел села Тубанаевки и смежных с ним сел и деревень Васильского уезда Нижегородской губернии.—В кн.: Труды комиссии по исследованию кустарной промышленности в России. Вып. VI. Спб., 1880, стр. 639—660)——320、365—366。

—《下诺夫哥罗德县别兹沃德诺耶村的手工业》(Промыслы села Безводного Нижегородского уезда.—В кн.: Труды комиссии по исследованию кустарной промышленности в России. Вып. IX. Спб., 1883, стр. 2401—2419)——302、380。

扬松,尤·爱·《俄国与西欧各国的比较统计学》(Янсон, Ю.Э. Сравнительная статистика России и западноевропейских государств. Т. II. Промышленность и торговля. Отдел I. Статистика сельского хозяйства. Спб., 1880. XII, 663 стр.)——60、137。

叶尔莫洛夫,阿·谢·《农业制和轮作制》(Ермолов, А. С. Системы земледелия и севообороты.—В кн.:Сельское и лесное хозяйство России.С прил.47 карт и диагр.Спб.,изд.деп.земледелия и сельской пром-сти м-ва гос.имуществ,1893,стр.81—96)——224。

叶菲缅科,亚·《阿尔汉格尔省的劳动组合》(Ефименко, А. Артели Архангельской губернии.—В кн.:Сборник материалов об артелях в России. Изд.С.-Петербургского отд-ния ком.о сельских, ссудо-сберегательных и промышленных товариществах.Вып.2,Спб.,1874,стр.1—174)——551。

叶古诺夫,亚·尼·《与开采工业有关的彼尔姆省手工业》(Егунов, А. Н. Кустарные промыслы в Пермской губернии, в связи с добывающей промышленностью.(Извлечение из отчета 1892 г.А.Н.Егунова).—В кн.: Отчеты и исследования по кустарной промышленности в России. Т. III. Спб.,1895,стр.128—173.(М-во земл. и гос. имуществ. Отдел сельской экономии и сельскохозяйственной статистики))——394、453。

伊林,弗·;伊林,弗拉基米尔——见列宁,弗·伊·。

伊萨耶夫,安·《莫斯科省手工业》(第1—2卷)(Исаев, А. Промыслы Московской губернии.Т.I—II.М.,изд.Моск.губ.земской управы,1876.2 т.)——307、309。

第1卷(Т.I.Вып.1.I.Изделия из дерева.1.Мебельный промысел.XI, 94;3 л.табл.)——317—318、322、338—339、399。

第2卷(Т.II.1.Металлические промыслы.2.Гончарный промысел. III,200,IV стр.)——375、381。

—《雅罗斯拉夫尔县的锻造锉刀业》(Кузнечно-слесарный промысел в Ярославском уезде.—В кн.:Труды комиссии по исследованию кустарной промышленности в России.Вып.VI.Спб.,1880,стр.695—755)——381。

---

А.М.《斯塔夫罗波尔省》(А. М. Ставропольская губерния.(От нашего корреспондента).—«Северный Курьер»,Спб.,1899,№33,3(15)декабря, стр.4,в Областном отделе)——197。

П.《牛奶业》(П. Молочный промысел.(Письмо из Вологодской губ.).—

«Неделя»,Спб.,1896,№13,31 марта,стр.418—421)——234。

L.《机器在农民经济中的推广》(L. Распространение машин в крестьянском хозяйстве.—«Северный Курьер»,1899,№32,2(14)декабря,стр.3—4,в Областном отделе.Псков)——196。

* * *

《奥廖尔省统计资料汇编》(Сборник статистических сведений по Орловской губернии.Т.II—V,VIII.Орел,изд.Орловского губ.земства,1887—1895. 5 т.)

—第2卷(Т.II.[Вып.I].Елецкий уезд.1887.958 стр.)——85、92。

—第3卷(Т.III.Трубчевский уезд.1887.IV,265,224 стр.)——92、94、358—359、361、399—400、485。

—第4卷(Т.IV.Вып.II.Кромской уезд.1892.527 стр.)——285—286。

—第5卷(Т.V.Вып.II.Карачевский уезд.1892.948 стр.)——142、358—359。

—第8卷(Т.VIII.Орловский уезд.Статистико-экономические и оценочные материалы по крестьянскому и частновладельческому хозяйству. С 2 картогр. 1895. 1005 стр. (Стат. отд-ние Орловской губ. земской управы))——94、358—359。

《北方边疆区报》(雅罗斯拉夫尔)(«Северный Край»,Ярославль,1899,№223,25 июля(6 августа),стр.4)——248。

《北方通报》杂志(圣彼得堡)(«Северный Вестник»,Спб.,1885,№3,ноябрь,стр.186—193)——83—84、582—583。

—1886,№2,стр.26—57.——201。

—1896,№2,стр.1—8.——215—216、267。

《北方信使报》(圣彼得堡)(«Северный Курьер»,Спб.,1899,№1,1(13)ноября,стр.9—10;№32,2(14)декабря,стр.3—4;№33,3(15)декабря,стр.4)——196、241。

《彼尔姆省克拉斯诺乌菲姆斯克县统计材料》(第3—5编)(Материалы для статистики Красноуфимского уезда Пермской губернии. Вып. III—V.

Казань, изд. Красноуфимского уезд. земства, 1893—1894. 3 т.)——444、445—446。

—第 3 编(Вып. III. Таблицы. 1893. [На обл.: 1894 г.]. 439 стр.)——86—91。

—第 4 编(Вып. IV. Примечания к таблицам. 1893. 159 стр.)——85。

—第 5 编(Вып. V. Ч. I(Заводский район). 1894. 423 стр.)——445—446。

《彼尔姆省手工工业状况概述》(Очерк состояния кустарной промышленности в Пермской губернии. Пермь, 1896. 609 стр.; XVI л. картогр. и диагр., 1 карта. (Обзор Пермского края))——193—194、326、330、339、358、433—434。

《彼尔姆省叶卡捷琳堡县统计资料汇编》(Сборник статистических сведений по Екатеринбургскому уезду Пермской губернии. Отдел хозяйственной статистики. Собр. и обр. под ред. П. Н. Зверева. Екатеринбург, изд. Екатеринбургского уездного земства, 1891. 1090 стр. (Стат. отд-ние Екатеринбургской земской управы))——86、89—90、91—92、444。

《彼列科普县》(Перекопский уезд.—«Русские Ведомости», М., 1898, №167, 19 августа, стр. 2—3, в отд.: Внутренние известия)——197。

《波尔塔瓦省经济统计汇编》(Сборник по хозяйственной статистике Полтавской губернии. Т. VIII, XIV, XV. Полтава, изд. Полтавской губ. земской управы. 1888—1894. 4 т.)

—第 8 卷(第 1 编)(Т. VIII. Хорольский уезд. Вып. 1. Собр. и обр. стат. бюро Полтавского губ. земства под ред. Н. Терешкевича. 1888. 477 стр.)——103。

—第 8 卷(第 2 编)(Т. VIII. Хорольский уезд. Вып. 2. Собр. и обр. стат. бюро Полтавского губ. земства под рук. Н. Терешкевича. Изд. под ред. Н. Кулябко-Корецкого. 1890. 4, 179, LXXV стр.)——103。

—第 14 卷(Т. XIV. Константиноградский уезд. Собр. стат. бюро Полтавского губ. земства под рук. Н. Терешкевича. Обр. и изд. под ред. Н. Кулябко-Корецкого. 1894. VI, 243, 551 стр.; 1 л. карт)——103—104。

—第 15 卷(Т. XV. Пирятинский уезд. Собр. стат. бюро Полтавского губ. земства под рук. Н. Терешкевича и Я. Имшенецкого. Обр. и изд. под ред. Н.

Кулябко-Корецкого.1893.593 стр.;1 л.карт)——103。

《波兰王国工厂工业调查委员会委员的报告》(Отчеты членов комиссии по исследованию фабрично-заводской промышленности в Царстве Польском. Ч.I.Отчет проф.И.И.Янжула.Ч.II.Отчет Н.П.Ильина и Н.П.Ланговогo. Спб.,1888.419 стр.)——486、491。

《财务部年鉴》(Ежегодник министерства финансов.Вып.I,VIII,X,XII.Спб., 1869—1882.4 т.)

—第 1 编(Вып.I.На 1869 год.Сост.под ред.А.Б.Бушена.1869.III,V,618 стр.)——258、261、267、298、375、418—421、422、428、431、432、437、438、441、442、444、455、456、466—468、509、556。

—第 8 编(Вып.VIII.Под ред.Д.А.Тимирязева.1877.III,V,535 стр.)——422、556。

—第 10 编(Вып.X.Под ред.Д.А.Тимирязева.1879.658 стр.)——422、556。

—第 12 编(Вып.XII.Под ред.Д.А.Тимирязева.1882.VII,623 стр.)——422、556。

《财政部所属各机关的通报及材料汇编》(圣彼得堡)(«Сборник Сведений и Материалов по Ведомству Министерства Финансов»,Спб.,1866,№4,стр. 392—424)——261、265、421、438、556。

—1867,№6,стр.381—401.——421、438、439、455、556。

《财政与工商业通报》杂志(圣彼得堡)(«Вестник Финансов,Промышленности и Торговли»,Спб.,1896—1897)——444。

—1896,№14,стр.34—35.——203。

—1896,№25,стр.986—992.——255。

—1896,№31,стр.192—194.——198、199。

—1896,№35,стр.569—587.——427。

—1896,№51,стр.972—976.——191、193、194、195。

—1897,№4,стр.212—214.——198。

—1897,№6,стр.318—320.——199。

—1897,№8,стр.404—407.——446。

—1897,№9,стр.593—597.——250。

—1897,№16,стр.195—197,205—209.——274—276、448。

—1897,№17,стр.263—266.——447。

—1897,№21,стр.537—552,552—558.——191、193、194、197、198、451、546。

—1897,№22,стр.615—619.——449。

—1897,№26,стр.856—861.——251。

—1897,№27,стр.16.——258。

—1897,№29,стр.84—87.——251、253。

—1897,№32,стр.209—220,224—228.——448、449、451。

—1897,№39,стр.508—509.——457。

—1897,№50,стр.812—820.——449、481。

—1897,№52,стр.926—941.——410。

—1898,№6,стр.376—378.——250、251。

—1898,№7,стр.409—412.——250。

—1898,№10,стр.620—624.——255。

—1898,№14,стр.25—27.——256。

—1898,№26,стр.779—780.——511。

—1898,№32,стр.194—195.——259。

—1898,№36,стр.335—348,349—352.——251、258。

—1898,№42,стр.204—206.——306、383、384。

—1898,№43,стр.302—304.——508。

—1898,№44,стр.379—382.——508。

—1906,№12,стр.502—505.——258。

《从欧俄工农业统计经济概述看地主农场中的自由雇佣劳动和工人的流动》——见柯罗连科,谢·亚·。

《帝国自由经济学会第三部会议上就米·伊·杜冈-巴拉诺夫斯基的〈俄国工业发展统计总结〉这一报告所进行的讨论》(Прения по докладу М.И. Туган-Барановского «Статистические итоги промышленного развития России» в III отделении императорского Вольного экономического общества.(Стенографический отчет).—«Труды Императорского Вольного

Экономического Общества». Спб., 1898, №5, сентябрь—октябрь, стр. 1—107)——420—421、496。

《帝国自由经济学会学报》(圣彼得堡)(«Труды Императорского Вольного Экономического Общества». Спб., 1897, №4, июль—август, стр. 1—95)——130、184、280。

—1898, №1, январь—февраль, стр. 1—41.——420—421、496。

—1898, №2, март—апрель, стр. 117—147.——508。

—1898, №5, сентябрь—октябрь, стр. 1—107.——420—421、422、496。

《东南区西瓜的工业性生产以及对这种生产的需要》(Промышленное производство арбузов в юго-восточном районе и нужды этого производства.—«Вестник Финансов, Промышленности и Торговли», Спб., 1897, №16, стр. 205—209)——274。

《俄国财富》杂志(圣彼得堡)(«Русское Богатство», Спб., 1894, №1, стр. 45—67)——147。

—1894, №6, стр. 86—130, стр. 102—135.——147、416、420、441、474。

—1896, №7, стр. 1—24.——534。

—1898, №8, стр. 36—59.——105。

《俄国的农业和林业》(Сельское и лесное хозяйство России. С прил. 47 карт и диагр. Спб., изд. деп. земледелия и сельской пром-сти м-ва гос. имуществ, 1893. II, XXVI, 649 стр. (Всемирная Колумбова выставка 1893 г. в Чикаго))——166、190、193、194、196、222、224、226、231、234。

《俄国的生产力》(Производительные силы России. Краткая характеристика различных отраслей труда—соответственно классификации выставки. Сост. под общ. ред. В. И. Ковалевского. Спб., [1896]. XI, 1249 стр. (М-во финансов. Комиссия по заведованию устройством Всерос. пром. и худож. выставки 1896 г. в Н.-Новгороде))——191—193、196、197、205、222、226、231、234、237、238、244、252、256、258、266、267、271、272、273、274、435、444、451、483、489、508、509、548、551。

《俄国对外贸易》(1856—1894年)(Внешняя торговля России (1856—1894). (Сост. В. И. Покровский).—В кн.: Производительные силы России.

Краткая характеристика различных отраслей труда—соответственно классификации выставки. Сост. под общ. ред. В. И. Ковалевского. Спб., [1896], стр.1—72, в отд.: Внешняя торговля России с 1856 г. по 1894 г. (М-во финансов. Комиссия по заведованию устройством Всерос. пром. и худож. выставки 1896 г. в Н.-Новгороде))——483、509。

《俄国工厂工业和商业》(Фабрично-заводская промышленность и торговля России. С прил. общей карты фабрично-заводской промышленности Российской империи. Спб., изд. деп. торговли и мануфактур м-ва финансов, 1893. 747 стр. (Всемирная Колумбова выставка 1893 г. в Чикаго))——436。

《俄国工场手工业各部门概述》(Обзор различных отраслей мануфактурной промышленности России. Т. I—II. Спб., 1862—1863. 2 т.)

—第 1 卷(Т. I. 1862. 428, 79 стр.)——429、434。

—第 2 卷(Т. II. 1863. 523 стр.)——433、442。

《俄国工商业代表大会》(Торгово-промышленные съезды в России.—«Вестник Финансов, Промышленности и Торговли», Спб., 1896, №25, стр. 986—992)——255。

《俄国工业历史统计概述》(Историко-статистический обзор промышленности России. Под ред. Д. А. Тимирязева. Т. I—II. Спб., 1883—1886. 2 т. (Всерос. пром.-худож. выставка 1882 г. в Москве))

—第 1 卷(Т. I. Сельскохозяйственные произведения, огородничество, садоводство и домашние животные. Горная и соляная промышленность. 1883. 545 стр.)——190、191—192、193—194、221、224、226、231、251、252、253、257、258、259、266、267、271、272、273、444。

—第 2 卷(Т. II. Произведения фабричной, заводской, ремесленной и кустарной промышленности. Спб., 1886. V, XVI, 935 стр.)——190、191—192、197、258、259、261、266、306、429、433、435、499。

《俄国劳动组合材料汇编》(Сборник материалов об артелях в России. Вып. 2. Спб., изд. С.-Петербургского отд-ния ком. о сельских, ссудо-сберегательных и промышленных товариществах, 1874. 256, 26 стр.)——551。

《俄国农具和农业机器制造业》(Построение земледельческих орудий и сельс-

—第 7 编(Вып. VII. [Нижегородская, Ярославская, Тульская, Рязанская и Новгородская губернии]. 1881. II, 777 — 1225, 365 — 391, 97 — 128, 6 стр.)——329、385—387、394、490。

—第 8 编(Вып. VIII. [Нижегородская, Тульская, Тверская, Новгородская и Херсонская губернии]. 1882. II, 175 — 245, 1227 — 1907, 129 — 149 стр.)——306、335、357、361、371、485、491。

—第 9 编(Вып. IX. [Костромская, Тульская и Нижегородская губернии]. 1883. II, 247 — 271, 1909 — 2592, 393 — 458, 151 — 252 стр.)——276、302、304—305、306、335、356、361、362、364、365—366、373、384、385、387、408、491。

—第 10 编(Вып. X. [Тверская, Ярославская, Тульская, Владимирская, Пермская губернии]. 1883. II, 273 — 300, 2593 — 3056 стр.)——124—380、382、126、321、330、368、385。

—第 11 编(Вып. XI. [Вятская губерния]. 1884. II, 301 — 346, 1 — 453 (3057—3509) стр.)——367、408、484、485、488。

—第 12 编(Вып. XII. [Вятская губерния]. 1884. II, 347 — 368, 455 — 876 (3511—3932) стр.)——484、488。

—第 13 编(Вып. XIII. [Костромская губерния]. 1885. IV, 369 — 397, 1 — 433 (3933—4365) стр.)——306。

—第 14 编(Вып. XIV. [Костромская губерния]. 1885. III, 399 — 513, 1 — 145, 1—232 (4367—4598) стр.)——273。

—第 15 编(Вып. XV. [Костромская губерния]. 1886. II, 515 — 538, 1 — 141, 1—277 (4599—4875) стр.)——354。

—第 16 编(Вып. XVI. [Вятская губерния]. 1887. I, 539 — 605, 1 — 101, 1 — 251 (4877—5127) стр.)——446。

《俄国思想》杂志(莫斯科)(«Русская Мысль», М., 1887, №9, стр. 147 — 165)——534。

—1894, №2, стр. 53—73.——66。

—1896, №11, стр. 224—228.——525。

《俄罗斯帝国统计年鉴》(Статистический временник Российской империи.

Спб.,изд.Центр.стат.ком.м-ва внутренних дел,1866,1872)

—第 1 辑(I.1866.XXXVI,XV,523 стр.)——418、456、512、555—556。

—第 2 辑(第 3 编)(II. Вып. III. Материалы для изучения кустарной промышленности и ручного труда в России. Ч. 1. Собраны губ. стат. комитетами и обработаны Л. Майковым. 1872. IV, 361, III стр.)——306、349—350、370—371。

—第 2 辑(第 6 编)(Серия II. Вып. VI. Материалы для статистики заводско-фабричной промышленности в Европейской России за 1868 год. Обр. И. Боком. 1872. LXXVIII, 427 стр.)——417、418、431、438。

《俄罗斯帝国统计资料》(Статистика Российской империи. IV, XX, XXXI, XXXVII, XLIV, LV, LXI. 1883—1904 гг. Спб., изд. Центр. стат. ком. м-ва внутр. дел, 1888—1906. 7 т. На русск. и франц. яз.)

—第 4 卷(IV. Средний урожай в Европейской России за пятилетие 1883—1887 гг. Под ред. В. В. Зверинского. 1888. V, 17, 155 стр.)——167、221、225—226。

—第 20 卷(XX. Военно-конская перепись 1888 года. Под ред. А. Сырнева. 1891. VI, XXIII, 207 стр.)——118、120—122、178—179。

—第 31 卷(XXXI. Военно-конская перепись 1891 года. Под ред. А. Сырнева. 1894. IV, XXIX, 149 стр.)——118、120—122、178—179。

—第 37 卷(XXXVII. Военно-конская перепись 1893 и 1894 гг. Под ред. А. Сырнева. 1896. II, XXII, 245 стр.)——118—119、178—179。

—第 44 卷(XLIV. Военно-конская перепись 1896 г. Под ред. А. Сырнева. 1898. XIII, 79)——120—122、178—179。

—第 55 卷(LV. Военно-конская перепись 1899—1901 гг. Под ред. А. Сырнева. 1902. VI, XIV, 223 стр.)——120—122、178—179。

—第 61 卷(LXI. Военно-конская перепись 1903—1904 гг. 1906. VII, 79)——178—179。

《俄罗斯帝国蒸汽发动机统计材料》(Материалы для статистики паровых двигателей в Российской империи. Спб., изд. Центр. стат. ком., 1882. 282 стр.)——197、431、436、440、441、463—466。

《俄罗斯通报》杂志(莫斯科—圣彼得堡)(«Русский Вестник», М.—Спб.)——534。

《俄罗斯新闻》(莫斯科)(«Русские Ведомости», М., 1897, №127, 10 мая, стр. 1)——267。

—1897, №231, 22 августа, стр. 2.——382—383。

—1897, №322, 21 ноября, стр. 3.——481。

—1898, №167, 19 августа, стр. 2—3.——197。

—1899, №254, 14 сентября, стр. 2.——260。

—1904, №248, 6 сентября, стр. 3.——408。

《法学通报》杂志(莫斯科)(«Юридический Вестник», М., 1883, №11, стр. 414—441; №12, стр. 543—597)——337、389、392、407—408、409—410、503。

—1887, №11, стр. 460—486; №12, стр. 629—647.——167—168、190—191、207、235—236、256。

—1889, №9, стр. 38—67.——420、424—425、426。

—1890, №9, стр. 130—148.——488、502、525、532、534。

《弗拉基米尔省手工业》(第 1—5 编)(Промыслы Владимирской губернии. Вып. I—V. М., Баранов, 1882—1884. 5 т. (Труды комиссии по устройству кустарного отдела на Всерос. пром. и худож. выставке 1882 г.))——124、309、326、336、337—338、408。

—第 1 编(Вып. I. Александровский уезд. Исследование В. С. Пругавина. 1882. XVI, 184 стр.)——302、408、483。

—第 2 编(Вып. II. Александровский уезд. Исследование С. А. Харизоменова. 1882. XII, 353, IV стр.)——308、320、337、339、354、408。

—第 3 编(Вып. III. Покровский и Александровский уезды. Исследование С. А. Харизоменова. 1882. X, 256, 149 стр.)——306、307、321、335、337、349、390、394、396—398、404、407、408、481、498、502、503。

—第 4 编(Вып. IV. Покровский уезд. Исследование В. Пругавина. 1882. VII, 169, 87 стр.)——304—305、337—338、390、408、483、487—488、498。

—第 5 编(Вып. V. Переяславский и Александровский уезды. Исследование

С.А.Харизоменова.1884.VIII,231 стр.)——300、408。

《根据地方自治局的统计资料所作的俄国经济调查总结》(Итоги экономического исследования России по данным земской статистики.Т.I—II.М.—Дерпт,1892.2 т.)——64、77—80、85、112—113、131、134、147、172、174—176、180。

《根据业主方面的材料所编的农业统计资料》(第5编)——见柯罗连科,谢·亚·《从欧俄工农业统计经济概述看地主农场中的自由雇佣劳动和工人的流动》。

《根据业主方面的材料所编的农业统计资料》(第7编)(Сельскохозяйственные статистические сведения по материалам, полученным от хозяев. Вып. VII. Возделывание картофеля в Европейской России. Спб., 1897. X, 162, 152 стр. (М-во земл. и гос. имуществ. Отдел сельской экономии и сельскохозяйственной статистики))——223、257。

《工厂索引》(Перечень фабрик и заводов. Фабрично-заводская промышленность России. Спб., 1897. 63, VI, 1047 стр. (М-во финансов. Деп. торговли и мануфактур))——193、232、261—262、267、298、350、354、358、360、363、365—366、367—368、370、372、378—379、380、381、386—387、391、427、428、432、439、466、470、490、491、496—497。

《工商报》(圣彼得堡)(«Торгово-Промышленная Газета», Спб., 1901, №123, 3(16) июня, стр.2)——258。

—1902, №6, 8(21) января, стр.4.——194。

《工业》文集(Промышленность. Статьи из Handwörterbuch der Staatswissenschaften. Пер. с нем. М., Водовозовы, 1896. VIII, 328 стр.)——43、45—46。

《公共卫生、法医学和实用医学通报》杂志(圣彼得堡)(«Вестник Общественной Гигиены, Судебной и Практической Медицины», Спб., 1896, т. XXXI, кн. 1, июль, стр.1—49)——526。

《关于工厂工业企业中工作时间的长短及其分配》(О продолжительности и распределении рабочего времени в заведениях фабрично-заводской промышленности. 2 июня 1897 г.—«Собрание Узаконений и Распоряжений

Правительства，издаваемое при Правительствующем Сенате»，Спб.，1897，№62，13 июня，ст.778，стр.2135—2139)——378。

《关于奖励农业酿酒的措施》(О мерах к поощрению сельскохозяйственного винокурения. 4 июня 1890 г.—«Собрание Узаконений и Распоряжений Правительства，издаваемое при Правительствующем Сенате»，Спб.，1890，№57，15 июня，ст.524，стр.1192—1195)——255。

《关于外出工人》(Об отхожих ралочих.—«Сельский Вестник»，Спб.，1890，№15，8 апреля，стр.154—156)——214—215。

《国内评论》(Внутреннее обозрение. Новые данные об отхожих промыслах.—«Русская Мысль»，М.，1896，№11，стр.224—228)——525。

《国内消息》(载于 1896 年圣彼得堡《财政与工商业通报》杂志第 31 期第 192—194 页)(Внутренние известия.—«Вестник Финансов，Промышленности и Торговли»，Спб.，1896，№31，стр. 192 — 194，в Торгово-промышленном отделе)——199。

《国内消息》(载于 1897 年圣彼得堡《财政与工商业通报》杂志第 4 期第 212—214 页)(Внутренние известия.—«Вестник Финансов，Промышленности и Торговли»，Спб.，1897，№4，стр.212—214，в Торгово-промышленном отделе)——198。

《国内消息》(载于 1897 年圣彼得堡《财政与工商业通报》杂志第 6 期第 318—320 页)(Внутренние известия.—«Вестник Финансов，Промышленности и Торговли»，Спб.，1897，№6，стр.318—320，в Торгово-промышленном отделе)——199。

《国务知识汇编》(Сборник государственных знаний. Под ред. В. П. Безобразова. Т. II. Спб.，1875. 783 стр.)——207、208、526—527。

《哈尔科夫省医务通讯》杂志(哈尔科夫)(«Врачебная Хроника Харьковской Губернии»，Харьков，1899，№9(27)，сентябрь，стр.580—584)——260。

《赫尔松地方自治机关汇编》(«Сборник Херсонского Земства»，1895，№8)——204。

《赫尔松省土地估价材料》(Материалы для оценки земель Херсонской губернии. Т. II. Елисаветградский уезд. (Статистико-экономическое описание уезда).

Сост. стат. отд-нием при Херсонской губ. земской управе. (С двумя карт. и 10 прил.). Херсон, 1886. 640 стр.)——228。

《化学工业》(Химическая промышленность. (Сост. в деп. торговли и мануфактур).—В кн.: Производительные силы России. Краткая характеристика различных отраслей труда—соответственно классификации выставки. Сост. под общ. ред. В. И. Ковалевского. Спб., [1896], стр. 1—16, в отд.: IX. Фабричнозаводские производства. (М-во финансов. Комиссия по заведованию устройством Всерос. пром. и худож. выставки 1896 г. в Н.-Новгороде))——435。

《军马调查》——见《俄罗斯帝国统计资料》。

《军事统计汇编》(Военно-статистический сборник. Вып. IV. Россия. Под общ. ред. Н. Н. Обручева. Спб., 1871. XXX, 922, 235 стр.)——221、226、232、249、252、256、258、261、350、419—421、429、433、434、435、436、439、440、441、442、443、444、455、483、508、509、512、521。

《科斯特罗马省统计资料》(Материалы для статистики Костромской губернии. Вып. VII—VIII. Под ред. В. Пирогова. Кострома, изд. Костромского губ. стат. ком., 1887—1891. 2 т.)

—第 7 编(Вып. VII. 1887. 117, 93, 29 стр.)——483、484、488、502、523—524、529—530、533—534。

—第 8 编(Вып. VIII. 1891. II, 333, 25 стр.)——488—489、502、525、529—530、533—534。

《科斯特罗马省银制品的手工业生产》(Кустарное производство серебряных изделий в Костромской губернии. (Из отчета пробирного инспектора).—«Вестник Финансов, Промышленности и Торговли», Спб., 1898, №42, стр. 204—206)——306、382—383、384。

《科斯特罗马县克拉斯诺耶村》(Село Красное, Костромского уезда.—«Русские Ведомости», М., 1897, №231, 22 августа, стр. 2)——382。

《科学评论》杂志[圣彼得堡](«Научное Обозрение», [Спб.], 1899, №4, стр. 768—784)——584。

—1899, №5, стр. 973—985.——585。

—1899, №8, стр. 1564—1579.——583—584。

—1899,№12,стр.2277—2295,2296—2308.——563、563—583、584。

—1900,№3,стр.607—633.——585。

—1900,№10,стр.1759—1774.——584。

《劳动局公报》(巴黎)(«Bulletin de l'Office du travail»,Paris,1901,№10,p. 711—712)——511。

《李嘉图全集》(Рикардо,Д. Сочинения. Пер. Н. Зибера. С прил. переводчика. Спб.,Пантелеев,1882.687 стр.)——32。

《梁赞省手工业概述》(Обзор промыслов Рязанской губернии.—В кн.:Труды комиссии по исследованию кустарной промышленности в России. Вып. VII.Спб.,1881,стр.1085—1126)——490。

《梁赞省统计资料汇编》(第1—12卷)(Сборник статистических сведений по Рязанской губернии. Т. I—XII. Скопин, изд. Рязанского губ. земства, 1882—1892.12 т.)——171。

《梁赞省统计资料汇编》(第2卷)(Сборник статистических сведений по Рязанской губернии. Т. II. Вып. I. Раненбургский уезд. Скопин, изд. Рязанского губ.земства,1882.II,334,II стр.)——430。

《罗斯法典》(«Русская Правда». [Первый письменный свод законов и княжеских постановлений в древней Руси XI—XII вв.])——177、283、577—578。

《面粉生产和粮食加工》(Производство муки и обработка зерна.(Сост.в деп. торговли и мануфактур).—В кн.: Производительные силы России. Краткая характеристика различных отраслей труда—соответственно классификации выставки. Сост. под общ. ред. В. И. Ковалевского. Спб., [1896],стр.147—157,в отд.:IX.Фабричнозаводские производства.(М-во финансов.Комиссия по заведованию устройством Всерос. пром. и худож. выставки 1896 г.в Н.-Новгороде))——197。

《莫斯科省手工业》(第1—3编)(Промыслы Московской губернии. Вып. I—III. М., изд. Моск. губ. земства, 1879 — 1882. 3 т.(В изд.: Сборник статистических сведений по Московской губернии. Отдел хозяйственной статистики. Т. VI. Вып. I—II. Т. VII. Вып. I))——307。

—第 1 编(Вып. I. Сост. В. Орлов и И. Боголепов. 1879. 287 стр.)——135、302、305、306、309、313、334、335、354—356、374、402、403—404。

—第 2 编(Вып. II. Сост. И. Боголепов. 1880. 264, 91, II стр.)——302、307、308、309、326、328、351、362、391、402、403—404、405—407。

—第 3 编(Вып. III. Сост. стат. отд-нием Моск. губ. земской управы. 1882. VIII, 147, 358 стр.)——262、263—264、265、274、302、305、306、309、328、329、339、380、402、484。

《莫斯科省手工业》(第 7 卷)——见《莫斯科省统计资料汇编》。

《莫斯科省统计资料汇编》(Сборник статистических сведений по Московской губернии. Отдел хозяйственной статистики. Т. II, IV—VII. М., изд. Моск. губ. земства, 1878—1883. 9 т.)

—第 2 卷(Т. II. Сост. В. И. Орлов и Н. А. Каблуков. 1878. 628 стр.)——183。

—第 4 卷(Т. IV. Вып. I. Крестьянское хозяйство. Вып. I. Формы крестьянского землевладения в Московской губернии. Сост. В. Орлов. 1879. III, 320, 39 стр.)——131、147、264。

—第 5 卷第 1 编(Т. V. Вып. I. Очерк хозяйства частных землевладельцев. Сост. Н. Каблуков. 1879. V, 200, 103 стр.)——171、183—186。

—第 5 卷第 2 编(Т. V. Вып. II. Хозяйство частных землевладельцев Московской губернии. Уезды: Можайский, Волоколамский, Рузский, Звенигородский, Верейский и Бронницкий. Сост. К. Вернер. 1883. 545 стр.)——178、285—286。

—第 6 卷第 1 编(Т. VI. Вып. I. Промыслы Московской губернии. Вып. I. Сост. В. Орлов и И. Боголепов. 1879. 287 стр.)——124、134、302、305、306、309、313、334、335、349、355、374、402、403、404。

—第 6 卷第 2 编(Т. VI. Вып. II. Промыслы Московской губернии. Вып. II. Сост. И. Боголепов. 1880. 264, 91, II стр.)——124—125、302、307、308、309、326—328、349、351、362、391、402、403、404、405、406。

—第 7 卷第 1 编(Т. VII. Вып. I. Промыслы Московской губернии. Вып. III. Сост. стат. отд-нием Моск. губ. земской управы. 1882. VIII, 147, 358 стр.)——124—125、262、263—264、265、274、302、305、306、309、311、

328—329、339、349、380、402、484。

—第 7 卷第 2 编(Т. VII. Вып. II. Женские промыслы Московской губернии. Вып. IV. Сост. М. К. Горбунова. 1882. XXXII, 299 стр.)——124—125、306、309、328、349、402、403—404、502。

—第 7 卷第 3 编(Т. VII. Вып. III. Промыслы Московской губернии. Вып. V. Сост. стат. отд-нием Моск. губ. земской управы. 1883. 212 стр.)——124—125、307、309、310—311、348、349、402、407、498、502。

《莫斯科省统计资料汇编》(Сборник статистических сведений по Московской губернии. Отдел санитарной статистики. Т. IV. Ч. I—II. Общая сводка по санитарным исследованиям фабричных заведений Московской губернии за 1879—1885 гг. М., 1890—1893. 2 т.)

—第 4 卷第 1 册(Т. IV. Ч. I. Под ред. Ф. Ф. Эрисмана. 1890. XXV, 315 стр.; 23 л. диагр. и картогр.)——286、430—431、476、477、494—495、503、504。

—第 4 卷第 2 册(Т. IV. Ч. II. Сост. д-ром Е. М. Дементьевым и проф. Ф. Ф. Эрисманом. 1893. X, 516 стр.)——493—496、497。

[《莫斯科市政管理委员会关于莫斯科市各屠宰场宰杀牲畜的数量的报告》]([Отчет Московской городской управы о количестве убитого в Москве скота на городских бойнях]. —«Московские Ведомости», 1901, №55, 25 февраля(10 марта), стр. 4, в отд.: Московская жизнь)——137。

《莫斯科新闻》(«Московские Ведомости», 1901, №55, 25 февраля(10 марта), стр. 4)——137。

《牛》(Крупный рогатый скот. —В кн.: Производительные силы России. Краткая характеристика различных отраслей труда—соответственно классификации выставки. Сост. под общ. ред. В. И. Ковалевского. Спб., [1896], стр. 5 — 9, в отд.: III. Домашние животные. (М-во финансов. Комиссия по заведованию устройством Всерос. пром. и худож. выставки 1896 г. в Н.-Новгороде))——231。

《牛奶业》(Молочное хозяйство. —В кн.: Производительные силы России. Краткая характеристика различных отраслей труда—соответственно классификации выставки. Сост. под общ. ред. В. И. Ковалевского. Спб.,

[1896],стр.34 — 38,в отд.:III.Домашние животные.(М-во финансов. Комиссия по заведованию устройством Всерос.пром.и худож.выставки 1896 г.в Н.-Новгороде))——238。

《农村通报》(圣彼得堡)(«Сельский Вестник»,Спб.,1890,№15,8 апреля,стр. 154—156)——215。

《农业和林业》杂志(圣彼得堡)(«Сельское Хозяйство и Лесоводство»,Спб., 1896,№2,стр.289—315)——203。

《诺夫哥罗德省土地估价材料》(Материалы для оценки земельных угодий Новгородской губернии. Демянский уезд. Новгород, 1888. 481 стр.)——101。

《欧俄工厂一览表》——见奥尔洛夫,彼·安·;奥尔洛夫,彼·安·和布达戈夫,С.Г.。

《欧俄农村居民经济状况统计资料汇编》(Свод статистических материалов, касающихся экономического положения сельского населения Европейской России. Спб., изд. канцелярии ком. минист., 1894. 624 стр.)——117—118、254、259、333、535。

《欧洲通报》杂志(圣彼得堡)(«Вестник Европы»,Спб.,1870,№10,стр.508—528)——455—456。

—1884,№7,стр.319—356.——19、58、59、62、63、64、66、122、339。

《普斯科夫省农民的手工业及其在 1895—1897 年的状况》(Промыслы крестьянского населения Псковской губернии и положение их в 1895—97 гг.Псков,1898.II,29,XXIV стр.(Стат.отд-ние Псковской губ.земской управы))——254、524、526。

《切尔尼戈夫省地方自治局统计处收集的土地估价材料》(Материалы для оценки земельных угодий, собранные Черниговским статистическим отделением при губернской земской управе. Т. V. Козелецкий уезд. С 2 карт.и прил.К этому тому прилагается подворная опись.Чернигов,изд. Черниговского губ.земства,1882.392 стр.)——102。

《萨拉托夫地方自治机关汇编》(«Сборник Саратовского Земства»,1894,№6, стр.189—222;№11,стр.421—463)——207、210—211、240、298。

《萨拉托夫省统计资料汇编》(Сборник статистических сведений по Саратовской губернии. Т. I, VII, XI. Саратов, изд. Саратовского губ. земства, 1883—1892. 3 т.)

—第 1 卷(Т. I. Саратовский уезд. 1883. V, 271 стр.)——175。

—第 7 卷第 2 册(Т. VII. Ч. 2. Вольский уезд. 1892. II, 583 стр.)——430。

—第 11 卷(Т. XI. Камышинский уезд. 1891. 979 стр.)——79—80、81—84、343—344、351。

《萨拉托夫省统计资料汇集》(Свод статистических сведений по Саратовской губернии. Ч. 1. Таблицы. Сост. под ред. С. Харизоменова. Саратов, изд. Саратовского губ. земства, 1888. 902 стр.)——73—75、76—78、81—85。

《萨马拉省统计资料汇编》(Сборник статистических сведений по Самарской губернии. Отдел хозяйственной статистики. Т. VI—VII. М.—Самара, изд. Самарского губ. земства, 1889—1890. 2 т.)

—第 6 卷(Т. VI. Николаевский уезд. 1889. 1133 стр.)——67、72—73、226—227、394。

—第 7 卷(Т. VII. Новоузенский уезд. 1890. 524 стр.)——67、69—70、70—71、226—227、229、394。

《萨马拉省统计资料综合汇编》(第 8 卷)(Сводный сборник статистических сведений по Самарской губернии. Т. VIII. (Вып. I). Самара, изд. Самарского губ. земства, 1892. X, 228 стр.)——67、71、72—73、82—84、85。

《生活》杂志(圣彼得堡)(«Жизнь», Спб., 1899, №8, стр. 377)——248。

—1899, №10, стр. 175—179.——585。

—1900, №2, стр. 297—306.——585。

《圣彼得堡省国民经济统计材料》(Материалы по статистике народного хозяйства в С.-Петербургской губернии. Вып. V. Крестьянское хозяйство в С.-Петербургском уезде. Ч. 1—2. Спб., изд. С.-Петербургского губ. земства, 1885—1887. 2 т.)

—第 5 编第 1 部(Вып. V. Ч. 1. Таблицы. 1885. IX, 366 стр.)——272、276。

—第 5 编第 2 部(Вып. V. Ч. 2. Очерк крестьянского хозяйства. 1887. X, 320 стр.)——244—246。

《10月31日的叶卡捷琳诺斯拉夫省巴赫姆特县》(Бахмутский уезд, Екатеринославской губ., 31 октября.—«Русские Ведомости», М., 1897, №322, 21 ноября, стр. 3, в отд.: Внутренние известия)——481。

《世间》杂志(圣彼得堡)(«Мир Божий», Спб., 1898, №4, стр. 188—200)——505。

—1898, №6, стр. 118—127.——41。

—1905, №8, стр. 224—244.——463。

《世界经济概述》(Übersichten der Weltwirtschaft. Begründet von F. X. von Neumann-Spallart. Bd. VI. Jg. 1885—1889 mit Erg. teilweise bis 1895 von Franz von Juraschek. Berlin, Verlag für Sprachund Handelswissenschaft (P. Langenscheidt), [1896]. CXX, 766 S.)——507。

《事业》杂志(圣彼得堡)(«Дело», Спб., 1886, №7, стр. 127—155; 1887, №2, стр. 102—124)——525、528。

《收成和粮价对俄国国民经济某些方面的影响》(Влияние урожаев и хлебных цен на некоторые стороны русского народного хозяйства. Под ред. проф. А. И. Чупрова и А. С. Посникова. Т. I—II. Спб., 1897. 2 т.)

—第1卷(Т. I. VIII, LXIV, 533 стр.)——70、71、80—81、142、166—167、174、182、184、224—225、278。

—第2卷(Т. II. VIII, 381, 99 стр.)——124、143、145、224—225、513。

《收成和粮价对经济生活各个方面的影响》(Влияние урожаев и хлебных цен на разные стороны экономической жизни. Доклад проф. А. И. Чупрова и прения в III отделении императорского Вольного экономического общества 1 и 2 марта 1897 г. (Стенографический отчет).—«Труды Императорского Вольного Экономического Общества», Спб., 1897, №4, июль—август, стр. 1—95)——130、184、280。

《手工业》(Кустарные промыслы. Статистический сборник по Ярославской губернии. Вып. 14. (С картогр. и диагр.). Ярославль, 1904. 577 стр. (Стат. бюро Ярославского губ. земства))——408。

[书评]:《手工业》([Рецензия на книгу]: Кустарные промыслы. Статистический сборник по Ярославской губернии. Изд. стат. бюро Яросл. губ. земства. Яросл.

1904.Стр.465+60.—«Русские Ведомости»,М.,1904,№248,6 сентября,стр. 3,в отд.:Библиографические заметки)——408。

《税务委员会报告书》(Труды податной комиссии.Ч.3)——251。

《塔夫利达省统计资料汇编》(Сборник статистических сведений по Таврической губернии. Сост. стат. бюро Таврического губ. земства. Симферополь, изд. Таврического губ.земства,1885—1887.3 т.)

—《第 1 卷附录》(Прил. к 1-му тому сборника. Статистические табл. о хозяйственном положении селений Мелитопольского уезда. Вып. I. 1885. 287 стр.)——57、61、64、65、81—82。

—第 2 卷(Т. II. Статистические таблицы о хозяйственном положении селений Днепровского уезда. 1886. III, 253 стр.)—— 57、61、62、63—64、65。

—第 5 卷(Т. V. Статистические таблицы о хозяйственном положении селений Бердянского уезда.1887.342 стр.)——63、65。

《谈俄国南部冶金工业的发展》(К развитию металлургической промышленности на юге России.—«Вестник Финансов, Промышленности и Торговли», Спб.,1897,№16,стр.195—197)——448。

《特维尔省统计资料汇编》(Сборник статистических сведений по Тверской губернии.Т.VIII,XIII.Тверь,изд.Тверского губ.земства,1893—1897.2 т.)

—第 8 卷(Т. VIII. Тверской уезд. Вып. 1. Описание уезда(текст)с 20-ю картогр.1893.267 стр.)——274。

—第 13 卷(Т.XIII.Вып.2.Крестьянское хозяйство.Сост.П.А.Вихляев.1897. X,313 стр.)——105、199、242—243、246、251。

《铁路与内河航运统计概述》(Статистический обзор железных дорог и внутренних водных путей.К этому обзору приложен список изданий стат. отдела м-ва путей сообщения, представляемых на Всемирную выставку 1893 г.в Чикаго.Спб.,1893.VI,98 стр.(Россия.М-во путей сообщения. Стат.отдел. Всемирная Колумбова выставка 1893 г. в Чикаго))——456、483。

《土地村社研究材料汇编》(Сборник материалов для изучения сельской

поземельной общины. Под ред. Ф. Л. Барыкова и др. Т. I. Спб., изд. императорских Вольного экономического и Русского географического обществ, 1880. XI, 393, 65 стр.)——124。

《土地占有制和农业》(Землевладение и сельское хозяйство. Статьи из Handwörterbuch der Staatswissenschaften. Пер. с нем. М., Водовозовы, 1896. II, 383 стр.)——151、178、237。

《维亚特卡省统计材料》(第 6 卷第 2 编)(Материалы по статистике Вятской губернии. Т. VI. Вып. 2. Елабужский уезд. Вятка, 1889. 295 стр.)——89。

《沃罗涅日省 12 个县综合汇编》(Сводный сборник по 12 уездам Воронежской губернии. Стат. материалы подворной переписи по губернии и обзор материалов, способов по собиранию их и приемов по разработке. [Сост. Ф. А. Щербина]. Воронеж, 1897. 1058 стр.)——124、521—522。

《沃罗涅日省统计资料汇编》(第 1—12 卷)(Сборник статистических сведений по Воронежской губернии. Т. I—XII. Воронеж, изд. Воронежского губ. земства, 1884—1899. 14 т.)——94—95。

《沃罗涅日省统计资料汇编》(Сборник статистических сведений по Воронежской губернии. Т. II—VI, IX—XI. Воронеж, изд. Воронежского губ. земства, 1886—1892. 8 т.)

—第 2 卷第 2 编(Т. II. Вып. II. Крестьянское хозяйство по Острогожскому уезду. С 8 карт. Сост. Ф. Щербина. 1887. XVIII, 454, 51 стр.)——124、144。

—第 3 卷第 1 编(Т. III. Вып. I. Землянский уезд. 1886. XIV, 43, 337 стр.)——95。

—第 4 卷第 1 编(Т. IV. Вып. I. Задонский уезд. 1887. XIV, 157 стр.)——95、96—97、179。

—第 5 卷第 1 编(Т. V. Вып. I. Коротоякский уезд. 1888. IV, 170, II стр.)——95。

—第 6 卷第 1 编(Т. VI. Вып. I. Нижнедевицкий уезд. 1889. IV, 199 стр.)——95。

—第 9 卷第 1 编(Т. IX. Вып. I. Новохоперский уезд. 1891. IV, 255 стр.)——95。

—第 10 卷第 1 编(Т. X. Вып. I. Бобровский уезд. 1892. IV, 369 стр.)——95、394。

—第 11 卷第 1 编(Т. XI. Вып. I. Бирюченский уезд. 1892. IV, 420 стр.)——267。

《乌拉尔矿业主代表大会总结》(Итоги горнопромышленных съездов на Урале.—«Вестник Финансов, Промышленности и Торговли», Спб., 1897, №32, стр.224—228)——449。

《西欧和北美合众国的制铁工业》(Железоделательная промышленность в Западной Европе и Северо-Американских Соединенных Штатах.—«Вестник Финансов, Промышленности и Торговли», Спб., 1897, №22, стр.615—619)——449。

《下诺夫哥罗德航运业和工业通报》杂志(«Нижегородский Вестник Пароходства и Промышленности», 1891, №1, стр.10—16; №2, стр.40—45; №3, стр.58—62)——306、320、377、378、394。

《下诺夫哥罗德全俄工商业代表大会》(Всероссийский торгово-промышленный съезд в Нижнем-Новгороде.—«Вестник Финансов, Промышленности и Торговли», Спб., 1896, №35, стр.569—587)——427。

《下诺夫哥罗德省汇编》(Нижегородский сборник. Изд. Нижегородским губ. стат. ком., под ред. А.С.Гацисского. Т.I—IV. Н.-Новгород, 1867—1871.3 т.)

—第 1 卷(Т.I.1867.184, 232 стр.)——502。

—第 2 卷(Т.II.1869.VI, 455 стр.)——394、396。

—第 4 卷(Т.IV.1871.VI, 346 стр.)——320、357、502。

《下诺夫哥罗德省土地估价材料》(Материалы к оценке земель Нижегородской губернии. Экономическая часть. Вып. IV, VII—XII. Н.-Новгород, изд. Нижегородского губ. земства, 1888—1896.7 т.(Статистическое отделение Нижегородской губ. зем. управы))

—第 4 编(Вып.IV. Княгининский уезд. 1888.442 стр.)——98—100、365。

—第 7 编(Вып.VII. Горбатовский уезд. 1892.700 стр.)——100、136—137、141、306、357、363、364、365、376、377、409、489。

—第 8 编(Вып. VIII. Нижегородский уезд. 1895.457 стр.)——272、379—380。

—第 9 编(Вып.IX. Васильский уезд. 1890.428 стр.)——98—100、365。

—第 10 编(Вып.X. Балахнинский уезд. Отдел II и прил. 1896.628 стр.)——257、272、365。

《言论》杂志(圣彼得堡)(«Слово»,Спб.,1880,октябрь,стр.77—142)——66、72。

《遥远的北方》(Крайний Север.(Сост. правл. общества Московско-Ярославско-Архангельской железной дороги).—В кн.:Производительные силы России. Краткая характеристика различных отраслей труда —соответственно классификации выставки. Сост. под общ. ред. В. И. Ковалевского. Спб.,[1896],стр.1—13,в отд.:XX. Крайний Север.(М-во финансов. Комиссия по заведованию устройством Всерос. пром. и худож. выставки 1896 г. в Н.-Новгороде))——548。

《1864年开工的工厂的资料》(Сведения о фабриках и заводах,действовавших в 1864 году.—«Сборник Сведений и Материалов по Ведомству Министерства Финансов»,Спб.,1866,№4,стр.392—424;№5,стр.74—105)——261、265、421、438、555—556。

《1864—1867年矿业统计资料汇编》(Сборник статистических сведений по горной части на 1864—1867 год. Сб.1—4. Сост. по офиц. и др. источникам Н. Н. Аксаковым и К. А. Скальковским. Спб.,изд. ученого ком. корпуса горных инженеров,1864—1867.4 т.)——444、456。

《1865年开工的工厂的资料》(Сведения о фабрнках и заводах,действовавших в 1865 году.—«Сборник Сведений и Материалов по Ведомству Министерства Финансов»,Спб.,1867,№6,стр.381—401)——421、438、455、555—556。

《1880年和1885年发给莫斯科省农民人口的居民证》(Виды на жительство,выданные крестьянскому населению Московск. губ. в 1880 и 1885 гг.—В кн.:Статистический ежегодник Московского губернского земства. 1886 г. М.,1886,стр.1—28.(Стат. отд-ние Моск. губ. земской управы))——523—524、526、534。

《1884—1885年、1890年、1896年俄国资料汇集》(Сборник сведений по России за 1884—1885,1890,1896 гг. Спб.,изд. Центр. стат. ком. м-ва внутр. дел,1887—1897.3 т.(Статистика Российской империи I,X,XL). На русск. и франц. яз.)

—за 1884 — 1885 гг. 1887. XVIII, 313 стр.—— 424 — 425、439、512 — 513、527。

—за 1890 г.1890.VI,48,346 стр.——444、456—457、510。

—за 1896 г.1897.VI,373 стр.——267、444、456—457、510、527。

《1885—1887 年俄国工厂工业的主要总计》(Главные итоги фабрично-заводской промышленности в России за 1885—1887 годы.—В кн.:Свод данных о фабрично-заводской промышленности в России за 1885 — 1887 годы. Спб.,изд. деп. торговли и мануфактур,1889,стр. V—XVIII.(Материалы для торгово-пром.статистики))——424。

《1885—1897 年俄国工厂工业材料汇编》(Свод данных о фабрично-заводской промышленности в России за 1885 — 1897 гг. Спб.,изд. деп. торговли и мануфактур,1889—1900.8 т.(Материалы для торгово-пром. статистики))——193、423—424、427—428。

—за 1885—1887 гг. 1889. IV, XVIII, 114 стр.—— 423 — 424、425 — 426、439、555—556。

—за 1888 год.1891.385 стр.——423—424、555—556。

—за 1889 год.1891.181,CCCI,69 стр.——423—424、439—440、555—556。

—за 1890 год. 1893.419 стр.—— 193、230 — 231、423 — 424、430 — 431、438—440、555—556。

—за 1891 год.1894.VII,237 стр.——423—424、438—440、555—556。

—за 1892 год.1895.X,267 стр.——423—425、438—440、464。

—за 1893 год.1896.IV,168 стр.——423—425、427—428。

—за 1897 год.1900.III,XXV,192 стр.——423—425、427—428。

《1886 年莫斯科省地方自治机关统计年鉴》(Статистический ежегодник Московского губернского земства 1886 г. М., 1886. VI, 372 стр.)——523—524、526、534。

《1887 年在叶卡捷琳堡市举行的西伯利亚—乌拉尔科学工业展览会上的彼尔姆省手工工业》——见克拉斯诺彼罗夫,Е.И.。

《1887—1888 年度奥廖尔省的农业概况》(Сельскохозяйственный обзор Орловской губернии за 1887/88 год. Орел, изд. Орловского губ. земства,

1888.319 стр.)——181。

《1890 年博戈罗茨克县的手工业》——见《1890 年莫斯科省博戈罗茨克县的手工业》。

《1890 年莫斯科省博戈罗茨克县的手工业》(Кустарные промыслы Богородского уезда Московской губернии. 1890 г. [Сост. К. А. Вернер]. М., 1890. 59 стр.)——373、380、382。

《1890 年 12 月 15 日圣彼得堡调查》(С.-Петербург по переписи 15 декабря 1890 года. Ч. I. Население. Вып. 1—2. Спб., 1891—1892. 2 т.)

—第 1 编(Вып. 1. Численность и состав населения по полу, возрасту, семейному положению, грамотности, вероисповеданию, сословию и родному языку. 1891. II, XXX, 93 стр. На русск. и франц. яз.)——410、517。

—第 2 编(Вып. 2. Распределение населения по занятиям. 1892. II, 75 стр.)——458、462、476—477、491。

《1890 年、1901—1902 年的俄国采矿工业统计资料汇编》(Сборник статистических сведений о горнозаводской промышленности России в 1890 заводском году, в 1901—1902 гг. Спб., изд. Горного ученого ком., 1892—1905. 3 т.)

—в 1890 заводском году. По офиц. данным сост. С. Кулибин. 1892. IV, CVIII, 293 стр.——444、451、456、473。

—в 1901 году. Под ред. И. Попова. Сост. по офиц. данным К. Робук. 1904. 6, CX, 553 стр.——444。

—в 1902 году. По офиц. данным сост. И. Дмитриев и В. Рыжков. Под ред. И. Попова. 1905. 6, CXXIV, 626 стр.——444、457。

《1892 年下诺夫哥罗德省的农业概况》(Сельскохозяйственный обзор Нижегородской губернии за 1892 год. Вып. I—III. Н.-Новгород, изд. Нижегородского губ. земства, 1893)——146。

《1894 年塞兹兰—维亚济马铁路在运输方面与前几年相比的商业活动简况》(Краткий обзор коммерческой деятельности Сызрано-Вяземской железной дороги по перевозкам за 1894 год, сравнительно с таковыми же перевозками за предыдущие годы. Вып. IV. Калуга, 1896. 209 стр.)——196。

《1895年俄国的采矿工业》(Горнозаводская промышленность России в 1895 году.—«Вестник Финансов, Промышленности и Торговли», Спб., 1897, №8, стр. 404—407)——445—446。

《1895年俄国的铁路网》(Русская рельсовая сеть в 1895 г. Очерк сост. на основании данных, заключающихся в 46 выпуске стат. сб. м-ва путей сообщения.—«Вестник Финансов, Промышленности и Торговли», Спб., 1897, №39, стр. 508—509)——456—457。

《1895年莫斯科省统计年鉴》(Статистический ежегодник Московской губернии за 1895 г. М., 1896. 382, XII, 131 стр.)——340、373—374。

《1895年图拉省省志》(Памятная книжка Тульской губернии на 1895 год. Сост. под ред. В. Ю. Фере. Тула, изд. Тульского губ. стат. ком., 1895. 472 стр.)——387、426、527—528。

《1895年制刷业调查》(Щеточный промысел по исследованию 1895 г. [Сост. С. Ф. Руднев].—В кн.: Статистический ежегодник Московской губернии за 1895 г. М., 1896, стр. 1—13, прил.)——340、373—374。

《1896年巴库和巴统地区的石油业状况》(Положение нефтяного дела в Бакинском и Батумском районах в 1896 году.—«Вестник Финансов, Промышленности и Торговли», Спб., 1897, №32, стр. 209—220)——451。

《1896年俄国的交通》(Пути сообщения в России в 1896 г.—«Вестник Финансов, Промышленности и Торговли», Спб., 1898, №43, стр. 302—304)——508。

《1896年卡卢加省统计概述》(Статистический обзор Калужской губернии за 1896 год. (Год первый). Калуга, изд. стат. отд-ния Калужской губ. земской управы, 1897. 6, XVI, 461 стр. (Прил. к докладу Калужской губ. земской управы очередному губ. земскому собранию по статистике))——104、488—489、524、526、532—533。

《1896年欧俄的对外贸易》(Внешняя торговля Европейской России в 1896 году.—«Вестник Финансов, Промышленности и Торговли», Спб., 1897, №26, стр. 856—861)——251。

《1896年普斯科夫地区的亚麻业和亚麻贸易》(Льноводство и торговля льном в Псковском районе в 1896 году.—«Вестник Финансов, Промышленности и Торговли», Спб., 1897, №29, стр.84—87)——251、252—254。

《1896年下诺夫哥罗德省的农业概况》(Сельскохозяйственный обзор Нижегородской губернии за 1896 год. Н.-Новгород, изд. Нижегородского губ. земства, 1897. VIII, 214, 242 стр.)——488—489、528。

《1896年亚麻纤维和大麻纤维的收获量》(Сбор льняного волокна и пеньки в 1896 году.—«Вестник Финансов, Промышленности и Торговли», Спб., 1897, №9, стр.593—597)——250。

《1896—1897年度的农业酿酒》(Сельскохозяйственное винокурение в 1896/7 г.—«Вестник Финансов, Промышленности и Торговли», Спб., 1898, №10, стр.620—624)——255。

《1896—1897年度用于酿酒业的储备品》(Припасы, употребленные на винокурение в 1896/7 году.—«Вестник Финансов, Промышленности и Торговли», Спб., 1898, №14, стр.25—27)——256。

《1897年俄国的对外贸易》(Внешняя торговля России в 1897 г.—«Вестник Финансов, Промышленности и Торговли», Спб., 1898, №36, стр. 335—348)——251。

《1897年俄罗斯帝国第一次人口普查》(Первая всеобщая перепись населения Российской империи 1897 г. Города и поселения в уездах, имеющие 2000 и более жителей. Под ред. Н. А. Тройницкого. Спб., 1905. 108 стр.)——363、364—365、367—368、371、373、377、382、557。

《1897年俄罗斯帝国第一次人口普查》(Первая всеобщая перепись населения Российской империи 1897 г. Вып. I—II. Сост. Центр. стат. ком. на основании местных подсчетных ведомостей. Спб., изд. Центр. стат. ком. м-ва внутр. дел, 1897. 2 т. На русск. и франц. яз.)

—第1编(Вып. I. Население империи по переписи 28-го января 1897 г. по уездам. 29 стр.)——512—513。

—第2编(Вып. II. Население городов по переписи 28-го января 1897 г. 42 стр.)——512—513。

《1897 年俄罗斯帝国第一次人口普查》(Первая всеобщая перепись населения Российской империи 1897 г.Т.IX,XV.Под ред.Н.А.Тройницкого.[Спб.], изд.Центр.стат.ком.м-ва внутр.дел,1901.2 т.)

—第 9 卷(IX.Воронежская губерния.Тетрадь 1.II,167 стр.)——360—361。

—第 15 卷(XV.Калужская губерния.Тетрадь 1.II,95 стр.)——356。

《1897 年国家储金局的活动》(Деятельность государственных сберегательных касс в 1897 году.—«Вестник Финансов,Промышленности и Торговли», Спб.,1898,№26,стр.779—780)——511。

《1897 年特维尔省统计年鉴》(Статистический ежегодник Тверской губернии за 1897 год.(С 2 картогр.).Тверь,изд.Тверского губ.земства,1898.VII, 582,XIX стр.(Стат.бюро Тверской губ.земской управы))——523—524、526。

《1897 年甜菜种植园面积》(Площадь свекловичных плантаций в 1897 году.—«Вестник Финансов,Промышленности и Торговли»,Спб.,1897,№27, стр.16)——258。

《1897 年下诺夫哥罗德的市集》(Нижегородская ярмарка 1897 года.—«Вестник Финансов,Промышленности и Торговли»,Спб.,1897,№52,стр.926—941)——410。

《1897 年亚麻纤维和大麻纤维的收获量》(Сбор льняного волокна и пеньки в 1897 году.—«Вестник Финансов,Промышленности и Торговли»,Спб., 1898,№6,стр.376—378)——250、251。

《1897 年亚麻籽和苎麻籽的收获量》(Сбор льняного и конопляного семени в 1897 году.—«Вестник Финансов,Промышленности и Торговли»,Спб., 1898,№7,стр.409—412)——250。

《1897 年 1 月 28 日帝国第一次人口普查材料研究结果总集》(Общий свод по империи результатов разработки данных первой всеобщей переписи населения,произведенной 28 января 1897 года.II.Спб.,1905.VI,LIX,417 стр.На русск.и франц.яз.)——410、459—460、479、489。

《1897 年 3 月 1—2 日帝国自由经济学会辩论会的速记记录》——见《收成和粮价对经济生活各个方面的影响》。

《1897—1898 年度前三个月制糖业的结果》(Результаты сахароварения за первые три месяца 1897/8 г. —«Вестник Финансов,Промышленности и Торговли»,Спб.,1898,№32,стр.194—195)——259。

《1897—1898 年缴纳消费税的各种行业和印花税票统计》(Статистика производств,облагаемых акцизом,и гербовых знаков за 1897 и 1898 гг. Сост. в стат. отд-нии главного упр. Спб.,1900. 1037 стр.(Главное упр. неокладных сборов и казенной продажи питей))——526、528。

《1898 年 6 月 1 日以前的甜菜播种情况》(Состояние посевов свекловицы к 1 июня 1898 г.—«Вестник Финансов,Промышленности и Торговли»,Спб.,1898,№36,стр.349—352)——258。

《1898 年农业报告的补充》(Добавление к сельскохозяйственному отчету за 1898 год.Сост.Псковской губ.зем.управой,1899)——196。

《1899 年普遍的储蓄运动》(Mouvement général de l'épargne en 1899.—«Bulletin de l'Office du travail»,Paris,1901,№10,p.711—712)——511。

《1901 年甜菜播种面积》(Площадь посевов свекловицы в 1901 г.—«Торгово-Промышленная Газета»,Спб.,1901,№123,3(16)июня,стр.2)——258。

《1901—1903 年工厂视察员报告汇编》(Свод отчетов фабричных инспекторов за 1901—1903 гг.Спб.,1903—1906.3 т.(М-во финансов.Отдел пром-сти))——427。

—за 1901 год.1903.XXV,202 стр.——427。

—за 1902 год.1904.XXVIII,200 стр.——427。

—за 1903 год.1906.XVI,208 стр.(М-во торговли и пром-сти.Отдел пром-сти)——198、351、427、428、468—470、491—492。

《1904—1905 年俄罗斯年鉴》(Ежегодник России 1904—1905 гг.Спб.,1905—1906.2 т.(Центр.стат.ком.М.В.Д.)На русск.и франц.яз.)

—1904 г.(Год первый).1905.VI,404 стр.——510。

—1905 г.(Год второй).1906.876 стр.——192、222、225—226、457、508。

《1905—1906 年度开工的糖厂数目和保全下来的种植园数目》(Число действовавших сахарных заводов и количество уцелевших плантаций за период 1905/6 г.[Таблица].—«Вестник Финансов,Промышленности и

Торговли»,Спб.,1906,№12,стр.502—505)——258。

《伊尔库茨克省和叶尼塞斯克省农村居民的土地使用和经济生活的调查材料》(Материалы по исследованию землепользования и хозяйственного быта сельского населения Иркутской и Енисейской губерний. Енисейская губерния. Т.III—IV. Иркутск,1893—1894)

—第 3 卷(Т.III.1893.VI,778 стр.)——102。

—第 4 卷(Т.IV.Вып.I.1894.VI,XLIII,152 стр.)——103。

《医生》杂志(圣彼得堡)(«Врач»,Спб.,1895,№25,стр.703—705)——488、502。

《有关维亚特卡省手工业状况的资料》(Материалы по описанию промыслов Вятской губернии. Вып.II. Вятка,1890.386 стр.)——304。

《泽姆良斯克县、扎顿斯克县、科罗托亚克县和下杰维茨克县农民占有土地的估价资料汇编》(Сборник оценочных сведений по крестьянскому землевладению в Землянском, Задонском, Коротоякском и Нижнедевицком уездах. [Сост. Ф. Щербина]. С 3 схем. картами. Прил. к томам III, IV, V и VI. Воронеж, изд. Воронежского губ. земства, 1889.465 стр.)——82—83、97—98、123—129、130—131、131—139、143—145。

《政府法令汇编(执政参议院出版)》(圣彼得堡)(«Собрание Узаконений и Распоряжений Правительства, издаваемое при Правительствующем Сенате». Спб.,1890,№57,15 июня, ст.524, стр.1192—1195)——255。

—1897,№62,13 июня, ст.778, стр.2135—2139.——378。

《政治家年鉴》(The Statesman's Year-book. Statistical and historical annual of the states of the world for the year 1897. Ed. by J. Scott Keltie with the assistance of J.P.A. Renwick, M.A., LL.B. Thirty—fourth annual publication. Revised after official returns. London, Macmillan and C°, 1897. XXXVI, 1167 p.)——458、521—522。

《政治学辞典》(Handwörterbuch der Staatswissenschaften. Bd.5. Jena, Fischer, 1893. XII, 885 S.)——45。

《专家委员会对俄国工业成就的概论》(Успехи русской промышленности по обзорам экспертных комиссий. Спб.,1897. IV, 245 стр. (М-во финансов.

Деп. торговли и мануфактур. Всерос. пром. и худож. выставка 1896 г. в Н.-Новгороде))——410、430、433。

《祖国纪事》杂志(圣彼得堡)(«Отечественные Записки», Спб., 1882, №8, стр. 143—169; №9, стр. 1—35)——182。

—1883, №5, стр. 1—39.——23。

—1883, №7, стр. 97—112.——416。

# 年　　表

## (《俄国资本主义的发展》一书的撰写和出版)

### 1895 年

**年底**

列宁开始《俄国资本主义的发展》一书的撰写工作。

### 1896 年

**1 月 2 日(14 日)**

列宁从彼得堡监狱写信告诉乌里扬诺夫一家的好友亚·基·切博塔廖娃,他在研究国内加工工业品的销售问题,已订了研究和写作计划,写作计划分两个部分——一般理论和运用理论研究俄国情况,并请她把书单上的书送到狱中。

**1 月 16 日(28 日)**

写信给姐姐安娜,请她收集特维尔、下诺夫哥罗德、萨拉托夫等省的地方自治机关的资料汇编,并把它们和《军事统计汇编》等一起送到狱中。

**1896 年 1 月—1897 年 2 月**

每周两次(星期三和星期六)收到姐姐安娜从彼得堡的自由经济学会图书馆、科学院图书馆及其他一些图书馆借来的书籍。

### 1897 年

**2 月 17 日—5 月 8 日(3 月 1 日—5 月 20 日)**

列宁从彼得堡前往流放地,在途中继续《俄国资本主义的发展》一书的撰写工作。

**3月4日(16日)**

抵达克拉斯诺亚尔斯克市。

**3月9日—4月30日(3月21日—5月12日)**

拜访了藏书家、商人根·瓦·尤金,此后经常利用尤金的私人图书馆藏书。在克拉斯诺亚尔斯克逗留期间也常去市立图书馆阅读报刊。

**3月10日(22日)**

写信告诉妹妹玛丽亚,收到她去鲁勉采夫图书馆(今俄罗斯国立图书馆)为他摘录的所需资料。

**3月16日(28日)**

写信告诉母亲,将寄回途中读完的短期借阅的书。

**3月26日(4月7日)**

写信给母亲,请姐姐安娜设法弄到书单上的书。

**4月5日(17日)**

写信给母亲,请尽快寄来他要的书。

**4月17日(29日)**

写信告诉母亲,已经弄到几本统计著作。请母亲把他要的书仍然寄到克拉斯诺亚尔斯克。

写信给姐姐安娜,请用他的稿费代购统计资料汇编及其他资料,并代订报刊。

**4月30日—5月8日(5月12日—20日)**

从克拉斯诺亚尔斯克经米努辛斯克到达指定的流放地舒申斯克村。在米努辛斯克逗留期间,到市立博物馆图书馆借阅图书资料,并作摘录。

**5月18日(30日)**

写信告诉妹妹玛丽亚,已收到她摘录的资料,并请她把各种书目寄来。

**5月25日(6月6日)**

写信给姐姐安娜,问她能否找到门路以两个月的期限从莫斯科的公共图书馆(大学图书馆或莫斯科法学会图书馆)借书给他寄去。

**6月15日(27日)**

写信告诉姐夫马·季·叶利扎罗夫,尚未收到寄来的一箱书,并问其中有哪些新书。

**7 月 19 日(31 日)**

写信给母亲和妹妹玛丽亚,说写书的进度很慢,希望能在秋天以前办妥从莫斯科或彼得堡某个图书馆借书的事。

**8 月 16 日(28 日)**

在写给帕·波·阿克雪里罗得的密信中,谈到他撰写《俄国资本主义的发展》的事。

**8 月 28 日(9 月 9 日)以前**

请阿·亚·瓦涅耶夫帮他弄到下诺夫哥罗德和巴拉赫纳两县的地方自治机关的资料汇编。

**12 月 21 日(1898 年 1 月 2 日)**

写信告诉妹妹玛丽亚,他将设法找到从法学会图书馆借书所需要的介绍人。

## 1898 年

**1 月 4 日(16 日)**

列宁写信给姐夫马·季·叶利扎罗夫,请他把载有 M.A.洛津斯基的题为《农民的土地所有权和防止剥夺农民土地的措施》的报告那期《帝国自由经济学会学报》寄来。

**1 月 24 日(2 月 5 日)**

写信给母亲,请代买两本书:尼·阿·卡布鲁柯夫《农业经济学讲义》和瓦·沃·《俄国手工工业概述》。

**2 月 7 日(19 日)**

在给母亲的信中,要妹妹把他开的书单寄给娜·康·克鲁普斯卡娅,请她设法在彼得堡弄到那些书。

**2 月 14 日(26 日)**

挂号寄还姐姐安娜从图书馆借来的书。

**3 月 28 日(4 月 9 日)**

写信告诉姐夫马·季·叶利扎罗夫,因翻译韦伯夫妇的《英国工联主义的理论和实践》一书而暂时把著书的事搁下。

**5 月 7 日(19 日)**

娜·康·克鲁普斯卡娅和她的母亲伊丽莎白·瓦西里耶夫娜一起到达

舒申斯克村，带来一大批书籍和资料。

**春天**

列宁收到彼·伯·司徒卢威的来信，信中建议把列宁正在写的这本书分成几部分在《科学评论》或别的杂志上发表。

**6月7日(19日)**

写信告诉母亲，姐夫马·季·叶利扎罗夫托运的那一箱书，在路上辗转一年多，终于收到了。

**6月14日(26日)**

写信告诉母亲，《英国工联主义的理论和实践》一书的翻译工作即将结束，之后将继续写书。

**7月15日(27日)**

写信给姐姐安娜，请她亲自同图书馆管理人员将借书、还书以及建立经常联系等事情谈妥。

**8月9日(21日)**

完成《俄国资本主义的发展》一书的初稿。

**9月11日—20日(9月23日—10月2日)**

在克拉斯诺亚尔斯克市治疗牙病期间，到当地市立图书馆和尤金的私人图书馆查阅图书资料。

**10月11日(23日)**

写信告诉母亲，已开始书稿的最后加工，准备分批发排，争取早日出版。

**10月14日(26日)以前**

完成第1章定稿。

**11月1日(13日)**

写信给母亲，请姐姐安娜接洽出版事宜，并告诉母亲将于一两周内把头两章书稿寄去。

**11月1日—4日(13日—16日)**

同前来舒申斯克村的格·马·克尔日扎诺夫斯基一起阅读头几章书稿。

**11月7日和11日(19日和23日)之间**

写信告诉姐姐安娜，已将头两章和序言的稿子寄给母亲，请她了解一下玛·伊·沃多沃佐娃是否愿意出版这本书。信中还详细谈了他对开本、字号、校对等方面的意见。

**11月22日(12月4日)**

写信告诉姐姐安娜,同意由玛·伊·沃多沃佐娃出版这部著作,但认为必须同出版人商定技术细节和校对问题。

**11月28日(12月10日)**

写信告诉母亲,书的前半部已经定稿。

**12月6日(18日)**

写信给姐姐安娜和姐夫马·季·叶利扎罗夫,请他们向出版人了解一下排印和出书的时间,并建议排得密些,统计表用小号字。

**12月12日(24日)以前**

函请特维尔省地方自治局统计处寄一本综合汇编(第13卷第1编,1897年版)。

**12月12日(24日)**

写信告诉姐姐安娜,第3章和第4章书稿已按挂号印刷品寄出,并请她在前寄书稿上作两处修改。

**12月20日(1899年1月1日)**

写信给母亲,请她设法弄一份《莫斯科农学院通报》上尼·亚·卡雷舍夫的《俄国国民经济资料》一文的抽印本。

**12月28日(1899年1月9日)**

写信告诉姐姐安娜,第5章和第6章已经脱稿,建议雇校对员看初、二校样,她看三校样,然后把清样寄给他看。

**1898年**

收到伊·克·拉拉扬茨寄来的沃罗涅日省的统计资料汇编和其他需要的统计资料。

## 1899年

**1月17日(29日)**

列宁写信告诉母亲,第5章和第6章书稿已按挂号印刷品寄出,并问头几章是否已经付印,什么时候可以拿到清样。

**1月26日(2月7日)**

写信给弟弟德米特里,感谢他指出第4章第2节开头部分的一个错误,请他立即通知出版社改正。

**1月26日和3月21日(2月7日和4月2日)之间**

研读卡·考茨基《土地问题。现代农业倾向和社会民主党的土地政策概述》一书。

**1月30日(2月11日)**

完成《俄国资本主义的发展》一书的付排工作。

**2月3日(15日)**

写信告诉母亲,已寄出《俄国资本主义的发展》第7章和第8章以及这两章的目录和第7章的两个附录(二和三)。

**2月13日(25日)**

写信给姐姐安娜,感谢她和弟弟德米特里为出版这本书而操劳,也感谢统计学家瓦·安·约诺夫为校对统计表而费心,同时对书名表示了意见。并告诉她已将《俄国资本主义的发展》第7章的增补寄出。

**2月28日(3月12日)**

写信给姐姐安娜,对寄来的头一批清样表示非常满意,并随信附上一个勘误表。

**3月17日(29日)**

给姐姐安娜寄去序言的附言、第2章和第3章的勘误表以及拟定的赠书名单。

**3月24日和31日(4月5日和12日)之间**

《俄国资本主义的发展(大工业国内市场形成的过程)》第1版出版,署名:弗拉基米尔·伊林。

**3月31日(4月12日)**

列宁复电卡尔梅柯娃书店,同意书店提出的《俄国资本主义的发展》一书的定价(拟2卢布)和稿费数额(约1 500卢布)。

**3月**

《开端》杂志第3期以《现代俄国农业中资本主义经济对徭役经济的排挤》为题,发表《俄国资本主义的发展》第3章的头6节。

**4月2日(14日)**

列宁收到姐姐安娜寄来的第11—16印张的清样。

**4 月 4 日(16 日)**

给姐姐安娜寄去第 11—16 印张的勘误表。

**4 月 15 日(27 日)**

《俄罗斯新闻》刊登出版广告:“弗拉基米尔·伊林《俄国资本主义的发展(大工业国内市场形成的过程)》。售价:2 卢布 50 戈比。480 页。”

**4 月 27 日(5 月 9 日)**

列宁写信告诉亚·尼·波特列索夫,《俄国资本主义的发展》已经出版,序言的附言送晚了,受到书报检查机关的检查和删改。

**4 月 30 日(5 月 12 日)**

收到姐姐安娜寄来的《俄国资本主义的发展》样书三本。

**7 月 25 日(8 月 6 日)**

格鲁吉亚文报纸《犁沟报》发表俄国社会民主党人伊·卢津关于《俄国资本主义的发展》的书评。

**10 月**

《教育》杂志第 10 期刊登波·瓦·阿维洛夫关于《俄国资本主义的发展》的书评。

**12 月**

《科学评论》杂志第 12 期刊登帕·尼·斯克沃尔佐夫评论《俄国资本主义的发展》一书的论文《商品拜物教》。

## 1900 年

**1 月中**

列宁开始撰写《非批判的批判》一文,回答帕·尼·斯克沃尔佐夫对《俄国资本主义的发展》的攻击,于 3 月完稿。

**不晚于 4 月 6 日(19 日)**

寄给《科学评论》杂志编辑部《非批判的批判》一文末尾的一个脚注,这个脚注是针对彼·伯·司徒卢威在《生活》杂志上的文章和米·伊·杜冈-巴拉诺夫斯基在《科学评论》杂志上的文章而写的。

**4 月 30 日(5 月 13 日)以前**

收到《科学评论》杂志编辑米·米·菲力波夫的来信,信中说书报检查官将《非批判的批判》一文删去了近三分之一。

**5月—6月**

《非批判的批判(评1899年《科学评论》杂志第12期帕·斯克沃尔佐夫先生的论文《商品拜物教》)》一文在1900年《科学评论》杂志第5—6期上发表。

## 1902年

**3月20日(4月2日)**

列宁从慕尼黑写信给母亲,请她把他所有的俄文书籍和全部统计资料运来。

## 1905—1907年

**1905—1907年**

列宁准备《俄国资本主义的发展》的第2版,对好几章作了重要补充。

## 1907年

**7月**

列宁在芬兰写《俄国资本主义的发展》第2版的序言。

## 1908年

**2月27日和3月6日(3月11日和19日)之间**

《俄国资本主义的发展》第2版由彼得堡智神星出版社出版。

**3月8日(21日)**

《图书年鉴》第10期刊登《俄国资本主义的发展》第2版(增订版)出版的消息。

# 《列宁全集》第二版第3卷编译人员

**译文校订：**张瑞亭　汤钰卿　谢　林　王问梅

**资料编写：**林　扬　郭值京　毕世良　彭卓吾　王丽华

**编　　辑：**丁世俊　盛　同　江显藩　李桂兰　张正芸

**译文审订：**姜其煌　林基洲

# 《列宁全集》第二版增订版编辑人员

翟民刚　李京洲　高晓惠　张海滨　赵国顺　任建华　刘燕明
孙凌齐　李桂兰　门三姗　韩　英　侯静娜　彭晓宇　李宏梅
武锡申　戢炳惠　曲延明

**审　　定：**韦建桦　顾锦屏　王学东

**本卷增订工作负责人：**张海滨　韩　英

责任编辑：郇中建
装帧设计：石笑梦
版式设计：周方亚
责任校对：周　昕　孟　蕾

图书在版编目(CIP)数据

列宁全集.第3卷/(苏)列宁著;中共中央马克思恩格斯列宁斯大林著作编译局编译.
—2版(增订版)-北京:人民出版社,2013.12(2024.7重印)
ISBN 978-7-01-010772-1
Ⅰ.①列…　Ⅱ.①列… ②中…　Ⅲ.①列宁著作-全集　Ⅳ.①A2
中国版本图书馆CIP数据核字(2013)第308881号

书　　名　列宁全集
LIENING QUANJI
第三卷
编 译 者　中共中央马克思恩格斯列宁斯大林著作编译局
出版发行　人民出版社
(北京市东城区隆福寺街99号　邮编 100706)
邮购电话　(010)65250042　65289539
经　　销　新华书店
印　　刷　北京新华印刷有限公司
版　　次　2013年12月第2版增订版　2024年7月北京第3次印刷
开　　本　880毫米×1230毫米 1/32
印　　张　24.125
插　　页　5
字　　数　587千字
印　　数　6,001—9,000册
书　　号　ISBN 978-7-01-010772-1
定　　价　59.00元

ISBN 978-7-01-010772-1
9 787010 107721 >